Sandra Boihmane

Malina – Versteck der Sprache
Die Chiffre ‚Malina‘ in Ingeborg Bachmanns Werk und in Zeugnissen von ZeitzeugInnen

Sandra Boihmane studierte deutsch-lettische Kulturbeziehungen an der Lettischen Kulturakademie in Riga. Nach ihrem Studium arbeitete sie im Eduards-Smiļģis-Theatermuseum. Mit einem DAAD-Stipendium kam sie nach Berlin. An der Humboldt-Universität studierte sie Gender Studies und Kulturelle Kommunikation / Theaterwissenschaften und beteiligte sich an verschiedenen Forschungsprojekten, u. a. an „Gender Matters in the Baltics“. 2014 schloss sie ihre Promotion in Gender Studies ab.

Sandra Boihmane

Malina – Versteck der Sprache

Die Chiffre ‚Malina' in Ingeborg Bachmanns Werk und in Zeugnissen von ZeitzeugInnen

Neofelis Verlag

Veröffentlicht mit freundlicher Unterstützung der Axel-Springer-Stiftung (D-14195 Berlin, www.axelspringerstiftung.de) und der Gerda-Weiler-Stiftung für feministische Frauenforschung (D-53894 Mechernich, www.gerda-weiler-stiftung.de).

Bibliografische Information der Deutschen Nationalbibliothek
Die Deutsche Nationalbibliothek verzeichnet diese Publikation in der Deutschen Nationalbibliografie; detaillierte bibliografische Daten sind im Internet über http://dnb.d-nb.de abrufbar.

Zugleich Dissertation Humboldt-Universität zu Berlin 2014.

Umschlaggestaltung: Marija Skara
Druck: PRESSEL Digitaler Produktionsdruck, Remshalden
Gedruckt auf FSC-zertifiziertem Papier.
ISBN: 978-3-943414-66-0

Inhalt

Die Popularität von „Malina“ in den Gaunerliedern, in der Erforschung organisierter Verbrechen, in der Geheimdienstspionage und in den aktuellen Medienschlagzeilen

Zwiespältige Verhältnisse: Das kriminelle Milieu in Bachmanns *Malina*

Das Wort „Malina“ in historischen Dokumentationen und Zeugnissen der Holocaustüberlebenden

Malina als Bachmanns Vermächtnis: Schlussbetrachtungen und Ausblick

Danksagung

Die Grundlage für das vorliegende Buch ist die leicht überarbeitete und geringfügig ergänzte Fassung meiner Dissertation, die am 28. Januar 2014 an der Humboldt-Universität zu Berlin, Philosophische Fakultät III, Zentrum für transdisziplinäre Geschlechterstudien, verteidigt wurde.

Meiner Doktormutter Frau Prof. Dr. Christina von Braun danke ich für ihre Geduld und die solonische Unterstützung meines Vorhabens sowie für den mir gewährten wissenschaftlichen Freiraum. Christina von Brauns Forschungsarbeiten verdanke ich die Einsicht, dass die Beziehung zwischen Schriftlichkeit und Mündlichkeit für die interdisziplinäre Kultur- und Geschlechterforschung von herausragender Bedeutung ist. Von Brauns Forschungsansatz hat mir anregende Perspektiven auf die spannungsvollen Verhältnisse von Mündlichkeit, Schrift und Geschlecht eröffnet. Ihre Auseinandersetzung mit der jüdischen Schriftkultur und ihren oralen Kontexten hat mich auf die unterschiedliche Gestaltung dieses Verhältnisses in hybriden jiddisch-osteuropäischen Sprachkontexten aufmerksam gemacht. Hier fand ich meine Forschungsnische. Meine Zweitgutachterin Frau Prof. Dr. Irmela von der Lühe hat mir mit ihrer begeisternden Ermutigung, präzisen Hinweisen und konstruktiven Empfehlungen den Ansporn gegeben, über mich hinaus zu wachsen und meine Thesen zu perfektionieren.

Die MitarbeiterInnen der Archive, Museen und des Verlags haben meine Anliegen professionell und schnell bearbeitet. Sie sorgten für einen reibungslosen Ablauf und ermöglichten damit eine zügige Drucklegung meiner Dissertation. Ich danke Babette Angelaeas (Deutsches Theatermuseum München/Fotosammlung), Maaty Frenkelzon (Yad Vashem/Photo Archive), Dr. Monika Preuß (Zentralarchiv zur Erforschung der Geschichte der Juden in Deutschland) und Frank Schlöffel (Neofelis Verlag).

In unserem lakonischen Schriftverkehr deckte Maaty Frenkelzon die verborgenen Dimensionen meines Nachnamens auf. Für die überraschende Verwendung einer meiner obsolet gewordenen Namen, der zu meinem Lieblingsnachnamen zählt, gebührt ihm mein besonderer Dank.

Für ihr gewissenhaftes Korrekturlesen danke ich Frau Gisela Kröger. Sie hat zur leichteren Lesbarkeit meiner Arbeit wesentlich beigetragen. Sie kritisierte meine Schachtelsätze, die unnötigen Fremdwörter und hat meinem ‚großzügigen' Umgang mit der deutschen Sprache entschieden entgegen gewirkt. Sie hat mich immer wieder ermutigt und an das Gelingen dieser Arbeit geglaubt. *Malina – Versteck der Sprache* ist auch ein symbolischer Gedenkstein für die langjährige Pastorin am Deutschen Herzzentrum Berlin Gisela Kröger, die bis zu ihrem letzten Atemzug, um das Los meiner Dissertation gebangt hat. Sie wird auf immer mit diesem Text-‚Stein' verbunden bleiben. Für die Durchsicht des Manuskripts oder seiner einzelnen Kapitel auf ihre Verständlichkeit danke ich Rosemarie Brieger, Jeane Müller, Ulrich von Ruepprecht und Uta Zaldivar. Die erudite und selbstbestimmte Forscherin Rosemarie Brieger, die derzeit an einem Projekt über die jüdischen Gemeinden in Tschechien arbeitet, stand mir mit Rat und Tat stets zur Seite. Über den Mord an Jiří Fiedler (Jüdisches Museum/Prag) zur Zeit meiner Dissertationsverteidigung waren wir beide tief geschockt.

Für Hilfestellung, Gastfreundschaft und Anteilnahme während der Entstehung meiner Dissertation danke ich Anita Boihmane, Dieter Eiermann, Dr. Friederike Frach, Ing. Werner Jammernegg, Andra Lazdāne, Mag. Johannes Pitschl, Edith von Ruepprecht, Dr. Olga Katarzyna Streibel und Jūlija Tērauda.

Für die Gewährung einer finanziellen Unterstützung aus dem Gleichstellungsfonds der Humboldt-Universität zu Berlin danke ich der Kommission für Frauenförderung.

Der Axel-Springer-Stiftung und Gerda-Weiler-Stiftung für feministische Frauenforschung gilt mein besonderer Dank für die gewährten finanziellen Mittel, die das Erscheinen von *Malina – Versteck der Sprache* im Printformat möglich gemacht haben.

Berlin, im September 2014
Sandra Boihmane

Die Erinnerung hat Namen – Asia Big (Bik), Miriam Ganionski, Liza Magun.

Einleitung

Manch einer war aus einer „Malina“ (einem Unterschlupf) hier in Litauen wieder aufgetaucht.

(Jewsej Zeitlin: *Lange Gespräche in Erwartung eines glücklichen Todes*)

In der Forschung zu Ingeborg Bachmanns Werk *Malina* (1971) gilt das titelgebende Wort „Malina“[1] als Chiffre. Bachmann war der Auffassung, die Mundart bleibe in der offiziellen Kommunikation das Verborgene.[2] In der vorliegenden Abhandlung wird erstmalig das bislang verborgene mundartliche Potenzial des Titelwortes und des Buches *Malina* untersucht. Die transdisziplinäre Studie hat zum Ziel, das Bedeutungsspektrum der Chiffre „Malina“ zu erweitern und für eine innovative Interpretation von *Malina* heranzuziehen.

Im ersten Teil der Arbeit werden in einem rezeptionsgeschichtlichen Überblick die bisherigen Decodierungsergebnisse der Chiffre „Malina“ vorgestellt. Hier zeigt sich, dass die Übersetzung des titelgebenden Wortes in „Himbeere“ gängig und unter Anwendung wissenschaftlich fragwürdiger Zirkelschlussverfahren in die *Malina*-Rezeption eingegangen ist. Das historisch-politische Sinnpotenzial des Wortes „Malina“ aus der mündlichen Sprachpraxis blieb bislang verdeckt.

1 Das Wort „Malina“ aus der mundartlichen Sprachpraxis wird großgeschrieben. Die Großschreibung soll die existenzielle Bedeutung der Verstecke hervorheben und ein Zeichen gegen die Marginalisierung des hybriden Soziolektwortes „Malina“ setzen.

2 Ingeborg Bachmann: Tagebuch: Beitrag zur Probenummer einer internationalen Zeitschrift. In: Dies.: *Werke*, Bd. 4: Essays, Reden, Vermischte Schriften, Anhang, hrsg. v. Christine Koschel / Inge von Weidenbaum / Clemens Münster. München / Zürich: Piper 1978, S. 63–77, hier S. 65.

Der zweite Teil behandelt mundartliche Sinngehalte zum titelgebenden Wort Bachmanns. Gleichzeitig werden die bislang dechiffrierten Beeren-Kontexte des Wortes „Malina“ als Sinntravestie decouvriert und die Rolle der VermittlerInnen dieser pflanzlich-vegetativen Kontexte hinterfragt. Die Auslotung des mundartlichen Potenzials von „Malina“ setzt die Beschäftigung mit dem osteuropäischen kriminellen Soziolekt voraus, in dem sich das Wort in mehreren Bedeutungen nachweisen lässt. Sein Nachweis im Sinne eines „anstößigen Vergehens“[3] bezweckt eine Transgression bestehender sprachlicher und geographisch-politischer Grenzen und eine Stärkung hybrider Wortschöpfungen.

Der dritte Teil der Arbeit geht auf das kriminelle Bedeutungsspektrum des Wortes „Malina“ ein. „Malina“ aus der Sprachpraxis der DiebInnen kann in berühmten sowjetischen Gaunerliedern, in wissenschaftlichen Untersuchungen über das organisierte Verbrechen der Emigranten-Malina in den USA, in den Memoiren von Markus Wolf *Spionagechef im geheimen Krieg* (1997) und in den aktuellen Medienschlagzeilen der ostslawischen Massenmedien nachgewiesen werden. In den sichtbar gemachten Kontexten des Wortes „Malina“ treten insbesondere das Verbrecher-Milieu – die politische und kriminelle Unterwelt – und das nachrichtendienstliche Milieu während des Kalten Krieges hervor.

Der vierte Teil widmet sich dem kriminellen Milieu in Bachmanns *Malina*. Die erzielten Dechiffrierungsergebnisse werden für die Interpretation des Werkes herangezogen. Mit dem GanovInnen-Motiv deckt Bachmann den inszenierten Selbstbetrug der österreichischen Nachkriegsgesellschaft auf, die ein hilf- und wehrloses Opfer Hitler-Deutschlands gewesen sein will. Die Chiffre „Malina“ hat Ingeborg Bachmann gestattet, die Opfer-Inszenierungen zu decouvrieren. Zu diesem Zweck hat Bachmann das klassische Gauner- und Diebesmotiv in *Malina* umgestaltet, erweitert und durch eine qualitativ andere Anwendung das weiblich codierte Opfer-Konstrukt unterwandert.

Im fünften Teil wird „Malina“ im Wortschatz der osteuropäischen Holocaustüberlebenden nachgewiesen. Untersucht werden Erinnerungen der ZeitzeugInnen, ihre Bücher, Tagebücher und Interviews. Es werden Manipulation, Marginalisierung und Tilgung des Wortes „Malina“ und seiner oft nicht genannten Parallelformen in der Holocaustliteratur und -forschung aufgezeigt. Der fünfte Teil befasst sich zudem mit der gewaltsamen Ghettoisierung und Vernichtung von Jüdinnen und Juden im Zweiten Weltkrieg und zeigt, dass sich der Begriff „Malina“ aus dem Soziolekt der DiebInnen in den alltäglichen Sprachgebrauch der GhettoinsassInnen übernommen wurde. Notgedrungen erfuhr das Gaunerwort eine semantische Transformation, die an die existenziellen Gefahrensituationen und an die Ausrottung unerwünschter Menschen erinnert. In *The Holocaust in the Soviet Union* (2009) äußert sich Yitzhak Arad – der langjährige Leiter von Yad Vashem – zum Phänomen „Malina“:

3 Zur Methode des „anstößigen Vergehens“ siehe Judith Butler: *Hass spricht: Zur Politik des Performativen*, aus d. Engl. v. Kathrina Menke / Markus Krist. Berlin: Berlinverlag 1998, S. 65.

> As soon as it became clear that the objective of the deportations was murder, many people went into hiding in hideouts called "malinas". To the ghetto inhabitants, the main issue on the agenda became the preparation of a malina. Thousands were involved in the project. It was a matter of life or death and people invested time, initiative, and imagination in preparing their malinas. Malinas were built in cellars, attics, in the spaces between double walls, underground, inside chimneys, and in drainpipes. Sometimes a camouflaged room could serve as a malina. [...]
> The basic rule in preparing a malina was secrecy.[4]

In zahlreichen multimedialen Zeugnissen und Dokumentationen berichten die Überlebenden immer wieder von ihren Malinas. Sowohl die TV-Mitschnitte zum Adolf Eichmann-Prozess (1961) als auch Dauerausstellungen in Vilnius und Minsk dokumentieren diese verborgenen Orte. Malinas befanden sich oft zwischen einer echten Mauerwand des Hauses und einer nachträglich errichteten ‚falschen' Wand, wobei die Eingänge in die Mauerwand-Verstecke sorgfältig maskiert wurden. Im Ghetto des okkupierten Vilnius wurde die Bezeichnung des Undercover-Platzes „Malina" als Personenname an ein Neugeborenes vergeben, das in einer Ghetto-Malina zur Welt kam: Der Name Malina erinnert an den Ort der Geburt – das Ghetto-Versteck – und an die nationalsozialistischen VerbrecherInnen, deren Namen im Ghetto bekannt waren. Das politisch brisante Schlüsselwort „Malina" zeugt vom Überlebenswillen der verfolgten EuropäerInnen in allen erdenklichen konspirativen Verstecken. Im deutschsprachigen Raum zählen Malinas bis heute zu den weitgehend verdrängten Erinnerungsorten des Zweiten Weltkrieges. Unberücksichtigt blieb bislang auch das reiche mundartliche Potenzial des Wortes „Malina", das mittlerweile in zahlreichen Sprachen beheimatet ist.

Ingeborg Bachmann hat den titelgebenden Namen und das titelgebende Wort „Malina" mit einer neuen Bedeutung versehen, die von dem klassischen kriminellen Milieu wegführt und auf das staatlich organisierte und legitimierte verbrecherische Morden hinweist. Der sechste Teil dechiffriert das *Malina*-Buch als portatives Schrift-Denkmal: Es ruft die Orte des Sterbens und des Überlebens unerwünschter Menschen in Erinnerung. 40 Jahre nach dem Erscheinen des *Malina*-Buches (1971), eines ‚Kassibers' und eines symbolischen Geheimfaches, in dem Bachmann zahlreiche Verweise auf das Mauerwand-Versteck aufbewahrt hat, wird in der vorliegenden Studie ein neuer, jetzt politisch, historisch, genderkritisch und medientheoretisch relevanter Decodierungsvorschlag des Schlüsselwortes „Malina" vorgestellt und begründet.

4 Yitzhak Arad: *The Holocaust in the Soviet Union*, aus d. Hebr. v. Ora Cummings. Lincoln / Jerusalem: University of Nebraska Press / Yad Vashem 2009, S. 453–454.

Forschungsstand zum titelgebenden Wort in der Rezeption von Ingeborg Bachmanns *Malina*

1. Malina: Decodierungsergebnisse

1.1 Ein kryptischer Name

Ingeborg Bachmann war der Auffassung, dass die Treue zu den Namen, „Gestaltnamen, Ortsnamen, fast die einzige ist, deren die Menschen fähig sind."[1] In der vierten Frankfurter Poetikvorlesung „Der Umgang mit Namen" resümierte sie: „In der neuen Literatur ist, was die Namen anbelangt, nun einiges geschehen, das nachdenklich macht, eine bewußte Schwächung der Namen und eine Unfähigkeit, Namen zu geben, obwohl es weiterhin Namen gibt und manchmal noch starke Namen."[2]

Kurt Bartsch zufolge wurde in der germanistischen Forschung über die Herkunft des Namens Malina viel gerätselt.[3] Die GermanistInnen haben sich nach Ingvild Folkvord vielfach mit der Interpretation des Titelnamens beschäftigt.[4] Trotz zahlreicher

1 Ingeborg Bachmann: Der Umgang mit Namen. In: Dies.: *Werke*, Bd. 4, S. 238–254, hier S. 240.

2 Ebd., S. 241–242. Annette Klaubert schreibt: „[...] der Titel des Romans Malina deutet darauf, dass eigentlich Malinas Geschichte erzählt wird, und er als der überlegene Teil sollte den Leser mehr interessieren." (Annette Klaubert: *Symbolische Strukturen bei Ingeborg Bachmann: Malina im Kontext der Kurzgeschichten.* Bern / Frankfurt am Main / New York: Lang 1983, S. 75.) Klaubert bekräftigt, dass Ingeborg Bachmann auf die Namensvergabe stets großen Wert gelegt hat: „Ingeborg Bachmann nennt bewusst." (Ebd., S. 74.)

3 Kurt Bartsch: „Malina" davor, „Malina" danach. Vorläufige Anmerkungen zum „Malina"-Roman im Lichte der kritischen Ausgabe des „Todesarten"-Projekts. In: Irene Heidelberger-Leonard (Hrsg.): *„Text-Tollhaus für Bachmann-Süchtige?" Lesarten zur Kritischen Ausgabe von Ingeborg Bachmanns Todesarten-Projekt. Mit einer Dokumentation zur Rezeption in Zeitschriften und Zeitungen.* Opladen / Wiesbaden: Westdeutscher Verlag 1998, S. 107–117, hier S. 114.

4 Ingvild Folkvord: *Sich ein Haus schreiben: Drei Texte aus Ingeborg Bachmanns Prosa.* Hannover: Wehrhahn 2003, S. 93–94.

Versuche, die Frage zu beantworten, wer Malina sei, behält der Titel bislang „etwas Rätselhaftes und Fremdes an sich“.[5] Folkvord vertritt die Ansicht, Bachmanns *Malina* sei einem „fremdklingenden slawischen Namen untergeordnet“,[6] der Titel markiere einen „verschlüsselten Ansatz“.[7] Maria Behre hält das titelgebende Wort für ein „verschwiegenes Geheimzeichen“.[8] Elisabeth Reichart ist der Meinung, der Titelname sei nicht zufällig gewählt.[9] Am 29. März 1971 erschien im *Spiegel* eine Rezension von Gabriele Wohmann zum neuen Prosawerk Ingeborg Bachmanns. Bachmanns Titelwahl hat Wohmann irritiert: „Ich bin auf Seite 135, und ich weiß vieles noch nicht, auch nicht, warum das Buch ‚Malina‘ heißt und nicht ‚Ivan‘ oder am besten: ‚Ich‘“.[10]
In Wohmanns Rezension blieb die Frage nach dem Titel des Buches unbeantwortet. Auch beim Suhrkamp Verlag sorgte Bachmanns „Geheimzeichen“ für Irritationen. Heidi Borhau zufolge machte das ungewöhnliche Wort verlagsinterne Regelungen der Aussprache notwendig, damit eine einheitliche Sprechweise nach außen vertreten werden konnte.[11] Mehr als drei Jahrzehnte später hat Heike Hendrix den Namen Malina als außergewöhnlich charakterisiert.[12]
Bachmann muss die Wahl ihres Buchtitels sorgfältig getroffen haben. Mit einer zyklisch wiederkehrenden Permanenz regt das titelgebende Wort zu neuen Deutungen an. Offenbar hat Ingeborg Bachmann mit dem ungewöhnlichen Titel einen chiffrierten Sachverhalt zu präsentieren gewusst, dessen interpretatives Potenzial auch 40 Jahre nach dem Erscheinen des Buches ein Geheimnis darstellt. Denn seit Jahrzehnten beschäftigen sich zahlreiche ForscherInnen mit seiner Dechiffrierung. Auch diese Arbeit versucht, das Titelwort zu dechiffrieren. Zunächst sollen die einschlägigen Ergebnisse, die sich in der germanistischen Forschung durchgesetzt haben, vorgestellt werden. Im Anschluss an den rezeptionsgeschichtlichen Überblick werde ich eine neue Deutung des Buchtitels vorschlagen und den Vorschlag begründen.

5 Folkvord: *Sich ein Haus schreiben*, S. 94.

6 Ebd.

7 Ebd.

8 Maria Behre: Das Ich, weiblich: „Malina“ im Chor der Stimmen zur „Erfindung“ des Weiblichen im Menschen. In: Andrea Stoll (Hrsg.): *Ingeborg Bachmanns „Malina“*. Frankfurt am Main: Suhrkamp 1992, S. 210–232, hier S. 225.

9 Elisabeth Reichart: Poesie ist Brot: Ingeborg Bachmanns Radikalität. In: *neue deutsche literatur* 45,515 (1997), S. 95–104, hier S. 100.

10 Gabriele Wohmann: Nachtwald voller Fragen. In: *Der Spiegel*, 29.03.1971. http://www.spiegel.de/spiegel/print/d-43279330.html (Zugriff am 09.08.2014).

11 Heidi Borhau: *Ingeborg Bachmanns „Malina“ – eine Provokation?: Rezeptions- und wirkungsästhetische Untersuchungen.* Würzburg: Königshausen & Neumann 1994, S. 49.

12 Heike Hendrix: *Ingeborg Bachmanns „Todesarten“-Zyklus: Eine Abrechnung mit der Zeit.* Würzburg: Königshausen & Neumann 2005, S. 125.

1.2 Ein Name zur Tarnung der Bedeutung „Himbeere"?

Als *Malina* 1971 erschien, hatte Marcel Reich-Ranicki vor, das Bachmann-Buch für die *Zeit* zu besprechen. Doch Reich-Ranicki gab das Vorhaben, eine Rezension zu verfassen, auf:

> In diesem Buch schrieb sie immer wieder: „Ich habe Angst, ich werde verrückt, ich verliere den Verstand" und dergleichen. Ich fand das wirklich sehr aufregend. Und ich dachte mir, dass es schlecht enden werde mit der Bachmann, ich weiß nicht wie, Selbstmord oder so, Irrenanstalt oder Selbstmord, und ich erinnerte mich an das große Wort von Matthias Claudius: „Ich begehre, nicht Schuld daran zu sein." Ich rief den Literaturredakteur der *ZEIT* in Hamburg an und sagte: „Ich habe das Buch gelesen, ich habe die Hälfte der Kritik geschrieben. Doch ich bitte um Verständnis, aber ich kann darüber nicht schreiben. Sie können sagen, dass ich an dem Buch gescheitert bin, ich möchte mich über dieses Buch nicht äußern, und ich begehre, nicht Schuld daran zu sein." Wenig später ist die Bachmann umgekommen, und wir wissen bis heute nicht, was passiert ist.[13]

Viele Jahre nach dem Erscheinen des *Malina*-Buches, das Reich-Ranicki für „ein trübes Gewässer" hält,[14] beschäftigt ihn noch eine unbeantwortete Frage. Sie betrifft die ungewisse Herkunft des Namens Malina. Reich-Ranicki fragt sich, woher Bachmann „den Namen Malina hatte. Es ist ein polnisches Wort und bedeutet Himbeere."[15] Seit Jahrzehnten wird in der germanistischen Forschung als eine mögliche Referenz die Bedeutung „Himbeere" gehandelt. Der renommierte Bachmann-Forscher Hans Höller vertritt die Ansicht, mit der Chiffre „Malina" sei im Titel die Bedeutung „Himbeere" getarnt.[16] Höller hält das Titelwort für eine harmlose Camouflage der Autorin, doch ihr Werk *Malina* könne „auch weniger harmlos verstanden werden […]": „Ingeborg Bachmann hat die erzählte Innenwelt von *Malina* als Interieur eines Kriminal- und Schauerstücks skizziert."[17] Zeitweise hat sich der Suhrkamp Verlag bemüht, dem entschlüsselten Titelwort Rechnung zu tragen: Der Einband des Buches wurde entsprechend der enttarnten „Malina" mit einem Pflanzenmotiv versehen.[18] 2003 rekurriert Ingvild Folkvord auf die erarbeiteten Forschungsergebnisse und resümiert, dass sowohl im Polnischen als auch im Russischen das Wort „malina" „Himbeere" bedeute.[19] Dem titelgebenden Wort wird zudem eine besondere Archaik attestiert: Maria Behre hebt hervor, dass es sich beim „Geheimzeichen" „Malina" um ein sehr altes

13 Marcel Reich-Ranicki: Sie suchte Schutz in der Verstellung. In: Ders.: *Lauter schwierige Patienten: Gespräche mit Peter Voß über Schriftsteller des 20. Jahrhunderts.* München: List 2003, S. 253–274, hier S. 263.

14 Zit. n. Hans Höller: *Ingeborg Bachmann.* Reinbek: Rowohlt 1999, S. 159. Siehe auch Marcel Reich-Ranicki: Am liebsten beim Friseur: Ingeborg Bachmanns neuer Erzählungsband „Simultan". In: Constance Hotz: *Die Bachmann. Das Image der Dichterin: Ingeborg Bachmann im journalistischen Diskurs.* Konstanz: Faude 1990, S. 227–231, hier S. 228.

15 Reich-Ranicki: Sie suchte Schutz, S. 262.

16 Hans Höller: *Ingeborg Bachmann. Das Werk: Von den frühesten Gedichten bis zum „Todesarten"-Zyklus.* Frankfurt am Main: Hain 1993, S. 228, 342, Anm. 34.

17 Ebd., S. 228.

18 Ebd., S. 342, Anm. 34.

19 Folkvord: *Sich ein Haus schreiben*, S. 94.

Wort handeln soll.[20] Sie charakterisiert die archaische Wortwahl Bachmanns wie folgt:

> Der Name „Malina" wirkt wie ein verschwiegenes Geheimzeichen. Er ist slawisch, das polnische und russische Wort für die Himbeere oder den Himbeerstrauch. [...] Im Russischen ist das Wort ähnlich dem Wort „klein, gering, unbedeutend" (auch Malik: Junge, Bursche, Knabe). Die „Himbeere ‚Rubus idaeus'" weist als Gattungsnamen „die Röte, die Rose" auf und als Artnamen die Herkunft vom Gebirge Ida, dem Reich der Bergmutter Kybele. [...] Das germanische Kompositum weist auf das Weibliche hin, die „Beere, die die Hinde, die Hirschkuh gern frißt" [...].[21]

Wie GermanistInnen herausgearbeitet haben, bedeutet „malina" nicht nur im Polnischen oder im Russischen „Himbeere": Das Wort „malina" kann in mehreren slawischen Sprachen als „Himbeere" übersetzt werden.[22] Das sind: Bulgarisch, Mazedonisch, Polnisch, Russisch, Serbokroatisch, Slowakisch, Slowenisch und Tschechisch.[23]
Magdalena Tzaneva leitet ihren Beitrag über das „Bild der Himbeere" in Bachmanns *Malina* mit einem Zitat aus *Malina* ein: „aus Belgrad, nahm ihm seinen (Malinas) Namen."[24] Tzaneva argumentiert, der „Name der Himbeere" (Malina) sei „ganz eindeutig semantisch mit dem slawischen Sprachraum und mit dem Bild der Himbeere verbunden."[25] *Malina* sei eine „Verhexung des Verstandes durch die Verwirrung der Sprache."[26] Die Figur Malina sei eine „Himbeer-Vorstellung, die geschriebene Worte verwirrend und spielerisch" evoziere.[27] Das „Himbeerprinzip"[28] (die „[...] strukturelle Einheit – Malina, die Himbeere [...]"[29]) wird von Tzaneva mit den vermeintlich im Werk Bachmanns „himbeerähnlich" dargestellten Gesellschaftsstrukturen vernetzt.[30]
Tzanevas Deutung des Himbeerbildes bezieht Galaxien mit ein, die sich „himbeerähnlich zu einer großen wandernden Einheit" gruppieren sollen,[31] doch von „einer Himbeere ist nirgendwo unmittelbar die Rede im Text".[32] Tzaneva geht davon aus, das „Himbeerprinzip spiegelt vielleicht die Welt in sich, hält sie im Innersten zusammen."[33]
Mit zahlreichen Verweisen auf das Beeren-Motiv in der okzidentalen Kultur hat Tzaneva eine angeblich von Bachmann getarnte Beeren-Spur aufgedeckt:

20 Behre: Das Ich, weiblich, S. 225.

21 Ebd.

22 Magdalena Tzaneva: Die Welt ist *meine* Welt: Österreich und das Bild der Himbeere in Ingeborg Bachmanns *Malina*. In: *Modern Austrian Literature* 30,3/4 (1997), S. 170–184, hier S. 170.

23 Ebd., S. 182–183, Anm. 3.

24 Ebd., S. 170.

25 Ebd.

26 Ebd., S. 173.

27 Ebd.

28 Ebd., S. 181.

29 Ebd., S. 174.

30 Ebd., S. 180.

31 Ebd., S. 181.

32 Ebd., S. 172.

33 Ebd., S. 181.

> Die Erscheinung Mensch besteht seit einigen Hundertstel Prozent der gesamten Erdgeschichte. Biologisch gesehen beginnt das höhere Leben mit der himbeerähnlichen Spaltung der Zellen, und durch die spaltende Entwicklung wird es zum Tod übergeführt. [...] Biosphärisch deutet das aus vielen kleinen Steinfrüchtchen zusammengesetzte Bild der Himbeere eine zusammenhängende Existenz, eine Symbiose an. Die Beeren wachsen wild im Wald und nähren den Heiligen Johannes in der Wüste. Die Bezeichnung „tut bari" (arab.) für Himbeere birgt semantisch genau diese Bedeutung – Frucht, die von alleine wächst. Deshalb langen die Menschenhände im paradiesischen *Garten der Lüste* von Hieronymus Bosch nach den Beerenfrüchten. Am symbolischen Babelturm in *Die Versuchungen des Hl. Antonius* tragen sie die schwere Beerenfrucht in die Höhe der Zivilisation, wo der Turm aber zur Ruine verfällt, wo der „Erdbeerschlag... verdorrt" [...] ist und die „Beerensammler... früh nach Haus" [...] zurückkehren müssen. Vor dem Bitterwerden der Beerenfrüchte – der Natur – durch den Menschen warnt bereits das biblische Lied des Mose: „Denn ihr Weinstock stammt von Sodoms Weinstock und von dem Weinberg Gomorras; ihre Trauben sind Gift, sie haben bittere Beeren, ihr Wein ist Drachengift... die Zeit ihres Unglücks ist nahe."[34]

Das „starre Bild der Beeren im galizischen Wald" sei von Ingeborg Bachmann in Bewegung gesetzt, so dass bald in *Malina* „die Schale der abgepflückten Himbeere erkennbar" werde, bald sich „die Himbeerstruktur zu einem Schachbrettmuster" entfalte.[35] „Malina"/„Himbeere" korreliere mit dem russischen Ausdruck „*malinovji zvon* – ‚angenehmes, harmonisches Läuten der Kirchenglocken'"[36]: „*Malinovji* (russ. ‚von der malina', d.h. von der ‚Himbeere') und *zvon* (russ. ‚Klang') ergibt ‚Himbeerklang.'"[37] Der musikalische Aspekt der Himbeere wird verdeutlicht: „Diese tief ins Innerste, beerenhörige Malina, *die Himbeere*, ähnelt in ihrer Haltung auffällig die im Mittelpunkt von Hieronymus Boschs *Garten der Gelüste* erscheinende Dame mit zwei Kirschen über ihrer Hirndecke."[38] Tzanevas akribische Analyse der Himbeerklänge und des Himbeerbildes wird erstens mit der Behauptung begründet, dass die Chiffre „Malina" auf die slawische Himbeere referiere, und zweitens, wie schon erwähnt, mit dem Zitat eines kurzen Satzteils, der nahelegen soll, Malinas Name komme aus Belgrad: „aus Belgrad, nahm ihm seinen (Malinas) Namen."[39] Ergänzt man aber den Kontext des zitierten Satzabschnittes, wird das Argument über die erwiesene Herkunft des Namens textimmanent dementiert:

> Denn in der verlorenen Zeit, als wir einander nicht einmal die Namen abfragen konnten, noch weniger unsere Leben, habe ich ihn für mich ‚Eugenius' genannt, weil ‚Prinz Eugen, der edle Ritter' das erste Lied war, das ich zu lernen hatte und damit auch den ersten Männernamen, gleich gefiel der Name mir sehr, auch die Stadt ‚Belgerad', deren Exotik und Bedeutung sich erst verflüchtigte, als sich herausstellte, daß Malina nicht aus Belgrad kommt, sondern nur von der jugoslawischen Grenze, wie ich selber, und manchmal sagen wir noch etwas auf slowenisch oder windisch zueinander, wie in den ersten Tagen: Jaz in ti. In ti in jaz [Sowohl ich als auch du. Sowohl du als auch ich][40]. Sonst haben wir es

34 Ebd., S. 174–175.

35 Ebd., S. 174.

36 Magdalena Tzaneva: *Die „Pierrot lunaire" Musik in Ingeborg Bachmanns „Malina"*. Berlin: LiDi 2005, S. 183.

37 Ebd., S. 175.

38 Ebd., S. 184. (In dieser Arbeit wurden Zitate wortwörtlich, inklusive aller Schreibfehler, übernommen.)

39 Tzaneva: Die Welt ist *meine* Welt, S. 170.

40 Hier und im Folgenden wird Ingeborg Bachmann: *Malina*, mit einem Kommentar v. Monika Albrecht / Dirk Göttsche. Frankfurt am Main: Suhrkamp 2004 mit Seitenangaben nachgewiesen. Die an

> nicht nötig, von unseren ersten guten Tagen zu reden, weil die Tage immer besser werden, und lachen muß ich über die Zeiten, in denen ich wütend auf Malina war, weil er mich soviel Zeit mit anderen und anderem vergeuden ließ, darum exilierte ich ihn aus Belgrad, nahm ihm seinen Namen, dichtete ihm mysteriöse Geschichten an, bald war er ein Hochstapler, bald ein Philister, bald ein Spion, und wenn ich besser gelaunt war, ließ ich ihn aus der Wirklichkeit verschwinden und brachte ihn unter in einigen Märchen und Sagen [...]. (S. 18–19)

Mein Fazit lautet: Der Name Malina kommt nicht aus Belgrad. Seine Übersetzung als „Himbeere" wird Tzanevas plausibler, treffend formulierter These über das „in einer quälenden Sprachlosigkeit" bewusst eingesetzte Wort, das „aus Mehrsprachigkeit entsprungen ist",[41] nicht gerecht. Der Sprachlosigkeit sei Bachmann, wie Tzaneva annimmt, mit einem Fremdwort begegnet.[42] Es stellt sich aber die Frage, worauf diese Sprachlosigkeit und das ‚Geheimzeichen' „Malina" zu beziehen sind. In einem Interview mit Karol Sauerland 1973 hat sich Bachmann während ihres Aufenthaltes in Polen dazu geäußert:

> Ich habe Dokumentationen gelesen... und ich habe hier, wo ich zum erstenmal in Polen bin, jeden Tag Angstträume und Alpträume. Denn es ist etwas anderes, wenn man eine Dokumentation über Auschwitz oder Birkenau liest... Ich habe gebeten, daß wir dorthin fahren. Dort zu sein ist etwas anderes, als darüber zu lesen. Ich habe eine große Bibliothek mit Dokumentationen, und auch über Warschau. Ich weiß überhaupt nicht, wie man damit leben kann. Denn die anderen Länder, die sicher sehr Schweres durchgemacht haben, wie Italien, Jugoslawien, Griechenland oder Frankreich, die ich gesehen habe, lassen sich mit Polen überhaupt nicht vergleichen. Es gibt da nichts zu sagen. Es ist wirklich, es macht einen sprachlos.[43]

Sprachlosigkeit bezieht Bachmann hier auf den Holocaust. Heike Hendrix zufolge ist die zeitgeschichtliche Erfahrung kollektiver Amnesie der nationalsozialistischen Verbrechen für Bachmanns Werk zentral.[44] Hendrix weist darauf hin, dass Bachmann den kollektiven Verdrängungsstrategien der Nachkriegsgesellschaften Deutschlands und Österreichs literarisch Widerstand entgegenzusetzen versucht hat.[45] Dazu zählt Hendrix auch Bachmanns Auseinandersetzung mit der Sprache:

> Ihr größtes Misstrauen galt der Sprache der Täter, in der die Greueltaten des Nationalsozialismus propagiert und durchgeführt worden waren, und in der der Faschismus als geistiges Prinzip über die „Stunde Null" hinaus fortlebe. Immer wieder betonte sie die besondere moralische Verantwortung der Literatur im Umgang mit der Sprache. So wehrte sie sich auch entschieden gegen die ästhetische Vereinnahmung ihrer Werke, vor allem ihrer Gedichte, und problematisierte ihr eigenes lyrisches Schaffen zunehmend, was schlussendlich unter anderem den Wechsel zur Prosa motivierte.[46]

dieser Stelle in eckigen Klammern angegebene Übersetzung aus dem Slowenischen gehört zum Kommentar, vgl. ebd., S. 18.

41 Tzaneva: Die Welt ist *meine* Welt, S. 171.

42 Ebd.

43 Ingeborg Bachmann: *Wir müssen wahre Sätze finden. Gespräche und Interviews*, hrsg. v. Christine Koschel / Inge von Weidenbaum. München / Zürich: Piper 1983, S. 142.

44 Hendrix: *Ingeborg Bachmanns „Todesarten"-Zyklus*, S. 207.

45 Ebd.

46 Ebd.

Ich vertrete die Ansicht, dass Bachmann der unbestreitbaren ‚Amnesie' geschichtsbewusst mit der Titel- und Namenschiffre „Malina" begegnet ist. Sie hat weitsichtig die Entscheidung getroffen, als Schlüssel zu ihrem einzigen großen Prosawerk das ‚Fremdwort'[47] „Malina" einzusetzen.

1.3 Ein Name für das „weibliche Zentralorgan"?

Von den „himbeerähnlichen Spaltungen der Zellen" als einem evolutionären Grundgeschehen[48] wurde in der *Malina*-Rezeption der Bogen bis zum „himbeerähnlich" menstruierenden Unterleib[49] gespannt. In den meisten Untersuchungen zu Bachmanns *Malina* wird Heike Hendrix zufolge die Übersetzung des Wortes „malina" in „Himbeere" erwähnt.[50] Die auf den weiblichen Unterleib gerichteten interpretativen Ansätze profitieren von dieser Übersetzung: Jutta Schlich führte das titelgebende Wort auf die „Gebärmutter" zurück.[51] Sie hat den Namen Malina als das „weibliche Zentralorgan" dechiffriert[52]:

> In seiner Auseinandersetzung mit Malina zieht das Ich eine magische Blutspur. Dabei arbeitet es das Bedeutungsspektrum des Wortes ‚Malina' systematisch auf und ab. Das slavische Wort ‚Malina' bedeutet ‚Himbeere'. Und wenn – bildlich und mit der Symbolforschung zu *Malina* gesprochen – „Himbeermotive, die unversehens in Bluttropfen übergehen", eine dem Gang der Handlung entsprechende Zusammenfassung sein sollen, [...] dann lässt sich nach einer Lektüre von *Malina* nach den Regeln der Kunst diese metaphorische Redeweise auf die Gebärmutter zurück führen. In der Gebärmutter als himbeerrote Quelle ultimativen Wissens münden alle Bedeutungen, die die Forschung für das Wort ‚Malina' benannt und auf das Textgeschehen bezogen hat: ‚Malina' ist „erotisches Symbol" [...].[53]

Schlich macht darauf aufmerksam, dass Ingeborg Bachmann ein bedeutsames Buch über das weibliche Fortpflanzungsorgan verfasst habe: In *Malina* wird nach Schlich der Gebärmutter ein zentraler Stellenwert beigemessen.[54] *Malina*, „nach den Regeln

47 Über das komplizierte Verhältnis Bachmanns zur deutschen Sprache siehe Jacob Taubes: Aus einem Non-Lieux des Archivs: Jacob Taubes an Aharon Agus, Berlin 11. November 1981. In: *Trajekte* 10 (2005), S. 8–11, hier S. 10.

48 Vgl. Tzaneva: Die Welt ist *meine* Welt, S. 174.

49 „Als paramenstrueller Roman zelebriert *Malina* die Menstruationserfahrung der Frau." (Jutta Schlich: *Inzest und Tabu: Ingeborg Bachmanns „Malina" gelesen nach den Regeln der Kunst.* Sulzbach, Ts.: Helmer 2009, S. 235.)

50 Hendrix: *Ingeborg Bachmanns „Todesarten"-Zyklus*, S. 125.

51 Schlich: *Inzest und Tabu*, S. 243. Vor Schlich diskutierte schon Sunka Simon die Bedeutung des weiblichen Zyklus in Bachmanns *Malina:* „Her 'gender trouble', to borrow Judith Butler's phrase, caused her to 'eat her heart out'. She consumed herself in (and as) bits and pieces. In this rhapsody of letters, the utopia of writing a 'schönes Buch' despite 'universal prostitution' miscarries, but its violent abortion also resumes Ich's womanly cycle of exchange. [...] Bachmann refuses and reappropriates the bodily metaphors of 'production', applied to pregnancy by twentieth-century medicine, and 'waste', applied to menstruation or miscarriage." (Sunka Simon: *Mail-orders: The Fiction of Letters in Postmodern Culture.* New York: State University of New York Press 2002, S. 53.)

52 Schlich: *Inzest und Tabu*, S. 243.

53 Ebd., S. 242–243.

54 Ebd., S. 243, 246.

der Kunst" gelesen, begünstigt, wie Schlich hervorhebt, „die Regel der Natur: Blutstolz – Quantensprung der Evolution."[55] In ihrem Buch arbeitet sie die vorherrschenden Namensdeutungen, die in der germanistischen Forschung vorgelegt sind, nochmals gründlich ab. Schlich rekurriert auf die Meta-These „animal" und auf die bei GermanistInnen und SchriftstellerInnen besonders beliebte Dechiffrierung des Titelwortes als „anima":

> Hat man die wörtliche Auslegung des Wortes ‚Malina' für den Roman gründlich abgearbeitet, findet man sich auf einer höheren philologischen Ebene wieder. Hier kann man mit den Buchstaben spielen und die Facetten des Wortes ‚Malina' auf einen neuen Begriff bringen: ‚Animal'. So lautet das Anagramm oder besser: die Meta-These, die Um-Setzung der Buchstaben des Namens ‚Malina'. Diese Metathese liefert der neuen Metaphysik des Ich ein letztes Plus an Sinn. Das lateinische Wort *animal* meint Lebewesen tierischer, pflanzlicher und menschlicher Art. Es erfasst das Leben als ein Spektrum sensitiver, vegetativer und kognitiver Prozesse. Der wunderbaren Dreifaltigkeit des *animal*-Spektrums kommt man über eine Reflexion auf das in *animal* inbegriffene Wort *anima* näher. C. G. Jung hat dieses Wort zum Begriff gemacht, zu einem Denkmal von Problemen, an welchem sich der kulturelle Stellenwert der wilden Vielfalt des Lebens ablesen lässt.[56]

Die Entzifferung des Namens Malina als „animal" und „anima" ist nicht neu. Die „animal"-„anima"-Version hat in der Bachmann-Forschung eine lange Tradition: Schon 1978 hat Gerhard F. Probst die Relation „Malina-animal-anima" für die *Malina*-Forschung entdeckt.[57]

> Malina ist ein Anagramm von Animal, wobei die beiden Hälften, die den Namen konstituieren, vertauscht und die eine invers gelesen werden muß: ein weiterer Hinweis auf die Spaltung der Figur. Anima aber ist in Animal genau so enthalten wie in Malina, das Gefühl also im Tierischen oder Körperlichen genau so verankert wie im Geist, in der Ratio.[58]

Die von Probst 1978 vorgeschlagenen Interpretationsansätze sind in der germanistischen Forschung weitergeführt und ausgelotet worden. Sie sind inzwischen allgemein bekannt; wohl deshalb wird Probsts Name in der Regel von den InterpretInnen nicht mehr genannt.[59] Auch die Schriftstellerin Elisabeth Reichart hat in ihrer Namensinterpretation Probsts Anagramm-Version reproduziert[60]: Malinas Name, dessen Umkehrung, „wenn wir ihn in der Mitte teilen, Animal ergibt, oder auf englisch animal, also Tier, aus dem Lateinischen kommt und Lebewesen, Geschöpf bedeutet."[61] Reichart argumentiert zwar gegen die „Himbeere", greift in ihrer Deutung aber die gängigen „animal"- und „anima"-Versionen auf: „Von Animal zum Archetypus der Anima ist es

55 Schlich: *Inzest und Tabu*, S. 255.

56 Ebd., S. 244.

57 Gerhard F. Probst: Mein Name sei Malina – Nachdenken über Ingeborg Bachmann. In: *Modern Austrian Literature* 11,1 (1978), S. 103–119, hier S. 109, 113.

58 Ebd., S. 109.

59 Siehe Hendrix: *Ingeborg Bachmanns „Todesarten"-Zyklus*, S. 111–112; Reichart: Poesie ist Brot, S. 100; Schlich: *Inzest und Tabu*, S. 244–245.

60 Reichart: Poesie ist Brot, S. 100–101.

61 Ebd., S. 100.

nur einen fehlenden Buchstaben weit."[62] Die von Reichart vorgelegte „archetypische" Interpretation des Namens hat mit Ingeborg Bachmanns Radikalität, die sie mit der Wahl des Namens zum Ausdruck gebracht hat, wenig zu tun:

> Der Mensch, das Geschöpf und damit der Schöpfer ist in dieser Welt der Mann. Oder, um die Jungsche Version aufzugreifen, Malina ist der Vernichter seiner weiblichen Seele, deren Beschreibung bei Bachmann und Jung ähnlich klingt: „Alles, was die Anima berührt, wird numinos, das heißt unbedingt, gefährlich, tabuiert, magisch... Indem die Anima das Leben will, will sie Gutes und Böses." (Jung, „Archetypen")[63]

In *Inzest und Tabu* (2009) gestaltet Jutta Schlich die Deutung des Namens magischer als Reichart. Neu in der von Schlich vorgelegten Namensinterpretation ist ausschließlich die hergestellte Verbindung zum „weiblichen Zentralorgan". Schlich arbeitet heraus, dass Bachmann in *Malina* sowohl die natürliche Kraft der Gebärmutter als auch deren Blutstolz rehabilitiert habe.[64] Die verbreitete Dechiffrierung des Namens als „Himbeere" hat diese metaphorische Weiterführung möglich gemacht. Neben den Anagrammen „anima" und „animal" integriert Schlich auch die ‚slawische' Himbeere in ihre Deutung. Den Interpretationsansatz, „Malina" sei die „Frucht eines üppig wachsenden Himbeerstrauches", hat Schlich bei Kaja Antonowicz[65] aufgespürt. Wie Tzaneva deutet Antonowicz die Schriftzeichenreihe „Malina" als einen Verweis auf die pflanzlich-vegetative „Himbeere".[66] Sie betont die sexuelle Codierung der Himbeerfrüchte in slawischen Kulturen:

> Der oder die Geliebte aus dem slavischen Volkslied haben „Lippen wie die Himbeere" und schenken sich gegenseitig ihre Früchte, das Himbeerpflücken ist oft eine Umschreibung für den Geschlechtsakt und der Himbeerstrauch, der undurchdringliche Hecken bildet, erscheint zuweilen als ein Asyl für die Liebe, die im sozialen Raum nicht stattfinden kann.[67]

Neben der Auseinandersetzung mit der Symbolik der Himbeere bemüht sich Antonowicz, eine höhere Abstraktionsebene in ihrer *Malina*-Reflexion zu erreichen. Sie macht auf die Beziehung aufmerksam, die in *Malina* zwischen der „verhängnisvollen Wandfläche und einem leeren Papierblatt" betont werde.[68] Somit verweist Antonowicz auf die Konstruktionsbedingungen von *Malina*. Das Papierblatt sei ein Arbeitsinstrument, mit dessen Hilfe der Text *Malina* entstand.[69] Das „Malinafeld" wird von Anto-

62 Ebd., S. 100–101.

63 Ebd.

64 Schlich: *Inzest und Tabu*, S. 254–255.

65 Ebd., S. 243.

66 Kaja Antonowicz: Malina oder das Auseinandergeraten – die Symbolik des Namens Malina und die Erzählproblematik des *Malina*-Romans. In: *Colloquium Helveticum* 23 (1996), S. 93–124, hier S. 93–94, 99. Antonowicz schreibt: „Das Wort lautet in allen slavischen Sprachen gleich und ist von seiner grammatischen Form her eher als Frauenname geeignet. Davon, dass Bachmann tatsächlich an einen Pflanzennamen denkt, zeugt im Roman das zusammengesetzte Substantiv ‚mein Malinafeld'". (Ebd., S. 93, Anm. 1.)

67 Ebd., S. 98.

68 Ebd., S. 118.

69 Ebd.

nowicz als organisch-pflanzliche Himbeerhecke entschlüsselt: „[...] die Manuskripte sind im Grunde genommen vom Ich verfasst worden, eine organisch-pflanzliche Himbeerhecke, ein ‚Malinafeld' ist der (freilich nicht sehr gastliche) Ort der Schrift."[70] Antonowiczs Beschäftigung mit dem materiellen Raumaspekt des Vermittlungsmediums mündet in ein wenig überraschendes, weil häufig vorkommendes Musterstereotyp. Der Körper der Frau wird als Papier gedeutet: „[...] ihr ‚weisser Körper' fehlt, er ist zur ‚weissen Wand' oder zum weissen Papierblatt geworden [...]."[71] Antonowicz

70 Antonowicz: Malina oder das Auseinandergeraten, S. 121.

71 Ebd., S. 119. Der Körper wird einmal mehr als eine „wartende Figur" konfiguriert, die nach Judith Butler „auf die Einschreibung als Einschnitt" wartet, um in die „Sprache und Kultur" einzutreten. Dieser stumme, der „Kultur" vermeintlich vorgängige „Körper" sei von der Figur des „Weiblichen" überlagert. Vgl. Judith Butler: *Das Unbehagen der Geschlechter*, aus d. Amer. v. Kathrina Menke. Frankfurt am Main: Suhrkamp 2003, S. 216. Gudrun Kohn-Waechter vertritt eine ähnliche Meinung wie Antonowicz und lässt die „Frau" in der Leinwand verschwinden: „Für den Vorgang, in dem die Frau zur verborgenen Stütze männlicher Sinnproduktion wird, haben surrealistische Malerinnen wie Dorothea Tanning und Toyen, Künstlerinnen wie Carolee Schneemann und Valie Export das Bild des Verschwindens in der Wand bzw. Leinwand gefunden. Dieses Bild beschließt auch den Roman *Malina* von Ingeborg Bachmann." (Gudrun Kohn-Waechter: *Das Verschwinden in der Wand: Destruktive Moderne und Widerspruch eines weiblichen Ich in Ingeborg Bachmanns „Malina"*. Stuttgart: Metzler 1992, S. 10.) Es wird oft übersehen, dass die Materialität des Schriftzeichens hergestellt ist und relationale (Wunsch-)Verhältnisse widerspiegelt. Bachmann mobilisiert in *Malina* keine weiße Papierwand, sondern eine mächtige alte Mauerwand mit einem Riss. Dieser Riss stellt einen qualitativen Unterschied zu dem vermeintlich markierungslosen Weiß der Leinwand dar. Das Weiß des hergestellten Papiers, seine vermeintliche „Leere", wäre aus einer historischen Perspektive zu hinterfragen. Gundel Mattenklott schreibt, dass die Reinheit des Papiers eine erlogene sei und dem christlichen Glauben an das auferstandene Wort entspringe: „Bevor die industrielle Fabrikation von Papier auf der Grundlage des Holzschliffs entwickelt wurde, stellte man den Beschreibstoff in Europa aus Leinenlumpen her. Die Reinheit des Papiers ist also eine sekundäre, man könnte auch sagen, eine erlogene (wie Goethe vom Schnee sagt). Ehe der Autor sich in seinen intimen Kampf mit dem unbefleckten Blatt stürzt, hat es schon eine lange Geschichte der Besudelung hinter sich. [...] Der menschlichen Haut nahe wie kein anderes Ding, als Windel und Hemd, Laken und Leichentuch, ist das Leinen mit allen Lebens- und Leidenssäften befleckt und getränkt, wenn es endlich als verachteter, aber dennoch kostbarer Abfall in der Papiermühle landet, in der es in kleinste Fetzen zerrissen wird, gekocht, gebeizt und gewässert wird, bis aus der schier endlosen Marter der Bogen Papier auftaucht in schimmernder Weiße. [...] Das aus der Papierbütte auftauchende weiße Blatt ist Symbol des transfigurierten Auferstandenen." (Gundel Mattenklott: Bleistift, Tinte, Papier. Zur materiellen Imagination der Schrift. In: *Paragrana: Internationale Zeitschrift für Historische Anthropologie* Beiheft 1 (2005), S. 121–141, hier S. 134.) Bis zu den Jahren 1860/1870 wird Papier fast ausschließlich aus Hadern hergestellt. Die Lumpen gehörten zu einer heftig umkämpften und begehrten Ressource. Vgl. Wolfgang Walenski: *DasPapierBuch: Herstellung, Verwendung, Bedruckbarkeit.* Itzehoe: Beruf + Schule 1994, S. 21. Die Herstellung einer weißen Oberfläche hat Umweltverschmutzung und -vergiftung mit sich gebracht. Die Flüsse des 19. Jahrhunderts wurden in Kloaken verwandelt, auch durch die Papierindustrie. Als Bleichmittel wurde Chlor eingesetzt. Denn: „[...] Schneeweiß und glatt / so hat mans gern." (Günter Bayerl: Schneeweiße Blätter, schmutzige Wasser – Produktion und Umwelt. In: Rolf Stümpel (Hrsg.): *Papier.* Berlin: Museum für Verkehr und Technik 1987, S. 62–78, hier S. 62. Zur Umweltbelastung durch die Papiermacherei siehe ebd., S. 64–74.) Zum Einsatz von Chlor und den Bemühungen um das Weiß des Papiers vgl. Wilhelm Sandermann: *Papier: Eine spannende Kulturgeschichte.* Berlin / Heidelberg / New York / London / Paris / Tokyo / Hong Kong / Barcelona / Budapest: Springer 1992, S. 154. Oberflächen müssen erst als weiß hergestellt werden, damit ihre vermeintliche „Leere" und die begehrte „Unbeflecktheit" nachträglich festgestellt werden können. Die Sichtbarmachung des unerwünschten Schmutzes ist notwendig, damit die „symbolische Ordnung" des „stummen" „Weiblichen" bzw. der „leeren" und „weißen" Oberflächen auf der repräsentativen Ebene effektiv konterkariert werden kann.

vertritt die Ansicht, die Schrift habe die Eigenschaft, „Leben zu simulieren, wo es sich schon längst zurückgezogen hat, oder wo es außerhalb von ihr nie existiert hat."[72] Insofern aber die InterpretInnen pflanzliche Himbeermotive entwerfen und untersuchen, bleiben die medial-materiellen Vermittlungsbedingungen der simulierten „Lebendigkeit", die auch von dem „Gebärmutter"-Sujet symbolisiert wird, abseits einer intensiven Reflexion.

1.4 Ein Wort im Märchen-Kontext

Die Annahme, das semantische Bedeutungsfeld „Himbeere" entspreche der Schriftzeichenreihe „Malina", wird gelegentlich als Anlass genommen, sich mit dem Phänomen der Himbeere in Bachmanns *Malina* auseinanderzusetzen. Zwischen Joseph Roths *Erdbeeren* (einem nach Tzaneva geplanten, aber nicht realisierten Romanprojekt) und Bachmanns *Malina* hat Tzaneva 1997 eine Beziehung hergestellt: In *Malina* könne die „Erdbeeren-Parole" jedoch nicht offen ausgesprochen werden, da sie von der Autorin verschlüsselt wurde.[73] In der *Malina*-Rezeption haben sich insbesondere Maria Behre, Kaja Antonowicz, Jutta Schlich und Magdalena Tzaneva um eine mythisch-märchenhafte Entschlüsselung dieser „Beeren-Parole" bemüht:

> Auf einer riesigen Himbeere zu leben ist eine schöne und auch denkbare Vorstellung. Die Erde als die nährende Schale einer abgepflückten Himbeere ist ein alter Gedanke, der annähernd in einem Sprichwort der Digger Indians überliefert ist: „Zu Anbeginn gab Gott jedem Volk eine tönerne Schale. Und aus dieser Schale tranken sie ihr Leben." Malinas „kleine grüngerandete Schale" [...], die grünumhüllte Erde, ist von Ingeborg Bachmann in geologischer, politischer und gesellschaftlicher Hinsicht als himbeerähnlich strukturiert gezeigt.
>
> Die geologische Struktur der Erde beruht auf einer himbeerähnlichen Spaltung. Und dessen ist sich Ingeborg Bachmann bewußt.[74]

Zahlreiche GermanistInnen haben auf die chiffrierte Spur der Himbeere in Bachmanns *Malina* verwiesen. In der *Malina*-Rezeption ist diese Beeren-Spur dadurch zur Spur der SpurenleserInnen geworden.[75] Die polnische „Malina" („Himbeere") aus Christa Wolfs *Nachdenken über Christa T.* (1968) und der Name Maline („Himbeere") aus *Vor dem Sturm* (1878) von Theodor Fontane[76] sind mit der „Himbeere" in Bachmanns *Malina* vernetzt worden.[77] Die Dechiffrierung „Himbeere" hat sich vor allem

72 Antonowicz: Malina oder das Auseinandergeraten, S. 121.

73 Tzaneva: Die Welt ist *meine* Welt, S. 172.

74 Ebd., S. 178–179.

75 Die gelesene Spur wird nach Holtorf (in Anlehung an Matthew Edgeworth) zur Spur der SpurenleserInnen. Das Spurenlesen spiegelt die „eigene Arbeitsweise" wider. Vgl. Cornelius Holtorf: Vom Kern der Dinge keine Spur. Spurenlesen aus archäologischer Sicht. In: Sybille Krämer / Werner Kogge / Gernot Grube (Hrsg.): *Spur: Spurenlesen als Orientierungstechnik und Wissenskunst.* Frankfurt am Main: Suhrkamp 2007, S. 333–352, hier S. 347.

76 Stephan Sauthoff: *Die Transformation (auto-)biographischer Elemente im Prosawerk Ingeborg Bachmanns.* Frankfurt am Main / Berlin / Bern / New York / Paris / Wien: Lang 1992, S. 257–258, Anm. 182.

77 Vgl. hierzu Ellen Summerfield: *Ingeborg Bachmann: Die Auflösung der Figur in ihrem Roman ‚Malina'.* Bonn: Bouvier 1976, S. 112, Anm. 49: „Die Beziehung Ingeborg Bachmanns zu Christa Wolf ist noch nicht untersucht worden. Interessant ist, daß in *Nachdenken über Christa T.* das Wort Malina als Titel eines Aufsatzes

in feministischen Deutungsansätzen des „Kult-Text[es]“ bzw. des feministischen „Kultbuch[es]“ *Malina* behaupten können.[78] Diese Deutungstradition wird von nachfolgenden WissenschaftlerInnen weitergeführt:

> Bachmann hat die „Holzwege“ des Denkens über Wirk-lichkeit bloßgestellt, denn: Die Himbeere, slawisch „Malina“, ist etymologisch wahrscheinlich ein Kompositum aus „hinde“ und „Beere“. Hinde bedeutet wiederum Hirschkuh. Man kommt also oft zu der Bezeichnung der Himbeere als „Beere der Hirschkuh“. Man sagt, dass die Beeren an den lichten und hellen Stellen des Waldes wachsen, wo sich auch die Hirschkuh aufhält.[79]

Die folkloristischen Motive aus Märchen vervollständigen in der *Malina*-Rezeption den „kulturgeschichtlichen Kontext des Himbeer-Motivs“.[80] Kaja Antonowicz beschäftigt sich mit einem in Mitteleuropa verbreiteten Märchenstoff, der Himbeer-Motive beinhaltet.[81] Obwohl kein Beweis erbracht werden kann, dass Bachmann diesen Märchenstoff gekannt hat, bezieht Antonowicz ihn auf den analysierten Primärtext.[82] Die Auseinandersetzung mit dem Himbeer-Märchen begründet Antonowicz mit einer Äußerung Bachmanns über die „mythenreiche Vorstellungswelt“ ihrer „Heimat, die ein Stück wenig realisiertes Österreich ist, eine Welt, in der viele Sprachen gesprochen werden und viele Grenzen verlaufen.“[83] An diese „mythenreiche Vorstellungswelt“ knüpft Antonowicz an:

> Eben an diese „mythenreiche Vorstellungswelt“ lassen die zwei Pflanzenmotive denken, die in *Malina* eine zentrale Rolle spielen: die Himbeere und die Weide, welche in der Beschreibung der

‚Malina die Himbeere‘ vorkommt. Das Wort Malina ist das russische Wort für Himbeere.“ Vgl. hierzu auch Probst: Mein Name sei Malina, S. 103, 115–117; Inta Ezergailis: *Women Writers: The Divided Self: Analysis of Novels by Christa Wolf, Ingeborg Bachmann, Doris Lessing and Others.* Bonn: Bouvier 1982, S. 37, Anm. 27; Kohn-Waechter: *Das Verschwinden in der Wand*, S. 148, Anm. 71; Bärbel Lücke: *Ingeborg Bachmann: Malina. Interpretation.* München: Oldenbourg 1993, S. 138; Behre: Das Ich, weiblich, S. 225; Antonowicz: Malina oder das Auseinandergeraten, S. 93, Anm. 1; Marion Schmaus: *Die poetische Konstruktion des Selbst. Grenzgänge zwischen Frühromantik und Moderne: Novalis, Bachmann, Christa Wolf, Foucault.* Tübingen: Niemeyer 2000, S. 217–218; Barbara Thums: Poetik des Vergessens. In: Dies. / Britta Herrmann (Hrsg.): *„Was wir einsetzen können, ist Nüchternheit“: Zum Werk Ilse Aichingers.* Würzburg: Königshausen & Neumann 2001, S. 108–123, hier S. 121; Sara Lennox: *Cemetery of the Murdered Daughters: Feminism, History, and Ingeborg Bachmann.* Amherst / Boston: University of Massachusetts Press 2006, S. 103. Das Wort „Himbeere“ aus Wolfs *Nachdenken über Christa T.* wurde ins Englische als „Erdbeere“ übersetzt. Siehe den Hinweis und die Korrektur ebd.

78 Andrea Kresimon: *Ingeborg Bachmann und der Film: Intermedialität und intermediale Prozesse in Werk und Rezeption.* Frankfurt am Main / Berlin / Bern / Bruxelles / New York / Oxford / Wien: Lang 2004, S. 245. Vgl. auch ebd., S. 246–247.

79 Caroline Scholzen: *Flechtwerk. Zu Ingeborg Bachmanns Roman Malina.* Wien: Universität Wien 2009, S. 145. http://othes.univie.ac.at/9031/1/2009-12-09_9949054.pdf (Zugriff am 20.08.2011). Diese Diplomarbeit ist nicht mehr online zugänglich, siehe Flechtwerk. http://othes.univie.ac.at/9031/ (Zugriff am 09.08.2014).

80 Antonowicz: Malina oder das Auseinandergeraten, S. 113.

81 Ebd., S. 113–117.

82 Ebd., S. 113–124.

83 Ebd., S. 113. Siehe Ingeborg Bachmann: Biographisches. In: Dies.: *Werke*, Bd. 4, S. 301–302, hier S. 302: „Im Grunde aber beherrscht mich noch immer die mythenreiche Vorstellungswelt meiner Heimat, die ein Stück wenig realisiertes Österreich ist, eine Welt, in der viele Sprachen gesprochen werden und viele Grenzen verlaufen.“

Wasserlandschaft der *Legende der Prinzessin von Kagran* in den Vordergrund zu treten scheint. Während die Himbeer-Symbolik mit der Gestalt von Malina verbunden ist, konzentrieren sich die Anspielungen auf die Weide und das Weidenholz um die Figur von Ivan, den die Heldin in der *Legende*…, also lange vor der Erzählzeit, zum ersten Mal getroffen haben will. Der Name Ivan ist in diesem Zusammenhang wohl nicht zufällig: er lässt an „iva“ oder „iwa“, die archaische Bezeichnung für die Weide denken, welche, ähnlich wie das Wort „Himbeere“, in allen slavischen Sprachen ähnlich klingt. In zweiter Linie verweist der Name auf die Flöte, das pastorale Musikinstrument, das in Osteuropa in der Regel aus Weidenholz gemacht wurde und dessen Klänge die Prinzessin in der *Legende*… mehrere Male vernimmt. Beide Pflanzen sowie auch das verhängnisvolle Himbeerfeld und die Flöte aus Weidenholz finden sich im Märchenstoff *Die zwei Schwestern* wieder und es ist daher nicht uninteressant, dessen Handlung näher zu betrachten, auch wenn kein materieller Beweis für Bachmanns Beschäftigung mit ihm erbracht werden kann. Im Märchen ist von zwei, bzw. drei Schwestern die Rede (einem, allerdings gleichgeschlechtlichen, Geschwisterpaar oder -trio), die, um einen Fürsten zu heiraten, der sich zwischen ihnen nicht entscheiden kann, in den Wald gehen müssen, um einen Krug voll Himbeeren zu sammeln.[84]

Der hergestellte pflanzlich-vegetative Verweisungszusammenhang hat ahistorische Lesarten begünstigt und verdeckt bislang die historisch-politische Dimension des Buches *Malina*.

1.5 Von „Himbeere“ bis zu „Vulva“: *reductio ad absurdum*

Geschrieben steht: „Im Anfang war das W o r t!“
Hier stock’ ich schon! Wer hilft mir weiter fort?
Ich kann das W o r t so hoch unmöglich schätzen,
Ich muß es anders übersetzen,
Wenn ich vom Geiste recht erleuchtet bin.
Geschrieben steht: „Im Anfang war der S i n n.“
Bedenke wohl die erste Zeile,
Daß deine Feder sich nicht übereile!
Ist es der S i n n, der alles wirkt und schafft?
Es sollte stehn: „Im Anfang war die K r a f t!“
Doch, auch indem ich dieses niederschreibe,
Schon warnt mich was, daß ich dabei nicht bleibe.
Mir hilft der Geist! Auf einmal seh’ ich Rat
Und schreib’ getrost: „Im Anfang war die T a t!“

(Johann Wolfgang von Goethe: *Faust*)

Das Statement Bachmanns zum heterogenen Österreich der vielen Sprachen lässt sich ebenso auf das Wort „Malina“ selbst beziehen. Der tatkräftig hergestellte Zusammenhang „malina“/„Himbeere“ wird dem vielfältigen Bedeutungsspektrum des Buchtitels, der meiner Ansicht nach dem Slang entnommen wurde, nicht gerecht. Es wird zu zeigen sein, dass das titelgebende Wort und der titelgebende Name weder eindeutig slawisch noch nicht-slawisch sind, sondern die Sprachenvermischung an sich repräsentieren. Das Wort „Malina“, das in heterogenen Kontexten aufzufinden ist, hat Staatsgrenzen und Kontinente längst überquert. Gelingt es, mit neuen Deutungsvorschlägen auf andere, bislang unberücksichtigte Referenzen und Kontexte aufmerksam

84 Antonowicz: Malina oder das Auseinandergeraten, S. 115–116.

zu machen, könnten die gängigen Dechiffrierungsergebnisse durch die Sichtbarmachung bislang ausgesparter Bedeutungsfelder ihre pflanzlich-vegetative „Brisanz" einbüßen. Mein Versuch, die bekannten Entschlüsselungen von „Malina" neu zu prüfen, hat eine qualitative Wende zum Ziel, die das interpretative Tun, das *Wie* der Bedeutungsherstellung in den Vordergrund rücken will. Der pflanzlich-vegetative Kontext und seine zum Teil esoterischen Abzweigungen[85] haben sich in der *Malina*-Forschung erst durch die wissenschaftliche Vermittlungspraxis etablieren können. Alle anderen vielfältigen und geschichtspolitisch brisanteren Kontexte, in denen das Wort ebenfalls vorkommt, wurden bislang nicht vermittelt. Wie ist es dazu gekommen? Monika Albrecht hat in dem sogenannten *Todesarten*-Projekt von Bachmann, zu dem auch das Buch *Malina* gezählt wird, zahlreiche Bezüge zum Werk Max Frischs hergestellt.[86] Brigitte Helbling weist darauf hin, dass die Resultate Albrechts „unter allzu einseitigen inhaltlichen Prämissen erarbeitet wurden".[87] Sie kritisiert Albrecht wegen eines fehlerhaften Zirkelschlusses.[88] Helbling argumentiert gegen interpretatorische Kurzsichtigkeit und einseitige Vorgaben.[89] Nach Albrecht ist für Bachmann vor allem der Schriftsteller Frisch „ein entscheidender Bezugspunkt" ihres literarischen Schaffens gewesen.[90] Helbling moniert, dass die interessanteren Ansätze diejenigen sind, die „nicht nur Bezüge nachweisen, sondern darüber zu neuen Strukturen der Werkbetrachtung gelangen [...]."[91] Über die Unart, Deutungsverfahren mit Zirkelschlüssen zu legitimieren, schreibt sie:

> Die Vorlage zu einem im September 1991 gehaltenen Vortrag Albrechts bestätigt diesen Eindruck. Da ist (auf Seite 7) zu lesen: „Die inzwischen nachgewiesene Tatsache, daß Ingeborg Bachmann literarisch auf Max Frischs Roman *Mein Name sei Gantenbein* reagiert hat [eine Anmerkung verweist auf die eigene Dissertation], darf nicht zu dem biographischen Kurzschluß verleiten, alle Fragmente, die auf ein Buch anspielen, in dem eine weibliche Figur literarisch ausgeschlachtet wird, nach dem Herbst 1964, also nach dem Erscheinen des *Gantenbein* zu datieren."[92]

In der *Malina*-Rezeption zeichnet sich ein weiterer Zirkelschluss[93] ab: Da das Wort „malina" in slawischen Sprachen „Himbeere" bedeutet, wird angenommen, dass das

85 Zur „Mana-Persönlichkeit der Anima-Gebärmutter" in Bachmanns *Malina* siehe Schlich: *Inzest und Tabu*, S. 254.

86 Brigitte Helbling: *Vernetzte Texte: Ein literarisches Verfahren von Weltenbau. Mit den Fallbeispielen Ingeborg Bachmann, Uwe Johnson und einer Digression zum Comic strip Doonesbury.* Würzburg: Königshausen & Neumann 1995, S. 133–134.

87 Ebd., S. 134.

88 Ebd.

89 Ebd.

90 Monika Albrecht: *Die andere Seite: Untersuchungen zur Bedeutung von Werk und Person Max Frischs in Ingeborg Bachmanns „Todesarten".* Würzburg: Königshausen & Neumann 1989, S. 7. Vgl. auch ebd., S. 358–359.

91 Helbling: *Vernetzte Texte*, S. 134, Anm. 79.

92 Ebd., S. 134, Anm. 78.

93 In einem Zirkelschluss stellt das zu Erklärende gleichzeitig die Erklärung dar. Der Zirkelschluss ist „ein logischer Beweisfehler, bei dem die zu beweisende Behauptung selbst als Prämisse verwendet wird." (Fidel Rädle: Argumentatio. In: *Reallexikon der deutschen Literaturwissenschaft: Neubearbeitung des Reallexikons der*

Buch und sein Titel *Malina* etwas mit Himbeeren zu tun haben. Andere Deutungsvorschläge haben dagegen in der *Malina*-Rezeption keine derartige Ausgestaltung erfahren und sind für diese Arbeit methodisch irrelevant. Ich habe zu zeigen versucht, wie durch eine konsequente Ausgestaltung des Beeren-Motivs am Ende der Produktionskette die Bedeutung „Gebärmutter" möglich geworden ist. Der Verweisungszusammenhang „malina"/„Himbeere" ist durch das wissenschaftlich fragwürdige Zirkelschluss-Verfahren (petitio principii) ausgebaut und in der germanistischen Forschung verfestigt worden. Diese methodische Vorgehensweise, bestimmte Referenzen zu der Zeichenreihe des Titelnamens „Malina" produktiv durchzusetzen, gleicht dem Verfahren diskursiver Performativität, das Judith Butler aufgezeigt hat:

> Die diskursive Performativität produziert offenbar das, was sie benennt, um ihren eigenen Referenten zu inszenieren, um zu benennen und zu tun, zu benennen und zu machen. Paradoxerweise ist diese produktive Fähigkeit des Diskurses jedoch derivativ charakterisiert, eine Form kultureller Wiederholbarkeit oder Neuartikulation, eine Praxis der *Re*signifikation, nicht eine Schöpfung ex nihilo. Allgemeiner ausgedrückt, funktioniert eine performative Äußerung so, daß sie produziert, was sie deklariert.[94]

Die wiederholten Bezugnahmen auf ausschließlich apolitische Deutungsmöglichkeiten des Titelwortes[95] haben zu dem Ergebnis geführt, dass „malina" ↔ „Himbeere" ihre Krönung in der Behauptung gefunden hat, Bachmanns Malina sei bzw. bedeute auch das „weibliche Zentralorgan".[96] Dieses Ergebnis ist eine konsequente Steigerung der interpretativen Ansätze, die in der *Malina*-Rezeption erzielt worden sind. Dennoch scheint Jutta Schlichs „Initiation in weiblichen Blutstolz"[97] ein heikler Deutungsansatz zu sein. Es stellt sich die Frage, wie zentral und wie relevant diese provokative Interpretation für Bachmanns Werk überhaupt ist. Die reproduktiv durchgesetzte Annahme, dass in den slawischen Sprachen das Wort „Malina" „Himbeere" bedeute, trägt dazu bei, die mundartlichen Bedeutungen von „Malina" unwillkürlich zu eliminieren und sie durch pflanzlich-vegetativen Sinnzusammenhängen zu ersetzen.

Wie aus der Untersuchung Tzanevas zum Himbeerbild in Bachmanns *Malina* bekannt sein dürfte, werden erst durch das menschliche Tun die süßen Früchte der Natur bitter.[98] In der *Malina*-Rezeption gibt es bislang wenige ‚bittere' Gegenstimmen, die das verbreitete Dechiffrierungsergebnis des titelgebenden Wortes in Zweifel gezogen

deutschen Literaturgeschichte, Bd. 1: A–G, hrsg. v. Klaus Weimar, gemeinsam mit Harald Fricke / Klaus Grubmüller / Jan-Dirk Müller. Berlin / New York: De Gruyter 2007, S. 127–130, hier S. 128.)

94 Judith Butler: *Körper von Gewicht: Die diskursiven Grenzen des Geschlechts*, aus d. Amer. v. Karin Wördemann. Frankfurt am Main: Suhrkamp 1997, S. 154. Vgl. auch ebd., S. 293: „[…] die Übereinstimmung, mit welcher die Referenz festgelegt wird (eine Übereinstimmung, die ein fortlaufend erneuertes Zustimmen ist, das über die Zeit hinweg geschieht), wird selbst unter der Bedingung wiederhergestellt, daß Referenz in dieser Weise festgelegt wird."

95 Zum breiten Spektrum apolitischer Dechiffrierungen siehe Joachim Eberhardt: *„Es gibt für mich keine Zitate": Intertextualität im dichterischen Werk Ingeborg Bachmanns*. Tübingen: Niemeyer 2002, S. 272–278.

96 Schlich: *Inzest und Tabu*, S. 246.

97 Ebd., S. 235.

98 Tzaneva: Die Welt ist *meine* Welt, S. 175.

oder die Methoden der Dechiffrierungsarbeit kritisiert haben.[99] Die Ergebnisse einer derartigen wissenschaftlichen Performance müssen jedoch wegen des suspekten Zirkelschluss-Verfahrens mit anderen methodischen Verfahren überprüft werden. Zu so einem Verfahren zählt die Vorgehensweise der reductio ad absurdum: „Beweis der Falschheit einer Prämisse durch den Aufweis der Absurdität der Konklusion, die daraus folgen würde."[100]

2. Das ‚Fremdwort' „Malina" – ein Opfer des Inzestansatzes

2.1 ‚Missbrauchsopfer' Bachmann als relevantes Forschungsthema?

In der *Malina*-Rezeption hat in den letzten Jahren die Auseinandersetzung mit der angeblich missbrauchten Bachmann an Einfluss gewonnen.[101] 2011 beschwert sich Renate Langer, dass Untersuchungen zum Inzest in der Bachmann-Forschung marginalisiert werden, beispielsweise nennt sie die zu diesem Thema relevante Forschungsarbeit von Jutta Schlich *Inzest und Tabu* (2009).[102] Die Inzeststudien seien zum Teil schwer zugänglich und würden zudem kaum zitiert[103]:

> Während Inzest und andere Formen sexuellen Missbrauchs in den 1990er Jahren geradezu ein Modethema wurden, das nicht nur die Wissenschaft, sondern auch die breite Öffentlichkeit intensiv beschäftigte, hielt die Bachmann-Forschung großteils an der Tabuisierung fest. Bettina Stuber hat auf die in diesem Punkt krasse Diskrepanz zwischen der wissenschaftlichen und der populären Bachmann-Rezeption hingewiesen und festgestellt: „*Malina* fehlt auf kaum einer Literaturliste zum Thema Inzest." […] Die germanistische *scientific community* verhielt sich dagegen ähnlich wie eine Inzestfamilie, die ihr Geheimnis wahrt und einzelne Außenseiter in den eigenen Reihen, die das Tabu brechen, ausgrenzt oder totschweigt.[104]

Neuerdings wird verstärkt eine Vielzahl fragwürdiger Anzeichen gehandelt, die eine vermeintlich inzestuöse Traumatisierung Bachmanns bezeugen sollen. In *Der ungehörte Schrei* (2008) stellt Brigitte Dennemarck-Jäger fest, Bachmanns Umgang mit ihrem Körper sei auffällig gewesen.[105] Ihre Ferndiagnose sieht Dennemarck-Jäger in der Tatsache bestätigt, dass Bachmann den Komponisten Hans Werner Henze heiraten wollte, der homosexuell war.[106] In der Biographie Bachmanns lassen sich aber leicht

99 Siehe die Kritik bei Eberhardt: „*Es gibt für mich keine Zitate*", S. 277. Die Schriftstellerin Elisabeth Reichart bezweifelt, dass Bachmann bei „Malina an süße Beeren" gedacht habe. (Reichart: Poesie ist Brot, S. 100.)

100 Rädle: Argumentatio, S. 128.

101 Über den autobiographisch motivierten Interpretationsansatz, der unter anderem von Alice Schwarzer vertreten wird, siehe Kresimon: *Ingeborg Bachmann und der Film*, S. 218–220.

102 Renate Langer: Schmerzensfrau und Immaculata. Bruchlinien im Bachmann-Bild. In: Wilhelm Hemecker / Manfred Mittermayer (Hrsg.): *Mythos Bachmann: Zwischen Inszenierung und Selbstinszenierung*. Wien: Zsolnay 2011, S. 54–71, hier S. 59.

103 Ebd.

104 Ebd.

105 Brigitte Dennemarck-Jäger: *Der ungehörte Schrei: Ingeborg Bachmanns Roman Malina und seine Interpreten – eine psychotraumatologische Studie*. Kröning: Asanger 2008, S. 178–179.

106 Ebd., S. 179.

„Störungen“ feststellen, da Bachmann weder ein Hausfrauendasein gelebt noch eine Hausfrauenehe geführt hat, die in den 1950er und 1960er Jahren in Österreich zu einem kaum hinterfragten Lebensentwurf gehörten.[107] Adolf Opel, Reisepartner von Ingeborg Bachmann, vertritt die Ansicht, dass Bachmann von den etablierten Konventionen nicht viel gehalten habe: „[...] natürlich weiß sie, dass die herkömmlichen Konventionen und ‚Moralbegriffe‘ für mich keinen festen Wert darstellen – und ich glaube annehmen zu dürfen, dass sie es genauso hält.“[108] Die zugelassene heterosexuelle Ehe hielt Bachmann für eine „unmögliche Institution“, insbesondere für „eine Frau, die arbeitet und die denkt und selber etwas will.“[109]

2.2 Bachmanns Beziehung zu Hans Werner Henze als Inzestindiz?

Henze hat Ingeborg Bachmann als Dichterin, Librettistin und Freundin hoch geschätzt. Adolf Opel zufolge betrachtete Bachmann den Schriftsteller Wystan Hugh Auden, der wie sie selbst einige Libretti für Henzes Opern verfasste, und Chester Simon Kallman als ihre Konkurrenten um die Gunst Henzes.[110] Am 4. Januar 1999 im Gespräch mit Leslie Morris sagt Henze, dass Auden und Kallman wegen des Erfolges der Oper *Der*

107 Sara Lennox geht auf die Propaganda während des Kalten Krieges ein, die bemüht war, ein mütterliches Hausfrauen-Ideal im Gegensatz zu den ‚vermännlichten‘ Frauen jenseits des „Eisernen Vorhangs“ zu vermitteln. Siehe hierzu Sara Lennox: Gender, Kalter Krieg und Ingeborg Bachmann, aus d. Amer. v. Monika Albrecht / Dirk Göttsche. In: Monika Albrecht / Dirk Göttsche (Hrsg.): *„Über die Zeit schreiben“ 3: Literatur- und kulturwissenschaftliche Essays zum Werk Ingeborg Bachmanns.* Würzburg: Königshausen & Neumann 2004, S. 15–54, hier S. 22–24. Bachmann ist dieser Propaganda nicht gefolgt. Im Juni 1973 sagt sie über die Polinnen: „Und sie sind nicht unweiblich, im Gegenteil, sie sind vielleicht die weiblichsten Frauen der Welt. Sie sind wirklich Frauen, und trotzdem tun sie etwas, und sie tun sehr viel, sie tun das Beste im Grund genommen. Und es ist kein Scherz, obwohl man einen Scherz daraus macht oder daraus machen will. Wer regiert Polen? die Frauen! aber die Wahrheit, weil man nicht ungerecht sein darf, ist nicht so. Die Wahrheit ist, daß dort die Frauen und die Männer miteinander auf eine Zukunft hinarbeiten, miteinander und nicht gegeneinander. Und dort hört es auf das zu sein, was es hier sehr oft noch ist.“ (Bachmann: *Wir müssen*, S. 145–146.) Ihre Aussage sollte zeitgeschichtlich kontextualisiert werden. Dann wäre sie wie ein Affront gegen die vorherrschende Geschlechterpolitik in den zentraleuropäisch-kapitalistischen Ländern zu lesen. Bachmann idealisiert die Verhältnisse in Polen, um gezielt Kritik an der kapitalistischen Geschlechterpolitik zu üben. Mit der expliziten Betonung der Weiblichkeit von Polinnen wendet sie sich zugleich gegen die gängige Männlichkeitsrhetorik, die Frauen jenseits des „Eisernen Vorhangs“ zu Männern erklären will. Bachmanns Kritik kann als ein taktischer Schritt interpretiert werden: Offenbar wendet sich Bachmann gegen das einheimische Frauenbild, das suggerierte, dass nur eine Hausfrau, „eine Komposition, eine Frau“ (S. 134) „für ein Hauskleid zu erschaffen“ (S. 134) vermag. Das Hauskleid galt als ein mächtiges Symbol der „Weiblichkeit“. Vgl. hierzu den Hauskleid-Werbetext (1952): „Eine nicht zu unterschätzende Bedeutung hat das Hauskleid für die Hausfrau. Es ist ihre Berufskleidung und die Machart muss volle Bewegungsfreiheit garantieren. Eine wichtige Ergänzug sind Schürzen [...].“ (Das Frauenbild der Wirtschaftswunderzeit im Spiegel zeitgenössischer Zeitschriften und alter Werbeanzeigen. http://www.wirtschaftswundermuseum.de/frauenbild-50er-1.html (Zugriff am 09.08.2014).) Vgl. Werbebilder der 1950er und 1960er Jahre im Online-Wirtschaftswundermuseum. http://www.wirtschaftswundermuseum.de/index.html (Zugriff am 09.08.2014).

108 Adolf Opel: *„Wo mir das Lachen zurückgekommen ist“: Auf Reisen mit Ingeborg Bachmann.* München: Langen / Müller 2001, S. 123.

109 Bachmann: *Wir müssen*, S. 144.

110 Opel: *„Wo mir das Lachen zurückgekommen ist“*, S. 100.

junge Lord (1965), deren Libretto Bachmann geschrieben hat, „beleidigt" gewesen seien.[111] Bachmann soll mit anderen Librettisten, die um ihre professionellen Qualitäten wussten, konkurriert haben. Ähnlich wie Henze beschreibt auch Adolf Opel in seinen Erinnerungen Auden und Kallman als Gegenspieler Bachmanns:

> Sieht sie in ihm [Auden – S. B.] und Kallman Konkurrenten um die Gunst Henzes, dem sie ja noch mehrere Operntexte schreiben möchte – für den sie ein ähnlicher Genius werden will, wie Hofmannsthal für Richard Strauß es war? Wenn sie von Auden spricht, dann immer nur in Anekdoten: dass er bei der Premiere der in Zusammenarbeit mit Henze entstandenen Oper „Elegie für junge Liebende" zwar im Smoking aber mit Filzhauspantoffeln dazu erschienen wäre, da ihm die angeschwollenen Füße zu schaffen machten. Oder dass sie in Ischia, Anfang der fünfziger Jahre, als sowohl sie als auch Auden zeitweilig auf der Insel gelebt haben, Zeuge der folgenden Szene geworden wäre: Gustaf Gründgens, im Verlauf einer Kreuzfahrt auf Besuch in Ischia, nimmt an einem der Tische des damals einzigen Cafés von Forio Platz, die ihn begleitenden Jünglinge folgen seinem Beispiel. In einiger Entfernung davon sitzen bereits Auden und Kallman bei ihren täglichen Aperitifs. [...] Jeder weiß also sofort, wer der andere ist – gibt aber vor, ihn nicht zur Kenntnis zu nehmen. Blicke zum anderen Tisch hinüber werden demonstrativ vermieden, die Situation beginnt ungemütlich zu werden. Da ergreift der ganz uneitle, aber britisch-zurückhaltende Auden die Initiative, geht hinüber und stellt sich Gründgens mit der Frage vor: „Haven't we been married to the same wife?" Ob das Eis damit gebrochen wurde, ist nicht überliefert. In der Tat waren ja beide – wenn auch nur pro forma – mit der Tochter Thomas Manns verheiratet gewesen, die ihrerseits für ihre Immunität Männern gegenüber bekannt war.[112]

Gelegentlich hat Henze Ingeborg Bachmann beauftragt, seinen Ex-Boyfriends den Abschied zu geben.[113] Die Heirat trug er dagegen Bachmann an. Dennemark-Jäger zufolge hat Henze Bachmann insgesamt drei Heiratsanträge gemacht.[114] Doch Henze zog seine Anträge zweimal zurück. Als er Bachmann zum dritten Mal die Heirat anbot, hatte sie schon Max Frisch kennengelernt.[115] Frisch machte ihr ebenfalls einen Heiratsantrag, auf den sie aber nicht einging.[116] Am 24. April 1954 schrieb Hans Werner Henze an Ingeborg Bachmann:

> weisst Du, es ist ziemlich schwer für mich, Dir zu schreiben, was geschrieben werden muss. ich sollte mich zutiefst schämen, und so war es auch, als ich von den unterschiedlichsten leuten hörte, was ich

111 Leslie Morris: Das Leben, die Menschen, die Zeit. Hans Werner Henze im Gespräch mit Leslie Morris (Rom, 4. Januar 1999). In: Monika Albrecht / Dirk Göttsche (Hrsg.): *„Über die Zeit schreiben" 2: Literatur- und kulturwissenschaftliche Essays zum Werk Ingeborg Bachmanns.* Würzburg: Königshausen & Neumann 2000, S. 143–159, hier S. 146.

112 Opel: *„Wo mir das Lachen zurückgekommen ist"*, S. 100–101. Auch wenn Bachmann Kallman und Auden meidet, hat sie sich für ihre „Konkurrenten" interessiert. Vgl. ebd., S. 95–96. Über die Pass-Ehe der britischen Staatsbürgerin Erika Mann-Auden siehe Irmela von der Lühe: *Erika Mann: Eine Biographie.* Frankfurt am Main / New York: Campus 1993, S. 108–110. Irene Messinger schreibt, dass Erika Mann den britischen Pass erheiratet habe. Vgl. Irene Messinger: *Schein oder nicht Schein. Konstruktion und Kriminalisierung von Scheinehen in Geschichte und Gegenwart.* Wien: Mandelbaum 2012, S. 48. Siehe auch ebd., S. 44: „Im FreundInnenkreis rund um *Erika* und *Klaus Mann* häuften sich Schutzehen mit Homosexuellen für die britische Staatsbürgerschaft."

113 Morris: Das Leben, die Menschen, die Zeit, S. 144.

114 Dennemarck-Jäger: *Der ungehörte Schrei*, S. 180.

115 Ebd.

116 Ebd.

Abb. 1: Ingeborg Bachmann, Hans Werner Henze und Gustav Rudolf Sellner 1965 in Berlin bei den Proben zur Uraufführung der Oper *Der junge Lord*.

> Dir anscheinend angetan habe. die ganze sache kann mit wenigen spärlichen worten erklärt werden: als ich sah, dass Du diese unterlagen von der botschaft geholt hattest und die dinge form annahmen, merkte ich, dass ich nicht in der lage sein würde, mich in diese ehe zu stürzen. [...] nun kann ich Dich nur bitten, mir zu verzeihen. ich hoffe, es zählt nicht wirklich, dass Du Dich von mir verletzt fühlen könntest, weil ich jemandem in betrunkenem zustand erzählt habe, wir würden vielleicht heiraten. wahrscheinlich wäre das leben zur hölle geworden, vor allem für Dich, das war mir sofort klar, als ich mich den tatsachen gestellt habe. für mich gibt es weder hoffnung noch rettung, ich muss mein erbärmlich einsames leben bis zum bitteren ende durchhalten, und Dir sollte inzwischen klar sein, dass Deine ehre auf diese weise weniger beschädigt ist, als wenn Du mich wirklich geheiratet hättest, unbrauchbar, wie ich wirklich bin. [...] theoretisch glaube ich immer noch, dass es gut wäre, durch eine ehe geschützt zu sein und vielleicht auch die ehefrau ein wenig zu schützen. aber ich bringe niemandem glück, und so muss ich eben zur hölle.[117]

Am 1. Mai 1954 hat Ingeborg Bachmann einen Brief an Hans Werner Henze verfasst, den sie nicht abschickt:

> [...] Bitte glaub nicht, dass ich so verletzt war, weil Du es Dir anders überlegt hast. Ich war viel trauriger und krank, weil ich Dein Benehmen, Schweigen und Kälte, nicht verstand. Wenn ich Deinen Brief lese, denke ich, dass Du nur wegen dieser Heiratsidee Angst hattest, Angst, dass ich sie ernst nehmen könnte. Und Du hast mir all das aufgeladen, weil Du nicht wusstest, wie Du herauskommen könntest. [...] Und es kann sich nicht der Wert Deiner Person für mich ändern. Ob Du zuletzt zur Hölle gehst oder in den Himmel.[118]

Dennemarck-Jäger nimmt an, in der Paarkonstellation Bachmann-Henze sei die Schriftstellerin als „Frau" nicht gefragt gewesen.[119] Sie hält die Bereitschaft Bachmanns, eine eheliche Beziehung mit Henze eingehen zu wollen, für ein Zeichen, dass die Schriftstellerin ihre „Weiblichkeit" abgewehrt habe.[120] Diese von Dennemarck-Jäger diagnostizierte „Abwehr" soll die nicht beweisbare inzestuöse Traumatisierung Bachmanns indirekt bezeugen.[121] Sie sei möglicherweise auch der Grund, warum die Beziehung zu Max Frisch mit einem Fiasko endete.[122] Folgt man den neuesten wissenschaftlichen Befunden Dennemarck-Jägers, sei die Schriftstellerin unfähig gewesen, als „Frau" zu agieren, weil sie möglicherweise von ihrem Vater missbraucht wurde. Dagegen führt Hoell an, dass Bachmann ihr nächstes Werk nach *Malina* ihrem Vater widmen wollte: „All' uomo più nobile della mia vita [Dem nobelsten Mann in meinem Leben]."[123] Renate Langer zufolge war Bachmann stark an ihre Familie gebunden: Sie meint, ein Kind von Max Frisch hätte „für Ingeborg Bachmann einen Ausweg aus der antigonehaften Fixierung an ihre Herkunftsfamilie" bedeuten können.[124] Die

117 Hans Werner Henze: Brief an Ingeborg Bachmann v. 24.04.1954. In: Ders. / Ingeborg Bachmann: *Briefe einer Freundschaft*, hrsg. v. Hans Höller. München / Zürich: Piper 2004, S. 32–33.

118 Ingeborg Bachmann: Brief an Hans Werner Henze v. 01.05.1954. In: Ebd., S. 33–34.

119 Dennemarck-Jäger: *Der ungehörte Schrei*, S. 181.

120 Ebd., S. 179–181.

121 Ebd., S. 170–178, 183–184.

122 Ebd., S. 180–181.

123 Joachim Hoell: *Ingeborg Bachmann.* München: dtv 2001, S. 149.

124 Langer: Schmerzensfrau und Immaculata, S. 69.

Schriftstellerin habe mindestens einmal abgetrieben. Auch wenn Langer Max Frisch als Vater vermutet, liefert sie dafür keinen Nachweis.[125] Zum besseren Verständnis des Prosawerks von Bachmann tragen diese Forschungsergebnisse aus dem Jahr 2011 nichts Neues bei. Es stellt sich daher die Frage, wohin bewegt sich die *Malina*-Rezeption mit der vertieften Erforschung der Abtreibungen und eines etwaigen inzestuösen „Missbrauchs" der Schriftstellerin?

2.3 ‚Missbrauch' des Themas Inzest in der *Malina*-Rezeption

Dem Inzestansatz zufolge sollen Bachmanns Werke trotz der fehlenden biographischen Beweise den Missbrauch der Schriftstellerin durch ihren Vater belegen.[126] Dennemarck-Jäger hält die bisherigen Interpretationsansätze zu Bachmanns Werk daher für wenig ergiebig und bemängelt deren Faschismuskritik. Denn dort werde die subjektiv erlebte Gewalterfahrung ausgeblendet.[127] Ebenfalls werde „die mangelnde Erklärungskraft der an Freud angelehnten tiefenpsychologischen Interpretationen" vernachlässigt, „die den inzestuösen Missbrauch ignorieren und stattdessen eine ödipale Wunsch-Abwehr-Dynamik proklamieren."[128] Mit ihrer tiefenpsychologischen Methode stellt Dennemarck-Jäger fest, die Rezeption von *Malina* sei in der „überwiegenden Mehrheit von Trauma-Abwehr gekennzeichnet"[129]: Bachmanns *Malina* sei vor allem ein Buch über Inzest. Folgt man der Argumentation von Dennemarck-Jäger, scheint es jedoch unwahrscheinlich, dass das schwer betroffene „Inzestopfer" Bachmann ein Buch über das „weibliche Zentralorgan" verfasst haben könnte, das nach Schlich evolutionär selbstsicher, von der Blutschande befreit, „dazu befähigen kann, buchstäblich-leibhaftig durch die Wand zu gehen".[130] Die „ödipale

125 Ebd.

126 Dennemarck-Jäger: *Der ungehörte Schrei*, S. 183–184. Alice Schwarzer geht ebenfalls davon aus, dass Bachmann missbraucht wurde. In einem Interview mit Elfriede Jelinek äußert sich Schwarzer: „Wir müssen heute davon ausgehen, dass sie Inzestopfer war. – Ihre Revolte und Kreativität käme also nicht aus dem Stolz, sondern eher aus der Erniedrigung." (Alice Schwarzer: Ich bitte um Gnade. http://www.aliceschwarzer.de/artikel/ich-bitte-um-gnade-264784 (Zugriff am 09.08.2014).) Bettina Stuber stellt fest: „Vieles spricht angesichts der durchgängigen Thematik in Ingeborg Bachmanns Werk dafür, daß sie selbst ein Inzestopfer war und so aus der Perspektive einer Betroffenen geschrieben hat." (Bettina Stuber: *Zu Ingeborg Bachmann: „Der Fall Franza" und „Malina"*. Rheinfelden / Berlin: Schäuble 1994, S. 249.)

127 Dennemarck-Jäger: *Der ungehörte Schrei*, S. 183.

128 Ebd.

129 Ebd.

130 Schlich: *Inzest und Tabu*, S. 225. Vgl. hierzu auch die Rezension von Pamela S. Saur: „More difficult to accept, at least on a literal level, are Schlich's discussions of the female body in her volume's third part, of *Blutschande* and *Blutstolz*, culminating in her celebration of the triumph of the uterus. Schlich asserts here: 'Gelesen nach den Regeln der Kunst, wächst in *Malina* ein Ich über sich selbst hinaus und erledigt dabei die abendländische Geschichte der Geschlechter als Hystorie. Der Gang des Ich durch die Wand ist Höhepunkt eines ganzheitlichen Geschehens, das mit der Gebärmutter als einem Leben, Sterben und Wiedergeburt umfassenden Gezeitenkraftwerk gegeben ist (221)'. She announces that Bachmann has 'rehabilitated' the often violated and defamed organ, 'und das noch dazu im Verdikt 'hysterisch' beleidigt wird; die Gebärmutter' (221). Readers of this volume will learn a great deal about Bachmann's *Malina*, but from a very

Wunsch-Abwehr-Dynamik"-These von Dennemarck-Jäger und die „Gebärmutter"-Lesart von Jutta Schlich zeichnen sich durch geringe Werktreue und mangelnde Textgenauigkeit aus. Ein zeithistorisch-politischer Zugang wird in diesem ‚Inzestansatz' abgewehrt: Das Buch *Malina* fällt dem biographisch motivierten Deutungsmotiv „Inzest" zum Opfer. Erst die gezielt aufgearbeitete Geschichte eines Begriffes, wie Christina von Braun schreibt, kann dessen ausgeblendete Kontexte ins Gedächtnis rufen: „Manchmal vermag die Geschichte eines Begriffs Zusammenhänge aufzudecken, von denen sonst nur das Unbewußte eine Ahnung hat."[131] So ein Begriff, dessen Geschichte aufzudecken wäre, ist für mich das titelgebende Wort „Malina". Von Braun meint hier aber den Begriff „Blutschande", den Bachmann in *Malina* benutzt.[132] Bachmann bezieht ihn von Braun zufolge auf die Stimm- bzw. Sprachlosigkeit des weiblichen Ich[133]:

> Ich kann meinen Vater nicht mehr ansehen, ich hänge mich an meine Mutter und fange zu schreien an, ja, es war das, er war es, es war Blutschande. Aber dann merke ich, daß nicht nur meine Mutter stumm bleibt und sich nicht rührt, sondern von Anfang an gar kein Ton in meiner Stimme ist, ich schreie, aber es hört mich ja niemand, es ist nichts zu hören, es ist nur mein Mund aufgerissen, er hat mir auch die Stimme genommen, ich kann das Wort nicht aussprechen, das ich ihm zuschreien will […]. (S. 180)

Im Gegensatz zu der Fülle der Untersuchungen zum Thema Inzest wird dem historisch-politischen Bedeutungsspektrum des ‚Fremdwortes' „Malina" in der Rezeption keine Aufmerksamkeit geschenkt. Über Jahrzehnte fährt man fort, die gleichen Bedeutungsfelder herzustellen, die schon bekannt und inzwischen auch vertraut sind. Andere potenzielle Deutungsvarianten, die mit dem Werk Bachmanns kompatibel sind und besser korrespondieren, bleiben unsichtbar. Die ahistorischen Deutungsansätze widersprechen außerdem der intensiven Beschäftigung Bachmanns mit den historischen Katastrophen des 20. Jahrhunderts. Es liegt deshalb nahe, sich mit dem historisch-politischen Sinnpotenzial des Wortes „Malina" zu beschäftigen.

2.4 Malina – ein Name ohne zeitgeschichtliche Relevanz?

Weitsichtig, doch mit geringem Erfolg, wie sich im Nachhinein feststellen lässt, hat Bachmann versucht, der Fehleinschätzung ihres Werkes vorzubeugen. Ulrich Schleith folgert hierzu:

> Bachmann versuchte jedoch bis zuletzt durch Vortragsreisen in Polen sowie durch die demonstrativen Besuche der Konzentrationslager Auschwitz und Birkenau, dieser Erniedrigung ihrer Person sowie der Fehleinschätzung ihres Werkes vorzubeugen, und den Blick von den biographischen

particular perspective; they will learn to read 'nach den Regeln der Jutta Schlich'." (Pamela S. Saur: Jutta Schlich, Inzest und Tabu: Ingeborg Bachmanns „Malina" gelesen nach den Regeln der Kunst. Sulzbach/Taunus: Helmer, 2009. 255pp. In: *Modern Austrian Literature* 43,3 (2010), S. 92–94, hier S. 94.)

131 Christina von Braun: Die „Blutschande". Wandlungen eines Begriffs: Vom Inzesttabu zu den Rassengesetzen. In: Dies.: *Die schamlose Schönheit des Vergangenen: Zum Verhältnis von Geschlecht und Geschichte*. Frankfurt am Main: Neue Kritik 1989, S. 81–111, hier S. 100.

132 Ebd.

133 Ebd.

> Vorurteilen auf die ästhetisch-intellektuelle Welt des Romans in seiner gesellschaftspolitischen Relevanz zu lenken.[134]

Ingeborg Bachmann hat die Gegenwart, das ist belegt, als historisch bedingt gesehen. Für eine Schriftstellerin seien Geschichtskenntnisse etwas Unerlässliches: „Man kann nicht schreiben, wenn man die ganzen sozialhistorischen Zusammenhänge nicht sieht, die zu unserem Heute geführt haben."[135] In einem Interview hat Bachmann betont, viel Material über den Holocaust, „eine große Bibliothek mit Dokumentationen", zu besitzen.[136] Zu ihrer bevorzugten Lektüre zählten Sachbücher und Abhandlungen über den letzten Krieg.[137] Außerdem bekundete sie ein ausdrückliches Interesse an Geschichtsphilosophie.[138] Bachmann hat sich intensiv mit Geschichte und Geschichtsschreibung auseinandergesetzt. In ihrem künstlerischen Schaffen vermied sie jedoch eine unmittelbare Thematisierung sowohl der historisch-politischen als auch der aktuellen gesellschaftlichen Missstände:

> Und wenn ich zum Beispiel in diesem Buch „Malina" kein Wort über den Vietnamkrieg sage, kein Wort über soundso viele katastrophale Zustände unserer Gesellschaft, dann weiß ich aber auf eine andere Weise etwas zu sagen – oder ich hoffe, daß ich es zu sagen weiß.[139]

Als *Malina* 1971 erschien, waren nach Hans Höller die meisten Rezensenten davon überzeugt, dass „der erste Roman der österreichischen Schriftstellerin mit der geschichtlichen Realität nichts zu tun habe".[140] 1984 hat Marta Jakubowicz-Pisarek das „Unterschätzen bzw. Nicht-Beachten der gesellschaftlich-historischen Inhalte des Bachmannschen Oeuvres" und die „Überbetonung der ‚Traditionsverbundenheit' Bachmanns bei mangelnder Berücksichtigung ihrer ‚Aktualität' innerhalb der gegenwärtigen österreichischen Literatur" kritisiert.[141] Seit 1984 rückt die kritische Beschäftigung Bachmanns mit zeitgeschichtlich brisanten Fragestellungen, die in ihrem Werk verhandelt werden, verstärkt ins Blickfeld der RezipientInnen. In ihrem Werk habe Bachmann, wie Ulrich Schleith feststellt, „aufgrund unbewältigter historisch-politischer Krisen" zeitgenössisch-soziale Kritik geübt und diese als eine „Funktionsbestimmung der Literatur" formuliert.[142] Heike Hendrix zufolge liegen die thematischen

134 Ulrich Schleith: *Zur Genese der Erzählinstanz in Ingeborg Bachmanns Roman Malina.* Frankfurt am Main / Berlin / Bern / New York / Paris / Wien: Lang 1996, S. 114–115.

135 Bachmann: *Wir müssen*, S. 133.

136 Ebd., S. 142. Der Katalog zum Bestand der Privatbibliothek Ingeborg Bachmanns befindet sich seit mehreren Jahren in der Vorbereitung für den Druck (s. http://www.ingeborg-bachmann-forum.de/ib-buch08.htm (Zugriff am 09.08.2014)). Der Katalog wird gestatten, die allgemeinen Angaben zum Bücherbestand über den Zweiten Weltkrieg zu präzisieren.

137 Bachmann: *Wir müssen*, S. 42.

138 Ebd.

139 Ebd., S. 90–91.

140 Höller: *Ingeborg Bachmann. Das Werk*, S. 225.

141 Marta Jakubowicz-Pisarek: *Stand der Forschung zum Werk von Ingeborg Bachmann.* Frankfurt am Main / Bern / New York: Lang 1984, S. 94.

142 Schleith: *Zur Genese der Erzählinstanz*, S. 143.

Schwerpunkte Bachmanns nah „am Puls der Zeit".[143] Die Frage aber nach der möglichen zeitgeschichtlichen Relevanz des titelgebenden Wortes „Malina" wurde in der Forschung bislang nicht gestellt. Eine plausible Antwort, warum Bachmann den Titel *Malina* gewählt hat, gibt auch Schleith nicht.[144] Ich will zeigen, dass bisherige Untersuchungen, die den Namen Malina gezielt zu orten versuchen, keine zeitgeschichtlich relevanten Ergebnisse erzielt haben.

3. Malina als Vorname und Nachname

3.1 Ein Nachname in Österreich

Nach Sigrid Weigel hat I. B. (vermutlich Ingeborg Bachmann) in einem Artikel anlässlich des 30. Todestages von Egon Schiele diesen Künstler in der *Österreichischen Illustrierten Zeitschrift* vorgestellt. Der Chefredakteur dieser Zeitschrift hieß mit Nachnamen Malina: „Das heißt nicht, daß dieser Redakteur irgend etwas mit Bachmanns literarischer Figur zu tun habe, sondern ist lediglich ein Beleg für ihre Begegnung mit diesem Namen."[145] Gudrun Kohn-Waechter weist darauf hin, dass der Nachname Malina in Österreich gebräuchlich sei[146]:

> […] und ein Familienname ist er auch im Roman („Herr Dr. Malina", „Maria Malina"). Jedoch wird er von der Ich-Erzählerin gleichzeitig wie ein Vorname gebraucht, parallel zu „Ivan". Ein eigener Vorname Malinas wird nicht genannt (und umgekehrt kein Nachname Ivans). Schon wiederholt ist darauf hingewiesen worden, daß ‚Malina' im Tschechischen und Polnischen ‚Himbeere' bedeutet und in dieser Bedeutung in *Nachdenken über Christa T.* von Christa Wolf vorkommt. […] Das ist merkwürdig angesichts dessen, daß *Nachdenken über Christa T.* im Jahre 1968 erschien, Bachmanns Entwürfe zur Malina-Figur aber nach den neuesten Erkenntnissen wahrscheinlich schon aus dem Jahre 1966 datieren […].[147]

Die gängige Übersetzung des titelgebenden Wortes mit „Himbeere" hat Kohn-Waechter um den Namen der Dichterin Margherita Malina[148] erweitert: Malina war Verfasserin zahlreicher Märchen- und Legendenspiele und publizierte „unter dem Pseudonym ‚Margh Malina'".[149] Margherita Malina soll insbesondere für die „katholische Jugend Österreichs" geschrieben haben.[150] Kohn-Waechter nimmt an, Bachmann könnte den Namen Malina im *Agathon. Almanach auf das Jahr 48 des 20. Jahrhunderts* gesehen haben.[151] Malinas dort veröffentlichtes Gedicht heißt *Sänger*.[152] Kohn-Waechter ist der

143 Hendrix: *Ingeborg Bachmanns „Todesarten"-Zyklus*, S. 207.

144 Schleith: *Zur Genese der Erzählinstanz*, S. 97–99.

145 Sigrid Weigel: *Ingeborg Bachmann: Hinterlassenschaften unter Wahrung des Briefgeheimnisses.* Wien: Zsolnay 1999, S. 272, Anm. 45.

146 Kohn-Waechter: *Das Verschwinden in der Wand*, S. 148, Anm. 71.

147 Ebd.

148 Ebd., S. 150–151, Anm. 85.

149 Ebd.

150 Ebd., S. 151.

151 Ebd., S. 150, Anm. 85.

152 Ebd.

Ansicht, dass Malinas *Sänger* mit der Jugendlyrik Ingeborg Bachmanns durchaus vergleichbar sei.[153]

> Ich möchte Lieder singen, viele Lieder; / doch die Gedanken kommen immer wieder, / die klanglos sind wie ungeweinte Tränen, / wie blinde Spiegel [...] / Vielleicht, daß manchmal aus dem starren Schweigen / die Himmel schwer sich auf die Erde neigen, / [...] Dann werden plötzlich alle Spiegel klar, / und die Gestalten, aller Schleier bar, / erkennen sich in ihren Zügen wieder [...].[154]

Anfang der 1990er Jahre erinnert Kohn-Waechter daran, dass in *Malina* gesagt sei, aus den „Gerüchtfiguren" würden die „wahren Figuren" hervortreten.[155] Ebenfalls geht Marion Schmaus mit Kohn-Waechter davon aus, Ingeborg Bachmann könnte das neoromantische Gedicht *Sänger* gekannt haben.[156] Bachmanns Referenz auf das Gedicht würde darauf hindeuten, dass sie den Namen Malina bewusst eingesetzt habe, um zu zeigen, dass ein romantisches Sprechen (nach Auschwitz)[157] möglich sei.[158]

3.2 Ein fiktiver Nachname in der österreichischen Literatur

Ende der 1990er Jahre war Elke Brüns überzeugt, den Malina-Prototyp gefunden zu haben. Brüns will die Herkunft des Namens Malina als Übernahme eines 1947 in Wien erschienenen Romantitels *Malina: Eine lustige Theatergeschichte*[159] nachgewiesen haben.[160] Wenzel Malina – ein pensionierter Garderobier und Witwer[161] – aus der lustigen Theatergeschichte von Lilly Stepanek erweitert den reichen Fundus an Dechiffrierungsvorschlägen zum Namen Malina. Der Nachname Malina – Franziska Frei Gerlach weist darauf hin – wird auch von Marlen Haushofer verwendet.[162] Der Nachname Malina aus *Eine[r] lustige[n] Theatergeschichte* hat Elke Brüns zur Behauptung veranlasst, die Herkunft des Bachmann-Titels sei geklärt: „Sein Titel, so geheimnisvoll und zu den interessantesten Ableitungen führend, ist übernommen, denn bereits 1947 erschien ein Buch namens *Malina*, geschrieben von der Wiener Schauspielerin Lilly Stepanek."[163] Stepanek selbst blieb jedoch skeptisch. In einem Brief an Brüns

153 Ebd.

154 Ebd.

155 Ebd., S. 150–151, Anm. 85.

156 Schmaus: *Die poetische Konstruktion des Selbst*, S. 196, Anm. 188.

157 Siehe Holger Gehle: Poetologien nach Auschwitz. Bachmanns und Celans Sprechen über Dichtung zwischen 1958 und 1961. In: Bernhard Böschenstein / Sigrid Weigel (Hrsg.): *Ingeborg Bachmann und Paul Celan. Poetische Korrespondenzen: Vierzehn Beiträge*. Frankfurt am Main: Suhrkamp 1997, S. 116–130. Heike Hendrix argumentiert, dass Bachmann bewusst nach neuen Ausdrucksformen gesucht habe. Vgl. Hendrix: *Ingeborg Bachmanns „Todesarten"-Zyklus*, S. 14, 206–208.

158 Schmaus: *Die poetische Konstruktion des Selbst*, S. 196, Anm. 188.

159 Lilly Stepanek: *Malina: Eine lustige Theatergeschichte*. Wien: Metten 1947.

160 Elke Brüns: *Außenstehend, ungelenk, kopfüber, weiblich: Psychosexuelle Autorpositionen bei Marlen Haushofer, Marieluise Fleißer und Ingeborg Bachmann*. Stuttgart / Weimar: Metzler 1998, S. 196.

161 Ebd., S. 197.

162 Franziska Frei Gerlach: *Schrift und Geschlecht: Feministische Entwürfe und Lektüren von Marlen Haushofer, Ingeborg Bachmann und Anne Duden*. Berlin: Schmidt 1998, S. 238, Anm. 31.

163 Brüns: *Außenstehend*, S. 196.

vom 20. April 1994 hält sie die Namensgleichheit für „reinen Zufall“, oder Ingeborg Bachmann habe „den Namen einmal in der Auslage eines Buchladens gesehen, er blieb irgendwie in ihrem Gedächtnis, nicht aber, daß zu dem Namen schon ein Buch gehörte.“[164] Obwohl Kurt Bartsch der Ansicht ist, die Figur des Pensionärs Wenzel Malina könne nicht als Anregung für Bachmanns Konzeption ihrer Romanfigur in Frage kommen, hat er die Version von Elke Brüns gestärkt.[165] Bartsch vermeidet jedoch, einen endgültigen Schlussstrich unter die Diskussion zu ziehen.[166]

3.3 Ein Name mit der ‚femininen‘ Endung „-a“

Die InterpretInnen sind in der Namensdeutung unterschiedlichen Ansätzen gefolgt. Einige Ansätze beschäftigen sich mit der spezifischen „Weiblichkeit“ des Namens, die in der Endung „-a“ lokalisiert wird, und arbeiten den „weiblichen Klang“ des Namens heraus. Nach langjährigen Decodierungsversuchen, Mitte/Ende der 1990er Jahre, war das Irritationspotenzial des Namens durch die interpretative Tätigkeit der VermittlerInnen beträchtlich gestiegen. Nach Gabriele Bail ist die Irritation durch den Titelnamen beabsichtigt[167]: Sie diene dazu, „[…] den Leser/die Leserin bereits unmittelbar am Anfang des Romans auf die Problematik der Kategorisierung und Identifizierung ‚männlich‘/‚weiblich‘ hinzuweisen.“[168]

> Da ‚Malina‘ nicht nur der Name einer zentralen Figur, sondern zudem der Romantitel ist, kommt ihm hohe Bedeutung zu. ‚Malina‘ ist das russische Wort für ‚Himbeere‘, was ich bezüglich des Romans für irrelevant halte. Nicht irrelevant ist jedoch, daß die russischen Wörter auf ‚-a‘ grammatisch weiblichen Geschlechtes sind, ebenso wie die westlichen Lesern vertrauteren lateinischen Wörter und Namen (Claudia, Ursula, etc.). Dementsprechend wird ‚Malina‘ von den meisten Lesern/innen anfänglich, bei alleiniger Kenntnis des Titels, für weiblich gehalten […].[169]

Saskia Schottelius hat das „Feminine“ in der, wie sie meint, „weichen Endung“ „-a“ lokalisiert.[170] Kohn-Waechter hebt den spezifisch „weiblichen Klang“ des Namens hervor.[171] Leena Eilittä betont die „weibliche Substanz“ im Namen Malina, die sie in seiner Endung situiert sieht.[172] Im Gegensatz zu den meisten GermanistInnen nimmt Eilittä eine ungarische Herkunft des Namens an, dessen deutsche Übersetzung bei

164 Brüns: *Außenstehend*, S. 294, Anm. 114.

165 Bartsch: „Malina“ davor, „Malina“ danach, S. 114. Eine andere Meinung vertritt Joachim Hoell. Er geht von einer engen Interdependenz zwischen Stepaneks *Malina* und Bachmanns *Malina* aus: Bachmann habe Stepaneks „Weiblichkeits- und Kunstkritik“ weitergeführt. Siehe Hoell: *Ingeborg Bachmann*, S. 137.

166 Bartsch: „Malina“ davor, „Malina“ danach, S. 114.

167 Gabriele Bail: *Weibliche Identität: Ingeborg Bachmanns ‚Malina‘*. Göttingen: Edition Herodot 1984, S. 15.

168 Ebd.

169 Ebd.

170 Saskia Schottelius: *Das imaginäre Ich: Subjekt und Identität in Ingeborg Bachmanns Roman „Malina“ und Jacques Lacans Sprachtheorie*. Frankfurt am Main / Bern / New York / Paris: Lang 1990, S. 139.

171 Kohn-Waechter: *Das Verschwinden in der Wand*, S. 148, Anm. 71.

172 Leena Eilittä: *Ingeborg Bachmann's Utopia and Disillusionment: Introduction*. Helsinki: Finnish Academy of Science and Letters 2008, S. 93.

ihr weder eine „weibliche" noch eine „männliche" Endung hat: „Malina's female substance is already implied in the feminine ending of his name which is Hungarian and means 'Himbeer'."[173] Eilittä beruft sich auf Marion Schmaus, die von einer ungarischen Herkunft des Namens ausgehen soll. Meine Überprüfung der Referenz, die Eilittä angibt, hat ergeben, dass Schmaus die ungarische Herkunft des Namens nicht thematisiert.[174]

3.4 Ein zwitterhafter Name

Heidi Borhau zufolge legt der Name Malina nahe, einen Frauennamen zu vermuten.[175] Bei der Lektüre stelle sich aber heraus, Malina sei ein Männername.[176] Die anfängliche Erwartungshaltung der LeserInnen, die Malina für einen weiblichen Namen gehalten haben, müsse daher einer Revision unterzogen werden, da „Malina als Mann vorgestellt wird".[177] Nach Saskia Schottelius sei in der ersten Silbe des Namens sein maskuliner Part vergegenwärtigt „(male (engl.) = ‚männlich')".[178] Malina sei demnach ein zwitterhafter Name.[179] In diesem zwitterhaften Namen seien die Anagramme „animal"[180] und „anima" versteckt. Rainer Nägele zufolge habe Bachmann im Namen Malina ihren eigenen Namen anklingen lassen:

> Der tödlich-ernste Scherz von Namens- und Buchstabenspiel hat nirgends einen überzeugenderen Ausdruck gefunden als in jenem Roman Ingeborg Bachmanns, wo buchstäblich alles auf dem Spiel steht: *Malina* (1971).
>
> Unauffällig fast spielt experimentelle Literatur hier ihre Register und wird damit aber auch zum Experiment mit „Todesarten": Die Sarabande reiner Buchstabenverschlingung wird zum Totentanz. Eine Autorin, die den generischen Namen des Mannes im Nachnamen eingeschrieben trägt, erfindet eine männliche Gegenidentität – einen Mann mit dem weiblich ausklingenden Namen Malin-a. Gleichzeitig finden die beiden ‚a' von Bachmann darin ihr Echo, verbunden und getrennt durch ein -in-, das den Namen ‚Ingeborg' anklingt und verbirgt. Neu gemischt ergeben die Buchstaben des Namens ein ANIMAL, das, wenn man ihm den Schwanz abschneidet, zur ANIMA sich vergeistigt.[181]

Auf eine „neu"-testamentliche Decodierung des Namens verweist Ingvild Folkvord: In der „slawischen Kultur" stehe die Abkürzung Malina für Magdalena.[182] Mit Magdalena, die Jesus erlebt habe, könne nach Folkvord die „Passionsgeschichte" des Ich in

173 Ebd.

174 Vgl. Schmaus: *Die poetische Konstruktion des Selbst*, S. 195–196.

175 Borhau: *Ingeborg Bachmanns „Malina"*, S. 49.

176 Bail: *Weibliche Identität*, S. 15. Siehe auch Gerlach: *Schrift und Geschlecht*, S. 238, Anm. 31.

177 Bail: *Weibliche Identität*, S. 15.

178 Schottelius: *Das imaginäre Ich*, S. 139.

179 Ebd.

180 Siehe Lennox: *Cemetery of the Murdered Daughters*, S. 120.

181 Rainer Nägele: Die Arbeit des Textes: Notizen zur experimentellen Literatur. In: Paul Michael Lützeler / Egon Schwarz (Hrsg.): *Deutsche Literatur in der Bundesrepublik seit 1965: Untersuchungen und Berichte*. Königstein, Ts.: Athenäum 1980, S. 30–45, hier S. 37–38.

182 Folkvord: *Sich ein Haus schreiben*, S. 94.

Bachmanns *Malina* als ein Erkenntnisweg interpretiert werden.[183] Eine andere Erklärung greift die Kriminalromanautorin Silvia Roth in ihrem Buch *Schattenriss* (2009) auf. Der Roman kreist um den Namen Malina und ist mit Bachmann-Zitaten angereichert. Die im Internet oft anzutreffende Version, Malina[184] sei ein hebräischer Name, wird in *Schattenriss* aufgenommen:

> MALINA…
> Goldsteins Kugelschreiber zog einen entschlossenen Kreis um das fragwürdige Wort. Dann zeichnete er jeden der einzelnen sechs Buchstaben noch einmal sorgfältig, beinahe andächtig nach.
> M-A-L-I-N-A
> „Ich habe mich kundig gemacht", meldete sich Luttmann zu Wort, der an diesem Morgen ein blütenweißes T-Shirt und eine graue Trainingsjacke trug. „Der Name Malina stammt aus dem Hebräischen und ist so etwas wie eine Koseform von Magdalena."[185]

Auch im Polnischen ist der Name bekannt: Susanne Thiele führt aus, Malina sei ein Nachname, aber im Polnischen zugleich ein weiblicher Vorname, der „Himbeere" bedeute.[186] Stephan Sauthoff betont ausdrücklich, dass es sich bei Malina um einen Nachnamen handelt, der als Personenname seine erste literarische Verwendung bei Theodor Fontane gefunden habe:

> Die meines Wissens erste literarische Verwendung des Namens Malina findet sich in Th. Fontanes Roman **Vor dem Sturm**. Dort heisst es in einem Gespräch: „Ja, Maline! Sie ist nicht so schlimm, wie die Eve, aber eitel und hochmütig ist sie auch. Und seit Martini, wo der alte Justizrat hier war und zu ihr sagte: ‚Maline sei ein windisches Wort und heisse Himbeere, und sie heisse nicht bloss so, sie sei auch eine', seit diesem Tage ist mit ihr kein Auskommen mehr."[187]

Sauthoff zufolge gilt es zu beachten, dass das Wort „malina" nicht nur im Russischen, sondern, wie das Fontane-Zitat nahelegt, auch im Windischen (Slowenischen) „Himbeere" bedeute, denn „dadurch kommt eine Verbindung zwischen Malina und der Autorin zum Ausdruck".[188] Peter Beicken stellt fest, „Malina" sei ein polnisches Wort für „Himbeere" und als Mädchenname gebräuchlich.[189] In einer neueren Arbeit hebt Beicken nicht mehr die polnische Herkunft des Namens hervor, sondern die

183 Folkvord: *Sich ein Haus schreiben,* S 94.

184 Silvia Roth: *Schattenriss.* Hamburg: Hoffmann und Campe 2009, S. 295–296. Vgl. die Erklärung zum Namen Malina unter Malina-Tamara. http://www.baby-vornamen.de/Maedchen/M/Ma/Malina-Tamara (Zugriff am 09.08.2014): „Malina: Kommt aus dem Hebräischen und wird abgeleitet von Magdalena, was bedeutet: ‚die aus Magdala stammende' (hebr.), uns auch bekannt als Maria Magdalena."

185 Ebd.

186 Susanne Thiele: Die Selbstreflexion der Kunst in Ingeborg Bachmanns Roman „Malina". In: *The Germanic Review* 66,2 (1991), S. 58–69, hier S. 59.

187 Sauthoff: *Die Transformation (auto-)biographischer Elemente*, S. 257, Anm. 182.

188 Ebd., S. 258. Bachmann behauptete, „an der Grenze" zu wohnen: „[…] im Süden, an der Grenze, in einem Tal, das zwei Namen hat – einen deutschen und einen slowenischen. Und das Haus, in dem seit Generationen meine Vorfahren wohnten – Österreicher und Windische –, trägt noch heute einen fremdklingenden Namen. So ist nahe der Grenze noch einmal die Grenze: die Grenze der Sprache – und ich war hüben und drüben zu Hause, mit den Geschichten von guten und bösen Geistern zweier und dreier Länder; denn über den Bergen, eine Wegstunde weit, liegt schon Italien." (Bachmann: Biographisches, S. 301.)

189 Peter Beicken: *Ingeborg Bachmann.* München: Beck 1988, S. 192.

slowenische.[190] Der Hinweis auf den Mädchennamen Malina („Himbeere"), den Bachmann als Titel ihres Buches verwendet haben soll, wird von Beicken wiederholt angeführt.[191] Susanne Thiele resümiert, anhand des Namens Malina sei keine eindeutige Geschlechtszuordnung möglich.[192] Heidi Borhau meint, dass die nicht eindeutige Zuordnung des Namens mit Absicht erfolgt sein müsse.[193] Diese in der germanistischen Forschung erzielten Dechiffrierungsergebnisse zum ‚Geheimzeichen' „Malina" sind in dem Kriminalroman *Schattenriss* von Silvia Roth nachzulesen:

> MALINA. Sie hatte nach reichlicher Überlegung beschlossen, davon auszugehen, dass es sich bei dem so Bezeichneten tatsächlich um eine Person handelte. [...] Darüber hinaus klang das Wort irgendwie weiblich, schon aufgrund seiner Endung. Es sei denn, es handelte sich um einen Nachnamen. Vielleicht ist der Name ja auch so eine Art Botschaft gewesen [...]. Eine Botschaft an jemanden, der etwas mit diesem Namen anzufangen weiß.[194]

Dank Silvia Roth sind die germanistischen Forschungsergebnisse zu Bachmanns Titelnamen Malina ein Bestandteil des beliebten Kriminalgenres geworden.

3.5 Ein erotischer Name

Eine Weiterführung des interpretativen Zusammenhangs „malina"/„Himbeere", die sich in der germanistischen Forschung Ende der 1990er Jahre abgezeichnet hat, kreist um die Erotisierung der Himbeerfrucht.[195] Der als zwitterhaft entzifferte Name Malina wird in manchen Deutungen erotisch besetzt. Das Himbeerpflücken, wie schon erwähnt, sei eine Umschreibung für den Geschlechtsakt.[196] Den Himbeerstrauch selbst, „der undurchdringliche Hecken bildet", interpretiert Kaja Antonowicz als Zufluchtsort bzw. als „Asyl" für die Liebenden, da ihre Liebe im sozialen Raum nicht stattfinden könne.[197] Doch das Liebesrefugium im Himbeergestrüpp sei ein risikoreicher Ort:

> Das unkontrollierbare Wachstum des Himbeergestrüpps ist schwer aufzuhalten, ähnlich ist auch Malina immer stärker im Leben der Heldin anwesend, und wenn sie am Ende des Romans in der Wand verschwindet, so ist es nur eine Steigerung der Hecken-Vorstellung, die mit Malinas Gestalt verbunden war: ein Verholzen der Zweige, welche die Bewegungsfreiheit einengen und zuletzt zu einer echten Wand werden, durch die kein Laut mehr dringt. Die beschützende Himbeerhecke verwandelt sich nun in ein Dornengestrüpp, das Dornröschen, in einem todähnlichen Schlaf versunken, gefangenhält und alle Signale erstickt, die von aussen kommen könnten.[198]

190 Peter Beicken: *Ingeborg Bachmann*. Stuttgart: Reclam 2001, S. 147.
191 Ebd.
192 Thiele: Die Selbstreflexion der Kunst, S. 59.
193 Borhau: *Ingeborg Bachmanns „Malina"*, S. 49.
194 Roth: *Schattenriss*, S. 133–134.
195 Antonowicz: Malina oder das Auseinandergeraten, S. 98.
196 Ebd.
197 Ebd.
198 Ebd., S. 99–100.

Nach Joachim Hoell soll der Name Malina in verschiedenen slawischen Sprachen „Himbeere" bedeuten, als Kosename sei er mitunter erotisch konnotiert.[199] Auch Renate Böschenstein macht auf die stark erotische Konnotation des Namens aufmerksam: „[...] der Name Malina ist doppelt weiblich akzentuiert, indem er einerseits als das slavische Wort für die – in der slavischen Kultur stark erotisch konnotierte – Himbeere gelesen werden kann, anderseits als Abkürzung für Magdalena."[200] Die Himbeere sei in der osteuropäischen Folklore ein „häufiges und facettenreiches erotisches Symbol".[201] Im Interview mit Dieter Zilligen am 22. März 1971 hat Bachmann betont, dass in ihrem Buch keine sexbezogene Intimität zwischen zwei Personen behandelt werde:

> Zilligen: [...] Kein Liebes-, sondern ein Künstlerroman also? Die Sexualität wird in der Schilderung dieser Liebesbeziehung ganz ausgeklammert. Warum eigentlich?
> Bachmann: Weil es darüber nichts zu sagen gibt. Das gehört in die Intimität von zwei Personen.[202]

In *Malina* werden „keine sensationellen Enthüllungen aus den österreichisch-ungarischen Schlafzimmern" (S. 318) thematisiert. Die im Dechiffrierungsprozess des Namens reproduzierte Bedeutung „Himbeere" hat in der Rezeption zwar eine Erweiterung um den erotischen Aspekt erfahren, doch ein Gewinn für weiterführende Deutungsansätze zeichnet sich dadurch nicht ab.

3.6 Ein Name ohne Bedeutung?

Der Name Malina sei als Mädchenname gebräuchlich und er soll einen „weiblichen Klang" haben.[203] Doch dieser „weiblich" klingende Mädchenname erweist sich für die Interpretation von Bachmanns *Malina* als wenig ergiebig. Peter Beicken bezeichnet Malina treffend als die „Rätselfigur des Buches" schlechthin.[204] Saskia Schottelius schreibt:

> Malina – schon der Name ist vielsagend, und zwar gerade deshalb, weil er weder geläufig noch, wie die Person selbst, seiner Herkunft oder Bedeutung nach eindeutig festlegbar ist. Wie bei der Suche nach dem ungewissen ‚Es', das stört, werden Leser und Interpret im Unklaren gelassen, denn es ist nicht einmal sicher, ob es sich hier um einen Vor- oder Nachnamen handelt. Jede scheinbar plausible Erklärung bleibt im Grunde immer eine Vermutung und läßt das Geheimnis um die Identität Malinas nur noch größer werden.[205]

199 Hoell: *Ingeborg Bachmann*, S. 137.

200 Renate Böschenstein: Der Traum als Medium der Erkenntnis des Faschismus. In: Böschenstein / Weigel (Hrsg.): *Ingeborg Bachmann und Paul Celan*, S. 131–148, hier S. 145.

201 Renate Böschenstein: *Verborgene Facetten: Studien zu Fontane*. Würzburg: Königshausen & Neumann 2006, S. 342. Böschenstein schreibt: „Fontane, nicht ahnend, welche Diskussionen dieser Name im Anschluss an Ingeborg Bachmanns Roman *Malina* noch hervorrufen würde, wendet auf dies junge Mädchen [Maline – S. B.] auch die ihm aus der Mischsprache des Oderbruchs vertraute slavische Bedeutung *Himbeere* an, welche Frucht bei ihm als erotisches Symbol eine große Rolle spielt." (Ebd., S. 320.)

202 Bachmann: *Wir müssen*, S. 68.

203 Kohn-Waechter: *Das Verschwinden in der Wand*, S. 148.

204 Beicken: Ingeborg Bachmann, 2001, S. 147.

205 Schottelius: *Das imaginäre Ich*, S. 139.

Schottelius schlägt einen Ausweg aus dem Irrgarten der Namensdeutungen vor: Der Name Malina könne als asignifikant betrachtet werden: „Der Rückgriff auf die Intensität des Lautes, wie er in ‚Malina' durch den Gebrauch eines asignifikanten Namens realisiert ist, verweist auf die Möglichkeit, die Stimme dem Wort und der Bedeutung den Klang entgegenzusetzen."[206] Schottelius hebt dabei besonders den „weiblichen" Klang des angeblich asignifikanten Namens Malina hervor.[207] Das postulierte „ungewisse ‚Es'" des titelgebenden Wortes, sein unklarer Sinn und sein Irritationspotenzial werden zu prüfen sein. Sidney Rosenfeld hat anhand des Romans *Beichte eines Mörders* (1936) von Joseph Roth gezeigt, dass der komplexe Sinngehalt der Namen und Ortsbezeichnungen sich nur dann erschließe, wenn die slawischen Anteile im deutschsprachigen Text eines österreichischen Schriftstellers wie Joseph Roth erkannt und verstanden werden.[208] Die LeserInnen an dem „Rätsel- und Versteckspiel der Handlung" teilhaben zu lassen, erfordere nach Rosenfeld die Erläuterung von Namen und Ortsbezeichnungen, andernfalls blieben sie „ohne Bedeutung und der intendierte Sinn" gehe „an dem Leser vorbei".[209] Rosenfeld meint: „Allerdings kann sich im Falle des arglosen Lesers erst dann das Gefühl der Benachteiligung einstellen, wenn ihm von eingeweihter Seite die fehlenden, doch bisher keineswegs vermißten Auskünfte erteilt würden."[210]

Asignifikant ist der Name Malina keinesfalls und deshalb werden zu diesem Wort und Namen Auskünfte zu erteilen sein, die bislang nicht vermisst wurden.

4. Bachmanns Anrufung des Namens Malina

Für Jean Firges symbolisiert der Name Malina eine „Ordnung", aus der das „Weibliche" ausgeschlossen sei. Firges ist der Auffassung, dass dieser Ausschluss des universell gedachten „Weiblichen" die textuelle Produktion erst möglich macht:

> Den Titel des Romans besetzt aber letztlich nur eine einzige (männliche) Figur: MALINA. Auch im Titel wird die weibliche Figur, die ja doch die ‚Heldin' und Hauptperson des Romans darstellt, eliminiert. Auch dies ein gezielter Schachzug: Die Dame fällt, sie muss das Spielfeld lautlos verlassen. Wie heißt es bei Elisabeth Bronfen? „Autorschaft als Produktion symbolischer Textualität setzt den Tod des Weiblichen voraus und aller Werte, die zu diesem kulturellen Paradigma gehören."[211]

Mit seiner Namensdeutung setzt Firges die Tradition des Essentialismus[212] im Umgang mit den Namen fort. Judith Butler hat diese verbreitete Vorgehensweise

206 Ebd., S. 140.

207 Ebd., S. 139–140.

208 Sidney Rosenfeld: Die Magie des Namens in Joseph Roths *Beichte eines Mörders*. In: *The German Quarterly* 40,3 (1967), S. 351–362, hier S. 360.

209 Ebd.

210 Ebd.

211 Jean Firges: *Ingeborg Bachmann: Malina. Die Zerstörung des weiblichen Ich*. Annweiler am Trifels: Sonnenberg 2008, S. 146.

212 Über die Notwendigkeit einer anti-essentialistischen Neuartikulation der Eigennamen siehe Butler: *Körper*, S. 289–297.

kritisiert: „Wenn performative Äußerungen auf starre Weise operieren, das heißt, wenn sie *dasjenige konstituieren, was sie ohne Rücksicht auf die Umstände aussagen*, dann bilden solche Namen faktisch einen funktionalen Essentialismus auf der Ebene der Sprache."[213]
Konstanze Hanitzsch hat 2008 das Verschwinden des (österreichischen) Ich im Mauerwerk der Wand als ein Zeichen der Wiederherstellung einer „symbolischen Ordnung" interpretiert, in der das „weibliche" Ich verstumme.[214] Diese „männliche Ordnung" sieht Hanitzsch durch Malina repräsentiert: „Im letzten Teil des Romans, *Von letzten Dingen*, opfert das Ich seine ‚Weiblichkeit' im Riss in der Wand und tritt als ‚Mann', als Malina, in die symbolische Ordnung ein."[215] Bachmann scheint diesen interpretativen Ansätzen zufolge eine Transgression des „weiblichen" Ich zu dem „Mann" Malina erzielt zu haben. Mit Zirkelschlüssen und Wiederholungsvollzügen wird häufig ein universelles „weibliches" Ich konstruiert (das „Weibliche"), das erst auf Kosten ausgeblendeter Vielfalt repräsentative Sichtbarkeit erlangt hat. Im Unterschied zu identitätslogischen Deutungen, die ein mehr oder weniger universelles „Weibliches" konstruieren müssen, um seinen Tod behaupten zu können, wird von Bachmann bereits das Wort „Identität" in Frage gestellt.

> [...] ich rauche zwei Zigaretten gleichzeitig und trinke den zweiten Schluck schon aus einem Glas, das nicht mir gehört, ich verliere meine Identität.
> Identität? Malinas Fragezeichen.[216]

1991 hat Susanne Thiele argumentiert, der Titel des Buches lasse Malinas Überleben nicht einfach als „Sieg der patriarchalischen Gesellschaft über das Weibliche" deuten.[217] Hans Mayer und Susanne Thiele haben das Überleben und das Eintreffen Malinas als künstlerisch produktiv hervorgehoben[218]: „Solange Malina da ist, wird Ingeborg Bachmann unbeirrt weiterschreiben können."[219] Malina ist der kreative Anteil, der von Bachmann in *Malina* re-signifiziert wurde. Die literarisch bekannten „Ich"-Entwürfe werden von ihr re-zitiert, mit dem Ziel, sie zu verschieben und umzugestalten. Für dieses Vorhaben hat Bachmann die Malina-Figur entwickelt.

213 Butler: *Körper*, S. 289.

214 Konstanze Hanitzsch: Der Inzest als Symptom der Shoah: Zur Wiederkehr des Verdrängten in Max Frischs *Homo faber* und Ingeborg Bachmanns *Malina*. In: Dies. / Ute Frietsch / Jennifer John / Beatrice Michaelis (Hrsg.): *Geschlecht als Tabu: Orte, Dynamiken und Funktionen der De/Thematisierung von Geschlecht*. Bielefeld: Transcript 2008, S. 155–170, hier S. 166–167.

215 Ebd.

216 Ingeborg Bachmann: *„Todesarten"-Projekt. Kritische Ausgabe*, Bd. 3.1: Malina, bearb. v. Dirk Göttsche, unter Mitwirkung v. Monika Albrecht. München / Zürich: Piper 1995, S. 78.

217 Thiele: Die Selbstreflexion der Kunst, S. 59.

218 Hans Mayer: Malina oder Der große Gott von Wien. In: Michael Schardt (Hrsg.): *Über Ingeborg Bachmann I: Rezensionen 1952–1992*. Hamburg: Igel 2011, S. 134–137, hier S. 136. Vgl. Thiele: Die Selbstreflexion der Kunst, S. 66–67. Thiele schreibt: „Das ‚Recht auf die dritte Person' also ist es, das sich in ‚Malina' immanent in dem Satz ‚Es war Mord' ausdrückt, keineswegs ein Unrecht." (Ebd.). Die dritte Person repräsentiert die ZeugIn.

219 Mayer: Malina, S. 137.

> […] und unruhig ist es, gerade weil meine Gegenwart ihn nie irritiert, weil er sie wahrnimmt, wenn es ihm gefällt, nicht wahrnimmt, wenn nichts zu sagen ist, als gingen wir nicht ständig aneinander vorbei in der Wohnung, unübersehbar einer für den anderen, unüberhörbar bei den alltäglichen Handlungen. Mir scheint es dann, daß seine Ruhe davon herrührt, weil ich ein zu unwichtiges und bekanntes Ich für ihn bin, als hätte er mich ausgeschieden, einen Abfall, eine überflüssige Menschwerdung, als wäre ich nur aus seiner Rippe gemacht und ihm seit jeher entbehrlich […]. (S. 20–21)

Wenn der Name als Patronymikon für systemkonforme („schickliche") „Subjekt"-Produktionen gebraucht wird,[220] so ist der bewusste Entzug tradierter, durch die kirchlichen und staatlichen Institutionen zugelassener Namen ein Hinweis darauf, dass es Bachmann um eine Revision nicht nur der Ich-Konstruktionen, sondern auch der Namen geht. Eine Revision der Namen sei, wie Judith Butler schreibt, historisch gegeben.[221] Nach Bachmann hält sich die Geschichte im Ich auf, und eben dieses namenlose, aber geschichtsschwangere Ich, das den Namen Malina anruft, gilt es zu hinterfragen:

> Das heißt: nur so lange das Ich selber unbefragt blieb, solange man ihm zutraute, daß es seine Geschichte zu erzählen verstünde, war auch die Geschichte von ihm garantiert und war es selbst als Person mitgarantiert. Seit das Ich aufgelöst wird, sind Ich und Geschichte, Ich und Erzählung es nicht mehr.[222]

Das „Ich" entsteht nur, „indem es gerufen wird, benannt wird, angerufen wird […], und diese diskursive Konstituierung erfolgt, bevor das ‚Ich' da ist […]."[223] Zu

220 Butler: *Körper*, S. 213–214.

221 Ebd., S. 310.

222 Ingeborg Bachmann: Das schreibende Ich. In: Dies.: *Werke*, Bd. 4, S. 217–237, hier S. 230.

223 Butler: *Körper*, S. 310. Butler schreibt: „In der Tat kann ich nur in dem Maße ‚Ich' sagen, in dem ich zuerst angesprochen worden bin und dieses Ansprechen meinen Platz in der Rede mobilisiert hat. […] Das ‚Ich' ist dementsprechend ein Zitat der Stelle des ‚Ichs' in der Rede […]." (Ebd.) Zum „Ich" als einem angeeigneten Zitat, das dem „Ich" der angerufenen SprecherIn als „Ich" vorhergeht, vgl. Ingeborg Bachmann: „Einmal habe ich ein kleines Kind gesehen, das von seiner Mutter gedrängt wurde, zuzugeben, daß es etwas getan habe; es war verstockt im Anfang und wußte vielleicht gar nicht, was man von ihm wollte. ‚Sag, daß du es getan hast', forderte die Frau immer wieder. ‚Sag: ich habe es getan!' Und plötzlich, als wäre ihm ein Licht aufgegangen oder als wäre es müde zu schweigen und sich zu wehren, sagte das Kind: ‚Ich habe es getan', und dann gleich wieder und ganz vergnügt über den Satz oder vielmehr [das] entscheidende Wort: ‚Ich habe es getan, ich, ich, ich!' Es wollte gar nicht mehr aufhören und schrie und kreischte immerzu, bis es sich vor Lachen in den Armen der Frau wand wie ein Epileptiker. ‚Ich, ich, habe es getan, ich!' Diese Szene war seltsam, weil da ein Ich entdeckt und zugleich bloßgestellt wurde, seine Bedeutung und Nichtbedeutung, und ein irres Vergnügen über die Entdeckung des Ich überhaupt, zum Verrücktwerden, wie man später nie wieder verrückt darüber wird, wenn man gezwungen ist, Ich zu sagen, wenn das Wort längst eine Selbstverständlichkeit ist, abgenutzt dazu, ein Gebrauchswort, das alles, was es bezeichnen soll von Fall zu Fall, degradiert. / Wenn wir aber eines Tages wieder in einer ungewöhnlichen Situation Ich sagen, kommt uns, mehr als in dem frühen Zustand, an: Beklommenheit, Staunen, Grauen, Zweifel, Unsicherheit." (Bachmann: Das schreibende Ich, S. 218–219.) Demnach ist auch für Bachmann das „Ich" ein Zitat „der Stelle des ‚Ich' in der Rede […]". (Butler: *Körper*, S. 310.) Nach Butler ist die Praxis des Wiederholens offen für Umdeutungen: „Von Sprache konstituiert zu sein heißt hervorgebracht werden, und zwar innerhalb eines gegebenen Macht- und Diskursgeflechtes, das für Umdeutung, Wiederentfaltung und subversive Zitate von innen und für Unterbrechungen und unerwartete Übereinstimmungen mit anderen Netzwerken offen ist. […] Daß das Subjekt das ist, was wieder und wieder konstituiert werden muß, beinhaltet,

problematisieren ist deshalb das *Wie* seiner textuellen Anrufung und zugleich auch die Anrufung des Namens Malina im Buch *Malina*.

Holger Gehle zufolge hat Bachmann den „Umschlag im Verhältnis von Ich und Geschichte" als Chance gesehen: „[...] eine Chance, das Ich in je neuen Situationen und mit einem Halt an neuen Worten immer wieder neu ins Leben zu rufen."[224] Diese Chance gilt es zu nutzen: Das „Ich" wird unter Berücksichtigung intermedialer Referenzen, die in *Malina* angegeben sind, als auch unter Berücksichtigung der vielen Bedeutungen des Wortes „Malina" zeitgeschichtlich zu interpretieren sein. Um die historisch-politische Relevanz von *Malina* deutlich zu machen, werde ich im Sinne Bachmanns die Wechselwirkung von Historizität und Gegenwart in den Vordergrund meiner Abhandlung rücken. Die werkimmanent gegebene Vielfalt zahlreicher zeitgeschichtlich bedeutsamer Konstellationen (z. B. Malina und Ich – Kriminelle; Malina und Ich – Angestellte in einem Nachrichtendienst; Malina und Ich – Repräsentantin einer verlogenen österreichischen Opfer-Gemeinschaft) wird in dieser Arbeit aufgezeigt werden.

5. *Malina*: Preisgabe einer versteckten Offenbarung

In ihrer Frankfurter Poetikvorlesung „Das schreibende Ich" behauptet Bachmann, dass die medialen Formen der Vermittlung mit dem „physische[n] Verschwinden des Sprechenden oder seine[r] Unsichtbarkeit" einhergehe.[225] Die Vermittlungsinstanzen verändern die Perspektive auf das „Ich": Ein „Ich", das über ein Blatt Papier, einen Lautsprecher, über Rundfunk, über ein Mikrophon, über ein Buch oder über eine Bühne vermittelt wird, sei „ohne Gewähr", „eine geträumte Substanz", etwas, „das eine geträumte Identität bezeichnet".[226] Dieses „Ich" ist nach Bachmann ein Phänomen der „Fastnacht", „in der es bekennen und täuschen, sich verwandeln und preisgeben kann, dieses Ich, dieses Niemand und Jemand, in seinen Narrenkleidern."[227] Das „Ich" sei eine „Chiffre für etwas, das zu dechiffrieren mehr Mühe macht als die geheimste Order": „Myriaden von Partikeln" machen es aus.[228] Es sei „eine Maske,

daß es offen für Formationen ist, die nicht von vornherein völlig zwingend sind." (Judith Butler: Für ein sorgfältiges Lesen, aus d. Amer. v. Barbara Vinken. In: Dies. / Seyla Benhabib / Drucilla Cornell / Nancy Fraser: *Der Streit um Differenz: Feminismus und Postmoderne in der Gegenwart*. Frankfurt am Main: Fischer 1993, S. 122–132, hier S. 125.) Das Zitieren erweist sich als eine wirksame und einflussreiche Praxis, mit der marginalisierte und unterdrückte Verweisungszusammenhänge aktualisiert werden können. Eine Destabilisierung des etablierten Verweisungszusammenhangs („Malina, die Himbeere") kann erst durch konsequentes *Anders*-Zitieren (z. B. durch das Zitieren des Wortes und des Namens „Malina" aus marginalisierten und verpönten „Netzwerken"), durch andere interpretative Bezugswerte erreicht und ausgebaut werden. Verschiebungen auf der Ebene der Zitation sind eine Chance für die Entfaltung und Sichtbarmachung marginalisierter Subjektkonstruktionen.

224 Gehle: Poetologien nach Auschwitz, S. 123.

225 Bachmann: Das schreibende Ich, S. 217.

226 Ebd., S. 217–218.

227 Ebd., S. 219.

228 Ebd., S. 218.

die Hoffart, mit [der] jeder von uns herumgeht […].“[229] Irmela von der Lühe hat als Erste die mediale Vermittlungsdimension des „Ich“ in der Bachmann-Forschung hervorgehoben, die für Bachmann als bewusste Mediennutzerin, wie der Vorlesung zu entnehmen ist, von zentraler Bedeutung war. Von der Lühe machte 1982 darauf aufmerksam, dass Bachmann während ihres Vortrags am neu geschaffenen Lehrstuhl für Poetik der Universität Frankfurt am Main im Wintersemester 1959/1960 von einem Ich spricht, das „ein Gebrauchswort geworden ist, das Degradierung und Verlust indiziert“.[230] Von der Lühe schreibt:

> Zugespitzt formuliert inszeniert Ingeborg Bachmann vom Katheder aus die lyrische Situation, die Konstellation, in der das Gemeinte der Entschlüsselung bedarf – tatsächlich spricht sie von ihrem Gegenstand, dem Ich, ja auch als Rätsel –, in der die Chance zur Verständigung angelegt, die Grenzen der Interpretation aber durch die Sprache, die Worte vorgegeben sind. […] sie macht als Rednerin, im Umgang mit dem Stoff und in der Reaktion auf die Zuhörer durchlässig und schwankend, was durch den Rahmen als unbefragt und sicher gelten soll. Als befragbar, als direkt eingeschlossen in den von ihr inszenierten Prozeß des „Mitdenkens“ erweist sich die Rednerin auch selbst; wie sie eben auch selbst gemeint war, als zu Beginn das scheinbar so gewisse „Ich“ der Vortragenden als bloß durch Technik und Medien formalisiertes entlarvt wurde.[231]

Von der Lühe betont, dass *Malina* keineswegs von einem „plötzlich erwachten Problembewusstsein […] von der Misere der Frauen, des ‚weiblichen Ichs‘ in dieser Gesellschaft“ handelt.[232] Es gehe um „die Selbstbehauptung einer Autorin, die u. a. im ironisierenden Zitat, im Sarkasmus und in der Parodie“ ihren Kritikern begegnet sei und die sich von der „Eindeutigkeit des Miserablen nicht einfangen“ ließ.[233] Sie schreibt treffend, dass die „beklagte Identitätslosigkeit“ des „Ich ohne Gewähr“, auf die für das männliche „Ich“ „garantierte Identität einer patriarchalen Gesellschaft bezogen bleibt“.[234] Die Schriftstellerin Bachmann war auf der Suche nach einem anderen „Ich“, einem „aufnehmende[n], abgebende[n], veränderte[n] Ich, schreibend verändert“.[235]

> Ich: (pensieroso) Ich?
> Malina: Du magst es noch immer in den Mund zu nehmen, dieses Ich? Erwägst du es noch? Wieg es doch! (S. 314)

Bachmann trifft in ihrer Frankfurter Vorlesung über das „Ich“ präzise die etymologische Bedeutung des Wortes „Maske“: Alois Walde in Anlehnung an Wilhelm Deecke

229 Ingeborg Bachmann: [Georg Groddeck]. Entwurf. In: Dies.: *Werke*, Bd. 4, S. 346–353, hier S. 352.

230 Irmela von der Lühe: „Ich ohne Gewähr“: Ingeborg Bachmanns Frankfurter Vorlesungen zur Poetik. In: Dies. (Hrsg.): *Entwürfe von Frauen in der Literatur des 20. Jahrhunderts*. Berlin: Argument 1982, S. 106–131, hier S. 115.

231 Ebd., S. 121.

232 Ebd., S. 127.

233 Ebd.

234 Ebd., S. 120.

235 Ingeborg Bachmann: [Rede zur Verleihung des Anton-Wildgans-Preises]. In: Dies.: *Werke*, Bd. 4, S. 294–297, hier S. 297.

und auch Moshe Barasch nehmen an, das Wort „persona" bedeute „Maske".[236] Die „persona" sei „Larve, Maske des Schauspielers", eine „maskierte Figur".[237] Das versteckte, maskierte, verschleierte „Ich" stellt Bachmann zufolge eine Herausforderung für die InterpretInnen dar: „[...] wir rätseln gerne herum an dem Versteckspiel mit dem Ich, das versteckt werden muß, um sich besser preisgeben zu können."[238] Das im Text versteckte Ich soll – das ist der Zweck dieses literarischen Versteckspiels – ein ‚Geheimnis' preisgeben.

Bachmann hat ausdrücklich von „Ich"-Entwürfen gesprochen, von einem „Versteckspiel", von einer „Fastnacht" bezüglich der literarisch inszenierten „Ichs".[239] Statt der „Fastnacht" werden in der *Malina*-Rezeption die „Todesmessen" zelebriert: Am 2. April 1971 erschien im *Rheinischen Merkur* Heinz Beckmanns Rezension „Der andere dritte Mann". Das Überleben von Malina wird darin bedauert:

> Am Ende vernichtet Malina alle Gegenstände und Papiere, die mit der menschlichen, der liebenden, der so leicht erregbaren Person der Ich-Erzählerin zusammenhängen. [...] Die Dame Ich heißt fortan Malina. Eigentlich hieß sie immer so: „Malina und ich, weil wir eins sind: die divergierende Welt". [...] Es bleibt Malina, es bleibt der dritte Mann.[240]

Bachmann betont, dass diese durch Fanatismus geprägte Liebe „der so leicht erregbaren Person" keinen Bestand in der Zeit habe.[241] Für dieses Ich sei nach Bachmann die Liebe von „solcher Ausschließlichkeit, daß nichts daneben Platz hat."[242]

In *Malina* lässt Bachmann ein spannendes „Versteckspiel" beginnen, während dessen das Ich für die Mauerwand und den Schlusssatz den Platz räumen wird. Bachmann hat betont, dass zwischen realen und literarischen Plätzen eine Verbindung besteht: Die literarischen Plätze sind „nicht unbedingt zu identifizieren mit wirklichen Plätzen, aber sie setzen sich teilweise aus ihnen zusammen".[243] Meine These lautet, dass Bachmanns Buch auf Plätze hinweist, die es tatsächlich gegeben hat und dass die Bedeutung „Platz" im Text chiffriert und im Titel Malina enthalten ist. Bei diesem literarisch offenbarten Platz handelt es sich um ein Versteck, dessen Name eine verweigerte Erinnerung einfordert.

Ich werde im Folgenden zeigen, dass Ingeborg Bachmann ein Wort gefunden hat, dass das Gedächtnis an den Platz schärft und mit dem Namen Malina „Formeln in

236 Alois Walde: *Lateinisches Etymologisches Wörterbuch*. Heidelberg: Winter 1910, S. 578.

237 Ebd. Walde und Barasch vermuten, dass „persona" mit dem etruskischen Wort „persu" bzw. dem Namen Phersu verwandt sei. Siehe Moshe Barasch: Der Schleier. Das Geheimnis in den Bildvorstellungen der Spätantike. In: Aleida Assmann / Jan Assmann / Theo Sundermeier (Hrsg.): *Schleier und Schwelle*, Bd. 2: Geheimnis und Offenbarung. München: Fink 1998, S. 179–201, hier S. 185–186.

238 Bachmann: Das schreibende Ich, S. 227.

239 Ebd., S. 219.

240 Heinz Beckmann: Der andere dritte Mann. In: Schardt (Hrsg.): *Über Ingeborg Bachmann I*, S. 122–125, hier S. 124–125.

241 Bachmann: *Wir müssen*, S. 74.

242 Ebd.

243 Ebd., S. 53.

ein Gedächtnis" legt[244]: „[…] und ich glaube, daß wer die Formeln prägt, auch in sie entrückt mit seinem Atem, den er als unverlangten Beweis für die Wahrheit dieser Formeln gibt."[245] Für die vorliegende Interpretation von *Malina* gilt der Bachmann-Satz aus ihrem Gedicht *Wahrlich*: „Es schreibt diesen Satz keiner, / der nicht unterschreibt."[246]

244 Siehe Ingeborg Bachmann: [Wozu Gedichte?]. In: Dies.: *Werke*, Bd. 4, S. 303–304, hier S. 303.

245 Ebd., S. 303–304.

246 Ingeborg Bachmann: Wahrlich. In: Dies.: *Werke*, Bd. 1: Gedichte, Hörspiele, Libretti, Übersetzungen, hrsg. v. Christine Koschel / Inge von Weidenbaum / Clemens Münster. München / Zürich: Piper 1978, S. 166.

Der Begriff „Malina" im Spannungsfeld medialer Vermittlungsverhältnisse

1. Malina während der Pest (Nationalsozialismus): Ouvertüre

> [...] die Menschen werden schwarze, finstere Augen haben, von ihren Händen wird die Zerstörung kommen, die Pest wird kommen, es wird diese Pest, die in allen ist, es wird diese Pest, von der sie alle befallen sind, sie dahinraffen, bald, es wird das Ende sein.
>
> (Ingeborg Bachmann, *Malina*)

> Am Graben, vor der Pestsäule, seliges Andenken. Was wird man da eines Tages hinstellen, wenn man nicht mehr wissen wird, was die Pest war? Man wird erinnern wollen an Wahn und Verbrechen.
>
> (Ingeborg Bachmann: *„Todesarten"-Projekt,* Bd. 3.1)

Im Gedichtband *Die Niemandsrose* von Paul Celan, gewidmet dem Andenken Ossip Mandelstams, findet sich *EINE GAUNER- UND GANOVENWEISE GESUNGEN ZU PARIS EMPRÈS PONTOISE VON PAUL CELAN AUS CZERNOWITZ BEI SADAGORA*, in der die fragwürdige Grenze zwischen Gaunern und Nicht-Gaunern in den Mittelpunkt gerückt und durchlässig gemacht wird.[1] Celan subvertiert in

1 Paul Celan: Eine Gauner- und Ganovenweise. In: Ders.: *Werke. Historisch-Kritische Ausgabe*, Bd. 6,1: Die Niemandsrose, hrsg. v. Axel Gellhaus, unter Mitarbeit v. Holger Gehle / Andreas Lohr, in Verbindung mit Rolf Bücher. Frankfurt am Main: Suhrkamp 2001, S. 31–32. Nach Martin Pollack galt Sadagóra als „Zentrum des Pferdehandels und -schmuggels und seine Bewohner, fast ausschließlich Juden, genossen daher in der Bukowina einen denkbar schlechten Ruf: sie galten als Gauner, Roßtäuscher und Betrüger. Geschmuggelt wurden vor allem die berühmten ‚Orlow-Traber' aus dem nahen russischen Reich, die über die großen Pferde-Wochen in Sadagóra ihren Weg bis nach Galizien, Ungarn und auch Österreich fanden." (Martin Pollack: *Nach Galizien: Von Chassiden, Huzulen, Polen und Ruthenen. Eine imaginäre Reise durch die verschwundene Welt Ostgaliziens und der Bukowina.* Wien / München: Brandstätter 1984, S. 154.)

seiner *GAUNER- UND GANOVENWEISE* Vorurteile über Judenbärte, Galgen und krumme Wege[2]: Doch der „krumme“ „Mandelbaum“, „Mandeltraum“, „Bandelmaum“, „Trandelmaum“, „Machandelbaum“, „Chandelbaum“ richtet sich auf, denn seine krummen Wege sind gerade. In Celans *GAUNER- UND GANOVENWEISE* erhebt sich der krumme Baum gegen die „Pest“:

> Aber,
> aber er bäumt sich, der Baum. Er,
> auch er
> steht gegen
> *die Pest.*[3]

Im Mittelalter wurden Beschuldigungen laut, „die Juden“ hätten die Pest verursacht.[4] Die Ermordung von Juden war Klaus Bergdolt zufolge das „fürchterlichste Begleitphänomen des Pestalltags im Spätmittelalter“.[5] Erst der Genozid Hitlers hat nach Bergdolt den „Alptraum der jüdischen Gemeinden von 1348/49 übertroffen“.[6] Im 20. Jahrhundert wurden die Pestbeschuldigungen erneut aktualisiert. Die abgesperrten Ghettos in den osteuropäischen Städten, wie z. B. in Polen oder in Litauen, galten als „Seuchensperrgebiete“.[7] Dan Michman erinnert an die diskriminierende Bezeichnung der Juden als „Pestbeule“:

> […] es wäre durchaus möglich gewesen, die Juden dort zu lassen, wo sie sich befanden. Es war vielmehr die tiefsitzende Angst vor „den Juden“, insbesondere den „Ostjuden“, wie sie sich etwa in ihrer

2 Die eingeschränkte Berufswahl der Juden führte zu einem engeren Umgang mit sozialen Randgruppen, ohne dass die Juden mit Gaunern und Räubern zu identifizieren wären, wie es auf der repräsentativen Ebene jedoch oft geschah. Vgl. Christoph Kühn: *Jüdische Delinquenten in der Frühen Neuzeit: Lebensumstände delinquenter Juden in Aschkenas und die Reaktionen der jüdischen Gemeinden sowie der christlichen Obrigkeit.* Potsdam: Universitätsverlag Potsdam 2008, S. 28–35, 48–49, 79–86.

3 Celan: Eine Gauner- und Ganovenweise, S. 32. Elke Brüns zitiert Ralf Dutli: „Mandelstam erklärte zu seinem Stalin-Gedicht, das ihm Verbannung und Tod eintrug: ‚Ich hasse nichts so sehr wie den Faschismus, in welcher Form er auch auftreten möge.‘“ (Brüns: *Außenstehend*, S. 220.) Vgl. die Aussage Mandelstams im Original bei Julija Melamed: „Следователь особенно интересовался тем, что послужило стимулом к написанию стихов. Тогда-то Мандельштам и огорошил его неожиданным ответом: ‚Больше всего мне ненавистен фашизм!..‘“ [„Der Ermittler interessierte sich insbesondere für die Gründe, die zur Entstehung der Gedichte geführt haben. Mandelstam verblüffte ihn daraufhin mit der Antwort: ‚Am meisten hasse ich Faschismus!..‘“] (Julija Melamed: Сталин без символизма [Stalin ohne Symbolismus]. http://www.jewish.ru/columnists/2013/03/news994316013.php (Zugriff am 09.08.2014). Aus d. Russ. v. S. B.) Während eines Verhörs sagte Mandelstam, Stalin sei ein Faschist (vgl. ebd.).

4 Salcia Landmann: *Jiddisch: Das Abenteuer einer Sprache.* Frankfurt am Main: Ullstein 1986, S. 41; Josefin Burkhardt: Pestjahre und Pogrome. Die Judenpogrome während der Pestepidemien in Europa. http://www.judentum-projekt.de/geschichte/mittelalter/pest/index.html (Zugriff am 09.08.2014).

5 Klaus Bergdolt: *Der schwarze Tod in Europa: Die große Pest und das Ende des Mittelalters.* München: Beck 1994, S. 119. Vgl. auch ebd., S. 119–151. Siehe Manfred Vasold: *Die Pest: Ende eines Mythos.* Darmstadt: WBG 2003, S. 113.

6 Bergdolt: *Der schwarze Tod*, S. 145.

7 Siehe das Foto auf dem Buchdeckel von Dan Michman: *Angst vor den „Ostjuden“: Die Entstehung der Ghettos während des Holocaust*, aus d. Engl. v. Udo Rennert. Frankfurt am Main: Fischer 2011. http://www.fischerverlage.de/media/fs/15/eb_u1_978-3-10-400713-7.438054.jpg (Zugriff am 18.06.2014).

> Bezeichnung als „Pestbeule“ äußerte, was es „gebot“, Schutzmaßnahmen zu ergreifen – ihre Absonderung in einem Ghetto – gegenüber allen Übrigen.[8]

In ihrem Buch *Ich muss erzählen* schreibt die Zeitzeugin Mascha Rolnikaite, dass die deutsche Okkupationsgewalt auch das Ghetto in Wilna zu einem Seuchengebiet erklärt hatte: „Am Tor zu unserem Ghetto prangt außen ein Schild mit der Aufschrift: ‚Achtung! Judenviertel! Seuchengefahr! Zutritt für Unbefugte streng verboten!‘“[9]
Die Zusammensetzungen „коричневая чума“ („braune Pest“), „чума двадцатого века“ („Pest des 20. Jahrhunderts“)[10] und „фашистская чума“ („faschistische Pest“) sind im Russischen weit verbreitet. Das Wort „чума“ („Pest“) zählt zu einer der bekanntesten „Chiffren“ für den Faschismus. Gelegentlich verwenden auch Überlebende das Wort „Pest“, um die nationalsozialistische „Seuche“ zu benennen. 1990 wurde im Keller des ehemaligen Wilnaer Ghettos ein verstecktes Manuskript des berühmten jiddischen Dichters und Schriftstellers Abraham Sutzkever[11] gefunden. Zum Manuskript seiner Gedichte *Gesichter im Morast* hat Sutzkever am 16. Mai 1942 notiert:

> *Bemerkung*: Die neun Gedichte „Gesichter im Morast“ schrieb ich während der ersten zehn Tage, nachdem die Pest in Wilna einmarschiert war. Ungefähr vom 25. Juni bis zum 5. Juli. Ich schrieb sie im Liegen, versteckt in einem zerstörten Kamin in meiner alten Wohnung in der Wilkomirer Straße 14.[12]

Am 27. Februar 1946 sagte Abraham Sutzkever vor dem Nürnberger Tribunal als Zeuge gegen die „Pest“ aus.[13]

> […] denn verpestet
> ist das Land von blindgläubigen Wörtern.[14]

Der Ingenieur Karl Plagge verfasste am 26. April 1956 einen Brief an den Rechtsanwalt Dr. Raphael Strauss, der unter anderem Restitutionsansprüche in „Wiedergutmachungsverfahren“ vertrat.[15] Karl Plagge, der zur Rettung Wilnaer Juden beigetragen hat, fragt in diesem Brief, ob Strauss das Buch *Die Pest* (1947) von Albert Camus kenne,

8 Michman: *Angst vor den „Ostjuden“*, S. 92.

9 Mascha Rolnikaite: *Ich muss erzählen: Mein Tagebuch 1941–1945*, aus d. Jidd. v. Dorothea Greve, mit einem Vorwort v. Marianna Butenschön. Berlin: Kindler 2002, S. 67.

10 Словарь синонимов: „фашизм“ [Wörterbuch der Synonyme: „Faschismus“]. http://dic.academic.ru/dic.nsf/dic_synonims/188586 (Zugriff am 09.08.2014).

11 Andere Schreibweisen des Namens sind: Awrom Sutskewer, Avrom Sutskever, Avrom Sutzkever, Avrum Sutzkever, Abraham Sutzkewer, Abram Suzkever, u. a.

12 Abraham Sutzkever: Gesichter im Morast. In: Ders.: *Geh über Wörter wie über ein Minenfeld: Lyrik und Prosa*, ausgew., aus d. Jidd. u. mit Anm. v. Peter Comans. Frankfurt am Main / New York: Campus 2009, S. 113.

13 Abraham Sutzkever: *Wilner Getto 1941–1944*, aus d. Jidd., mit einem Vorwort und Nachwort v. Hubert Witt. Zürich: Ammann 2009, S. 260–261.

14 Sutzkever: Gesichter im Morast, S. 113.

15 Marianne Viefhaus: *Zivilcourage in der Zeit des Holocaust: Karl Plagge aus Darmstadt; ein „Gerechter unter den Völkern“*. Darmstadt: Darmstädter Geschichtswerkstatt e. V. / Magistrat der Wissenschaftsstadt Darmstadt 2005, S. 41.

aus dem im Brief zitiert wird.[16] Wie Sutzkever vergleicht auch Plagge die Pest mit dem Nationalsozialismus. In seinem Brief an Strauss ist Plagge bemüht, die Frage zu beantworten, warum er zu den Vorkommnissen in Wilna[17] schweige, statt sie niederzuschreiben.[18] Fast 12 Jahre zuvor, am 1. Juli 1944, hatte der Wehrmachtsoffizier Karl Plagge vor den jüdischen Zwangsarbeitern des von ihm geleiteten Heeres-Kraftfahr-Parks 562,[19] eine Rede gehalten.[20] Sie enthielt eine versteckte Warnung, die bei den Zwangsinhaftierten sofort ankam.[21] In dieser Rede deutete Plagge an, dass die Wehrmacht aus Wilna abziehen und die SS das Lager übernehmen werde.[22] Die ‚Stunde X' schlug. Ein Teil der Inhaftierten ergriff, zuletzt unter dem Beschuss der SS, die Flucht, wobei viele ermordet wurden, andere tauchten unter:

> Für alle übrigen Bewohner wurde das Wort „Malina" (Versteck) zum Zentrum, um das alle Gedanken und Bemühungen kreisten. Einige hatten Nischen im Mauerwerk und hinter Schränken oder im Fußboden ihrer Wohnräume vorbereitet, wo sie sich verbargen. Viele von ihnen wurden aufgespürt und erschossen. Auch in mehreren Werkstätten und Einrichtungen des Heereskraftfahrparks gab es Verstecke. Die weitaus größte Malina war das bei der „Kinderaktion" entdeckte Versteck im Abwasseruntergrund der „Blocks", das von einigen Männern erweitert und sicherer gemacht worden war. [...] Da die Verstecke bei weitem nicht für alle Bewohner ausreichten und manche nicht genügend gesichert werden konnten, fielen der endgültigen Liquidierung des Lagers durch die SS noch viele Juden zum Opfer. Insgesamt überlebten etwa 200 Menschen die Zeit bis zur Befreiung durch die Rote Armee.[23]

Im Brief an Raphael Strauss hat Plagge bemerkt, dass die Schilderung der „Pest" keine Schlagzeilen bringen wird.[24] Selbst Primo Levis *Ist das ein Mensch?* (1947) wurde vom „durchaus engagierten und linken Verlag Einaudi 1947 zunächst abgelehnt" und

16 Viefhaus: *Zivilcourage in der Zeit des Holocaust*, S. 41.

17 Für das okkupierte Vilnius (jidd. Wilne / poln. Wilno) wird der Stadtname Wilna benutzt. Zum Stadtnamen siehe das Kapitel „Das Wort ‚Malina' in historischen Dokumentationen und Zeugnissen der Holocaustüberlebenden", Abschnitt 5.4, und den Wikipedia-Beitrag Vilnius. http://de.wikipedia.org/wiki/Vilnius (Zugriff am 09.08.2014).

18 Viefhaus: *Zivilcourage*, S. 41–45.

19 Viefhaus zufolge erhielt Karl Plagge 1941 „im Rahmen der Vorbereitung auf den deutschen Überfall auf die Sowjetunion" das Kommando über den Heereskraftfahrpark 562, den „er mit den ihm zugeordneten Instandsetzungskolonnen 731 und 732 – etwa zweihundertfünfzig deutsche Wehrmachtsangehörige – aufbaute und bis zum Abzug der deutschen Wehrmacht im Frühsommer 1944 leitete. Aufgabe der Einheit war die Reparatur von Heereskraftfahrzeugen und Beutefahrzeugen zur Versorgung der kämpfenden Truppe sowie zu deren Umrüstung auf Holzgasbetrieb." (Ebd., S. 11.)

20 Ebd., S. 23.

21 Ebd., S. 22–23.

22 Ebd.

23 Marianne Viefhaus: Für eine Gemeinschaft der „Einsamen unter ihren Völkern" – Major Karl Plagge und der Heereskraftfahrpark 562 in Wilna. In: Wolfram Wette (Hrsg.): *Zivilcourage: Empörte, Helfer und Retter aus Wehrmacht, Polizei und SS*. Frankfurt am Main: Fischer 2004, S. 97–113, hier S. 108–109. Vgl. auch Viefhaus: *Zivilcourage*, S. 23.

24 Viefhaus: *Zivilcourage*, S. 44.

erschien bei Einaudi erst 1958.[25] Die Erinnerungen der Überlebenden waren auf dem Buchmarkt lange Zeit nicht erwünscht.[26]

Pearl Good (Gdud, geb. Perella Esterowicz) überlebte die Mordaktionen während der Liquidierung des Heeres-Kraftfahr-Parks 562 in einem Versteck.[27] Der ehemalige Wehrmachtsmajor Karl Plagge wurde unter anderem dank der Bemühungen der Familie Good (Gdud) durch den Staat Israel 2005 posthum als „Gerechter unter den Völkern" geehrt.[28]

In der repräsentativen Erinnerungskultur erlangt der Zufluchtsort, Malina, einen immer höheren Bekanntheitsgrad. Dennoch: Viele Jahre nach dem Zweiten Weltkrieg ist die Bedeutung „Versteck" in der Bachmann-Forschung noch unbekannt. Als ‚Parole' durchzieht das existenzielle Malina-Motiv die Erinnerungen der Ghettoüberlebenden und dieses Wort/diesen Namen greift Bachmann in *Malina* auf.

2. Malina – Entschlüsselung als Paradigma der Sinntravestie

2.1 „Malina" bei Ossip Mandelstam

In der germanistischen Forschung wird der Titel „Malina" als Hinweis auf Ossip Mandelstam gedeutet.[29] Bettina Bannasch sieht in „malina"/„Himbeere" ein wichtiges Sujet im dichterischen Werk Mandelstams.[30] Bannasch hat das himbeerfarbige Spektrum der *Malina*-Rezeption erweitert: Das „Malina"-Motiv bei Bachmann wurde von Bannasch mit den Motiven der Himbeere in Mandelstams Gedichten verknüpft.[31] Die hergestellte Verbindung präsentiert einen Zirkelschluss:

25 Ulisse Dogá: *„Port Bou – deutsch?": Paul Celan liest Walter Benjamin.* Aachen: Rimbaud 2009, S. 61–62. Myriam Anissimov schreibt: „Primo Levi schickte das Buch mit einer kurzen Widmung an seine Familie und Freunde. Im Grunde wurde der kleine Band mehr verteilt als verkauft. Sechshundert Exemplare, die in einem Remittenden-Lager in Florenz gestapelt waren, wurden durch das Arno-Hochwasser im Herbst 1966 zerstört." Anissimov zufolge wurde „so gut wie kein Buch" verkauft. (Myriam Anissimov: *Primo Levi: Die Tragödie eines Optimisten. Eine Biographie.* Darmstadt: WBG 1999, S. 380.) Über den Schriftsteller Leo Perutz schreibt Doron Rabinovici: „Perutz hatte überlebt, aber die deutschsprachigen Leser wollten das nicht wahrhaben. Für sie sollte er gestorben sein. Sein Verlag veröffentlichte zwar Anfang der fünfziger Jahre seine alten Romane wieder, aber vor *Nachts unter der steinernen Brücke* schreckte das Haus wegen des jüdischen Themas zurück. Perutz empörte sich über den Verlag: ‚(…) Zsolnay schont die Empfindlichkeiten jenes Wiener Gesindels, das nicht gerne daran erinnert werden will, daß es Juden gibt, gegen die es sich schlecht benommen hat. Ich will aber nicht warten, bis – wie Zsolnay schreibt – die deutsche Seele sich Werken jüdischen Geistesgutes wieder öffnet (…).'" (Doron Rabinovici: Wohin oder Der Preis der Nacht. In: Ders.: *Credo und Credit: Einmischungen.* Frankfurt am Main: Suhrkamp 2001, S. 22–47, hier S. 43–44.) Der Schriftsteller François Mauriac assistierte dem Zeitzeugen Elie Wiesel und verhalf seinem transformierten Werk *Un di velt hot geshvigen* mit *La Nuit* der ‚verschwiegenen' Erinnerung zum Durchburch. Vgl. Naomi Seidman: Elie Wiesel and the Scandal of Jewish Rage. In: *Jewish Social Studies* 3,1 (1996), S. 1–19, hier S. 14–16.

26 Dogá: *„Port Bou – deutsch?"*, S. 61–62.

27 Viefhaus: *Zivilcourage*, S. 22, 48–51.

28 Ebd., S. 98–101, 123–127.

29 Folkvord: *Sich ein Haus schreiben*, S. 94.

30 Bettina Bannasch: *Von vorletzten Dingen. Schreiben nach „Malina": Ingeborg Bachmanns „Simultan"-Erzählungen.* Würzburg: Königshausen & Neumann 1997, S. 180.

31 Ebd., S. 179.

> Die Namensgebung, die Bachmann für ihre Erzählerfigur „Malina“ vornimmt, auf das „malina“-Motiv bei Mandelstam zu beziehen, bedeutet, die Namensgebung selbst als Rechtfertigung einer poetologischen Deutung des Romans zu lesen. Die Himbeere steht für die Literatur selbst.[32]

Das Motiv der Himbeere in Mandelstams Gedichten hat Bannasch zwar mit Bachmanns Malina[33] vernetzt, die Bedeutung „Himbeere“ wurde von ihr jedoch nicht hinterfragt. Elke Brüns hat sich ebenfalls mit dem Motiv der Himbeere bei Mandelstam auseinandergesetzt. Mit Mandelstams berühmt gewordener Gedichtzeile, die das Wort „Malina“ beinhaltet, erinnert Brüns an die Verbannung des Dichters nach Sibirien (wegen ‚antisowjetischer Propaganda‘): „Welche Todesstrafe immer – es ist eine Himbeere […].“[34] Brüns sieht den Zusammenhang „malina“/„Himbeere“ in Mandelstams Biographie als „verbrecherischer Plan“ thematisiert:

> Welche *Todesart* auch immer Stalin und sein Regime verfügte, es ist eine Himbeere, russisch *Malina*, ein Wort, das im Argot auch für ‚verbrecherischer Plan‘ steht. Diese Wortbedeutung findet sich in der von Nadeschda Mandelstam verfaßten Biographie *Im Jahrhundert der Wölfe*.[35]

Elke Brüns gibt nicht an, an welchen Stellen in Mandelstams Biographie die Wortbedeutung von „Malina“ im Sinne eines „verbrecherischen Plans“ zu finden ist. Die Erinnerungen von Nadeschda Mandelstam sind auf Deutsch unter dem Titel *Das Jahrhundert der Wölfe* erschienen. Im Anhang, der nicht von Nadeschda Mandelstam verfasst ist, wird das Wort für „Himbeere“ aus dem oben zitierten Vers Mandelstams für die deutschsprachigen LeserInnen folgendermaßen erklärt: „‚Himbeere‘ (malina), im Argot Ausdruck für: verbrecherischer Plan.“[36] Eine etwaige Quellenangabe, in der „Malina“ als „verbrecherischer Plan“ erläutert wird, fehlt.

In russischen Internetwörterbüchern, in zahlreichen Online-Beiträgen und Printmedien zum Soziolekt der Kriminellen figuriert als vorrangige Bedeutung „воровской притон“[37] („Diebesspelunke“). Die Bedeutung „verbrecherischer Plan“ kommt nicht vor. Roland Girtler bemerkt, dass es schon im deutschsprachigen Raum starke regionale Unterschiede innerhalb der Gaunersprache gebe, auch wenn gewisse Ausdrücke unter Ganoven im gesamten Sprachraum sich ähneln sollen.[38] Die Gaunersprache sei Girtler zufolge ständig im Fluss und kenne keine starren Regeln, weil es sich hierbei

32 Bannasch: *Von vorletzten Dingen*, S. 181.

33 Ebd., S. 179–181.

34 Brüns: *Außenstehend*, S. 219.

35 Ebd.

36 Nadeschda Mandelstam: *Das Jahrhundert der Wölfe: Eine Autobiographie*, aus d. Russ. v. Elisabeth Mahler. Frankfurt am Main: Fischer 1973, S. 396.

37 Siehe Словарь воровского жаргона: „малина“ [Wörterbuch des Jargons der Diebe: „Malina“]. http://enc-dic.com/thief/Malina-3208.html (Zugriff am 09.08.2014). Vgl. auch Толковый словарь Ожегова [Das erklärende Wörterbuch Ožegovs]. http://dic.academic.ru/dic.nsf/ogegova/277960 (Zugriff am 09.08.2014).

38 Roland Girtler: *Rotwelsch: Die alte Sprache der Gauner, Dirnen und Vagabunden*. 2., erw. Auflage. Wien / Köln / Weimar: Böhlau 2010, S. 15.

um ein Sprechen handelt, das auf keine schriftliche Fixierung angewiesen sei.[39] Die aktiven SprecherInnen, die „selbst aus der Welt der Vagabunden und Gauner kommen", sind nach Girtler dem Wörterbuchwissen vorzuziehen.[40]

2.2 Abspaltung der kryptischen „Malina" – das unsichtbare Bedeutungsfeld

In den medientheoretischen Sprachreflexionen wird oft eine scheinbar saubere Grenzziehung zwischen der mündlich tradierten „Muttersprache" und der „abgekühlten" Schriftsprache („Vatersprache") suggeriert.[41] Dabei gilt die Schriftsprache als das höhere kulturelle Gut.[42] Der Medientheoretiker Hartmut Winkler hat diesen dualistischen Spaltungsvorgang beschrieben:

> Die Sprache selbst also wird von einem Riß durchzogen, der – nach dem binären Geschlechtercode – Mutter und Vater trennt. Und was gereinigt zur Grundlage der Mathematik (und später der Datenverarbeitung) werden kann, muß allererst gewonnen werden durch eine Abspaltung eines Teils der Sprache selbst, der ‚vergessen' und das heißt dem Unbewußten der Sprache und der Individuen überantwortet wird.[43]

Statt eine Abspaltung zum Zweck der „Reinigung" und ein bedenkliches „Vergessen" zu tradieren, soll hier an den Einfluss des Jiddischen und dessen Slang auf die europäischen Sprachen erinnert werden. Evelyn Torton Beck, Klaus Hödl und Naomi Seidman zufolge galt Jiddisch als die Sprache des „weibischen Juden", als „die Sprache der Frauen" und vor allem als die inferiore Sprache der Großmütter,[44] „bar grammatikalischer Regeln".[45] Auf repräsentativer Ebene wurde diese „Frauensprache" im Zuge des Wiederholens des schon Wiederholten für antiintellektuell, unlogisch und emotional deklariert.[46] Der Zeitzeuge Abraham Sutzkever musste 1946 in Nürnberg

39 Ebd., S. 24.

40 Ebd., S. 43.

41 Hartmut Winkler: *Docuverse: Zur Medientheorie der Computer.* München: Boer 1997, S. 319.

42 Sandra Boihmane: Alphabet @ Gender: Media Change and Gender in the History of the Baltic Region. In: Irina Novikova (Hrsg.): *Gender Matters in the Baltics.* Rīga: LU Akadēmiskais apgāds 2008, S. 155–189, hier S. 162–165.

43 Winkler: *Docuverse*, S. 320.

44 Naomi Seidman schreibt: „[...] 'mame-loshn' evokes the specific set of cultural characteristics and stereotypes associated with the Eastern European Jewish mother. Implicit in this identification is the generational dimension: Yiddish is not only the language of woman, it is also the language of older rather than younger women." (Naomi Seidman: *A Marriage Made in Heaven: The Sexual Politics of Hebrew and Yiddish.* Berkeley / Los Angeles / London: University of California Press 1997, S. 31.)

45 Evelyn Torton Beck: The Many Faces of Eve: Women, Yiddish, and I. B. Singer. In: *Studies in American Jewish Literature* 1 (1981), S. 112–123, hier S. 112–113. Vgl. hierzu auch Klaus Hödl: *Als Bettler in die Leopoldstadt: Galizische Juden auf dem Weg nach Wien.* Wien / Köln / Weimar: Böhlau 1994, S. 196.

46 Ebd. Zum Jiddischen als „Weibersprache" siehe Jacques Picard: Jerusalem, Babylon und andere Orte der Erinnerung: über das Woher und Wohin in der jüdischen Geschichtsschreibung. In: *Schweizerische Zeitschrift für Religions- und Kulturgeschichte* 100 (2006), S. 89–104, hier S. 94: „[...] Jiddisch als ‚weibliche' Sprache war ein Argument, das seit der frühen Neuzeit bis in die erste Hälfte des 20. Jahrhunderts die Vorurteile und Debatten nicht wenig prägte. Das Jiddische galt als ‚Weibersprache', wurde aber mit dem Prozess der ‚Kultivierung' von seinen modernen Propagandisten gleichsam ‚vermännlicht' und politisch akzeptabel

sein Zeugnis in russischer Sprache ablegen.[47] Als Gerichtssprache war Jiddisch nicht zugelassen.[48] Es galt seinerzeit als „eine Pervertierung der deutschen Sprache".[49] Jiddisch wurde für ein „verdrehtes Deutsch" und für einen „Jargon" gehalten.[50] Es galt als immoral, hybrid und undurchsichtig.[51] Es war lange vor allem eine gesprochene,[52] ‚wilde' Sprache. Galt Hebräisch als Kultursprache, wurde Jiddisch von Gebildeten oft als „Jargon" diffamiert, welchen sie in ihren Schriften mit deutschen Ausdrücken zu „veredeln" und aufzuwerten suchten.[53] Der ausufernden Diversität jiddischer Sprachpraxis und den zahlreichen lokalen Sprachbesonderheiten begegnete man mit Standardisierungsversuchen, die um eine planmäßig vereinheitlichte Orthographie und Aussprache bemüht waren.[54] Demgegenüber hebt Bachmann die Vielfalt der

gemacht." Mit Bezug auf Naomi Seidman schreibt Picard: „Wilna, so hiess es zum Beispiel, war die ‚männliche' Stadt der hebräischen Haskalah (Aufklärung) mit ihrem Rationalismus, während das ‚weibliche' Warschau die Emotionalität des Chassidismus und dann der bürgerlichen Romantik emblematisierte." (Ebd.) Im „männlichen" Wilne (Jidd.) formte man aus dem Wilner Jiddischen eine vereinheitlichte jüdische Nationalsprache. Für die Vereinheitlichung der jiddischen Sprachvarietäten war das Jiddische Wissenschaftliche Institut (heute bekannt als YIVO-Institute) zuständig. Ein bedeutender Vertreter dieses Instituts war Max Weinreich. Über die Auseinandersetzungen zwischen den ‚JargonistInnen' und HebräistInnen (ZionistInnen) siehe Armin Eidherr: *Sonnenuntergang auf eisig-blauen Wegen: Zur Thematisierung von Diaspora und Sprache in der jiddischen Literatur des 20. Jahrhunderts.* Göttingen: V & R unipress / Universität Wien 2012, S. 64–78.

47 Sutzkever: *Wilner Getto*, S. 260.

48 Vgl. Heather Valencia: Sutzkevers Leben und Lyrik. In: Sutzkever: *Geh über Wörter*, S. 19–70, hier S. 41–42.

49 Hödl: *Als Bettler*, S. 275. Martin Pollack schreibt: „Die Juden wurden von der österreichischen Statistik nicht als eigene Nationalität geführt, denn diese wurde allein durch die ‚Umgangssprache' definiert; die überwiegende Mehrheit der 600.000 Juden, die um 1900 in Ostgalizien lebten, sprachen zwar Jiddisch, aber dieses galt von Amts wegen nicht als Sprache, die es lohnte, in eine Statistik zu schreiben [...]. Auf diese Weise wurden die galizischen Juden von der österreichischen Bürokratie den Polen, Deutschen oder, seltener, Ruthenen zugeschlagen, ein Irrtum, der die Betroffenen selbst freilich nicht besonders zu stören schien: sie hatten andere Sorgen." (Pollack: *Nach Galizien*, S. 19.)

50 Hödl: *Als Bettler*, S. 152.

51 Vgl. Naomi Seidman: *Faithful Renderings: Jewish-Christian Difference and the Politics of Translation.* Chicago / London: University of Chicago Press 2006, S. 168–175.

52 Thomas Soxberger: Wilne – Jeruscholajim deLite: Zur Geschichte der jüdischen Gemeinde in Wilna. In: Florian Freund / Franz Ruttner / Hans Safrian (Hrsg.): *Ess firt kejn weg zurik...: Geschichte und Lieder des Ghettos von Wilna 1941–1943*, mit einem Vorwort v. Simon Wiesenthal. Wien: Picus 1992, S. 15–29, hier S. 22.

53 Ebd. Franz Kafka schreibt über den „Jargon": „Er [der „Jargon" bzw. das Jiddische – S. B.] hat keine Grammatiken. Liebhaber versuchen Grammatiken zu schreiben, aber der Jargon wird immerfort gesprochen; er kommt nicht zur Ruhe. Das Volk läßt ihn den Grammatikern nicht. Er besteht nur aus Fremdwörtern. Diese ruhen aber nicht in ihm, sondern behalten die Eile und Lebhaftigkeit, mit der sie genommen wurden. Völkerwanderungen durchlaufen den Jargon von einem Ende bis zum anderen. Alles dieses Deutsche, Hebräische, Französische, Englische, Slawische, Holländische, Rumänische und selbst Lateinische ist innerhalb des Jargon von Neugier und Leichtsinn erfaßt, es gehört schon Kraft dazu, die Sprachen in diesem Zustande zusammenzuhalten. Deshalb denkt auch kein vernünftiger Mensch daran, aus dem Jargon eine Weltsprache zu machen, so nahe dies eigentlich läge. Nur die Gaunersprache entnimmt ihm gern, weil sie weniger sprachliche Zusammenhänge braucht als einzelne Worte. Dann, weil der Jargon doch lange eine mißachtete Sprache war." (Franz Kafka: Rede über die jiddische Sprache. In: Ders.: *Sämtliche Werke*, mit einem Nachwort v. Peter Höfle. Frankfurt am Main: Suhrkamp 2008, S. 1275–1278, hier S. 1275–1276.)

54 Soxberger: Wilne, S. 27.

Mundarten als einen bedeutsamen Bezugspunkt möglicher bereichernder Differenzierungen hervor. Sie assoziiert die mundartliche Sprachpraxis mit Erkenntnis, Ambivalenz und einer noch zu entfaltenden, noch im Kommen begriffenen Kreativität.[55] In Bachmanns Gedichtentwurf für Nelly Sachs mit dem Titel *Mundarten,* der nach Sigrid Weigel „um die Sprache der Verfolgten kreist" und den sie in ihrem Buch *Ingeborg Bachmann* (1999) anführt, heißt es:

> An ihrer Mundart wird man sie erkennen.
> die Schläger und die Geschlagenen,
> die Verfolger und die Verfolgten,
> auch die Törichten und die Weisen,
> Mundart die nicht den heimatlichen Klang ablegt.[56]

In einem Mundart-„Ich" sieht Bachmann nicht ausgeschöpftes literarisches Potenzial, das erst noch mobilisiert werden muss.[57] In ihrer dritten Frankfurter Poetikvorlesung „Das schreibende Ich" zitiert Bachmann aus dem Roman *Zeno Cosini* (*La coscienza di Zeno,* 1923) des italienischen Schwaben bzw. schwäbischen Italieners aus jüdischem Elternhaus Italo Svevo:

> „Ein geschriebenes Bekenntnis ist immer verlogen. Mit jedem sprachlich reinen Wort lügen wir! Wenn er (und gemeint ist der Psychoanalytiker), wenn er wüßte, wie wir nur jene Dinge gerne erzählen, für die uns das Wort bereitsteht; wie wir fast alle anderen auslassen, die uns zwingen würden, das Wörterbuch zu benützen. Auf diese Weise wählen wir aus unserem Leben die Episoden, die wir erzählen. Es ist ganz klar, daß zum Beispiel mein Leben ganz anders aussehen würde, wenn ich es in meinem Dialekt (gemeint ist der triestinische) hätte erzählen dürfen."[58]

Im Mundart-„Ich" Italo Svevos hat Bachmann ein brachliegendes Potenzial entdeckt, dessen ‚Narrenkleid' in der Literatur noch kaum ausgelotet sei.[59]

> Der Arzt entdeckte zum Beispiel, daß ganz in der Nähe seiner Wohnung, in der wir die Psychoanalyse praktizierten, ein ungeheures Holzdepot stand, das einst der Firma Guido Speier & Co. gehörte. Warum hätte ich davon nichts erwähnt? Hätte ich aber davon gesprochen, so wäre in der ohndies schon hinreichend schwierigen Abhandlung eine neue Schwierigkeit aufgetaucht. Diese Auslassung beweist nichts anderes, als daß ein von mir in rein italienischer Sprache geschriebenes Bekenntnis weder vollständig noch aufrichtig sein kann. Es gibt verschiedene Arten von Hölzern, von denen jede in Triest mit anderen Namen bezeichnet wird, mit Namen, die teils aus dem Triestiner Dialekt, teils aus dem Kroatischen, dem Deutschen, ja sogar dem Französischen stammen. Wo konnte ich mir da das nötige Wörterbuch beschaffen? Hätte ich in meinem Alter noch eine Stelle bei einem italienischen Holzhändler annehmen sollen? […] Mehr brauche ich darüber nicht zu sagen, denn dieses Depot spielte wirklich keine Rolle; es kamen bloß unaufhörlich Diebe, die diesen sonderbar benannten Hölzern Beine machten: sie waren weg, wie von Geistern entführt […].[60]

55 Bachmann: Das schreibende Ich, S. 228–229.

56 Zit. n. Weigel: *Ingeborg Bachmann*, S. 480.

57 Bachmann: Das schreibende Ich, S. 229.

58 Ebd., S. 228–229.

59 Ebd., S. 229.

60 Italo Svevo: *Zeno Cosini*, aus. d. Ital. v. Piero Rismondo. Berlin: Rütten & Loening 1976, S. 495–496.

Die Berufung auf ein ‚Ich' im mundartlichen ‚Narrenkleid' könnte Bachmann zufolge eine produktive Chance eröffnen, um Destabilisierungseffekte, die mit einem Sinnzuwachs einhergehen und somit eine Bereicherung darstellen, herbeizuführen.[61] Manche unsichtbare Bedeutungsfelder könnten re-aktiviert werden. Heike Hendrix weist darauf hin, dass in den sogenannten „besseren Kreisen" Österreichs die Dialektsprache als „Jargon" galt.[62] Sie erinnert daran, dass Bachmann mit großer Detailgenauigkeit die Sprachformen ihrer Figuren charakterisiert habe.[63] Die InterpretInnen von *Malina* sind Bachmanns Ratschlag, auf Mundarten zu achten, nicht gefolgt. Denn die vielfältigen „Malina"-Bedeutungsfelder mundartlicher Prägung sind in den Deutungen zu Bachmanns *Malina* bislang nicht aufgezeigt. Sie finden keine nennenswerte wissenschaftliche Beachtung. Zwar verweisen sowohl Kurt Bartsch als auch Astrid Starck flüchtig auf das Rotwelsch und die Bedeutung „verbrecherischer Plan"[64] sowie auf die Möglichkeit, dass „Malina" im Rotwelschen eventuell auch einen Kriminellen bezeichnen könne.[65] Die slawische „malina"/„Himbeere" bleibt dennoch im Blickfeld der Forschung. Anhand des als „Jargon" stigmatisierten Jiddisch und dessen SprecherInnen lässt sich, wie von Klaus Hödl[66] und Naomi Seidman[67] aufgezeigt, die stets vollzogene Eliminierung eines vermeintlichen „Außen" kritisch beleuchten. Dass ausgerechnet die slawische „malina"/„Himbeere" den Einzug in die wissenschaftliche Forschung zu *Malina* geschafft hat, ist ein Paradox der Bachmann-Forschung. Denn Kurt Bartsch zufolge haben die erklärenden Hinweise der GermanistInnen, das Wort „malina" bedeute in verschiedenen slawischen Sprachen „Himbeere", kaum zur Erhellung des Bachmann-Buches beigetragen.[68] Bachmann selbst hat sich ausdrücklich von der „Naturlyrik" und den „Gräserbewisperern" distanziert.[69] Die Schriftstellerin behauptete, kaum drei Blumensorten auseinanderhalten zu können.[70] Bachmann hat in ihrer geistigen „Autobiographie"[71] *Malina* keinen Grund gehabt, slawische Himbeeren und Himbeerbüsche zu tarnen. Dennoch gelang es den InterpretInnen, die Himbeere nachhaltig in die Rezeption zu integrieren. Der misslungene Umgang mit der sprachlichen Diversität hat ein textuelles Narrenkleid entstehen lassen, das die Abwehr und die gezielte Abspaltung vorwiegend oral tradierter, „weiblich" codierter

61 Bachmann: Das schreibende Ich, S. 229–230.

62 Hendrix: *Ingeborg Bachmanns „Todesarten"-Zyklus*, S. 55.

63 Ebd., S. 55–56.

64 Kurt Bartsch: *Ingeborg Bachmann.* 2., überarb. u. erw. Auflage. Stuttgart / Weimar: Metzler 1997, S. 137.

65 Vgl. Antonowicz: Malina oder das Auseinandergeraten, S. 94, Anm. 4.

66 Hödl: *Als Bettler*, S. 149–150. Zur Diffamierung der Sprachpraxis mit jiddischem Flair vgl. Cilly Helfrich: *„Es ist ein Aschensommer in der Welt": Rose Ausländer; Biographie.* Weinheim / Berlin: Quadriga 1995, S. 58–60.

67 Seidman: *Faithful Renderings*, S. 174–175.

68 Bartsch: „Malina" davor, „Malina" danach, S. 114.

69 Bachmann: *Wir müssen*, S. 45.

70 Ebd.

71 Ebd., S. 88.

Bedeutungsfelder offenbart. Die Revision dieses diskriminierenden Umgangs deckte bislang unsichtbare Grenzverläufe auf, die Bachmann zufolge „sich zeigen müssen, als ideologische, wenn man so will, als Risse auch im Gebrauch von Sprache".[72] Diesen ‚Riss' hat Joseph Roth beschrieben:

> Er senkte den Kopf. Über ihn hinweg rasten unverständliche Redensarten, zuckten Ausrufe wie grelle Blitze, klatschte Gelächter wie heiterer Platzregen, in einem Dialekt, den er noch niemals so intensiv und in solcher Nähe vernommen hatte und der an Räderrolen, Miauen und Hörnerblasen zugleich erinnerte. Endlich erreichte man Sievering.[73]

Statt Sprache vernehmen Nicht-Eigeweihte unverständliche Geräusche, deren Bedeutung ihnen sich verschließt und als vermeintlich asignifikant vorkommt. Bachmann vertrat die Auffassung, dass Dialekte eine andere Dialektik (Erzählstrategien) ermöglichen: „Gewiß ist nur, daß er [die Schreibende I. B. – S. B.] seine Mundart sich in den Mundarten der Sprache sucht, daß er auf Dialekt und Dialektik aus ist und beide auf ihn aus sind, als auf ihren möglichen Statthalter."[74] In der *Malina*-Rezeption wurden durch die vollständige Eliminierung der mundartlichen Bedeutungsschichten die ideologischen Grenzziehungen im interpretativen Verhalten verdeckt. Diese Verdeckung ereignet sich durch die Vermittlung: Im Vermittlungsprozess werden die diskriminierten („weiblichen") Anteile der Sprache nicht mitgedacht.

Meiner Ansicht nach wird sich ein effektiver Interpretationsansatz des Buches *Malina* erst aus der Perspektive des lange ausschließlich mündlich tradierten Wortes „Malina" ableiten lassen, dessen unterschiedliche Bedeutungen ich untersuchen will. Sie werden erlauben, *Malina* anders zu lesen: „Man muß überhaupt ein Buch auf verschiedene Arten lesen können und es heute anders lesen als morgen."[75]

72 Bachmann: Tagebuch, S. 70.

73 Joseph Roth: Die Geschichte von der 1002. Nacht [1937]. In: Ders.: *Werke*, Bd. 6: Romane und Erzählungen 1936–1940, hrsg. u. mit einem Nachwort v. Fritz Hackert. Köln: Kiepenheuer & Witsch 1991, S. 347–514, hier S. 480.

74 Bachmann: Tagebuch, S. 70. Hier schreibt sie: „Europäisch denken? Wer geriete da nicht in Verlegenheit, wenn er zum Beispiel, nicht einmal weiß, was deutsch oder österreichisch denken heißt, es auch gar nicht wissen und vorgesagt bekommen möchte, weil er sich nichts Gutes davon verspricht. Denken, gewiß, auch historisch denken und vor allem utopisch denken, daß die Risse eines Tages wirklich aufspringen, dort wo sie aufspringen *müssen* und die Grenzverläufe sich zeigen müssen, als ideologische, wenn man so will, als Risse auch im Gebrauch von Sprache, die nicht nur den Schreibenden betreffen, aber den Schreibenden zuerst betreffen, weil er nicht mit einem nationalen Fertigprodukt ‚Sprache' oder einem internationalen Wunschprodukt ‚Sprache' umgehen kann und es gebrauchen kann, sondern, von ihr geprüft und sie prüfend, ein Abenteuer mit der Sprache hat, dessen Ausgang ungewiß ist."

75 Bachmann: *Wir müssen*, S. 100.

2.3 Die Lückenbüßerin Himbeere im Narrenkleid der Sinntravestie

Das Aufzeigen diverser Bedeutungsfelder des Schlüsselwortes „Malina“ wird die ideologisch bedingte Sinntravestie der wissenschaftlichen Performance offenbaren. „Malina“ aus dem Wortschatz der DiebInnen verweist auf Sinnzusammenhänge, die in der *Malina*-Rezeption bislang von Himbeere überlagert sind. Das Übersehen jiddischer Einflüsse im Wortschatz ostslawischer Sprachen hat unversehens zu einer wissenschaftlichen Vorgehensweise geführt, in der qualitativ unterschiedliche Bedeutungsfelder miteinander vermengt werden. Die Übersetzung von „Malina“ in „Himbeere“ ist ein schillerndes Beispiel der betriebenen Sinntravestie.[76] Freilich kann das Gaunerwort „Malina“ in „Himbeere“ übersetzt werden, wenn die Kontexte des Wortes fehlen oder mißachtet werden. Wenn „Malina“ doch nicht „Himbeere“ bedeutet, sind alle mit Zirkelschlüssen erzielten Forschungsergebnisse zum titelgebenden Wort hinfällig. In der Übersetzerbranche hat die Bedeutung „Himbeere“ in der Übertragung des schon erwähnten Mandelstam-Verses für Heiterkeit gesorgt. Die Übersetzerin Ljubov Summ (Любовь Сумм) erwähnt in ihrem Online-Beitrag „20 фактов о малине“ („20 Tatsachen über Malina“),[77] dass sich der „Malina“-Vers Mandelstams zum Gegenstand von Anekdoten über die merkwürdigen Übersetzungen etabliert habe.[78] Mitte der 1980er Jahre hat die Zeitschrift *Jewish Language Review* (*JLR*) notiert: „Russian-speakers who do not know that Rus. malina is from Yiddish folk-etymologize it as being a figurative use of the word for ‘raspberry’, explaining that being in a criminal’s hideout or being a member of the underworld is ‘as sweet as a raspberry’ […].“[79] Svetlana Boym zufolge hat das Wort „Malina“ im Vers Mandelstams die ÜbersetzerInnen aus der Bahn geworfen: „One expression in Russian, ‘emu chto ni kazn’ – to malina,’ has puzzled translators because the word ‘malina’ literally, raspberries, is ‘blatnoi’ or criminal slang.“[80] Eine hervorragende Bestandsaufnahme zum Soziolekt der Kriminellen und zur Wortbedeutung von „Malina“ in den kriminellen Kreisen bietet das Buch *Die Tätowierten* (1975) von Michail Djomin.[81] Mit Djomin kommt im deutschsprachigen Raum ein ehemaliger sowjetischer Krimineller zu Wort, der die Verbrecherszene bestens kennt. Der Autor ist ausnahmsweise kein Theoretiker, sondern ein langjähriger Praktiker seines „Fachs“. Der *Spiegel* hat am 19. Februar 1973 eine Rezension zu Djomins Buch publiziert, das damals auch vom Österreichischen Rundfunk angepriesen wurde[82]: „Westliche Verleger glauben,

76 Mit Seidman ließe sich diese Vorgehensweise als „repetition as farce“ bezeichnen. (Seidman: *Faithful Renderings*, S. 174.) Seidman schreibt: „The history of translation in the West, in its compulsive recourse to the rhetoric of infidelity, renders genealogy itself a transparent fiction, charting the birth of a succession of bastard children, products of uncertain parentage and unholy unions.“ (Ebd., S. 72.)

77 Ljubov Summ: 20 фактов о малине [20 Tatsachen über Malina]. http://old2.booknik.ru/colonnade/facts/20-faktov-o-maline (Zugriff am 09.08.2014).

78 Ebd.

79 Responsa. In: *Jewish Language Review* 4 (1984), S. 252–407, hier S. 360.

80 Svetlana Boym: *Another Freedom: The Alternative History of an Idea.* Chicago: University of Chicago Press 2010, S. 309, Anm. 38.

81 Michail Djomin: *Die Tätowierten.* Frankfurt am Main: Fischer 1975.

82 Siehe Klappentext ebd.

in Paris einen östlichen Papillon entdeckt zu haben: Michail Djomin, Exil-Russe und Ex-Ganove. Sein Lebensbericht ‚Die Tätowierten' erschien jetzt - - zuerst - - auf deutsch."[83] Der Verfasser Michail Djomin mit dem Spitznamen „Pest"(„Tschuma"/ „Чума") hat jahrelang als Ganove in der Sowjetunion gelebt und „emigrierte" 1968 mit einem Touristenvisum nach Paris.[84] In *Die Tätowierten* berichtet er über den Alltag der Ganoven in der Nachkriegs-Sowjetunion. Djomin bringt das reiche Vokabular seiner „Berufsgruppe" farbenprächtig und literarisch brillant zur Geltung. Das Wort „Malina" gehört zum Wortschatz des ehemaligen Gauners. Über die Ganoven-Malina schreibt Djomin:

> -- Er schlug mir auf die Schulter. -- Wir gehn in eine Malina! [...]
> Die Ganoven-Malina war in einer dumpfen Straße am Stadtrand – im Keller eines zweistöckigen Eckhauses. In diesem halbdunklen Keller war es kühl und stickig. In blauen Schwaden waberte der dicke Tabaksqualm über den Köpfen. Heftig klimperte eine Gitarre, und eine Frauenstimme sang heiser:
> Geh nicht auf das Eis – Eis bricht ein.
> Liebe keinen Dieb – Diebe sind nie dein.
> Diebe sind nie dein – Diebe sitzen ein.
> Ihnen Päckchen packen – das fällt mir nicht ein.
> [...] Heftig erdröhnten die Saiten und mischten sich mit dem Donnern der Stiefelabsätze – in der Ecke begann ein wildes, wirres Tanzen... Die Malina kam in Stimmung! Sie war erfüllt von höllischem Freudengeschrei, Hurra und Gepolter.[85]

In den Anmerkungen zu der deutschsprachigen Ausgabe von *Die Tätowierten* wird die Bedeutung von „Malina", wie schon zu ahnen, mit der russischen Himbeere erläutert, obwohl von ihr im Text an keiner Stelle die Rede ist. Zusätzlich werden russische Redensarten zitiert, die die Ganoven-Malina mit einem herrlichen, schönen Leben verbinden. Dabei wird suggeriert, dass genau diese Bedeutung auf Seite 31 (dort kommt das Wort „Malina" kein einziges Mal vor) gemeint sei.[86] Den beigefügten Erläuterungen zum Ganoven-Wortschatz ist zu entnehmen, dass laut russischer Redensart das Leben in der Malina („Kaschemme", „Spelunke", „geheimes Lokal"[87]) „malina"/ „Himbeere" sei, d. h. „herrlich".[88] Im Endergebnis darf das „nationale Fertigprodukt" (das Wort „malina"/„Himbeere") ein paradiesisches Leben in der Kaschemme bedeuten. Auch in der Kriminologie ist bekannt, wie Serguei Cheloukhine und M. R. Haberfeld nachgewiesen haben, dass das Wort „maliny" im literarischen Russisch „Himbeeren" bedeute.[89] Die Wissenschaftler vermuten, dass sich der Zusammenhang von „Diebesversteck" („Malina") und „Himbeere" („malina") aus dem Aberglauben

83 Riecht nach Blut. In: *Der Spiegel*, 19.02.1973. http://www.spiegel.de/spiegel/print/d-42650953.html (Zugriff am 09.08.2014).

84 Ebd.

85 Djomin: *Die Tätowierten*, S. 117–118.

86 Ebd., S. 371, 31.

87 Ebd., S. 371.

88 Ebd.

89 Serguei Cheloukhine / M. R. Haberfeld: *Russian Organized Corruption Networks and Their International Trajectories*. New York / Dordrecht / Heidelberg / London: Springer 2011, S. 27, Anm. 13.

herleite. Nach Cheloukhine und Haberfeld habe man im „alten Russland" geglaubt, dass Himbeerbüsche bevorzugt von Dieben aufgesucht wurden, um sich dort zu verbergen: „*Maliny* literally means raspberries. In old Russia, a superstition spread claiming that thieves were taking shelter in raspberry bushes. In criminal world, a *malina* was a shelter or hideout for criminals and fugitives."[90] Diese originelle Erklärung über die abergläubische Vorstellung von Himbeerbüschen als einem Refugium der Diebe ist leider mit keiner Quellenangabe versehen. In der Forschung zu Bachmanns *Malina* werden die Himbeerbüsche demgegenüber nicht als Diebesversteck, sondern als Liebesasyl gehandelt.[91] Das bevorzugte Heranziehen der Himbeerbüsche, die einmal für Diebe, einmal für Liebende als Refugium gedient haben sollen, zeugt von einem kreativen Fantasieflug der vermittelnden WissenschaftlerInnen. Der gemeinsame Nenner aller erwähnten Erklärungsversuche, die auf Himbeeren und Himbeerbüsche rekurrieren, ist das Ausblenden jiddischer Einflüsse.

3. Die Methode des „anstößigen Vergehens"

3.1 Das ‚Fremdwort' „Malina": Integration und Vermittlung eines neuen Kontextes

Die repräsentative Unsichtbarkeit von „Malina"/„Versteck" in der Bachmann-Forschung liegt darin begründet, dass alle Bezugswerte vermittelt werden müssen und schließlich vermittelt sind. Daraus geht die Notwendigkeit hervor, sich auf eine „dritte Größe" zu besinnen,[92] mittels derer Verweisungszusammenhänge hergestellt werden, die ein „Außen" tradieren („Malina"/„Versteck"). Den RepräsentationskritikerInnen zufolge sollte die Dimension der Vermittlung[93] stärker in der Wissensproduktion berücksichtigt werden.[94] Die hergestellten Repräsentationen sind Ergebnisse

90 Cheloukhine / Haberfeld: *Russian Organized Corruption Networks*, S. 27, Anm. 13.

91 Antonowicz: Malina oder das Auseinandergeraten, S. 98.

92 Vgl. hierzu Silja Freudenberger: Repräsentation: Ein Ausweg aus der Krise. In: Dies. / Hans Jörg Sandkühler (Hrsg.): *Repräsentation, Krise der Repräsentation, Paradigmenwechsel: Ein Forschungsprogramm in Philosophie und Wissenschaften*. Frankfurt am Main / Berlin / Bern / Bruxelles / New York / Oxford / Wien: Lang 2003, S. 71–100, hier S. 87–92.

93 Bruno Latour: *Wir sind nie modern gewesen: Versuch einer symmetrischen Anthropologie*, aus d. Franz. v. Gustav Roßler. Berlin: Akademie Verlag 1995, S. 64–67, S. 106–107. Auch die übersetzenden VermittlerInnen sind keine unberührten Glasscheiben. Mit ihrer leibhaften Präsenz tragen sie zum Inhalt bei und hinterlassen im transferrierten Werk ihre Spuren. Vgl. Seidman: „Ordinary human reproduction (to belabor the obvious) involves the joining of two individuals to produce a third; ordinary translation involves the encounter of a source text and a translator to produce a translation that, in some sense, is the product of both the original text and the translator." (Seidman: *Faithful Renderings*, S. 68. Siehe auch ebd., S. 107.)

94 Hans Jörg Sandkühler schreibt, dass die „mit *b repr a* verbundene epistemologische Bequemlichkeit aufgegeben werden muss." (Hans Jörg Sandkühler: Wissenskulturen, Überzeugungen und die Rechtfertigung von Wissen. In: Ders. (Hrsg.): *Repräsentation und Wissenskulturen*. Frankfurt am Main / Berlin / Bern / Bruxelles / New York / Oxford / Wien: Lang 2007, S. 25–38, hier S. 32; siehe auch ebd. S. 30–32.) Nach Sandkühler sei es fragwürdig, „Bilder als *Abbilder* zu verstehen, gerade so, als stünden die erkennenden Subjekte außerhalb einer fertigen Welt, die sie nur noch ‚abzubilden' hätten. Wann immer wir uns Vorstellungen und Bilder von der Welt machen, sind *wir* ‚im Bild'. Wir kopieren nicht, sondern entwerfen, und unsere Bilder

der Vermittlung.[95] Erst qua Vermittlung werden Ein- und Ausschlüsse hergestellt, sanktioniert und tradiert. Zu achten gilt es insbesondere auf das *Wie* der relationalen Verknüpfungen, die es erlauben, vermeintlich „verlorene" Bezugswerte latent zu halten. Die Aufmerksamkeit ist deshalb auf die erzielten Ausschlüsse zu lenken, die zu integrieren sein werden (Malina/Versteck). Die hergestellten binären Gegensatzpaare müssen nach Judith Butler primär auf eine vermittelnde „Grenze" zurückbezogen werden, die oftmals bemüht ist, Stabilität zu stiften.[96] Diese nicht immer erfolgreichen Bemühungen muten mitunter bizarr an. Das Aufschlagen eines Wörterbuches, in dem das Wort „malina" als „Himbeere" verzeichnet ist, hat offenbar den Eindruck erweckt, die Bedeutung ermittelt zu haben. Im flexiblen Mundarten-Slang verfügt „Malina" dagegen über mehrere Bedeutungen, über viele Facetten und erscheint permanent in neuen kontextuellen Zusammenhängen. Da bislang in der germanistischen Forschung keine Verbindung zur Ganoven-„Malina" hergestellt wurde, sind die vielen Bedeutungen des Schlüsselwortes „Malina" in den Interpretationsansätzen nicht ausgelotet worden. Die Reproduktion „blinder Flecken", die die Himbeere als Lückenbüßerin stellvertretend für andere ahistorische Dechiffrierungsergebnisse verdeckt, möchte ich durch die Bezugnahme auf bislang ausgeblendete Bedeutungsfelder des weitverbreiteten Wortes „Malina" beenden. Der von Judith Butler vorgeschlagenen Methode des „anstößige[n] Vergehen[s]" kommt in der von mir bezweckten Eröffnung nichtthematisierter Malina-Kontexte eine entscheidende Rolle zu:

> Die Sprache konstituiert das Subjekt also teilweise durch die Verwerfung, eine Art inoffizieller Zensur oder ursprünglicher Einschränkung des Sprechens, die zugleich die Möglichkeit der Handlungsmacht im Sprechen konstituiert. Denn die Formen des Sprechens, die sich an der Grenze zum Unsagbaren halten, versprechen, die schwankenden Grenzen der Legitimität im Sprechen zu offenbaren. […] Denkt man an die Welten, die eines Tages denkbar, sagbar und lesbar werden könnten, so zeigt sich, daß sich das Gebiet des sprachlichen Überlebens nur durch ein „anstößiges Vergehen" erweitern läßt, das auch die Erschließung des Verworfenen und das Sagen des Unsagbaren umfaßt. Die Resignifizierung des Sprechens erfordert, daß wir neue Kontexte eröffnen, auf Weisen sprechen, die noch niemals legitimiert wurden, und damit neue und zukünftige Formen der Legitimation hervorbringen.[97]

Ich möchte ein „anstößiges Vergehen" wagen: Es gilt, das osteuropäische Gaunervokabular zu entdecken. Die Ergänzung des Bedeutungszusammenhangs „malina"/ „Himbeere" wird aus der Perspektive der mündlichen Sprachpraxis[98] von ‚Outlaws' vorzunehmen sein. Mit dem Wort „Malina" soll die „weibliche" Sprachpraxis der

sind immer auch Selbstbilder und Selbstentwürfe. Mit anderen Worten: Fragwürdig ist das Bild, das den Bildner nicht mitten im Bild, sondern außerhalb des Bildes zeigt […]." (Hans Jörg Sandkühler: Repräsentation – Die Fragwürdigkeit der ‚Welt der Dinge'. In: Ders. / Freudenberger (Hrsg.): *Repräsentation*, S. 47–69, hier S. 48.)

95 Sandkühler: Repräsentation, S. 52–53.

96 Butler: *Das Unbehagen*, S. 197.

97 Butler: *Hass spricht*, S. 64–65.

98 Djomin schreibt, dass die Erzähler der „Romane" (mündlicher Geschichten) von Kriminellen besonders geschätzt wurden. Vgl. Djomin: *Die Tätovierten*, S. 22–23.

GaunerInnen aufgegriffen werden, um die von Naomi Seidman festgestellte Eliminierung sprachlicher Mischformen[99] zu konterkarieren. Durch die neu ermittelten Verweise auf Kontexte, in denen das Wort „Malina“ eine Chiffre darstellt, werde ich das interpretative Potenzial des *Malina*-Buches von Ingeborg Bachmann erweitern und das titelgebende Wort/den titelgebenden Namen aus einer zeitgeschichtlichen Perspektive decodieren.

3.2 „Malina“ aus der Gaunersprache – Herausforderung für die Forschung

Ingeborg Bachmann hat die Sprache, die Worte der Sprache, hinterfragt.[100] Der Sprache brachte sie Mißtrauen entgegen[101]: „Verdächtige dich genug, verdächtige die Worte, die Sprache, das habe ich mir oft gesagt, vertiefe diesen Verdacht – damit eines Tags, vielleicht, etwas Neues entstehen kann – oder es soll nichts mehr entstehen.“[102] Die langjährigen Recherchen der GermanistInnen zum Buchtitel *Malina* scheinen sich 40 Jahre nach dem Erscheinen des Buches *Malina* erschöpft zu haben. Jutta Schlich ist der Ansicht, die wörtliche Auslegung des Titelnamens Malina sei „gründlich abgearbeitet“.[103] Doch auch nach 40 Jahren ist das Bedeutungsspektrum des Wortes „Malina“ unerkannt geblieben. Aus einer 1990 verfassten Erzählung der Schriftstellerin Mariam Juzefovskaja habe ich zwei Sätze ausgewählt, die das Wort „Malina“ („малина“) beinhalten.

> Beispiel:
> a 1) ‚Ты знаешь, что ждет завтра этих детей в нашей бандитской малине?‘[104]
> Beispiel:
> b 1) ‚Засадили кукурузой пол-Советского Союза‘,[105]
> b 2) ‚А вторую половину – сплошь воро́вскою малиной.‘[106]

99 Seidman: *Faithful Renderings,* S. 164–174.

100 Bachmann: *Wir müssen*, S. 25.

101 Ebd.

102 Ebd. Vgl. auch den Brief an Paul Celan v. 3. 09. 1959: „[…] ich versuche ein wenig zu arbeiten, aber ich fühle mich immer müde, erschöpft von Zweifeln, noch ehe ich anfange. Ich denke und denke, aber immer in dieser Sprache, in die ich kein Vertrauen mehr habe, in der ich mich nicht mehr ausdrücken will. – Leb wohl, lieber Paul. Ingeborg.“ (Ingeborg Bachmann: Brief an Paul Celan v. 03.09.1959. In: Dies. / Paul Celan: *Herzzeit: Ingeborg Bachmann – Paul Celan. Der Briefwechsel*, hrsg. v. Bertrand Badiou / Hans Höller / Andrea Stoll / Barbara Wiedemann. Frankfurt am Main: Suhrkamp 2008, S. 120–121.) Viele Jahre später bezieht sich Judith Butler auf Ingeborg Bachmann und Paul Celan, um ihr Studium in Deutschland zu rechtfertigen: „Laut Butler ist es nur einem Machtwort ihrer Großmutter zu verdanken, dass die Philosophiestudentin in das Land der Täter der Shoah aufbrechen durfte. Diese hatte darauf hingewiesen, dass man in ihrer Familie schließlich schon immer zum Studieren nach Deutschland gegangen sei, während Butler selbst sich damit verteidigte, dass Deutsch auch die Sprache sei, in der Bachmann und Celan schrieben.“ (Eva von Redecker: *Zur Aktualität von Judith Butler: Einleitung in ihr Werk.* Wiesbaden: VS 2011, S. 22.)

103 Schlich: *Inzest und Tabu*, S. 244.

104 a 1) „Weißt du, was für eine Zukunft diese Kinder in unserer Banditen-Malina erwartet?“ In: Mariam Juzefovskaja: Ришельевская 12 [Rišeljevskaja 12]. In: Dies.: *Дети победителей: повести и рассказы* [*Die Kinder der Sieger: Novellen und Erzählungen*]. Moskva: Slovo 1993, S. 125–176, hier S. 130–131.

105 Ebd., S. 155: b 1) „Die Hälfte der Sowjetunion bepflanzte man mit Mais.“

106 Ebd.: b 2) „Die andere Hälfte – bloß mit der diebischen Malina.“

In den angeführten Beispielen aus der russischsprachigen Literatur lässt sich das Wort „Malina" weder mit „Himbeere" noch mit „verbrecherischer Plan" übersetzen. Es handelt sich weder um irgendwelche Vornamen noch um jüdische, polnische, tschechische oder russische Nachnamen. Zu beachten ist, dass Juzefovskaja das Wort „Malina" nicht in Anführungszeichen setzt, d. h. sie geht davon aus, dass die LeserInnen ihrer literarischen Texte die diversen Bedeutungen von „Malina" auseinanderhalten können. Die Relevanz der hier vorgestellten Beispielsätze liegt in der Betonung des kriminellen Milieus, das mit einem spezifischen Wortschatz von der Autorin hervorgehoben wird. In den Nachschlagewerken steht an erster Stelle meistens die schon erwähnte Bedeutung: „воровской притон"[107] („Diebesquartier", „Diebesspelunke"). Als eine weitere Erklärung figuriert der Begriff „organisierte Bande der Diebe", der im zweiten Satzbeispiel (b 2) präsent ist.[108] Auffallend ist das possenhafte Wortspiel zwischen der diebischen „Malina" und dem „braven" Mais. Die polnische Gaunersprache kennt ebenfalls eine ähnliche Bezeichnung für das „Diebesquartier": Das Wort lautet „Melina". Neben der Bedeutung „konspiratives Versteck", „Diebesquartier", gibt es ähnlich wie im Russischen die Bedeutung „organisierte Verbrecherbande".[109] „Melina" meint auch billige Kneipen, suspekte Lokale bzw. zwielichtige Orte, die von Kriminellen frequentiert werden.[110] Bei „Melina" handelt es sich um einen Ort, einen Platz, der im Verborgenen situiert ist.[111] Die älteren Bedeutungen von „Melina" lauten „Versteck für Kriminelle", „ein Platz, um sich zu verbergen", „ein Platz, um sich zu verkriechen, um sich einzugraben, um sich zu verstecken."[112] Andrzej Kątny nimmt an, dass es sich bei den polnischen Gaunerwörtern „melina/melinka/malina/malinka" um Hebraismen handelt, die über das Jiddische in die polnische Gaunersprache entlehnt seien.[113] Das *JLR* hebt aber die Rückwirkung des Jiddischen auf das moderne Hebräisch hervor: „Yiddish (specifically Southern Yiddish [and probably Central Yiddish to be exact]) is the immediate source of Modern Hebrew <u>melina</u> […]."[114] Die Herleitung von „Malina" („малина") sehen die Übersetzerin Ljubov Summ und die Hebraistin Alla Kučerenko in einer möglichen Entlehnung aus dem hebräischen Wort „Melina"

107 Dancik S. Baldaev / Vladimir K. Belko / Igor I. Isupov: *Словарь тюремно-лагерного-блатного жаргона* [*Wörterbuch des Knast-Lager-Blat-Jargons*]. Moskva: Kraja Moskvy 1992, S. 134.

108 Ebd. Siehe auch Jurij P. Dubjagin / Arkadij G. Bronnikov (Hrsg.): *Толковый словарь уголовных жаргонов* [*Das erklärende Wörterbuch der kriminellen Jargons*]. Moskva: Inter-Omnis / Romos 1991, S. 102.

109 Andrzej Kątny: Zu den deutschen Lehnwörtern in der polnischen Gaunersprache. In: *Studia Germanica Gedanensia* 10 (2002), S. 93–104, hier S. 98. Siehe auch Klemens Stępniak: *Słownik tajemnych gwar przestępczych* [*Wörterbuch des verbrecherischen Geheimdialekts*], unter Mitarbeit v. Zbigniew Podgórzec. London: Puls 1993, S. 308.

110 Maciej Widawski: *The Polish-English Dictionary of Slang and Colloquialism*. New York: Hippocrene 1998, S. 153.

111 Ebd.

112 Ebd.

113 Kątny: Zu den deutschen Lehnwörtern, S. 96, 98.

114 Responsa, S. 358.

(„Bunker“, „Unterschlupf“) oder „Meluna“ („Spelunke“).[115] Wie jedoch in *JLR* argumentiert wird, beruht diese weit verbreitete Annahme auf einer Unterschätzung des Jiddischen,[116] unter dessen Einfluss sich die modernen Bedeutungen von „Melina“ herausgebildet haben. Die Zeitschrift kritisiert, dass die Relevanz der jiddischen Sprachpraxis in ihrer Rückwirkung auf das Hebräische oft übersehen wird:

> Avraham Even –Shoshan's Hamilon Hechadash (1977) defines Heb. top melina as 'bunker, machavo; miklat ben chorovot, befinat binyan, bit'alot mitachat laadama – lehistater meeyney rodef' (i.e., 'bunker, hideout; place of refuge among ruins, in the corner of a building, [or] dug underground – for hiding from a pursuer'). His etymology is "from [Hebrew] lun/lin; meluna" (i.e., from a Hebrew verb meaning 'to stay overnight, lodge, abide' and from a Hebrew noun [derived from the same verb] meaning 'watchman's hut' in Biblical Hebrew [see Isaiah 1: 8 and 24:20] and '[dog] kennel; doghouse' in today's Hebrew). Even-Shoshan's etymology is odd since Heb. meluna > Heb. melina has no analog nor does a verb having the structure of lun / lin give a noun having the structure of melina. […] As is often the case in Even-Shoshan's dictionaries, the role of Yiddish in the development of Hebrew has been overlooked. […]
> From the fact that the Hebrew meluna is hardly attested (it occurs twice in the Jewish Scriptures) we may assume that the Yiddish-speaking criminal who introduced it into Yiddish had a good knowledge of Scripture.[117]

Es steht fest, dass „Melina“ und „Malina“ zum oral tradierten Wortschatz der DiebInnen gehörten. In der Forschung wird also vermutet, dass das fragliche Originalwort über die Transfersprache Jiddisch, von Gaunern slawisiert als „Malina“ („малина“), den Einzug in die Sprachpraxis der osteuropäischen DiebInnen gehalten hat.[118] Das *JLR* beruft sich auf den renommierten Sprachwissenschaftler Baruch Podolsky:

> Baruch Podolsky writes the JLR that Russian slang has malina ['thieves'] hideout'. Was it borrowed directly from Yiddish or, rather, is Ukrainian, Polish or Belorussian relevant in some way? There is another related word, of immediate Western Yiddish origin, in German-speaking thieves' cryptolect, molun (see Siegmund A. Wolf's Wörterbuch des Rotwelschen / Deutsche Gaunersprache, Mannheim, 1956).[119]

115 Vgl. Summ: 20 фактов. Siehe auch Alla Kučerenko: Ксива для бегемота. Ивритские заимствования в русском языке [Kassiber (Ksiwa) für einen Behemoth: Entlehnungen aus dem Hebräischen ins Russische]. http://www.sem40.ru/evroplanet/languages/hebrew/17723 (Zugriff am 09.08.2014).

116 Responsa, S. 358.

117 Ebd. Jiddisch galt als eine „passive“ und „weibliche“ Sprache. Die Reproduktion dieses Klischees verlangt den Einfluss des „weiblichen“ Jiddisch auf das „maskuline“ Hebräisch zu leugnen und/oder zu unterschlagen. Evelyn Torton Beck resümiert: „In the nineteenth century, Yiddish language and its literature were attacked on a number of grounds which closely resemble the above list of stereotypical female attributes: Yiddish was not considered an independent language but a derivative jargon; it was 'illogical' and followed no rules of grammar; it was too emotional […]. Furthermore, since Yiddish was spoken by the masses, it could never attain the stature of the elite Hebrew, associated with the traditional Jewish male world. (Interestingly, when the state of Israel was being formed, Yiddish was violently opposed and disparagingly associated with the Eastern European Jews' passivity, a trait ordinarily associated with women. Very likely, this was among the most persuasive reasons that Yiddish failed to become the official language of that country.)“ (Beck: The Many Faces of Eve, S. 113.)

118 Summ: 20 фактов.

119 Responsa, S. 357.

Mit Sicherheit haben die slawischen Sprachen die lautliche Artikulation von „Malina" und „Melina" mitgeprägt. Salcia Landmann betont zudem die abweichende Bedeutung der Entlehnungen, die sich durch einen bedeutungsverändernden Zugewinn auszeichnen.[120] Dies hebt auch das *JLR* hervor. So sei z. B. die Bedeutung von „Malina" als „organisierte kriminelle Halbwelt" eine Weiterentwicklung innerhalb der russischen mündlichen Sprachpraxis.[121] Ähnlich betont Andrzej Kątny die semantische Umdeutung entlehnter Wörter, die als Mittel der Täuschung und Tarnung sowie zur Geheimhaltung von Informationen dienen.[122] Gauner besitzen einen Sonderwortschatz, der unter anderem vom jiddischen Jargon beeinflusst ist. Jiddisch ist kein Soziolekt der Gauner.[123] Das Vokabular der Gauner erfreut sich in den Massenmedien und auf Internetplattformen wie YouTube einer großen Beliebtheit. Hierzu zählen auch die bekannten Gaunerlieder, in denen das Wort „Malina" tradiert wird. Der Gauner-Wortschatz wird somit, wie ich zeigen werde, in berühmten russischen Ganovenliedern bewahrt.

120 Landmann: *Jiddisch*, S. 415.

121 Responsa, S. 359.

122 Kątny: Zu den deutschen Lehnwörtern, S. 94.

123 Landmann: *Jiddisch*, S. 414.

Die Popularität von „Malina“ in den Gaunerliedern, in der Erforschung organisierter Verbrechen, in der Geheimdienstspionage und in den aktuellen Medienschlagzeilen

1. „Malina“ in den Gaunerliedern

1.1 Ein Wort aus dem Grenzland

In einem Interview vom 26. März 1956 verglich Bachmann die Sprache mit einer Stadt:

> Wenn man die Sprache mit einer Stadt vergleichen würde, dann ist ein alter Stadtkern da, und es kommen neuere Stadtteile dazu, und am Ende die Tankstellen und die Ausfallsstraßen, und die Stadtränder sehen vielleicht häßlich aus, im Vergleich zu dem Stadtkern; aber es gehört eben zusammen, und es macht eine Stadt von heute aus.[1]

Zum Sprachverständnis Bachmanns gehörte demnach auch die Ghetto-Sprache aus den Randgebieten einer Stadt und somit auch aus den Grenzstädten der ehemaligen Österreichisch-Ungarischen Monarchie. Wie die US-amerikanische Militärforschung herausgefunden hat, befand sich das ‚Epizentrum‘ des Wortes „Malina“ auf dem Gebiet der heutigen Ukraine.[2] Hier verlief die Grenze zwischen der Donaumonarchie und dem Russischen Kaiserreich. Die ‚Ukraine‘ war seit jeher Grenzland.[3]

1 Bachmann: *Wir müssen*, S. 16.

2 Walter Darnell Jacobs: Marshal Malinovsky and Missiles. In: *Military Review* 40,3 (1960), S. 14–20, hier S. 14–15.

3 Vgl. Uli Hufen: Geschichte wird gemacht – Die Erfindung der ukrainischen Nation. http://www.wdr5.de/sendungen/dok5/geschichtewirdgemacht101.html (Zugriff am 09.08.2014). Siehe auch Joseph Roth: „Der moderne ukrainische Nationalismus ist ganz jungen Datums, obwohl die Ukrainer und viele von jenen,

Dieses ehemals auch österreichisch-ungarische Grenzgebiet hat Joseph Roth in seinen Romanen und Erzählungen fein schattiert dargestellt. Roths Geburtsstadt Brody lag an der russischen Grenze.[4] In seinem Werk beschreibt er das grenzwertige Milieu der Schmuggler, Passfälscher, Desserteure und Diebe:

> Es ging von Leibusch Jadlowker das Gerücht herum, daß er der Urheber aller Verbrechen im ganzen Bezirk Zlotograd sei – und es waren nicht wenig Verbrechen: Morde kamen vor, Raubmorde und auch Brandlegungen – von Diebstählen nicht zu reden. Österreichische Deserteure, die nach Rußland, russische, die nach Österreich flüchteten, tauschte er gewissermaßen aus. [...]
> Jadlowker hatte nicht nur auf eine rätselhafte Weise seine Konzessionen für die Grenzschenke bekommen, sondern auch eine für einen Spezereiwarenladen. Und unter „Spezerei" schien er etwas ganz Besonderes zu verstehen. Denn er verkaufte nicht nur Mehl, Hafer, Zucker, Tabak, Branntwein, Bier, Karamellen, Schokolade, Zwirn, Seife, Knöpfe und Bindfaden, er handelte auch mit Mädchen und mit Männern. Er verfertigte falsche Gewichte und verkaufte sie den Händlern in der Umgebung; und manche wollten wissen, daß er auch falsches Geld herstelle, Silber, Gold und Papier.[5]

Wegen der vorherrschenden gesellschaftlichen Entrechtung entstand bisweilen unter den marginalisierten Gruppen der jeweiligen Gesellschaft eine sozialhistorisch bedingte Wechselbeziehung,[6] die selbstverständlich auch literarische Thematisierung erfahren hat. Joseph Roths KleinhändlerInnen besorgten ihre falschen Gewichte bei Gaunern:

> Ich bin ein Händler wie alle Händler in Zlotogrod. Ich verkaufe nach falschen Gewichten. [...] Der große Eichmeister beginnt, die Gewichte zu prüfen. Schließlich sagt er [...]: „Alle deine Gewichte sind falsch, und alle sind dennoch richtig. Wir werden dich also nicht anzeigen! Wir glauben, daß alle deine Gewichte richtig sind."[7]

Der Absatz des Diebesgutes verlief oft über Händler, die von Ganoven aufgesucht wurden.[8] Der Handel war mit Reisen verbunden.[9] Die Waren wurden aber auch über die russisch-österreichische Grenze geschmuggelt. Die Redewendung „Verfallen wie in Brody" bezieht sich nach Pollack auf die wirtschaftliche Situation der Grenzstadt, in der es am Ende des 19. Jahrhunderts von Schmugglern wimmelte:

die in der letzten Zeit, aus Gründen der Aktualität, über dieses Volk zu schreiben pflegen, das ehrwürdige Alter des ukrainischen Nationalbewußtseins betonen. Das nationale ‚Erwachen' der Ukrainer, um es mit einem neudeutschen Wort zu kennzeichnen, ist in der österreichisch-ungarischen Monarchie erfolgt, wo überhaupt, ja, dank der falschen Politik der deutschsprachigen Österreicher, nationalistische Instinkte der anderen Völker gediehen. Das ukrainische Nationalbewußtsein ist keineswegs älter als der Herzlsche Zionismus zum Beispiel: Und ebenso wie dieser, ist er das Werk einer intellektuellen oder halb-intellektuellen, sehr dünnen Oberschicht." (Joseph Roth: Der ukrainische Nationalismus – ein deutsches Patent [13.01.1939]. In: Ders.: *Werke*, Bd. 3: Das journalistische Werk 1929–1939, hrsg. u. mit einem Nachwort v. Klaus Westermann. Köln: Kiepenheuer & Witsch 1991, S. 874–876, hier S. 874.)

4 Pollack: *Nach Gallizien*, S. 183.

5 Joseph Roth: Das falsche Gewicht [1937]. In: Ders.: *Werke*, Bd. 6, S. 127–223, hier S. 140.

6 Girtler: *Rotwelsch*, S. 25–26.

7 Roth: Das falsche Gewicht, S. 222.

8 Girtler: *Rotwelsch*, S. 25.

9 Landmann: *Jiddisch*, S. 48, 426. Vgl. Kühn: *Jüdische Delinquenten*, S. 28–29.

> Nicht immer gelang es, unbemerkt die Grenze zu überschreiten, wer sich von den Finanzern oder Grenzgendarmen erwischen ließ, dessen Schmuggelgut, meist Tabak, war verfallen. *Verfallen wie in Brody.*[10]

Damit die Schmuggelware nicht verfällt, wurden Verstecke eingerichtet und abgewartet, bis die Luft rein ist. Die baltische Schriftstellerin Elsa Bernewitz hat aus einem „jüdischen" Blickwinkel die illegalen Handelsabläufe zwischen den Angehörigen benachteiligter Mehrheitsbevölkerung an der Peripherie des Russischen Kaiserreiches literarisch in Szene gesetzt: Während eines Gewitters sitzt ein Bauern-„Ganove" im Krug und versucht, seine Schmuggelware vor fremden Blicken zu verbergen. Der „Ganove" wird von einem „Juden" beobachtet, dessen Perspektive Freifrau von Bernewitz „wiedergibt":

> „Verstecke deine Säcke nur unter der Bank und decke sie mit deinem Mantel zu!" dachte er und zwinkerte zu dem Bauer hinüber, wobei er die Augen listig zusammenkniff. „Ich sehe, was ich sehe, und weiß, was ich weiß: hast du erst deine Säcke an den rechten Mann gebracht, wirst du gegen Abend, wenn die Dunkelheit kommt, die runden, schweren Zarenrubel, die jetzt selten geworden sind hier im Lande, im Bettstroh verstecken… Nein, nicht im Bettstroh: Du wirst sie weit hinaustragen, dorthin, wo du heimlich Kartoffeln eingegraben hast, und wirst sie tief unter sie in die Erde hineinwühlen…". „Wir kennen einander", sagte er plötzlich laut zu dem Bauer und nickte ihm, noch immer mit den Augen zwinkernd, frech zu."[11]

Solche Geheimverstecke der GanovInnen bezeichnete man in südostslawischen Sprachräumen und darüber hinaus als „Malinas" („Malines", „Maliny"), Bernewitz benutzt das Wort freilich nicht. Denn es besitzt eine klassenspezifische Prägung und bewahrt das Gedächtnis an die ehemaligen Armen-Viertel der südosteuropäischen Städte.

Aus dem Russischen Kaiserreich schmuggelte man bevorzugt Pferde, die über die großen Pferde-Wochen in Sadagóra ihren Weg bis nach „Galizien, Ungarn und auch Österreich fanden".[12] Spätestens seit 1909 ist bekannt, dass das Depot der Pferde in der Diebessprache („blatnoj") „Malina" hieß.[13] Das Wort „Malina" kann sich auf einen Ort beziehen, an dem Schmuggelware untergebracht ist. Mekler Naum Aronowitsch, geboren 1939 im ukrainischen Tul'čin (Тульчин), erinnert sich, dass im ärmsten Bezirk der Stadt, an der Peripherie in Kapcanovka (Капцановка), wo reiche

10 Pollack: *Nach Galizien*, S. 185–186.

11 Elsa Bernewitz: Das Erlebnis der Flintenmädchen. In: Dies.: *Die Entrückten: Vier Geschichten vom Tode.* München: Langen 1927, S. 36–69, hier S. 37.

12 Pollack: *Nach Galizien*, S. 154.

13 „Malina" ist „a place where horse thieves keep their horses." (Responsa, S. 360). Es ist nachgewiesen, dass am Anfang des 20. Jahrhunderts der Aufenthaltsort gestohlener Pferde im russischsprachigen Soziolekt der Diebe als „малина" [„Malina"] bezeichnet wurde. Vgl. Блатной жаргон: словари воровского языка с 1859 г. по 1927 г. [Jargon des Blat: Wörterbücher der Diebessprache von 1859 bis 1929]. http://www.russki-mat.net/page.php?l=RuRu&a=M (Zugriff am 09.08.2014). Wie schon erwähnt, waren Pferde eine begehrte Schmuggelware. Nach Pollack galten Sadagóra, das Paul Celan in seiner *Ganovenweise* erwähnt, sowie Obertyn als berühmte Umschlagplätze des Pferdehandels in Galizien. Siehe Pollack: *Nach Galizien*, S. 154, 165.

jüdische Händler und eine verarmte jüdische Mehrheitsbevölkerung das Stadtbild prägten, die Kriminellen ihr Versteck für Raubgut selbstverständlich „Malina" nannten: „[…] … dirty manufacture. Like the hideout, that's how it was called there – *malina*, so that nobody would know."[14]

1.2 Ein „blat"-Wort

Das Wort „Malina" hat seinen kryptischen Status im ostslawischen Sprachraum längst eingebüßt und ist zu einem Allgemeingut geworden. Zu seiner Enträtselung haben sowjetische Gaunerlieder entscheidend beigetragen. Die Lieder haben Worte aus der Gaunermundart „durchhellt mit Klangkraft".[15] Bachmann zufolge ist Mundart eine „Zumutung", die man oft anderen erspart oder vor anderen verbirgt.[16] Auch die berühmten sowjetischen Gaunerlieder blieben im deutschsprachigen Raum weitgehend unbekannt, weil man sie einem breiteren Publikum nicht zugemutet hat. Doch Gaunerlieder erfreuen sich in Russland einer großen Popularität. Uli Hufen stellt fest:

> Im Kalten Krieg gab es für den Westen im Grunde nur zwei Arten von sowjetischer Kunst. Gute, ernste, systemkritische Kunst, die von verfolgten politischen Oppositionellen mit langen Bärten produziert wurde. Und schlechte Kunst, die linientreue Betonköpfe in billigen Polyesteranzügen produzierten. Man mühte sich nach Kräften, Filme, Literatur, Kunst und Musik in diese beiden Schubfächer zu zwängen. Was partout nicht passte, wurde ignoriert. […] Und so ergab sich ein feines Paradox: Die einzige populäre Musik in der Sowjetunion, für die man sich im Westen interessierte, war die, die nicht aus der Sowjetunion stammte und von den Kulturbürokraten nach Kräften behindert wurde: westliche populäre Musik. Jazz und Rock. […] Aber die Musik, die in Russland tatsächlich populär im engeren Sinne des Wortes war und ist, die Lieder, die nicht nur ein paar tausend großstädtische Hipster lieben und liebten, sondern Millionen von Leuten aller Generationen, die kennt im Westen praktisch niemand.[17]

Der suspekte Wortschatz wird in den Gaunerliedern („blatnjak") tradiert.[18] Das Wort „blat", wie Uli Hufen schreibt, meint die „Sprache der Diebe".[19] In der Sowjetunion erfuhr „blat" eine weite Verbreitung. Es wurde zu einem festen Bestandteil der Alltagssprache. Alena V. Ledeneva zufolge ist die Herkunft des Wortes unklar, aber mit vielen spekulativen Erklärungen versehen: Das Wort könnte von Häftlingen aus deutschen Gefängnissen importiert oder möglicherweise aus dem polnisch-jüdischen

14 Alla Sokolova: Jewish Sights: Exoticization of Places and Objects as a Way of Presenting Local „Jewish Antiquity" by the Inhabitants of Little Towns. In: Jurgita Šiaučiūnaitė-Verbickienė / Larisa Lempertienė (Hrsg.): *Jewish Space in Central and Eastern Europe: Day-to-Day History*. Newcastle: Cambridge Scholars 2007, S. 261–280, hier S. 275.

15 Ausdruck entlehnt von Ingeborg Bachmann: Musik und Dichtung. In: Dies.: *Werke*, Bd. 4, S. 59–62, hier S. 61.

16 Bachmann: Tagebuch, S. 65.

17 Uli Hufen: *Das Regime und die Dandys: Russische Gaunerchansons von Lenin bis Putin*. Berlin: Rogner & Bernhard 2010, S. 14.

18 Ebd., S. 24.

19 Ebd.

Jargon ins Russische gekommen sein.[20] Es existieren auch „saubere" Herkunftserklärungen, die den Begriff „blat" auf das russische Wort „boloto" („Sumpf", „Morast") zurückführen wollen.[21] „Blat" wird somit einseitig als „russisch" vereinnahmt. Das *JLR* hat zum Wort „blat" eine weitere Erklärung parat:

> Songs composed by members of the underworld are called blatnye pesni in Russian. Russian blat is of immediate Eastern Yiddish origin (the MEYYED labels the Eastern Yiddish adjective blat a colloquialism and glosses it by 'illegal, underworldly'. […] The Russian word blat also appears in the informalism blatnay'a musyka 'criminals' cryptolect' (the literal meaning is 'underworld music'). Blatnay'a musyka was once a Russian criminals' cryptolectalism, but it is now decryptolectalized (having become merely an informalism in today's Russian, known to every competent speaker of the language) […]. Criminals, therefore, must resort to other means in order to maintain secrecy and now their cryptolectal way of asking 'Do you speak criminals' cryptolect?' is 'po fene botaeš?'[22]

„Po blatu" war ein originär sowjetischer Ausdruck, der keinesfalls nur von Dieben gebraucht wurde; „po blatu" kannte jeder „Homo Sovieticus":

> No area of life in the Soviet Union was exempt from pervasive, universal corruption. Scarce goods and services that were unavailable through normal channels could usually be gotten through *blat*, or connections, or *na levo*, on the left. An illegal second or shadow economy arose to operate in tandem with the official economy.[23]

Wer in der Sowjetunion „po blatu" defizitäre Waren oder Lebensmittel erwarb, hatte gute Beziehungen zum illegalen Absatzmarkt, der schon bei der Verkäuferin/dem Verkäufer im Lebensmittelgeschäft begann – wo ein Teil der Ware hinter der Theke bzw. „na levo" verschwand. Wer „blat" (Beziehungen) hatte, bekam die Defizitware „po blatu" (durch Beziehungen) ohne sich in den Geschäften stundenlang anzustellen. „Blat" zu haben, bedeutete aber auch, an die Information zu kommen, dass eine Warenlieferung erfolgen würde. Das war der Grund, warum sich die Schlangen nach Wurst rechtzeitig bildeten, auch wenn die Wurst in der Theke noch nicht zu sehen war. „Po blatu" erwarb man auch die „Blat"-Lieder. Denn diese durfte man im Handel offiziell nicht vertreiben. Die Autoren, Produzenten und Distributoren der Gaunerlieder waren selbstverständlich nicht alle kriminell. Sie wurden in der Sowjetunion kriminalisiert. Viele bekamen jahrelange Haftstrafen wegen des illegalen, selbstunternehmerischen Handels mit „blatnjak".[24] Umgekehrt haben auch Kriminelle – wie Michail Djomin – „Blat"-Lieder verfasst, die unter den Häftlingen bekannt und beliebt waren.[25]

20 Alena V. Ledeneva: *Russia's Economy of Favours: Blat, Networking and Informal Exchange.* Cambridge: Cambridge University Press 1998, S. 11–13.

21 Siehe die Erklärung zum Wort „blatnye" in Djomin: *Die Tätowierten*, S. 368.

22 Responsa, S. 359.

23 James O. Finckenauer: Russian Organized Crime in America. In: Robert J. Kelly / Ko-Lin Chin / Rufus Schatzberg (Hrsg.): *Handbook of Organized Crime in the United States.* London / Westport: Greenwood 1994, S. 245–267, hier S. 251.

24 Hufen: *Das Regime*, S. 120–122.

25 Djomin: *Die Tätowierten*, S. 324.

1.3 Mythos Odessa – Urschmiede der Gaunerlieder

Als Urschmiede der „Blat"-Lieder gilt die mythenumrankte Stadt Odessa.[26] Odessa wurde früher feierlich als Ganoven-Hochburg zelebriert[27]: Erfolgreiche „Blat"-Lieder sollen dem Mythos zufolge aus Odessa stammen, obwohl sie „im ganzen Land geschrieben" wurden.[28] Auch Joseph Roth hat das ganovenhafte Milieu dieser Stadt literarisch zelebriert:

> Ich fuhr schnurstracks nach Odessa. […] Zum erstenmal sah ich eine große Stadt. Es war keine gewöhnliche russische große Stadt, sondern erstens ein Hafen; und zweitens waren die meisten Straßen und Anlagen, wie ich bereits gehört hatte, ganz nach europäischem Muster angelegt. Vielleicht war Odessa mit Petersburg, jenem Petersburg, das ich in meiner Vorstellung trug, nicht zu vergleichen. Aber auch Odessa war eine große, eine riesengroße Stadt. Sie lag am Meer. Sie hatte einen Hafen. Und sie war eben die erste Stadt, in die ich ganz allein, aus eigenem Willen gereist war, die erste wunderbare Station auf meinem wunderbaren Weg ‚nach oben'.
> Ich tastete, als ich den Bahnhof verließ, nach meinem Geld unter dem Hemd. Es war noch vorhanden.[29]

Es dauerte nicht lange bis das Geld des zukünftigen zaristischen Geheimdienstspitzels in der Odessaer Kneipe *Tari-Bari* aus seiner Tasche verschwand.[30] Auch Michail Djomin bedient in seinem Buch *Die Tätowierten* den Mythos über das verbrecherische Odessa und führt ihn mit einer Anekdote fort:

> Es gibt eine Geschichte von einem Mann aus Odessa, der nach jahrelangem Herumreisen eines Tages in seine Heimatstadt zurückkehrt. Beim Aussteigen setzt er seinen Koffer ab und sagt in seiner Verwirrung: „Wie hat sich hier alles verändert! Ich erkenne Odessa nicht wieder." Dann dreht er sich um und bemerkt, daß seine Sachen verschwunden sind… Und da ruft er, fast mit Rührung: „Jetzt, ja, jetzt erkenne ich dich wieder, meine Heimat!"[31]

Das buntgemischte[32] Odessa der untergangenen gestrigen Welt konnte sich seiner Freizügigkeit und Offenheit rühmen. In der Stadt Odessa gibt es die Italienische, die Polnische, die Französische und die Jüdische Straße:

> Und das sind keine gesichtslosen Straßen in irgendwelchen Vororten, für die humorlosen Stadtplanern keine besseren Namen mehr eingefallen sind. All diese Straßen befinden sich im Zentrum der

26 Hufen: *Das Regime*, S. 43–85.

27 Ebd., S. 142.

28 Ebd.

29 Joseph Roth: Beichte eines Mörders [1936]. In: Ders.: *Werke*, Bd. 6, S. 1–125, hier S. 19.

30 Ebd., S. 36.

31 Djomin: *Die Tätowierten*, S. 136–137.

32 Joachim Schlör schreibt über den multikulturellen Odessiten-Traum, der international weiter geträumt und somit bewahrt wird: „Yes, this has been a multi-ethnic city from the outset, with Jewish, Greek, Armenian, French, Italian, German and Russian communities […]. But the dynamic ideal and lasting impression of the city is that it – she, rather – managed to turn each of these communities into 'Odessites.' Although in reality this harmonious diversity is long gone, the ideal, the dream survived, and lives on today, in the coffeehouses of Tel-Aviv, on the banks of Brighton Beach in Brooklyn, or in the 'Odessa Club' on Berlin's Mulackstraße." (Joachim Schlör: Odessity: In Search of Transnational Odessa (or "Odessa the best city in the world: All about Odessa and a great many jokes"). In: *Quest: Issues in Contemporary Jewish History* 2 (2011). http://www.quest-cdecjournal.it/focus.php?id=220 (Zugriff am 09.08.2014).)

Abb. 2: Die „Potemkinsche Treppe“, Odessa.

> Stadt, und ihre Namen zeugen davon, dass man in Odessa immer ein feines Gespür gehabt hat für das, was die eigene Besonderheit ausmacht: die ethnisch bunt gemischte Bewohnerschaft. Entscheidend aber ist Folgendes: Odessa hatte immer die Kraft, die stetig in die Stadt strömenden Fremden zu Odessiten zu machen. Innerhalb weniger Jahre, innerhalb einer einzigen Generation, und ganz egal, ob es italienische Getreidehändler, französische Gouvernanten, jüdische Habenichtse aus dem Ansiedlungsgebiet des Russischen Reiches oder deutsche Klavierhersteller waren.[33]

1840 war nach Hufen ein Drittel der Einwohner Odessas Italiener, 1897 gaben 139.000 Menschen Jiddisch als ihre Muttersprache an; zählt man die russischsprachigen Juden hinzu, bildeten sie die drittstärkste Einwohnergruppe der „Esperanto-Stadt“ Odessa.[34] Joseph Roth schildert den Alltag der armen jüdischen Odessiten in seinem Roman *Beichte eines Mörders* (1936):

> Wir gingen in das Viertel nahe am Hafen, wo in winzigen und halb verfallenen Häusern die armen Juden wohnen. Es sind, glaube ich, die ärmsten und, nebenbei gesagt, auch die kräftigsten Juden der Welt. Tagsüber arbeiten sie im Hafen, sie arbeiten wie Kräne, sie schleppen Lasten auf die Schiffe und löschen die Ladungen, und die Schwächeren unter ihnen handeln mit Früchten, Kürbiskernen,

33 Hufen: *Das Regime*, S. 51.

34 Ebd., S. 57. Über die „Esperanto-Stadt“ Odessa schreibt Concetto Pettinato 1913: „Es gibt keine Stadtviertel, die sich in ihrer Bevölkerung unterscheiden. Es gibt nicht einmal ein jüdisches Viertel. Odessa ist mehr als international, es ist anational, eine Esperanto-Stadt!“ (Zit. n. ebd., S. 51.)

> Taschenuhren, Kleidern, reparieren Stiefel, flicken alte Hosen, nun, was eben alles arme Juden machen müssen.[35]

1910 stieg die Zahl jüdischer Odessiten auf 200.000, die Musikkultur der Stadt änderte sich entsprechend:

> Doch bei aller Vielfalt der Stile: Zu Beginn des 20. Jahrhunderts mag die Odessaer Folklore italienische, argentinische und amerikanische Spurenelemente enthalten, stärker als jeder andere ist nun jedoch der jüdische Einfluss. Der Sound der Stadt spiegelt die Veränderungen in ihrer Bevölkerungsstruktur akkurat wider. [...] Der dominante Sound der Odessaer Folklore um 1910 ist nicht mehr der Sound italienischer Opernarien, sondern der Sound des Klezmer, der jüdischen Hochzeitsmusik, die von Migranten aus den Schtetln des jüdischen Ansiedlungsgebietes nach Odessa gebracht wurde. Odessa mischt der ursprünglich ländlichen, uralten Musik Zutaten aus aller Welt bei und schafft so einen international anschlussfähigen Sound für das beginnende 20. Jahrhundert. Odessa Klezmer Jazz. Urbane jüdische Musik.[36]

Am 21. März 1895 wurde in Odessa einer der sowjetischen Jazzpioniere, der berühmte Entertainer Lasar Waisbein geboren. Nachdem er seinen jiddischen Nachnamen abgelegt hatte, nannte er sich Leonid Utësov (Леонид Утёсов). Der neue Nachname war von dem Wort „utjosy", „Felsenklippen", abgeleitet[37]:

> Das Pseudonym klang neu, herausfordernd, ambitioniert. Und es klang russisch. Zwar wusste jeder, der es wissen wollte, dass Leonid Utjosow Jude war, aber unwichtig war der Namenswechsel deshalb noch lange nicht. Für junge Juden aus Utjosows Generation repräsentierten Russland und vor allem die russische Kultur den Fortschritt, den Weg aus dem mittelalterlichen Schtetl in eine verheißungsvolle Moderne und eine glorreiche Zukunft. Russe zu sein hieß, aufgeklärt, jung und gebildet zu sein. Russisch statt Jiddisch zu sprechen war 1915 ein Gebot der Coolness. [...] Dass der neue Name es außerdem erlaubte, die ethnische Herkunft zumindest auf dem Papier zu verbergen, war ein weiterer Vorteil. Schließlich hatte Waisbein-Utjosow Ambitionen, die über Odessa und Südrussland weit hinausreichten.[38]

Waisbein wollte hoch hinaus und nannte sich strategisch Utësov. Die Voraussetzung für eine Karriere waren gute Russischkenntnisse. Yitzhak Arad schreibt, dass es damals keinen anderen Weg für den Aufstieg gab.[39] Die Revolution von 1917 erlaubte es Utësov, den Karrieresprung zu meistern: „Schon im Frühjahr 1917 erhält Utjosow eine erste Einladung zu Auftritten in Moskau."[40] Die diskriminierenden Gesetze des Zarenreiches, die Juden auf ihrem Bildungs- und Arbeitsweg herabwürdigten und zurücksetzten, waren aufgehoben.[41]

35 Roth: Beichte eines Mörders, S. 36.

36 Hufen: *Das Regime*, S. 57–58.

37 Ebd., S. 71.

38 Ebd.

39 Arad: *The Holocaust*, S. 22–23.

40 Hufen: *Das Regime*, S. 72.

41 Ebd., S. 71–72.

1.4 In *S odesskogo kičmana*

Dem begabten Leonid Utësov glückte es, die Bühnen der russischen Metropolen zu erobern. Ein Lied, das Utësov berühmt machte, heißt *S odesskogo kičmana* (*Aus einem Odessaer Knast*).[42] Ende 1920er Jahre und am Anfang der 1930er Jahre durfte es noch öffentlich gesungen werden.[43] *S odesskogo kičmana* wurde nach 1928 zu einem „der populärsten Lieder in der Sowjetunion".[44] Zu dieser Zeit gab es keine Schallplattenaufnahmen des Liedes.[45] Es verbreitete sich mündlich. Der abgewandelte Text des berühmten Gaunerliedes geht, wie Uli Hufen schreibt, möglicherweise auf eine Übersetzung des Gedichts von Heinrich Heine *Die Grenadiere* zurück.[46] Doch *S odesskogo kičmana* handelt keinesfalls von autoritätshörigen französischen Grenadieren, die für einen geltungsbedürftigen und größenwahnsinnigen Kaiser in die Schlacht gezogen sind, um in Russland zu scheitern, sondern von Verbrechern, die aus einem Odessaer Knast fliehen. Das Lied transportiert eine wichtige Botschaft: Es enthält das Wort „Malina" – und darauf kommt es hier an. Mit dem Wort „Malina" wird das Russische durch ein explizites Gaunervokabular unterwandert und bereichert. *S odesskogo kičmana*[47] präsentiert die beeindruckende Odessaer Mundart: „Doch das Odessaer Russisch, das ist etwas Besonderes. Da werden grundlegende Grammatikregeln gebrochen, wie's beliebt, da gibt es jiddische Vokabeln, ukrainische Präpositionen und polnische Redewendungen [...]."[48]

> Warum die beiden Männer einsaßen und wohin sie unterwegs sind – der gut gelaunte Utjosow verrät es nicht. Aber schon allein dadurch, dass er einen Slangausdruck wie *kitschman* (Knast) anstelle des offiziellen *tjurma* (Gefängnis) verwendet, macht Utjosow deutlich, dass das Lied auf die Welt der Gauner nicht mit strafender Verachtung, sondern mit Sympathie blickt. In den nächsten Strophen erfahren wir, dass einer der beiden Gauner bei der Flucht verletzt wurde. Als sie die *malina* erreichen, einen konspirativen Zufluchtsort, liegt er bereits im Sterben. Wie *kitschman* ist auch *malina* ein Begriff aus dem Argot der Diebe.[49]

42 Ebd., S. 35–39. „Zum ersten Mal hatte Utjosow ‚S odesskogo kitschmana' 1927 gesungen, auf der Bühne des Leningrader Theaters der Satire. In Jakow Mamontows Stück ‚Republik auf Rädern' spielt Utjosow den prinzipienlosen Kleinkriminellen, Glücksritter und Herzensbrecher Andrej Dudka. Dudka träumt davon, Regierungschef zu sein, und gründet daher in einem ukrainischen Dorf eine Gaunerrepublik, zu deren Präsidenten er sich selbst ernennt. Weil es sich um eine Theaterrolle handelte, durfte Utjosow nicht nur spielen, tanzen, akrobatisch sein und Fratzen schneiden, sondern auch singen. Und so wird auf der Bühne des Leningrader Theaters der Satire ein Jahrhundertchanson geboren, das in Wirklichkeit keineswegs neu ist. Die russische Urversion von ‚S odesskogo kitschmana' stammt mit einiger Sicherheit aus dem 19. Jahrhundert und geht wohl zurück auf eine Übersetzung von Heinrich Heines Gedicht ‚Die Grenadiere'. [...] Über welche Umwege aus den beiden deutschen Grenadieren südrussische Verbrecher wurden, ist unklar und kann wohl nie mehr rekonstruiert werden." (Hufen: *Das Regime*, S. 37–38.)

43 Ebd., S. 87–89.

44 Ebd., S. 38.

45 Ebd.

46 Ebd., S. 37–38.

47 Leonid Utësov: С одесского кичмана [S odesskogo kičmana/Aus einem Odessaer Knast]. http://www.youtube.com/watch?v=4wrxW9VVU9o (Zugriff am 09.08.2014).

48 Hufen: *Das Regime*, S. 52.

49 Ebd., S. 36.

Utësov hat einige Gaunerworte mit jiddischem Slang-Flair zum Hit gemacht. Im Lied wird die Odessaer Mundart mit dem Vokabular der DiebInnen vermengt: Nicht Russisch war cool, sondern das Odessaer Russisch! 1895 schrieb der Journalist Wlas Doroschewitsch, dass das Odessaer Idiom eine „Wurst" sei, „gefüllt mit den Sprachen der ganzen Welt, gekocht auf griechische Art und serviert mit polnischer Soße."[50] Diese hybride Sprachmischung setzte sich in Odessa durch. *JLR* in „Responsa" betont, dass weder die weißrussische noch ukrainische Sprache als dem Russischen gleichwertig angesehen wurden.[51] So z. B. schätzte der Schriftsteller Nikolai Gogol die ukrainische Sprache[52] zwar als Sprache des sogenannten Volksliedes, aber als Literatursprache war sie für ihn irrelevant.[53] Auch Jiddisch wurde von der Legislative des Zarenreiches nicht anerkannt. Erst kurze Zeit nach der Revolution erlebte es einen bemerkenswerten Aufschwung.[54] *S odesskogo kičmana* hat das Standardrussisch, die Sprache der Legislative, übertrumpft. Das Lied transportiert eine besondere Art von Russisch, das sich in der Praxis als sehr beliebt erwies und noch immer erweist. Mit diesem Lied trat die Koalition der Verpönten ins Rampenlicht. *S odesskogo kičmana* wurde zu einem Massenhit. Die Gaunerlieder förderten und fördern die Verbreitung kryptischer Codes aus dem Jargon der DiebInnen. „Malina", ein Schlüsselwort aus ihrem oralen Soziolekt, ist erst durch die Gaunerlieder Millionen Menschen vertraut geworden. In seinen Memoiren *Spasibo, Serdze!* (*Danke, Herz!*), die 1976 erschienen sind, schreibt Utësov:

> Wie viele neue Lieder werden pro Jahrzehnt zu wirklichen Massenliedern? Das heißt zu Liedern, die zu Hause und in der Straßenbahn, zu Besuch und auf der Straße, bei Geburten und Hochzeiten gesungen werden? Sie merken, dass das vielleicht zehn oder fünfzehn sind. Versuchen Sie jetzt herauszufinden, welche dieser Lieder diese breite Popularität wirklich verdienen und welche nicht. Und Sie merken, dass Qualität nicht unbedingt mit Popularität zusammenfällt. Ich habe das selbst oft erfahren: Neben vielen guten Liedern sang ich „S odesskogo kitschmana". Das Lied war populärer als alle anderen, es wurde in allen Höfen und Hauseingängen gesungen, es gab niemanden, der es nicht gekannt und gesungen hätte![55]

Zu Recht bemerkt Hufen, dass die einzige Möglichkeit, über das Gaunerlied in der Sowjetunion der 1970er Jahre zu schreiben, darin bestand, es aus einer kritischen Perspektive zu betrachten.[56] Allen Kennern des berühmten Gaunerliedes ist „Malina" ein Begriff. Im Lied heißt es, dass die Gauner in einer Malina Unterschlupf finden.

50 Zit. n. Hufen: *Das Regime*, S. 52.

51 Responsa, S. 359.

52 Nicht immer ist eine eindeutige Grenzziehung zwischen Russisch und Ukrainisch möglich. Ein Teil der ukrainischen MutersprachlerInnen sprechen eine russisch-ukrainische Mischsprache. „Vasilly (born 1922) is an ethnic Ukrainian and a Russian speaker. He lives in Pededze (north-east Latvia) and was interviewed there in the Russian language. INTERVIEWER: Do you still remember Ukrainian? VASSILY: Yes, but not proper Ukrainian. Because in Western Ukraine where I come from there is no such thing as proper Ukrainian. Just a mixed language. Mixture of Russian and Ukrainian." (Laura Assmuth: Rural Belongings: Baltic Russian Identities in Estonian and Latvian Borderlands. In: Aili Aarelaid-Tart / Li Bennich-Björkman (Hrsg.): *Baltic Biographies at Historical Crossroads*. London / New York: Routledge, S. 107–124, hier S. 118.)

53 Rolf-Dietrich Keil: *Nikolai W. Gogol: Mit Selbstzeugnissen und Bilddokumenten*. Reinbek: Rowohlt 1985, S. 14.

54 Arad: *The Holocaust*, S. 23.

55 Hufen: *Das Regime*, S. 39, aus d. Russ. v. Uli Hufen.

56 Ebd.

„Malina" bedeutet also „Unterschlupf" / „konspirativer Zufluchtsort" / „konspirativer Schutzraum". Mitte der 1930er Jahre erfolgte das Verbot, *S odesskogo kičmana* öffentlich zu singen: Die Zeiten änderten sich. Uli Hufen stellt fest:

> Für Lieder wie „S odesskogo kitschmana", die das Leben von Kriminellen, Außenseitern, Gestrauchelten und Gefallenen besangen, war in der Kultur des Hochstalinismus, die sich ab Mitte der 30er Jahre entfaltete, kein Platz mehr. Die neue Zeit verlangte nach positiven Helden mit Biografien, in denen Fehler nur begangen werden, um aus ihnen die richtigen Lektionen für den Aufbau des Landes zu lernen. Was aber soll man von den beiden Gaunern lernen, die aus dem Odessaer Knast ausgebrochen sind, nur um in der nächstbesten Malina an ihren Verletzungen zu verrecken? Welche positiven Botschaften enthielt ihre Lebensgeschichte? Dass man aus dem Knast besser nicht ausbricht? [...] Besser war es, wenn solche zweifelhaften Lieder gar nicht mehr gesungen würden.[57]

Malina ist auch ein Versteck vor der Staatsgewalt. Der sowjetische Staat, der Gaunerlieder mit ungeschriebenen Verboten belegte, hat sich aufgelöst, das Lied *S odesskogo kičmana* – dieser „unglückliche[] Schrei der Gangsterseele"[58] – ist geblieben. Es wird weiterhin gesungen und neu interpretiert. Eine der beliebtesten Interpretationen stammt derzeit von Tatjana Kabanova. *S odesskogo kičmana* ist auf der Internetplattform YouTube zu hören.[59]

1.5 In *Murka*

Ein anderes berühmtes Gaunerlied, wohl die „Königin" aller russischen Gaunerlieder, das im Zusammenhang mit der Chiffre „Malina" nicht unerwähnt bleiben darf, heißt *Murka.* Uli Hufen zählt dieses „königliche" Lied zu den „Odessaer Jahrhundertchansons".[60] Im Zweiten Weltkrieg zogen die Strafbataillone *Murka* singend in die Schlacht.[61] Ende der 1930er Jahre büßte das beliebte „Blat"-Lied seine Bühnenpräsenz ein. Es war verboten, die Gauner-*Murka* für eine sowjetische Schallplatte einzusingen.[62] *Murka* wurde für Jahrzehnte von der repräsentativen Ebene sowjetischer Massenmedien verbannt. Dennoch litt die Popularität des Liedes unter der sowjetischen Kulturpolitik nicht. Die VerfasserInnen des wohl berühmtesten russischen „Blat"-Liedes, das in zahlreichen Varianten im Volksmund zirkuliert, sind unbekannt. Über die Autorenschaft wird viel spekuliert. Der Text des Liedes ist vieldeutig. Über seinen rätselhaften Inhalt gibt es zahlreiche Vermutungen, die für Legendenbildungen sorgen. Handelt *Murka*, wie Hufen schreibt, von einer Gangsterbraut, die ihre Gefährten an die Geheimpolizei verrät oder von einer Undercover-Agentin der Moskauer Kriminalpolizei (MUR – Moskowskij Ugolownyj Rosysk)?[63] Genau weiß man es

57 Ebd., S. 42–43.

58 Leonid Utësov über *S odesskogo kičmana.* Zit. in Hufen: *Das Regime*, S. 38.

59 Tatjana Kabanova: С одесского кичмана [S odesskogo kičmana/Aus einem Odessaer Knast]. http://www.youtube.com/watch?v=VbLXPfhhL_E (Zugriff am 09.08.2014).

60 Hufen: *Das Regime*, S. 72.

61 Ebd., S. 82.

62 Ebd., S. 76.

63 Ebd., S. 79–80.

nicht.[64] Fest steht, dass *Murka* ungemein populär und variantenreich ist; zu den existierenden Varianten gesellen sich bis heute neue Liedversionen. Hufen schreibt:

> Russische Forscher haben mittlerweile Dutzende Textversionen für „Murka" rekonstruiert, welche davon die ursprüngliche ist, bleibt unklar. Viele Details aus der Ganovenwelt wurden wohl erst in späteren Textvarianten hinzugefügt […].[65]

In *Murka* gibt es eine Verbrecherbande (Malina), deren Mitglieder von Murka, der gewieften Gaunerin und Bandenchefin, denunziert werden:

> […] „Murka" erzählt aus der unklaren Position des kollektiven Wir einer Gangsterbande die Geschichte der Bandenchefin Murka. Die ist eine, wie man annehmen muss, fabelhaft schöne und ebenso verschlagene Frau, die ihre Freunde an einen Agenten der Geheimpolizei verrät. […]
> Ob Murka von Anfang an eine Agentin der Geheimpolizei war oder erst später die Fronten gewechselt hat, lässt das Lied offen. Dafür wird die Rache der Gangster in aller Ausführlichkeit geschildert. Das Drama gipfelt in einer der bekanntesten Szenen der russischen Populärkultur und in ihrem berühmtesten Refrain: Der Höchstrangige der noch nicht verhafteten Gangster – Murkas ehemaliger Liebhaber – stellt die Verräterin in einem Restaurant, um sich für immer von ihr zu verabschieden.
>
> Sdrawstwuj, moja Murka,
> Murka dorogaja
> sdrawstwuj, moja Murka, i proschtschaj.
> Ty saschucherila
> wsju nashu malinu,
> a teper maslinu poluchaj.
>
> Grüß dich, meine Murka,
> Murka meine Teure.
> Grüß dich meine Murka, und verzeih.
> Du hast uns verpfiffen,
> unsere ganze Bande,
> darum nimm die Kugel und bye-bye.[66]

Unter dem Titel „‚Murka' – Geschichte eines Liedes aus dem sowjetischen Untergrund" stellt Wolf Oschlies auf der Webseite „Shoa.de Zukunft braucht Erinnerung" das *Murka*-Lied vor. Nach Oschlies hat *Murka* einen „dramatischen Inhalt, der das Treiben von Gangstern beschreibt, einen sprachlichen Ausdruck, den man nur in Spezialwörterbüchern finden wird."[67] Oschlies selbst scheint in diesen „Spezialwörterbüchern" kaum recherchiert zu haben. Er legt auf Deutsch eine neue, aber nicht überraschende Textvariante vor, in der die Gauner nicht nur ihre eigene Bande als „Himbeere" bezeichnen, sondern die Kugel passend dazu eine „Himbeere" nennen:

64 Siehe Larissa Ionova: „Мурка" в законе [„Murka" im Gesetz]. In: *Российская газета* [*Rossijskaja Gazeta*], 15.04.2010. http://www.shansonprofi.ru/archiv/notes/paper400.html (Zugriff am 09.08.2014).

65 Hufen: *Das Regime*, S. 82. Die zahlreichen Textversionen des Liedes siehe auf der Webseite „Музей Шансона": http://www.shansonprofi.ru/archiv/history/murka.shtml (Zugriff am 09.08.2014).

66 Hufen: *Das Regime*, S. 79–80, aus d. Russ. v. Uli Hufen.

67 Wolf Oschlies: „Murka" – Geschichte eines Liedes aus dem sowjetischen Untergrund. http://www.zukunft-braucht-erinnerung.de/zweiter-weltkrieg/ueberfall-auf-die-sowjetunion/1866-murka-geschichte-eines-liedes-aus-dem-sowjetischen-untergrund.html (Zugriff am 09.08.2014).

> Eines Abends wird Murka in einem Restaurant in Begleitung eines Polizeiagenten gesichtet, worauf ihre Kumpane beschließen, sie als Verräterin zu beseitigen, und diesen Beschluss auch umgehend ausführen: „Du hast unsere Himbeere (Bande) verraten, nimm dafür eine Himbeere (Kugel).“[68]

Die Angaben zum Wort „Malina“ in den ‚speziellen‘ Wörterbüchern, ihr Abgleich mit den Eintragungen in den russischen Online-Datenbanken hätten ergeben, dass in *Murka* wohl kaum von Himbeeren die Rede ist. Das Wort entstammt einer ganz anderen Sprachtradition als die Bezeichnung für „Himbeere“. Uli Hufen, Wolf Oschlies und auch Šaul Reznik[69] sind bemüht, das kryptische Wort zu übersetzen, anstatt es als „Malina“ wiederzugeben. Reflektierter geht das *JLR* vor. Hier wird die Chiffre bewahrt. Das andere großartige Jargonwort mit dem explizit jiddischen Slang-Flair „saschucherila“ wird leider in allen vier Fällen übersetzt. Die Pointe von *Murka* besteht in der Verwendung des Gaunerwortschatzes, nicht in seiner Übersetzung. In einigen *Murka*-Varianten gibt es das Wort „Malina“ sowohl in der Bedeutung „Treffpunkt der DiebInnen“ als auch in der Bedeutung „Bande“. Das *JLR* betont die Bedeutungserweiterung zu „Verbrecherbande“, die sich in *Murka* niedergeschlagen hat. „Malina“ kann also gelegentlich auch „Bande“ bedeuten:

> I remember two songs containing the word in its newer sense. One of them is called “Murka” (which I heard in the 1930s, when it was sung as an old song -- I assume that it was composed in the 1920s). The part of this song containing the word malina is “ty zašuxarila vs'u našu maliny / A teper' za èto polučaj!” (that is, ‘you have betrayed our whole malina…’ . This song was composed by someone belonging to the Mob.[70]

1979 beginnt das ‚Tauwetter‘ für *Murka*. Im sowjetischen Kultfilm, einem 5-teiligen Krimi mit dem Titel *Место встречи изменить нельзя* (*The Meeting Place Cannot Be Changed*, RUS 1979, R: Stanislav Govoruchin) erklingen in einer Malina (hier: „Diebesquartier“) die Töne des Ganovenliedes *Murka*.[71] Eine der Hauptrollen spielt der berühmte Sänger und Schauspieler Vladimir Vysockij, der auch die musikalische *Murka*-Tradition mit neuen Song-Interpretationen bereichert hat.[72] Der Film handelt von Ganoven und ihren Geschäften unmittelbar nach dem Zweiten Weltkrieg.[73] Die Handlung

68 Ebd.

69 Siehe Šaul (früher Pawel) Reznik: Переводы на иврит. Мурка: *Народное творчество* [Übersetzungen ins Hebräische. Murka: *Volkserzeugnis*]. http://shaul.tryam.com/translations-hebrew/murka (Zugriff am 09.08.2014).

70 Responsa, S. 359.

71 Siehe den Ausschnitt aus dem Film *Место встречи изменить нельзя* [*Der Treffpunkt darf nicht geändert werden*] mit *Murka*-Episode http://www.youtube.com/watch?v=qvIh58nkdBk (Zugriff am 09.08.2014).

72 Vladimir Vysozkij: Ночью было тихо (Мурка)… [In der Nacht war es still (Murka)…]. http://www.youtube.com/watch?v=11EAlSXGgYY (Zugriff am 09.08.2014). Alosza Awdiejew: Murka. http://www.youtube.com/watch?v=KRj0d-PoQ_Y (Zugriff am 09.08.2014). Im Vergleich zu anderen polnischen *Murka*-Versionen benutzt Awdiejew das Jargonwort „Malina“. *Murka*-Töne sind in die sogenannte e[litäre] Musik eingezogen. Vgl. David Aaron Carpenter: Murka Variations (Вариации на тему Мурки). http://www.youtube.com/watch?v=1krHrA4Epf8&list=RD1krHrA4Epf8 (Zugriff am 09.08.2014).

73 Den Hinweis auf *Место встречи изменить нельзя* im Zusammenhang mit Diebesverstecken („малины“) verdanke ich Jūlija Tērauda.

spielt 1945. Es herrscht Mangel an Lebensmitteln. Doch die Tische der sowjetischen GaunerInnen sind auch 1945 reich gedeckt. Der Schwarzmarkt blüht ebenso wie der Diebstahl von Lebensmittelkarten. Die Miliz sagt dem organisierten Verbrechen den Kampf an. Die Frontheimkehrer werden gegen die Ganovenunterwelt eingesetzt. Im Film wird das Wort „Malina" in mehreren Bedeutungen von den sowjetischen Untersuchungsdetektiven durchdekliniert.[74] *Место встречи изменить нельзя* war auf YouTube auch mit englischen Untertiteln zu sehen. Diese englische Fassung ist entfernt worden.[75] Das Wort „Malina" wurde ins Englische mit dem Wort „den" („Räuberhöhle") und mit „gang" übersetzt. Somit war das Gaunerwort „Malina" in dieser englischen Untertitel-Version eliminiert.

1.6 In *Marseille*

Neben *Murka* erwähnt das *JLR* noch ein Lied, in dem das Codewort „Malina" vorkommt. Es heißt *Стою я раз на стрёме* (*Da stehe ich mal Schmiere*).

> The other song in which Russian malina occurs was composed during the Soviet period (I heard it in the 1960s). It is too intelligent and too ironic a song to have been composed by a member of the underworld, hence I suppose that its author was not a criminal. However, it is an imitation of the true blatnye pesni. It also parodies certain "official" Soviet songs. The relevant portion of this song (called "Stoju ja raz na strëme" [„Стою я раз на стрёме"/„Da stehe ich mal Schmiere" – S. B.]) is: "Sovetskaja malina sobralas' na sovet / Sovetskaja malina vragu skazala 'Net'" (that is 'The Soviet malina had a meeting / The Soviet malina said "No" to the enemy').[76]

Wie schon vom *JLR* vermutet, ist der Verfasser der Zeilen: „The Soviet malina had a meeting / The Soviet malina said 'No' to the enemy" kein Krimineller, sondern ein bekannter Germanist namens Achill G. Levinton (Ахилл Г. Левинтон).[77] Levinton wurde 1913 in Odessa geboren und starb 1971 in Leningrad. Von 1949 bis zum Jahr 1954 war er zusammen mit anderen jüdischen Sprach- und LiteraturwissenschaftlerInnen in sowjetischen Lagern interniert. 1954 wurde Levinton amnestiert und 1961 rehabilitiert. Levinton, der 1943 über E. T. A. Hoffmann promovierte, Hans Sachs übersetzte und eine viel beachtete Bibliographie der russischen Heine-Übersetzungen ausgearbeitet hat, verfasste während seines Lageraufenthaltes ein Gaunergedicht, das der Volksmund übernahm.[78] Es ist unter mehreren Titeln bekannt: *Жемчуга стакан* (*Ein Glas Perlen*), *Стою я раз на стрёме* (*Da stehe ich mal Schmiere*) und *Марсель* (*Marseille*). *Da stehe ich mal Schmiere* ist eine Parodie auf

74 Siehe *Место встречи изменить нельзя* (RUS 1979, R: Stanislav Govoruchin), 2. Teil, Sequenz 0:31:08. http://www.youtube.com/watch?v=-Phqu9fIf4E&wide=1 (Zugriff am 09.08.2014); 4. Teil, Sequenz: 0:10:57, 0:13:53. http://www.youtube.com/watch?v=guvFOUESnfk&wide=1 (Zugriff am 09.08.2014).

75 Der Film mit englischen Untertiteln findet sich hier http://etvnet.com/tv/serialyi-online/meeting-place-can-not-be-changed-mesto-vstrechi-izmenit-nelzya-english-subtitles-anglijskij-yazyik-subtitrov/648711/ (Zugriff am 09.08.2014).

76 Responsa, S. 359.

77 Vgl. den Eintrag zu Achill Levinton in der elektronischen Datenbank der ÜbersetzerInnen. Evgenij Vitkovskij: Ахилл Левинтон [Achill Levinton]. http://www.vekperevoda.com/1900/levinton.htm (Zugriff am 09.08.2014). Siehe Summ: 20 фактов.

78 Ebd. Siehe Ionova: „Мурка" в законе.

ausländische und sowjetische Geheimdienste – schon damals ein brandaktuelles Thema. Im Lied kommt das Wort „Malina" dreimal vor: Zweimal als Bezeichnung der „Verbrecherbande", einmal als „konspiratives Ganoven-Bordell". Das Lied hat mehrere Varianten. In der folgenden Variante wird Malina als „sowjetische Räuber-(Bande)"[79] entschlüsselt:

Die letzte Malina
Tagte, beriet sich.
Die sowjetischen Räuberlein
Sagten zum Feind: „Nein!"[80]

Dieses Gaunerlied ist auch unter dem Titel der französischen Hafenstadt *Marseille* (*Марсель*) bekannt, in die manch ein Gauner gerne emigriert wäre.[81] *Marseille* präsentiert sich als „*Marseillaise*" aus dem Arbeiter-, Bauern- und Gaunerstaat. In der Ganoven-„*Marseillaise*" widersteht die sowjetische Malina den verlockenden Anwerbungsangeboten des ausländischen Spions. Die Verbrecher-Malina entscheidet sich gegen eine Zusammenarbeit mit ausländischen Geheimdiensten: Der Geheimagent wird ausgeraubt und dem berüchtigten sowjetischen Sicherheitsdienst (NKWD –Volkskommissariat für Innere Angelegenheiten der UdSSR) übergeben. Der Staatsanwalt bedankt sich, schüttelt dem Gauner die Hand, der kurz darauf hinter Gitter wandern muss. Die freie Hafenstadt Marseille wird zu einem unerreichten Gaunertraum. Im Gegensatz zu den cleveren Spitzeln des sowjetischen Geheimdienstes erweist sich die einheimische Malina doch als zu blauäugig. In *Die Tätowierten* hat Michail Djomin den letzten *Marseille*-Vers einer Gaunerin in den Mund gelegt:

Dort gehn im Pelz die Damen
die Mädchen tanzen nackt.
In Gold zahln die Ganoven,
die Urki [Diebe größeren Formats – S. B.] gehn im Frack…[82]

Die Tätowierten von Djomin transportiert eine ähnliche Botschaft wie *S odesskogo kičmana* von Utësov: Die Zusammenarbeit mit der Exekutive endet für die Kriminellen tödlich. In der Regel unterstützten sie niemals staatliche Strukturen. Im Zweiten Weltkrieg hatte ein Teil von ihnen für den Staat gekämpft. Nach dem Krieg waren sie als Kanonenfutter nicht mehr zu gebrauchen. Die Kriminellen kamen in den sowjetischen Lagern um. Zudem galten die UnterstützerInnen der Staatsmacht in der kriminellen Szene als „Hündinnen". Zwischen den „sauberen" Kriminellen und den „staatstreuen" „Hündinnen", den Kriminellen, die in irgendeiner Weise mit dem Staat

79 Стою я раз на стрёме [Da stehe ich mal Schmiere]. http://www.shansonprofi.ru/archiv/lyrics/narod/wS/p14/stoyu_ya_raz_na_stryome_2_y_variant.html (Zugriff am 09.08.2014).

80 Ebd.: „Последняя малина / Собралась на совет: / Советские разбойнички / Врагу сказали ‚Нет!'". Aus d. Russ. v. S. B.

81 Jevgenij Zimorodok: „Советская малина врагу сказала: нет!" [„Die sowjetische Malina sagte zum Feind: Nein!"]. In: *ЗА решеткой* [*Hinter Gitter*], 04.04.2011. http://www.shansonprofi.ru/archiv/notes/paper556.html (Zugriff am 09.08.2014).

82 Djomin: *Die Tätowierten*, S. 194.

zusammengearbeitet hatten, tobte ein grausamer Krieg. Die Angst, als „Hündin“ entlarvt zu werden, war groß:

> Ich drehte mir rasch die Zigarette, machte mir Feuer und saß lange da, den sauren schweren Rauch inhalierend, nach jedem Zug war ich fast wie betrunken; mir drehte sich der Kopf, aber die Gedanken arbeiteten klar. Meine Machorka qualmend, dachte ich über das Geschehene nach, – über das Schisma in der Verbrecherwelt, über den Hundekrieg. Er war fast die direkte Fortsetzung des anderen Krieges – des eben beendeten, vaterländischen, großen.
> An diesem großen Krieg hatten nicht wenige Kriminelle teilgenommen. Sie hatten sich zäh und tapfer geschlagen; sie büßten ihre Strafe vor der Heimat ab, sie glaubten an sie, ihre Heimat…
> Sie glaubten, und, wie sich in der Folge herausstellte – vergebens. Die Heimat rief sie in der schweren Stunde zu sich, aber danach, nach dem Sieg, wandte sie sich wieder ab von ihren sündigen Söhnen… Demobilisiert, ins friedliche Leben zurückgekehrt, fühlten sich die ehemaligen Urki bald wieder als Abtrünnige, fanden sich wieder am Rande der Gesellschaft, sanken auf den Grund.
> Aber auch hier, auf dem Grund, fanden sie keinen Platz mehr; sie wurden verstoßen, erhielten den schmählichen Schimpfnamen „Hündinnen“ [ein gängiger Begriff im russischen „Mat“ (Vulgärsprache) – S. B.]. […] Der Krieg hatte sie durch Blut und Feuer gejagt, sie vieles gelehrt. Und das, was sie gelernt hatten, war jetzt für Stalins Čekisten von Nutzen.
> Von Nutzen im Kampf gegen uns, gegen die Verbrecher-Unterwelt des Landes.
> Diese Unterwelt nennen die Čekisten eine Partei. So ist es im Grunde auch. Die Blatnye sind tatsächlich – eine Partei. Keine politische natürlich, aber trotzdem eine festgefügte, klar organisierte, aktiv gegen das gegebene System kämpfende und darum – aufrührerische und gefährliche.[83]

Jenseits der sowjetischen Grenzen ging der Kampf weiter. In den 1970er Jahren erweiterte die kriminelle Malina ihren Tätigkeitsbereich: Malina wanderte aus nach Little Odessa.

2. Malina in Brighton Beach (New York)

2.1 Malina wandert aus: Little Odessa statt Marseille

In *Die Tätowierten* schildert Michail Djomin die Verbrecherszene der Nachkriegs-Sowjetunion als buntes Völkergemisch. Der kriminelle Untergrund, gemeint sind die „Diebe im Gesetz“ („воры в законе“), soll frei von Chauvinismus und Antisemitismus gewesen sein.[84] In den 1970er Jahren entdeckte das organisierte Verbrechen ein neues Terrain jenseits der sowjetischen Grenze. Bereits in den unmittelbaren Nachkriegsjahren versuchten einzelne Verbrecher, ausgestattet mit „jüdischen“ Papieren das Land zu verlassen. Michail Djomin beschreibt eine verpasste Möglichkeit, als Moisej Filonovskij aus der Sowjetunion zu fliehen:

> – Hier, in Lvov, gibt es eine Sonderkommission zur Repatriierung von Polen. Sie arbeitet schon seit langem und hat viele dorthin gebracht. Jetzt nimmt sogar eine zweite die Arbeit auf. Verstehen Sie, was ich meine? Wenn Sie im allgemeinen Strom mitschwimmen…
> – Mit diesem „Strom“ komme ich aber bloß nach Polen. Und dort?
> – Hauptsache, Sie kommen dorthin, – sagte er, – drüben gibts keine weiteren Komplikationen. Polen – ist unser Land! – Von dort werden Sie gebracht, wohin Sie wollen.

83 Djomin: *Die Tätowierten*, S. 33–34.

84 Ebd., S. 122, 311.

– Und was diesen „Strom" betrifft. Da gibt es auch noch Probleme. Wie soll ich mich zum Beispiel verständlich machen? Ich spreche doch kein Polnisch. Und verstehs auch nicht.
– Sie sollen ja auch gar nicht sprechen, [...]. – Im Gegenteil, Sie müssen schweigen.
– Er griff in die Seitentasche seines Jacketts. Und zog ein Päckchen Papiere hervor.
– Hier, sehen Sie! – Er breitete die Papiere auf der Decke aus.
– Hier ist zuerst einmal die Bescheinigung der Kommandantur, ausgestellt auf dem Namen Moisej Filonovskij.
– Warum Moisej? – fragte ich
– Weil dieser Filonovskij Jude ist! – Der Hausherr sah mich mit einem fröhlich-humorvollen Blick an. – Dieser Umstand entzückt Sie nicht gerade?
– Ach nein, – sagte ich, – was macht das schon. Jude, gut, dann also Jude.
– Das finde ich auch, – nickte er. – Gehen wir weiter.
– Eins interessiert mich, – unterbrach ich ihn, – ist dieses Papier echt?
– Natürlich. Alle Papiere hier sind zuverlässig. Ohne Loch, ohne Schramme. Das ist nicht irgendein Blatnyje-Schwindel. [...]
– Also, Filonovskij, – begann ich...
– Keine Sorge, [...], – der stört Sie überhaupt nicht!
– Aber gibt es den überhaupt irgendwo?
– Es hat ihn mal gegeben [...].
– Klar, – sagte ich, – so-o...
– Also gut. Und wollen wir nicht abschweifen! – Er wandte sich, schniefend, wieder den Papieren zu. – Zusätzlich zu dieser Bescheinigung ist hier noch einen andere, die wichtigste für Sie. Hier. Merken Sie sich. – Er hob den Zeigefinger. – Die wichtigste! Ein Gutachten der Ärztekommission. Dieses Gutachten besagt, daß Filonovskij – infolge seiner Kriegsverletzungen – unter Nervenanfällen leidet, die oft mit dem Verlust der Sprache verbunden sind. Und er hielt mir die Bescheinigung hin – ganz neu, knisternd, über und über mit Unterschriften und Stempeln gespickt.[85]

Djomin zufolge wurde ein Identitätswechsel zwecks Ausreise in der Nachkriegs-Sowjetunion nicht oft praktiziert. In den 1970er Jahren sah der Sachverhalt schon anders aus: Mit der zu dieser Zeit einsetzenden Emigrationswelle aus der Sowjetunion in die USA erlebte Brighton Beach, bekannt als Little Odessa, unruhige Zeiten. 1979 emigrierte einer der bedeutendsten Produzenten der Ganovenlieder, Rudolf „Rudik" Fuks, der wegen illegalen Handels mit „blatnjak", wie Uli Hufen in seinem Buch ausführt, eine mehrjährige Haftstrafe in sowjetischen Gefängnissen abgesessen hatte.[86] Fuks ließ sich in Little Odessa nieder.[87] Auch den „König der Blat-Lieder,[88] den Sänger Arkadij Severnyj, wollte Fuks mitnehmen.[89] Da Severnyj keine „jüdischen" Papiere besaß, hatte Fuks vor, eine Ehe für ihn zu arrangieren, damit er die Sowjetunion verlassen kann.[90] Doch Severnyj, dem Alkohol verfallen, verschwand zu dem

85 Ebd., S. 221–222.

86 Hufen: *Das Regime*, S. 300.

87 Ebd., S. 205.

88 Ebd., S. 105–215. Arkadij Severnyj: Мурка [Murka]. http://www.youtube.com/watch?v=19BT4X4YMpw&feature=related (Zugriff am 09.08.2014).

89 Hufen: *Das Regime*, S. 205.

90 Ebd.

ausgemachten Zeitpunkt aus dem Blickfeld von Fuks.[91] Der „König der Blat-Lieder" starb 1980 im Alter von nur 40 Jahren.[92]
Die zunehmende Emigrationswelle begann, die amerikanischen Sicherheitsbehörden zu beschäftigen. Zunächst galt ihre Sorge den KGB-Agenten, die unter den zahlreichen Einwanderern aus der Sowjetunion vermutet wurden.[93] Unter denjenigen, die jeden Monat zu Hunderten in Brighton Beach ankamen, sollen sich „Sleeper" befunden haben.[94] In *The Soviet Way of Crime* führt Lydia S. Rosner aus der US-amerikanische Tagespresse der 1980er Jahre entsprechende Publikationen zum damals aktuellen „Sleeper"-Problem an. Rosner präsentiert zudem Auszüge aus den Berichten der lokalen Polizei-Abteilungen. In einem Artikel aus den *U. S. News and World Report* mit dem Titel „New York City: Hotbed of Soviet Spies" zum aktuellen Problem von „sleeper spies" heißt es:

> A new concern is the growing number of Russian emigres [then] arriving in New York by the hundreds each month. They concentrate in the Brighton Beach section of Brooklyn. Among these immigrants, it is believed, are some "sleeper" agents being planted here to meld into American life and later emerge as spies. "We know there are persons who got out of Russia only on their promise to cooperate when they get here," notes R. Jean Gray, head of the local FBI section that keeps an eye on Russians.[95]

Die „Sleeper" zeichneten sich bald durch ihre weitverzweigten kriminellen Aktivitäten aus. Die kriminelle „Malina Organizatsia" etablierte sich in den 1970er in New York mit Sitz in Brighton Beach:

> From criminal investigation it is clear that the Russian Mafia has also spread its activities to other countries, including the United States. Among the most important groups are the Odessa Mafia, based at Brighton Beach, New Jersey, but also active in California, the Chechens, who tend to specialize in contract murder and extortion, and the Malina Organizatsia, a multi-ethnic group at Brighton Beach, which maintains extensive international ties and is active in a variety of areas, for example, drug trafficking, credit card fraud, extortion and tax fraud.[96]

Neben dem FBI begannen mehrere lokale Polizei-Abteilungen, sich intensiv für die verbrecherischen Aktivitäten der Einwanderer zu interessieren. Ein Bericht der Polizei von Los Angeles beschäftigte sich mit der jüdischen Dominanz in der kriminellen Szene:

> A report of the Los Angeles Police Department describes the concerns emerging because of the known activities of members of this new Russian community. This report which discusses the fact that "some of these refugees were not Jewish, and were in fact criminals in the Soviet Union" predicts

91 Hufen: *Das Regime*, S. 205.

92 Ebd., S. 213.

93 Lydia S. Rosner: *The Soviet Way of Crime: Beating the System in the Soviet Union and the USA*. South Hadley: Bergin & Garvey 1986, S. 118.

94 Ebd.

95 Ebd.

96 Phil Williams / Ernesto U. Savona (Hrsg.): *The United Nations and Transnational Organized Crime*. London / Portland: Cass 1996, S. 16.

> that this population will be used to embarrass the United States: "Predictable intelligence resources could have considerable impact upon the success of law enforcement's efforts during the Olympic Games. Currently very limited resources are available to deal with the Soviet emigre threat."[97]

Die *New York Times* vom 14. Februar 1983 berichtete, Brighton Beach habe sich zu einer kriminellen Hochburg entwickelt.[98] Die ganze Brandbreite der kriminellen Aktivitäten liege nach Auskunft der FBI-Abteilung von Brighton Beach im Dunkeln. Die Umsätze der ‚russischen' kriminellen Szene seien atemberaubend. Das organisierte Verbrechen soll an zahlreichen Fäden ziehen: Zum kriminellen „Dienstleistungspaket" würden Mord, bewaffneter Raubüberfall, Einbruchsdiebstahl, Waffen- und Drogenhandel, Schmuggel, Reisepapiere- und Banknoten-Fälschungen zählen.[99] In *The Soviet Way of Crime* zitiert Lydia S. Rosner einen Artikel, der im Mai 1983 im *Philadelphia Inquirer* unter dem Titel „From Russia with Guns" erschienen ist: Mike Mallowe nennt darin die organisierte Emigranten-Mafia „Malina". Diese verbrecherische Mafia Malina soll ihre Anfänge in Odessa haben:

> It is an international criminal conspiracy that will engage in any crime, from murder to espionage to drug trafficking to jewel theft, for the right price. Up till now, many of its members entered this country as Soviet Jews and most of its victims have been from the emigre community. But the Malina is growing. It numbers the KGB and the CIA among its contacts, and perhaps its clients.
> The Malina was born in the Russian city of Odessa. Most of its members operated in the thriving black market that existed there. In the early 1960's, according to one top secret FBI analysis, members of the Malina began to emigrate from Russia to Israel, where they re-established their criminal network. Over the years these Israeli hoods branched out from Tel Aviv to other cities, including London, Paris, Antwerp, Vienna, Rome, New York and Los Angeles. Some members of the Malina brotherhood really are Russian Jews. Others have merely purchased false identities of Russian Jews killed or imprisoned in the Soviet Union. They obtained forged visas and emigration permits. A handful of the men in the Malina are almost certainly KGB agents. Most, however, are first class international criminals.[100]

Dieser Beitrag von Mallowe genießt inzwischen eine Art Kultstatus und wurde oft in Forschungsarbeiten über das organisierte Verbrechen der sowjetischen EmigrantInnen angeführt. Eine besondere Aufmerksamkeit, wie aus den zitierten Beiträgen ersichtlich, wird der „Gaunerstadt" Odessa gewidmet. James O. Finckenauer bestätigt, dass in den Untersuchungen dem Phänomen des kriminellen Odessa intensiv nachgegangen wird. Auch er beschäftigt sich mit der Stadt und ihrer Malina:

> Odessa is a seaport in Ukraine, located on the Black Sea. Many of the residents of Brighton Beach came from Odessa, and consequently, many of the Soviet refugees suspected of involvement in criminal activity in the United States are believed to have come from Odessa. Like other great seaports, Odessa has large numbers of foreigners and a very diverse population – Russians, Ukrainians, Armenians, Rumanians, Tatars, Gypsies, and Jews, among others.
> Odessa has its own folklore, jokes and songs, and a peculiar language of thieves' lexicon or slang. It also has long had a thriving black market. Not unlike many other seaports, it has a well-developed

97 Rosner: *The Soviet Way*, S. 118.

98 Ebd., S. 119.

99 Ebd.

100 Ebd., S. 119–120.

> criminal subculture, going back to the times of the pirates. The Odessukuya Vory, or Odessa Thieves, were, in fact, the most notorious of all the thieves in Russia, both before and after the revolution. [...] The Federal Bureau of Investigation (FBI) said to believe that former members of the Odessa underworld (referred to by some as the Malina, which in Russian means "raspberry" but is also a slang term for "underground" or "underworld") are trying to reestablish themselves in New York, Atlantic City, Philadelphia, Los Angeles, and so on, having brought crime as a trade from home. Many sources further believe that a considerable number of the Soviet émigrés involved in crime here came out of Soviet prisons. But these are all hypotheses that need to bee systematically examined.[101]

Folgt man den Analysen der VerbrechensforscherInnen, heißt Brighton Beach nicht umsonst Little Odessa. Brighton Beach erweist sich der kriminellen Stadt Odessa, wie sie der Schriftsteller Isaak Babel in seinen *Geschichten aus Odessa* beschreibt,[102] als ebenbürtig. Mike Mallowe gebührt das Verdienst, sein Faible für die „russische Mafia" – insbesondere für die Verbrecher-Malina und ihre „Mutterstadt" Odessa – auch in seinem Kriminalroman *The Meatman* (1989) fruchtbar gemacht zu haben.

> Once again he was back in the port city of Odessa on the Black Sea, where hundreds of miles of dripping, musty-smelling catacombs – never captured by the Germans – extended deep beneath the city, into the outskirts of the town. It was a brick-and-mortar labyrinth of secret passages, whitened skeletons, and mazes of subterranean hiding places.
> During the war, the Resistance had used the catacombs as a base from which they stole out, by night, to murder the unsuspecting Nazi occupiers as they lay sleeping.
> For centuries before that, and directly following the Communist Revolution, the catacombs of Odessa served as the underground refuge of the brotherhood of professional criminals – a brotherhood older than Russia itself that grown up around the old port city on the Black Sea, the Pearl of the Black Sea, the brotherhood of the Malina.[103]

Im Roman entfaltet Mallowe das unbehagliche ‚Mysterium' der grausamen, schwer greifbaren Malina, die unbedingt etwas mit Himbeeren und Odessa zu tun haben muss, in zahlreiche Verbrechen involviert sei und die kriminelle Welt dominiere.[104] Zugleich ist die Verbrecher-Malina ein brisanter Gegenstand wissenschaftlicher Untersuchungen über das organisierte Verbrechen in den USA.

101 Finckenauer: Russian Organized Crime, S. 255.

102 Isaak Babel: *Одесские рассказы* [*Geschichten* aus *Odessa*]. Moskva: Izvestija 1994. Siehe die erfolgreiche Verfilmung der Odessaer Geschichten Isaak Babels *Жизнь и приключения Мишки Япончика* (*Das Leben und die Abenteuer von Miška Japončik*, RUS 2011, R: Sergej Ginzburg).

103 Mike Mallowe: *The Meatman*. East Rutherford: Pinnacle 1989, S. 190–191.

104 Ebd. Siehe auch ebd., S. 138: „There's a legend that once in Russia, when the people were starving, there were only wild raspberries to eat. Outlaws had confiscated all of the raspberries. People were dying of starvation, but these men forced everyone to come to them for the only food available, the raspberries. They sold the raspberries to the desperate people at a great profit. Then other things, until they had set up a black market that spread everywhere. Nothing moved unless they gave the okay. To do business with these thieves, the peasants had to go to a secret place – the place where you could find the raspberries, the place of the Malina. The hiding place was Odessa, on the Black Sea."

2.2 Allamerikanische Малина der russischen Organizatsiya

1993 hat das FBI eine Einführung über das organisierte Verbrechen in den USA publiziert. Die „russische Mafia" wird dort als „Malina" und „Organizatsiya" bezeichnet:

> The "Russian Mafia," also known as "Malina," or "Organizatsiya" (organization), is a loosely organized criminal group which has existed in the United States since the early 1980s. Since 1975, approximately 200,000 Soviet immigrants have entered the United States, most of whom are Jewish. Among these mostly law abiding and mostly Jewish emigres, it is estimated that as many as 2,000 are involved in criminal organizations. The largest of these groups is based in the Brighton Beach area of Brooklyn, New York, where an estimated 900 "Organizatsiya" members are operating among 60,000 Soviet Jewish immigrants, who live there.[105]

Im August 2004 hat sich Pavel Aksenov in einem Online-Beitrag „Всеамериканская malina русской organizatsiya" („Allamerikanische Малина der russischen Organizatsiya") mit dem Mythos der „russischen Mafia" auseinandergesetzt.[106] Die Überschrift seines Beitrages ist nur teilweise in kyrillischen Buchstaben verfasst. „Malina" und „Organizatsiya" werden mit Buchstaben des lateinischen Alphabets wiedergegeben. Die lateinischen Schriftzeichen sind in die kyrillische Überschrift integriert. Dadurch wird die Homogenität des Kyrillischen als gebrochen, heterogen und durchmischt präsentiert. Ebenso verhält es sich mit der „russischen" Mafia und dem Patchwork-Soziolekt der Ganoven.

In seinem Beitrag weist Aksenov auf eine bekannte Webseite hin, die sich mit dem organisierten Verbrechen und somit auch mit der „russischen" Mafia beschäftigt: „Gangsters Incorporated".[107] Ein Auszug aus der Einführung in das „russische Mafiawesen" lautet:

> Organized Crime has existed in Russia (former Soviet Union) for centuries. Under the communist regime corruption was as normal in Russia as snow falling during the winter. On of the big money makers for the Russian criminals was selling Western products on the black market, a market they controlled in the 1970s and 80s.
>
> It was also during this time that there was a wave of Russian émigrés who fled to North America. Most of these émigrés were Jewish, however a lot of Russians faked a Jewish passport, among them Russian criminals. Most of the Russians settled in Brighton Beach in New York, which has the largest Russian population outside of Russia.[108]

Aksenov macht darauf aufmerksam, dass sich ein Beitrag in der Zeitschrift *Filadelfia* explizit mit dem Phänomen der „russischen Malina" beschäftigt.[109] Zitiert und

105 United States. Federal Bureau of Investigation: *An Introduction to Organized Crime in the United States.* [Washington, D.C.]: Organized Crime, Drug Branch, Criminal Investigative Division 1993, S. 67.

106 Pavel Aksenov: Всеамериканская malina русской organizatsiya [Allamerikanische Малина der russischen Organizatsiya]. In: *Lenta*, 18.08.2004. http://lenta.ru/articles/2004/08/18/mafia (Zugriff am 09.08.2014).

107 Ebd. Gangsters Inc. http://gangstersinc.ning.com/profiles/blogs/russian-mafia-overview (Zugriff am 09.08.2014).

108 Ebd.

109 Aksenov: Всеамериканская malina.

erläutert werden hier die publizistischen Forschungsergebnisse von Mike Mallowe, ohne dass der Name des Autors genannt wird. Aksenov zieht Mallowes Beitrag heran, um einen typischen Artikel über die russische Mafia der 1980er Jahre zu präsentieren. Wie Aksenov erklärt, durchforsten russische Spezialisten seit Jahren eifrig die US-amerikanische Presse, um etwas Greifbares über die einflussreiche Mafia in Erfahrung zu bringen.[110] Denn brauchbare Informationen über die russische Mafia mit ihren schweigenden Verbrechern seien schwer zu bekommen.[111] Im Gegensatz dazu sei die US-amerikanische Polizei redselig, den Medien zugewandt und liefere so das notwendige empirische Material für eine kritische Analyse des Mafia-Problems.[112] Finckenauer und Waring beschreiben eine Kreisbewegung von sich wiederholenden Äußerungen, die das zunächst nebulöse Mafia-Problem immer evidenter hervortreten lässt und allmählich eine klare Kontur gewinnt:

> [...] the police or other law enforcement officials were the main sources of information for the media. This kind of information sharing creates a feedback process: reporters talk to law enforcement authorities in researching their stories, police intelligence agents routinely collect and analyze media stories for investigative leads and background information, police share information with other police, and the latter then talk to other media. The circle gets bigger and bigger, but at the center of the circle is often the same information and framework that governs the interpretation of that information. This is one of the ways the Mafia is born.[113]

Infolge dieser Kreisbewegung von sich wiederholenden Äußerungen hat Mike Mallowes Text über die Mafia Malina auch den Einzug in den Wissenschaftsbetrieb geschafft. Rita J. Simon zitiert in ihrer Untersuchung *In the Golden Land* (1997) die Forschungsergebnisse von Lydia S. Rosner (und somit auch von Mike Mallowe, den wiederum Rosner zitiert) über die „Soviet Jewish Mafia" (Malina) in den USA und explizit in Brighton Beach[114]:

> Terms such as the "Soviet Jewish Mafia" are widely used in the print and electronic media to describe the activities of these recent immigrants to the United States (especially in New York and Los Angeles), parts of Western Europe, and Israel, and of criminals in post-Communist Russia. They are believed to be involved in drugs, prostitution (especially in Israel), racketeering, and various forms of illegal economic activities.[115]

Die Ergebnisse der Mafia-Forschung zeigen, dass das Wort „Malina" Kontinente überquert und einen international berühmt-berüchtigten Bekanntheitsgrad erlangt

110 Aksenov: Всеамериканская malina.

111 Ebd.

112 Ebd.

113 James O. Finckenauer / Elin J. Waring: *Russian Mafia in America: Immigration, Culture, and Crime*. Boston: Northeastern University Press 1998, S. 68. Siehe auch ebd., S. 258: „Recent preliminary research suggests that various criminal justice agencies and independent experts and researchers believe in the existence of a Russian organized criminal entity, variously known as the Malina, the Soviet-Jewish Mafia, and the Russian Mafia, as a nontraditional organized crime enterprise."

114 Rita J. Simon: *In the Golden Land: A Century of Russian and Soviet Jewish Immigration in America*. Westport / London: Praeger 1997, S. 145–148.

115 Ebd., S. 145.

hat: „В северо-восточной Филадельфии появилась ‚malina'."[116] („‚Малина' ist im nordöstlichen Philadelphia eingetroffen.") James O. Finckenauer und Elin J. Waring zitieren in kritischer Absicht aus der mittlerweile berühmten *Philadelphia*-„Quelle" von Mike Mallowe, dessen Name oft nicht erwähnt wird: „The Malina has come to Philadelphia, to Northeast Philadelphia. Imagine a completely new Mafia in this country. Every big city has its branch, and the organization's contacts in Europe are extensive. The Malina is such a Mafia."[117]

Die berühmten odessitischen Gauner haben das russische Kaiserreich und die Sowjetunion überlebt. Nicht nur die sowjetischen und post-sowjetischen MythenmacherInnen hielten und halten die odessitischen Ganoven am Leben,[118] sondern auch die amerikanische Verbrechensforschung hat dazu einen wesentlichen Beitrag geleistet:

> The fight against syndicated crime will also be made more difficult by the emergence of criminal syndicates run by members of various non-Italien ethnic groups. Among these are the so-called Russian Mafia, also known as "Odessa Malina" and "Prganizatsiya," whose members arrived in large numbers in the United States during the 1970s. They market drugs, weapons, and stolen cars and are involved in extortion, forgery, loan sharking, and racketeering.[119]

Das wissenschaftliche ‚Syndikat' „Odessa Malina" ist eine Hommage mit transdisziplinären ‚Progress' an das alte Odes.[120] Diese Arbeit versteht sich als Teil dieses ‚Syndikats'. Die wissenschaftlichen, multi-kulturalistischen ‚Syndikate' verhelfen dem alten Odessa zu neuem Glanz.

> So, where is Odessa? For many years, clubs and *landsmanshaftn* all over the world and in the virtual world of the Internet were the only places were "Odessity" could be remembered and celebrated. Today, the diversity, multi-culturalism and enterprising spirit which made Odessa an object of fame and of nostalgia can once again be found in the city that bears its name.[121]

116 Aksenov: Всеамериканская malina. Aus d. Russ. v. S. B.

117 James O. Finckenauer / Elin J. Waring: *Russian Mafia*, S. 69.

118 Jarrod Tanny: *City of Rogues and Schnorrers: Russia's Jews and the Myth of old Odessa.* Bloomington: Indiana University Press 2011, S. 174–190.

119 Elaine Cassel / Douglas A. Bernstein: *Criminal Behavior.* Mahwah: Erlbaum 2007, S. 230.

120 Begriffsentlehnungen aus den Liedern von Aaron Lebedeff: In Odes. http://www.youtube.com/watch?v=oS1t6vz2ZpI (Zugriff am 09.08.2014); ders.: Odessa mama. http://www.youtube.com/watch?v=pUqX0kNjMdw (Zugriff am 09.08.2014). Vgl. auch „Odes, Odesa, or Odessa? The city has been known by many names in Yiddish, Ukrainian, Russian, and other languages. Today mapmakers often prefer the Ukrainian version – Odesa – given that the city has been situated inside the independent country of Ukraine since 1991 (and the Ukrainian Soviet Socialist Republic before that)". (Charles King: *Odessa: Genius and Death in a City of Dreams.* New York / London: Norton 2011, S. 11.) Der Stadtname Odes wird heute kaum verwendet. Er symbolisiert das untergegangene Odes.

121 Schlör: Odessity.

2.3 Fleppen für Freiheit

Während des Kalten Krieges gelang kriminellen AktivistInnen durch das manipulative ‚Anpassen' der Fleppen (Ausweise, Papiere)[122] die Emigration aus der Sowjetunion.[123] Ersonnene Identitäten erlaubten in der kriminellen Szene jenseits oder diesseits der Grenze zu überleben.[124] Der kreative Umgang mit dem Identitätsdesign wurde gelegentlich durch fiktive (damals nur heterosexuelle) Ehen ergänzt.[125] Die EhepartnerInnen von Personen mit „jüdischen" Papieren erreichten in den 1970er und 1980er Jahren ebenfalls Brighton Beach, wie der Fall Fuks/Severnyj nahelegt. Ein Teil der MigrantInnen wanderte illegal ein. Unter den Illegalen waren die Kriminellen in der Minderheit, da sie sich dank der verbrecherischen Netzwerke überzeugende Papiere besorgen konnten.[126] Kaum dreißig Jahre vor der Auswanderungswelle, die mit „jüdischen" Fleppen möglich geworden war,[127] kämpften die InhaberInnen

122 Girtler: *Rotwelsch,* S. 183. Vgl. auch: „In der Gaunersprache bedeutet der auch in das Jüdisch-Deutsche aufgenommene Ausdruck Fleppe oder Flebbe jeden schriftlichen Vorweis, Zeugniß, Brief, öffentliches und privates Document, besonders auch den Paß, wovon linke Fleppe, gefälschtes Papier, falscher Paß, Zinkfleppe, Steckbrief; Fleppenmelochner, jeder welcher überhaupt Documente neu gestaltet oder umgestaltet, ganz besonders aber auch der Urkundenfälscher, anstatt des ausdrücklichen Linkefleppenmelochner." (Friedrich Christian Benedict Avé-Lallemant: *Das deutsche Gaunerthum in seiner social-politischen, literarischen und linguistischen Ausbildung zu seinem heutigen Bestande, Zweiter Theil.* Leipzig: Brockhaus 1858, S. 297.)

123 Mit James Rosenthal behauptet James O. Finckenauer von den ex-sowjetischen Kriminellen: „Rosenthal, among whose sources are present and former prison inmates, says they are all Jews. Other Soviet criminals, some of whom are not Jewish, are said to have acquired the identities of either dead or jailed Russian Jews in the Soviet Union." (James O. Finckenauer: Russian Organized Crime, S. 259.) Finckenauer spekuliert, säkulare Juden tendierten mehr zur Kriminalität. Möglicherweise habe der atheistische sowjetische Staat ("empire of devil", ebd., S. 257) die Kriminalität befördert. Die kriminellen Juden seien keine Juden, sondern Russen: „They are the products of more than three generations who were largely cut off from the religion of their parents and grandparents by the atheist Soviet state. Some other Jews resent these newcomers and their criminal connections, saying they are Russians, not Jews!" (Ebd., S. 254.)

124 Auch Djomins Herkunft, seine Vergangenheit, von der die kriminelle Szene in Kenntnis gesetzt wurde, war fiktiv. Vgl. Djomin: *Die Tätowierten,* S. 117.

125 Die Unterscheidung zwischen Ehe und „Scheinehe" ist nicht einfach und beschäftigt die Ausländerbehörden seit dem Beitritt der neuen EU-Länder in zunehmendem Maße. Die ergriffenen Maßnahmen haben bis jetzt das „Geschäft" mit den „Scheinehen" in der EU nicht bekämpfen können. Am 13. November 2011 berichtete die lettische Internet-Zeitschrift *Ir* (dt.: *Ist*), dass in Irland wöchentlich 5 bis 6 lettische Staatsbürgerinnen in der Botschaft erscheinen, um die notwendigen Formalitäten zur Eheschließung mit einem Partner aus den sogenannten „Drittländern" (vor allem Pakistan, Bangladesch und Indien) zu erledigen. Die staatlich organisierte Kampagne gegen die „Scheinehen" hat keine Ergebnisse zu ihrer Eindämmung bewirkt. (Nerimst fiktīvas laulības Īrijā. In: *Ir,* 13.11.2011. http://www.ir.lv/2011/11/13/nerimst-fiktivas-laulibas-irija (Zugriff am 09.08.2014).)

126 Vgl. hierzu Finckenauer: Russian Organized Crime, S. 252–253: „The exact size of the émigré population in Brighton Beach – for that matter, elsewhere in the United States – is impossible to discern. This is because large numbers of illegal immigrants either entered the United States or have overstayed their visas. The illegals are estimated to number as many as 30,000. The U.S. Immigration and Naturalization Service believes, however, that most Russian criminals in the United States are legal aliens, having entered under refugee status […]."

127 Uli Hufen schreibt über die Auswanderung der SowjetbürgerInnen: „Da Nichtjuden diese Möglichkeit

„jüdischer“ Papiere um überzeugende Fleppen, die bewiesen, dass „man kein Jude sei“:

> Ohne ein Büro konnte man nichts unternehmen. Es sollte den Menschen die Bewegungsfreiheit sicherstellen. War es doch die Periode der Papiere, Wische, Stempel, Papierscheine, Legitimationen, Ausweise, kurz – man konnte ohne ein ganzes Bündel von Ausweisen die Wohnung nicht verlassen. Und wie wichtig war das alles erst, wenn man Jude war. Man mußte alles mögliche bei sich haben, um zu beweisen, daß man kein Jude sei.[128]

Den inner-europäischen MigrantInnen begegnete man bereits vor dem Zweiten Weltkrieg immer wieder mit der Papierwut und Forderungen nach „echteren“ Papieren und systemkonformen Namen:

> Wären es nur die Namen. Gewöhnlich sind die Papiere verbrannt. (In kleinen galizischen, littauischen und ukrainischen Orten hat es in den Standesämtern immer gebrannt.) Alle Papiere sind verloren. Die Staatsbürgerschaft ist nicht geklärt. […] Wie kam jener über die Grenze? Ohne Paß? Oder gar mit einem falschen? Dann heißt er also nicht so, wie er heißt und obwohl er so viele Namen angibt, die selbst gestehen, daß sie falsch sind, sind sie auch wahrscheinlich noch objektiv falsch.[129]

Judith Butler schreibt, dass „das mundane gesellschaftliche Publikum, einschließlich der Schauspieler selbst“, an die zusammengewürfelte (diskontinuierliche) Identität glaubt und sie „in diesem Glauben aufführt“.[130] Viele ÜberlebenskünstlerInnen haben das Schau-Spiel mit den Identitäten decouvriert und nutzen es als Vorteil aus. In totalitären Systemen war und ist der flexible Umgang mit Papieren überlebenswichtig. Moisej Filonovskij hätte Michail Djomin sein können, und niemandem wäre aufgefallen, dass Djomin vielleicht kein Jude ist, weil er es auf dem Papier gewesen wäre. Aber vielleicht war Djomin doch jüdischer Herkunft? Auch der Russe Michail Djomin ist fiktiv; wie viele Namen und Identitäten der Autor und Ganove „Djomin“ hatte, ist nicht bekannt. Lydia S. Rosner beschreibt die konstruierten Identitäten der Kriminellen aus der Sowjetunion zu Recht als „mixed“:

> If one observes the process at immigration, where immigrants hand in their papers, then sit down with other “foreigners” to wait to be printed, it is possible to understand how substitutes can be enlisted to be printed instead of the person whose papers were presented. The room is crowded and there is the usual casualness encountered with American bureaucratic endeavors, an easy mark for Russians skilled in bureaucratic systems. There seems to be little reason to assume that these people who came here for asylum would not follow procedural rules. Yet this person and possibly others skillfully evaded the bureaucracy and established mixed identities.[131]

nicht hatten, durchforsteten überall im Lande Menschen, die seit Jahrzehnten kaum einen Gedanken an ihre ethnische Zugehörigkeit verschwendet hatten, ihre Stammbäume nach Spuren einer jüdischer Abstammung. Das ganze Thema wurde quer durch die 70er Jahre heiß diskutiert und brachte eine Unmenge von Witzen hervor.“ (Hufen: *Das Regime*, S. 245–246.)

128 Jochen Kast / Bernd Siegler / Peter Zinke (Hrsg.): *Das Tagebuch der Partisanin Justyna: Jüdischer Widerstand in Krakau.* Berlin: Elefanten Press 1999, S. 43.

129 Joseph Roth: *Juden auf Wanderschaft.* Berlin: Die Schmiede 1927, S. 56.

130 Butler: *Das Unbehagen*, S. 207.

131 Rosner: *The Soviet Way*, S. 120. In Bachmanns *Malina* ist das „Ich“ ebenfalls eine Fälschung (S. 297–298). Dort wird das verfälschte weibliche „Ich“ besonders in Hinblick auf das Geschlechterverhältnis verhandelt.

Der Schriftsteller Joseph Roth hat die Wirrnis verbreitenden Behörden des Selbstbetrugs bezichtigt: „Die Ämter brauchen, ohne es zu wissen, die Lüge. […] Die ausgewanderten Ostjuden, die in Wien in den Ämtern ‚richtige' Papiere vorlegen sollen, werden so lange weggeschickt, bis sie begriffen haben, dass es nicht in erster Linie darum geht, faktisch korrekte, sondern vor allem darum, systemkonforme Daten zu liefern."[132] Diese Forderung nach „faktisch" Korrektem erzwingt die Verschleierung von Daten und Namen, die in anderen Kontexten als korrekt gelten und denen gegenüber die Behörden-Daten falsch sind. Zeigt man die unterschiedlichsten Kontextualitäten von Daten auf, wird ihre „faktische" Eindeutigkeit unterwandert. Das Problem besteht darin, dass dieser Reichtum an Kontextualitäten oft nicht repräsentativ sichtbar gemacht wird und dass die katachrestischen Effekte mit Blick auf die Daten-Performance (anders als bei Joseph Roth) ausbleiben. In seinem Romanfragment *Erdbeeren* (1929) schildert Roth die Fixierung der Behörden auf Papiere. Wer keine Papiere hatte, war „eine Art Hochstapler", erfand sich einen Namen, einen Pass und eine Geschichte, die zu seinem Pass passte:

> An meinem eigenen Namen ist nichts gelegen. Niemand kennt ihn, denn ich lebe unter einem falschen. Ich heiße – nebenbei gesagt – Naphtali Kroj. Ich bin eine Art Hochstapler. So nennt man in Europa die Menschen, die sich für etwas anderes ausgeben, als sie sind. Alle Westeuropäer tun dasselbe. Aber sie sind keine Hochstapler, weil sie Papiere haben, Pässe, Ausweise und Taufscheine. Manche haben sogar Stammbäume. Ich aber habe einen falschen Paß, keinen Taufschein, keinen Stammbaum. Man

132 Thomas Rahn: Aufhalter des Vagabunden: Der Verkehr und die Papiere bei Joseph Roth. In: Hans Richard Brittnacher / Magnus Klaue (Hrsg.): *Unterwegs: Zur Poetik des Vagabundentums im 20. Jahrhundert.* Köln / Weimar / Wien: Böhlau 2008, S. 109–125, hier S. 119. Rahn schreibt, dass Joseph Roth in *Juden auf Wanderschaft* „den Gedankengang eines Wiener Beamten" simuliere, vor dem ein ostjüdischer Migrant mit einem uneindeutigen Namen steht. Rahn zitiert Roth: „[…] Der Mann auf den Papieren, auf dem Meldezettel ist nicht identisch mit dem Mann, der soeben angekommen ist. Was kann man tun? Soll man ihn einsperren? Dann ist nicht der Richtige eingesperrt. Soll man ihn ausweisen? Dann ist ein Falscher ausgewiesen. Aber wenn man ihn zurückschickt, damit er neue Dokumente, anständige, mit zweifellosen Namen bringe, so ist jedenfalls nicht nur der Richtige zurückgeschickt, sondern eventuell aus einem Unrichtigen ein Richtiger gemacht worden. Man schickt ihn also zurück, einmal, zweimal, dreimal. Bis der Jude gemerkt hat, daß ihm nichts anderes übrigbleibt, als falsche Daten anzugeben, damit sie wie ehrliche aussehen. Bei einem Namen zu bleiben, der vielleicht nicht sein eigener, aber doch ein zweifelloser, glaubwürdiger Name ist." (Zit. n. ebd., S. 119.) Die von Roth thematisierte Namensproblematik ist in Europa noch immer aktuell. So z. B. ist Lettland bestrebt, die schon bestehende Vielzahl der Namensformen auf behördlichem Wege weiter auszubauen. Die ‚nationalen' Behörden versorgen sich selber mit systemkonformen Daten. Die Namen werden gegen den Willen der Betroffenen entsprechend der aktuellen lettischen Rechtschreibung abgeändert. Es wird ein absurdes Namensdesign betrieben, um das Vorhandensein einer nicht-homogenen ‚lettischen' Bevölkerung kosmetisch zu verdecken. Da den Behörden längst die lettischen Nachnamen, die ebenfalls nicht selten zugerichtet wurden, ausgegangen sind, werden alle möglichen Nachnamen lettisch gestylt. Ausschlaggebend für den Style ist die jeweils aktuelle lettische Rechtschreibung. Gegen dieses kosmetische Namensdesign haben Betroffene geklagt. Siehe das Gerichtsurteil der UNO: International Covenant on Civil and Political Rights: Human Rights Committee. One Hundredth Session, 11 to 29 October 2010 [Raihman versus Latvia]. http://www.worldcourts.com/hrc/eng/decisions/2010.10.28_Raihman_v_Latvia.pdf (Zugriff am 09.08.2014). Siehe auch Juta Mentzen alias Mencena pret Latviju [Juta Mentzen alias Mencena gegen Lettland]. http://www.likumi.lv/doc.php?id=105197 (Zugriff am 09.08.2014).

> kann also sagen: Naphtali Kroj ist ein Hochstapler. In meiner Heimat brauchte ich kein Papier. Jeder kannte mich.[133]

In Bachmanns *Malina* ist das österreichische Ich mit „guten" Papieren versehen. Hier dichtet das Ich aus Klagenfurt (S. 10), Inhaberin eines beglaubigten Staatsbürgerschaftsnachweises, Besitzerin eines österreichischen Passes (S. 10), Malina mysteriöse Geschichten an, bald soll er ein Hochstapler sein, bald ein Spion (S. 18). Ob Malina eine „Art Hochstapler" und Spion ist und wessen Papiere gefälscht sind, wird im Laufe meiner Untersuchung zu klären sein. Im Folgenden wird aber der Code „Malina" in der Spionage vorgestellt. Denn das verlogene Nachrichtendienst-Milieu der Verstellung, der Täuschung und der Daten-Fälschung wird in Bachmanns *Malina* explizit behandelt.[134]

3. „Malina" – ein Codewort in der Geheimdienstspionage

Für den erfolgreichen DDR-Geheimdienstchef Markus Wolf war die Spionage das zweitälteste Gewerbe nach der Prostitution.[135] Bevor er seine Tätigkeit in dieser Branche aufnahm, arbeitete Wolf 1945–1949 beim Berliner Rundfunk.[136] In den Jahren 1945 und 1946 war er Berichterstatter seines Senders bei den Nürnberger Prozessen.[137] Im Kontext blühender Spionage im Nachkriegseuropa, mit intensiver Fortsetzung während des Kalten Krieges, agierten zahlreiche SpionInnen und DoppelagentInnen auf allen Seiten. 1951 wurde Markus Wolf Stellvertretender Leiter des als „Institut für wirtschaftswissenschaftliche Forschung" getarnten Außenpolitischen Nachrichtendienstes (APN) in Ost-Berlin:

> ab 1952
> Leiter des APN. 1953 wird der APN als Hauptabteilung XV in das Ministerium für Staatssicherheit (MfS) eingegliedert und 1956 in Hauptverwaltung Aufklärung (HV A) umbenannt.
> Wolfs Spionagestrategie liegt vor allem im Eindringen in die westlichen Führungszentren und dabei besonders der bundesdeutschen Gesellschaft. Seine Agenten sollen auf bürgerlichem Wege in einflussreiche Stellungen gelangen und ihre Spionagetätigkeit erst aufnehmen, wenn sie dieses Ziel erreicht haben. Wolf unterstehen rund 4.000 Auslandsagenten, die er mit der „Präzision eines Schachspielers" führt, wie Beobachter bekunden.[138]

133 Joseph Roth: Erdbeeren [1929]. In: Ders.: *Werke*, Bd. 4: Romane und Erzählungen 1916–1929, hrsg. u. mit einem Nachwort v. Fritz Hackert. Köln: Kiepenheuer & Witsch 1989, S. 1008–1036, hier S. 1008. Das Erdbeeren-Motiv verweist bei Roth auf den Umgang mit diskriminierenden Gesetzen. Das Verbot, Erdbeeren zu essen, wird in *Erdbeeren* übertreten: „Alle Menschen sammelten Erdbeeren, obwohl es verboten war. Wenn der Förster kam, nahm er den Frauen die Töpfe weg, streute die schönen roten Erdbeeren aus und zertrat sie. Was aber konnte er uns machen, die wir Erdbeeren sofort aßen? [...] Niemand fürchtete den Förster. Je mehr Erdbeeren er zertrat, desto mehr wuchsen im Walde." (Ebd., S. 1012.)

134 Vgl. Kapitel „Zwiespältige Verhältnisse: Das kriminelle Milieu in Bachmanns Malina", Abschnitte 2–4.

135 Markus Wolf: *Spionagechef im geheimen Krieg: Erinnerungen*. München: Econ 1998, S. 9.

136 Ebd., S. 35.

137 Ebd., S. 50.

138 Markus Wolf (1923–2006). https://web.archive.org/web/20130423034441/http://www.hdg.de/lemo/html/biografien/WolfMarkus/index.html (Zugriff am 09.08.2014).

Die Gerichte der BRD haben den ehemaligen Geheimdienstchef der DDR mehrfach verurteilt:

> 1993
> Wolf wird zu sechs Jahren Haft wegen Landesverrates und Bestechung verurteilt. Das Urteil bleibt vorläufig, da das Bundesverfassungsgericht zur Frage der Strafbarkeit von Spionen eines untergegangenen Staates noch keine Entscheidung gefällt hat. Wolf genießt Haftverschonung.[139]

Wolf galt als „Mann ohne Gesicht", da es von ihm lange Zeit keine Fotos gab.[140] Nach dem Ende seiner nachrichtendienstlichen Tätigkeit begann er, Bücher zu verfassen, und verlieh seinen Geheimdienstaktivitäten damit ein Gesicht. In *Spionagechef im geheimen Krieg* berichtet Wolf, dass „Malina" als Codewort in der Spionage verwendet wurde. Der Code wurde von sowjetischen Spionen übernommen.

> Die Berliner Außenministerkonferenz der Siegermächte im Januar 1954 unterschied sich von den vorangegangenen Treffen nur dadurch, daß ihr erfolgloser Ausgang von vornherein feststand. Jeder kannte die Karten des anderen, ein Bluff war ausgeschlossen. Dennoch bescherte die Konferenz den versammelten Nachrichtendiensten aus aller Welt eine Zeit hektischer Betriebsamkeit. Unser eigener Apparat, noch nicht ganz flügge, war auf solches Ereignis nur unzulänglich vorbereitet, und unsere sowjetischen Berater geizten nicht mit Ratschlägen. Auf einer Besprechung belehrte uns ein eigens aus Moskau angereister Offizier, für Anlässe wie diesen benötige man unbedingt eine *malina.* Der Dolmetscher stutzte, und ich erklärte meinen Mitarbeitern, daß das russische Wort für Himbeere im Ganovenjargon eben auch ein Puff bezeichne.[141]

Da irrte der Geheimdienstchef. Die international tätige Ganovenschaft hat ihren eigenen „Malina"-Wortschatz hervorgebracht, der mit der russischen „Himbeere" nur den akustischen Aspekt gemeinsam hat. Die selbständig agierenden Ganoven verfügten und verfügen über ein eigenes sprachliches Vokabular. Dennoch war Markus Wolf im Vergleich zum Dolmetscher, der offensichtlich von dem populären Soziolekt der Ganoven und dessen Vokabular keine Ahnung hatte, relativ gut informiert. Denn er wusste, dass „Malina" (auch) ein getarntes „Bordell" bedeuten kann. Und vielleicht wusste er das, weil er das sowjetische Spionen- und Gaunerlied *Marseille* gekannt hat:

> Da stehe ich mal Schmiere,
> Revolver in der Hand,
> Als unerwartet an mich herantritt
> Ein Bürger, mir ganz fremd.
>
> Und leise sagt er zu mir:
> „Wo könnten wir wohl hin,
> Damit es dort möglich wäre,
> Locker die Zeit zu vertreiben.
>
> Dort soll es Mädels geben,
> Der Wein soll dort fließen,
> Wie viel das alles kosten soll –
> Ist mir freilich, ganz egal!"

139 Markus Wolf (1923–2006).

140 Wolf: *Spionagechef*, S. 303.

141 Ebd., S. 94–95.

Und ich antworte ihm:
„Gestern wurde die letzte
Malina auf der Risowka
Hochgenommen von den Bullen."

Er sagt: „In Marseille
Gibt es solchen Kognak!
Solche Bordelle,
Solche Tavernen!

Dort tanzen Mädchen nackt,
Dort tragen Damen Pelz.
Diener tragen Wein,
Und Diebe tragen Frack!"

Geld bot er mir an
Und ein Glas voller Perlen,
Damit ich für ihn ausspioniere
Den sowjetischen Betriebs-Plan.

Die sowjetische Malina
Versammelte sich zum Rat,
Die sowjetische Malina
Sagte zum Feind: „Nein!"

So schnappten wir den Typen,
Nahmen ihm den Koffer weg,
Das Geld – die Franken
Und steckten das Glas voller Perlen ein.

Danach übergaben wir ihn
Den Mächten des NKWD,
In keinem Gefängnis seit damals
habe ich ihn je gesehen.

Man dankte mir,
Der Staatsanwalt reichte die Hand,
Und danach setzte man mich
Unter verschärfte Haft.

Seit damals habe ich, Brüder,
Bloß ein Lebensziel –
Wie soll ich nur gelangen
In das besagte Marseille!

Dort tanzen Mädchen nackt,
Und Damen tragen Pelz,
Diener tragen Wein,
Und Diebe tragen Frack! [142]

142 Es existieren zahlreiche Varianten des Liedtexte, siehe *Марсель* [*Marseille*]. http://www.ilosik.ru/lyrics/dvorbalt/blatnie/blatnie-marsel.html (Zugriff am 09.08.2014); „Стою я раз на стреме,//Держу в руках наган,//Как вдруг ко мне подходит//Незнакомый мне граждан. // И говорит мне тихо://„Куда бы нам пойти, // Чтоб можно было лихо//Там время провести?//Чтоб были там девчоночки,// Чтоб было там вино,// А сколько это стоит – // Мне, право, все равно!"//А я ему отвечаю:// „Последнюю вчера//На Ризовке малину//Накрыли мусора." Он говорит://„В Марселе// Такие коньяки!//Такие там бордели,//Такие кабаки!//Там девочки танцуют голые,//Там дамы

Die Verbindung zwischen dem Code „Malina“ und der Spionage ist durch das Lied *Marseille* in der russischen Populärkultur bekannt. In *Marseille* will der ausländische Spion seine Geschäfte in einem Bordell abwickeln. Sein Gegenüber im Lied weiß, dass es sich bei diesem Ort um einen Treffpunkt der Gauner, um eine Malina, handelt, die aber von dem sowjetischen Geheimdienst, wie es in *Marseille* heißt, hochgenommen wurde. In einer Malina agierte man im Verborgenen. Denn sie war ein konspirativer Ort, eine Wohnung für kriminelle Aktivitäten. Mit Hilfe von Lockvögeln gerieten „Klienten“ in Malinas und wurden ausgeraubt. Im Team der Diebe befanden sich Frauen, die als Lockvögel agierten. Man nannte einen solchen Diebstahl „chipes“ („хипес“).[143] Der Lockvogel hieß „Chipesnica“ („Хипесница“).[144] Chipesnica war meist eine Prostituierte:

> The crime known as khipesnichestvo was a con game that targeted respectable middle-aged “family men”.
> […] an attractive young prostitute, the “criminal cat” (*blatnaia koshka*), assumed the role of a bored housewife and set out to “catch a fish.”[145]

в соболях.//Лакеи носят вина,//А воры носят фрак!“// Он предлагал мне деньги//И жемчуга стакан,//Чтоб я ему разведал// Советского завода план.// Советская малина//Собралась на совет,// Советская малина//Врагу сказала: „Нет!“// Поймали того субчика,//Забрали чемодан,//Забрали деньги-франки//И жемчуга стакан.//Потом его отдали//Войскам НКВД,//С тех пор его по тюрьмам//Я не встречал нигде.// Меня благодарили,//Жал руку прокурор,//А после засадили// Под усиленный надзор.//С тех пор имею, братцы,//Одну лишь в жизни цель – //Уж как бы мне добраться//В эту самую Марсель!// Там девочки танцуют голые,//Там дамы в соболях.//Лакеи носят вина,//А воры носят фрак!/Vgl. Марсель [Marseille]. Zit. n. Ivan Bannikov (Hrsg.): *Русский шансон* [*Das russische Chanson*]. Moskva: AST-PRESS KNIGA 2007, S. 99–100. Aus d. Russ. v. Anita Boihmane u. S. B. Das russische Wort „мусор“ (hier übersetzt als „Bulle“) hat eine ähnliche Entwicklungsgeschichte wie das Gaunerwort „Malina“. Es entstammt einer hybriden Sprachpraxis. Karsten Packeiser schreibt über den Wortschatz der russischen Gaunerlieder: „Was die Unterwelt-Musik für die etablierte Kulturszene besonders suspekt macht, ist der für rechtschaffende Bürger eigentlich unverständliche Ganoven-Slang, in dem z. B. Geldscheine ‚kleine Weiber‘ und Polizisten ‚Müll‘ genannt werden.“ (Karsten Packeiser: Halb Russland hört Ganovenlieder. In: *Russland-Aktuell*, 25.01.2005. http://www.aktuell.ru/russland/lexikon/kultur/halb_russland_hoert_ganovenlieder_5.html (Zugriff am 09.08.2014).) Siehe dagegen Responsa, S. 361: „Russian ‘muser, cop; informer’ (very derogaty; from Southeastern Yiddish /muser/‘informer’ [= Standard Yiddish moser]; Russian-speakers who do not know the origin of this word folk-etymologize it as being from Russian mosar ‘filth’ (cf. the folk etymology of Yiddish-origin Russian malina […]).“

143 Siehe хипес [chipes]. In: Воровской жаргон: Словари воровского языка с 1859 г. по 1927 г. [Jargon der Diebe: Wörterbücher der Diebessprache von 1859 bis 1929]. http://www.russki-mat.net/page.php?l=RuRu&a=X (Zugriff am 09.08.2014).

144 Siehe ebd. das Wort Хипесница [Chipesnica]. Im Rotwelschen bedeute Chippesch/Kippesch/Kiewisch „Durchsuchung, Streifung“. (Alexander Bierich: Deutsche und jiddisch-hebräische Entlehnungen im polnischen, tschechischen und russischen Argot. In: Sebastian Kempgen / Karl Gutschmidt / Ulrike Jekutsch / Ludger Udolph (Hrsg.): *Deutsche Beiträge zum 14. Internationalen Slavistenkongress in Ohrid 2008.* München: Sagner 2008, S. 53–62, hier S. 60.) Durchsucht wurden Herbergen, Koffer, Taschen, Reisesäcke und vieles mehr. Siehe Friedrich Christian Benedict Avé-Lallemant: *Das deutsche Gaunerthum in seiner social-politischen, literarischen und linguistischen Ausbildung zu seinem heutigen Bestande, Vierter Theil.* Leipzig: Brockhaus 1862, S. 558.

145 Roshanna P. Sylvester: *Tales of Old Odessa: Crime and Civility in a City of Thieves.* DeKalb: Northern Illinois University Press, S. 94.

Sie musste den Gast in der Malina (hier: „konspirative Wohnung") von seinem Geldbeutel ablenken. Ihre jeweilige Mitarbeiterin, die Wirtin der konspirativen Wohnung (Malina), wurde Malina[146] genannt. Eine Art von „chipes" wurde offenbar auch in der sowjetischen Spionage praktiziert. Dabei handelte es sich um ‚Diebstahl' von Informationen. Markus Wolf verstand sofort, dass der sowjetische Berater des DDR-Geheimdienstes mit Malina eine getarnte Spionageagenda meinte:

> Wir sollten also ein Bordell fingieren, um dort Konferenzteilnehmer auszuhorchen und zu kontaktieren. Das war leichter gesagt als getan, denn in diesem Zweig des Spionagegewerbes hatten wir nicht die geringste Erfahrung. In aller Eile richteten wir ein Häuschen im Berliner Vorort Rauchfangswerder als Liebesnest her: unten das Wohnzimmer mit Seeblick und von uns installierter Abhörvorrichtung, oben unter der Dachschräge ein winziges Schlafzimmer mit in die Deckenbeleuchtung eingebautem Fotoapparat samt Blitzlicht hinter infraroten Scheiben. Der Bedauernswerte, der diese Apparatur bediente, mußte sich in ein enges Verlies von einem Wandschrank zwängen und konnte sich erst bewegen, wenn Dame und Begleiter das Schlafzimmer verlassen hatten. Als nächstes galt es, geeignete Damen zu finden. Anfangs waren wir so blauäugig, den ehemaligen Chef der Berliner Sittenpolizei um Hilfe zu bitten, doch als die Prostituierten aus dem Scheunenviertel, die er anschleppte, Stahlmann unter die Augen kamen, bemerkte dieser nur lakonisch: Die würden nicht mal für eine Mark einen Freier kriegen und machte sich selbst auf die Suche. In einem Café engagierte er ein paar attraktive und abenteuerlustige Mädchen, die nicht abgeneigt waren, dem sozialistischen Vaterland einen Gefallen zu tun und sich ein bißchen Geld dazuzuverdienen.[147]

In den Arbeiter- und Bauernstaaten gab es offiziell keine Prostitution. Auf dem Papier galt sie als abgeschafft, illegal blühte sie freilich weiter. Prostitution in der Sowjetunion gehörte zum kriminellen Untergrund, sie war ein Teil der Ganoven-Malina und wurde geschlechtsunabhängig im kriminellen Milieu gering geachtet.[148] Entsprechend zeugten auch die Namen der Prostituierten von ihrem niedrigen Status. Ein verbreiteter Name unter ihnen lautete „Altyna": „Altyna wurde übrigens im Altrussischen eine kupferne Dreikopeken-Münze genannt. Auf diese Weise wird gleichsam der Preis mitgesagt. Ein – zugegeben – nicht eben hoher Preis."[149] Auch wenn es Prostitution offiziell nicht geben durfte, ließ sie sich für die Zwecke der Spionage organisieren. Während der Zusammenkunft der Nachrichtendienste begaben sich 1954 Inoffizielle Mitarbeiter des Ost-Berliner Staatssicherheitsdienstes nach West-Berlin.[150] Sie hatten die Aufgabe, Kontakte mit den männlichen Teilnehmern der Konferenz zu knüpfen.

146 Siehe малина [Malina]. In: Воровской жаргон. Siehe hierzu auch Responsa, S. 360: Malina ist „an old female accomplice of the khipesnitsa; an apartment where khipes takes place; a place where one can hide; […]." Im polnischen Geheimdialekt der Verbrecher hieß die Kollaborateurin Malina Meliniara bzw. Meliniarka. Vgl. Stępniak: *Słownik*, S. 308.

147 Wolf: *Spionagechef*, S. 95–96.

148 Djomin: *Die Tätowierten*, S. 170.

149 Ebd. Die Diebinnen, geschäftstüchtige Gaunerinnen, konnten in der kriminellen Szene gelegentlich einflussreiche Positionen und Anerkennung wegen ihrer herausragenden Fertigkeiten erwerben (siehe ebd). Auch in der griechischen Kultur wurden die Prostituierten nach einer Münze benannt: *obolē*. Vgl. Christina von Braun: *Der Preis des Geldes: Eine Kulturgeschichte*. Berlin: Aufbau 2012, S. 396. Wie „Altyna" ist auch „Obolus" eine geringwertige Münze. Ein verbreiteter Name der männlichen ‚Lakaien' und Prostituierten soll nach Djomin „Sechser" gewesen sein. Siehe Djomin: *Die Tätowierten*, S. 164. Andere verbreitete Namen für männliche Prostituierte waren nach Djomin „Katjas" und „Oljas", vgl. ebd., S. 311.

150 Wolf: *Spionagechef*, S. 95.

Für sie (nicht aber für die weiblichen Teilnehmerinnen) wurde eine Malina eingerichtet. Am letzten Tag der Konferenz brachte einer der Inoffiziellen Mitarbeiter des Nachrichtendienstes „zur größten Freude aller" einen westdeutschen Journalisten mit, den Markus Wolf in seinen Memoiren als „Gast" bezeichnet[151]:

> Unser Team rotierte. Speisen und Getränke wurden aufgetischt, die Damen setzten sich in Positur. Beim Aperitif wurden zwei Gläser verwechselt, so daß der Malina-Chef und nicht der Gast das Aphrodisiakum zu sich nahm. Als Dessert gab es beschlagnahmte Pornofilme, vom Sittenexperten beigesteuert. Der Gast reparierte zuerst den Vorführapparat, und während unsere Leute wie gebannt auf die Leinwand starrten, zog er sich gelangweilt in die Küche zurück, wo er sich mit der Haushälterin unterhielt. Für die Damen zeigte er nicht das geringste Interesse. Schließlich richtete er sich zur Nacht auf zwei aneinandergeschobenen Sesseln ein und bewachte den Schlaf unseres auf dem Sofa entschlummerten Leiters. Am nächsten Morgen hatte unser Gast als einziger einen klaren Kopf. Er wußte, was wir von ihm wollten, schien nicht abgeneigt, uns mit Informationen zu versorgen, und machte ein weiteres Treffen aus. Zu diesem Treffen erschien statt seiner ein anderer Journalist, ein gewisser Heinz Losecaat van Nouhuys, der sich als Redakteur des *Spiegels* ausgab. Ob die beiden den Tausch auf eigene Faust vollzogen haben, oder ob von Anfang an ein westlicher Geheimdienst dahintersteckte, habe ich nie herausgefunden. Van Nouhuys, Deckname Nante, ein windiger, gewiefter Journalist, erwies sich als überaus williger und diensteifriger Agent. Er behauptete, in West-Berlin nahezu alle wichtigen Leute zu kennen. Sein Eifer stimmte mich mißtrauisch. Die Informationen, die er lieferte, hielten unseren Überprüfungen stand. In den 70er Jahren bestätigte sich mein ursprünglicher Verdacht: van Nouhuys, inzwischen Chefredakteur der *Quick*, wurde vom *Stern* entlarvt.[152]

Der *Spiegel* vom 29. Oktober 1973 schrieb, van Nouhuys sei gleichzeitig für mehrere Seiten tätig gewesen: Bis in die 1960er Jahre arbeitete der CDU/CSU-Sympathisant als „Nante" für den Ost-Berliner Staatssicherheitsdienst und unter dem Decknamen „Handwerker" für den Bundesnachrichtendienst.[153] Für seine Dienstleistungen kassierte der Doppelagent ordentliche Honorare. Die geheime Tätigkeit als Spion ließ sich offensichtlich gut mit einem Job in der Printmedienbranche vereinbaren. Die Manipulation von Identitäten, Akten und Urkunden war in diesem Milieu unbedingt erforderlich. Belastendes Material wurde zum Verschwinden gebracht, gefälschtes als „echt" ausgegeben.[154] Über seine Erfahrungen mit der Spionageagenda *Malina* schreibt Markus Wolf:

> Die Erfahrung, die wir mit unserer *malina* gemacht hatten, sollte sich bei ähnlichen Anlässen wiederholen – die, daß Aufwand und Ergebnis in keinerlei vernünftigem Verhältnis standen. Internationale Tagungen und Olympische Spiele boten lediglich unseren Mitarbeitern Gelegenheit, sich den Wind der großen, weiten Welt um die Nase wehen zu lassen, aber brauchbare Kontakte wurden so nicht geknüpft.[155]

Malinas hatten sich aber offensichtlich in der sowjetischen Spionage so gut bewährt, dass sie in die DDR importiert wurden. Mittlerweile hat Silvia Roth einen von ihr

151 Wolf: *Spionagechef*, S. 95.

152 Ebd., S. 95–96.

153 Geheimdienste: 123 Treffs. In: *Der Spiegel*, 29.10.1973. http://www.spiegel.de/spiegel/print/d-41898416.html (Zugriff am 09.08.2014).

154 Ebd.

155 Wolf: *Spionagechef*, S. 96.

erfundenen Stasi-Kontext des Namens Malina in die fiktionale Kriminalliteratur eingeführt. In ihrem Spiel mit dem Namen bezieht sie sich dabei auf Ingeborg Bachmann:

> *Mir ist keine Person namens Malina bekannt.*
> Verhoeven tastete nach seinem Nacken, von dem aus sich ein leiser Kopfschmerz ankündigte. In einem berühmten Roman von Ingeborg Bachmann ist Malina das zweite Ich der Erzählerin, resümierte er, und etwas an diesem Gedanken elektrisierte ihn. Ein zweites Ich. Eine doppelte Identität. Alter Ego … Er hob den Kopf. „Könnte es sich bei diesem Wort nicht vielleicht um so etwas wie einen Decknamen handeln?", schlug er vor. „Oder ein Anagramm?"[156]

In Roths Kriminalroman wird der Name Malina als rätselhaft inszeniert.[157] Zahlreiche mögliche Deutungen werden angeboten und verworfen. Die literaturwissenschaftlichen Dechiffrierungs- und Interpretationsergebnisse des Namens, wie sie in der Bachmann-Forschung vorliegen, erweisen sich für Roths Detektive als wenig hilfreich: „‚Komm mir bloß nicht mit Literaturwissenschaft', stöhnte Goldstein. ‚Da muss was anderes dahinterstecken'."[158] Malina entpuppt sich bei Silvia Roth als Deckname eines besonders gemeinen Stasi-Informanten, alle anderen Dechiffrierungsergebnisse werden im Roman verworfen:

> Malina. Malina. MALINA. Oh, ja, er hatte sich informiert. Über den Roman [*Malina* – S. B.]. Über die fremdsprachliche Bedeutung. Und auch über den ganzen Rest. Eine polnische Himbeere. Oder eine kroatische. Eine Rebsorte. Ein Ort in Bulgarien. Ein netter, stets präsenter Militärhistoriker in einem berühmten Buch [*Malina* – S. B.], der vielleicht gar nicht existierte. Die hebräische Koseform von Magdalena. Die Sonnengöttin der Eskimos. Er war jeder einzelnen Bedeutung dieses vermaledeiten Namens nachgegangen, doch keine davon hatte ihn weitergebracht.[159]

Erst die Akten der Stasi-Geheimpolizei klären im Roman die Identität von Roths Malina auf. Gilt der Name Malina im deutschsprachigen Raum noch immer als mysteriös, so gehört das Wort „Malina" im ostslawischen Sprachraum mittlerweile zum Wortschatz hochrangiger PolitikerInnen und ziert nicht selten die Schlagzeilen ostslawischer Massenmedien.

4. Ein Wort in den Headlines: Das ‚Ukrainertum' und seine Malina

Das Wort „Malina" zählt zum multikulturellen europäischen Erbe, das unstrittig sowohl ukrainisch als auch russisch ist. Zugleich repräsentiert es das berlinerische Patchwork-„Ukrainertum", das Joseph Roth am 13. Dezember 1920 in der *Neuen Berliner Zeitung* den LeserInnen vorgestellt hat: „Berlin, das Barometer westlicher Operettenmode, zeigt andauernd auf ‚Ukrainertum'."[160]

156 Roth: *Schattenriss*, S. 295.

157 Ebd., S. 11, 33, 76, 261, 290–297, 328–331, 430, 459–460.

158 Ebd., S. 295.

159 Ebd., S. 459–460.

160 Joseph Roth: Ukrainomanie. Berlins neueste Mode [13.12.1920]. In: Ders.: *Werke*, Bd. 1: Das journalistische Werk 1915–1923, hrsg. u. mit einem Nachwort v. Fritz Hackert / Klaus Westermann. Köln: Kiepenheuer & Witsch 1990, S. 417–419, hier S. 419.

> Manchmal wird eine Nation modern. Griechen und Polen und Russen waren es eine Zeitlang. Nun sind es die Ukrainer. […] In Kaffehäusern tanzen Mädchen den neusten amerikanischen Jazz und nennen ihn „ukrainischen Nationaltanz". […]
> Berlin schwelgt in groteskem Operetten-Ukrainertum. Jede Melodie von irgendwelcher slawischen Klangfarbe ist „ukrainisch". Zu dieser Mode haben freilich die echten Ukrainer selbst den Anlaß gegeben, und zwar durch den ukrainischen Sängerchor, der hier, wie in mehreren europäischen Großstädten, einige Male mit riesengroßem Erfolg aufgetreten ist und der Konjunktur selbst einen „Tip" gegeben hat, wie aus einem nationalen und politischen Begriff Geld zu machen wäre. Außerdem bewirken die Zustände im Osten Europas eine Auswanderung von Russen und Ukrainern und Polen nach dem Westen, wo sie alte „Ukrainer" sind, weil „ukrainish" eben Mode geworden ist.[161]

In russischen und ukrainischen Presseschlagzeilen wird das Wort „Malina", wie fast vor hundert Jahren, im Zusammenhang mit Untergrundkriminalität, Korruptionsskandalen, Fälscherwerkstätten und organisierten Verbrecherbanden verwendet.[162] In dieser Bedeutung kommt es in der russischen Odessaer Presse spätestens seit 1920 vor.[163] „Malina" in den aktuellen Schlagzeilen der Medien bezieht sich in der Regel auf weitverzweigte suspekte Geschäfte mit Naturressourcen, auf organisierten Raub und Diebstahl, auf Korruption und Drogenhandel. Einige aktuelle Headlines sollen die Präsenz dieses Wortes in den ostslawischen Massenmedien kurz skizzieren. Am 14. April 2011 hat die Ex-Premierministerin der Ukraine, Julija Timoschenko, die regierende Partei von Viktor Janukovič der Plünderung von Gas- und Erdölressourcen beschuldigt: Am 13. April 2011 segnete das ukrainische Ministerkabinett einen Vertrag mit dem Unternehmen Vanco Prykerchenska Ltd ab.[164] Am nächsten Tag schrieb Timoschenko auf ihrer Twitter-Plattform, dass Janukovič mit „Ganoven-Malinas" zusammenarbeite. In zahlreichen Online-Medien war die folgende Schlagzeile zu lesen: „Тимошенко обвинила ‚воровские малины' в краже Черного моря", d. h. „Timoschenko beschuldigte die ‚diebischen Malinas', Ressourcen des Schwarzen Meeres zu plündern."[165] In *Dailymedia* (Digitalmetro.us) vom 5. August 2011 wurde im

161 Roth: Ukrainomanie, S. 417–418.

162 Vgl. Julija Prochorova: „Малина" в погонах: фальшивые дела „закрывали" взятками [„Malina" in Uniform: Falsche Geschäfte vertuscht mit Bestechungsgeldern]. In: *Pravda*, 17.05.2010. http://www.pravda.ru/accidents/factor/crime/17-05-2010/1032136-vzytka-0 (Zugriff am 09.08.2014). Für den Dichter Jurij Kublanovskij ist Russland eine „gigantische Malina der Diebe". Siehe German Poltajev: Гигантская воровская малина [Eine gigantische Malina der Diebe]. In: *MK*, 27.03.2013. http://vrn.mk.ru/article/2013/03/27/832148-gigantskaya-vorovskaya-malina.html (Zugriff am 09.08.2014). Siehe hierzu auch Alexander Boiko: В Москве обнаружена „воровская малина" [In Moskau wurde eine „Malina der Diebe" entdeckt]. In: *Комсомольская правда* [*Komsomol'skaja Pravda*], 28.01.2013. http://www.kp.ru/online/news/1352724 (Zugriff am 09.08.2014).

163 Siehe die Pressemeldung am 29. Mai 1920 über die Auflösung einer weitverzweigten Malina (einer Fälscherwerkstatt) in Odessa (Walerij Malachow / Boris Stepanenko: *Одесса 1920–1965: люди--, события--, факты--* [*Odessa 1920–1965: Menschen--, Ereignisse--, Tatsachen--*]. Kiew: Nauka i technika 2008, S. 33.)

164 Vgl. Тимошенко обвинила „воровские малины" в краже Черного моря [Timoschenko beschuldigte die „diebischen Malinas", Ressourcen des Schwarzen Meeres auszurauben]. In: *Donbass.ua*, 14.04.2011. http://donbass.ua/news/politics/2011/04/14/timoshenko-obvinila-vorovskie-maliny-v-krazhe-chernogo-morja.html (Zugriff am 07.03.2014). Siehe auch in *Vybory.org*, 14.04.2011. http://vybory.org.ua/?id=13644 (Zugriff am 09.08.2014).

165 Ebd. Aus d. Russ. v. S. B.

Bericht über das Gerichtsverfahren gegen die Heldin der ukrainischen *Orangenen Revolution,* die ehemalige „Gasprinzessin“ Julia Timoschenko, das Bedeutungsspektrum des Wortes „Malina“ durch eine neue Kontextualisierung erweitert:

> Der Prozess Timoschenko entwickelt sich ohne Überraschungen, jedoch schneller als gedacht. Der Ausgang ist bekanntlich gewiss, aber die Ankunft des Zuges am letzten Halt zieht sich immer weiter hinaus. Um diese Sache ist zu viel herumgesponnen worden, hier überschneiden sich Interessen des Big Business, Interessen verschiedener Staatsregierungen und banales Strafrecht. Jeder ist der Meinung, er spiele eine eigene Rolle in dieser Operation, die wir bequemlichkeitshalber Operation „Weiße Malina“ nennen werden.[166]

Auf die ehemalige „Gasprinzessin“ Timoschenko[167] werden neue *Murka*-Songs gemünzt, die Klischees über die „jüdische“ Bukowina und das „Gauner“-Czernowitz bedienen. In *Murka po-ukrainsku*[168] (*Murka auf Ukrainisch*) wird das „jüdische“ Czernowitz[169] auf der visuellen Ebene als eine Brutstätte der Ganoven vorgeführt. Die im slawischen Sprachraum fremd wirkende deutsche Aufschrift auf einer Czernowitz-Ansichtskarte lautet: „Czernowitz. Israelitischer Tempel“ (Sequenz 3:19). In diese Tradition wird auch die moderne Gaunerin (Sequenz 3:22) eingeordnet. In *Murka po-ukrainsku* wird das Reich der Obergaunerin Murka (Julija Timoschenko) in Bildern dargestellt. Die visuelle Ebene präsentiert feiernde Juden in Festtagsstimmung (Sequenz 1:46). Von Marktfrauen, die *Marlboro, Kent* und „Gras“ verkaufen (Sequenz: 1:03) bis zu der Anführerin der GaunerInnen Murka wird die Ukraine als Räuberhöhle in Szene gesetzt. Umgeben von Stacheldraht, heißt das Murka-Land seine Gäste willkommen (Sequenz 0:42 und 5:10). In diesem Land ruht sich die weiblich repräsentierte Polizei aus (Sequenz 3:39). Sie macht ein Nickerchen und spielt mit ihrem Handy. Die Bildebene suggeriert, dass jeder eine Waffe bei sich tragen sollte. In der

166 „Дело Тимошенко, развивается без неожиданностей, но с ускорением. То есть финал известен, но время прибытия поезда на последнюю остановку корректируется в сторону уменьшения. Вокруг этого дела наплетено слишком много всего, здесь схлестнулись интересы большого бизнеса, интересы различных государств и тривиальное уголовное право. Каждый считает, что он играет свою партию в этой операции, которую мы для удобства назовем Операция ‚Белая Малина‘.“ (Majkl Pozner: Операция „Белая Малина“ или тараканьи бега в БЮТе [Operation „Weiße Malina“ oder Kakerlaken-Wettlauf in BJUTe]. In: *Digitalmetro.us*, 05.08.2011. http://digitalmetro.us/2011/05/08 (Zugriff am 20.08.2011). Aus d. Russ. v. S. B.

167 Vgl. Ex-Regierungschefin: Timoschenko droht neues Strafverfahren wegen Untreue. In: *Der Spiegel*, 13.10.2011. http://www.spiegel.de/politik/ausland/0,1518,791746,00.html (Zugriff am 09.08.2014).

168 Murka po-ukrainsku [Murka auf Ukrainisch]. http://www.youtube.com/watch?v=3dClFprYKDo (Zugriff am 09.08.2014).

169 Mariana Hausleitner hat herausgearbeitet, dass das „jüdische“ Czernowitz nur im deutschsprachigen Raum als explizit „jüdisch“ konstruiert wird. Hausleitner konfrontiert das im deutschsprachigen Raum bekannte jüdische Czernowitz mit dem ukrainischen und rumänischen Czernowitz. Im heutigen Чернівці (Tscherniwzi/Czernowitz) werden „vor allem die ukrainischen Leistungen hervorgehoben.“ Demgegenüber sollen sich die Rumänen in ihren Geschichtsdarstellungen um eine Rumänisierung von Cernăuți bemühen. Vgl. Mariana Hausleitner: Czernowitz ein jüdischer Gedächtnisort? Unterschiedliche Sichtweisen der Zwischenkriegszeit von Juden, Deutschen, Ukrainern und Rumänen. In: Petra Ernst / Gerald Lamprecht (Hrsg.): *Konzeptionen des Jüdischen: Kollektive Entwürfe im Wandel.* Innsbruck / Wien / Bozen: Studienverlag 2009, S. 63–91, hier S. 63.

Ukraine gibt es nur ein einflussreiches Kino Чернівці (Tscherniwzi).Welcher Film da gezeigt wird, ist leicht zu erraten (Sequenz 3:30). Das Kinogebäude ist der ehemalige Israelitische Tempel von Czernowitz, der, wie Verena Dohrn in ihrer *Reise nach Galizien* (1993) schildert, allen Brand- und Sprengversuchen widerstand. Dennoch büßte er seine byzantinische Kuppel ein, sowie die Türme und den Erker, und er bekam über dem Eingangsportal statt des Davidsterns Hammer und Sichel als neue Zierde.[170] Die schöne und attraktive „Filmdiva" im ukrainischen Tscherniwzi ist – Timoschenko. Der Text des Songs *Murka po-ukrainsku* unterscheidet sich von der visuellen Ebene: Im Song fällt der Name Julija Timoschenko kein einziges Mal. In einem anderen *Murka*-Julija Timoschenko-Lied ist der Songtext mit der visuellen Ebene enger verflochten.[171] Der Song hat einen ironischen Subtext und handelt von einer „Murka aus Odessa", die im Sinne der Gauner die Staatsgeschäfte erledigen soll. Die Gauner-Odessiten verschaffen Murka den Einzug in die ukrainische Regierung. Murka macht dort Karriere. Sie fährt nicht mehr mit der Straßenbahn, sondern mit einem weißen Mercedes. Ihre erste Amtshandlung soll die Amnestie der inhaftierten Verbrecher sein, die zum Freiwild der randalierenden Polizei geworden sind. Doch Murka wechselt die Liga: Statt die Amnestie der Gauner vorzubereiten, amüsiert sie sich mit ihrem Liebhaber, einem erfolgreichen Kriminellen, einem „neuen Juden". Murkas ehemalige Ganovengemeinde ist verärgert und droht mit Sanktionen. Visualisiert wird der Text ausschließlich mit Fotos von Julija Timoschenko und ihrer „Clique". Einige Fotos sind mit der Aufschrift „blog.tymoshenko.ua" versehen. Andere Fotos dokumentieren eine Staatsvisite von Julija Timoschenko und Vladimir Putin. Das Putin-Bild wird herangezogen, um die Drohung des Obergauners im Songtext zu illustrieren. Am 13. Dezember 2011 hat eine neue „Malina"-Schlagzeile den reichen Fundus an Nachrichten über die kriminellen Machenschaften in der Ukraine ergänzt[172]: Valerij Portnikov betitelte seinen Beitrag über das marode ukrainische Rechtssystem: „Ukraine – das ist kein Staat, sondern eine Malina der Diebe (УКРАИНА – НЕ ГОСУДАРСТВО, А ВОРОВСКАЯ ‚МАЛИНА')".[173] „Malina" aus dem kriminellen Soziolekt besitzt nicht nur in der Ukraine einen hohen Bekanntheitsgrad. Die Gewerkschaft der Vereinigten Lettischen Polizei hat zur Information für alle, die sich im aktuellen Gaunerwortschatz noch nicht auskennen, ein ausführliches Wörterbuch auf Russisch ins Netz gestellt. „Malina" wird hier mit einem einzigen Wort, ebenfalls

170 Verena Dohrn: *Reise nach Galizien: Grenzlandschaften des alten Europa.* Frankfurt am Main: Fischer 1993, S. 163.

171 Vgl. Alëna Gerasimova: Murka из Одессы [Murka aus Odessa]. http://www.youtube.com/watch?v=uU3ygdKbc68&feature=related (Zugriff am 09.08.2014).

172 Valerij Portnikov: УКРАИНА – НЕ ГОСУДАРСТВО, А ВОРОВСКАЯ „МАЛИНА" [Ukraine – das ist kein Staat, sondern eine Malina der Diebe]. In: *Цензор.Нет*, 13.12.2011. http://censor.net.ua/resonance/191116/ukraina_ne_gosudarstvo_a_vorovskaya_malina (Zugriff am 09.08.2014); dies.: Украина – воровская малина, а не государство [Ukraine – Malina der Diebe, aber kein Staat]. In: *Newsland*, 13.12.2011. http://newsland.com/news/detail/id/842300/ (Zugriff am 09.08.2014).

173 Ebd.

Abb. 3: Kino im ehemaligen Israelitischen Tempel Czernowitz' (2013).

aus dem kriminellen Soziolekt, erklärt: „блатхата".[174] „Blatchata" meint eine Wohnung bzw. einen Raum, der zum Treffpunkt für gemeinsame Aktivitäten unterschiedlicher suspekten Cliquen dient.[175]

Im nächsten Kapitel soll der hier ausgearbeitete Gaunerwortschatz zur Interpretation des kriminellen Milieus in Ingeborg Bachmanns *Malina* herangezogen werden. Ich will zeigen, wie Bachmann das klassische Gauner- und Diebesmotiv in *Malina* aufgegriffen, umgestaltet und gesellschaftskritisch eingesetzt hat.

174 Vgl. Latvijas Apvienotā Policistu Arodbiedrība [Gewerkschaft der Vereinigten Lettischen Polizei]: Žargona vārdnīca [Wörterbuch des Jargons]. http://www.policistuarodbiedriba.lv/index2.php?id=129 (Zugriff am 09.08.2014).

175 „Блатхата" [„blatchata"]. Словарь синонимов: „блатхата" [Wörterbuch der Synonyme: „blatchata"]. http://dic.academic.ru/dic.nsf/dic_synonims/9855/блат-хата (Zugriff am 09.08.2014).

Zwiespältige Verhältnisse: Das kriminelle Milieu in Bachmanns *Malina*

1. Gauner-Motive in *Malina*

1.1 Malina beschattet vom Schwarzmarkt

Nach Sara Lennox wird in *Malina* die „Kontinuität von Korruption und Betrug in der ersten Nachkriegszeit" thematisiert.[1] In der Überschrift des mittleren Buchteils „Der dritte Mann" sieht Lennox eine Anspielung auf einen korrupten „Schwarzmarkt-Schieber": Damit werde auf jene „wirtschaftliche, soziale und sexuelle Ordnung der Nachkriegszeit" verwiesen, die „mit der Besatzungsmacht eingeführt worden war [...]."[2] Das Wien der Nachkriegsjahre wurde von kriminellen GeschäftemacherInnen ‚überflutet': „Niemals hätte ich gedacht, daß zuerst alles geplündert, gestohlen, verhandelt und dreimal ums Eck wieder verkauft und erkauft werden muß." (S. 262) Der Schwarzmarkt (S. 262) prägte den Alltag. Über das Haus in der Beatrixgasse 26, in dem Ingeborg Bachmann von 1946 bis 1949 lebte,[3] wird in *Malina* notiert, dass es einer AG gehöre „oder irgendeiner Spekulantenbande, die dieses Haus wiederaufgebaut hat, zusammengeflickt vielmehr." (S. 15) Als die Defizitwirtschaft der Nachkriegsjahre aufgehört hatte, besaß der Markt durch Anhäufung von Waren eine „universelle Dichte", die Bachmann als „schwarz" beschreibt, um damit auf die Expansion des organisierten Raubes und Diebstahls hinzuweisen. In der „zweiten Nachkriegszeit" verfinsterte sich der Markt noch mehr:

1 Lennox: Gender, S. 45.

2 Ebd., S. 46.

3 Hoell: *Ingeborg Bachmann*, S. 40.

> Eines Tages soll angeblich kein schwarzer Markt mehr existiert haben. Aber ich bin davon nicht überzeugt. Ein universeller schwarzer Markt ist daraus entstanden, und wenn ich mir Zigaretten kaufe oder Eier hole, weiß ich, aber erst heute, sie kommen von dem schwarzen Markt. Der Markt überhaupt ist schwarz, so schwarz kann er damals gar nicht gewesen sein, weil ihm eine universelle Dichte gefehlt hat. [...] Tausende von Stoffen, Tausende von Konservendosen, von Würsten, von Schuhen und Knöpfen, diese ganze Anhäufung von Waren, machen die Ware schwarz vor meinen Augen. In einer großen Zahl ist alles zu sehr bedroht, eine Menge muß etwas Abstraktes bleiben, muß eine Formel aus einer Lehre sein, etwas Operables, muß die Reinheit der Mathematik haben, nur die Mathematik läßt die Schönheit von Milliarden zu, eine Milliarde Äpfel aber ist ungenießbar, eine Tonne Kaffee spricht schon von zahllosen Verbrechen [...]. (S. 262–263)

In Malinas Bücherregalen findet das Ich eine Zeitschrift für Kultur und Politik aus dem Jahr 1958 (S. 255). Eine Überschrift der Juli-Ausgabe, auf die das Ich stößt, lautet „WOHIN MIT ALLDEM GELD?" (S. 255) Das Ich fragt sich, wo „ist denn das Geld, und mit welchem Geld wollte man wohin?" (S. 255) Während der Monate Juni und Juli 1958 beschäftigten sich die österreichischen Massenmedien ausgiebig mit dem skandalösen Fall Haselgruber:

> Er [Johann Haselgruber – S. B.] repräsentiert, wie die Wiener „Wochen-Presse" es formulierte, „die österreichische Spielart jenes halben Dutzend ellenbogenstarker westeuropäischer Geschäftsleute, die in den Jahren seit Kriegsende im Eisen-, Stahl- und Schrottgeschäft kometenartige Aufstiege erlebt und Milliardenvermögen gemacht haben.[4]

Ein mächtiger Schmugglerring wurde in den Nachkriegsjahren von Johann Haselgruber organisiert. Sein internationales Ringgeschäft lief jahrelang erfolgreich, bis es platzte.[5] Hunderte Millionen von Sparkassengeldern wurden ganz legal an den „robusten Glücksritter" verschleudert.[6] Die Gauner der „zweiten Nachkriegszeit" stellten für das österreichische Parlament eine große Herausforderung dar.

> Es ist vielleicht zu pathetisch, in diesem Zusammenhang an das Wort zu erinnern: „Wenn der Purpur fällt, muß auch der Herzog nach!" Denn die skandalösen Gestalten, mit denen wir es hier zu tun haben, stammen aus der Atmosphäre einer Nestroy-Posse und nicht aus dem Bereich einer republikanischen Tragödie wie „Fiesko". Doch der gesamte Skandal ist weit über das Ausmaß einer solchen Posse hinausgewachsen, und wenn wir an die ewige Wiederkehr von Korruptionsaffären denken, in die Politiker der stärksten Regierungspartei verwickelt waren, [...] und wenn wir daran denken, daß mehr als 1000 Arbeiter durch gewissenlose Spekulanten in ihrer Existenz bedroht sind, ist die ernsteste und leidenschaftlichste Anklage gerechtfertigt.[7]

4 Österreich / Korruption: Hasi in der Grube. In: *Der Spiegel*, 26.11.1958. http://www.spiegel.de/spiegel/print/d-42620825.html (Zugriff am 10.08.2014).

5 Ost-Schmuggel: Das große Ringgeschäft. In: *Der Spiegel*, 25.04.1951. http://www.spiegel.de/spiegel/print/d-29193780.html (Zugriff am 10.08.2014).

6 Das Zitat stammt aus der Rede des Abgeordneten Ernst Fischer, siehe Stenographisches Protokoll, 62. Sitzung des Nationalrates der Republik Österreich am 9. Juli 1958, (VIII Gesetzgebungsperiode), S. 2979. http://www.parlament.gv.at/PAKT/VHG/VIII/NRSITZ/NRSITZ_00062/imfname_157214.pdf (Zugriff am 10.08.2014).

7 Ebd.

Als Gegenleistung für seine Spenden (ca. 22,5 Millionen Schilling) an die Wiener ÖVP (Österreichische Volkspartei) kassierte Haselgruber für sein schon marodes Geschäft hohe Kredite:

> Wie Anfang Juni bekannt wurde, hat der Wiener Landesverband dem Haselgruber als Gegengabe Kredite in Höhe von 200 Millionen Schilling (32 Millionen Mark) aus der von einem ÖVP-Mann geleiteten öffentlichen „Girozentrale Österreichischer Sparkassen“ verschafft – den Großteil davon zu einem Zeitpunkt, da die finanzielle Lage des Haselgruberschen Betriebes schon äußerst prekär war.[8]

Der tüchtige Geschäftsmann unterhielt gleichzeitig geschäftliche Beziehungen zur ÖVP (Österreichische Volkspartei), zur SPÖ (Sozialdemokratische Partei Österreichs) und zur sowjetischen Besatzungsmacht. Es war für ihn äußerst notwendig, regelmäßig Predigten zu besuchen: „Gegen den Vorwurf, ein Kommunistenfreund zu sein, wehrte er sich mit dem Argument: ‚Ich gehe von Kind auf regelmäßig in die Kirche‘.“[9] Bevor er zu einem „Kommunistenfreund“ wurde, hatte sich der eifrige Kirchengänger als Nazi betätigt. Laut *Arbeiter-Zeitung* „organisierte“ Haselgruber in den damals besetzten Ostgebieten Metallschrott für die hitlerdeutsche Kriegswirtschaft.[10] Für seine zwielichtigen Machenschaften wurde er nie zur Rechenschaft gezogen. Seine kriminelle Vergangenheit wurde bereinigt[11]: Das ihn belastende Material verschwand spurlos aus dem Gerichtsgebäude.

> […] der USIA-Generaldirektor Tichomirow beauftragte ihn, seine Linzer „Handelsagentur“ für nicht ganz einwandfreie Ostwestgeschäfte auszubauen.
> Der clevere Eisenhändler überzog ganz Europa mit einem Netz von getarnten Firmen und Agenten, die Schrott und Stahl nach dem Osten verschoben.[12]

1967 brachte sich Haselgruber mit Leuchtgas um.[13] Nach dem Krieg entstand eine besondere Art von Schieberringen, die den Anschein von Legalität wahrten: Der Handel mit „arisiertem“ Besitz lief auf Hochtouren. Für die „Aufarbeitung“ des nationalsozialistisch-wirtschaftlichen „Erbes“,[14] das nach dem Fall des NS-Regimes „besitzlos“ geworden war, wurde das Ministerium für Vermögenssicherung und Wirtschaftsplanung unter Minister Peter Krauland gegründet:

> Doch anstatt eine unabhängige Behörde zu sein, wurde das Krauland-Ministerium zu einem machtpolitischen Instrument der Geschäftemacher mit Parteibuch. ÖVP und SPÖ mißbrauchten das Ministerium, um mit einem engmaschigen Netz aus treuen Parteifunktionären und willfährigen Beamten

8 Österreich / Korruption.

9 Ebd.

10 Manfred Marschalek: Haselgrubers letzter Ausweg. Nach Geschäften mit Hitler, den Russen und der ÖVP scheiterte der Schrottkönig. In: *Arbeiter-Zeitung*, 10.11.1967. http://www.arbeiter-zeitung.at/cgi-bin/archiv/flash.pl?seite=19671110_A03;html=1 (Zugriff am 10.08.2014).

11 Ebd.

12 Ebd.

13 Ebd.

14 Peter Böhmer: *Wer konnte, griff zu: „Arisierte“ Güter und NS-Vermögen im Krauland-Ministerium (1945–1949).* Wien / Köln / Weimar: Böhlau 1999, S. 1–3, 5–17.

> „arisierte" Güter und NS-Vermögen – ganz im Sinne des Proporzes – unter ihre Kontrolle zu bringen. Die Rückstellung von jüdischem Besitz wurde mit antisemitischen Weisungen erschwert. Wer konnte, griff zu – ein Sittenbild der frühen Zweiten Republik.[15]

Der Fall Krauland zählt zu den berühmtesten politischen Affären in der Geschichte Österreichs.[16] Als erstes „Opfer" Hitler-Deutschlands meinte Österreich, die Rückstellung des geraubten und geplünderten jüdischen Eigentums verweigern und verzögern zu dürfen:

> Im Gegensatz zur Bundesrepublik Deutschland lehnte Österreich als ‚Opfer des Nationalsozialismus' Entschädigungszahlungen an Israel grundsätzlich ab und verzögerte bzw. erschwerte solche an einzelne Juden lange Zeit. [...] Die Rückkehr der überwiegend jüdischen Emigranten war nicht nur jahrzehntelang unerwünscht, sie wurde in vielen Fällen sogar hintertrieben.[17]

Schlagzeilen über solche und ähnliche Machenschaften beinhalten in der russischsprachigen Presse häufig das Gaunerwort „Malina". Inzwischen meint das Wort, wie schon gezeigt, nicht nur die kriminelle Unterwelt der kleinen Ganoven, sondern auch die Unterwelt in den höheren Machtetagen von Politik und Wirtschaft oder, um einen Ausdruck von Bachmann zu verwenden, die „politische[] Unterwelt".[18]

1.2 Malina beschattet von „Texas Jim" Ivan

Der zweite Teil des Buches *Malina* trägt den Titel „Der dritte Mann". Karen R. Achberger ist der Ansicht, der Hinweis auf den Filmtitel spiele auf eine nahe und vertraute Person an, die jedoch wie Harry Lime ein Krimineller sei.[19] In *The Third Man* (*Der dritte Mann*, GB 1949, R: Carol Reed) figuriert Lime zunächst als Opfer eines Autounfalls, dessen Hergang von „Zeugen" widersprüchlich geschildert wird. Solange Harry Lime als Opfer gilt, kommt er als Täter und Organisator seines eigenen ‚Verkehrsunfalls' nicht in Frage. Mit dem Motiv des „dritten Mannes" deutet Bachmann auf eine verborgene kriminelle Dimension in *Malina* hin, die interpretatorisch zu erkunden wäre. Jemand, der vertrauens- und glaubwürdig erscheint, könnte in kriminelle Machenschaften verstrickt sein. In den Nachkriegsjahren besucht Bachmanns fiktives Ich eine merkwürdige Wiener Einrichtung, ein Stundenhotel in Mariahilf (S. 306). Hier verkehrt es mit einem einbeinigen Dieb, der im Gefängnis gesessen hat (S. 306). Mehr

15 Siehe hierzu den Klappentext ebd. auf der Rückseite des Buchumschlags. Als „Inbegriff des Schleichhändlers" galten in Österreich die jüdischen DPs [Displaced Persons]. (Elisabeth Holzer: *Schleichhändler vor Gericht: Der Schwarzmarkt in der Steiermark nach dem Zweiten Weltkrieg.* Graz: Leykam 2007, S. 65.)

16 Michael Gehler / Hubert Sickinger (Hrsg.): *Politische Affären und Skandale in Österreich: Von Mayerling bis Waldheim.* Innsbruck / Wien / Bozen: Studienverlag 2007, S. 715.

17 Gerhard Botz: Historische Brüche und Kontinuitäten als Herausforderungen – Ingeborg Bachmann und post-katastrophische Geschichtsmentalitäten in Österreich. In: Dirk Göttsche / Hubert Ohl (Hrsg.): *Ingeborg Bachmann: Neue Beiträge zu ihrem Werk.* Würzburg: Königshausen & Neumann 1993, S. 199–214, S. 207.

18 Ingeborg Bachmann: Ein Wildermuth. In: Dies.: *Gedichte, Erzählungen, Hörspiel, Essays.* München: Piper 1964, S. 133–172, hier S. 136.

19 Karen R. Achberger: *Understanding Ingeborg Bachmann.* Columbia: University of South Carolina Press 1995, S. 103.

über die Männervorlieben dieses suspekten Ich aus Klagenfurt (S. 10), das mit seiner eigenen Fiktionalisierung befasst ist, erfährt man aus den Entwürfen zu *Malina*:

> Heute denke ich, wie gut wäre das gewesen, wenn ich mein Leben gelebt hätte, man hätte mich an der Peripherie gefunden, ermordet, einer der Delinquenten, mit denen ich ins Bett gehen würde, ein Schlawiner, ein Terrorist, ein Krimineller, die hätten mich schon bald umgebracht. [...] Ich habe nie Männer leiden können, mit denen ich gelebt habe. Straßenarbeiter ja, Kriminelle ja, Sadisten, eine schöne Prospektive für ein Fräulein aus der Gesellschaft.
> Gesellschaft, was ist das.
> Ich weiß es wirklich nicht.[20]

Mit Harry Lime hätte dieses österreichische Ich, wenn es denn sein „Leben gelebt hätte", gerne verkehrt: In seinem fiktiven Leben schläft es bevorzugt mit Männern, die eine Art Felix Krull sind, aber „eine kleinere Ausgabe".[21] Der Gott der Diebe, Hermes, ist die einzige höhere Gewalt, der Krull Bewunderung und Anerkennung zollt.[22] Von ihren auserwählten Damen wollen die Krull-„Ausgaben", sowohl die größeren als auch die kleineren ‚Formate', reichlich beschenkt werden[23]: „Du kannst dir gar nicht vorstellen, was ein Mann an Geschenken anzunehmen fähig ist, einem habe ich einmal vier Pullover geschenkt und die teuerste Uhr, die es überhaupt gibt und die mehr verschlungen hat, als ich in drei Monaten ausgeben kann, und er hat nicht mit der Wimper gezuckt."[24] Eine Art Krull ist auch Ivan. Ivan kennt Wiens „geheime Quellen". Als es in Wien keine Zigaretten mehr gibt, weiß Ivan, wo sie zu bekommen sind. Gemeinsam mit seiner Begleiterin treibt er sie auf: „[...] und weil es nirgends welche gibt, halten wir vor dem Hotel Imperial, beim Portier bekommt Ivan endlich diese Zigaretten. Ich stehe mit der Welt wieder einmal gut." (S. 284–285) Ivan geht einer geregelten Arbeit nach. Sein Betätigungsfeld ist das Finanzwesen. Am Tag ihres Kennenlernens folgt das Ich Ivan sofort bis zum Postamt in der Rasumofskygasse (S. 27–28). (Im Namen Rasumofsky steckt das russische Wort „Rasum" („разум"). Es hat mit wohlüberlegtem Handeln zu tun. Die blinde Gefolgschaft des Ich ist selbstverständlich ohne „Rasum".) Ivan begibt sich zum Schalter „Postanweisungen", um einen Bargeldtransfer zu tätigen oder um sich Geld bar auszahlen zu lassen. Wohin das Geld fließt oder von wem es kommt, erfährt man nicht. Ivans Arbeitsplatz befindet sich am Kärntnerring. Mehr will das Ich nicht verraten: „Um keine unnötigen Verwicklungen für Ivan und seine Zukunft heraufzubeschwören, soll es als ein Institut für äußerst notwendige Angelegenheiten bezeichnet werden, da es sich mit Geld befaßt. Es ist nicht die Creditanstalt." (S. 9) Ivan ist 1935 im ungarischen „Pécs (vormals Fünfkirchen)" geboren (S. 9). Er lebt seit einiger Zeit in Wien (S. 9) und verreist oft.

20 Bachmann: *„Todesarten"-Projekt*, Bd. 3.1, S. 76.

21 Ebd., S. 77, 81.

22 Thomas Mann: *Bekenntnisse des Hochstaplers Felix Krull. Der Memoiren erster Teil.* Frankfurt am Main: Fischer 2006, S. 185, 279–280.

23 Ebd., S. 188–191.

24 Bachmann: *„Todesarten"-Projekt*, Bd. 3.1, S. 82.

> Sechzig Zigaretten später aber ist Ivan zurück in Wien, er wird zuerst die Zeitansage anrufen und seine Uhr kontrollieren, dann den Weckauftrag 00, der gleich zurückruft, danach sofort einschlafen, so rasch wie nur Ivan das kann, aufwachen, vom Weckauftrag gerufen [...]. Er wird den Transistor anstellen und die Frühnachrichten hören. Österreich I. APA. Wir bringen Kurznachrichten: Washington... (S. 27)

APA ist die Austria Presse Agentur.[25] Ivans Geschäfte scheinen international zu sein. Da er regelmäßig seine Uhr kontrolliert, ist anzunehmen, dass Ivan in unterschiedlichen Zeitzonen und in unterschiedlichen Ländern unterwegs ist. Das Ich träumt von malerischen Bilderbuchreisen an touristische Orte wie Venedig, Wolfgangsee, Dürnstein (S. 49). Auch seine Kinopräferenzen weisen es als Konsumentin flacher kultureller Angebote aus. Es scheinen jedoch Ivans Präferenzen zu sein, die das liebende Ich zu seinen eigenen macht. Am Vorabend einer der zahlreichen Geschäftsreisen Ivans schlägt das Ich vor, ins Kino zu gehen. Es versucht, Ivan mit einem besonders verführerischen Angebot ins Kino zu locken. Das Kinoprogramm wird aufgeschlagen (S. 49). Zur Wahl stehen: „DREI SUPERMÄNNER RÄUMEN AUF", „TEXAS JIM" und „HEISSE NÄCHTE IN RIO" (S. 49). Die Filmreferenz *I fantastici tre supermen* bezieht sich (wie *The Third Man*) auf die Welt der Ganoven. [*Die*] *Drei Supermänner räumen auf* (*I fantastici tre supermen*, I 1967, R: Gianfranco Parolini [Pseudonym: Frank Kramer])[26] handelt von Kassenräubern. *I fantastici tre supermen* ist ein naiver Ganovenfilm, der das Geld, seine Vermehrung und den einfältig inszenierten Kampf gegen das „Böse" zum Thema hat. Es gibt auch hier einen „dritten Mann". Es ist ein FBI-Agent:

> In kugelsicheres, jedoch feuerempfindliches rotes Trikot nebst schwarzem Mäntelchen sind die beiden Supermänner gehüllt, die auf Spezialschuhen die Wände hochgehen, fröhlich durch die Gegend springen und Kassen ausrauben. Auch ihre Bewaffnung ist verspielt: sie benutzen Wurfkugeln. Als dritter im Bund hat sich mit gewaltigem Karateschlag ein FBI-Agent qualifiziert. Unter seiner Führung sind die drei dem unerklärlichen Währungsbetrug eines neuen Staates mit Phantasienamen auf der Spur. In landschaftlich reizvollen Gegenden (Jugoslawien) verfolgen sie ihre Gegner und entgehen Anschlägen immer wieder auf technisch wunderbare Weise. Sie nähern sich dabei dem unterirdischen Industriereich eines Golem (der nichts zu tun hat mit der aus Lehm zum Leben erweckten mittelalterlichen Legendenfigur). Dieser Golem aus Fleisch und Blut ist der Ex-Assistent eines genialen Professors. Dessen Erfindung, mit der man jede Materie originalgetreu reproduzieren kann, hat er sich zunutze gemacht. Allein die hergestellten Goldbarren übertreffen den Bestand von Fort Knox bei weitem. Golem kopiert jedoch auch Menschen, deren Duplikate dann willenlose Sklaven ihres gefährlichen Herrn sind. Dieses Teufelsreich, das sich anschickt, die Welt zu erobern, wird von den Helden im roten Trikot nach etlichen Zweikämpfen, in denen technische Hilfsmittel eine große Rolle spielen, zerstört. [...].[27]

Diese Helden der Leinwand sind dennoch nur Schatten der skandalösen, realen Geschäftemacher und Kassenräuber der 1950er und 1960er Jahre. Es ist anzunehmen, dass ein Film über Räuber Ivan besonders gut gefallen könnte. Mit dem Hinweis auf

25 APA. http://www.apa.at (Zugriff am 10.08.2014).

26 Vgl. Bachmann: *Malina*, S. 367.

27 Die drei Supermänner räumen auf. In: *Munzinger Online / Film-Kritiken aus dem film-dienst*. http://www.munzinger.de/document/10000015279 (Zugriff am 21.01.2012).

das „Texas-Jim"-Label[28] klärt Bachmann über die kulturellen Vorlieben von Ivan und dem Ich zusätzlich auf:

> One of America's original cowboy stars, "James Texas Jim Lewis", had (as a showbiz veteran) seemingly done it *all* by the time he moved to Seattle in 1950. Having played live country music over the radio in the 1920s, formed a Western Swing stringband in the 1930s, recorded hits for various major labels into the 1940s, this contemporary of Hollywood movie stars like Gene Autry and Roy Rogers had also appeared in 42 films and even became the very first Country music radio DJ in Los Angeles. [...] In June 1954, Lewis was still a big enough star that *Newsweek* magazine featured a photograph of him demonstrating his "Hootin'nanny" to the famed Boston Pops conductor, Arthur Fiedler, who was in town promoting a series of concerts for the Seattle Symphony. "Sheriff Tex" also won a new recording deal with a major label and Hollywood's Imperial Records issued some of his kid-oriented tunes like "Safety Songs," "The Hootinanny Song," and "Ophelia, The Cow" (which Lewis once recalled cutting at a Seattle radio station studio). In addition Lewis had also hosted KING's *Junction Jamboree* show live from the Trianon Ballroom (218 Wall Street) for six months until the fabled 1927 hall finally shut its doors in 1956.[29]

Berühmte Songs von Texas Jim, die das Ich und Ivan sicher gekannt haben, heißen: *Wine, Women, and Song, Baby I'm still in Love with You, I want to Live and Love* und *Sweethearts or Strangers.*[30] Ivan und das Ich, wie Heike Hendrix bemerkt, hören „ausschließlich Schlager"[31]: „James Dean und Elvis Presley, Micky Mouse und all die anderen Superstars der Hollywood & Co. Company bevölkerten den ansonsten finsteren Ideen-Himmel der Wiederaufbaugeneration."[32] Die Briefe „an das Gestern" blieben unbeantwortet und vergessen.[33] Die Werbung versprach „mit Musik" und „ohne Sorge"[34] traumhafte Sonnenuntergänge „unter Zypressen oder auch unter Palmen oder in den Orangenhainen".[35] Zu „verbilligten Preisen"[36] kaufte man sich von „den unbeantworteten Briefen an das Gestern" los. Die umworbene „Traumwäscherei" war ein Symptom der Flucht vor der Auseinandersetzung mit den „Schauer[n] aller Jahre".

> [...]
> und wohin tragen wir
> *am besten*
> unsre Fragen und den Schauer aller Jahre
> *in die Traumwäscherei ohne sorge sei ohne sorge*[37]

28 „Texas Jim" ist ein beliebtes Pseudonym.

29 Peter Blecha: Lewis, "Texas" Jim (1909–1990): Seattle's Pioneering 1950s Kiddie-TV Show Host. http://www.historylink.org/index.cfm?DisplayPage=output.cfm&file_id=8657 (Zugriff am 10.08.2014).

30 Die genannten Lieder von Texas Jim Lewis finden sich auf YouTube.

31 Hendrix: *Ingeborg Bachmanns „Todesarten"-Zyklus*, S. 137.

32 Ebd.

33 Siehe Ingeborg Bachmann: Herbstmanöver. In: Dies.: *Werke*, Bd. 1, S. 36.

34 Begriffsentlehnungen aus Ingeborg Bachmann: Reklame. In: Dies.: *Werke*, Bd. 1, S. 114.

35 Bachmann: Herbstmanöver, S. 36.

36 Ebd.

37 Bachmann: Reklame, S. 114.

Einmal während eines Schachspiels will Ivan plötzlich wissen, wer Malina sei: „Ivan fragt, ohne Zusammenhang: Wer ist Malina? Darauf kann ich keine Antwort geben [...].“ (S. 46) Ivan weiß also nicht, wer Malina ist. Denn dieser Malina ist in Ivans Milieu, das durch kulturelle Vorlieben für Schlager und Gangsterfilme hervorsticht, nicht zu finden.

1.3 Der Name Ivan als Code zwielichtiger Verhältnisse

In *Malina* figuriert Ivan als Markenzeichen eines suspekten Gauner-Milieus. Sowohl sein Name als auch der Name und das Wort „Malina“ sind im kriminellen Untergrund Osteuropas fest verwurzelt.[38] Schon im zaristischen Russland, zu dem ab dem 18. Jahrhundert auch die baltischen Ostseeprovinzen (Kurland, Livland, Estland) gehörten, sind „Ivans“ in der Gefängnissprache „robbers of prison laborers“.[39] Im Interview mit Ekkehart Rudolph am 23. März 1971 betont Bachmann, dass *Malina* kein üblicher autobiographischer Text sei:

> Denn man erfährt ja niemals die Geschichte von Ivan. Wir erfahren niemals: Was hat Ivan früher gemacht, was wird er später machen, was wird überhaupt sein, wer ist dieser Mann? Wir erfahren auch von Ich und Malina nichts, was sonst in Autobiographien vorkommt oder vorzukommen hat, also keine Geschichten, keinen Lebenslauf.[40]

Man erfährt aber, dass eine beliebte Ausdrucksweise von Ivan das Schimpfen ist. Ivans „Schimpfsätze“ werden auch vom Ich eingeübt:

> Durch Ivan, der das Spiel will, habe ich deswegen auch eine Gruppe von Schimpfsätzen kennengelernt. Über den ersten Schimpfsatz bin ich noch sehr erschrocken, aber nun bin ich fast süchtig geworden und warte auf die Schimpfsätze, weil es ein gutes Zeichen ist, wenn Ivan zu schimpfen beginnt. (S. 84)
> Ein kleines Aas bist du, ja du, was sonst?
> Immer bekommst du mich herum, ja du [...]
> Ein ganz großes Luder mußt du werden
> Schön wär's, und das größte aller Zeiten
> Ja, das will ich, natürlich, was sonst?
> Du mußt noch ganz anders werden
> Mit diesem Talent, ja, das hast du, natürlich
> Eine Hexe bist du, nütz das endlich aus
> Dich haben sie ja ganz verdorben
> Ja, das bist du, erschrick doch nicht über jedes Wort
> Hast du denn das Gesetz nicht verstanden? (S. 84–85)

Die „Ivans“ im „Gesetz“ beschäftigten sich mit Geldangelegenheiten. In der kriminellen Subkultur zählten sie nach Cheloukhine und Haberfeld zur „Oberschicht“:

> The first group of professionals in the criminal subculture was called Ivans; specific to this group was their propensity to not "remember" their kinship. This designation has a threefold meaning. First, not remembering their kinship labels them as a social outcast. Second, breaking away from family and

38 Cheloukhine / Haberfeld: *Russian Organized Corruption Networks*, S. 26.

39 Ebd.

40 Bachmann: *Wir müssen*, S. 88.

> society became a criterion for affiliation with fraternity of criminals. Third, when the police apprehended criminals, their answer to questions about familial background remained "I do not remember". This group of criminals adhered to the ideology that the true thief must maintain a nomadic existence, living without a house or family, and without subjecting himself to any form of state authority.[41]

Bachmanns Namenswahl für das männliche Krull-‚Format' ist sicherlich kein Zufall. Den Namen Ivan führt sie mit ironischem Pathos[42] vor:

> Malina und ich haben, trotz aller Verschiedenheit, die gleiche Scheu vor unseren Namen, nur Ivan geht ganz und gar in seinen Namen ein, und da ihm sein Name selbstverständlich ist, er sich identifiziert weiß durch ihn, ist es auch für mich ein Genuß, ihn auszusprechen, zu denken, vor mich hinzusagen. Sein Name ist ein Genußmittel für mich geworden, ein unentbehrlicher Luxus in meinem armseligen Leben, und ich sorge dafür, daß Ivans Name überall in der Stadt fällt, geflüstert und leise gedacht wird. Auch wenn ich alleine bin, allein durch Wien gehe, kann ich mir an vielen Stellen sagen, hier bin ich mit Ivan gegangen, dort habe ich auf Ivan gewartet, in der LINDE war ich mit Ivan essen, am Kohlmarkt habe ich mit Ivan Espresso getrunken, am Kärntnerring arbeitet Ivan, hier kauft Ivan seine Hemden, das dort ist Ivans Reisebüro. Er wird doch nicht schon wieder nach Paris oder München müssen! (S. 85)

Für das Ich ist der Name Ivan ein Putsch- und Rauschmittel. In *Requiem für Fanny Goldmann* beschreibt Bachmann einen ähnlicher Namensrausch:

> Sie las manchmal seinen Namen ganz langsam, wie den eines Fremden, der war er auch. [...] Zwei Wochen später war sie nicht bei diesem Namen, sondern in seinem Vornamen untergegangen, den sie tausendmal gesagt hatte und sich nun verschwieg [...], ihr alter Name Fanny war in seinem jungen Namen Walter untergegangen, hatte sich von ihm überwältigen lassen, er war in alle ihre Buchstaben eingedrungen, sein A hatte mit ihren Vokalen sich berührt, seine Konsonanten sich mit ihren verschlungen, sie hatten sich befeuchtet, sich gedreht ineinander, er hatte ihren Namen aufgeweicht, ihn vom F bis zum Ypsilon umarmt, ihr Name war so besamt von seinem Namen, er war auch in ihr aufgegangen, so hatte sie gemeint [...].[43]

Ivan nennt das Ich bevorzugt bei „Schimpfnamen, die ihm grade durch den Kopf gehen."[44] Das Ich willigt ein, „mich nicht beim Namen zu nennen, sondern bei einigen Schimpfnamen."[45] Der Anfangsbuchstabe „I" im namenlosen Fürwort „Ich" korrespondiert mit dem ersten Buchstaben im Namen Ivan. Das Ich will ein schriftliches „Aufeinanderstimmen" mit beider Namen erzielen, damit auch sein Schriftzeichen „I" im Namen Ivan aufgehen kann.

> [...] ich werde unsre identischen, hellklingenden Anfangsbuchstaben, mit denen wir unsre kleinen Zettel unterzeichnen, aufeinanderstimmen, übereinanderschreiben, und nach der Vereinigung unserer Namen könnten wir vorsichtig anfangen, mit den ersten Worten dieser Welt wieder die Ehre zu erweisen, damit sie wünschen muß, sich wieder die Ehre zu geben [...]. (S. 31)

41 Cheloukhine / Haberfeld: *Russian Organized Corruption Networks*, S. 27.

42 Malina repräsentiert Ezergailis zufolge den ironischen Anteil des Ich. Vgl. Ezergailis: *Women Writers*, S. 30.

43 Ingeborg Bachmann: *Der Fall Franza. Requiem für Fanny Goldmann.* München / Zürich: Piper 1992, S. 184.

44 Bachmann: *„Todesarten"-Projekt*, Bd. 3.1, S. 31.

45 Ebd.

Zeitgeschichtlich verweist der Name Ivan auf die „Goll-Affäre". In den 1950er Jahren wurden gegen Paul Celan Anschuldigungen erhoben, dass der angebliche „Meisterplagiator", wie Claire Goll Celan diffamierend bezeichnet, sich „Anleihen" bei ihrem Mann, dem Dichter Yvan (Iwan[46]/Ivan) Goll, gemacht habe.[47] In einem abgebrochenen Briefentwurf an Max Frisch, entstanden vermutlich Ende Juli/Anfang August 1961, charakterisiert Celan die gegen ihn erhobenen Vorwürfe als ein „travestierte[s] Scharlatan-, Gauner- und Dieb-Motiv".[48] In einem anderen an Frisch adressierten Brief vom 23. September 1961 bezeichnet Celan die gegen ihn gerichtete Hetzkampagne als „Rufmord": „[…] statt den Rufmord und die literarische Falschmünzerei zu entlarven, wird dem Gemordeten ‚Unbestechlichkeit' attestiert… Ich bin kein Robespierre, Max Frisch! Ich bin ein Mensch wie Sie und jeder andere auch. Nicht mehr, nicht weniger."[49]

Dem Ivan ergeben, übt das Ich aus Klagenfurt nicht nur „Schimpfsätze" ein, sondern ordnet sich selbst dem „Kann-mich-an-nichts-erinnern-Typ" zu (S. 252). Für diese „Kann-mich-an-nichts-erinnern-Typ[en]" gibt es das Putschmittel Vivioptal (S. 252). 1970 lautete der Werbeslogan der Pharmaindustrie: „Vivioptal hält sie vital", 1973 hieß es, Vivioptal sei ein Energiedepot, und 1974 lautete der Werbeslogan: „Ein neuer Mensch mit Vivioptal".[50] Stellvertretend für alle „Kann-mich-an-nichts-erinnern-Typ[en]" der Nachkriegszeit stellt das Ich fest, dass es „Vivioptal" braucht: „[…] VIVIOPTAL für den Kann-mich-an-nichts-erinnern-Typ. Nehmen Sie morgens… und der Tag gehört Ihnen! Ich brauche also nur Vivioptal." (S. 252)

2. Die „verschwiegene Erinnerung" des Ich

2.1 Der entschlüsselte 3. Juli 1958 als Code für die Boulevardpresse

Eines Tages beginnt das Ich, über seine Tätigkeiten im Nachrichtendienst zu erzählen. Kurz davor hat es sich angesichts einer Zeitung vom 3. Juli 1958 über die sinnlose Informationsflut empört, mit der man alltäglich versorgt wird. Es gerät in helle Aufregung über all die überflüssigen Informationen von „Erdbeben, Flugzeugabstürzen, innenpolitischen Skandalen, außenpolitischen Fehltritten." (S. 254)

> ‚Ich bin 17 Jahre alt und habe das Gefühl, nicht lieben zu können. Ich interessiere mich ein paar Tage lang für einen Mann, aber dann gleich wieder für einen anderen. Bin ich ein Ungeheuer? Mein derzeitiger Freund ist 19 Jahre alt und verzweifelt, denn er will mich heiraten.' Blauer Blitz rast in Roten Blitz, 107 Tote und 80 Verletzte. Es sind aber schon Jahre her, und nun wird es wieder aufgetischt,

46 Nachgewiesen ist auch die Schreibweise „Iwan", die in den Entwürfen zu *Malina* vorkommt. Siehe Ingeborg Bachmann: *„Todesarten"-Projekt. Kritische Ausgabe*, Bd. 3.2: Malina, bearb. v. Dirk Göttsche, unter Mitwirkung v. Monika Albrecht. Piper: München / Zürich 1995, S. 852.

47 John Felstiner: *Paul Celan: Eine Biographie*, aus d. Engl. v. Holger Fliessbach. München: Beck 2000, S. 107, 205. Siehe auch Hoell: *Ingeborg Bachmann*, S. 108.

48 Paul Celan: Abgebrochener Briefentwurf an Max Frisch 1961. In: Ders. / Bachmann: *Herzzeit*, S. 173–174, hier S. 173.

49 Paul Celan: Brief an Max Frisch v. 23.09.1961, nicht abgesandt. In: Ebd., S. 175–176, hier S. 176.

50 Vivioptal. http://www.slogans.de/slogans.php?BSelect%5B%5D=4793 (Zugriff am 10.08.2014).

> Autozusammenstöße, einige Verbrechen, Ankündigungen von Gipfeltreffen, Vermutungen über das Wetter. Kein Mensch weiß heute mehr, warum das einmal hat berichtet werden müssen. Panteen Spray, das man damals empfohlen hat, benutze ich erst seit wenigen Jahren, das muß man mir nicht an einem so vergangenen 3. Juli anraten und heute schon gar nicht. Zu Malina sage ich am Abend: Was geblieben ist, dürfte ein Haarspray sein, und darauf bezieht sich vielleicht alles, denn ich weiß noch immer nicht, wohin mit alldem Geld [...]. Jetzt haben sie es erreicht. Wenn meine Spraydose leer ist, wird diesmal keine mehr gekauft. (S. 256)

Das Ich schlussfolgert, dass das ganze Nachrichtengeschäft wahrscheinlich „ein unglaublicher Betrug“ ist (S. 256). Es weiß Bescheid. Das Ich hat in der Nachrichtenbranche gearbeitet. Es umgibt sich mit Zeitungen und Zeitschriften. Es kennt dieses Milieu der „Gerüchtfetzen“:

> [...] unerträgliche Bemerkungen, Kommentare und Gerüchtfetzen zirkulieren in den Restaurants, auf den Parties, in den Wohnungen, bei den Jordans, den Altenwyls, den Wantschuras, oder sie werden allen Ärmeren beigebracht durch die Illustrierten, die Zeitungen, im Kino und durch die Bücher, in denen von Dingen auf eine Weise die Rede geht, daß die Dinge sich empfehlen und zurückziehen zu sich selber und zu uns, und nackt will jeder dastehn, die anderen bis auf die Haut ausziehen, verschwinden soll jedes Geheimnis, erbrochen werden wie eine verschlossene Lade, aber wo kein Geheimnis war, wird nie etwas zu finden sein, und die Ratlosigkeit nach den Einbrüchen, den Entkleidungen, den Perlustrierungen und Visitationen nimmt zu, kein Dornbusch brennt, kein kleinstes Licht geht auf, nicht in den Räuschen und in keiner fanatischen Ernüchterung, und das Gesetz der Welt liegt unverstandener denn je auf allen. (S. 33–34)

Im Abstellkabinett des Ich und Malinas in der Ungargasse 6 befindet sich neben den Koffern ein Packen alter Zeitschriften und Zeitungen (S. 254). Das Ich greift eine heraus und schaut bestürzt auf das Datum: Es ist der 3. Juli 1958. Dieser Tag gleicht einem leeren Blatt ohne Eintragungen (S. 254). Für das Ich ist der 3. Juli 1958 ein verblasster Tag, ein „weißer Fleck“. An diesen Tag kann und will es sich nicht erinnern. Nachträglich versucht es, die Geschehnisse dieses 3. Juli 1958 aus den Blättern alter Printmedien zu rekonstruieren. Die modernen Online-Zeitungsarchive gestatten, leicht nachzuvollziehen, was sich am 3. Juli 1958 „tatsächlich ereignet“ hat. Die „diskrete Germanistik“ weiß es genau:

> Max Frisch und Ingeborg Bachmann haben einander in Paris zum ersten Mal gesehen, am 3. Juli 1958. Dieses Datum ist in den Roman „Malina“ eingeschrieben und bliebe dort rätselhaft ohne den Lebenszusammenhang. Frisch gibt in „Montauk“ Auskunft über dieses erste Treffen: Gemeinsam wollten sie die französische Erstaufführung seines Stücks „Biedermann und die Brandstifter“ ansehen, überlegten es sich dann aber anders – ähnlich wie ein Mann und eine Frau im „Gantenbein“-Roman. Es folgt „eine Woche in Zürich als Liebespaar“, dann eine Trennung, dann der Versuch eines gemeinsamen Lebens, sieben Monate in Zürich, wieder eine Trennung, später ein Heiratsantrag von ihm. Sie ist zurück „in ihrem Rom“, er reist ihr nach, und zusammen leben sie dort fast drei Jahre lang. „Ich bin ein Narr und weiss es. Ihre Freiheit gehört zu ihrem Glanz. Die Eifersucht ist der Preis von meiner Seite; ich bezahle ihn voll.“[51]

51 Fechten vor verhängten Spiegeln: Ingeborg Bachmann, Max Frisch und die diskrete Germanistik. In: *Neue Zürcher Zeitung*, 08.03.2003. http://www.nzz.ch/aktuell/startseite/article8EIXK-1.223120 (Zugriff am 10.08.2014).

Die WissenschaftlerInnen der „diskreten Germanistik" haben erforscht, was für ein Ereignis mit dem 3. Juli 1958 bei Bachmann „chiffriert" wird, von dem jede LeserIn, vor allem der Boulevardpresse, Bescheid wusste.[52] Der 3. Juli 1958 ist ein wissenschaftlich verifiziertes Forschungsergebnis[53] mit bis heute andauernder Medienpräsenz. Der 3. Juli symbolisiert die Gerüchtewirtschaft der Klatschmagazine. Dieses bekannte Ereignis ist aber nicht die „verschwiegene Erinnerung", von der *Malina* handelt, sondern eine banale Falle, die Bachmann gelegt hat. Mehrere Online-Beiträge berichten ausführlich über das Treffen Bachmanns mit Frisch. Der *Merkur-Online.de* thematisiert „Das Schweigen über ihre Liebe" und gibt den wohl irritierenden und rätselhaften Buchtitel „Malina" als „Manila" wieder:

> Es war der 3. Juli 1958, ein Tag „sicher noch ohne Kopfschmerzen, ohne Angstzustände, ohne unerträgliche Erinnerungen". So erinnert sich die Ich-Erzählerin in Bachmanns Roman „Manila" an diesen 3. Juli. Wie in „Manila" deuten auch etliche Gedichttitel wie „Zürichsee" oder „Tessiner Gräuel" auf Stationen des persönlichen Liebesdramas der Autorin hin. Man muss jedoch genau lesen, die autobiografischen Details kennen, um Spuren zu entdecken.[54]

Das Ich aus Klagenfurt (S. 10) bezeichnet in *Malina* die Tagesaktualitäten-Performance als einen „unglaubliche[n] Betrug" (S. 256). Gleich darauf erfährt man von der eigenen Tätigkeit des Ich in einem Nachrichtendienst und von Nachrichten, die „von einer zufälligen Laune" (S. 257) ausgewählt sind. Das genaue Lesen, ergänzt mit dem Wissen einiger autobiographischer Details, ergibt, dass nicht nur das Ich, sondern auch Bachmann in der Seidengasse gearbeitet hat. Die „Mission" des Senders Rot-Weiß-Rot, der sich in der Seidengasse 13 befand, war Joseph G. McVeigh zufolge politisch-propagandistisch.[55] Nach McVeigh hat Bachmann zwei Jahre im „Information Services Branch" (ISB) gearbeitet.[56] Ihr Hauptttätigkeitsfeld war das Script-Department.[57] McVeigh verweist auf die politische Dimension einer solchen Tätigkeit[58]: Der Sender habe einen „Propagandakrieg mit der Sowjetunion in Österreich" geführt.[59] Er hebt hervor, dass es zu damaliger Zeit sehr schwer gewesen sei, einen festen Arbeitsplatz zu finden.[60]

52 Siehe auch Albrecht: *Die andere Seite*, S. 61. Albrecht schreibt: „Da jeder Illustriertenleser darüber informiert ist, daß Ingeborg Bachmann und Max Frisch ungefähr in diesem Zeitraum zusammengelebt haben, ist der Verweis auf den autobiographischen Gehalt in dieser Zeitrechnung des Romans beinahe überflüssig […]." (Ebd.)

53 Bachmann: *„Todesarten"-Projekt*, Bd. 3.2, S. 958, Anm. 588,8.

54 Das Schweigen über ihre Liebe. In: *Münchner Merkur*, 18.08.2005. http://www.merkur-online.de/nachrichten/kultur/schweigen-ueber-ihre-liebe-170141.html (Zugriff am 10.08.2014).

55 Joseph G. McVeigh: Die Stille um den ‚Mordschauplatz'. Ingeborg Bachmann, der Kalte Krieg und der Sender Rot-Weiß-Rot. In: Monika Albrecht / Dirk Göttsche (Hrsg.): *„Über die Zeit schreiben" 3*, S. 55–68, hier S. 55.

56 Ebd., S. 56.

57 Ebd.

58 Ebd., S. 57–59.

59 Ebd., S. 61.

60 Ebd., S. 58. Bachmann hat auf die Notlage der jungen SchriftstellerInnen hingewiesen: „Wir waren alle Mitte zwanzig, notorisch geldlos, notorisch hoffnungslos, zukunftslos, kleine Angestellte oder Hilfsarbeiter,

Nach McVeigh haben Bachmann bei der Arbeitsplatzsuche möglicherweise die Kontakte ihres Mentors Hans Weigel geholfen.[61] Weigel habe „enge Arbeitsbeziehungen zu der von der CIA gegründeten und finanziell unterstützten Gesellschaft für die Freiheit der Kultur gepflegt.[62] Von 1947 bis 1953 habe sich Bachmann vorwiegend christlich-konservativer und antikommunistischer Publikationsmöglichkeiten bedient.[63] Als CIA-Agentin könne sie aber nicht bezeichnet werden.[64]

2.2 Die Seidengasse: Verschlüsselte Nachrichten aus dem halbseidenen Milieu

McVeigh schreibt, dass Bachmann über ihre politische Ausbildung beim Sender Rot-Weiß-Rot zeitlebens geschwiegen habe,[65] und vermutet, in *Malina* würden möglicherweise verschlüsselte Hinweise gegeben, wie Bachmann diese Tätigkeit bewertet habe.[66] Im Januar 1963 antwortete Bachmann auf Kuno Raebers Frage: „Sie haben sich immer für Politik interessiert. Ist das immer noch so?" mit dem Satz: „Mehr als je."[67]

> Und ich denke, daß dieses Interesse in vielem, was ich schreibe und was ich sage, und in meinen Handlungen merkbar sein müßte. – Den Zeitschriftenberg hier in der Wohnung haben Sie gesehen. Die italienische Presse informiert übrigens besser und ist großenteils von weniger Scheuklappen behindert als die deutsche. Aber Interesse für Politik – das klingt ein bißchen wie „Interesse für Archäologie" oder „Interesse für Astrologie" und hat doch etwas ganz anderes zu sein und will es auch sein für jemand, der nicht an das Privatime von Denken glaubt und auch nicht, daß die Kunst die Kunst ist und die Politik die Politik ist und die Wirtschaft die Wirtschaft. Darüber möchte ich einmal ausführlicher werden, mehr sagen zu diesem Komplex – das kann eine analytische Arbeit werden oder eingehen in ein Buch, das primär gar kein „politisches" Buch zu sein braucht.[68]

Dieses hintergründig politische Buch *Malina*, das nicht privatim ist, sondern künstliche Grenzziehungen unterwandert, deutet mit den halbverschleierten Bekenntnissen des österreichischen Ich aus Klagenfurt auf seismografische Ereignisse der damaligen Zeit hin. Ist das österreichische Ich nicht Bachmanns Harry Lime und somit

einige schon freie Schriftsteller, das hieß soviel wie abenteuerliche Existenzen, von denen niemand recht wußte, wovon sie lebten, von Gängen aufs Versatzamt jedenfalls am öftesten." (Ingeborg Bachmann: [Gruppe 47]. In: Dies.: *Werke*, Bd. 4, S. 323–325, hier S. 324.)

61 McVeigh: Die Stille um den ‚Mordschauplatz', S. 58. Siehe hierzu auch Andrea Stoll: „Es war eine Freundin aus ihrem engsten Wiener Kreis, Elisabeth ‚Bobbie' von Liebl, die ihr eine Wohnung in der Gottfried-Keller-Gasse 13 vermittelte und ihr nur wenige Wochen darauf zu einer ersten Anstellung im Sekretariat des Amerikanischen Nachrichtendienstes (AND) in Wien verhalf. Darüber hinaus war es ihrem Förderer und zeitweiligen Lebensgefährten Hans Weigel gelungen, ihr ein halbjähriges Stipendium zu besorgen, damit sie ihr seit Jahren in Arbeit befindliches Romanmanuskript *Stadt ohne Namen* endlich fertigschreiben konnte." (Andrea Stoll: *Ingeborg Bachmann: Der dunkle Glanz der Freiheit.* München: Bertelsmann 2013, S. 109–110.)

62 McVeigh: Die Stille um den ‚Mordschauplatz', S. 59.

63 Ebd.

64 Ebd., S. 68.

65 Ebd., S. 55, 68.

66 Ebd., S. 68.

67 Bachmann: *Wir müssen*, S. 43.

68 Ebd., S. 43–44.

der „dritte Mann“? Steht es nicht für einen bestimmten unterweltlichen Trend der damaligen österreichischen Gesellschaft? Wie Lime hat auch Bachmanns Ich suspekte Einnahmequellen. Die Dialoge, die das Ich mit Malina führt, zeigen die bewusste Entscheidung des Ich, im Nachtdienst eines Nachrichtendienstes mehr Geld zu verdienen (S. 261).

> Malina: Du hast mir das einmal ganz anders erzählt. Nach der Universität hättest du in einem Büro eine Arbeit gefunden, es reichte gerade so, aber doch nicht ganz, und deswegen bist du später in den Nachtdienst gegangen, weil es etwas mehr Geld gab als für einen Tagdienst. (S. 261)

Um seine spärlichen Geldmittel aufzustocken, steigt das Ich in die Branche der Nachrichtendienste ein (S. 261). Markus Wolf bezeichnet dieses Gewerbe als das „zweitälteste“ der Welt.[69] Sowohl das „älteste“[70] als auch das „zweitälteste“ Gewerbe haben eines gemeinsam – die Nähe zum Geld: „Jeder, der arbeitete, war, ohne es zu wissen, ein Prostituierter, wo habe ich das schon einmal gehört? [...] Es war der Anfang einer universellen Prostitution.“ (S. 260) Bachmanns Bewertung der nachrichtendienstlichen Tätigkeit des literarisch entworfenen Ich aus Klagenfurt fällt vernichtend aus. Das Ich hat am Nachrichtenbetrug mitgemacht. Es ist „völlig ins Bild gekommen“ darüber, „was am nächsten Morgen die Menschen als Nachricht aufweckt.“ (S. 257) Die Zusammenstellung von Nachrichten folgte einem bestimmten Ritual. Ein Nachrichtenblock war fertig, wenn es die Nachricht von einem Boxkampf oder von einem Baseballspiel ins Reine abzutippen galt: „Am Ende schlossen die Männer immer mit einem kurzen Absatz, der ein Baseballspiel oder einen Boxkampf betraf, von jenseits des Atlantik.“ (S. 257–258) Während des Nachtdienstes schrieb das Ich die zusammengestellten Nachrichten ins Reine. Es war das vierte Rad im männlich dominierten Team (S. 257). Genau wie die drei Männer raucht es, kocht und trinkt Kaffee (S. 257). Es war für die Reinheit des Abgetippten verantwortlich. Es sorgte für die Sauberkeit der Nachrichtenschrift:

> Die Männer lasen in den Bögen, die die Fernschreiber ausspuckten, sie schnitten aus, sie klebten und stellten zusammen. Wir flüsterten nicht eigentlich, aber laut zu reden in der Nacht, wenn alles schläft in einer Stadt, ist fast unmöglich, es gab manchmal wohl ein Gelächter zwischen den Männern, aber ich trank meinen Kaffee still für mich und rauchte, sie warfen mir die Nachrichten auf meinen kleinen Tisch mit der Schreibmaschine herüber, von einer zufälligen Laune ausgewählte Nachrichten, und ich schrieb sie ins Reine. (S. 257)

Mit den zwielichtig inszenierten Machenschaften in einem Nachrichtendienst deckt Bachmann subtil und intelligent die Verwicklung des Ich aus Klagenfurt in undurchschaubare Interaktionen auf.

> Das Gebäude in der Seidengasse hatte die Unheimlichkeit eines Mordschauplatzes. Wo ich Schritte hörte, waren dann doch keine Schritte, die Fernschreiber stockten, ratterten wieder, ich rannte zurück in unser großes Zimmer, in dem die Ausdünstung schon zu spüren war, selbst durch den Qualm vom Zigarettenrauchen. Es war der Anfang der Übernächtigkeit. Um sieben Uhr früh grüßten wir einander

69 Wolf: *Spionagechef*, S. 9.

70 Zur Entwicklung des „ältesten“ Gewerbes und des Geldwesens siehe Braun: *Der Preis*, S. 393–413.

> kaum beim Auseinandergehen, ich stieg mit dem jungen Pittermann in das schwarze Auto, wir sahen wortlos aus dem Fenster. [...] Wir drinnen in der Limousine hatten schmutzige Fingernägel und jeder hatte einen bitteren bräunlichen Mund, der junge Mann stieg wieder in der Nähe der Reisnerstraße aus und ich in der Beatrixgasse. Am Geländer zog ich mich hinauf bis zur Wohnungstür und fürchtete, im Vorzimmer die Baronin zu treffen, die um diese Zeit aus dem Haus ging, in das städtische Fürsorgeamt, denn sie mißbilligte mein mysteriöses Heimkommen um diese Stunde. Danach konnte ich lange nicht einschlafen, ich lag angezogen, übelriechend, auf dem Bett, gegen Mittag fand ich aus den Kleidern heraus und schlief dann wirklich, aber es war kein guter Schlaf, weil die Tagesgeräusche ihn dauernd unterbrachen. Das Bulletin zirkulierte bereits, die Nachrichten wirkten schon, ich habe sie niemals gelesen. Zwei Jahre lang war ich ohne Nachrichten. (S. 259–260)

Das Zusammenstellen der Nachrichten war offensichtlich nebensächlich, erfolgte wahllos. Denn ein Nachrichtendienst ist keine Nachrichtenagentur. Der Arbeitsplatz dieses nachrichtendienstlich tätigen Ich befand sich in einem bedrohlich inszenierten leeren Gebäude mit aufgerissenen Gängen und Brettern, die zu den „hintersten Räumen" führen:

> Um elf Uhr abends holte mich ein großes schwarzes Auto ab, der Chauffeur machte einen kleinen Umweg im III. Bezirk, und in der Nähe der Reisnerstraße stieg ein junger Mann zu, ein gewisser Pittermann, wir wurden in die Seidengasse gefahren, in der alle Büros dunkel und verlassen waren. Auch in den Nachtredaktionen der Zeitungen, die im selben Haus untergebracht waren, zeigte sich nur selten jemand. Über Bretter, weil die Gänge aufgerissen waren, führte uns der Nachtportier zu den hintersten Räumen, in einem Stockwerk, das ich vergessen habe, ich erinnere mich nicht, erinnere nichts... (S. 257)

Der Fotograf Erich Lessing[71] erinnert sich gut an die vielen Büros in der Seidengasse. Er war von 1947 bis 1949 Reportage-Fotograf bei der amerikanischen Nachrichtenagentur Associated Press.[72] In einem Interview mit Eva Stanzl erzählt Lessing:

> Eva Stanzl: Sie waren 1947 bis 1949 Fotograf für die amerikanische Nachrichtenagentur Associated Press (AP). Wie arbeitete man im Nachkriegswien?
> Erich Lessing: Nicht anders als heute. Die AP hatte ihr Büro in der Seidengasse. In dem Gebäude war auch der „Kurier" beheimatet und „Neues Österreich", der Sender „Rot Weiß Rot", die US-Armeezeitung „Basic News", United Press und das International News Service. Wir schauten, was der „Kurier" brachte, und tauschten aus, was wir gehört hatten. Ich entwickelte meine Bilder in der Redaktionsdunkelkammer und schickte sie entweder mit der Post oder als Negative über ein Wire-Service nach Frankfurt oder New York.[73]

Auch Bachmanns literarischer Nachrichtendienst hat in *Malina* seinen Sitz in der Seidengasse (S. 257). Von Interesse sind hier die Häuser 3 und 13. Der Sender Rot-Weiß-Rot (RWR), in dem Bachmann arbeitete, befand sich nachweislich in der Seidengasse

71 Andreas Kövary: Ich bin ein hellwacher Zeitzeuge. http://austria-forum.org/af/AEIOU/Lessing,_Erich (Zugriff am 10.08.2014). Kövary schreibt: „Erich Lessing gilt heute als Doyen der österreichischen Fotografie. Sein Opus magnum, ‚Vom Festhalten der Zeit', zeigt einen 25 Jahre lang rastlos unterwegs gewesenen Menschen, der sich mit seiner Kamera auf die Spuren der Zeit geheftet und auf anschauliche Art europäische Erinnerungsarbeit geleistet hat." (Ebd.)

72 Erich Lessing: *Von der Befreiung zur Freiheit: Ein Photoalbum 1945–1960.* Wien: Verlag der Metamorphosen 2005, S. 241.

73 Eva Stanzl: Interview mit Erich Lessing. In: *Die Wirtschaft* 7/8 (2005), S. 96.

13.[74] Die Seidengasse lag im amerikanischen Sektor der besetzten Stadt Wien. Sie war damals eine kleine Insel der Printmedien. Es gab nach Fritz Molden nur eine unabhängige Zeitung in Österreich: *Die Presse*.[75] Die Zeitschrift *Neues Österreich*, die von drei Parteien (ÖVP, SPÖ und KPÖ) gemeinsam herausgegeben wurde,[76] hatte unmittelbar nach dem Krieg ihren Sitz in der Seidengasse 3.[77] Hier befand sich auch die Druckerei vom *Kurier*.[78] Es ist kein Zufall, dass Bachmann den Arbeitsplatz des österreichischen Ich in der zeitgeschichtlich brisanten Seidengasse angesiedelt hat. Die Zeit des Kalten Krieges war die Hoch-Zeit der SpionInnen. Wie schon aufgezeigt, konnte eine Anstellung bei einem Medium mit den nachrichtendienstlichen Tätigkeiten gut vereinbart werden. Allgegenwärtige Bespitzelungen sollen nach Sara Lennox die Machenschaften der Besatzungsmächte im Kalten Krieg vor 1955 in Wien geprägt und begleitet haben, „als Wiener Bürger sich an den meistbietenden Alliierten verkauften".[79] Zu den geheimdienstlichen Tätigkeiten zählte aber auch die Suche nach den untergetauchten Nazi-Verbrechern. Verdeckte ErmittlerInnen und getarnte AgentInnen waren im Nachkriegseuropa keine Seltenheit. Auch die MitarbeiterInnen des Instituts für Aufklärung und besondere Aufgaben versuchten, den untergetauchten Nazi-Verbrechern auf die Spur zu kommen. Es ist davon auszugehen, dass auch Malina verdeckte Ermittlungen in eigener Sache betrieb.

3. Verdeckte Ermittlungen nach Malina

3.1 Das Ich auf der Suche nach Malina

Gudrun Kohn-Waechter vermutet, in *Malina* werde mit dem Spion, der Malina eventuell sei, auf den von Musil verworfenen Titel *Der Spion* für seinen Roman *Mann ohne Eigenschaften* verwiesen.[80] Der Verweis auf das Spion-Motiv in *Malina* wird erst verständlich,[81] wenn der zeitgeschichtliche Kontext des Kalten Krieges und der „zweiten Nachkriegszeit" mit ihren untergetauchten Nazis berücksichtigt wird. Im Unterschied zu Lennox und McVeigh geht Kohn-Waechter auf das zeitgeschichtlich brisante Spionage-Motiv nicht ein. Im ostdeutschen und russischen nachrichtendienstlichen Wortschatz war „Malina" als Code für eine Spionageagenda bekannt. Es ist davon auszugehen, dass sich auch andere Nachrichtendienste mit diesem Code der „Ostblock"-Geheimdienste beschäftigt haben. Für die Mitarbeiterin eines Nachrichtendienstes hat die Beziehung zu Malina „jahrelang aus mißlichen Begegnungen, den größten

74 Hoell: *Ingeborg Bachmann*, S. 58.

75 Fritz Molden: *Besetzer, Toren, Biedermänner: Ein Bericht aus Österreich 1945–1962*. Wien / München / Zürich / New York: Molden 1980, S. 259, 83.

76 Ebd., S. 82.

77 Vgl. Hans Thirring: *Geschichte der Atombombe*. Wien: „Neues Österreich" 1946, S. 151.

78 Molden: *Besetzer*, S. 259.

79 Lennox: Gender, S. 46.

80 Kohn-Waechter: *Das Verschwinden in der Wand*, S. 136, Anm. 1.

81 Ebd.

Mißverständnissen und einigen dummen Phantastereien bestanden – ich will damit sagen, aus viel größeren Mißverständnissen als die zu anderen Menschen“ (S. 15). Das Ich führt verdeckte Ermittlungen durch. Es bemüht sich, Malinas geheimnisvoller Existenz auf die Spur zu kommen. Es weiß nicht, wer Malina ist. Es gibt für das Ich viele Möglichkeiten, wer „er“ sein könnte: Hochstapler, Spion, ‚Philister‘ (S. 18). Um Malina Informationen abzuzweigen und ihn eventuell aus dem Weg zu räumen, muss das Ich Malina ausfindig machen. Es muss ihn dechiffrieren. Zunächst betreibt es Presserecherche. In einem Printmedium liest es über das pompöse Begräbnis der Schauspielerin Maria Malina, deren Bruder Malina ist: „Unter den Trauergästen habe sich der Bruder der Malina befunden, der hochbegabte, junge, bekannte Schriftsteller, der nicht bekannt war und dem von den Journalisten rasch zu einem eintägigen Ruhm verholfen wurde.“ (S. 17–18) Doch niemand kennt das Buch, das Malina geschrieben hat, „der überhaupt niemand war“ (S. 18). Malinas Buch, wie Malina selbst, sind „Gerüchtfiguren“ (S. 19–20). Das Ich spekuliert, spinnt Geschichten zusammen, erfindet Gerüchte, spielt zahlreiche Möglichkeiten durch: Es lässt Malina aus der Wirklichkeit verschwinden (S. 18–19) oder bringt ihn in Märchen und Sagen unter. Bald nennt es ihn Florizel, bald Drosselbart (S. 18–19). Einen Florizel gibt es in Shakespeares *Wintermärchen.*[82] Dort ist er ein Flüchtling, handelt gegen den Willen seines Vaters, verlässt sein Königreich Böhmen und geht ins Exil. Im *Wintermärchen* versetzt Shakespeare Böhmen ans Meer.[83] Mit dem Bezug auf Florizel chiffriert Bachmann den Verweis auf ihr bekanntes Gedicht *Böhmen liegt am Meer*:

> Kommt her, ihr Böhmen alle, Seefahrer, Hafenhuren und
> Schiffe
> unverankert. Wollt ihr nicht böhmisch sein, Illyrer,

82 William Shakespeare: Das Wintermärchen. In: Ders.: *Sämtliche Dramen*, Bd. 1: Komödien, nach der 3. Schlegel-Tieck-Gesamtausgabe von 1843/44, aus d. Engl. v. Dorothea Tieck. München: Artemis & Winkler, S. 987–1077.

83 Vgl. hierzu den Interviewentwurf zum Gedicht *Böhmen liegt am Meer* von Ingeborg Bachmann von 1973. Siehe Bartsch: *Ingeborg Bachmann*, S. 126–127. Siehe auch Ingeborg Bachmann: [Nachtrag 2: Ingeborg Bachmann liest Prosa und Lyrik im Rahmen einer Vortragsreise durch die Volksrepublik Polen. Mai 1973]. In: Dies.: *Werke*, Bd. 4, S. 478–480, hier S. 480: „[…] aber Shakespeare hat ja doch recht gehabt, denn Böhmen liegt am Meer… und mit Böhmen meine ich ein Land, das ist nicht nur Böhmen … sondern … es ist … ja, es ist unser aller Land, nach dem wir suchen.“ Erich Fried schreibt: „Bei ihrer Selbstbeschreibung *ein Böhme, ein Vagant, der nichts hat, den nichts hält* dachte sie an ihre Beziehung zu Böhmen, auch an Rilkes Verse ‚Mich rührt so sehr böhmischen Volkes Weise‘, aber auch an das Wort Bohemien: ‚Das war vor vielen Jahren für uns in Österreich ein häufiger gebrauchter Begriff als jetzt‘, sagte sie, ziemlich wörtlich zitiert.“ (Erich Fried: *Ich grenz noch an ein Wort und an ein andres Land. Über Ingeborg Bachmann: Erinnerung, einige Anmerkungen zu ihrem Gedicht „Böhmen liegt am Meer“ und Nachruf.* Berlin: Friedenauer Presse 1983, S. 8.) Judith Butler schreibt: „Der englische Ausdruck ‚*bohemien*‘ geht auf das Französische des 15. Jahrhunderts zurück, als Zigeuner, dem Vernehmen nach aus Böhmen, in die westlichen Gegenden Europas kamen. 1848 begann Thackeray damit, den Sinn des Ausdrucks auf jeden zu übertragen, der sich innerhalb eines gegebenen Gemeinwesens im Exil befindet. […] Er verwandte den Ausdruck dann wieder in den 1860er Jahren, um sich auf ‚literarische Zigeuner‘ zu beziehen, die er in einem ungewöhnlichen Transponieren amerikanischer Bürgerkriegsrhetorik als von Konventionalität ‚abtrünnig‘ beschrieb.“ (Butler: *Körper*, S. 208–209.) Bachmanns Böhmen könnte m. E. auch als ein Symbol für Odessa gesehen werden.

Veroneser,
und Venezianer alle. Spielt die Komödien, die lachen machen
Und die zum Weinen sind. Und irrt euch hundertmal,
wie ich mich irrte und Proben nie bestand,
doch hab ich sie bestanden, ein um das andre Mal.
Wie Böhmen sie bestand und eines schönen Tags
Ans Meer begnadigt wurde und jetzt am Wasser liegt.
Ich grenz noch an ein Wort und an ein andres Land,
ich grenz, wie wenig auch, an alles immer mehr, […].[84]

Der Name Florizel, den das Ich in seinen Spekulationen über Malina ins Spiel bringt, verweist auf Bachmann selbst und auf ihr Versteck- und Rätselspiel mit dem unkonventionellen Outlaw- und Vagabunden-Wort, das in der Bachmann-Forschung bislang ein böhmisches Dorf geblieben ist. In dieses irritierende, verwirrende und aufregende Spiel bezieht Bachmann ihre RezipientInnen mit ein. Das Durchspielen zahlreicher Möglichkeiten, wer Malina sein könnte, bringt für das Ich die Erkenntnis, dass es Malina in Wien geben muss, dass das Ich ihn dort finden wird:

> […] und nach vielen müßigen Spielen kehrte ich entmutigt zurück zu der einzig richtigen Vermutung, daß es Malina tatsächlich in Wien gab und daß ich in dieser Stadt, in der ich so viele Möglichkeiten hatte, ihn zu treffen, ihn dennoch immer verpaßte. Ich fing an, über Malina mitzureden, wenn irgendwo über ihn gesprochen wurde, obwohl es nicht häufig vorkam. Eine häßliche Erinnerung ist das, die mir heute nicht mehr weh tut, aber ich hatte das Bedürfnis, so zu tun, als kennte ich ihn auch, als wüßte ich einiges über ihn […]. (S. 19)

Die Szene „Dort stand Malina mit einer Zeitung in der Hand" (S. 16) könnte einem Spionagefilm entnommen sein:

> Dort stand Malina mit einer Zeitung in der Hand, und ich tat, als bemerkte ich ihn nicht, und starrte über den Rand meiner Zeitung unentwegt zu ihm hinüber und konnte nicht herausfinden, ob er wirklich in seine Zeitung so vertieft war oder merkte, daß ich ihn fixierte, hypnotisierte, ihn zum Aufschauen zwingen wollte. Ich, und Malina zwingen! Ich dachte mir, wenn der E_2 zuerst kommt, dann wird alles gut, wenn nur, um Himmels willen, nicht der unsympathische H_2 oder gar der seltenere G_2 zuerst kommen, und dann kam wirklich der E_2, aber als ich aufgesprungen war auf den zweiten Wagen, verschwand Malina, aber nicht im ersten Wagen, nicht in meinem, und zurückgeblieben war er auch nicht. Er konnte nur plötzlich in die Stadtbahnstation hineingelaufen sein, als ich mich umdrehen mußte, in Luft aufgelöst haben konnte er sich doch nicht. Weil ich keine Erklärung fand, nach ihm suchte und ausschaute und auch keinen Grund wußte für sein und für mein Verhalten, hatte es der ganze Tag in sich gehabt. Aber das liegt weit zurück in der Vergangenheit, und es ist nicht mehr genug Zeit, darüber heute zu reden. (S. 16)

Das Ich hat Malina verpasst. Es hat auf die falschen Erkennungszeichen gesetzt und sich in Zusammenhänge verirrt, die es auf die falsche Spur führen, weg von Malina, der spurlos verschwindet. Trotz des Fehlschlags, Malina zu finden, gibt das Ich sein Vorhaben nicht auf. Es versucht vielmehr hartnäckig, ihn zu finden, weil alles, was es wissen will, von Malina kommen muss (S. 17). Das Ich braucht Malina als Informanten. Die Undercover-Informationen betreffen keine damals „öffentlich abgehandelten

84 Ingeborg Bachmann: Böhmen liegt am Meer. In: Dies.: *Werke*, Bd. 1, S. 167–168.

Zusammenhänge, Themen, Probleme" (S. 16–17). Dass dieses begehrte Wissen für das Ich eine Gefahr darstellen könnte, ahnt es schon am Anfang seiner Suche nach Malina: „[…] und ich muß früh gewußt haben, daß er mir zum Verhängnis werden müsse, daß Malinas Platz schon von Malina besetzt war, ehe er sich in meinem Leben einstellte." (S. 15–16)

3.2 Rezeption auf der Suche nach Malina

> Doch: „Wer ist dieser etwas schwer faßbare Mann Malina?" Ist Malina eine der im Roman erwähnten „Gerüchtfiguren", aus denen die „wahren Figuren" erst später hervortreten?
>
> (Siegfried Unseld: Reisebericht vom 13.10.1970)

Jean Firges stellt fest: „An der Figur Malina wird die Komplexität der Strukturen und die Chiffriertätigkeit der Bachmann sichtbar. Die Chiffre ‚Malina' reicht dabei ganz in den Anfang ihrer Erinnerungsgeschichte zurück und damit an den Anfang ihrer künstlerischen Tätigkeit."[85] Zu diesem „Anfang" zählt Firges Stepaneks Roman *Malina.*[86] Stepaneks Herr Malina hat eine „böhmische Nase"[87] und seine Frisur gleicht einer „Stutzelperücke".[88] Er spricht ein Kauderwelsch.[89] Herr Malina „liebte Gesellschaft, Musik, Bier, machte gern Geschäfte, war ein Freund von Transaktionen und hatte eine Abneigung gegen den geraden Weg."[90] Firges geht davon aus, dass Bachmann einige Gaunertricks aus Stepaneks *Malina* angewendet habe: „Ingeborg Bachmann hatte, als sie das Buch Malina las, den gleichen Ehrgeiz wie Lilly Stepanek: In der Wiener Kulturszene zu reüssieren."[91] Den Zutritt zu dieser Szene, die von Hans Weigel orchestriert wurde, habe Bachmann sich mit einem Trick verschafft, in dem sie den Kontakt zu Weigel erschlich.[92] Einen Gaunerkontext in *Malina* vermutet auch Sunka Simon. Sie hat Malina als einen Gangster dechiffriert. Simons Beweisführung fällt dürftig aus:

> Malina, as gangster boss or bad cop, tortures Ich verbally and physically to make her admit what she has seen […]. He wants her to confess that she is an accomplice, to reveal her other selves so that he gains total control over her. Ich finally "sings." After the last conversation in Italian, so to speak, she dies the stereotypical Mafia death: she steps into the wall, is thrown/throws herself into concrete, disappears. Malina, as Mafioso and KGB agent in one, throws away her sunglasses and gives his boss Ivan, whose call he is awaiting, the coded message of the successful assassination […].[93]

85 Firges: *Ingeborg Bachmann*, S. 79.

86 Ebd., S. 77–78.

87 Stepanek: *Malina*, S. 22.

88 Ebd., S. 21.

89 Ebd., S. 22.

90 Ebd.

91 Firges: *Ingeborg Bachmann*, S. 77–78.

92 Ebd.

93 Simon: *Mail-orders,* S. 51.

Klaus C. Rohr (ehemaliger Deputy Legal Attaché der US-Botschaft, Bonn) hat bereits 1993 über die Verbindung zwischen den verbrecherischen Gruppierungen aus der Sowjetunion und der Cosa Nostra referiert, worauf Simon jedoch nicht eingeht:

> Seit Ende der 70er und Anfang der 80er Jahre existiert in den USA eine Anzahl von organisierten Verbrechergruppen aus dem ehemaligen Ostblock. Diese Gruppen, die oft mit den Namen Russische Mafia, Malina oder Organizatiya bezeichnet werden, stammen zumeist aus der ehemaligen Sowjetunion. Diese Organisationen, die sich erst in New York angesiedelt hatten, befinden sich jetzt auch in anderen Großstädten wie Los Angeles, San Francisco, Chicago, Houston, Denver und Philadelphia. […] Hier fanden sie einen neuen Partner: die Cosa Nostra. In New York und Los Angeles kam es zu einer Zusammenarbeit in dem „bootleg gasoline"-Geschäft. Das heißt Steuerhinterziehung beim Verkauf von Benzin und Diesel-Öl. Millionen wurden kassiert und gingen dem Staat verloren.[94]

Bachmann hat die italienischen Tempobezeichnungen nicht Malina, sondern dem Ich aus Klagenfurt zugeordnet, als dessen selbsterwählter Chef und Boss Ivan figuriert. Das Ich fasst sich selbst als ein Markenzeichen des „Haus[es] Ivan" (S. 29) auf. In die „Obhut" Ivans gekommen, führt es das Initial „I":

> Wenn ich nun, aus irgendeinem Grund, vor zwei Jahren nicht in die Ungargasse gezogen wäre, wenn ich noch in der Beatrixgasse wohnte, wie in den Studentenjahren, oder im Ausland, wie nachher so oft, dann würde es mit mir noch einen beliebigen Verlauf nehmen, und ich hätte das Wichtigste von der Welt nie erfahren: daß alles, was mir erreichbar ist, das Telefon, Hörer und Schnur, das Brot und die Butter und die Bücklinge, die ich für Montagabend aufhebe, weil Ivan sie am liebsten ißt, oder die Extrawurst, die ich am liebsten esse, daß alles von der Marke Ivan ist, vom Haus Ivan. Auch die Schreibmaschine und der Staubsauger, die früher einen unerträglichen Lärm gemacht haben, müssen von dieser guten und mächtigen Firma aufgekauft und besänftigt worden sein, die Türen der Autos fallen nicht mehr mit einem Krach unter meinen Fenster zu, und in die Obhut Ivans muß unversehens sogar die Natur gekommen sein, denn die Vögel singen am Morgen leiser und lassen einen zweiten, kurzen Schlaf zu. (S. 29)

Im Gegensatz zu Simon bin ich der Meinung, dass bei Bachmann das klassische Gauner-Milieu nicht von Malina repräsentiert wird. Im Gegensatz zu Ivan und dem Ich meidet Malina Lokale mit Nachtclubbeleuchtung. Das ist nicht sein Milieu: „[…] und dann gibt es auch Schwierigkeiten in der Wahl der Lokale, weil Malina in einige niemals gehen würde, er kann Krach nicht leiden, Zigeunermusik und Altwiener Lieder nicht vertragen, schlechte Luft und Nachtclubbeleuchtungen sind nicht nach seinem Geschmack […]." (S. 299) Den klassischen Ganoven-Kontext des Wortes „Malina" hat Bachmann in *Malina* umgestaltet. Die Rezeption hat dennoch eine Kriminalisierung Malinas auf allen möglichen Gebieten hergestellt. Die kriminalistische Deutung von Malina reicht in die Anfänge der Rezeption zurück. Bereits 1979 arbeitet George W. Reinhardt das düstere Flair des Namens Malina heraus:

> The wavering between genders illustrates one of the novel's chief themes. "Malina" is also a multilingual pun. Behind its Slavic exterior – it means "raspberry" in Russian and reminds the reader that Malina, like *Ich,* was born in a border region – lie Romance roots which aptly sum up all that character represents. Malina is unquestionably "mâle", a male; his influence is "malin", "malign"; his

94 Klaus C. Rohr: Organisierte Kriminalität in den USA. http://www.lpb-bw.de/publikationen/eumafia/usa.htm (Zugriff am 10.08.2014).

> destructiveness is "mal", "evil" ("der Geist, der stets verneint"); and the sphere in which he operates becomes "male" or "sick".[95]

Reinhardt stellt zwar fest, dass das Wort „Malina" multilingual sei und aus einem Grenzgebiet herkomme, doch außer „Himbeere" werden ausschließlich westliche, französisch-englische Sinnzusammenhänge aufgemacht. Dieses sichere Terrain wird in den Deutungen bewahrt. Der häufige Bezug auf die Anagramme bezeugt dieses Sicherheitsbedürfnis. Bärbel Lücke greift in ihrer Erklärung des Namens Malina das Anagramm „animal" auf und stellt fest, dass Malina im negativen Sinne als „malus animus" zu interpretieren sei: Als „künstliche, dem Ich oktroyierte Repräsentationsfigur einer ‚entfremdeten' Kultur."[96] Lücke deutet Malina als den „Handlanger des Mörders" und „Vollstrecker seines Gesetzes".[97] Im Namen Malina, dessen Träger nach Lücke die „pervertierte Vernunft" und rationale Ordnungsmacht repräsentieren soll, seien versteckte Anspielungen auf das englische Wort „male" (männlich) und das französische Wort „mal" (böse) verborgen.[98] 1982 hat Inta Ezergailis diabolische Konnotationen im Namen Malina erneut aufgedeckt: „'Malina' means raspberry in Russian. [...] One should not ignore the connections of the name 'Malina' with the various cognates of 'malus' – evil."[99] Eine Weiterentwicklung des diabolisch-mörderischen Aspekts nimmt Antonowicz vor. Sie verbindet das von ihr in *Malina* identifizierte Himbeer-Motiv mit Blutstropfen und untersucht die bedrohlichen Aspekte von Malina, dessen Namen sie mit der Farbe Rot assoziiert und mit einer Art dämonisch-inzestuöser Vampir-Spur vergleicht.[100] Für Antonowicz ist der „rote Faden" des Buches jener „betont" „farbintensive Name" Malina, der sich „wie eine Blutspur (Mordspur oder Überlebensspur?) durch den ganzen Roman zieht".[101] Für Charlotte van Praag symbolisiert Malina im Gegensatz zum „weiblichen naturgebundenen Ich" das Böse, z. B. die Emanzipation zur „vermännlichten Frau", die „Verleugnung der weiblichen Lebensart", die Rationalität und andere „Übel", die von ihr als „männlich" ausgewiesen werden.[102] Malinas Bosheit sieht van Praag ähnlich wie Reinhardt, Lücke und Ezergailis schon in seinem Namen chiffriert: „[...] man kann das englische Wort ‚male' darin finden, gleichzeitig schillert es ebenfalls in das französische ‚mal' hinüber."[103] Bachmann habe in *Malina*, wie van Praag meint, den „Triumphzug des männlichen Geistes" als

95 George W. Reinhardt: Form as Consolation: Thematic Development in Ingeborg Bachmanns *Malina*. In: *Symposium* 33,1 (1979), S. 41–64, hier S. 59.

96 Lücke: *Ingeborg Bachmann*, S. 137.

97 Ebd., S. 143.

98 Ebd., S. 136. Über die „pervertierte Vernunft", die Malina nach Lücke repräsentiert, siehe ebd., S. 138–144.

99 Ezergailis: *Women Writers*, S. 37, Anm. 27.

100 Antonowicz: Malina oder das Auseinandergeraten, S. 103–104.

101 Ebd., S. 107. Malinas Überlebensspur wurde in der Rezeption bislang vernachlässigt.

102 Charlotte van Praag: ‚Malina' von Ingeborg Bachmann. Ein verkannter Roman. In: *Neophilologus* 66,1 (1982), S. 111–125, hier S. 111–112.

103 Ebd., S. 111.

„den verhängnisvollen Verlauf, das Übel der Welt“[104] geschildert. Sie hält *Malina* für einen „verkannten Roman“.[105] Um Malina nicht nur evolutionsgeschichtlich, sondern auch zeitgeschichtlich zu kriminalisieren, werden in einigen Fällen historische Tatsachen, Daten und Zahlen herangezogen, die eine negative Deutung untermauern sollen. Anouk Van Wassenhove ist der Ansicht:

> Wenn der Leser sich die Figur Malina aber näher ansieht, wird klar, dass Malina eine verdächtige Person ist. Bereits das Personenverzeichnis erweckt Argwohn: Die Beschreibung von Malina lässt vermuten, dass er etwas zu verheimlichen hat. [...] Was Malina meiner Meinung nach tarnt, ist, dass er die nationalsozialistische Vergangenheit Österreichs und den Kriegszustand in der Nachkriegszeit problemlos akzeptiert [...].[106]

Bachmann habe, wie Anouk Van Wassenhove hervorhebt, sich in einem Interview gegen „das Leben mit Auschwitz oder das Akzeptieren von Auschwitz“ ausgesprochen.[107] Malina dagegen wisse, wie man damit leben könne.[108] Van Wassenhove folgert daraus, dass Malina deshalb mit der mörderischen Vaterfigur Bachmanns korrespondiere[109]: Malina habe die Judenmorde der Nationalsozialisten toleriert.[110] Er sei Van Wassenhove zufolge derjenige, der „das Ich nicht mit seiner Vergangenheit ins Reine kommen lässt“, und deswegen könne „das Ich seine eigene Kriegsvergangenheit nicht bewältigen.“[111] In diesen Interpretationsansätzen wird Malina in einer kriminellen Tradition von Mördern und Handlangern verortet. Die Chiffre „Malina“, die einem kriminellen Milieu entstammt, scheint auf den ersten Blick diese Deutungen zu stützen. Auch die russischen Wikipedia-Einträge zum Wort „Malina“ könnten diesen Eindruck bestätigen: Die Unterwelt-Malina verdeckt derzeit einen Malina-Kontext, der auf der Webseite noch unsichtbar ist.[112] Am 9. April 1971 sagt Bachmann in einem Interview, dass „das ganze Buch auf die Gewinnung dieser überlegenen Figur, also dieses Malina angelegt ist“.[113] Bachmann kann mit Malina keinen Kriminellen gemeint haben.

104 Van Praag: ‚Malina‘ von Ingeborg Bachmann, S. 111.

105 Ebd.

106 Anouk Van Wassenhove: „Die Gesellschaft ist der allergrößte Mordschauplatz“: Gesellschaftskritik in Ingeborg Bachmanns, Elfriede Jelineks und Werner Schroeters Malina. Gent: Universiteit Gent 2007–2008, S. 27. http://lib.ugent.be/fulltxt/RUG01/001/307/078/RUG01-001307078_2010_0001_AC.pdf (Zugriff am 10.08.2014).

107 Ebd.

108 Ebd.

109 Ebd.

110 Ebd., S. 28.

111 Ebd.

112 Siehe „Малина“. http://ru.wikipedia.org/wiki (Zugriff am 10.08.2014).

113 Bachmann: *Wir müssen*, S. 95.

4. „Schwarz, wie die Erinnerungswunde"

4.1 Österreichische Kriminalgeschichten: „Todesraten" für Malina

Ingeborg Bachmann war eine passionierte Leserin von Kriminalromanen: „Ihre Lesewut schließt auch Kriminalromane ein, und mit Uwe Johnson, der diese Liebe teilt, besteht ein reger Austausch an Krimis."[114] Hans Werner Henze erinnert sich, dass er und Ingeborg Bachmann gerne amerikanische Kriminalromane auf Italienisch lasen und „dabei die im italienischen Sprachgebrauch unübliche Form des Imperfekts" übten.[115] Bachmann kannte sich im Kriminalgenre gut aus. Sie hatte die Romane von Agatha Christie[116] und andere englische und amerikanische Kriminalromane gelesen. In Christies Kriminalromanen gibt es viele falsche Fährten. Auch Bachmann schickt ihr literarisches Ich auf irreführende Fährten. Das Ich aus Klagenfurt verfasst in *Malina* eifrig Kriminalgeschichten: *Todesarten*. In der Szene „Du mußt unbedingt einmal aufräumen bei dir" (S. 288) stößt Malina zufällig auf staubige und „verbleichte" Papierfetzen (S. 288). Das Ich warnt Malina vor der Schwierigkeit, sich in diesen staubigen Manuskriptseiten auszukennen: „[...] Du wirst dich aber nicht auskennen, mein Lieber, nach Jahren würdest du nicht verstehen, was das eine und das andere bedeutet." (S. 288) Ein alter Zettel ist aufgetaucht (S. 288). Anhand des Formats erinnert sich das Ich sogar daran, wo es das Papier vor Jahren gekauft hat. Es hat ein großartiges Gedächtnis, obwohl es oft vorgibt, sich an nichts erinnern zu können:

> Ich: [...] in einer Krämerei auf dem Land, in der Nähe von einem See, und es ist die Rede von dir, von einer Fahrt nach Niederösterreich. Ich lasse es dich aber nicht lesen, du darfst nur auf das eine Wort, das darübergeschrieben ist, schauen.
> Malina: Todesarten. (S. 288)

Auf dem nächsten Zettel, der zwei Jahre später geschrieben wurde, steht „Todesraten" (S. 288). Ein fiktiver Unglücksfall, der in den *Todesarten* entworfen ist, spielt sich in Niederösterreich ab, auf der Straße nach Stockerau (S. 296). In einer der *Todesarten*-Versionen rutschen Stämme von einem großen Lastwagen auf Malinas Auto (S. 289), in einer anderen Version rutschen sie – nach Malinas Protesten – auf das Ich (S. 295–296).

> [...] Was wollte ich nur sagen? Ich könnte mich verschrieben haben. Wieso, wann und wo? Rate aber, was ich über dich und Atti Altenwyl geschrieben habe! Du errätst es eben nicht! Es ist damals ein großer Lastwagen mit Baumstämmen vor euch langsam in einer Kurve aufwärts gefahren, du hast gemerkt, wie die schlecht verketteten Stämme ins Rutschen kamen, du hast gesehen, wie die ganze Fuhre nach rückwärts rutschte, auf euren Wagen zu, und dann und dann... So sag schon!
> Malina: Wie kommst du dazu, dir das einzubilden? Du mußt ja verrückt gewesen sein. (S. 289)

Das Ich aus Klagenfurt verfasst Kriminalgeschichten, in denen es immer wieder versucht, Malina zu beseitigen. Es hat unterschiedliche Szenarien der „Todesraten" und „Todesarten", die man alle gar nicht erraten kann, für Malina entworfen: Malina soll

114 Hoell: *Ingeborg Bachmann*, S. 136.

115 Morris: Das Leben, die Menschen, die Zeit, S. 153.

116 Opel: *„Wo mir das Lachen zurückgekommen ist"*, S. 143.

vielleicht ertrinken? Eventuell bei einem Unglücksfall auf dem Wolfgangsee? (S. 289) Für das Ich ist der Wolfgangsee ein vertrautes Terrain. Es hat sich schon hier betätigt: [...] du bist am weitesten hinausgeschwommen, und in deinem linken Fuß fing der Krampf an, und dann und dann... Weißt du etwas mehr darüber?" (S. 289) Es ist Mitternacht im Salzkammergut am Wolfgangsee und das Ich nutzt die Gelegenheit: Es holt sich Bücher mit ziemlich „furchtbare[n] Titel[n]" (S. 167), wie: „DAS SEGLER ABC", „VOM BUG ZUM HECK", „LUV UND LEE", „KNOTEN, SPLEISSEN, TAKELN." (S. 167) Das Ich scheint mit diesen harmlosen Titeln bestimmte Vorgänge zu verbinden, die entsetzlich sein müssen und in denen es sich auskennt. Es „hätte nie mehr hierherkommen dürfen." (S. 152)

> [...] ich schaue über das Wasser und schaue ins Wasser, in die dunklen Geschichten, durch die ich treibe. Sind Ivan und ich eine dunkle Geschichte? Nein, er nicht, ich allein bin eine dunkle Geschichte. Es ist nur der Motor zu hören, es ist schön auf dem See, ich stehe auf und halte mich am Fensterrahmen fest, am anderen Ufer sehe ich schon eine schäbige Lichterkette, verloren und übernächtigt, und meine Haare wehen im Wind. (S. 164–165)

Als Verfasserin von Mordgeschichten denkt das Ich viel über die Verbrecherwelt und das Morden nach. In einer *Malina*-Szene, die sich im Salzkammergut abspielt, sinnt es auch über seine eigene Mordlust nach. Gelegentlich lässt es sie an Insekten aus, die „Laute von sich geben, ein marterndes Geräusch machen" (S. 161): „[...] dann wird ein brummendes Etwas im Zimmer sein und ich werde herumirren und suchen, probieren, ob ich es erschlagen kann, und es doch nicht finden, und dann wird ein Falter auf meiner Lampe sitzen und ich könnte ihn erschlagen, aber grade der ist still und drum kann ich es nicht, er müßte schon lauter sein, was Geräusche macht, nur das macht mich wütend."[117] Bachmanns Ich sublimiert sein Aggressionspotenzial mit der Lektüre von Kriminalromanen: „Aus dem Koffer hole ich ein paar Kriminalromane, ich muß nur noch lesen. Aber nach ein paar Seiten merke ich, ich kenne das Buch schon. MORD IST KEINE KUNST." (S. 161) Die Referenz verweist auf den Essay des berühmten Kriminalromanautors Raymond Chandler *Mord ist keine Kunst* (*The Simple Art of Murder*).[118] In den Entwürfen zu *Malina* heißt es: „Ich könnte noch einen Chandler lesen, Mord ist keine Kunst."[119]

> Ich habe zwei Kriminalromane in St. Wolfgang gekauft, einen Chandler gefunden, einen, den ich nicht kenne, rororo, sollte nicht schlecht sein, sollte, aber ich halte mich an den Chandler [...]. [...] ich lese Chandlers Briefe, ich finde sie vernünftiger und seltsamer als den Schmus der ästhetischen

117 Bachmann: *„Todesarten"-Projekt*, Bd. 3.1, S. 199.

118 Im Nachlass von Ingeborg Bachmann zu der erwähnten Szene wird der Name Chandlers erwähnt. Vgl. Albrecht: *Die andere Seite*, S. 41, Anm. 3; Bachmann: *Malina*, S. 376. Siehe Raymond Chandler: *The Simple Art of Murder*. http://www.en.utexas.edu/amlit/amlitprivate/scans/chandlerart.html (Zugriff am 10.08.2014). Ingeborg Gleichauf schreibt: „Chandler plädiert für den realistischen Kriminalroman, in dem ein Mord nicht etwas Künstliches ist, sondern ganz wesentlich mit dem wirklichen Leben der Menschen zu tun hat." (Ingeborg Gleichauf: *Mord ist keine Kunst: Der Roman ‚Malina' von Ingeborg Bachmann und seine Verwandlung in ein Drehbuch und in einen Film.* Hamburg: Dr. Kovač 1995, S. 46.)

119 Bachmann: *„Todesarten"-Projekt*, Bd. 3.1, S. 199.

> Briefwechsel, heute zumindest gefällt mir das. Ich weiß nie, was mir morgen gefallen wird. Noch weiß ich es nicht.[120]

Die Fiktionen des Kriminalgenres haben dazu beigetragen, dass Malina „oft im Dunkeln bleiben" musste. Ein tödlicher Stromschlag sollte ihn ganz auslöschen:

> Ich: [...] Und wie war das mit der Steckdose? Warum hast du damals in der Nacht den Stecker in deinem Zimmer nicht mehr in die Dose drücken wollen, warum bist du im Dunkeln gesessen, was war in alle Lichtschalter gefahren, daß du so oft im Dunkeln bleiben mußtest?
> Malina: Ich bin oft im Dunkel geblieben. Du standst ja damals im Licht.
> Ich: Nein, das habe ich mir so ausgedacht.
> Malina: Es ist aber wahr. Und, woher weißt du es?
> Ich: Ich kann es doch nicht wissen, wie kann es also wahr sein?
> Ich kann nicht mehr weiterreden, weil Malina zwei Blätter nimmt, sie zerknüllt und mir ins Gesicht wirft. Obwohl ein Papierknäuel nicht weh tut und sofort niederfällt auf den Fußboden, fürchte ich es kommen. Malina nimmt mich an den Schultern und schüttelt mich, er könnte mir auch mit der Faust ins Gesicht schlagen, aber das wird er nicht tun, er wird es ohnedies noch zu hören bekommen. Aber dann kommt ein flacher Schlag, der mich wach macht, ich weiß wieder, wo ich bin. (S. 289–290)

Der Aktualität von Kriminalromanen in der Unterhaltungsindustrie begegnet Bachmann mit Malina, der „wach macht" (S. 290).

> Abseits? Ist Malina abseits? Ein Incognito, eine Incognita. Es gibt immer mehr Stellen, die leer werden, die nicht mehr bepflanzt sind, nicht angebohrt werden, die große Verwüstung, und darauf ein Haufen von kranken nervösen, irritierten raschelnden Leuten, alle krank, irrsinnig, mit den irrsinnigsten Dingen beschäftigt [...].[121]

Die „raschelnden Leute" gingen ins Kino, um sich Hitchcocks *Psycho* (1960) anzuschauen, hielten Reden über die Revolution, beschäftigten sich mit Rasenpflege und suchten nach Lücken, nach Parklücken,[122] während es Malina zufiel, die leere Stelle, die Lücke zu symbolisieren, das verdrängte „Abseits" der Nachkriegszeit. Seit das Ich Ivan liebt, verspürt es ein intensives Bedürfnis, von seinen „abominablen Geschichten" zu reden, und es plant einen Mord:

> Ich möchte nie reden von meinen abominablen Geschichten, von meinem Leben, das gewiß nie. Aber von Malina und mir, das ja. Da ich Ivan liebe, möchte ich von Malina reden. Seit ich Ivan liebe, möchte ich von Malina reden. Ich habe zehn Jahre lang in einem Bunker gelebt. Ich habe nicht reden können, nicht in einem Bett schlafen können, nichts.
> Jetzt kann ich es.
> Per la prima volta. [Zum ersten Mal].
> Und die glauben alle, ich hätte gelebt in dieser Zeit. Ich habe nicht gelebt. Ich lebe jetzt, weil ich etwas sagen kann, und weil ich lachen kann, und weil es vorbei ist.
> Ich bin in Graz in ein Waffengeschäft gegangen und habe mir eine Pistole gekauft, und ich habe ihn ermordet.
> Ich bin einfach auf die Straße gegangen, in die Straße, in der wir wohnten, und ich habe fünfmal abgedrückt, ich habe ihn ermordet.
> Nein: ich habe es noch immer nicht getan.[123]

120 Ebd.

121 Ebd., S. 43.

122 Ebd., S. 43–44.

123 Ebd., S. 42.

Es assoziiert Malina mit dem Tod seines „Ivanleben[s]" (S. 83), das es um jeden Preis „ergattern" will, auch um den Preis des Totschlags:

> [...] und Malina würde sich wundern, daß ich es jetzt sogar fertigbringe, den Wein rechtzeitig kalt zu stellen, die Teller vorzuwärmen, und zwischen Aufgießen und Semmelschnittenbähen trage ich die Wimperntusche auf, schminke mir vor Malinas Rasierspiegel die Augen, zupfe mit der Pinzette die Augenbrauen zurecht, und diese Synchronarbeit, die niemand würdigt, ist anstrengender als alle Arbeiten, die ich früher getan habe. Doch erwartet mich der höchste Preis dafür, weil Ivan deswegen schon um sieben Uhr kommt und bis Mitternacht bleibt. Fünf Stunden Ivan, das könnte reichen für ein paar Tage Zuversicht, als Kreislaufstütze, zur Blutdruckerhöhung, als Nachbehandlung, als vorbeugende Behandlung, als Kur. Nichts wäre mir zu umständlich, nichts zu abwegig, zu anstrengend, um ein Stück Ivanleben zu ergattern; wenn Ivan bei einem Abendessen erwähnt, daß er in Ungarn oft gesegelt ist, will ich sofort Segeln lernen, womöglich gleich morgen früh, meinetwegen auf der Alten Donau, im Kaiserwasser, damit ich gleich mitsegeln kann, wenn Ivan eines Tages wieder segeln geht. (S. 82–83)

Malina ist der störende Part dieses österreichischen Ich. Bachmanns literarisches Ich aus Klagenfurt will Malina beseitigen, um „in Ivan" zu leben (S. 336), um mit Ivan zu segeln (S. 162–163). Doch was als „Gattenmord" erscheinen könnte, ist keiner. Die nachrichtendienstliche Motivik des Buches legt nahe, auf einen politischen Sachverhalt zu schließen. Dieser wird in eine vermeintliche Dreiecksgeschichte versteckt. Die Ermittlungen zu Malina können so als Privatangelegenheit eines weiblichen Ich aus Klagenfurt getarnt werden.

4.2 Malina beschattet vom *film noir*

> Denn die einen sind im Dunkeln
> Und die andern sind im Licht.
> Und man siehet die im Lichte
> Die im Dunkeln sieht man nicht.
>
> (Bertolt Brecht: *Die Schlußstrophen des Dreigroschenfilms*)

Nicht nur Kriminalgeschichten, auch Kriminalfilme waren nach den großen Massenmorden auffallend beliebt. Auf den Leinwänden Westeuropas flimmerte *The Third Man* (1949), inzwischen ein berühmter Klassiker des *film noir*. *The Third Man* hat die Nachkriegsatmosphäre der zerstörten österreichischen Hauptstadt eingefangen.[124] Brigitte Timmermann und Frederick Baker haben versucht, die spezifische Atmosphäre der österreichischen Metropole während der Dreharbeiten nachzuzeichnen:

> [...] ausgebrannte Ruinen und Schuttberge, wo einst elegante Kaufhäuser und Geschäfte standen; verblichene großbürgerliche Eleganz neben dem Elend Tausender, darunter vieler Flüchtlinge oder „Displaced Persons"; die allgegenwärtige Präsenz der Besatzungsmächte, amerikanische GIs mit ihren weißen Helmen vor dem Hotel Bristol und sowjetische Wachen mit Pelzmützen vor dem Hotel Imperial, und überall viersprachige Hinweistafeln, Aufschriften und Anschläge.[125]

124 Vgl. Höller: *Ingeborg Bachmann*, S. 40.

125 Brigitte Timmermann / Frederick Baker: *Der Dritte Mann: Auf den Spuren eines Filmklassikers*. Wien: Czernin 2002, S. 25.

Zu den bedeutendsten Leistungen des österreichischen Nachkriegskinos zählt ein düster inszenierter *film noir* mit dem Titel *Abenteuer in Wien / Stolen Identity* (*Gefährliches Abenteuer*, A/USA 1952, R: Emile E. Reinert).[126] Nach Michael Omasta ist dieser Film „die einzige österreichische Produktion nach 1945, die unter tatsächlich maßgeblicher Beteiligung von Emigranten zustande kam".[127] Diese Tatsache wurde in den österreichischen Massenmedien verschwiegen:

> [...] Ob bekennender Nazi, praktizierender Mitläufer oder gerade noch mit dem Leben davongekommener Emigrant, der sich gegen den Faschismus in Europa engagiert hatte – zu diesem Zeitpunkt waren sie alle, unterschiedslos, längst wieder zu „Wiener Schauspielern" geworden.[128]

Stilistisch erinnert der „atmosphärisch dichte Film" an *The Third Man* und erzeugt „inmitten dunkler Straßen, naß glänzenden Asphalts und verschwiegener Hinterhöfe ein klaustrophobisches Bild Wiens nach 1945".[129]

In *Abenteuer in Wien* verschwinden in einem schwarzen Auto ein ermordeter Mann und seine Papiere, die der vierzigjährige Kriegsheimkehrer und Taxifahrer Toni Sponer an sich nimmt, um sich eine legale, vom Staat anerkannte Identität zu verschaffen. Er scheint ausgebürgert zu sein. Aufgewachsen in Amerika, kehrt Sponer nach dem Krieg nach Österreich zurück: „Besondere Kennzeichen: kein Paß, keine Identitätskarte, keine Arbeitsbewilligung, keine Aufenthaltsgenehmigung. Nichts, gar nichts. Ich lebe ohne Erlaubnis, ich atme ohne Erlaubnis, ich bin überhaupt nur durch einen unglücklichen Zufall auf der Welt." (Sequenz 13:18)

Der Film handelt in erster Linie von der Aufklärung eines privat motivierten Mordfalls. Der Mörder entpuppt sich als Vertreter der musischen Künste. Die politischen Töne sind dezent gesetzt und bleiben im Schatten einer Dreiecksgeschichte. Auch in *Malina* gibt es ein düster inszeniertes Wien-Flair, ein schwarzes Auto, ein suspektes österreichisches Ich und einen unheimlichen Wiener „Mordschauplatz" (S. 259). Es stellt sich deshalb die Frage, welche Mordfälle werden in dem ‚*film noir*-Szenario' mit dem Titel *Malina* aufgeklärt? Die Chandler-Referenzen in *Malina* wurden bislang nicht in einem *film noir*-Kontext diskutiert, der zeitgeschichtlich relevant ist und zum besseren Verständnis des *Malina*-Buchs beiträgt. Raymond Chandlers Werke waren wichtige Vorlagen für den *film noir*.[130] Der *film noir* handelt von Mord und seiner Aufklärung durch Untersuchungsdetektive wie Philip Marlowe, den Raymond Chandler in *The Simple Art of Murder* entworfen und in den fiktionalen Raum des Detektivgenres eingeführt hat.

126 Armin Loacker (Hrsg.): *Austrian Noir: Essays zur österreichisch-amerikanischen Koproduktion Abenteuer in Wien / Stolen Identity*. Wien: Filmarchiv Austria 2005.

127 Michael Omasta: Viennoir. In: Eugen Antalovsky / Alexander Horwarth (Hrsg.): *Imagining the City. Dokumentation*, S. 8–13. http://www.europaforum.or.at/site/wienerwissen/Imagining_the_City_web.pdf (Zugriff am 10.08.2014).

128 Ebd., S. 11.

129 Thomas Kramer / Martin Prucha: *Film im Lauf der Zeit: 100 Jahre Kino in Deutschland, Österreich und der Schweiz*. Wien: Ueberreuter 1994, S. 188.

130 Andrew Spicer: *Historical Dictionary of Film Noir*. Lanham / Toronto / Plymouth: Scarecrow 2010, S. 42.

> Zumeist werden unter *films noirs* Kriminalfilme verstanden, also Detektivgeschichten oder Gangsterfilme. [...] Die Stimmung in diesen Filmen ist düster und geheimnisvoll, das abgebildete Leben spielt sich fast ausschließlich auf der dunkleren Seite gesellschaftlichen Lebens ab, was der Bezeichnung *film noir* noch eine zusätzliche Bedeutungsnuance verleiht. Das Verhältnis zwischen den Geschlechtern ist typischerweise von Machtspielen und Eigeninteressen geprägt und dementsprechend beeinträchtigt [...].[131]

Andrea Kresimon hat eine Bezugnahme Bachmanns auf den *film noir* untersucht[132]: *Ascenseur pour l'échafaud* (*Fahrstuhl zum Schafott*, F 1957, R: Louis Malle).[133] Die Filmreferenz ist in der Szene „In einer Berliner Wohnung [...]" (S. 281–282) verortet. Dort outet sich ein Mann als Mörder:

> In einer Berliner Wohnung habe ich einmal einen Mann getroffen, der ein Glas Wodka nach dem anderen trank, aber er wurde nie betrunken, er redete noch nach Stunden mit mir, furchtbar nüchtern, und als niemand zuhörte, fragte er mich, ob er mich wiedersehen könne, denn er wolle mich unbedingt wiedersehen, und ich sagte so deutlich nichts darauf, daß es ein Einverständnis war. Es wurde dann von der Weltlage gesprochen, und jemand legte eine Platte auf den Plattenspieler, L' ASCENSEUR Á L' ÉCHAFAUD. Als ein paar Töne nur leise klimperten und die Rede auf den heißen Draht zwischen Washington und Moskau gekommen war, fragte der Mann, auf die leichteste Weise [...]: Haben Sie schon einmal jemand ermordet? Ich sagte auf die leichteste Weise: Nein, natürlich nicht, und Sie? Der Mann sagte: Ja, ich bin ein Mörder. (S. 281)

Die intermediale Referenz auf den Soundtrack von Miles Davis aus *Ascenseur pour l'échafaud*[134] liefert den Hinweis, „welcher Handlungsstrang des Films sich thematisch mit dem Roman *Malina* in Verbindung bringen läßt".[135] Die Musik von Davis erklingt fast ausschließlich in den Szenen, in denen Florence, eine in den Mord an ihrem Ehemann verstrickte Täterin, die Hauptrolle spielt.[136] Florence ist am Mord nicht unmittelbar beteiligt. Sie ist lediglich eine Anstifterin, Mittäterin, die jedoch vom Untersuchungsdetektiv doppelt belastet wird.[137] Bachmann verhandelt in *Malina* keinen Ehegattenmord. Bachmanns ermordetes weibliche Ich hat Monika Albrecht in ihrer Auseinandersetzung mit dem Werk und der Person Max Frischs eingehend thematisiert,[138] doch die „andere Seite" dieses österreichischen Ich, seine mörderische Seite, wurde in der *Malina*-Rezeption bislang nicht untersucht. Albrecht schreibt: „[...] doch ist der Roman als Ganzer als ein Hindeuten auf diesen ‚vierten Mörder', auf den ‚Mord' und damit auf die Zeit, an die das Ich sich ‚nicht erinnern will' zu verstehen."[139] Kresimon stellt fest, dass Bachmann mit den intermedialen Referen-

131 Sabine Schlüter: *Das Groteske in einer absurden Welt: Weltwahrnehmung und Gesellschaftskritik in den Dramen von George F. Walker.* Würzburg: Königshausen & Neumann 2007, S. 79–80.

132 Kresimon: *Ingeborg Bachmann und der Film*, S. 85–92.

133 Ebd., S. 86.

134 Miles Davis: *Ascenseur pour l'échafaud.* Fontana: 1958.

135 Kresimon: *Ingeborg Bachmann und der Film*, S. 87.

136 Ebd.

137 Ebd., S. 87–88.

138 Albrecht: *Die andere Seite*, S. 188–190.

139 Ebd., S. 190.

zen die „Probleme der Nachkriegszeit aus ihrer historischen Verankerung" löst, um so „auf die Ursprünge und das Weiterwirken faschistischen Denkens zu verweisen".[140] Der Hinweis auf „L' ASCENSEUR Á L' ÉCHAFAUD", die falsche Zitierung des Filmtitels, deutet darauf hin, dass es sich nicht um ein Zitat handelt, sondern um eine politisch relevante inhaltliche Verschiebung, die die Inkognito-Anteile der österreichischen Nachkriegsgeschichte aufdeckt. In der Szene „In einer Berliner Wohnung [...]" (S. 281–282) behauptet das Ich aus Klagenfurt, niemanden ermordet zu haben (S. 281). Über drei andere Mörder weiß das Ich bestens Bescheid. Es weiß sogar, wo sich die Mörder zum gegebenen Zeitpunkt aufhalten, als hätte es Kontakt zu ihnen. Nur an den vierten Mörder kann es sich nicht erinnern:

> Einer ist nicht mehr interniert in Steinhof, einer ist in Amerika und hat seinen Namen geändert, einer trinkt, um immer nüchterner zu werden, und ist nicht mehr in Berlin. Von dem vierten kann ich nicht reden, ich erinnere mich nicht an ihn, ich vergesse, ich erinnere mich nicht... (Ich bin aber gegen den elektrischen Stacheldraht gelaufen.) Ich erinnere mich doch an eine Kleinigkeit. Ich habe einmal Tag für Tag mein Essen weggeschüttet, ich habe heimlich auch den Tee weggeschüttet, ich muß gewußt haben, warum. (S. 282)

Die im Printmedium *Malina* ausbleibende Tonspur wird dem Ich durch intermediale Referenzen zugeordnet. Mit der Erwähnung des Plattenspielers und mit dem entsprechenden Filmtitel legt Bachmann in *Malina* nahe, der Tonspur im audio-visuellen Medium Film nachzugehen. Der Abgleich unterschiedlicher medialer Formate empfiehlt sich. Denn die Tonspur des Films nährt den Verdacht, dass das Ich doch gewusst haben könnte, wer der vierte Mörder ist. Als Mitarbeiterin in einem Nachrichtendienst, weiß sie, wie fragwürdig die Identitäten sind und wie man sich Geschichten zurechtlegt. Es stellt sich daher die Frage, wie glaubwürdig dieses Ich überhaupt ist. Nach dem Zweiten Weltkrieg würde kein Narrativ und keine Institution, wie Isolde Charim betont, für dieses Ich mehr bürgen.[141] Nach Charim handelt *Malina* von einem Bruch in der Ich-Konstitution:

> Gerade die Generation nach dem Zweiten Weltkrieg hat die ernüchternde Erfahrung gemacht, dass es kein Narrativ und keine Institution mehr gibt, die diese Ich-Instanz garantieren würde. Der Verlust der Garantie ist gleichzeitig auch die Erfahrung, dass das Ich überhaupt solch einer Garantie bedarf, dass es keine unmittelbare, selbstverständliche Ich-Identität gibt. Anders gesagt, es ist die zutiefst beunruhigende Erfahrung, dass [das] Ich ein relationaler Effekt ist, ein Diskurseffekt, wie man ein paar Jahre später sagen wird.[142]

Ob „bekennender Nazi, praktizierender Mitläufer oder gerade noch mit dem Leben davongekommener Emigrant"[143]: „Von keiner Seite gab sich etwas zu erkennen." (S. 260) Diese undurchschaubare Atmosphäre der frenetisch gelebten Nachkriegszeit

140 Kresimon: *Ingeborg Bachmann und der Film*, S. 258.

141 Vgl. Isolde Charim: Bekennen und täuschen. In: *taz*, 25.06.2007. http://www.taz.de/!1114 (Zugriff am 10.08.2014).

142 Ebd.

143 Omasta: Viennoir, S. 9.

hat Bachmann in ihrem Buch grandios eingefangen. Denn auch von der Seite des Klagenfurter Ichs gab sich kaum etwas zu erkennen.

> Mir graute vor dem großen schwarzen Auto, das mich denken ließ an geheimnisvolle Fahrten, an Spionage, an unheilvolle Verwicklungen, es gingen damals immer Gerüchte durch Wien, daß es ein Umschlagplatz wäre, daß ein Menschenhandel getrieben würde, daß, in Teppiche gewickelt, Menschen und Papiere verschwänden, daß jeder, auch ohne es zu wissen, für irgendwelche Seiten tätig wäre. Von keiner Seite gab sich etwas zu erkennen. (S. 260)

Die verwirrenden Geschichten, die das Ich in *Malina* von sich gibt, müssen auf ihre Plausibilität hin überprüft werden. Gerade in den Verwicklungen und Widersprüchen, die bei einer satzgetreuen Lektüre in den Vordergrund treten, hält *Malina* viele Überraschungen parat. Der „Ich"-Entwurf in *Malina* ist zwielichtig gestaltet. Die Schriftstellerin hat ihn mit historischen Bezügen auf die wichtigsten Ereignisse der damaligen Zeit angereichert. Dieses in sich widersprüchlich entworfene „Ich" ist im Gauner-Milieu angesiedelt. Dementsprechend beherrscht es auch Gaunermethoden, die von Bachmann zur Täuschung und Verwirrung der RezipientInnen bewusst eingesetzt werden: Subtile und meisterhafte Dialoge präsentieren ein Ich „ohne Gewähr".

5. „Ohne Gewähr": Das weibliche Ich

Sara Lennox schreibt, dass Bachmann „ein Produkt der historischen Gegebenheiten ihrer Zeit" sei.[144] Im Unterschied zu anderen SchriftstellerInnen habe Bachmann „selbst auf der Bedeutung der Geschichte für die literarische Produktion" bestanden.[145] Das in *Malina* vorgeführte Ich rekurriert auf Bachmanns Erfahrungen, die sie als „Produkt ihrer Zeit" gemacht hat.[146] Als eine ungemein belesene Frau hat sie sich mit den Ich-Konstruktionen in der medialen Kultur auseinandergesetzt. Entlarvt wird in *Malina* die fragwürdige Geschlechtsidentität des Ich, die einer allgemein bekannten und anerkannten Inszenierung bedarf, damit dieses Ich mit dem österreichischen Pass (S. 10) als „weiblich" identifiziert werden kann, wobei das „Weibliche" von der Rezeption in den Vordergrund gerückt wurde. Dabei blieb die merkwürdige Tatsache, dass sich dieses Ich als „österreichisch" ausweist (S. 10), im Hintergrund. *Malina* beginnt mit einem Steckbrief. Nur die Angabe der Staatsangehörigkeit des vorgestellten Ich aus Klagenfurt gilt als sicher (S. 10). Es scheint zur Fahndung ausgeschrieben zu sein. Alle auf die Geschlechtsidentität bezogenen Indizien, die Bachmann in *Malina* verstreut hat, denunzieren es als eine Fälschung. Nicht sein Pass ist falsch, sondern seine vermeintlich eindeutige Geschlechtsidentität. Diese ist ein Produkt literarischer Gaunereien. Um das weibliche Ich, eine beliebte Projektionsfigur der SchriftstellerInnen,

144 Lennox: Gender, S. 15.

145 Ebd.

146 Einen historischen Deutungsansatz zum Werk Bachmanns, den materialistisch-feministischen Zugang, hat in der Bachmann-Forschung Sara Lennox entwickelt. Siehe Lennox: Gender, S. 15–16. Lennox schreibt: „Materialistische Feministinnen verstehen jede Interpretation als politische, als Einmischung in den Prozeß der Konstruktion von Bedeutung als Bestimmung der diskursiven Grenzen dessen, was als ‚the way things are' gilt." (Ebd., S. 54.)

hat man sich viel abgemüht, es mit „Geschichten versehen" (S. 251) und prächtig ausgeschmückt. Auch die Werbeindustrie hat ihren Beitrag geleistet, damit das ‚weibliche' Ich an Design nicht verliert:

> Malina fragt: Hast du nie daran gedacht, welche Mühe die anderen sich oft mit dir gegeben haben? Ich nicke dankbar. O ja, sie haben mir sogar Eigenschaften gegeben, auch diese Mühe haben sie nicht gescheut, sie haben mich mit Geschichten versehen, außerdem aber auch mit etwas Geld, damit ich in Kleidern herumlaufen kann, die Reste aufessen kann, damit es weitergeht mit mir und nicht auffällt, wie es weiter geht. Zu rasch ermüdet kann ich mich ins Café Museum setzen und in Zeitungen und Zeitschriften blättern. Es kommt wieder Hoffnung in mir auf, ich bin angeregt, aufgeregt, denn es gibt jetzt zweimal in der Woche einen Direktflug nach Kanada, mit der Quantas geht es bequem nach Australien, die Großwildjagden werden billiger, Doro-Kaffee aus den sonnigen mittelamerikanischen Hochebenen mit seinem einzigartigen Aroma müßten wir auch schon in Wien haben, Kenia inseriert, Henkel Rosée erlaubt den Flirt mit einer neuen Welt, für Hitachi-Aufzüge ist kein Haus zu hoch, Männer-Bücher, die auch Frauen begeistern, sind erschienen. Damit Ihnen Ihre Welt nie zu eng wird, gibt es PRESTIGE, eine Brise von Weite und Meer. (S. 251–252)

Nach Monika Albrecht hat Bachmann lange vor Judith Butler über die Inszenierung von Geschlechtsidentität als „permanente[r] Nachahmung eines nicht vorhandenen Originals" nachgedacht.[147] Als Beispiel führt Albrecht die „Spiegelszene" aus *Malina* an. Hier putzt sich das Ich heraus und stellt durch aktives Handeln eine „Frau" für das Hauskleid her. Während der Anprobe des Hauskleides behauptet das „weibliche" Ich, es sei „meilenweit, klaftertief, himmelhoch, sagenweit" von den Männern entfernt (S. 134). In diesem sagenhaften „Freiraum" widmet es sich einer altbekannten Männerlegende, die von einem Hauskleid erzählt und die das Ich nach den banalsten Klischees als „weiblich" zu reproduzieren versteht:

> Am Graben habe ich mir ein neues Kleid gekauft, ein Hauskleid, das lang ist, für eine Nachmittagsstunde, für ein paar besondere Abende im Haus, ich weiß, für wen, es gefällt mir, weil es weich und lang ist und das viele Zuhausebleiben erklärt, schon heute. […] Eine Stunde lang kann ich zeit- und raumlos leben, mit einer tiefen Befriedigung, entführt in eine Legende, wo der Geruch einer Seife, das Prickeln von Gesichtswassern, das Knistern von Wäsche, das Eintauchen von Quasten in die Tiegel, der gedankenvolle Zug mit einem Konturenstift das einzig Wirkliche sind. Es entsteht eine Komposition, eine Frau ist zu erschaffen für ein Hauskleid. Ganz im geheimen wird wieder entworfen, was eine Frau ist, es ist dann etwas von Anbeginn, mit einer Aura für niemand. Es müssen die Haare zwanzigmal gebürstet, die Füße gesalbt und die Zehennägel lackiert werden, es müssen die Haare von den Beinen und unter den Achseln entfernt werden, die Dusche wird an- und ausgemacht, ein Körperpuder wolkt im Badezimmer, es wird in den Spiegel gesehen […]. (S. 134–135)

Albrecht verweist auf eine Vorstufe der „Spiegelszene", in der die zu kreierende Komposition „Frau" noch radikaler inszeniert ist:

> In dieser Fassung probiert Bachmann mit ihrer Ich-Figur ebenfalls Inszenierungen von Weiblichkeit durch und kommt dabei zu einer verblüffend modernen Formulierung: ‚Es gefällt mir, wenn ich […], mit den geschminkten Augen, vor mich hinstarren kann mit dem tiefen Wohlgefühl, nur noch eine Maske zu sein, […] eine Kopie einer Kopie einer Kopie […].[148]

147 Monika Albrecht: Männermythos, Frauenmythos, und Danach? Anmerkungen zum Mythos Ingeborg Bachmann. In: *German Life and Letters* 57,1 (2004), S. 91–110, hier S. 109.

148 Ebd.

Hierbei handelt es sich um eine Formulierung, die „tatsächlich wörtlich bei Judith Butler stehen könnte",[149] wie Albrecht hervorhebt. Bachmann spielt in dieser Szene plakative Inszenierungen und ständig reproduzierte Widerspiegelungen des weiblichen Ich in der medialen Kultur durch. Der Ursprung dieses Ich liegt in den ägyptischen Wandmalereien. Bachmanns „Ich" wirft die Abbilder zurück. Es besteht aus Replikaten, deren Original ein Wandbild ist. Es ist die Botschafterin der Nachbildungen, die durch Zeiten und Räume wandern. Seine ‚Emanzipation' bzw. die Erweiterung des Replikats besteht im selbständigen Anzünden der Zigarette:

> Ich fühle mich sehr stark und inwendig ganz hohl und gedankenlos und frei, eine Person, die sich bewegt mit Augen und ägyptisch und unveränderbar, eine Kopie einer Kopie einer Kopie, und ich muß es nur fertigbringen, die Treppe hinunterzugehen, in einer Hotelhalle oder in einem alten Haus, oder ich muß drei Treppen hinaufgehen, in einer Botschaft, und hineingehen und mir das Cape abnehmen lassen, und ich kann auch kurz in einen Spiegel schauen, wenn ich will, aber ich muß in keinen Spiegel schauen, sondern kann ruhig weitergehen und meine Hand reichen und lächeln, und in einer Gruppe stehen und lächeln, und mir eine Zigarette anzünden lassen, und da ich nur gradeaus sehen kann, wird jemand mir den Ascher bringen, und man wird mich nach zwei Stunden hinausführen und in ein Auto einsteigen lassen, und ich fahre nachhause, und ich nicke und lächle, und –
> Es gefällt mir, wenn ich durch das Vorzimmer gekommen bin, denn dann schaue ich sofort in den Spiegel und ⟨bin⟩ mit mir zufrieden, und ich rauche jetzt selber eine Zigarette, die zünde ich selber an [...].[150]

Die Szene endet damit, dass diese „hohl[e] und gedankenlos[e]" Kopie ihr jeweiliges Make-up abwischt und die falschen Wimpern ablegt: „[...] dann taucht mein Gesicht auf, und ich stecke die langen Haare auf meinem Kopf zusammen mit den Haarnadeln und starre mich an, und ich sehe, wie ich aussehe, und bin zufrieden."[151] Die „Kopie einer Kopie" schaut in den Spiegel und erblickt „sich selbst". An einer anderen Stelle in den *Malina*-Entwürfen wird das weibliche Ich als geschminkte Puppe vorgeführt, die Malina, ohne es recht zu wollen, desinteressiert mit sich schleppt:

> [...] ich lasse mein Haar über seinen Mantel schleifen und schaue ihn an, als kämen wir aus dem Bett, aber mit den langen falschen Wimpern ist nur eine einzige Art Blick möglich, und das ist gut so, denn man weiß dann nicht, wenn man schaut, ist es der aus dem Bett Blick, ins Bettblick, der Lady ⟨Macbeth⟩ Blick, der Opheliablick, der Hier schaue ich und nicht anders Blick, und Mord und ⟨Sünde⟩, Tapferkeit und Ohnmacht schauen sich bis zur Kärtnerstraße, immer zu Malina gewendet, durch die Puppenaugen dieser Puppe, mit der Malina sich behängt hat, die Malina beim Anziehen berät, die falschen Haare, die Schatten, die Striche, die Linien, die Grafitti, die manikürten Hände und die manikürten Füße, die Beine ohne Haare, die Achsel geruchlos, das Bild, das Malina sich angeschafft hat, damit er etwas am Arm hängen hat, das ihn gar nicht interessiert, geht durch die Dorotheergasse und will bei ⟨Trzešniewski⟩ ein Sandwich essen, die Puppe wird angesehen, einige Damen kauen langsamer, Malina übereicht der Puppe zwei Sandwich und ein Glas Tomatensaft [...].[152]

Bachmanns Treffsicherheit und Radikalität überraschen wieder einmal. Es wird klar, warum diese Phantom-Puppe mit dem Ophelia-Blick oder mit dem Bett-Blick in

149 Albrecht: Männermythos, Frauenmythos, und Danach?, S. 109.

150 Bachmann: *„Todesarten"-Projekt*, Bd. 3.1, S. 58–59.

151 Ebd., S. 59.

152 Ebd., S. 88.

Malina abgeschafft wird: „Ich bin in der Wand, ich bin nicht mehr Ich, ich bin das Phantom, das Malina aus der Welt schafft. Ich habe mein Testament nicht gemacht.“[153] Dieses weibliche Ich, die Puppe mit den Puppenaugen, ist ein „Erstickungsstoff“ zwischen den „zusammengepreßten Buchdeckel[n]“,[154] in denen die Geschichten von Lady Machbeth und Lady Ophelia aufbewahrt sind – ursprünglich für männliche Schauspieler gedacht und verfasst, die diese Masken zu mimen hatten. Bachmanns literarisches Ich eignet sich die ehemaligen Männerrollen von Lady Machbeth und Lady Ophelia an. Es ist lediglich ein „Papierschnalzen“, „dieses Aufgeworfene dieser Buchstabenstürze“ ist ein „Titelgeschmier an den Wänden“, und zum Schluss stürzen die Regale mit dem „Erstickungsstoff“ um.[155] Albrecht hat zu der „Spiegelszene“ bemerkt, dass Bachmann später die radikale Idee des Kopie-Seins bezüglich der Geschlechtsidentität fallen gelassen habe.[156] Daraus folgert sie:

> Das Mythologem von Bachmann als einer feministischen Vordenkerin scheint mir mit wachsender zeitlicher Distanz zunehmend in Gefahr zu sein, aus der Schriftstellerin eine ahistorische Figur, frei von den Produktionsbedingungen und dem kulturellen Klima ihrer Zeit, zu konstruieren. Dabei dürfte es eigentlich viel spannender sein, den Ansätzen, Spannungen und Brüchen eines Denkens nachzugehen, das sich selbst Radikalität als Programm gesetzt hat und dabei notwendig mit den herrschenden Strömungen der Zeit kollidieren musste. Auf diese Weise ist sicherlich mehr über Bachmanns Zeit zu erfahren, als wenn man euphemistische Bilder konstruiert, nach denen Bachmann die jeweils neuesten geistesgeschichtlichen Konzepte bereits vorweggenommen hat [...].[157]

Dass es sich in *Malina* um ein Gaunerspiel handelt, um komplexe Vorgänge der Fälschung und Verstellung, ist im zeitgeschichtlich relevanten Titelwort impliziert. Die versäumte Entzifferung des vielschichtigen titelgebenden Wortes und des Namens Malina hat zur Folge, dass der weitsichtigen Radikalität des Bachmannschen Denkens nicht in gebührendem Maße Rechnung getragen werden kann.[158] Der kritische Einwand Albrechts, das kulturelle Klima der Zeit müsse berücksichtigt werden, wird deshalb auf den Titelnamen und die im Buch *Malina* chiffrierten zeitgeschichtlichen Ereignisse auszuweiten sein.[159]

153 Ebd., S. 693, Anm. M_6.

154 Ebd., S. 139–140.

155 Ebd.

156 Albrecht: Männermythos, Frauenmythos, und Danach, S. 110.

157 Ebd.

158 Bachmann ist der Ansicht, alle Männer seien „unheilbar krank“. Siehe das Interview mit Dieter Zilligen: „Zilligen: Aha? Woran sind die Männer unheilbar krank? Bachmann: Sie sind es. Zilligen: Sie sind es? Bachmann: Wissen Sie das nicht? Zilligen: Wenn Sie es mir sagen! Bachmann: Alle.“ (Bachmann: *Wir müssen*, S. 71.)

159 Vgl. Bachmann: *Malina*, S. 362, Anm. 48. Albrecht nimmt an, dass der Name Ivan in Bachmanns *Malina* von der Figur Ivy, die in Max Frischs *Homo Faber* entworfen ist, hergeleitet sei und somit der Pflanzenwelt entstammt. Der Name Ivy bezeichne eine „rankende Pflanze („Efeu“). Diese Namensableitung sei nach Albrecht „jedenfalls näherliegender als die, aus den vier Buch[st]aben des Namens Ivan das Wort „naiv“ zu bilden [...].“ (Albrecht: *Die andere Seite*, S. 79, Anm. 27.) Ein Bezug des Titelnamens Malina zum Werk Max Frischs ist bislang nicht nachgewiesen.

6. Etwas ist faul im „Hause Österreich"

6.1 „Ich erinnere mich nicht"

Hans Höller vertritt die Ansicht, dass „*im Ich*" die „verdrängte österreichische Geschichte" aufgedeckt werde[160]: „Man könnte die *Todesarten*-Romane, besonders die erzählte Innenwelt von *Malina*, als nicht offizielle, ins Unbewußte verdrängte Geschichtsschreibung bezeichnen, als verstörende Wiederkehr der ausgelöschten Geschichte."[161] Joachim Hoell schreibt treffend, dass Bachmann „die nationalsozialistische Zeit und ihre Verdrängung ins Zentrum ihrer Arbeit" rücke.[162] Diese „Wiederkehr"[163] marginalisierter Inkognito-Anteile österreichischer Geschichte verlangt nach interpretativer Tätigkeit, die das ‚Fremdwort' „Malina" enträtselt. Denn das österreichische Ich in *Malina* erzählt lieber „Tausendundeinenacht"-Geschichten:

> Das tut man immer, man erzählt nichts, weil man das erzählen will, was man erzählt. Tausendundeinenacht, Sie erraten es, man erzählt, damit man auskommt, damit die Frist verlängert wird, damit man nicht dekapitiert wird. Verzeihen Sie diese Fremdworte, ich kann das auf deutsch nicht schreiben, wie so vieles nicht, ich sage immer dégoût und aigriert und agaçiert, und terre-à-terre, weil ich gewisse Dinge nicht sagen kann. Verzeihen Sie, es ist die Anwesenheit unschuldiger Kinder, die mich faire l'amour nicht deutsch sagen läßt. Und nicht: guillotinieren.[164]

Nach Höller hat sich Österreich als Opfer Hitler-Deutschlands inszeniert,[165] um sich nach dem Krieg international zu entlasten:

> Die offizielle Regierungspolitik berief sich auf die Moskauer Deklaration aus dem Jahre 1943, die Österreich als erstes „Opfer Hitler-Deutschlands" bezeichnete. Die staatspolitische Durchsetzung der Opfer-These, eine Halbwahrheit, bedeutete international eine Entlastung von der Mitschuld an den Verbrechen des Nationalsozialismus, lenkte aber ab von der Aufarbeitung der Vergangenheit, indem sie Täter und Opfer in eine verlogene österreichische Opfergemeinschaft einschloß und die politische Handhabe abgab, die Entschädigung der wirklichen Opfer des Nationalsozialismus auf die lange Bank zu schieben.[166]

Der Historiker Gerhard Botz verweist auf das „halbverborgene Weiterleben der österreichischen NS-Vergangenheit", die in der Nachkriegszeit geleugnet und verdrängt wurde.[167] Auch der Historiker und Schriftsteller Doron Rabinovici hat mehrfach auf „Opfer"-Inszenierungen der österreichischen Politik hingewiesen:

> Von Österreich ist weltweit bekannt, daß es lange Jahre jegliche Verantwortung für die nationalsozialistischen Verbrechen ablehnte. Da das Alpenland nichts als das allererste Opfer Hitlers gewesen sein wollte, mußten die Juden, die auf der Rangliste der Nationalsozialisten die primären Opfer gewesen

160 Höller: *Ingeborg Bachmann*, S. 42

161 Ebd.

162 Joachim Hoell: *Mythenreiche Vorstellungswelt und ererbter Alptraum. Ingeborg Bachmann und Thomas Bernhard.* Berlin: VanBremen 2000, S. 13.

163 Höller: *Ingeborg Bachmann*, S. 42.

164 Bachmann: *„Todesarten"-Projekt*, Bd. 3.1, S. 4–5.

165 Höller: *Ingeborg Bachmann*, S. 40–42.

166 Ebd., S. 40.

167 Botz: Historische Brüche, S. 210.

> waren, ausgeblendet und verleugnet werden; deshalb mußte mit aller Macht und zuweilen mit antisemitischen Ressentiments gegen die Erinnerung angekämpft werden.[168]

Jahrzehntelang inszenierte sich Österreich als hilfloses Opfer von Hitler-Deutschland – mit Erfolg.[169] Der kritische Fokus der Werke Bachmanns liegt nach Botz auf einem „fatale[n] österreichische[n] Opfer-Sein".[170] Botz zufolge hat sich Bachmann in der Erzählung *Unter Mördern und Irren* mit der offiziellen österreichischen Opfer-These auseinandergesetzt: „Man ist nicht auf Lebenszeit ein Opfer. So geht es nicht."[171] Meine These ist, dass diese Opfer-Problematik wie ein roter Faden *Malina* durchzieht. Bereits in ihrer Erzählung *Unter Mördern und Irren* hat Bachmann die weiblich besetzte Opferrolle relativiert und sie mit „betrügerischen wilden Gedanken" konterkariert:

> Barfuß oder in Pantoffeln, mit aufgebundenen Haaren und müden Gesichtern gingen die Frauen zu Hause herum, drehten den Gashahn ab und sahen furchtvoll unter das Bett und in die Kasten, besänftigten mit zerstreuten Worten die Kinder oder setzten sich verdrossen ans Radio, um sich dann doch hinzulegen mit Rachegedanken in der einsamen Wohnung. Mit den Gefühlen des Opfers lagen die Frauen da, mit aufgerissenen Augen in der Dunkelheit, voll Verzweiflung und Bosheit. Sie machten ihre Rechnungen mit der Ehe, den Jahren und dem Wirtschaftsgeld, manipulierten, verfälschten und unterschlugen. Schließlich schlossen sie die Augen, hängten sich an einen Wachtraum, überließen sich betrügerischen wilden Gedanken, bis sie einschliefen mit einem letzten großen Vorwurf. Und im ersten Traum ermordeten sie ihre Männer, ließen sie sterben an Autounfällen, Herzanfällen und Pneumonien; sie ließen sie rasch oder langsam und elend sterben, je nach der Größe des Vorwurfs, und unter den geschlossenen zarten Lidern traten ihnen die Tränen hervor vor Schmerz und Jammer über den Tod ihrer Männer. Sie weinten um ihre ausgefahrenen, ausgerittenen, nie nach Hause kommenden Männer und beweinten endlich sich selber. Sie waren angekommen bei ihren wahrhaftigsten Tränen.[172]

Die weibliche Codierung des Opfers greift Bachmann zwar auf, doch sie sieht davon ab, diese Konstruktion zu bedienen. Bachmanns subversive Destruktion der Opfer-These tritt besonders deutlich in der Vergewaltigungsszene hervor. Bachmann konterkariert die mediale Thematisierung der Vergewaltigungen in der unmittelbaren Nachkriegszeit: Mit den „Russen",[173] die man als Vergewaltiger in Wien erwartet, ist das Ich, wie in *Malina* dargestellt, nicht zufrieden. Als das Ich in Wien eintrifft, hät-

168 Siehe Doron Rabinovici: Der Spiegel der Finsternis. Schattenspiele oder Die richtige Art des Erinnerns. In: Ders.: *Credo und Credit*, S. 96–104, hier S. 98.

169 Botz: Historische Brüche, S. 205.

170 Ebd., S. 214.

171 Ebd., S. 212, siehe auch S. 214.

172 Ingeborg Bachmann: Unter Mördern und Irren. In: Dies.: *Werke*, Bd. 2: Erzählungen, hrsg. v. Christine Koschel / Inge von Weidenbaum / Clemens Münster. München / Zürich: Piper 1978, S. 159–186, hier S. 160. Über die weiblich codierte „Opferrolle" als Gegensatz zur „Täterrolle" siehe Christina von Braun: Der ‚Jude' und ‚Das Weib': Zwei Stereotypen des Anderen in der Moderne. In: Ludger Heid / H. Joachim Knoll (Hrsg.): *Deutsch-jüdische Geschichte im 19. und 20. Jahrhundert.* Bonn / Stuttgart: Burg 1992, S. 289–322, hier S. 306–314.

173 Undifferenzierter Sammelbegriff für die Bezeichnung der multinationalen Streitkräfte der sowjetischen Roten Armee.

ten die „Russen" zu seinem Bedauern „keine Lust" mehr gehabt, es zu vergewaltigen. Bachmann re-signifiziert einen medial etablierten Verweisungszusammenhang zwischen dem österreichischen Ich als weiblich codiertem Opfer und den angeblich stets einsatzbereiten Vergewaltigern. Die geschürten Hoffnungen des Ich auf einen Gewaltakt durch die berüchtigten Meistervergewaltiger unter den Siegermächten (die „Russen", und falls keine „Russen" zu haben sind, die „Neger") entlarvt Bachmann als instrumentalisierte, rassistisch und weltanschaulich geprägte Propaganda. Es gelingt ihr meiner Ansicht nach eine beeindruckende Episode, die von der Radikalität und Treffsicherheit des Bachmannschen Denkens zeugt:

> Ich will dich nur unterhalten und dir sagen, was alles komisch ist. Ich, zum Beispiel, war sehr unzufrieden, weil ich nie vergewaltigt worden bin. Als ich nach Wien kam, hatten die Russen überhaupt keine Lust mehr, die Wienerinnen zu vergewaltigen, und auch die betrunkenen Amerikaner wurden immer weniger, die aber sowieso niemand recht schätzte als Vergewaltiger, weswegen auch soviel weniger von ihren Taten die Rede war als von den Russen, denn ein geheiligter frommer Schrecken, der hat natürlich seine Gründe. Von den fünfzehnjährigen Mädchen bis zu den Greisinnen, hieß es. Manchmal las man noch in den Zeitungen von zwei Negern in Uniform, aber ich bitte dich, zwei Neger im Salzburgischen, das ist doch reichlich wenig für soviel Frauen in einem Land, und die Männer, die ich kennenlernte oder auch nicht kennenlernte und die nur im Wald an mir vorübergingen oder mich auf einem Stein sitzen sahen an einem Bach, wehrlos, einsam, hatten nie den Einfall. Man hält es nicht für möglich, aber außer ein paar Betrunkenen, ein paar Lustmördern und anderen Männern, die auch in die Zeitung kommen, bezeichnet als Triebverbrecher, hat kein normaler Mann mit normalen Trieben die naheliegende Idee, daß eine normale Frau ganz normal vergewaltigt werden möchte. Es liegt natürlich daran, daß die Männer nicht normal sind, aber an ihre Verirrungen, ihre phänomenale Instinktlosigkeit hat man sich schon dermaßen gewöhnt, daß man sich das Krankheitsbild in seinem ganzen Ausmaß gar nicht mehr vor Augen halten kann. In Wien könnte es aber anders sein, es mußte weniger arg sein, denn es ist eine Stadt, geschaffen für die universelle Prostitution.[174] (S. 273–274)

In enger Anlehnung an die Forschungsergebnisse von Atina Grossmann führt Sara Lennox aus, dass die Massenvergewaltigungen instrumentalisiert wurden, um eine „neue nationale Gemeinschaft des Leidens zu konstruieren".[175] Als doppeltes Opfer

174 Sabine Grenz hat herausgearbeitet, dass durch Propaganda auf den Vergewaltigungsakt vorbereitet wurde. Sie schreibt: „Dieser Umstand bewirkte, dass sich (angebliche und tatsächliche) Berichte mit eigenen Erlebnissen verbinden konnten." In der französischen Besatzungszone waren die Vergewaltiger Marokkaner: „[…] Marokkaner sind keine Europäer und in rassistischen Vorstellungen den als Untermenschen bezeichneten Slawen näher als Franzosen. […] Die Marokkaner verhalten sich anscheinend so wie die Rote Armee im Osten." (Sabine Grenz: (Ent-)Tabuisiertes Erzählen: Sexuelle Gewalt an ‚deutschen' Frauen am Ende des Zweiten Weltkriegs. In: Frietsch / Hanitzsch / John / Michaelis (Hrsg.): *Geschlecht als Tabu*, S. 171–185, hier S. 177–178.)

175 Lennox: Gender, S. 39. Die Konstruktion eines doppelten „Opfers" bzw. einer fiktiven Gemeinschaft des ‚Leidens' und der ‚Leidenden' vollzieht sich derzeit in Litauen (und in Lettland). Bereits 1992 stellten Florian Freund, Franz Ruttner und Hans Safrian treffend fest: „Die litauische Gesellschaft tut sich schwer, das Mitwirken von Litauern an den Greueltaten des Nationalsozialismus im Zweiten Weltkrieg, insbesondere an der Ermordung von 150.000 Juden und Jüdinnen in Litauen, zur Kenntnis zu nehmen. Derzeit scheint die Tendenz vorzuherrschen, sich kollektiv als Opfer von Stalinismus und Nationalsozialismus zu begreifen und die eigenen Täteranteile auszublenden – ein den österreichischen Autorinnen und Autoren dieses Buches aus dem eigenen Land nur allzu vertrauter Mechanismus." (Florian Freund / Franz Ruttner / Hans Safrian: Vorwort der Herausgeber. In: Dies. (Hrsg.): *Ess firt kejn weg zurik*…, S. 11–13, hier S. 11.)

hat das Nachkriegsösterreich versucht, sich seiner Täter-Anteile zu entledigen. Elisabeth Wutzlhofer schreibt:

> In der Erinnerung meiner Großmutter scheint es fast so, als hätte der Krieg erst 1945 begonnen. „Die Russen" sind ihr die eigentlichen Missetäter, denn sie hatten kein Erbarmen. Unsagbare Dinge seien da geschehen, Verbrechen, die die eigene Schuld vergessen ließen. Die Frauen opferten so viel im Krieg, und dann wurden sie selbst zu Opfern. Für das Schicksal der NS-Opfer findet meine Großmutter in ihrer Erinnerung keinen Platz.[176]

Wie Botz meint, sei das „Absetzmanöver von der eigenen Vergangenheit hinsichtlich der Schaffung einer Art österreichischen Nationalbewußtseins" erfolgreich gewesen.[177] Dieses nationale Konstrukt profitiert von der „verschwiegenen Erinnerung" (S. 21) an die aktive Täterschaft österreichischer ‚Opfer'.[178] Im Verlangen des Ich, vergewaltigt zu werden, sieht Sara Lennox die Verdrängung der nationalsozialistischen Vergangenheit.[179] Mit Bezug auf Günter Bischof schreibt sie:

> In Österreich, wo die Frauen besonders von Russen vergewaltigt worden sind, konnte man sich […] so als doppeltes Opfer begreifen, als das „Erste Opfer" des Nationalsozialismus und nun auch mißbraucht von den Befreiern. Das Verlangen des Ich nach Vergewaltigung dürfte mit ihrer Verdrängung der nationalsozialistischen Vergangenheit zu tun haben.[180]

Als vergewaltigtes Ich würde sich dieses weibliche Ich unmissverständlich zur österreichischen ‚Opfer'-Gemeinschaft zählen dürfen. In den tradierten Vergewaltigungsrepräsentationen wird nach Sabine Grenz „das Opfer in der Regel nicht nur in sexueller Hinsicht als unschuldig dargestellt, sondern auch als unschuldig an Vernichtungskrieg und Holocaust."[181] Die potenzielle (Mit-)Täterinnenschaft von Frauen werde somit, wie Grenz feststellt, ausgeblendet.[182] Bachmann geht anders vor. Die Positionierung des Ich als Opfer wird in *Malina* radikal in Frage gestellt. In subtilen Dialogen findet die Konfrontation des österreichischen Ich mit seiner Vergangenheit statt, wobei Malina zunehmend den Part des *advocatus diaboli* übernimmt.

> Malina: Wie einverstanden aber muß man sein?
> Ich: Ich habe zu sehr gelitten, ich weiß nichts mehr, ich gebe nichts zu, wie soll ich das wissen, ich weiß zu wenig, ich hasse meinen Vater, ich hasse ihn, Gott allein weiß, wie sehr, ich weiß nicht, warum das so ist.
> Malina: Wen hast du zu deinem Götzen gemacht?

176 Elisabeth Wutzlhofer: „Man muss schauen, dass man nicht selbst unter die Räder kommt." In: Gerhard Botz (Hrsg.): *Schweigen und Reden einer Generation: Erinnerungsgespräche mit Opfern, Tätern und Mitläufern des Nationalsozialismus.* 2., erw. Auflage. Wien: Mandelbaum 2007, S. 117–124, hier S. 123.

177 Botz: Historische Brüche, S. 206.

178 Vgl. Doron Rabinovici: Tracht und Zwietracht. Oder Politik als Folklore. In: Ders.: *Credo und Credit*, S. 130–155.

179 Lennox: Gender, S. 39.

180 Ebd.

181 Grenz: (Ent-)Tabuisiertes Erzählen, S. 172.

182 Ebd.

Ich: Niemand. So geht es nicht weiter, ich komme nicht weiter, es zeigt sich nichts, ich höre immer nur, leiser oder lauter, eine Stimme zu den Bildern, die sagt: Blutschande. Das ist doch nicht zu verwechseln, ich weiß, was es heißt.
Malina: Nein, nein, du weißt es eben nicht. Wenn man überlebt hat, ist Überleben dem Erkennen im Wege, du weißt nicht einmal, welche deine Leben früher waren und was dein Leben heute ist, du verwechselst sogar deine Leben.
Ich: Ich habe nur ein Leben.
Malina: Überlaß es mir. (S. 222)

Das Ich erzählt nur das, was ihm vorgezeigt wird. Das Nicht-Abgebildete und Nicht-Vorgezeigte, das inoffizielle Gedächtnis, wird verdeckt statt artikuliert. Dennoch ist die Verdeckung selbstredend. Die plakativ-penetrante Anrufung des verbrecherischen „Vaters" und der „Blutschande" verschleiert die Tatsache, dass der „Vater" kein biologischer Vater des Ich ist. Mit den „Blutschande"-Geschichten hat das Ich versucht, von seiner eigenen Beteiligung an den schandvollen Verbrechen des „Vaters" abzulenken. Am Ende des zweiten Kapitels „Der dritte Mann" steht fest, dass der „Vater" kein Vater ist. Das österreichische Ich hat bereits in der Nachkriegszeit ein Spiel gespielt: „Das Vaterspiel".[183]

Malina: Warum hast du immer gesagt: mein Vater?
Ich: Habe ich das wirklich gesagt? Wie konnte ich das nur sagen? Ich habe es doch nicht sagen wollen, aber man kann doch nur erzählen, was man sieht, und ich habe dir genau erzählt, wie es mir gezeigt worden ist. (S. 235)

Meiner Ansicht nach thematisiert *Malina* das *Wie* der österreichischen Vergangenheitsbewältigung, das Bachmann am weiblichen Ich aufzeigt. Die Anwesenheit und das Widersprechen Malinas nehmen dem Ich die Möglichkeit, sich zum ‚Opferlamm' des vermeintlichen Vaters hochzustilisieren. Die weiblich codierte Opferposition wird von Bachmann destruktiv unterwandert. Bachmanns *Malina* veranschaulicht die bewusste Störung und Verstörung eines erinnerungsresistenten Gedächtnisses. Die rege Teilhabe der Frauen am NS-Regime wird Christina von Braun zufolge Konsequenzen nach sich ziehen: „Ich denke, das Eingeständnis einer weiblichen ‚Mittäterschaft' am Nationalsozialismus wird die Frauenforschung überhaupt erst offen machen, nach den tieferen Gründen für die Mitschuld aber auch für Probleme der Gegenwart zu suchen."[184] Die Konsequenzen dieses Eingeständnisses werden immer sichtbarer: Sie bringen Klarsicht, Pragmatismus und schonungslose Einsichten mit sich:

Jahre nach meiner ersten Begegnung mit dem Erbe der Vergangenheit ist mir noch immer nicht klar, was Österreich für mich bedeutet. Ich stelle mir wieder dieselben Fragen. Antworten gibt es viele, jedoch keine, die mich zufrieden stellen. Wahrheiten stehen in Hülle und Fülle zu Verfügung – sie verhüllen, weichen aus, schieben die Verantwortung auf andere, die deutscher sind als wir. […] Meine Wurzeln liegen nicht bei den Opfern des NS-Regimes, nicht bei den Widerstandskämpfern, auch nicht in der NS-Elite. Mein Milieu ist das der Mitläufer, ich gehöre jenen an, die auf keinen Fall Opfer waren, auch wenn es viel zu opfern gab. Die Mühen, die wir Mitläufer auf uns nehmen mussten,

183 Anspielung auf den Roman von Josef Haslinger: *Das Vaterspiel*. Frankfurt am Main: Fischer 2000.
184 Braun: Der ‚Jude' und ‚Das Weib', S. 310.

können nur höhnisch als Opfer bezeichnet werden, erkennen wir nur die wirklichen Opfer jener Zeit an. […] Wie wahrscheinlich wäre es gewesen, dass ich nicht nur gegen den Strom der Zeit, sondern auch gegen mein Umfeld, gegen mein Auffangnetz, ja gegen meine bisherige Identität geschwommen wäre? Oft schließe ich auch heute die Augen, wenn ich einem neuen Gesicht der Ignoranz begegne. Ich gehe daran vorbei, um nicht Anstoß zu nehmen; die Anonymität von heute schützt mich nicht vor den Fehlern von gestern. Sie lässt mich wie selbstverständlich über so manche Ungerechtigkeiten steigen.

Anfangs ist es mühsam, die Hürden einfach zu umgehen, doch mit der Zeit werden sie unsichtbar.[185]

6.2 „Du allein störst mich in meiner Erinnerung"

Durch Malina gerät die fragwürdige Opfer-Position des österreichischen Ich zunehmend ins Wanken. Antonowicz stellt fest: „Nachdem die Ich-Erzählerin schon längst die Existenz eines inzestuösen Verhältnisses mit dem Vater zugegeben hat, will Malina immer noch etwas von ihr wissen und die narrative ‚Vampirjagd' – der Versuch, einem versteckten, proteusartigen Mörder ins Gesicht zu schauen – setzt sich weiter fort."[186] Malina setzt die „Jagd" fort, weil der „Vater" kein Vater ist. Im Laufe der Handlung wird allmählich ersichtlich, dass das Ich selbst als Täterin in kriminelle Verbrechen verstrickt ist. Die Täteranteile dieses österreichischen Ich werden immer deutlicher. Erstens kennt sich das Ich im Verwischen von Spuren aus:

Malina: Hast du mir noch immer nichts zu sagen?
Ich: Mir zeigt sich etwas, ich fange auch an, eine Logik darin zu sehen, aber ich verstehe im einzelnen nichts. Einiges ist ja halbwegs wahr, etwa, daß ich auf dich gewartet habe, auch daß ich einmal eine Stiege hinuntergegangen bin, um dich aufzuhalten, auch das mit den Polizisten stimmt beinahe, nur hast nicht du ihnen gesagt, sie sollten gehen, es sei ein Mißverständnis, sondern ich selber habe es ihnen gesagt, ich habe sie weggeschickt. Oder? Die Angst war größer im Traum. Würdest du denn je die Polizei holen? Ich kann das nicht. Ich hatte sie ja auch nicht geholt, das haben die Nachbarn getan, ich habe die Spuren verwischt, falsch ausgesagt, das gehört sich doch, nicht wahr?
Malina: Warum hast du ihn gedeckt? (S. 205–206)

Den Entwürfen zu *Malina* ist zu entnehmen, wie dieses Spurenverwischen konkret aussieht: „[…] ich weiß nicht mehr, was ich tun soll, ich muß die Spuren verwischen, ich sammle die Scherben auf der Straße ein, schiebe mit den Händen die Blumen und die Erde zum Rinnstein, ich habe heute nacht Malina verloren und Malina hätte aufs Haar heute nacht sterben müssen […]."[187] Zweitens praktiziert das Ich Beamtenbestechung: „Ich: Der Polizei habe ich Geld gegeben, alle sind ja nicht bestechlich, aber diese Burschen waren es, das ist wahr. Die sind froh gewesen, daß sie zurück ins Revier oder in die Betten konnten." (S. 207–208) Drittens ist es in einen Totschlagsversuch verwickelt, der sich gegen Malina richtet.[188] Seine Schilderung des Tatvorgangs ist begleitet von der Erfindung zahlreicher Geschichten über schwere Zeiten und eine schwere Krankheit:

185 Wutzlhofer: „Man muss schauen", S. 123–124. Siehe auch die Dokumentation *Liebe Geschichte* (A 2010, R: Simone Bader / Jo Schmeiser).

186 Antonowicz: Malina oder das Auseinandergeraten, S. 103.

187 Bachmann: *„Todesarten"-Projekt*, Bd. 3.1, S. 246.

188 Ebd.

> Ich: Ich habe gesagt, es sei ein Fest, ein turbulentes, ein übliches Fest. Alexander Fleisser und der junge Bardos sind unten gestanden, sie waren im Auseinandergehen, dann hätte Alexander beinahe ein Gegenstand getroffen, ich sage dir nicht welcher, er war groß genug, um jemand zu töten. [...] (S. 206)
> Ich: [...] Ich sagte auch, ‚man' hätte die Straße leer geglaubt, wer konnte schon ahnen, daß auch Bardos in dieser späten Stunde da unten stand, und gesehen hatte ‚man' ihn vielleicht, sogar sicher, aber das wußte nur ich, darum kam ich auf schwere Zeiten zu sprechen, nur in Alexanders Mienen war zu lesen, daß er derartige Vorfälle nicht mit schweren Zeiten entschuldigen konnte, so erfand ich noch zu den schweren Zeiten eine schwere Krankheit, so erfand ich immerzu eine Menge. [...]
> Malina: Warum hast du das getan?
> Ich: Ich weiß nicht. Ich habe es getan. Damals war es richtig für mich, es zu tun. Später weiß man nichts mehr. Nicht einmal einen Grund, da jeder hinfällig geworden ist. (S. 207)

Gegenüber den verhandelten und verwickelten Sachverhalten, die noch dazu einander widersprechen, wächst Malinas Misstrauen. Schleichend kommt der Verdacht auf, das österreichische Ich könnte weitere bunte „Tausendundeinenacht"-Geschichten erfunden haben.

> Malina: [...] Du solltest schlafen, es ist sinnlos, mit dir zu reden, solange du zurückhältst mit der Wahrheit. (S. 207)
> Malina: Was gehen mich diese Geschichten an. Dir träumt ja.
> Ich: Ich träume, aber ich versichere dir, daß ich zu begreifen anfange. Damals fing ich auch an, alles, was ich las, entstellt zu lesen. Wenn irgendwo stand ‚Sommermoden', habe ich gelesen ‚Sommermorde'. Das ist nur ein Beispiel. Ich könnte dir Hunderte nennen. Glaubst du das?
> Malina: Natürlich, aber ich glaube schon einiges, was du selber noch immer nicht glauben willst. (S. 208)

Immerhin übt sich das österreichische Ich darin, das Wort „Mord" auszusprechen. Malina wird es zum „Singen" zwingen. Bachmanns Ich weiß, dass es Malina seine bisher verschwiegene Geschichte offenbaren muss: „Ich muß erzählen. Ich werde erzählen. Es gibt nichts mehr, was mich in meiner Erinnerung stört." (S. 21) Der einzige Störfaktor ist Malina: „Du allein störst mich in meiner Erinnerung. (tempo giusto) Übernimm du die Geschichten, aus denen die große Geschichte gemacht ist. Nimm sie alle von mir." (S. 333) Die Fiktionalität dieses Ich macht ihm das Erzählen unmöglich. Seine Geschichten sind vollständig verfälscht, durchzogen von einem Riss, der die unsichtbaren, die abgerissenen Anteile symbolisiert. Das Ich gibt zu, dass es eine Fälschung ist, die instrumentalisiert wird, um unterschiedliche Zwecke zu erreichen. Es ist eine Fälschung der Fälschung (S. 297–298). Es wurde nach Belieben ausgespielt und zum Erreichen bestimmter Ziele eingesetzt: „Malina: Aber gehandelt hast du. Und hast mit dir handeln und dich behandeln lassen, auch über dich verhandeln lassen." (S. 312)

> Ich war ganz verfälscht, man hat mir falsche Papiere in die Hand gedrückt, hat mich deportiert dahin und dorthin, dann wieder angestellt zum Danebensitzen, zum Zustimmen, wo ich früher nie zugestimmt hätte, zum Bestätigen, zum Rechtgeben. Es waren lauter mir völlig fremde Denkweisen, die ich hätte nachahmen müssen. Am Ende war ich eine einzige Fälschung, kenntlich darunter vielleicht nur noch für dich [für Malina – S. B.]. (S. 297–298)

Das Ich aus Klagenfurt wurde für suspekte Machenschaften der Geheimdienste gebraucht, aber auch als Stütze für die Opfer-Konstruktionen. Es war eine Mitwisserin des brutalen „Vaters". Mit diesem weiblichen Ich aus Klagenfurt legte Bachmann eine Fährte, die zu einer Fälschung führte, zu einer Identität, die als fiktiv entlarvt wurde. Das weibliche Ich diente als „Širma": Die Problematik seiner zerstörten „Weiblichkeit" trat in der Rezeption immer mehr in den Vordergrund und schirmte von Malina ab, dessen Züge immer schwärzer gezeichnet wurden.
Im Wortschatz der Kriminellen wird der Trick, sich abzuschirmen, um kriminelle Handlungen zu begehen, als „Širma" bezeichnet.[189] Hierbei werden Zeitungen und Taschentücher eingesetzt, um von der eigentlichen Tat abzulenken. Die Utensilien sollen über den kriminellen Sachverhalt hinwegtäuschen. Man schirmt sich ab, damit die kriminelle Performance unbemerkt bleibt:

> In den Malinen [Pluralbildung des Übersetzers Peter Urban. Im Nominativ/Singular lautet das Wort „Malina" – S. B.] von Rostov habe ich nicht wenige begabte Schirmer kennengelernt. Diese Bezeichnung kommt, nach Meinung vieler, von dem Wort „Širma".
> Das bedeutet: ohne Deckung, ohne „Širma" in eine fremde Tasche zu kommen, ist unmöglich, ist zu riskant. Ein Taschendieb arbeitet am hellichten Tage, vor aller Augen.
> Ein solcher Deckungsschutz kann im Prinzip jeder beliebige Gegenstand sein: eine Mütze, ein Taschentuch, eine Zeitung. Einige wenige kommen zwar auch ohne all diese Hilfsmittel aus, sie arbeiten einfach – hinter der vorgehaltenen Hand – mit der anderen. Aber wie dem auch sei – irgendeinen Schirm braucht jeder.
> Der berühmte Taschendieb Kozjol benützte zum Beispiel die Zeitung „Kommunist". Wobei er sie so faltete und hielt, daß die Titelseite immer zu sehen war. In einem strengen halbmilitärischen Drillichkittel, eine quadratische Brille (mit Gläsern aus einfachem Fensterglas) auf der Nase und einer neuen Ausgabe seiner Zeitung in Händen erweckte Kozjol auf sein Publikum einen ziemlich suggestiven Eindruck. In seinem ganzen Äußeren erinnerte er an einen Parteisekretär des Bezirkskomitees. Und im Endeffekt arbeitete er ungewöhnlich erfolgreich.
> Er ging seinem Gewerbe hauptsächlich in Kinos und Kaufhäusern nach; seine „Arbeitszeit" lag daher spät.
> Dafür fuhren die, die an Straßenbahnen, Busse und die Metro gebunden waren, morgens, in aller Herrgottsfrühe zur Arbeit, und dann wieder – am Spätnachmittag.[190]

189 Djomin: *Die Tätowierten*, S. 121.

190 Ebd. Über den Taschendieb Anton Bachman und Ingeborg Bachmanns Flucht vor der schweizerischen Polizei erzählt Hans Werner Henze. Neben dem Namen Anton Bachman soll auch der Name Ingeborg Bachmanns auf der Fahndungsliste der schweizerischen Polizei gestanden haben. Während eines Aufenthaltes in Zürich parkte Bachmann im Parkverbot. Die Polizei verlangte von Bachmann, das Auto vom Parkverbot zu entfernen, dafür hatte Bachmann aber keine Zeit. Im Zug nach Deutschland traf sie auf einen Fahnder: „Und sie fragte den Kerl, was sie auch sonst oft machte, in diesem Falle aber unter einer bestimmten strategischen Absicht: ‚Wie ist denn so ein Leben wie das Ihrige, haben Sie Familie, ist Ihre Arbeit anstrengend, oder macht sie Vergnügen?' Und er: ‚Ach, wie nett, daß Sie fragen! Naja, ich habe hier dieses Fahndungsbuch, ich fahnde nach Kriminellen.' ‚Sehr interessant', sagt sie. Und er: ‚Zum Beispiel könnten Sie's ja sein! Wie ist ihr Name?' ‚Bachmann'. ‚Ah. Bachman. Anton Bachman. Taschendiebstahl.' Und irgendsowas. In dem Moment mußte er auf den Bahnsteig heraus. Und sie hat flugs im Fahndungsbuch nachgeschaut: Bachmann, Ingeborg. Ja, und dann hat sie das Buch zugemacht, gerade als der Grenzpolizist wiederkam. Und sie hat ihn gefragt: ‚Und wieviele Kinder haben Sie?' Und dann hat er angefangen, von seinen Kindern zu erzählen, bis sie in Deutschland waren und unsere Künstlerin gerettet. LM [Leslie Morris]: Und nachher hat sie das dann erzählt, mit Vergnügen, nicht wahr? HWH [Hans Werner Henze]:

Während der zweiten Begegnung mit Malina, die vom Ich provoziert wird, setzt es einen Gaunertrick ein: Nach dem Vortrag „Die Kunst im Zeitalter der Technik" (S. 16) stößt das Ich in der Menschenmenge Malina an (S. 17). Wenn ein Gauner geschickt eine Drängelei auslöst, um während der allgemeinen Verwirrung ungehindert zu stehlen, so tut das Ich es, um die Aufmerksamkeit Malinas auf sich zu lenken:

> […] und ich tat das Unmögliche, ich stieß ihn an, als hätte man mich gegen ihn gestoßen, als fiele ich gegen ihn, und ich fiel ja wirklich auf ihn zu. So konnte er nicht anders, er mußte mich bemerken, aber ich bin nicht sicher, daß er mich wirklich gesehen hat, doch damals hörte ich zum erstenmal seine Stimme, ruhig, korrekt, auf einem Ton: Verzeihung.
> Darauf fand ich keine Antwort, denn das hatte noch nie jemand zu mir gesagt, und ich war nicht sicher, ob er mich um Verzeihung bat oder mir verzieh, die Tränen kamen so schnell in meine Augen, daß ich ihm nicht mehr nachsehen konnte, sondern, der anderen wegen, zu Boden schaute, ein Taschentuch aus der Tasche herausholte und flüsternd vorgab, jemand hätte mich getreten. Als ich wieder aufsehen konnte, hatte Malina sich in der Menge verloren. (S. 17)

Das Ich täuscht vor, ein Opfer zu sein. Der anderen wegen schaut es zu Boden, holt ein Taschentuch aus der Tasche – sein Täuschungswerkzeug – und gibt vor, es sei getreten worden. Es ist ihm aber von Anfang an bewusst, dass seine Begegnung mit demjenigen Malina, den es nicht zu finden weiß, eines Tages stattfinden wird: „Ich war allerdings von Anfang an *unter* ihn gestellt, und ich muss früh gewusst haben, dass er mir zum Verhängnis werden müsse, dass Malinas Platz schon von Malina besetzt war, ehe er sich in meinem Leben einstellte. Es ist mir nur erspart worden, oder ich habe mir aufgespart zu früh mit ihm zusammenzukommen." (S. 15–16) Bachmann konfrontiert die „Ära der Schmuggler" mit Sachverhalten, die vom Schwarzmarkt der Nachkriegsjahre und danach durch die Anhäufung von Waren überdeckt wurden. Sie übt in *Malina* nicht nur Kritik an Rassismus, an weltanschaulicher Propaganda, sie entlarvt mit dem „Ich aus Klagenfurt"-Motiv nicht nur die österreichische Opferhaltung nach dem Zweiten Weltkrieg, sondern kritisiert auch den Konsumkapitalismus. Überdeckt vom *film noir* (*Der dritte Mann*), marginalisiert durch den Schwarzhandel und später durch den Warenüberfluss der „zweiten Nachkriegszeit", „obwohl von einer zweiten man nie etwas hörte" (S. 262), blieben NS-Kriminelle meist unbehelligt. Harro Segeberg zufolge konnte sich Auschwitz „nicht anders als im Schatten" einer „hell erleuchteten medialen Unterhaltungsindustrie ereignen".[191] Die „Traumwäscherei" in Schwarz (das schwarze Label) verwischte und marginalisierte Malinas Überlebensspur

Mit Stolz, ja, und auch mit ein wenig Pantomime. Viel war nicht nötig, denn der Gesichtsausdruck und die Hände waren expressiv genug." (Morris: Das Leben, die Menschen, die Zeit, S. 144.) Andrea Stoll schreibt, dass Bachmanns Sinn für Humor und Alltagswitz häufig unterschätzt wurde. Bachmanns Familie und Freunde bezeugen Bachmann „Lust an komischen Anekdoten und pointierten Geschichten": „Bachmanns Geschwister erinnern sich bis heute an unvergessliche Abende im Familienkreis, an denen die ‚große Schwester' ihre Kabinettstücke aus dem Kreis berühmter Literaten und bekannter Persönlichkeiten zum Besten gab." (Stoll: *Ingeborg Bachmann*, S. 124–125.)

191 Harro Segeberg: Erlebnisraum Kino. Das Dritte Reich als Kultur- und Mediengesellschaft. In: Ders. (Hrsg.): *Mediale Mobilmachung I: Das Dritte Reich und der Film*. München: Fink 2004, S. 11–42, hier S. 25. Den Vers aus *Die Moritat von Mackie Messer* bezeichnet Segeberg als „Brecht-Vorhersage" (ebd.).

noch mehr. Der Historiker Joseph Wulf brachte es auf den Punkt: „[…] und die Massenmörder gehen frei herum, haben ihr Häuschen und züchten Blumen.“[192] Anderseits verrät das tiefschwarze Label, das die Auslöschung von Malina unmöglich ist. Malina entblößt sich als „schwärzer im Schwarz“: „Im Quell deiner Augen / erwürgt ein Gehenkter den Strang.“ (*Lob der Ferne*)[193]

7. Museum: „Geheimsache Malina“

Viele InterpretInnen haben Malina als Historiker und Militärhistoriker identifiziert.[194] Analysiert man das titelgebende Wort aus einer militärhistorischen Perspektive, scheint es auf den sowjetischen Marschall Rodion Malinowski zu verweisen. Malinowskis Name erinnert an die Schlacht um Budapest und um Wien 1944–1945. Am 1. Juni 1960 brachte *Der Spiegel* einen Artikel über Malinowski. Er galt in den 1960er Jahren im Westen neben Regierungschef Chruschtschow als die „interessanteste Figur des roten Imperiums“.[195] Für die westlichen Biographen war der 61-jährige Malinowski eine rätselhafte Persönlichkeit.[196] Er wurde 1898 als Sohn eines Arbeiters am Stadtrand von Odessa geboren.[197] Bei Ausbruch des Zweiten Weltkrieges war Malinowski bereits Generalmajor und Kommandeur eines Kavalleriekorps.[198] Er wurde beauftragt, seine Heimatstadt Odessa gegen die heranrückenden Deutschen zu verteidigen.[199] 1944–1945 kamen die Truppen der Südwestfront, von Malinowski angeführt,[200] bis an die Tore von Budapest und Wien.[201] Im Juni 1960 erschien im *Military Review* ein Artikel von Walter Darnell Jacobs, in dem er sich mit den Namen Malina und Malinowski auseinandersetzte. Jacobs fand heraus, dass mit dem Namen Malina zahlreiche Verwechslungen und ungeklärte Sachverhalte verbunden sind:

> The word *malina* normally is translated from Russian as “raspberries.” In some south Russian and Ukrainian dialects it may mean “a criminal’s hideout.” As a Russian or Ukrainian surname, *malina* usually is rendered as “Malinovsky.” Marshal Malinovsky claims that his name is a Russification of “Malinescu” which his family bore when living in the Ukraine, near Bessarabia. The derivation of his surname was once a rather important matter for the present Soviet Defense Minister. In his

192 Eberhard Rondholz: „Und die Massenmörder züchten Blumen.“ In: *konkret* 1 (2011), S. 38–39, hier S. 39. http://rondholz.nelkonzept.de/2011/01/und-die-massenmorder-zuchten-blumen (Zugriff am 10.08.2014).

193 Paul Celan: Lob der Ferne. In: Ders.: *Werke. Historisch-Kritische Ausgabe*, Bd. 2./3,1: Der Sand aus den Urnen / Mohn und Gedächtnis, hrsg. v. Andreas Lohr, unter Mitarbeit v. Holger Gehle, in Verbindung mit Rolf Bücher. Frankfurt am Main: Suhrkamp 2003, S. 56.

194 Siehe z. B. Bartsch: Ingeborg Bachmann, S. 147.

195 Sowjet-Union: Rodion Malinowski. In: *Der Spiegel*, 01.06.1960. http://www.spiegel.de/spiegel/print/d-43065881.html (Zugriff am 10.08.2014).

196 Ebd.

197 Ebd.

198 Ebd.

199 Ebd.

200 Ebd.

201 Ebd.

> application for admission to the Red Army he had stated that his father was a farmer. In 1921 the *Cheka* (secret police) received an anonymous letter denouncing Malinovsky as a liar. The letter said that he was not a farmers son but rather the scion of a Czarist police official and hence not fit material for the Red Army. [...] Malinovsky had an explanation that was almost too facile and adroit. He explained that there had been two families in his hometown – one, his own, which carried the name "Malinescu" and another, that of a local policeman, known as "Malina." Since, as a policeman, Malina was the butt of jokes because of his name, he Russified it into Malinovsky. The Malinescus also changed their name in order to avoid confusion with Romanians in the area. The result was two Malinovsky families in a small village. It might well be, Malinescu-Malinovsky suggested, that the writer of the letter had confused him with the son of Malina.[202]

Bei Bachmann ist Malina als (Militär-)Historiker im Heeresgeschichtlichen Museum in Wien angestellt. Möglicherweise will Bachmann die „Geheimsache Malina" in diesem Museum verortet sehen. Jutta Schlich stellt eine auffallende „Symbiose" zwischen Malina und dem Museum fest und erfasst präzise dessen Milieu: „Es fällt aus der Umgebung heraus, stört den kontinuierlichen Fluss der Wahrnehmung, erzwingt Aufmerksamkeit und gibt zu denken. Das ‚Malina-Museum' ist ein Phänomen, mit dem man sich – wohl oder übel – auseinandersetzen muss."[203] Schlich hebt die politische Brisanz und die internationale Tragweite des „Malina-Museums" hervor.[204] Auch Kaja Antonowicz macht auf den Zusammenhang zwischen Malina und Museum aufmerksam:

> Der Beruf von Malina – er ist Museumsbeamter – hängt ebensosehr mit der Konservierung einer Erinnerung zusammen wie mit ihrer Abtötung und „Musealisierung", er selbst führt eine unauffällige Schattenexistenz zwischen Museum und Ungargassenland, das er unter keinen Umständen verlassen würde. Ein Ausflug, wie sie das Ich mit Ivan macht, wäre mit Malina sicher nicht denkbar, er ist ortsgebunden und verlässt den III. Bezirk von Wien nie [...].[205]

Doch anstatt den von Bachmann intendierten kontextuellen Zusammenhang „Malina-Museum" konsequent auszuloten, interessieren sich weder Antonowicz noch Schlich für die zeitgeschichtliche Relevanz des Wortes und des Namens „Malina". Schlich beschäftigt sich mit psychologischen und verhaltenspsychologischen Auffälligkeiten Malinas, dem sie sogar das moderne Aufmerksamkeitsdefizit-Hyperaktivitätssyndrom (ADHS) diagnostizieren will.[206] Im Heeresgeschichtlichen Museum in Wien ist die „Geheimsache Malina" bislang nicht etabliert, doch die Entzifferung geheimer rotwelscher Botschaften wird durchaus praktiziert:

> Das museumspädagogische Team des Heeresgeschichtlichen Museums bietet Schülerinnen und Schülern spannende Vermittlungsprogramme zu unterschiedlichen historischen Ereignissen an. [...] Die Jugendlichen werden durch verschiedene Interaktionen angeregt, selbständig über Geschichte zu reflektieren:

202 Jacobs: Marshal Malinovsky, S. 14–15.

203 Schlich: *Inzest und Tabu*, S. 51.

204 Ebd.

205 Antonowicz: Malina oder das Auseinandergeraten, S. 97.

206 Schlich: *Inzest und Tabu*, S. 51.

> Eine rotwelsche Notiz muss beispielsweise übersetzt werden, um herauszufinden, was Marodeure des Dreißigjährigen Krieges vorhaben. Ein Gruppenspiel gibt Einblicke in das aufregende Leben des Prinzen Eugen. Ja, und wo sind eigentliche die Frauen geblieben? Wir gehen auf anregende Spurensuche.[207]

Eine höchst spannende Spurensuche könnte den SchülerInnen angeboten werden, wenn Bachmanns Schlüsselname Malina in eine Führung integriert werden könnte. Es wäre museumspädagogisch lohnenswert, die Erträge zum Wort „Malina“ in die Praxis hineinzunehmen. Zum Zweiten Weltkrieg bietet das Museum eine Standardführung an, die von Malina noch absieht. Die erste Zeile der aktuellen Führungsbeschreibung lautet: „Der sogenannte Anschluss, der die formale Eigenstaatlichkeit Österreichs beendet, die Eingliederung des Sudetenlandes und Resttschechiens in das ‚Dritte Reich‘, sie werden von der Welt widerspruchslos zur Kenntnis genommen.“[208] In Bachmanns Geburtsstadt Klagenfurt wurde der „Anschluss“ durchaus zur Kenntnis genommen: Ab dem 11. März 1938 zogen marschierende Kolonnen durch Klagenfurt.[209] Tausende Kärntner Nazis begrüßten den „Anschluss“.[210] Nach Lennox thematisiert *Malina* die „Anwesenheit der Vergangenheit in der Nachkriegszeit“.[211] Sie erinnert an das Statement Adornos über das „Nachleben des Nationalsozialismus *in* der Demokratie“ und betont, dass Bachmann diese Auffassung geteilt habe.[212] Das resistente „Virus Verbrechen“ prägt nach Lennox die Auseinandersetzung Bachmanns mit den Mördern, die sich „unter uns“ befinden.[213] In *Malina* heißt es:

> Malina will keine Schilderungen und Eindrücke von irgendwelchen Abendessen, die ich einmal mit Mördern verbracht habe. Er wäre aufs Ganze gegangen und nicht mit einer Impression zurückgeblieben oder mit dieser dumpfen Beunruhigung, sondern er hätte mir den wirklichen Mörder vorgeführt und mich durch die Konfrontierung zu einer Erkenntnis gebracht. (S. 250)

Im Zusammenhang mit dem Eichmann-Prozess (1961) und den Frankfurter Auschwitzprozessen hat Monika Albrecht auf die zunehmende Thematisierung von Auschwitz in der gesellschaftlich-politischen Öffentlichkeit der 1960er Jahre hingewiesen.[214] Im folgenden Kapitel werde ich die existenzielle Bedeutung des Schlüsselwortes „Malina“ während des Zweiten Weltkrieges aufzeigen. „Malina“ gehört zum

207 Geschichte hautnah erleben! Heeresgeschichtliches Museum (HGM): http://www.mittelalter-abc.de/schloesser-burgen-und-museen/hgm-heeresgeschichtliches-museum/ (Zugriff am 10.08.2014).

208 Zweiter Weltkrieg. Heeresgeschichtliches Museum (HGM): http://www.hgm.at/kulturvermittlung/fuehrungen/standard-erwachsene/zweiter-weltkrieg.html (Zugriff am 10.08.2014).

209 Botz: Historische Brüche, S. 201.

210 Ebd.

211 Lennox: Gender, S. 26.

212 Ebd., S. 25.

213 Ebd.

214 Monika Albrecht: Bachmann und Zeitgeschichte. Nationalsozialismus. In: Dies. / Dirk Göttsche (Hrsg.): *Bachmann-Handbuch: Leben – Werk – Wirkung*. Stuttgart / Weimar: Metzler 2002, S. 237–246, hier S. 241–242.

Wortschatz der ZeugInnen, die im Eichmann-Prozess aussagten. Für die Mehrheitsgesellschaft blieb Malina, sein Name und das gleichlautende Wort, ein Rätsel:

> [...] und er fragt: Was liest du denn da? Ich sage: Ich interessiere mich, es fängt an, mich zu interessieren. Malina sagt: Das glaubst du doch selber nicht! Ich sage: Noch glaubst du mir nicht, und du hast recht, aber eines Tages könnte ich doch anfangen, mich zu interessieren für dich, für alles, was du machst, denkst und fühlst!
> Malina lächelt besonders: Das glaubst du doch selber nicht. (S. 171)

Das Wort „Malina“ in historischen Dokumentationen und Zeugnissen der Holocaustüberlebenden

1. Malina als historische Tatsache und als Sujet literarisch-künstlerischer Produktionen

1.1 In historischen Dokumentationen

Bachmann entwirft in *Malina* zwar ein komplexes Panorama zeitgeschichtlich relevanter Missstände, doch war sie bestrebt, die Schlagzeilenaktualitäten in den Massenmedien „hinwegzuschreiben“:

> [...] zu den Aktualitäten habe ich nur zu sagen, daß man sie hinwegschreiben muß, man muß die Aktualitäten seiner Zeit korrumpieren, man darf sich nicht von den Phrasen, mit denen diese Aktualitäten einem aufgedrängt werden, korrumpieren lassen.[1]

Im Interview mit Ilse Heim am 5. Mai 1971 sagt Bachmann, dass der einzige Sinn von Tagesaktualitäten darin liege, im Abfall der Müllschlucker zu verschwinden.[2] Im Sinne Bachmanns wird deshalb die vordergründig aktuelle kriminelle Malina „hinwegzuschreiben“ sein. Die Sichtung historischer Quellen zum Holocaust im osteuropäischen Raum wird eine noch verborgene Deutung des titelgebenden Wortes „Malina“ in der *Malina*-Rezeption aufzeigen. Seit dem Erscheinen von Bachmanns *Malina* (1971) hat sich die mediale Landschaft verändert: Die Chiffre „Malina“ hat mittlerweile das World-Wide-Web erreicht und längst ihren festen Platz in gedruckten Quellen gefunden.[3] In der Holocaustforschung wird das von Bachmann benutzte

1 Bachmann: [Rede], S. 297. Vgl. auch dies.: *Wir müssen*, S. 92.

2 Vgl. Bachmann: *Wir müssen*, S. 109.

3 Vgl. z. B. Arad: *The Holocaust*, S. 258, 455–456; ders.: *In the Shadow of the Red Banner: Soviet Jews in the War against Nazi Germany*. Jerusalem / Lynbrook: Gefen 2010, S. 215, 227.

Wort „Malina“ vielfach als „hiding-place“ erläutert[4] und bezieht sich auf einen Undercover-Platz:

> A better way to save life, at least for a short time, was to find a hiding place, or to make one (these were called Malina). At first the hiding places were used to hide until the end of the Aktion, or the capture for forced labor. People hid in basements, attics, storerooms etc. Over time, the making of these Malinas became highly sophisticated, people learned to cleverly camouflage and make them suitable for living in for lengthy periods.[5]

Nur ein kleiner Teil der ZwangsinsassInnen osteuropäischer Ghettos hat durch Benutzung von Malinas den Massenmord überleben können. Die getarnte Malina half, insbesondere während der Treibjagden, das Leben zu verlängern:

> A well concealed malina was used several times by its "owners." After an action the Jews emerged from the malina and blended in with the people left behind by the Germans as a workforce. The malina in those cases served as temporary shelters only until the end of the action. In places where the ghetto had been liquidated along with its entire Jewish population, the malina was no longer a life-saving option. The house-to-house searches conducted by police for days and weeks following a murder action, the local inhabitants who came to loot anything left behind by the Jews, breaking down walls and forcing open cellars, ensured that no malinas remained undiscovered. Those houses which were not destroyed were handed over to the local population, who soon discovered in them the hiding places used by the Jews. A major problem in planning a malina was the matter of concealing its entrance, whether this was to be achieved by the people already inside or by someone willing to risk doing the job from the outside. [...] Many thousands of Jews hiding in malinas survived the various actions. Around 20,000 Jews remained alive in the Vilnius ghetto at the end of actions that took place between July and December 1941, among them 13,000 holders of work permits and 7,000 "illegals" who survived thanks to the malinas. [...] Although a temporary measure, the malinas were used by thousands of Jews in all the ghettos.[6]

Masha Greenbaum schreibt, dass die Gegenseite über die Existenz der Verstecke informiert war. Die Nazis bemühten sich, die getarnten Malinas zu lokalisieren und die in ihnen verborgenen InsassInnen zu ermorden.[7] Abraham Sutzkever zufolge fanden zudem Schulungen statt, in denen litauische Kollaborateure instruiert wurden, Malinas aufzuspüren.[8] Die EntdeckerInnen einer Malina wurden mit Prämien entlohnt.[9]

4 Lester Eckman / Chaim Lazar: *The Jewish Resistance: The History of the Jewish Partisans in Lithuania and White Russia During the Nazi Occupation.* New York: Shengold 1977, S. 25.

5 Shimon Joffe: Translation from: *Pinkas Hakehillot Lita*: Encyclopedia of Jewish Communities, Lithuania. http://www.jewishgen.org/yizkor/pinkas_lita/lit_00090.html (Zugriff am 10.08.2014).

6 Arad: *The Holocaust*, S. 455–456.

7 Masha Greenbaum: *The Jews of Lithuania: A History of a Remarkable Community, 1316–1945.* Jerusalem / New York: Gefen 1995, S. 338.

8 Sutzkever: *Wilner Getto*, S. 145. Viele Malinas wurden von Litauern aufgedeckt. Der Zeitzeuge Benjamin Anolik schreibt: „Alle Bewohner suchten verzweifelt nach einem guten Unterschlupf. Ein Unterschlupf war ein Versteck, und ein gutes Versteck bedeutete Überleben. Verstecke inner- und außerhalb der Wohnung, unter dem Fußboden oder auf dem Dachboden. Aber auch die litauischen Halbstarken und Menschenjäger wußten, wo sie zu suchen hatten. Das war ein Krieg wie zwischen Katze und Maus.“ (Benjamin Anolik: *Lauf zum Tor mein Sohn. Von Wilna durch das Ghetto Wilna und sechs Lager in Estland.* Konstanz: Hartung-Gorre 2005, S. 45–46.)

9 Sutzkever: *Wilner Getto*, S. 145.

> Aware by now that the Red Army was advancing on Lithuania, the Jewish remnants in the ghettos and camps built *malinas* (places of concealment) in hope of holding out until the liberators arrived. Every possible space – under apartment floorboards, cellars, lofts, and gardens – was converted into a *malina*. The Nazis, no less aware that their stranglehold on the Jews was about to end, spared no efforts in locating these concealed bunkers and demolishing them, usually by means of explosives.[10]

Alle ZeugInnen der Gräueltaten sollten ermordet werden. Die Jagd nach den Undercover-Menschen in den Malinas wurde bis zum Eintreffen der Roten Armee fortgesetzt. Nichtsdestotrotz gab es sowohl in Vilnius, als auch in Kaunas, in Minsk und in anderen Städten Überlebende. Einige Malinas hat man nicht eliminieren können. Sie blieben trotz der grausamen Angriffe unzerstört und haben das Leben der Verborgenen retten können. Malinas sind als angstbesetzte, ambivalente Orte des Grauens im Gedächtnis der Überlebenden geblieben, da man nie wusste, ob das Versteck eine Rettung oder eine Falle war.

1.2 Im Museum

Es gibt Museen, die das Gedächtnis, wie in Bachmanns *Malina* chiffriert, an die zahlreichen Malinas bewahren. Das Gaon Jewish State Museum in Vilnius präsentiert elektronische Ressourcen über den schon erwähnten Heeres-Kraftfahr-Park (HKP). Auf der Webseite des Museums werden Archivdokumente über das Arbeitslager vorgestellt, dessen Geschichte Irina Guzenberg zusammengefasst hat:

> The material on the Jewish labor camp, HKP – the daily labor sheets, tables, information on the number of prisoners, and the official correspondence, help us reconstruct both the structure of similar labor camps, and the threatening atmosphere of 1943-1944. In the wake of the liquidation of the Vilnius ghetto, the remaining camps that utilized prisoner workforces became their only hope to survive. [...] The first lists that contained the names of workers to be transferred to the camp were prepared by Plagge, in August 1943. Soon, however, deportations from the ghetto began, when many of the skilled mechanics were expelled to Estonia. For this reason, in September the lists for H. K. P. were drawn up on the spot, in the streets of the ghetto. Many people were eager to get inside the camp, even though they were not trained as mechanics. In desperation, workers listed their parents, grandparents and close friends as their family members. Some had previously been hiding in ghetto 'malinas'. (hiding places), and had no documents at all. Many others bribed the ghetto officials, in order to gain admittance. Their hope was to survive, and people tried to do so at any cost. [...] The Germans left the camp on July 4th. Some of the 'malinas'. made in the attics, cellars and inside enclosed walls were not discovered, and approximately a hundred people finally broke free, by which time Soviet troops were in the outskirts of the city. They broke the ring of the German defense on July 7, 1944, and surrounded the Nazi garrison on July 9. On the 13th of July, the troops of the 3rd Belorussian Front entered Vilnius.[11]

Die Gewissheit über die Schließung des Ghettos führte zum intensiven Ausbau der Verstecke. Die Liquidierungsaktionen leitete Bruno Kittel. Er war Absolvent einer

10 Greenbaum: *The Jews of Lithuania*, S. 338.

11 Irina Guzenberg: Documents of the H. K. P. Jewish Labor Camp in the Lithuanian Central State Archives. http://www.jmuseum.lt/index.aspx?Element=ViewArticle&TopicID=385&ArticleID=4111 (Zugriff am 10.08.2014).

österreichischen Theaterschule und soll Filmschauspieler gewesen sein.[12] Kittel spielte Saxophon[13]:

> Auf den ersten Blick ist es unvorstellbar, daß Kittel Kittel ist. Schon wie er lächelt. Seine weißen Zähne blenden von weitem. Ständig umschwebt ihn ein Duft von Parfum. Er ist elegant und höflich, modern und „wohlerzogen". Wenn er in die Provinz aufbricht, um ein Blutbad anzurichten, nimmt er das Saxophon mit… .[14]

Kittel beteiligte sich an der Liquidierung der Ghettos in Riga, Wilna und Kaunas.[15] Nach Abraham Sutzkever war er der flinkeste und jüngste von allen Nazi-Henkern im Ghetto des besetzten Wilna.[16] Sein Ruhm als Judenmörder eilte ihm voraus: „[…] Hunderte Kilometer weit von Riga und Tallinn, Lodz und Warschau."[17] In den Erinnerungen der Überlebenden wird Kittel als Deutscher und als Österreicher gehandelt.[18] Die Zeitzeugin Schoschana Rabinovici erinnert sich:

> Im Juni 1943 lernten wir einen neuen, furchteinflößenden Namen kennen – Kittel, ein deutscher Offizier und Vorgesetzter der Geheimpolizei für Judenangelegenheiten in Wilna. Kittel war ein junger Mann in den Zwanzigern, gutaussehend, stets elegant gekleidet und von äußerst kultiviertem Benehmen. Es wurde erzählt, er sei Schauspieler und Musiker, liebe Musik und spiele Saxophon beim Wilnaer Rundfunk. Doch hinter seinem kultivierten Äußeren verbarg sich ein besonders raffiniertes Ungeheuer. […] Im Ghetto gingen viele Geschichten über seine schrecklichen Einfälle um. Er hatte sich bei den Liquidierungen von Ghettos einen Namen gemacht. Er sollte schon für die Auflösung vieler Ghettos in der Umgebung verantwortlich gewesen sein, sagte man, ebenso für die schreckliche Liquidierung des Ghettos von Riga, der Hauptstadt Lettlands.[19]

Kittel wurde nie gefasst und nie verurteilt. Doch er hat eine Blutspur hinterlassen. Diese beschreibt auch der Zeitzeuge Abraham Sutzkever:

12 Wassili Grossman / Ilja Ehrenburg (Hrsg.): *Das Schwarzbuch: Der Genozid an den sowjetischen Juden*, hrsg. v. Arno Lustiger, aus d. Russ. v. Heinz Deutschland / Ruth Deutschland. Reinbek: Rowohlt 1995, S. 477. Vgl. Rolnikaite: *Ich muss erzählen*, S. 139 (siehe Anm. d. Ü.).

13 Rolnikaite: *Ich muss erzählen*, S. 139 (Anm. d. Ü.). Vgl. auch Sutzkever: *Wilner Getto*, S. 153.

14 Sutzkever: *Wilner Getto*, S. 153.

15 Grossman / Ehrenburg (Hrsg.): *Das Schwarzbuch*, S. 477.

16 Sutzkever: *Wilner Getto*, S. 153.

17 Ebd.

18 Vgl. Rolnikaite: *Ich muss erzählen*, S. 139 (Anm. d. Ü.). Walter Hacker schreibt im Nachwort zu *Das Tagebuch der Maria Rolnikaite* (1967): „Bruno Kittel, der Nachfolger Murers, wird von den österreichischen Behörden noch immer gesucht. […] Bruno Kittel wurde um 1915 als Österreicher oder Sudetendeutscher geboren und war im Zivilberuf Artist oder Schauspieler, ehe er Gestapobeamter wurde. Er hatte dunkles Haar und wurde als ‚hübsch' beschrieben. Er übernahm von Murer die Aufgabe der Liquidierung des Wilnaer Ghettos. Aus diesem Grunde läuft gegen ihn unter Zahl 13 Vr 561/63 in Graz ein Verfahren. […] Auf Grund des Verfahrens gegen Murer wird in Österreich sowohl nach Bruno Kittel wie auch nach Rudolf Thomas Neugebauer gefahndet. Beide sind jedenfalls im österreichischen Fahndungsbuch zur *Aufenthaltsermittlung* ausgeschrieben. Mit welcher Intensität von den österreichischen Behörden nach ihnen und anderen gesucht wird, ist allerdings nicht bekannt. Hinweise aus Bevölkerung wären gewiß zielführend." (Walter Hacker: Nachwort eines Österreichers. In: Maria Rolnikaite: *Das Tagebuch der Maria Rolnikaite.* Wien / Frankfurt / Zürich: Europa-Verlag 1967, S. 250–260, hier S. 251.)

19 Schoschana Rabinovici: *Dank meiner Mutter*, aus d. Hebr. v. Mirjam Pressler. Frankfurt am Main: Fischer 2002, S. 98.

Abb. 4
Bruno Kittel.

> Als das Wilnaer Ghetto liquidiert wurde, befahl Kittel, ihm einen Flügel auf den Hof hinauszutragen, setzte sich und begann zu spielen. Während dieser Zeit hatten die ‚Häscher' eine ‚Malina' entdeckt und brachten von dort einen jüdischen Jungen angeschleppt. Als dieser Kittel Klavier spielen sah, warf er sich ihm mit der Bitte um Gnade zu Füßen. Kittel zog seinen Revolver, fuhr fort, mit der linken Hand zu spielen, und erschoß den Jungen.
> Nachdem das Ghetto liquidiert worden war, gab es in der Stadt nur noch drei Konzentrationslager mit 3000 jüdischen ‚Spezialisten'. Als Kittel eines Tages mit einem Mädchen spazierenging, fielen ihm auf der anderen Straßenseite eine Frau und ein Mann – zwei schon etwas ältere Leute – mit einem Kind auf. Kittel vermutete in ihnen Juden, hielt sie an und ließ sie in das Konzentrationslager Subotsch bringen, wo sich herausstellte, daß die drei sich die ganze Zeit in einer ‚Malina' verborgen gehalten hatten.[20]

Die materiellen Zeichen über den prägenden Einfluss jüdischer Denk- und Kulturtraditionen im baltischen Raum sollten ebenfalls vernichtet werden. Nicht nur Menschen, die aus ihren Verstecken gezerrt wurden, auch Kulturgüter waren auf Malinas angewiesen und wurden in ihnen verborgen. In *Jewish State Museum of Lithuania* (1996) thematisiert Rachel Kostanian den nationalsozialistischen Feldzug gegen die materielle Kultur des litauischen Judentums:

20 Abraham Sutzkever: Das Ghetto von Wilna, aus d. Jidd. von M. Schambadal / B. Tschernjak. In: Grossman / Ehrenburg (Hrsg.): *Das Schwarzbuch*, S. 457–547, hier S. 488. Zuerst erschien der Bericht von Sutzkever 1944 in Moskau auf Jiddisch, danach 1946 in Paris in jiddischer Sprache und 1947 in Tel Aviv. Die Vorlage für die Übersetzung ins Deutsche ist auf Russisch abgefasst, siehe ebd., S. 457.

> The Nazis were annihilating the Jewish culture with the same fury with which they were murdering the Jewish people. They organized special departments of the so-called Alfred Rosenberg Headquarters, in Vilnius and in Kaunas, in order to "collect" Jewish cultural objects. Alfred Rosenberg was a leading ideologist of racism, a rabid anti-Semite, and Minister for the Occupied Eastern Territories. Twenty Jewish intellectuals were ordered to sift through and inventory the most valuable things collected in the YIVO [das J. W. I., das Jiddische Wissenschaftliche Institut – S. B.] building. Rare books, manuscripts, art and ritual items were chosen for transference to Germany. (Part of the collection was found after the war in Frankfurt am Mein.) Risking their lives in order to save the best works, the Jewish scholars built special hiding places – "malina" – under the building, in the attic, in other places, or else smuggled objects into the Ghetto.[21]

Dank einer risikoreichen Vorsorge wurden in Geheimverstecken Bücher, Briefe, Manuskripte, Kunstgegenstände, viele wertvolle Raritäten und Unikate verborgen: „Und hier sind wir in der Schawler 6, in einer der wichtigsten Malinen. Die Maline liegt zwei Stockwerke unter der Erde und ist mit den Röhren der Kanalisation vereinigt."[22] Heute ist die Sammlung der geretteten Schätze bekannt als Sutzkever-Kaczerginski Collection und befindet sich in New York.

1.3 Ein Sujet künstlerischer Produktionen

> *This is our own, dug out and safe Malina.*
> *We dwell here under wings of the Shekhinah.*
>
> (Abraham Sutzkerev: *Di Gehejmschtot*)

Am 27. Januar 2012, dem Holocaust-Gedenktag, fand im Keller des Jüdischen Kultur- und Informationszentrums (Žydų kultūros ir informacijos centras) in Vilnius eine Ausstellungseröffnung statt. Die Ausstellung war nach der Rettung bietenden „Arche" Malina[23] benannt. Sie erinnerte an die Ghetto-Verstecke. In den Massenmedien wurde über dieses bedeutsame Ereignis umfassend berichtet:

> On 27 January at the events of the International Holocaust Remembrance Day in Vilnius, Lithuanian Vice-Minister of Foreign Affairs Asta Skaisgirytė Liauškienė called for making every effort to perpetuate the memory of the Holocaust and for encouraging the younger generation to learn about the roots of this unique racial crime and its tragic scope. [...] Skaisgirytė Liauškienė took part in the opening of the exhibition of a unique 'malina' shelter at the Jewish Culture and Information Centre in the former

21 Rachel Kostanian: *The Jewish State Museum of Lithuania.* Vilnius: Lietuvos Valstybinis Žydų Muziejus 1996, S. 25. Zum weltanschaulich motivierten Kampf gegen die jüdischen Kulturdenkmäler vgl. Christoph Dieckmann: *Deutsche Besatzungspolitik in Litauen 1941–1944*, Bd. 2. Göttingen: Wallstein 2011, S. 1040.

22 Sutzkever: *Wilner Getto*, S. 252.

23 Siehe die Pressemeldungen über die Ausstellung „Malina" in Vilnius: PERMANENT SHOW 'MALINA' TO BE OPENED AT JEWISH CULTURE AND INFORMATION CENTRE. http://www.kamane.lt/eng/news/2012-year/january/photography/permanent-show-malina-to-be-openend-at-jewish-culture-and-information-centre (Zugriff am 10.08.2014); R. Dichaviciaus parodos „Paminklas paminklui" ir ekspozicijos „Malina" atidarymas. http://www.bernardinai.lt/straipsnis/2012-01-24-r-dichaviciaus-parodos-paminklas-paminklui-ir-ekspozicijos-malina-atidarymas/75916 (Zugriff am 10.08.2014); JFS Program Participants Visit Malina Exhibit. http://archive-lt.com/page/743885/2012-11-24/http://www.lzb.lt/en/home/670-jfs.html (Zugriff am 10.08.2014).

Vilna ghetto territory. This exhibition acquaints with the so-called ghetto "malina" shelters - the hiding places where Jews found shelter during the Nazi-occupation of Lithuania.[24]

Die Chiffre „Malina" erlangt im 21. Jahrhundert immer mehr internationale Aufmerksamkeit. Im Netz nimmt ihre mediale Präsenz zu. Auch die Webseite der US-amerikanischen Botschaft in Litauen informiert über die Undercover-Plätze und trägt ebenso wie litauische Zeitschriften zur Verbreitung des Wortes „Malina" im Netz bei:

> January 27, 2012
> Madame Vice Minister Skaisgiryte-Liauskiene, Director Gurevičius, Chairman Jafetas, dear guests and friends. Today we commemorate the International Day of Holocaust Remembrance. I am honored to join you at the opening of the educational exhibition "Malina" and of Rimantas Dichavičius' photography exhibition, "Paminklas Paminklui." Although it is now 2012, these projects are very much a part of the spirit of 2011, the Year of Holocaust Remembrance. This joint exhibit highlights our continued commitment to commemorate the tragic events of the Holocaust for all time, and to be vigilant to ensure they never occur again. [...] By building secret hiding places, or "Malinas," many brave Lithuanians risked their own lives to ensure the survival of their Jewish neighbors and friends. The Talmud says that if you save one life, it is as if you had saved the whole world. It is important that we highlight this story, a light in the darkness of the Holocaust. Thank you to Algis Gurevicius and the Jewish Culture and Information Center, to the Vilnius Municipality, and to the German Embassy for making this important educational project a reality. The U.S. Embassy and the American people are proud to stand with you and support this initiative. Thank you.[25]

Malina ist aber nicht nur eine historische Tatsache, ist nicht nur Thema der „Malina"-Ausstellung in Vilnius, sondern ist auch ein Motiv künstlerisch-literarischer Werke von SchriftstellerInnen und DichterInnen, die den Holocaust überlebt haben. In Abraham Sutzkevers Gedichtzyklus *Di Gehejmschtot* (*Die verborgene Stadt*) gibt es eine kurze Episode über eine Abwassersystem-Malina: „A hole in metal ceiling. Through the hole / You can creep in, without the slightest danger, / Into a cavern, walk erect and bold. / This is our own, dug out and safe Malina. / We dwell here under wings of the *Shekhinah*.[26] In *Wilner Getto* erinnert sich Sutzkever an das Lied *Der Jude aus der Maline*:

> Die Nacht bedeckt mich und verhüllt,
> Der Tag, er droht mir bös und wild.
> Wohin soll ich entrinnen?
> Und meine Zunge schilt und klagt.
> Mein Traum ist heut: ein Hund, der jagt –
> Den Juden aus der Maline.[27]

24 International Holocaust Remembrance Day 2012. Lithuania. http://www.holocaustremembrance.com/media-room/news-archive/international-holocaust-remembrance-day-2012 (Zugriff am 10.08.2014).

25 Ambassador's Remarks at the Opening of Malina Exhibit. http://vilnius.usembassy.gov/amb_speeches/ambassadors-remarks-at-the-opening-of-malina-exhibit.html (Zugriff am 10.08.2014).

26 Abraham Sutzkever: Di Gehejmschtot [Clandestine City (1945–1947)]. In: Ders.: *Selected Poetry and Prose*, aus d. Jidd. v. Barbara Harshav / Benjamin Harshav, eingel. v. Benjamin Harshav. Berkeley / Los Angeles / Oxford: University of California Press 1991, S. 184–197, hier S. 192.

27 Sutzkever: *Wilner Getto*, S. 140.

Der Autor des Liedes ist nach Sutzkever der Lehrer Opeskin. Er hat in einem Versteck auf dem schon mehrfach erwähnten HKP-Gelände ‚eingemauerte' Kinder unterrichtet:

> Im Konzentrationslager HKP konnten sich während des Kinder-Massakers etwa 80 Kinder in einer Maline retten. […] Hinter der Wand lebten die Kinder. Der Eingang zu ihnen führte durch einen blechernen Ofen, der auf besondere Weise an die Wand gerückt war. […] Für die 80 eingemauerten Kinder wurde in der Maline eine Schule eröffnet. Der Lehrer Opeskin pflegte früh durch den Ofen hineinzukriechen, und er unterrichtete die Kinder bis zum Abend. […] Dort im vermauerten Zimmer des Konzentrationslagers führte Opeskin mit den Kindern sein Lied „Der Jude aus der Maline" auf.[28]

In Mascha Rolnikaites Erzählung *Свадебный подарок, или На черный день* (*Hochzeitsgeschenk oder Für einen schwarzen Tag*) gibt es eine kurze Episode über die Malina:

> Er ist „in einer Malina". Was schauen Sie so? Denken Sie, ich weiß nicht, dass früher nur Diebe ihre Geheimverstecke so nannten. Aber jetzt nennt sogar Ihr Schwiegervater, dieser sehr intelligente Mensch, möge Gott ihm Gesundheit geben, genauso den Platz, an dem er sich verbergen kann. Also wir sollten uns nicht zanken. Ihnen gefällt der Ausdruck „in der Malina" nicht, gut – Janik ist im Versteck. […] Das bedeutet, er hat eine „Malina" gefunden, Pardon, einen Unterschlupf für alle. Und auch für Sie.[29]

In ihrem literarischen Projekt *Malina* greift die Schriftstellerin Ingeborg Bachmann das ehemalige Gaunerwort auf. Mit ihm erinnert Bachmann an die Mauerwand, die das Gedächtnis an die stattgefundene Tilgung unerwünschten Lebens wachhält.[30]

2. Malina verbindet Wilna und Wien

2.1 Abba Kowner über Malina

1961 fand in Jerusalem das Gerichtsverfahren gegen Adolf Eichmann statt. Unter den Zeugen befand sich der ehemalige Partisanenführer Abba Kowner. Am 1. Januar 1942 rief Kowner im Ghetto Wilna die Zwangsinhaftierten zum Widerstand auf: „Let us not go like sheep to the slaughter."[31] Die Parole der PartisanInnen für die Mobilisierung lautete: „Liza ruft" und gedachte der ermordeten Kämpferin Lisa (Liza) Magun. An die Mobilisierung der WiderstandskämpferInnen am 1. September 1943 erinnert sich die ehemalige Partisanin Rachel Margolis:

28 Sutzkever: *Wilner Getto*, S. 139.

29 „Он ‚в малине'. Что вы так смотрите? Думаете, не знаю, что раньше только воры так называли свои тайники. А теперь даже ваш тесть, очень интеллигентный человек, дай ему бог здоровья, тоже так называет место, где можно спрятаться. Ну, не будем ссориться. Вам не нравится слово ‚в малине', хорошо – Яник в укрытии. […] Значит, он нашел ‚малину', извините, убежище для всех. И для вас тоже." (Mascha Rolnikaite: Свадебный подарок, или На черный день [Hochzeitsgeschenk oder Für einen schwarzen Tag]. http://lit.lib.ru/r/rolxnikajte_m_g/text_0030.shtml (Zugriff am 10.08.2014). Aus d. Russ. v. S. B.)

30 Vgl. Kapitel „Malina als Bachmanns Vermächtnis: Schlussbetrachtungen und Ausblick", Abschnitte 4–6.

31 *The Trial of Adolf Eichmann: Record of Proceedings in the District Court of Jerusalem*, Bd. 1, hrsg. v. Ministry of Justice of the State of Israel. Jerusalem 1992, S. 460.

> Ich schreckte hoch: Jemand klopfte an die Tür – „Liza ruft", hörte ich. Ich verspürte Angst: die Mobilisierung! [...] Die Mädchen hasteten los, um die vorbereiteten Flugblätter zu kleben. Abba hatte darauf drucken lassen: „Juden, schließt euch unserem Kampf an!" Aber das tat fast niemand. Naiv war die Hoffnung unseres Kommandanten! Die Angst überwog alle Argumente. Das eigene Leben retten – das war der maßgebliche Gedanke der meisten Menschen. Die Männer versteckten sich in den Malinas, auch Frauen wurden an diesem Tag nicht verschleppt.[32]

Abba Kowner gab während des Eichmann-Prozesses zu Protokoll:

> And here I have our battle rules in which you will find something strange, that the battle watchword for mobilizing the fighting forces at the time of the extermination was "*Liza ruft*" (Liza calls). This was the watchword. And if this watchword was heard, each one was obliged not to go to the *maline*, that is to say not to go to the hideout – for to conceal oneself was for our people tantamount to treason [...].[33]

Im Fernsehmitschnitt (Eichmann-Prozess, Sitzung 27) gibt der Dolmetscher weder die Parole „Liza ruft" noch das Wort „Malina" korrekt wieder.[34] Auch wenn das laute Dolmetschen stört, ist noch zu hören, dass Kowner deutlich „Malina" sagt (Sequenz 17:38). Artikuliert wird das Wort wie das russische Wort „малина". Die Wiedergabe des Wortes in der Schrift als „Maline" bedeutet, dass die Aussprache von dem Schriftbild abweicht. Das reiche Aussprachenspektrum kann im Schriftbild nicht präzise wiedergegeben werden. Die Schriftzeichen können die jeweils individuelle Artikulation der ZeugInnen weder erfassen noch übermitteln. In der Dokumentation *Partisans of Vilna* (USA 1986, R: Josh Waletzky) erzählt Kowner über die Malina seiner Mutter:

> One of the most terrible moments I had at that time came when we were still on the Strashun barricade. My mother made her way there. She asked me: What should I do? I couldn't let her in because of the other mothers. I didn't think our barricade could serve as a refuge. I didn't have an answer. It's easier to talk about a fight or revolt in abstract terms. But when your mother asks you: What should I do? And the Commander has no answer... Yes, and she went to a hiding place [Kowner: "Malina" – S. B.]. She went to a hiding place [Kowner: "Malina" – S. B.] that, later on was captured by the Germans.[35]

Die englischen Untertitel des Films unterscheiden sich von dem, was Kowner auf Hebräisch sagt. Statt „hiding place" sagt er: „Malina" (Sequenz 1:47:32). Im vorliegenden medialen Format kann diese beeindruckende Episode – die Tonspur des Films – nicht vorgeführt werden. In seiner Zeugenaussage während des Eichmann-Prozesses beantwortete Kowner die folgenden Fragen des Gerichts und stellte eine Verbindung zu Wilna her:

32 Rachel Margolis: *Als Partisanin in Wilna: Erinnerungen an den jüdischen Widerstand in Litauen*, aus d. Poln. v. Franziska Bruder, komm. u. mit einer Einführung v. Franziska Bruder / Gudrun Schroeter. Frankfurt am Main: Fischer 2008, S. 124–125.

33 *The Trial of Adolf Eichmann*, Bd. 1, S. 463–464.

34 Eichmann Trial: Session 27. http://www.youtube.com/watch?v=LcN9UimX32E (Zugriff am 10.08.2014).

35 *Partisans of Vilna* (USA 1986, R: Josh Waletzky).

Q. Who was Anton Schmid?
A. Anton Schmid was a *Feldwebel* (N. C. O) in the Wehrmacht, of Austrian origin, the commander of a unit whose task it was to gather soldiers who had been cut off from their units. And the episode of Anton Schmid is one of the amazing and rare episodes in the history of those days. [...]
Q. You came into contact with Anton Schmid?
A. Yes. [...]
Q. And since the end of October 1941 the underg[r]ound of pioneer movements had connections with Anton Schmid and he risked his life in order to come to your help?
A. Correct.
Q. And he did not do this for financial gain?
A. Correct.
Q. He furnished your men with papers, he placed military vehicles at your proposal?
A. Correct.[36]

Lotet man die Chiffre „Malina“ zeithistorisch aus, gibt es noch weitere Verbindungen zwischen dem okkupierten Österreich und dem okkupierten Litauen während des Zweiten Weltkrieges.

2.2 Malina und Murer in Wilna

Da Vata ist unschuldig, das werd ma jetzt beweisn. Gerulf Murer.[37]

Möglicherweise hat erst Bachmanns *Malina* (1971) das Interesse an dem gleichlautenden Namen im deutschsprachigen Raum geweckt. Oft wird in Namenslexika bei der Erklärung des Namens auf das gleichnamige Bachmann-Buch verwiesen. In den Erklärungen wird in der Regel die „Himbeere“ genannt. Als z.B. eine Leserin vom Mitteilungsblatt der Gesellschaft für deutsche Sprache (GfdS) wissen möchte, woher der Name Malina stammt, antwortet ihr der *Sprachdienst*:

Ich finde Malina einen sehr schönen Namen für ein Mädchen. Können Sie mir bitte etwas zu seiner Herkunft sagen? [...]
Für den weiblichen Vornamen *Malina* gibt es zwei Erklärungen. Zum einen sind die Formen *Malin* und (wesentlicher seltener) *Malina* in Schweden als Kurzform von *Magdalena* bekannt. Dieser Name geht zurück auf den Beinamen der biblischen *Maria Magdalena*, die aus dem Ort Magdala am Westufer des Sees Genezareth stammte (ihr kirchlicher Gedenktag ist der 22. Juli). Zum anderen gibt es *Malina* als Vornamen auch im Russischen. Dort gilt er als altertümlich und kommt nur gelegentlich vor. Vielleicht ist er deshalb so selten, weil die Russen das Wort malina aus ihrer Alltagssprache kennen; es bedeutet ‚Himbeere‘. Die österreichische Schriftstellerin Ingeborg Bachmann hat diesen Namen als slawischen (slowenischen) Familiennamen für die männliche Titelgestalt ihres Romans Malina (1971) gewählt.[38]

Es existieren aber noch andere Herkunftsmöglichkeiten des Namens, hier möchte ich besonders auf eine hinweisen. Die Zeitzeugin und Partisanin Ruzhka Korchak

36 *The Trial of Adolf Eichmann*, Bd. 1, S. 461–462.

37 Doron Rabinovici: ‚Jidn, sogt, wer schtejt bajm tojer?‘ Der Fall Franz Murer – ein österreichischer Schauprozeß gegen die Opfer. In: Freund / Ruttner / Safrian (Hrsg.): *Ess firt kejn weg zurik...*, S. 97–122, hier S. 118.

38 *Der Sprachdienst* 1 (1999), S. 28.

Abb. 5: Aktion *„Allee der Gerechten"*: *A Letter To The Stars* in Wien (2011).

erläutert in ihren Erinnerungen *Пламя под пеплом* (*Flammen unter der Asche*), wie Malina (Versteck/Überlebensort) zu einem Personennamen wurde:

> Am Vorabend des Frühlings von 1942 erließen die Deutschen einen neuen Befehl: „Juden des Wilnaer Ghettos ist es verboten, Nachkommen zur Welt zu bringen. Verstöße werden streng bestraft". Den ersten Säugling, der achtundvierzig Stunden nach Veröffentlichung dieses Befehls zur Welt kam, nannte man „Malina"… [39]

Auch die Zeitzeugin Fania Brantsovskaya erinnert sich an den Vornamen Malina. Im Februar 2005 erzählt sie:

> On Yom Kippur, 21st September 1941, all Jews that were praying there were taken to Ponary. My friend Motke Gurewich's parents were also there. His father told him to stay at home that day. The ghetto inmates used to make shelters to hide away during various actions. They were called 'malina' shelters [Russian slang for a secret apartment where those who were against the regime had their meetings]. Our schoolteacher's daughter was born in such a shelter and he named her 'Malina'. Unfortunately, I have no information about what happened to her.[40]

39 „В преддверии весны 1942 года немцы издали новый приказ: ‚Евреям вильнюсского гетто воспрещается производить на свет потомство. Нарушителей ждет суровая кара.' Первый младенец, появившийся на свет через двое суток после опубликования этого приказа, был назван ‚Малина'…". Die Erinnerungen der berühmten Partisanin, auch an Malinas, sind im Internet auf Russisch verfügbar. Ruzhka Korchak: *Пламя под пеплом* [*Flammen unter der Asche*], aus d. Hebr. v. O. Minc. http://lib.babr.ru/ext/3494.rtf (Zugriff am 10.08.2014). Über die Existenz getarnter Verstecke unter anderem auch im Abfall und in den Hauswänden vgl. ebd., S. 34, 53.

40 Interview mit Fania Brantsovskaya. http://www.centropa.org/de/node/78774 (Zugriff am 10.08.2014).

Ebenso ist dem Zeugenbericht des Dichters und Schriftstellers Abraham Sutzkever zu entnehmen, dass in Malinas Kinder geboren wurden:

> […], am 24. Oktober 1941, entdeckten die ‚Häscher', die das Ghetto mit Spürhunden durchkämmten, eine ‚Malina'. Sie zertrümmerten die Einstiegsluke mit Äxten und drangen in das Versteck ein. Dort lagen auf Stroh eine stöhnende Frau und ein gerade zur Welt gekommener Säugling, dessen Nabelschnur noch nicht abgebunden war. […] Sie rissen die Nabelschnur ab, warfen Säugling und Mutter auf einen Lastkraftwagen und brachten sie nach Ponary [Erschießungsort der Wilnaer Juden – S. B.].[41]

Der Name Malina bewahrt das Gedächtnis an die Ghetto-Verstecke, an das Überleben und Sterben während des Massenmordes – und an Franz Murer. Während des Eichmann-Prozesses 1961 gab Meir Mark Dworzecki zu Protokoll:

> […] I remember another name that was often mentioned, a man who always was standing near the "actions," Franz Mürer [Murer – S. B.], who now lives a[s] free man in Austria. He was the deputy *Gebietskommissar* (Area Commissioner). The *Gebietskommissar* was Hingst. Mürer was his deputy and the expert, *Referent* on Jewish questions. We read in the press that Mürer is now a free man in Austria and that he has an important post in the agricultural field.[42]

Im Ghetto Wilna, dem Herrschaftsgebiet von Murer, hat es zahlreiche Malinas gegeben, in die während der „Aktionen" ein Teil der Gejagten untertauchte. Im Zeitraum von 1941–1943 war Murer „Referent für Judenfragen" und Organisator des Ghettos in Wilna.[43] Auf Murer haben die Zwangsghettoisierten ein bemerkenswertes Lied gemünzt:

> Jidn, sogt, wer schtejt bajm tojer?
> Jidn, sogt, woss tut men hajnt?
> Mir ducht sich, as ess schtejt do Murer,
> Undser besster gutter frajnt.[44]

Die ZwangsarbeiterInnen, die ins Ghetto zurückkehren, wollen im Lied wissen, wer am Eingangstor Wache hält, um sich auf die Kontrolle vorzubereiten. Mascha Rolnikaite erinnert sich, wie man trotz der Kontrollen Lebensmittel ins Ghetto schleuste:

> Natürlich reicht das, was man auf die Karten kriegt, nicht aus; darum versucht jeder, wenn er von der Arbeit kommt, etwas mitzubringen (das hat er entweder gegen Sachen eingetauscht oder von Freunden erhalten). Aber Franz Murer aus dem „Gebietskommissariat" kam dahinter, und gleich erschien am Tor ein neuer Anschlag, daß es strengstens verboten ist, Lebensmittel und Holz in das Ghetto einzuführen.[45]

Die mit Mühe aufgetriebenen Nahrungsmittel müssen gut versteckt werden, damit man sie während der Kontrolle nicht entdeckt. Im schlimmsten Fall müssen sie

41 Sutzkever: Das Ghetto von Wilna, S. 462.

42 *The Trial of Adolf Eichmann*, Bd. 1, S. 450.

43 Vgl. Grossman / Ehrenburg (Hrsg.): *Das Schwarzbuch*, S. 473.

44 Rabinovici: ‚Jidn, sogt, wer schtejt bajm tojer?', S. 97. Vgl. Anolik: *Lauf zum Tor mein Sohn*, S. 37.

45 Maria [Mascha] Rolnikaite [Rolnik]: *Mein Tagebuch*, aus d. Russ. u. bearb. v. Herbert Krempien, mit einem Vorwort v. Eduardas Mieželaitis. Berlin: Union 1967, S. 45.

weggeworfen werden. Steht Murer am Ghetto-Tor, ist ohnehin mit dem Schlimmsten zu rechnen.

> Juden, sagt, wer steht beim Tor?
> Juden, sagt, was macht man heute?
> Mir scheint, da steht Murer, – unser bester, guter Freund.
> Wo verstecke ich meine Erbsen
> und die Graupen und den Rum?
> *Du geto majn.*[46]

Nach dem Krieg lebte Franz Murer auf seinem Bauernhof in Österreich.[47] Durch einen Hinweis konnte der engagierte Verfolger der Nazi-Verbrecher, Simon Wiesenthal, die Festnahme Murers in die Wege leiten. Der „Schlächter von Wilna" wurde 1948 von der britischen Besatzungsmacht an die Sowjetunion ausgeliefert.[48] In der Litauischen SSR wurde Murer zu 25 Jahren Zwangsarbeit verurteilt.[49] In einem Vertrag von 1955, den Österreich und die Siegermächte unterzeichneten, sagte die sowjetische Regierung zu, „alle österreichischen Gefangenen, mitsamt den Kriegsverbrechern, in ihre Heimat zurückzuschicken".[50] Nach diesem Vertrag war Österreich verpflichtet, die Verbrecher durch österreichische Gerichte aburteilen zu lassen. Dennoch wurde kaum jemand, wie Simon Wiesenthal schreibt, zur Verantwortung herangezogen.[51] Unbehelligt von der Strafjustiz lebte Murer, inzwischen ein aktives Mitglied der Österreichischen Volkspartei, jahrelang als Bauer in Gaishorn.[52] Bei seinen Nachforschungen über Adolf Eichmann kam Wiesenthal zufällig auch Murer auf die Schliche. Doch die britische Besatzungsmacht zeigte keinen großen Eifer, Nazi-Verbrecher ausfindig zu machen[53]: „Die britischen Behörden in Österreich kümmerten sich mehr um die illegalen Transporte nach Palästina als darum, daß ihnen die Nazikriegsverbrecher in ihrer Zone entkommen konnten."[54] Es gelang Wiesenthal, dafür zu sorgen, dass es zu einem Prozess kam. Murer wurde am 12. Mai 1961 festgenommen und in das Landesgerichtsgefängnis Graz eingeliefert.[55] Seine Verhaftung führte zu Protesten, an denen mehrere Hunderte Personen teilnahmen.[56] Der Prozess begann am 10. Juni 1963.

46 Rikle Gleser (Text) / Isaak Dunajewski (Melodie): Du geto majn. In: Ruttner / Freund / Safrian (Hrsg.): *Ess firt kejn weg zurik…*, S. 156–159, hier S. 158.

47 Simon Wiesenthal: *Doch die Mörder leben*, hrsg. u. eingel. v. Joseph Wechsberg. München / Zürich: Droemer / Knaur 1967, S. 80–89.

48 Ebd., S. 82–83.

49 Vgl. Rabinovici: ‚Jidn, sogt, wer schtejt bajm tojer?', S. 101.

50 Ebd.

51 Wiesenthal: *Doch die Mörder leben*, S. 89.

52 Ebd., S. 89. Rabinovici: ‚Jidn, sogt, wer schtejt bajm tojer?', S. 99–102.

53 Wiesenthal: *Doch die Mörder leben*, S. 84.

54 Ebd.

55 Rabinovici: ‚Jidn, sogt, wer schtejt bajm tojer?', S. 105.

56 Ebd., S. 105–106. Vgl. auch Wiesenthal: *Doch die Mörder leben*, S. 93.

> Murer zeigte sich über die vorgebrachten Fälle keineswegs betroffen und heuchelte kein Beileid. Nein, er erklärte sich nur – teilnahmslos – für unzuständig. Seine zwei Söhne hingegen, die als Zuhörer in der ersten Bank saßen, lachten und kicherten bei den erschütternden Aussagen. Sie schnitten sogar Grimassen und verhöhnten die Opfer. Der Vorsitzende aber rügte sie nicht.[57]

Doron Rabinovici beschreibt die Gerichtsverhandlung als einen „Schauprozess" gegen die Opfer.[58] Einige Printmedien Österreichs (z. B. *Die Süd-Ost Tagespost*), darunter auch der Prozessbeobachter der Austria Presse Agentur (APA), sorgten für eine Hetzkampagne, die die ZeitzeugInnen treffen sollte[59]: Es wurde verbreitet, der Murer-Prozess sei eine Verschwörung des „Weltjudentums" und Murer sei dessen „Opfer".[60] Der „Eichmann Wilnas"[61] kam frei. Am 19. Juni 1963 wurde das Urteil im Gerichtssaal von vielen Anwesenden mit Begeisterung zur Kenntnis genommen:

> Der Freispruch im Jahr neunzehnhundertdreiundsechzig wurde im Publikum mit Akklamation und Bravo begrüßt. Vor dem Gerichtsgebäude wurden Murer Blumen überreicht. Einem amerikanischen Diplomaten, der am nächsten Tag nach dem Prozeß Bekannte in Graz besuchte und der Gastgeberin Blumen schicken wollte, wurde in drei verschiedenen Blumenhandlungen mitgeteilt, es seien keine mehr da. Alle wären am Vortag für den Prozeß aufgekauft worden. Im Espresso gegenüber dem Landesgericht wurde sodann ausgiebig gefeiert.[62]

Der Fall Murer erregte internationales Aufsehen. In Israel protestierten Tausende gegen das Grazer Urteil. Auch in Österreich gab es kleinere Proteste.[63] Alle Bemühungen Simon Wiesenthals, einen neuen Prozess gegen Murer zu erwirken, scheiterten.[64] 1974 wurde der Fall, wie Doron Rabinovici schreibt, in „aller Stille abgeschlossen".[65] Ab 1975 fand in Österreich kein NS-Prozess mehr statt.[66] 1965 unterstützte Ingeborg Bachmann die Forderung Wiesenthals, Naziverbrechen nicht verjähren zu lassen.[67] Sie nennt ihr einziges großes Prosawerk *Malina* und benutzt dabei weit-

57 Rabinovici: ‚Jidn, sogt, wer schtejt bajm tojer?', S. 108.

58 Ebd., S. 97, 112.

59 Ebd. Siehe auch Sabine Loitfellner: Die Rezeption von Geschworenengerichtsprozessen wegen NS-Verbrechen in ausgewählten österreichischen Zeitschriften 1956–1975: Bestandsaufnahme, Dokumentation, und Analyse von veröffentlichten Geschichtsbildern zu einem vergessenen Kapitel *österreichischer Zeitgeschichte*, S. 73–80. http://www.nachkriegsjustiz.at/prozesse/geschworeneng/rezeption.pdf (Zugriff am 10.08.2014). Vgl. auch Martin F. Polaschek / Heimo Halbrainer: „… an derartige Bestialitäten hat der Gesetzgeber nicht gedacht" – Kriegsverbrecherprozesse in der Steiermark 1945–1970. In: Dies. (Hrsg.): *Kriegsverbrecherprozesse in Österreich: Eine Bestandsaufnahme*. Graz: Clio 2003, S. 45–63, hier S. 57.

60 Rabinovici: ‚Jidn, sogt, wer schtejt bajm tojer?', S. 111–112.

61 Ebd., S. 113.

62 Doron Rabinovici: Rede zum steirischen Herbst 04. http://www.rabinovici.at/texte_stherb.html (Zugriff am 12.08.2014). Siehe auch Mein Freund Murer. In: *Korso*, 09.12.1998. http://korso.at/content/view/3514/186/index.html (Zugriff am 10.08.2014). Rabinovici: ‚Jidn, sogt, wer schtejt bajm tojer?', S. 111.

63 Rabinovici: ‚Jidn, sogt, wer schtejt bajm tojer?', S. 113.

64 Ebd., S. 116–120.

65 Ebd., S. 117.

66 Ebd., S. 119.

67 Simon Wiesenthal: *Verjährung? 200 Persönlichkeiten des öffentlichen Lebens sagen nein. Eine Dokumentation.* Frankfurt am Main: EVA 1965, S. 16.

sichtig und geschichtsbewusst ein Schlüsselwort der ehemaligen osteuropäischen Zwangsghettoisierten.

2.3 Malina und Murer in *Mein Tagebuch* (1967) von Mascha Rolnikaite

Einige ZeitzeugInnen, die Murer in Wilna erlebt hatten, haben ihre Erinnerungen niedergeschrieben. Unter ihnen ist auch die Schriftstellerin Mascha Rolnikaite, eine ehemalige Insassin des Ghettos in Wilna und Überlebende zweier Konzentrationslager:

> Das Wüten der Deutschen wird immer schlimmer. Wahrscheinlich läuft es für sie an der Front überhaupt nicht nach Plan. Die Flucht aus dem Ghetto wird schwerer. Die Bevölkerung ist eingeschüchtert und hat Angst, Menschen zu verstecken. In den Zeitungen ist ein Befehl Murers abgedruckt: Sollte man bei jemandem einen versteckten Juden finden, werden alle Mitbewohner erschossen oder gehängt. Man erzählt sich, dass auf Katedraln- und dem Lukischker Platz sowie am Rathaus schon einige Bewohner der Stadt gehängt wurden, weil sie Juden versteckt hatten.[68]

1967 erschienen Rolnikaites Erinnerungen unter dem Titel *Mein Tagebuch* in der DDR. Das Vorwort hat der Publizist und Lyriker Eduardas Mieželaitis verfasst. Er erwähnt darin den Prozess Murers. Wenngleich im Vorwort die Rhetorik des Kalten Krieges deutlich erkennbar ist, halte ich seine Kritik an den Bagatellurteilen für gerechtfertigt:

> *Wenn dieses Tagebuch jetzt auch in der Deutschen Demokratischen Republik erscheint, wo das schändliche Geschwür des Faschismus radikal ausgemerzt worden ist, so scheint mir das bedeutsam und wichtig zugleich. Ich bin überzeugt, liebe Leser in der DDR, daß Sie dieses Tagebuch genauso aufnehmen werden wie wir: erfüllt von tiefem Schmerz, die SS-Henker verfluchend und getrieben zum heiligen Schwur, nicht zuzulassen, daß sich die böse, blutige Zeit jemals wiederholt. Aber dort im Westen, im Giftnebel des kalten Krieges und des wahnwitzigen Revanchismus, fällt man über die entlarvten Mörder von Auschwitz und Buchenwald Bagatellurteile. Die meisten von ihnen sind noch oder schon wieder in Freiheit. Sie und zusammen mit ihnen all jene, die ihnen Schutz und Förderung angedeihen lassen, hecken neue Pläne für ungeheuerliche Verbrechen aus. Auch jene Leute in Österreich, die den ehemaligen Herrn des Ghettos von Vilnius, den Henker Franz Murer, aus der Haft entlassen haben, sollten dieses Buch lesen. Ja, dieser Mensch befindet sich wieder auf freiem Fuß, ist in irgendeiner Bank tätig. Sicherlich versteht er sich gut aufs zählen. Möge er seine unschuldigen Opfer zählen und die Zahl nennen. Da würde alle ehrlichen Österreicher das Entsetzen packen.*[69]

Ich habe nach dem Wort „Malina" im Tagebuch von Mascha Rolnikaite gesucht und es nicht gefunden. Die Chiffre kommt in der deutschsprachigen Ausgabe von 1967 nicht vor. Im Gegensatz zur Vorgehensweise Bachmanns, dem Wort Präsenz zu verleihen, wird es in Berichten der ZeitzeugInnen gelegentlich von Dritten, wie ich zeigen werde, oder seltener von den ZeitzeugInnen selbst eliminiert oder durch einen anderen Begriff ersetzt. Ich habe deshalb die Schriftstellerin und Zeitzeugin Mascha Rolnikaite nach dem Wort „Malina" gefragt und erhielt am 21. Februar 2012 folgende Antwort:

68 Rolnikaite: *Ich muss erzählen*, S. 85.

69 Rolnikaite: *Mein Tagebuch*, S. 7–8.

> Als Antwort auf Ihren Brief kann ich Ihnen mitteilen, dass es im Original (ich schrieb das Tagebuch auf Jiddisch) das Wort „Malina" gibt. So wurden im Ghetto „Zufluchtsorte" vor Soldaten genannt, die [GhettoinsassInnen – S. B.] zum Erschießen trieben.[70]

Mascha Rolnikaite hat die Übersetzungen ihres Tagebuches ins Litauische und Russische selbst besorgt, wobei sie die gängige Bezeichnung „Malina" mit „Zufluchtsort" übersetzte.[71] 2002 erschien ihr Tagebuch *Ich muss erzählen* in neuer deutscher Übersetzung von Dorothea Greve. Die Übersetzerin benutzt das Wort „Maline":

> In der Nachbarwohnung wird fieberhaft am „Bau" einer Maline gearbeitet. Kleine Wäschebündel, Brotkanten und Töpfe mit gekochten schwarzen Erbsen werden in ein winziges Zimmer gebracht. Dann folgen die Menschen. Mit Sorge schaut man auf die Nachbarin mit dem Baby – hoffentlich wird es nicht weinen. Wie viele Male hat Kindesweinen ein Versteck verraten! Ein junges Mädchen und ihr Bruder, als dessen Frau sie registriert ist, bringen ihre Eltern in die Maline. Die Tür zu der Kammer verstellen sie mit einer großen alten Anrichte, die an der Wand festgenagelt wird. Auf die Regale stellen sie das Geschirr der ganzen Wohnung und eine kleine Flasche Schnaps, die extra für diesen Zweck besorgt wurde. Die soll die Mörder ablenken, falls sie zu nahe kommen.[72]

Mascha Rolnikaite hat ihre Aufzeichnungen, die das Leben und die Ereignisse im Ghetto dokumentieren, in Verstecken aufbewahrt:

> Meine Aufzeichnungen und Gedichte habe ich ebenfalls versteckt. Es wäre eine Katastrophe, wenn die gefunden würden; dann nimmt man uns alle mit. Mama sagt, ich müsse ja nicht alles aufschreiben; nur das Wichtigste auswendig lernen für den Fall, dass das Geschriebene vernichtet werden muss. Sie will wegen meiner Aufzeichnungen nicht unser aller Leben riskieren, wenn Murer weiterhin die Wohnungen durchsucht. Ich weiß sowieso fast alles auswendig.[73]

Genau zu der Zeit, als Rolnikaite an der Übersetzung ihres Tagebuches ins Litauische arbeitete, fand in Österreich der Prozess gegen Murer statt.[74]

> Während sie an der Übersetzung arbeitet, hört sie eines Abends im Radio, dass Franz Murer in Österreich erneut vor Gericht gestellt werden soll. Murer war zwar schon 1948 in Wilna zu 25 Jahren Haft verurteilt worden, jedoch aus Anlass von Nikita Chruschtschows Staatsbesuch in Wien zusammen mit 1500 österreichischen Kriegsgefangenen vorzeitig nach Hause entlassen worden. Wieder ist die Erschütterung groß, schließlich hat Mascha mit eigenen Augen gesehen, wie Murer Menschen erschoss...[75]

Für seine Verbrechen wurde Murer in der Litauischen SSR zu 25 Jahren Haft verurteilt. In westlichen Demokratien entgingen zahlreiche MittäterInnen ihrer Strafe. Aus Lettland und Litauen flüchteten einheimische Nazi-Verbrecher ins Ausland und

70 „[...] в ответ на Ваше письмо могу Вам сообщить, что в оригинале (я дневник вела на языке идиш) слово ‚малина' есть, т. к. в гетто так прозвали укрытие от солдат, которые угоняли на расстрел." (Persönliche E-Mail von Mascha Rolnikaite an die Verfasserin vom 21.02.2012.)

71 Ebd.

72 Rolnikaite: *Ich muss erzählen*, S. 86.

73 Ebd., S. 124.

74 Ebd., S. 26.

75 Ebd.

tauchten auch in der Bundesrepublik unter.[76] Die Bagatellurteile bzw. die Freilassung der Nazi-Kriminellen durch demokratische und rechtsstaatliche Gerichte bestätigen die Überzeugung Bachmanns vom Weiterwirken des nationalsozialistischen „Virus". Bachmann war nicht umsonst um einen radikalen Neuanfang[77] bemüht.

3. Erinnerungen der ZeitzeugInnen: Malina in Yerushalayim de-Lita

3.1 Chaim Grade

Der Schriftsteller Chaim Grade erzählt in seinen Erinnerungen *Der Mames Schabosim* (1955, auf Englisch 1997 unter dem Titel *My Mother's Sabbath Days* erschienen), wie dem Schuster Balberischkin sein „nicht-jüdisches" Aussehen das Leben gerettet hat.[78] Balberischkins Frau und Tochter hielten sich in einer Malina außerhalb des Wilnaer Ghettos verborgen:

> Balberishkin tells me that when the Jews of Vilna were already in the Ghetto, and the mass executions in Ponary were taking place every day, the Jews still did not believe it. Even when a few who escaped from the pits returned to the Ghetto and showed themselves bleeding and bullet-riddled, and told how they had heard the death rattles, the dying moans, the seething of human guts from those who had fallen on top of them – people bandaged the wounds of these refugees from beneath the mountains of the dead, and were convinced that they were insane. Balberishkin himself hadn't believed it then. Only when there was no longer any doubt as to what the Germans were doing with those who were deported to "labor camps," only then did he begin to make plans for saving his family. Since he looked like a Gentile and spoke White Russian fluently, he smuggled his wife and daughter out of the Ghetto and concealed them in a "malina," a hideout, in the city. Having no ready funds, he often left the malina and made his way beyond Lipowka to carry on his cobbler's trade among the local peasants; and he would return with a sack full of food. He told the peasants he was a White Russian, with a hungry family in the city to whom he brought the bread, dairy products, and pieces of bacon which he received for his work. Once he stayed with a peasant family for several days, and the wife went into town and returned with the news that on Subocz Street, beneath a church, there had been discovered a hideout "full of yids." This was the very malina where his wife and little girl were hiding, along with other Jews. But he allowed nothing in his demeanor to give him away to his host and

76 Vgl. Grossman / Ehrenburg (Hrsg.): *Schwarzbuch*, S. 688. Im *Schwarzbuch* ist der Name des lettischen Nazi-Kollaborateurs Herberts Cukurs falsch geschrieben. Cukurs war im berüchtigten Erschießungskommando von Viktors Arājs, der nach dem Krieg in der Bundesrepublik untertauchte. Ab dem 8. Oktober 1950 bis zu seiner Verhaftung 1975 war Arājs bei der *Neuen Presse* GmbH (*Frankfurter Societät* GmbH) in Frankfurt am Main angestellt. Vgl. Andrievs Ezergailis: *Holokausts vācu okupētajā Latvijā: 1941–1944* [*The Holocaust in Latvia, 1941–1944*]. Rīga: Latvijas Vēstures Institūta Apgāds 1999 [1996], S. 208. Cukurs aber ließ sich in Uruguay nieder und wurde dort vom dem Mossad aufgespürt. Die Fakten über Cukurs im *Schwarzbuch* entsprechen nicht mehr dem aktuellen Forschungsstand. Über Cukurs siehe das Manuskript von Gaby Weber: Geschichtsfälschung des Mossad. Ein mysteriöser Mordfall im Montevideo. http://www.gabyweber.com/dwnld/artikel/mossad/cukurs_de.pdf (Zugriff am 10.08.2014); dies.: Der Bluff des Rächers: Das Rätsel um den Mord am „Henker von Riga" in Uruguay. http://www.deutschlandfunk.de/der-bluff-der-racher-pdf-dokument.media.a496e4450d09ed19db96a2be0d6dd086.pdf (Zugriff am 10.08.2014).

77 Vgl. hierzu Hendrix: *Ingeborg Bachmanns „Todesarten"-Zyklus*, S. 206–210. Im Jahr 2002 schreibt Rolnikaite, dass es womöglich nach dem Zweiten Weltkrieg nur so ausgesehen haben könnte, als ob der Faschismus besiegt sei. Vgl. Rolnikaite: *Ich muss erzählen*, S. 284.

78 Chaim Grade: *My Mother's Sabbath Days: A Memoir*, aus d. Jidd. v. Channa Kleinerman Goldstein / Inna Hecker Grade. Northvale / Jerusalem: Aronson 1997, S. 346.

> hostess. He finished stitching the boots, accepted his wages in food as always, and because he no longer needed to feed his wife and child he took the sack somewhere else, where he sold it. He was calm. He just wondered how the buyer could fail to see that, rather than a loaf of bread, he was buying a little Jewish girl....[79]

Im Anhang des Buches wird erläutert, dass in der russischen Schriftsprache „Malina“ „Himbeere“ bedeute.[80] Die mündlich tradierte Chiffre „Malina“ („Diebesversteck“) aus dem ehemals kryptischen Wortschatz der GaunerInnen wird nicht erwähnt. Stattdessen wird zu Unrecht behauptet, dass das russische Wort „malina“/„Himbeere“ in der kriminellen Szene die Bedeutung „Bande“ habe: „*malina*: Lit., 'raspberry' in Russian. It became an underworld slang expression for a gang, and, during the years of the Holocaust, took on the meaning of a hiding-place from the Nazis.“[81] „Malina“ aus dem Jargon ist bloß ein akustischer Doppelgänger des gleichlautenden Wörterbuchwortes. Es wurde bereits 1958 von Uriel Weinreich, einem gebürtigen Wilnaer, präzise erläutert:

> German and Yiddish reborrowings from Slavic might be especially symptomatic as results of double filtering through a repeated loan process. Thus *malina*, a Slavic thieves' term for 'hiding place', originally from Jewish cant, has been reborrowed in Yiddish to designate hiding places used during German raids within the Jewish ghettos of 1941–44.[82]

Auf dem 14. Internationalen Slavistenkongress in Ohrid 2008 wurde die Herkunft des heutigen Slangwortes „Malina“ von der russischen „malina“/„Himbeere“ diskutiert. Die „Himbeer“-Version wurde erneut für unglaubwürdig befunden.[83] Der Hinweis auf Malinas in osteuropäischen Ghettos wird von SlavistInnen, die sich mit Slang beschäftigen, nicht (mehr) erwähnt. Die aktuellen Erläuterungen zum Wort „Malina“ im Zusammenhang mit der Ausstellungseröffnung „Malina“ in Vilnius fallen in den Massenmedien dürftig und unpräzise aus.[84] In den Ghettos waren selbstverständlich auch Angehörige der Unterwelt zwangsinhaftiert.[85] Für sie war „Malina“ ein vertrautes Wort. Die Anwesenheit von Kriminellen im Ghetto Wilna bezeugt die Überlebende Pearl Good. In ihrer engen Ghetto-Wohnung, die mehrere Familien teilten, lebten Kriminelle:

79 Grade: *My Mother's Sabbath Days*, S. 346.

80 Ebd., S. 394.

81 Ebd.

82 Uriel Weinreich: Yiddish and Colonial German in Eastern Europe: The Different Impact of Slavic. In: *American Contributions to the Fourth International Congress of Slavicists.* 'S-Gravenhage: Mouton 1958, S. 369–421, hier S. 388.

83 Bierich: Deutsche und jiddisch-hebräische Entlehnungen, S. 60.

84 Vgl. Žydų tragediją primena Vilniuje atkurta slėptuvė „Malina“. http://www.lrytas.lt/-13276908571327401318-%C5%BEyd%C5%B3-tragedij%C4%85-primena-vilniuje-atkurta-sl%C4%97ptuv%C4%97-malina.htm (Zugriff am 10.08.2014).

85 Vgl. Michael Good: *Die Suche: Karl Plagge, der Wehrmachtsoffizier, der Juden rettete*, aus d. Engl. v. Jörg Fiebelkorn. Weinheim / Basel: Beltz 2006, S. 85. Siehe auch Anolik: *Lauf zum Tor mein Sohn*, S. 56, 62.

> Die Wohnung hatte noch einen anderen Raum, der voller krimineller jüdischer Elemente war – die „Starken", vor denen jeder Angst hatte. Die Wohnung besaß nur einen Kohlenofen, den die „starken" Frauen in Beschlag nahmen, die „Intellektuellen" ließen sie nur am Sabbat kochen, an dem die jüdische Religion das Kochen verbietet. Die „Intellektuellen" blieben der Küche unter der Woche sanftmütig fern, nicht meine Großmutter Esterowicz – sie war nicht bereit, ihre Religion zu verletzen. Wenn sie die Küche betrat und von einer der „starken" Frauen bedroht wurde, ließ sie sich ganz und gar nicht einschüchtern, sondern drückte ihr eine Bratpfanne ins Gesicht, was einen schwarzen Rußfleck auf ihrer Nase hinterließ. Von da an ließen sie Großmutter während der Woche kochen.[86]

Möglicherweise haben die GhettoinsassInnen die Praxis, bei drohender Gefahr Malinas einzurichten, von den Kriminellen übernommen – genauso wie das Wort „Malina". Tatsache ist, dass während des Zweiten Weltkrieges dieses Wort ein bedeutender Bestandteil des Wortschatzes der Ghetto-InsassInnen wurde.[87]

3.2 Meir Mark Dworzecki

10 Jahre vor Erscheinen des Bachmann-Buches *Malina* fand in Jerusalem das Gerichtsverfahren gegen Adolf Eichmann statt. Sein Hauptankläger war Gideon Hausner. 1967 erschien Hausners Buch *Gerechtigkeit in Jerusalem* auf Deutsch. Dort beschreibt Hausner die Ghetto-Bunker in Wilna:

> Es gab große und kleine Bunker, und manchmal waren sie sogar in zwei oder drei Stockwerke angelegt. „Unsere Ghetto-Architektur" war der bittere Name, mit dem die Juden diese Bemühungen bezeichneten. In Wilna nannten sich diese Zufluchtsorte *„malinas"*. Jedes Haus hatte ein Versteck, im Keller, unter Brunnenschächten, unter der Toilette oder unter einer Vorratskammer. Es gab ein ganzes Netz von *malinas*, die durch unterirdische Gänge miteinander verbunden waren. Monate, ja sogar jahrelang existierten gleichzeitig zwei Ghettos: eines über der Erde und eine unterirdische Stadt darunter.[88]

Zum 50. Jahrestag des Eichmann-Prozesses machten Yad Vashem und das Israelische Staatsarchiv die Fernsehmitschnitte des damaligen Verfahrens der Öffentlichkeit zugänglich.[89] Ab dem 9. März 2011 waren die Aufzeichnungen des Eichmann-Prozesses auf der Webseite von Yad Vashem und auf YouTube online verfügbar. In einem Mitschnitt berichtet Meir Mark Dworzecki einige Minuten lang von den Verstecken im Ghetto von Wilna (Eichmann-Prozess-Verhandlung Nr. 27, 28, Sequenz 05:48).[90] Der Simultandolmetscher benutzt während seiner Übersetzung aus dem Hebräischen ins

86 Good: *Die Suche: Karl Plagge*, S. 85–86.

87 Weinreich: Yiddish and Colonial German, S. 388.

88 Gideon Hausner: *Gerechtigkeit in Jerusalem*. München: Kindler 1967, S. 329.

89 Vgl. The Eichmann Trial [Youtube Channel]. https://www.youtube.com/user/EichmannTrialEN (Zugriff am 10.08.2014): „The Eichmann Trial Channel contains over 200 hours of trial sessions and a compilation of testimonies. The Channel is a joint effort between Yad Vashem and the Israel State Archives." The Holocaust. Marking 50 Years Since The Eichmann Trial: http://www1.yadvashem.org/yv/en/holocaust/eichmann_trial/index.asp (Zugriff am 10.08.2014).

90 Vgl. Testimony of Dr. Meir Mark Dworzecki about the Work Permits in Vilna Ghetto. http://www.yadvashem.org/yv/en/exhibitions/vilna/during/dvorzetsky_movie.asp?iframe=true&width=480&height=380 (Zugriff am 10.08.2014); Eichmann Trial – Session No. 27, 28. http://www.youtube.com/watch?v=DLgwkr1iJkc (Zugriff am 10.08.2014).

Englische nur zweimal, dabei jedoch laut und deutlich das Wort: „Malina“ (Sequenz 03:59; 04:05). Trotz des laut sprechenden Dolmetschers ist akustisch wahrzunehmen, dass Dworzecki häufiger „Malina“ sagt (Sequenz 03:47; 04:31), als vom Dolmetscher wiedergegeben wird. Nur in Ausnahmefällen wird es korrekt als „Malina“ übernommen. Das Wort findet sich in den Transkriptionen der Zeugenaussagen wieder. Ich zitiere aus *The Trial of Adolf Eichmann:*

Q. Tell me, Dr. Dworzecki, what happened when someone was unable to secure for himself and for the members of his family any valid certificate – a life certificate?
A. When a person was unable to secure a life certificate for himself, there were two courses open to him, or one course: One way was to be kidnapped – but the people of the ghetto did not want to be kidnapped; so they organized places of concealment in the Vilna Ghetto; they were called "*malines*", after the verse "*ve'notra Bat-Zion... Kimeluna ve'miksha*" (And the daughter of Zion is left... as a lodge in a garden of cucumbers (Isaiah 1:8).
Then an underground town was established. Every simple house had a built-in hideout – either in the cellars or in the attic walls, or below a well, or beneath a lavatory or under any storeroom. These bunkers constituted a network, and it was sometimes possible to pass from one bunker to the next, from one *malina* to the next. Hence in the course of months, in the course of years, the ghetto became, from top to bottom, an underground city of *malinas.*
Q. And anyone found by the authorities and who did not possess a valid certificate – what would happen to him?
A. Anyone who was seized by the authorities and who did not possess a good certificate – ended up in Ponary.
Q. Do you remember the case of a man who returned home and reported to his mother: Mother, I was obliged to take out a certificate either for you or for my wife?
A. Yes, I remember this. This was a painful problem throughout the ghetto, where they gave people one yellow certificate and they could register a wife and two children. But if a man had a wife and a mother – he had to choose whom he would register.
Presiding Judge The man himself?
Witness Dworzecki He himself had to decide upon whom he wanted to bestow life.
Attorney General On what basis did he get the certificate?
Witness Dworzecki That he should register either his wife or his mother.
Q. But what was the general basis on which a man received such a certificate?
A. We came to the police and said: "This is me, this is my wife and those are my children".
Presiding Judge Did every Jew receive it?
Witness Dworzecki No, only those who possessed a certificate that he was a skilled person, that he was working in some profession recognized as a vital profession. Those professionals who were considered to be of no importance were teachers, writers, journalists. Important ones were shoemakers, tailors, furriers who could be of use to the army. There were a number of doctors in order to treat sickness in the ghetto. But a man of the spirit or intellect – a teacher, a rabbi, a ritual slaughterer, a judge of a religious court, a writer, a journalist – these were of no importance and weren't able to receive any life certificate.
Attorney General And so a man would come home and say: "Mother..."
Witness Dworzecki A man would come home and say to his mother: "I have here a certificate and I can register either you, mother, or my wife. One of you has to hide in some bunker in a *malina*, perhaps luck will come her way, perhaps not. And if I have three children, I can register only two and I must abandon the third child to the Germans." [...]
Q. This man was you, Dr. Dworzecki.
A. I was the man.[91]

91 *The Trial of Adolf Eichmann*, Bd. 1, S. 449.

Die im zitierten Protokollabschnitt angeführte Erklärung zum Wort „Malina" kommt im audio-visuellen Mitschnitt nicht vor: „[…] they were called malines, after the verse ve'notra bat-Zion… Kimeluna ve'miksha (And the daughter of Zion is left… as a lodge in a garden of cucumbers (Isaiah 1.8)."[92] Die entsprechende Stelle lautet in der *Textbibel* von 1899: „Und ist doch Zion nur übrig, wie eine Hütte im Weinberge, wie eine Nachthütte im Gurkenfelde, wie eine belagerte Stadt!"[93] In der *Luther-Bibel* von 1912 heißt es: „Was noch übrig ist von der Tochter Zion, ist wie ein Häuslein im Weinberge, wie die Nachthütte in den Kürbisgärten, wie eine verheerte Stadt."[94] Die *Neue Amerikanische Standardbibel* gibt die Stelle: וְנוֹתְרָה בַת־צִיּוֹן כְּסֻכָּה בְכָרֶם כִּמְלוּנָה בְמִקְשָׁה כְּעִיר נְצוּרָה wie folgt wieder: „The daughter of Zion is left like a shelter in a vineyard, Like a watchman's hut in a cucumber field, like a besieged city."[95] Wie *JLR* in „Responsa" darlegt, wird die Tasache, dass das Wort „Malina" in der Geheimsprache der Diebe tradiert wurde, gelegentlich verschwiegen.[96] Renommierte Sprachwissenschaftler wie Uriel Weinreich, Baruch Podolsky und SchriftstellerInnen wie Abraham Sutzkever und Mascha Rolnikaite haben auf die Präsenz des Wortes „Malina"/„Maline" im Soziolekt der Ganoven explizit hingewiesen. Darüber, ob die Worte „Melina", „Malina" oder auch „Maline" von „Meluna" („Hütte" Jesaja 1.8) abgeleitet sind, kann nur spekuliert werden. Bei einem Vergleich zwischen der Druckversion und dem Fernsehmitschnitt ist erkennbar, dass vom Dolmetscher die Erklärung für „Malina" aus Jesaja 1.8 nicht übersetzt worden ist. Deshalb erhebt sich die Frage, ob diese Erklärung im Moment der Befragung überhaupt geäußert wurde. Entweder überging der Simultandolmetscher die Erläuterung des Zeugen, oder es handelt sich um eine nachträgliche Ergänzung, die ausschließlich im Druckmedium vorliegt. In der Einleitung zu *The Trial of Adolf Eichmann* heißt es, dass im Vergleich zu einem Printmedium das Geschehen im Gerichtssaal mit einem audio-visuellen Medium umfassender dokumentiert werden kann: „As to the accuracy of publication, there can be no doubt that direct visual and sound recording in the manner intended will render the proceedings in the courtroom with complete faithfulness, far more accurately than the written word."[97] Ein Abgleich der Zeugenberichte, die in unterschiedlichen Speichermedien vorliegen, sollte deswegen unbedingt erfolgen. Die materielle Verfasstheit der jeweiligen Medien gestattet qualitativ unterschiedliche Manipulations-, Speicher- und Eingriffsmöglichkeiten.

92 Ebd.

93 Isaiah 1.8. http://biblehub.com/isaiah/1-8.htm (Zugriff am 10.08.2014). Zum Wort „Meluna" siehe auch Wilhelm Gesenius: *Hebräisches und Aramäisches Handwörterbuch über das Alte Testament.* Berlin / Göttingen / Heidelberg: Springer 1959, S. 427.

94 Isaiah 1.8. http://biblehub.com/isaiah/1-8.htm (Zugriff am 10.08.2014).

95 Ebd.

96 Responsa, S. 358.

97 *The Trial of Adolf Eichmann*, Bd. 1, S. 1.

3.3 Samuelis Gilinskis

In der Sammlung von Zeugenberichten *Su adata širdyje* (*With a Needle in the Heart*, 2003) findet man mehrere Zeugnisse, in denen Malinas eine Schlüsselrolle zukommt. Die Sammlung ist auf Litauisch verfasst, mit englischem Paralleltext. Am 6. März 2001 hat Samuelis Gilinskis in Vilnius seine Erinnerungen niedergeschrieben. Dort heißt es:

> My uncle Leiba and other men had equipped a 'malina' under our house; it was an underground hideout where we could escape during an 'action'. And we did that. The 'actions' were very frequent, in daytime or at night. Children became too serious for their age and always ready to hide. There were times when we would come together, divide into groups, make guns out of sticks and play war. In 1942 an elderly teacher started teaching us. She taught us arithmetic and to read and write in Yiddish. These lessons were irregular; they took place in a basement by candlelight.[98]

3.4 Ruzhka Korchak

Die Erinnerungen mit dem Titel *Пламя под пеплом* (*Flammen unter der Asche*) der berühmten Partisanin Ruzhka Korchak sind nicht nur auf Hebräisch erschienen, sondern auch in russischer Übersetzung online zugänglich. Dort heißt es:

> Beim Ertönen des kindlichen Weinens erwacht wie aus einer versteinert wirkenden Trance die gesamte „Malina". Verzweifelt flüstert man einander zu: „Es [das Weinen] beschwört ein Unglück herauf, wir sind alle verloren!" Die Mutter versucht krampfhaft das Kind zu beruhigen, von allen Seiten werden ihm Brotkrumen zugesteckt, manchmal sogar in Alkohol getränkter Zucker – nur damit es aufhört zu schreien und einschläft. In einer „Malina", die die Litauer beinahe entdeckten, wurde der weinende Säugling von der eigenen Mutter erstickt.[99]

Es war ein Gebot des Überlebens, in Malinas Stille zu wahren. Seine Verletzung führte nicht selten zu Todesfällen. Durch unbeherrschte Geräusche geriet die gesamte Malina in Gefahr, entdeckt und ermordet zu werden.

3.5 Rachel Margolis

Die ehemalige Partisanin Rachel Margolis arbeitete früher als Dozentin an der Universität Vilnius. Sie ist promovierte Biologin.[100] Margolis gehört zu den GründerInnen des Jüdischen Museums (The Vilna Gaon Jewish State Museum) in Vilnius.[101] Sie

98 Samuelis Gilinskis: Memoirs. In: Lietuvos Gyventojų genocido ir rezistencijos tyrimo centras / Genocide and Resistance Research Center of Lithuania (Hrsg.): *Su adata širdyje: getų ir koncentracijos stovyklų kalinių atsiminimai. With a Needle in the Heart: Memoirs of Former Prisoners of Ghettos and Concentration Camps.* Vilnius: Garnelis 2003, S. 106–113, hier S. 110.

99 „Стоит раздаться детскому плачу, как из своего окаменелого транса выходит вся ‚малина'. В отчаянии шепчут друг другу: ‚Накликает беду, пропадем все!' И мать судорожно пытается успокоить ребенка, со всех сторон ему суют хлебные крошки, а иногда дают намоченный в спирту сахар – лишь бы перестал кричать, заснул. В одной из ‚малин', на которую почти набрели литовцы, плачущий младенец был задушен собственной матерью." (Korchak: *Пламя под пеплом* [*Flammen unter der Asche*], S. 34. Aus d. Russ. v. S. B.) Andere Schreibweisen des Vornamens von Ruzhka auch als Reizl, Rozka, Rushka, Ruzka und des Nachnamens als Korczak-Marla, Korczak, Kortschak.

100 Margolis: *Als Partisanin in Wilna*, S. 235, 237.

101 Ebd., S. 238–239.

engagiert sich für das Gedenken an den Genozid in Litauen und ruft in ihrem Buch *Als Partisanin in Wilna* zum Kampf gegen den Nationalismus auf.[102] Einige Auszüge aus ihren Erinnerungen, die das Schlüsselwort „Malina" beinhalten, sollen hier angeführt werden:

> Am schlimmsten war der 1. Oktober. Es war Jom Kippur, und die Juden kehrten tagsüber von der Synagoge nach Hause zurück. In beiden Ghettos wurde Jagd auf sie gemacht, sie wurden fortgeschafft und ermordet. Nach dem 20. Oktober fingen die Deutschen an, gelbe Karten zu verteilen – Arbeitsbescheinigungen. Jeder, der einen solchen Schein erhielt, konnte seine Frau und zwei seiner Kinder, die nicht älter als sechzehn Jahre sein durften, dort eintragen lassen. Eine grauenhafte Panik brach aus: Jeder suchte jemanden, der einen solchen Schein ausstellen oder jemanden aus der Familie auf seinen Schein hinzufügen konnte. Dreitausend dieser Karten wurden ausgestellt. Dein Vater [Dr. Samuel Margolis – S. B.] erhielt auch einen solchen Schein. Es ist kaum möglich, sich den Ausgang am Ghettotor in dieser Zeit vorzustellen. Man musste an einer Reihe Polizisten vorbei durch das Tor gehen. Und die, die keine Scheine hatten, blieben im Ghetto und verbargen sich in ‚Malinas', in selbst gebauten Verstecken. Zwei Tage waren wir in der Stadt, und als wir zurückkamen, sahen wir ein leeres Ghetto! Aus einigen Malinas krochen die Juden hervor, denen ihre Rettung gelungen war. Den Rest hatte man weggeschafft und ermordet.[103]
> […]
> Am 3. und 4. November, als den Deutschen klar wurde, dass sich noch einige Juden im Ghetto befanden, denen die Rettung in den Malinas gelungen war, beschlossen sie, auch diese zu fangen.[104]
> […]
> Wir fühlten, dass sich das Ende des Ghettos näherte. Die Spannung stieg. Die Juden bauten überall Malinas (Verstecke), verständigten sich mit Christen über Verstecke und brachten ihre Habseligkeiten dorthin. Sonst war alles beim Alten: Mama flocht Schlappen und erhielt eine Brotkarte.[105]
> […]
> Anfang Dezember 1943, nach den Aktionen, bei denen die Kommunisten und die jüdischen Männer getötet wurden, nach den Pogromen, den Aktionen im Ghetto und in der Umgebung Wilnas, nach den Razzien in den Malinas nach der Liquidierung des Ghettos beschlossen die Nazis, sämtliche Spuren ihrer Mordtaten in Ponary zu vernichten.[106]

3.6 Josifas Rechesas

Die litauische Sammlung der ZeitzeugInnen-Berichte enthält ein beeindruckendes Zeugnis über Malinas. Es stammt von Josifas Rechesas. Darin berichtet Rechesas von seinem Versteck, das sich in der Hausmauer befand und das er als seine „Lebens-Nische" beschreibt:

> Father opened the wall and transferred all of us half-alive into another 'malina'. That niche was under the floor and we could lie there. That 'malina' seemed like the garden of paradise for us: we could breathe there, and sometimes, when everything went still, could get out of it.
> The niche of life. When I hear somebody saying that 'he has found a niche in life' or 'filled the niche' in the activity of some field, I always remember the niche in which we, living people, were walled up.

102 Ebd., S. 239.
103 Ebd., S. 69–70.
104 Ebd., S. 70.
105 Ebd., S. 120.
106 Ebd., S. 200.

> It saved our lives and therefore now, fifty years after liberation, I can describe some of the episodes of that nightmare.[107]

In einer deutschen Übersetzung des Zeugenberichtes, die im Anhang von *Zivilcourage in der Zeit des Holocaust: Karl Plagge aus Darmstadt* (2005) beigefügt ist, wird das Wort „Malina“ als „Spelunke“ übersetzt.[108] In dieser deutschen Fassung kommt „Malina“ nicht vor. In anderen Text- und Übersetzungsversionen auf Litauisch und Englisch existiert die Chiffre „Malina“ jedoch weiter. In der deutschen Fassung heißt es:

> Vater beschloss, die „Spelunke“ direkt in der Gebäudewand einzurichten. Die Wände im Haus waren einen Meter dick, hauptmauerartig. Aus der Wand unseres Zimmers, die auch die Wand des gemeinschaftlichen Korridors war, fing er an Steine herauszu*nehmen,* nicht herauszuklopfen, weil man es geräuschlos machen musste. Den Bauschutt durfte man nicht wegwerfen, denn die Ziegel waren nötig, um die Nische wieder zu vermauern.[109]

In der englischen Fassung wird wie folgt übersetzt:

> The attic, the cellar, the space between the ceiling of the cellar and the floor were our 'malina'. Then Father decided to set up a 'malina' simply in the wall of the building. The walls of the building were about one metre thick. In the communal corridor of the flat where we lived, he started scratching the bricks out of the wall because it was dangerous to break them. The construction waste could not be taken away either, and bricks were necessary to cover the niche. [...] and mother carried the construction litter away in buckets, first covering it with household waste which she brought from laundry room. Finally the work was successfully completed and the 'malina' was waiting for its hour.[110]

Die Zeugnisse scheinen identisch zu sein – mit Ausnahme des Wortes „Malina“, von dem im deutschen Schriftbild nur einige Lücken in eckigen Klammern geblieben sind: [...].[111] Ausgerechnet diese Stellen, in denen das Wort „Malina“ vorkommt, sind gestrichen worden.

3.7 Grigorij Schur

In der derzeitig vorliegenden deutschen Übersetzung und Bearbeitung möchte ich *Die Juden von Wilna: Die Aufzeichnungen des Grigorij Schur 1941–1944* – über die Ereignisse im Ghetto Wilna während der Okkupation – als fragwürdige Quelle bezeichnen. Im Vorwort werden über mehrere Seiten massive Eingriffe in den Originaltext Schurs vorgenommen und damit gerechtfertigt,[112] dass erst die bearbeiteten Aufzeichnungen akademische Kriterien erfüllen würden:

> Prinzipiell sind wir davon ausgegangen, daß der Text, den Schur als seine „Kladden“ bezeichnete, einer wissenschaftlichen Edition bedarf, damit er von einem engeren Kreis von Fachhistorikern für

107 Josifas Rechesas: Memoirs. In: Genocide and Resistance Research Center of Lithuania (Hrsg.): *With a Needle in the Heart*, S. 294–302, hier S. 302.

108 Viefhaus: *Zivilcourage*, S. 47.

109 Ebd.

110 Rechesas: Memoirs, S. 300.

111 Vgl. Viefhaus: *Zivilcourage*, S. 47.

112 Grigorij Schur: *Die Juden von Wilna: Die Aufzeichnungen des Grigorij Schur 1941–1944*, bearb. u. hrsg. v. Wladimir Porudominskij. München: dtv 1999, S. 26–28.

> Forschungszwecke genutzt werden kann. Der Verfasser selbst hingegen trachtete danach, einen breiten, internationalen Leserkreis – und insbesondere künftige Generationen von Lesern – zu erreichen, was sich an der Konzeption, dem Charakter und dem Zweck dieses Buches sowie an der von Schur begonnenen Bearbeitung des Textes erkennen läßt.[113]

Schur wird unterstellt, stellenweise kein gutes Russisch geschrieben zu haben, weshalb Korrekturen seines Stils notwendig geworden seien. Auslassungen im Text wurden aufgefüllt, Wiederholungen gestrichen.[114] Überdies strich der Bearbeiter „weitschweifige, abstrakte Passagen, die keine neuen Fakten enthalten und den Leser auch emotional nicht berühren."[115] Die nunmehr von einem „Wir", wie es im Vorwort heißt, aufbereitete „Quelle" wird als einzigartiges historisches Dokument gepriesen. Dennoch wird bemerkt: „Es ist möglich, daß der Text in der vorliegenden Bearbeitung vom Verfasser nicht gebilligt worden wäre."[116] Eine Original-Manuskriptseite (Handschrift mit Streichungen von Schur) wird auf Seite 32 in Kopie gezeigt. Lediglich die einleitenden Gedichtzeilen stimmen mit der entsprechenden fotografierten Original-Manuskriptseite überein.[117] Es handelt sich dabei wohl um das vom Bearbeiter gekürzte „Vorwort", das Schur verfasst hat. In der bearbeiteten russischen Fassung seiner Notizen kommt das Wort „Malina" oft vor.[118] In der deutschen Fassung wird „Malina" („малина") ohne jegliche Begründung in „Maline" abgeändert.[119] Eine italienische Version scheint der russischen Vorlage zu folgen – das Wort für „Versteck" kommt in einer Fußnote vor: „*Malina:* nascondiglio utilizzato dagli ebrei pere sfuggire alle persecuzioni. Questi rifugi erano ricavati spesso nelle abitazioni o nelle cantine o in vecchi cunicoli sotterranei ormai caduti in disuso."[120] Die Übersetzung der bearbeiteten Notizen, die, wie im Vorwort erläutert, explizit für einen engen Kreis von SpezialistInnen aufbereitet seien,[121] ersetzt bislang zu Unrecht die auf Russisch verfassten handschriftlichen Aufzeichnungen Schurs, die eigentliche historische Quelle. Es zeichnet sich hier ein Trend ab, eine hinreichend angemessene Bearbeitung der Originalmanuskripte zu vernachlässigen.[122] Grigorij Schurs Original-Notiz-Kladden

113 Ebd., S. 26.

114 Ebd., S. 26–28.

115 Ebd., S. 27.

116 Ebd., S. 28.

117 Ebd., S. 32. Schur schreibt dort, dass die erfundene neue Rassentheorie ein magisches Wort brauche. Dieses Wort solle alle sadistischen und wenig gebildeten Leute einen, dieses magische Wort sei: „Die Juden".

118 Grigorij Schur: *Евреи в Вильно: Хроника 1941–1944 гг.* St. Petersburg: Obrazovanie – Kul'tura 2000, S. 51–52, 56, 169, 171, 181, 189, 191–192, 198.

119 Vgl. Schur: *Die Juden von Wilna*, S. 57.

120 Grigorij Schur: Gli ebrei di Vilna. Una cronaca dal ghetto. http://www.itgguarini.it/memoria/PDF/Finito_2.pdf (Zugriff am 10.08.2014). Dt.: „Malina: Versteck, das von Juden benutzt wurde, um der Verfolgung zu entgehen. Diese Zufluchtsorte wurden oft in Wohnungen oder Kellern oder in alten unterirdischen Tunneln eingerichtet und sind jetzt in Vergessenheit geraten." Aus d. Ital. v. S. B.

121 Schur: *Евреи в Вильно*, S. 22.

122 Die Philosophin Ursula Pia Jauch plädiert dafür, die historischen Quellen in ihren Originalsprachen mehr in den wissenschaftlichen Forschungen zu berücksichtigen. Mit Hilfe der herangezogenen

wurden von der Bibliothekarin Ona Schimaitė in der Universitätsbibliothek unter Bodendielen versteckt.[123] Erst nach dem Krieg hat Schimaitė das Versteck preisgegeben.[124] In den Aufzeichnungen Schurs soll das Wort „Ich" sehr selten vorkommen.[125] Schur habe 39 Kladden hinterlassen.[126] Sowohl die Verlage in Israel als auch fast alle Verlage in Europa haben die Herausgabe dieser bearbeiteten Notizen Schurs zu Recht abgelehnt. Thomas Moser schildert in seinem Artikel „Eine unerwünschte Chronik" die Schwierigkeiten, für dieses Buch einen Verlag zu finden:

> Miriam und Wladimir hatten große Schwierigkeiten, für das Tagebuch einen Verlag zu finden. Wladimir versuchte es in Russland und in Deutschland. Nichts. Schließlich fanden sie den niederländischen Verleger Jan Mets, und der stellte schließlich die Verbindung zum Deutschen Taschenbuch Verlag her. In Russland erschien es im vergangenen Jahr, doch in Israel ist es bisher nicht gelungen, das Buch zu veröffentlichen.[127]

Die russische Ausgabe der bearbeiteten Notizen Schurs ist, wie Jefim Klejner (Ефим Клейнер) bemerkt, in einer kleinen Auflage erschienen,[128] worüber sich Klejner beschwert.[129] Der fragwürdige Umgang mit einem Originalzeugnis wird nicht problematisiert. Thomas Moser zufolge lehnte auch Yad Vashem die Herausgabe dieser Aufzeichnungen ab. Moser beleuchtet unterschiedliche Gründe für die Ablehnung: „Vielleicht spielt eine Rolle, dass in Jad Vaschem die Figur des Ghettoleiters Gens, den Schur einmal den ‚Ghettodiktator' nannte, positiv beurteilt wird. Und jüdische Kollaboration mit den Nazis ist immer noch ein Tabuthema." [130] Die Art und Weise aber, wie die Aufzeichnungen Schurs einen „akademischen" Status erlangt haben, wird von Moser nicht thematisiert. Die Frage, wie diese Bearbeitung sich in eine „Originalquelle" verwandelte, ist bei Moser ebenfalls nicht erörtert. Es ist deshalb offen, welches Wort Schur für „Versteck" benutzt hat: „Malina" oder „Maline", wie die deutsche Übersetzung suggeriert, oder vielleicht eine andere Parallelform.

Originalquellen könnten etablierte Forschungsergebnisse neu hinterfragt und „Väter"-Mythen dekonstruiert werden. Vgl. Nachtstudio – Jeder nach seiner Fasson: Der Alte Fritz und die Folgen (2012). https://www.youtube.com/watch?v=R3Wrxu2oaEI (Zugriff am 10.08.2014).

123 Vgl. Schur: *Евреи в Вильно*, S. 17.

124 Ebd., S. 18–19.

125 Ebd., S. 7.

126 Ebd.

127 Thomas Moser: Eine unerwünschte Chronik. http://hagalil.com/archiv/2001/01/wilna.htm (Zugriff am 10.08.2014).

128 Vgl. Jefim Klejner: Летопись Виленского гетто [Annalen des Ghettos von Wilne]. http://russianbazaar.com/en/content/826.htm (Zugriff am 10.08.2014).

129 Ebd.

130 Moser: Eine unerwünschte Chronik.

4. Wilne – Wilno – Wilna – Vilnius: Eine Stadt im Spiegel ihrer Namen

Als Rolnikaites Tagebuch aus dem Jiddischen direkt ins Deutsche übersetzt werden sollte, bittet sie, die jiddischen Stadtnamen in der Übersetzung beizubehalten.[131] Ihrem Wunsch wird jedoch nur teilweise entsprochen. Wilne gehört nicht dazu. Die Originalbezeichnungen der Siedlungsorte, wie sie von Überlebenden tradiert werden, können in Übersetzungen beliebig abgeändert werden. Die multilingualen Parallelformen der Dorf- und Stadtnamen z.B. im Baltikum werden nicht immer mitvermittelt. Die Stadt mit den vielen Namen Wilne – Wilno – Wilna – Вильна – Vilnius – Вильнюс ist bekannt als das „Jerusalem des Nordens".[132] Charlotte Nager zufolge herrschte in Litauen „durch die kulturelle und konfessionelle Vielfalt" bis ins 16. Jahrhundert eine „hohe religiöse Toleranz, an der sich auch nichts änderte, nachdem Großfürst Jagello eine Union mit Polen schloß, sich taufen ließ und 1386 die polnische Königskrone übernahm."[133] Das heidnische Großfürstentum, provoziert durch „die wiederholten Angriffe des christlichen Deutschen Ordens",[134] entwickelte sich im 14. Jahrhundert zu einem der mächtigsten osteuropäischen Staaten.[135] Dieser Staat war eine Zeitlang für viele verfolgte und diskriminierte Gruppen ein willkommener Zufluchtsort:

> Unter der Herrschaft der litauischen Großfürsten lebten litauische Anhänger der alten, heidnischen Religionen, orthodoxe Russen, katholische Litauer und Polen, katholische und später protestantische Deutsche und außerdem noch Juden – diese nämlich wanderten ebenfalls in der ersten Hälfte des 14. Jahrhunderts in Litauen ein.[136]

Nach Litauen kamen auch Arianer, armenische Katholiken, Karäer und muslimische Tataren.[137] Der Islam zählt in Litauen zu den alteingesessenen Religionen.[138] Stefan Schreiner zufolge partizipieren Muslime neben Juden seit Jahrhunderten an der litauischen Gesellschaft:

> So feierten 1997 die Muslime in Litauen ihren 600. Jahrestag der Verleihung des Generalsprivilegs durch Großfürst Vytautas-Witold, das ihnen nicht nur das Aufenthalts- bzw. Existenzrecht in Litauen sicherte, sondern zugleich ihr Recht verbriefte, *usque ad infinitum* dort als Muslime neben den anderen

131 Rolnikaite: *Ich muss erzählen*, S. 34, Anm. 1.

132 Sutzkever: *Wilner getto*, S. 255.

133 Charlotte Nager: Historische Anmerkungen. In: Alex Faitelson: *Im jüdischen Widerstand*, mit einem Geleitwort v. Arno Lustiger, hrsg. u. mit hist. Anm. v. Charlotte Nager, aus d. Jidd. v. Esther Hürlimann, mit Gedichten v. Sima Faitelson-Jaschunski. Baden-Baden / Zürich: Elster 1998, S. 399–410, hier S. 400.

134 Ebd., S. 399.

135 Ebd., S. 399–400.

136 Ebd., S. 400.

137 Alfredas Bumblauskas: Litauische Gegenwartsgeschichte: Litauen als Zentrum Europas? In: Paulius Subačius (Hrsg.): *Fortsetzung folgt: Essays über Litauen und Europa.* Vilnius: Inter Nos 2002, S. 27–43, hier S. 29.

138 Jede Religion, die ein 300 Jahre langes Bestehen in Litauen nachweisen kann, gilt als „traditionell": „Traditional religions are those which have existed in Lithuania for at least 300 years, while non-traditional are those which have been professed in the country for 25 or more years and are supported by the public and do not act against laws or the morale." (Religion [in Lithuania]. http://lietuva.lt/en/lifestyle/religion (Zugriff am 10.08.2014).)

Religion(sgemeinschaft)en zu leben; und sunnitische Muslime (hanafitischer Schule) sind sie bis heute geblieben.[139]

Seit 1563 sind alle drei christlichen Konfessionen gleichgestellt, während sich im 16. Jahrhundert in anderen Ländern Europas Christen gegenseitig umbrachten.[140] Bumblauskas stellt fest: „Paradoxerweise lässt sich also behaupten, dass es die rückständigen Litauer, die letzten europäischen Heiden, waren, die den Boden für die Traditionen der Toleranz legten."[141] Als man Arianer als „Häretiker" diskriminierte,[142] fanden sie in Litauen – bis ins 17. Jahrhundert eine Heimat.[143] Erst im 20. Jahrhundert endete die jahrhundertealte Tradition der Toleranz in Litauen.[144] Juden, die im litauischen Staat seit seiner Gründung im 14. Jahrhundert ansässig waren (neben Muslimen),[145] wurden nach ihrer Ermordung auf Scheiterhaufen verbrannt.[146] Die Antisemiten bezeichneten die Gegend um Wilne als „Vagina Judeorum", die den „Westen" „erobert" und „besetzt".[147] Diese als Bedrohung empfundene „Vagina" wurde während des Zweiten Weltkrieges in Ponar/Paneriai/Ponary (Massenerschießungs- und Verbrennungsort von Leichen aus den Ponar-Gruben unweit von Wilna) ausgelöscht. Wie Mascha Rolnikaite schreibt, hat Hitler 1942 in seiner Neujahrsansprache verkündet, dass ab 1943 Juden „nur noch im Museum zu sehen sein werden".[148] So ein „Museum" ist heute Ponar. Knapp 50 Jahre vor der Katastrophe bildeten Juden in Litauen die zweitgrößte Bevölkerungsgruppe. Durch die zunehmende Emigration wurden die Wilner LitwakInnen 1923 zur drittstärksten Einwohnergruppe.[149] Die

139 Stefan Schreiner: Das „christliche Europa" – eine Fiktion. In: Jürgen Micksch (Hrsg.): *Vom christlichen Abendland zum abrahamischen Europa.* Frankfurt am Main: Lembeck 2008, S. 126–144, hier S. 138.

140 Bumblauskas: Litauische Gegenwartsgeschichte, S. 29.

141 Ebd., S. 32. Sigmund Freud hat den Antisemitismus Christina von Braun zufolge aus „einer gewaltsamen christlichen Mission" abgeleitet. Er sei das Resultat einer „mißlungenen Taufe". Von Braun argumentiert, dass der Antisemitismus „als Teil der Taufe" angesehen werden könne. (Christina von Braun: *Versuch über den Schwindel: Religion, Schrift, Bild, Geschlecht.* Zürich / München: Pendo 2001, S. 354.) Als Fallbeispiel zur Überprüfung dieser These wäre Litauen mit seinen langen polytheistischen und mündlichen Traditionen m. E. besonders geeignet. Eine ähnliche Ansicht wie Christina von Braun vertritt Doron Rabinovici. Er schreibt: „Wie ein roter Faden zieht sich die Blutspur des Antisemitismus durch die Geschichte des Abendlandes, denn das Pogrom war zwar keine Notwendigkeit, aber allemal eine Möglichkeitsform des Christentums." (Doron Rabinovici: Credo und Credit. Oder Einige Überlegungen zum Antisemitismus. In: Ders. *Credo und Credit*, S. 67–80, hier S. 80.) Mit Freud will Rabinovici den Antisemitismus aus einer blutigen, unter Zwang vollzogenen Taufe ableiten. Ebd., S. 75.

142 Vgl. Schreiner: Das „christliche Europa", S. 128–129.

143 Vgl. Bumblauskas: Litauische Gegenwartsgeschichte, S. 29.

144 Ebd., S. 39.

145 Siehe Schreiner: Das „christliche Europa", S. 129.

146 Über die Verbrennung der Leichen aus den Massengräbern vgl. Sutzkever: *Wilner getto*, S. 231–232.

147 Klaus Holz: *Nationaler Antisemitismus: Wissenssoziologie einer Weltanschauung.* Hamburg: Hamburger Edition 2001, S. 329.

148 Rolnikaite: *Ich muss erzählen*, S. 99.

149 Nager: Historische Anmerkungen, S. 401, 405.

Stadt Wilne – Vilnius –Wilna – Wilno war vor dem Zweiten Weltkrieg als einflussreichstes Zentrum des jüdischen Lebens in Europa bekannt:

> Vilnius war eines der größten osteuropäischen Zentren jüdischer Kultur. Verschiedenste Zeitungen und Zeitschriften in jiddischer und hebräischer Sprache erscheinen dort; Theater, Literatur, Buchdruck, ein ausgebautes Schulwesen, jüdische Krankenhäuser und ein reges kulturelles Leben prägten diese Stadt bis zum Ausbruch des Zweiten Weltkrieges. In den Jahren 1918 bis 1920 nahmen die Juden eine aktive Stellung in der Politik der litauischen Gesellschaft ein und leisteten wichtige Beiträge zur Konstituierung des unabhängigen Litauens.[150]

Die jüdische Gemeinschaft hat den litauischen Staat von Anfang an kulturell geprägt und mitaufgebaut.

> Offen bleibt aber die Frage, wieso sich Tausende von Litauern aktiv an den Untaten der Nazis beteiligten und halfen, einen wichtigen Bestandteil litauischen Lebens auszurotten – in einem Land notabene mit über tausend Jahren permanenter wechselseitiger kultureller und ethnischer Einflüsse.[151]

Nach Stefan Schreiner unterdrückt die fiktionale Rede von einem „christlichen" Europa das vorchristliche Erbe der europäischen Länder: Ähnlich „unterdrückt oder ignoriert die Rede von der jüdisch-christlichen Tradition, dass sich die christliche Tradition in Abgrenzung von ihr, ja, gegen sie herausgebildet und durchgesetzt hat."[152] Nicht die zu manipulativen Macht- und Herrschaftszwecken durchgesetzte katholische (Leit-)Religion, nach der die litauischen Herrscher strebten, wäre in der Geschichtsschreibung als bevorzugt „fortschrittlich" und „europäisch" darzustellen, sondern die Vielfalt des sogenannten „rückständigen" Litauens sollte mehr repräsentative Beachtung finden. Zur Sichtbarmachung wechselseitiger kultureller Einflüsse zählt die Hervorhebung der vielen Namen der Stadt Wilne, denn Wilne – Wilno – Wilna – Вильна – Vilnius – Вильнюс signalisieren Weltoffenheit und Internationalität. Für ein ähnliches Repräsentationskonzept, das auf die Bewahrung der Namensvielfalt in Europa abzielt, plädiert der renommierte Übersetzer Joachim Neugroschel – ein gebürtiger Wiener.[153] Ich zitiere aus einer Rundmail (Mailing List: *Mendele: Yiddish Literature and Language*) vom 20. Februar 1997, in der Neugroschel sich mit dem Namen „Wilne" auseinandersetzt:

150 Ebd., S. 405.

151 Ebd., S. 399.

152 Schreiner: Das „christliche Europa", S. 127.

153 Im Nachruf auf Neugroschel, der 2011 starb, schreibt Itzik Gottesman: „The prolific literary translator Joachim Neugroschel died on May 23 in Brooklyn, N. Y. He was 73. Neugroschel translated more than 200 books from Yiddish, French, German, Russia and Italian, including the work of Nobel Prize-winner Elias Canetti. His legal guardian and former partner, Aaron Mack Schloff, confirmed Neugroschel's death. The son of the Yiddish Galician poet Mendel Neugroschel, Joachim Neugroschel took a particular interest in translating from Yiddish. He was born in Vienna on January 13, 1938, and immigrated to Rio de Janeiro in 1939. His family arrived in New York City in 1941." (Itzik Gottesman: Joachim Neugroschel, Prolific Multilingual Translator, Is Dead at 73. In: *Forward*, 27.05.2011. http://forward.com/articles/138213/joachim-neugroschel-prolific-multilingual-translat (Zugriff am 10.08.2014).)

> In response to my recent listing on place names, several subscribers have emailed me about "Vilnius" for "Vilne" etc.
>
> "Vilnius" is the Lithuanian term, "Wilno" the Polish and sometimes German name. Wilne (from Polish) is the normal Yiddish term. However, in Soviet Yiddish publications, writers had to use "Vilnius" rather than "Wilne" to emphasize the myth that this was a Lithuanian rather than a Polish or Jewish city. I say "myth" because whatever language was spoken there it was until very recently a Soviet city politically--and historically a multicultural/multilingual city. Etruscans and American Indians have a great advantage over Jews. Although the Romans pretty much genocided the Etruscans, they nevertheless kept many Etruscan place names in Italy--just as the Germans have kept Slavic place names in Germany (including "Berlin", "Luebeck" etc.) even though they finished off most of the Wends during the Fascist Era. And although white Europeans ravaged Indian culture and population, Americans have nevertheless retained huge numbers of Indian place names--including my very own Manhattan. However, none of the nations that have killed off Jews have kept any Jewish place names, and certainly no Yiddish ones. [...].[154]

Im Gegensatz zur gängigen Praxis, den Stadtnamen als „Wilna" wiederzugeben, entscheidet sich der Übersetzer von Abraham Sutzkevers *Wilner Getto* (2009) Hubert Witt dafür, das „Jiddische Jerusalem" nicht als „Wilna", sondern als „Wilne" im Schriftbild zu präsentieren. Witt begründet seine Entscheidung zum einen damit, dass Wilne eine Stadt mit vielen Namen sei: Vilnius, Wilno, Wilna.[155] Zum anderen verweist er ausdrücklich auf das berühmte Zentrum der jüdischen Kultur und Gelehrsamkeit, auf das „Jiddische Jerusalem".[156] Er schreibt: „Wir gedenken des vernichteten ‚Wilne', indem wir Sutzkevers jiddische Namen für Orte, Straßen und Personen eine Lektüre lang beibehalten."[157] Die Bezeichnung für das „Versteck" im Ghetto gibt Witt als „Maline" wieder. „Maline" korrespondiert bei Witt mit „Wilne": „Tag und Nacht lag ich, mit Lumpen zugedeckt, und entwarf Pläne, wo und wie ich mir eine ‚Maline' bauen könnte – ein Wort, das bei der jüdischen Bevölkerung populär geworden war."[158] Ein eindrucksvolles audio-visuelles Beispiel zur Aussprache des Wortes „Wilne" bie-

154 Joachim Neugroschel: "Vilnius" for "Vilne". http://www.ibiblio.org/pub/academic/languages/yiddish/mendele/vol6.236 (Zugriff am 10.08.2014).

155 Hubert Witt zit n. Sutzkever: *Wilner getto*, S. 255.

156 Ebd., S. 265.

157 Ebd. In *Wilner Getto* würdigt Sutzkever viele Partisaninnen: Asje Big, Chiene Borowski, Dine Grinwald, Mire Ganionski, Chaje Grossman, Sonje Madejsker, Lise Magun, Witke Kempner, Selde Treger, u. a. Vgl. Sutzkever: *Wilner getto*, S. 184–185, 190–191, 208–209, 214, 251. Die Transkription jüdischer Nachnamen hat zahlreiche Varianten ihrer Schreibweise hervorgebracht. Um diese Namen zu tradieren, sollte auf ihre Parallelformen hingewiesen werden. Man kennt weniger eine Asje Big, mehr eine Asia Big bzw. Bick. Chiene Borowski ist auch Chiena Borowski. Der Name Selde Treger lautet auch Zelda Treger bzw. Zelda Trager. Neben dem Namen Witke Kempner gibt es Vitke Kempner, Vitka Kempner, Witka Kempner-Kowner, Vitka Kempner-Kovner, u. a. Die anderen Partisaninnen heißen Liza (Lisa) Magun und Chaja Grossman, Sonia Madeisker bzw. Sonya Madeisker, zugleich Sonia Madejsker, wie auch Miriam Ganionski, Dina Gruenwald. Im Kapitel „In einem Sarg" heißt der ehemalige Direktor des Wilner Perez-Gymnasiums Josef Teper. Ein paar Zeilen weiter ist von erschossenen „Töpfern" die Rede, obwohl Josef Teper gemeint ist. Hat Abraham Sutzkever tatsächlich statt des erschossenen Tepers die Töpfer gemeint? Oder tragen die ÜbersetzerInnen als VermittlerInnen beträchtlich zum Inhalt des Übersetzten bei? Vgl. Sutzkever: *Wilner getto*, S. 27.

158 Ebd., S. 19.

tet die Dokumentation *Partisans of Vilna* (1986). Auf Jiddisch artikuliert dort Musia Lipman deutlich den Stadtnamen als „Wilne". Im Schriftbild wird der jiddische Stadtname als „Vilna" wiedergegeben: „It was Vilna, but it wasn't *our* Vilna. A Vilna, bursting with Jewish life. Vilna without Jews is simply not Vilna."[159] In seinem Buch *The Search for Major Plagge* versucht Michael Good, der vielsprachigen Stadt gerecht zu werden. Er ist um eine Differenzierung des Stadtnamens Wilna bemüht.[160] Seine Eltern haben die Stadt „Wilna" genannt.[161] Die Litauer nennen sie „Vilnius".[162] Die deutsche Ausgabe sieht von einer Differenzierung des Stadtnamens im Text ab.[163] In ihrem Buch *Als Partisanin in Wilna* erinnert sich die Wilnaerin Rachel Margolis an das multilinguale Milieu ihrer Kindheit und Jugend. Die Sprache ihrer Großmutter war Russisch, ihre Eltern sprachen hingegen Jiddisch.[164] Mit ihrem Kindermädchen verständigte sie sich auf Polnisch.[165] Margolis ging in einen russischen Kindergarten, besuchte später eine jüdische Schule und danach ein polnisches Gymnasium.[166] Diese Sprachen- und Artikulationsvielfalt findet heutzutage auf der repräsentativen Ebene zunehmend Berücksichtigung. Im Vorwort zur Sammlung der ZeugInnenberichte *Su adata širdyje* (*With a Needle in the Heart*, 2003) weist Dalija Epšteinaitė darauf hin, dass die von ZeitzeugInnnen angegebenen Namen im litauischen Text nicht vereinheitlicht wurden.[167] Die Zeugenberichte erscheinen dort ohne redaktionelle Veränderungen der Personennamen, sie wurden in der Sammlung beibehalten, auch wenn sie der offiziellen Schreibweise nicht oder nicht mehr entsprechen. Die litauische Sammlung geht hier mit gutem Beispiel voran: Damit wird das individuelle Recht der ZeitzeugInnen auf flexible Schreibweise ihrer Namen respektiert. Dalija Epšteinaitė hat den notwendigen Verzicht auf solche redaktionelle Eingriffe begründet:

> Personal names have not been changed in the process of editing. They are left as they were presented by the authors: diminutives or domestic names sometimes pronounced with an accent characteristic of a particular location. Abraomas, Abraham, Abrom, Avrom, Avremel, Abrasha – they all mean the same name. It is impossible to standardise them by driving them into one norm, especially since a biography is sometimes the only place where a name is written black on white.[168]

Das Abändern von Namen bringt immer wieder neue Namensversionen hervor, die zusätzlich durch die gesetzlichen Regelungen der Rechtschreibung vermehrt worden

159 *Partisans of Vilna.*

160 Michael Good: *The Search for Major Plagge: The Nazi Who Saved Jews.* New York: Fordham University Press 2005, S. 3, Anm. 2.

161 Ebd.

162 Ebd.

163 Good: *Die Suche: Karl Plagge*, S. 11, Anm. 2.

164 Margolis: *Als Partisanin in Wilna*, S. 14.

165 Ebd.

166 Ebd.

167 Dalia Epšteinaitė: Skaitytojui. To the Reader. In: Genocide and Resistance Research Center of Lithuania (Hrsg.): *With a Needle in the Heart*, S. 16–21, hier S. 21.

168 Ebd., S. 21.

sind. Diese Namensvielfalt spiegelt der Band wieder. Im englischen Paralleltext werden andere Namensformen präsentiert als in der litauischen Variante. Bemerkenswert ist jedoch die Tatsache, dass über die persönliche Schreibweise des Namens nachgedacht wurde. Die Namen und Ortsbezeichnungen in den ZeugInnenberichten wurden nicht willkürlich abgeändert.

5. Das Wort „Maline" in historischen Dokumentationen

5.1 Spekulationen um die Herkunft von „Maline"

In historischen Abhandlungen über den Holocaust in Litauen begegnet man neben dem Begriff „Malina" oft auch der Bezeichnung „Maline". Einen Bedeutungsunterschied gibt es nicht. Das Wort „Maline" bezeichnet ein „Versteck":

> Some *malines* were large enough for only one person-chimneys, ovens, double-partitioned cupboards or closets; others were large enough to hold tens of hundreds of people – basements, garrets, rooms, and even apartments with camouflaged doors. The high stone buildings and the housing congestions in the ghetto offered many likely places for concealment in well-devised *malines* and enabled the practice to be developed on a large scale. Thousands of people invested their initiative, imagination, and hard labor for weeks and months to prepare *malines*, for they required ventilation, water, and food.[169]

Zu den Chiffren für den Undercover-Platz „Malina" und/oder „Maline" existieren in der Holocaustforschung diverse Herkunftserklärungen. Yitzhak Arad vertritt die Ansicht, „Maline" sei ein jiddisches Slangwort.[170] Dem Wortverzeichnis im Anhang von *Zivilcourage in der Zeit des Holocaust* ist zu entnehmen, dass „Maline" kein jiddisches

169 Yitzhak Arad: *Ghetto in Flames: The Struggle and Destruction of the Jews in Vilna in the Holocaust.* Jerusalem: Ahva 1980, S. 192. In *The Litvaks* (2001) von Dov Levin wird das Versteck als „Maline" bezeichnet: „A better way to survive, for a time at least, was to find – or make – a hiding place (popularly called, *maline*). Initially, cellars, attics, and storerooms served as shelters for those avoiding 'actions' or forced labor, but, as time passed, more sophisticated plans were adapted (particularly in the ghettos), as the Jews learned to camouflage their hiding places and make them suitable for prolonged use […]." (Dov Levin: *The Litvaks: A Short History of the Jews of Lithuania.* New York: Berghahn 2001, S. 228.) Für das Ghetto in Kaunas lässt sich die Bezeichnung des Verstecks als „Maline" gleichfalls nachweisen, einmal z. B. in der Übersetzung des Tagebuchs von Avraham Tory, das er auf Jiddisch geführt hat: „One rescue effort in Kovno was the preparation of 'malines' – hiding places under buildings and cellars – in which, in July 1944, more than thousand Jews were to hide when the Germans finally decided, on the eve of the arrival of the Red Army, to destroy the Ghetto." (Avraham Tory: *Surviving the Holocaust*, hrsg. v. Martin Gilbert, mit hist. Kommentar v. Dina Porat, aus d. Jidd. v. Jerzy Michalowicz. Cambridge / London: Harvard University Press 1990, S. xvi.) Martin Gilbert verwendet in seinem Buch *The Righteous* neben dem Wort „Malines" im Plural auch das Wort „Malina": „After the destruction of the ghetto of Brest-Litovsk, several hundred Jews survived in hiding places known as 'malines', mostly in cellars and outhouses. Outside help was also essential for survival; a local couple, Ignacy Kurjanowicz and his wife Maria, helped the young Moshe Smolar to survive by giving him food to eat and to take back to his hiding place. 'The Kurjanowicz family took me in for a week' he later wrote, 'and I was invited to visit them once a week on a regular basis. For greater safety, and in order not to make me look too obvious in the streets of the town, he accompanied me to the ghetto fence and from there I sneaked into the den (malina). […]'." (Martin Gilbert: *The Righteous: The Unsung Heroes of the Holocaust.* London: Doubleday 2002, S. 18.)

170 Arad: *Ghetto in Flames*, S. 71.

Slangwort, sondern eine russisch-jiddische Bezeichnung für „Versteck" sei.[171] „Malina" wird als eine explizit russische Bezeichnung für „Versteck" erläutert.[172] Demgegenüber vertritt Lucien Steinberg die Ansicht, „Maline" sei ein französisches Wort und kein „litauischer Slang", wie von einigen angenommen:

> These individual concrete hideouts that the Jews built in their homes were called *malines*. The ghetto chroniclers confess their ignorance of the etymology of the word (pronounced as it is written), although some suggest it could be Lithuanian slang. Our guess is that it was originally a French word that had acquired a special meaning. Sometimes the *maline* was a filled-in stairwell; sometimes a wall with a false bottom built in the middle of a room; occasionally it was underneath the cellar or attached to it. Bunkers were also built in the courtyards or under the streets – wherever there was room for one. Generally speaking there were two types of *malines*: those in which people could hide for a brief space of time, for example during a round-up, and those that were constructed to last. A number of these *malines* were never discovered by the Germans, with the result that the several hundred Jews in Kovno, and an even larger number in Vilna, managed to survive. An operation to destroy the *malines* was launched immediately after the mass escape from fort number 9, but it was not successful, perhaps because the Germans entrusted the Jewish police of the ghetto with the task. The latter only managed to 'discover' one *maline* (an unoccupied one at that) and a number of abandoned cellars.[173]

Gudrun Schroeter erklärt das Wort „Maline" wie folgt: „Das jiddische, aus der Ganovensprache adaptierte Wort *Maline* bezeichnet ursprünglich ein Versteck, einen geheimen Treffpunkt oder auch einen Ort, an dem Schmuggelware untergebracht wurde."[174] Wie etwa das Russische, Ukrainische und Weißrussische, in deren Jargon das Wort „Malina" fester Bestandteil ist, so hat auch das Jiddische einen Slang hervorgebracht. Die Chiffre „Maline" aus der Gaunersprache wird erst durch die fremdverschuldete Mordgefahr zum „jiddischen" Wort. Betrachtet man aber Jiddisch selbst als „Jargon", gibt es keinen Jargon der jüdischen Ganoven, denn das Jiddische wird mit seinem Jargon gleichgesetzt. Es folgt daraus die irreführende Vorstellung, die Ganoven sprächen keinen Jargon ihres Soziolekts, sondern Jiddisch. Die falsche Gleichsetzung der jiddischen Sprachpraxis mit dem Jargon der Gauner hat eine lange Tradition. Schon Martin Luther nimmt sie in seinem *Liber vagatorum* vor[175] und wird dafür von Sander L. Gilman zu Recht kritisiert:

> Luthers abwertende Gleichsetzung der Sprache der Juden mit der Sprache der Diebe und Gauner steht in der Renaissance nicht vereinzelt da. Sebastian Brant beispielsweise, zu seiner Zeit ein angesehener Jurist, hatte Elemente der Gaunersprache in sein *Narrenschiff* aus dem Jahr 1494 aufgenommen. Aber Luther, in seiner neuerworbenen Position als Kenner der „geheimen" Sprache der Juden, war der erste, der in einem Buch eigens zu diesem Thema behauptete, Hebräisch gehöre wesentlich zur Geheimsprache der Kriminellen. [...] Zweifellos hat es im späten 15. und 16. Jahrhundert Verbrecher

171 Viefhaus: *Zivilcourage*, S. 79.

172 Ebd., S. 23.

173 Lucien Steinberg: *Not as a Lamb: The Jews against Hitler*. Saxon House: University of Glasgow Press 1977, S. 246.

174 Siehe Gudrun Schroeter: *Worte aus einer zerstörten Welt: Das Ghetto in Wilna*. St. Ingbert: Röhrig 2008, S. 90.

175 Sander L. Gilman: *Jüdischer Selbsthaß: Antisemitismus und die verborgene Sprache der Juden*. Frankfurt am Main: Jüdischer Verlag 1993, S. 60.

> gegeben, zweifellos waren unter diesen Asozialen auch an den Rand der europäischen Gesellschaft gedrängte Juden, zweifellos sprachen diese Leute einen mit hebräischen Elementen durchsetzten Gaunerjargon [...]. Ebensowenig Zweifel kann es darüber geben, daß Luther und seine Zeitgenossen die Sprache der Diebe als wesensgemäßen Ausdruck jüdischer Geisteshaltung betrachteten und daß diese Anschauung den Glauben an den heilenden Zauber des Hebräisch ersetzte. Für Luther und seine Zeitgenossen war die Trennung zwischen dem Hebräischen, das sie nun für sich selbst in Anspruch nahmen, und der Sprache der Juden absolut geworden. Denn die Juden sprachen die Sprache der Gauner, eine Mischung aus Deutsch und Hebräisch, und sie schrieben in hebräische Buchstaben. Juden sprachen jiddisch.[176]

Noch 1711 versuchte Johann Andreas Eisenmenger zu beweisen, dass der Talmud voller Lügen und närrischer, lächerlicher Fabeln sei.[177] Die Gefährlichkeit des „finsteren Talmuds" bestehe nach Eisenmenger in seiner Widersprüchlichkeit und seiner Animation zur „verkehrten" Auslegung der Schrift.[178] Der Autor bestritt die Gleichwertigkeit schriftlicher und mündlicher Überlieferungen.[179] Das mündlich Überlieferte sei ein Irrtum, die Widersprüchlichkeit der mündlichen Überlieferung ein Kennzeichen der Lüge.[180] Aus dieser Perspektive muss die orale Sprachpraxis, wie sie im Jargon zu Tage tritt, als besonders verlogen gegolten haben. Das Beispiel des Wortes „Malina" aus dem mundartlich flexiblen Jargon zeigt, dass dies keineswegs zutrifft. Warum soll die klassische Wörterbuch-Bedeutung „Himbeere" „richtiger" sein als die vor allem mündlich überlieferte Bedeutung „Versteck"? Entscheidend sind die Kontexte, in welchen einerseits das Wort „malina" als „Himbeere" und anderseits das Jargonwort „Malina" als „Versteck" vorkommen. Für die oft anzutreffende Eliminierung des Wortes „Malina", wenn es „Versteck" heißt (orale Tradition), gibt es unterschiedliche Gründe. Auch Mascha Rolnikaite hat ein anderes Wort in der von ihr übersetzten Version ihres Tagebuches benutzt. Beginnt ein Gaunerwort wie „Malina" im Jiddischen der Jüdinnen und Juden zu dominieren, scheint dies das Vorurteil, Jiddisch sei eine Gaunersprache (Jargon), zu bestätigen.[181] Die Erklärung, „Maline" („Malina") sei ein jiddisches Wort, unterstellt, dass Jiddisch Jargon sei, und verleugnet die Tatsache, dass es daneben auch einen jiddischen Jargon gibt. Dies zeigt, dass Jiddisch ein „einzigartiges linguistisches und soziologisches Abenteuer" war.[182] Es war eine „besonders originelle, ja faszinierende Sprache",[183] die im osteuropäischen Kulturraum expandierte, bevor sie ‚erwürgt' wurde. Jiddisch hat dazu noch einen beeindruckenden Jargon hervorgebracht. Seine Überlebensspuren in anderen Sprachen sind untilgbar. Selten bis nie wird zwischen Jiddisch und seinem Jargon-Wortschatz unterschieden. Es sollte

176 Gilman: *Jüdischer Selbsthaß*, S. 60–61.

177 Johann Andreas Eisenmenger: *Entdecktes Judenthum*, Bd. 2. Königsberg in Preußen 1711, S. 364.

178 Ebd., S. 452–453.

179 Ebd., S. 293, 297, 300, 302.

180 Ebd., S. 316, 342, 450, 452.

181 Im deutschsprachigen Raum wurde Jiddisch fälschlicherweise mit der Gaunersprache identifiziert. Siehe Landmann: *Jiddisch*, S. 421.

182 Ebd., S. 414.

183 Ebd.

positiv hervorgehoben werden, dass diese Unterscheidung von Arad, Sutzkever und Weinreich sehr wohl vorgenommen wurde. Ingeborg Bachmann hat – und das soll hier besonders betont werden – das Jargon-Wort „Malina" in ihren Wortschatz übernommen und es zu einem Instrument des Angriffs gemacht. Sie hat – mit Judith Butler gesprochen – „die Möglichkeit der Referentialität angefochten"[184] und mit diesem suspekten Wort neue Kontexte und Sinnzusammenhänge eröffnet.[185]

5.2 „Maline" in den Übersetzungen der ZeitzeugInnen-Berichte

In ihren Erinnerungen *Life Story of Perella Esterowicz* zitiert die Überlebende des Ghettos Wilna, Pearl Good, aus dem Manuskript ihres Vaters Samuel Esterowicz. Pearl Good hat es aus dem Russischen ins Englische übersetzt. Der Wortschatz von Esterowicz beinhaltet „Malina":

> At the beginning of 1942, when there came some temporary stabilization, the population of the ghetto (including the "illegals" – people who, by hiding in "malinas" and leaving the ghetto for a time were able to avoid what was intended for them) numbered about 20,000.[186]
> I remember that I was especially eager to join my Parents in the ghetto because I felt, incredibly, that my being with them would protect them. Strangely enough, two years later I found in the H.K.P. camp a "malina" (hiding place), which was indeed instrumental to our survival.[187]

Die Zufluchtsorte heißen bei Pearl Good und im übersetzten Manuskript von Samuel Esterowicz nicht nur „Malina"/„Malinas", sondern auch „Maline"/„Malines": „A much larger number of Jews hid on that day in the 'malines' readied by them before."[188]

> We learned subsequently that during the so-called "children's aktzye", carried out simultaneously in all of Lithuania, 36 of Jewish policemen were shot in Kowno when one by one they had refused to reveal the "maline" where Jewish children were hidden.[189]

In seinem Buch über Karl Plagge zitiert Michael Good die Erinnerungen seiner Mutter Pearl Good. Das Versteck heißt bei ihm in der Regel „Maline". Mindestens einmal kommt bei Michael Good das Wort „Malina" vor: „One of the basements of the house in the back of the yard was transformed into a 'maline', a hiding place. Jasha Shapiro took us in and we hid for two days. During the two days in the malina, Ninka Kaplinska and I were holding hands […]."[190] Die entsprechende Stelle lautet im Original von Pearl Good: „One of the basements of the house in the back of the yard

184 Butler: *Körper*, S. 297.

185 Vgl. Kapitel „*Malina* als Bachmanns Vermächtnis: Schlussbetrachtungen und Ausblick".

186 Perella Esterowicz: Memoirs. http://www.searchformajorplagge.com/searchformajorplagge.com/Plagge_Documents_files/MemoirsP.rtf (Zugriff am 10.08.2014). Siehe S. 43.

187 Ebd., S. 39.

188 Ebd., S. 55.

189 Ebd., S. 64. Vgl. auch Samuel Esterowicz: Memoirs. http://www.searchformajorplagge.com/searchformajorplagge.com/Plagge_Documents_files/memoirssmesterowicz.doc (Zugriff am 10.08.2014).

190 Good: *The Search for Major Plagge*, S. 68.

was transformed into a 'malina', a hiding place to which Jasha Shapiro took us and in which we hid for two days. During the scary two days in the malina, Nina Kaplinska, (the niece of Jasha Shapiro) and I were holding hands […].“[191] In der deutschen Fassung des genannten Buches über Karl Plagge wurde das Wort „Malina“ in „Maline“ geändert. Die Parallelform „Malina“ kommt nicht mehr vor: „Ein Keller des Hinterhofhauses wurde zur ‚Maline‘, einem Versteck. Jasha Shapiro nahm uns auf, und wir blieben zwei Tage. Ninka Kaplinska und ich, wir hielten uns in den zwei Tagen in der Maline die Hände […].“[192] Samuel Esterowicz, der in Russland studierte, hat sein Manuskript, wie Michael Good schreibt, in elegantem Russisch verfasst.[193] Die Nominativform „Maline“, wenn es sie im russischen Manuskript tatsächlich gibt, ist eigenartig. Der Zeitzeuge Mosche Feigenberg hat das Versteck in Wilna auf dem Gelände des HKP (Heeres-Kraftfahr-Park) 1946 so bezeugt: „Ein Wort verbreitet sich im Ghetto von Mund zu Mund. Es lautet: ‚Malina‘“. Die Übersetzerin aus dem Jiddischen ins Englische ist die Zeitzeugin Pearl Good:

> The month of July was arriving. Up to 1500 Jews who were still in the HKP camp were entirely cut off, they were not let out for any work and received no provisions. The Guard around the camp was much strengthened. One could not even think of getting out. Everybody was looking for a hiding-place inside the camp. The word "Malina" was passing from mouth to mouth. Everyone could only be sitting, waiting for a miracle… .[194]

In einem sehr kompliziert gebauten Versteck im Abwasseruntergrund fanden Samuel Esterowicz und seine Tochter Perella Unterschlupf. Als sich im Winter 1943/1944 im Ghetto die Nachricht verbreitete, die Rote Armee sei auf dem Vormarsch,[195] berichtete BBC, dass die Vernichtung der GhettoInsassinen forciert werde.[196] Michael Good schreibt:

> Anders als in den ersten Tagen der deutschen Okkupation waren im Frühjahr 1944 Selbstmorde unter den verfolgten Juden sehr selten. Wer bisher überlebt hatte, wollte leben. Sie schmiedeten mit viel Energie Fluchtpläne oder suchten rechtzeitig Verstecke für das Eintreffen der SS im Lager vorzubereiten. Einmal im frühen März 1944 bemerkte meine Mutter vor der Toilette im Kabuff unter der Treppe eine schmale Öffnung im Fußboden. Das nächste Mal, als sie die Toilette benutzte, war die Öffnung wieder verschlossen. Sie begriff, dass dies der Eingang zu einer Maline war, und merkte sich den Ort für künftige Notfälle.[197]

Am 27. März 1944 fand eine Treibjagd auf Kinder (Kinder-„Akzye“) statt. Der Zufluchtsort (Malina) war jetzt die letzte Rettung:

191 Esterowicz: Memoirs, S. 48.

192 Good: *Die Suche: Karl Plagge*, S. 91.

193 Ebd., S. 36.

194 Mosche Feigenberg: The Testimony of Mosche (Moses) Feigenberg. http://www.holocaustresearchproject.org/trials/feigenberg.html (Zugriff am 10.08.2014).

195 Good: *Die Suche: Karl Plagge*, S. 99.

196 Ebd.

197 Ebd.

> Als meine Mutter an diesem Morgen hörte, das Lager sei umstellt, rannte sie zu der gerade entdeckten Maline unter der Toilette und sah ihren Nachbarn, den Anwalt Zmigrod, durch das Loch in den Keller hinunter verschwinden. Sie lief und holte ihre Mutter und zusammen verschwanden sie für den Rest des Tages in Zmigrods Maline.[198]

Das gleiche Versteck – meiner Ansicht nach – wird von Schoschana Rabinovici in ihrem Buch *Dank meiner Mutter* beschrieben. Es handelt sich um die sogenannte Zmigrods-Malina. Rabinovici beschreibt ausführlich den Bau des Zufluchtsortes:

> Die Maline sollte nur denen zur Verfügung stehen, die sich an ihrem Bau beteiligten. Für Geld alleine konnte dort kein Platz erkauft werden. Außer uns gehörten zu den Beteiligten Maurer, Installateure, Elektriker, ein Ingenieur, ein Arzt, ein Kanalreiniger und vier Schornsteinfeger mit ihren Familien.
> Der Bau der Maline dauerte monatelang. Während der ganzen Zeit lebten wir in Angst. Als die Maline endlich fertig war, verdichteten sich die Anzeichen, daß wieder eine große Aktion bevorstand. [...] Die meisten Wohnungen im Ghetto besaßen keine Toiletten, es gab Gemeinschaftsaborte. Zu jedem Hof gehörten vier, und die Bewohner hatten einen Schlüssel. Wegen der gemeinsamen Aborte kam es häufig zu Streit. Unter einem von zwei nebeneinanderliegenden Aborten war die Maline gebaut worden. Man hatte unter ein Klosettbecken verdeckte Wasserhähne installiert, mit deren Hilfe der Abfluß des zweiten blockiert werden konnte. So wurde verhindert, daß der Kot in den Teil des Rohres gelangte, der sich unter dem Abfluß der zweiten Toilette befand.[199]

Mirjam Pressler hat das Buch von Schoschana Rabinovici aus dem Hebräischen ins Deutsche übersetzt. Die Bezeichnung des Verstecks überträgt Pressler als „Maline", wobei der Stadtname als „Wilna" angegeben wird. Die Erklärung zum Wort „Maline" lautet: „*Maline*: in der Gaunersprache Versteck für Verbrecher und Diebesgut."[200] Bereits 1992 hat Rabinovici über das Ghetto-Versteck erzählt.[201] Die Episode aus ihren Erinnerungen heißt „Maline".[202] Die Titelüberschrift ist mit einem Stern versehen[203]: Das Wort „Maline" bedeute in der Gaunersprache „Versteck für Verbrecher und Diebsgut".[204] Diese karge Erklärung steht in Diskrepanz zu dem Text, der weder von Diebesgut noch von Gaunern handelt. Es ist fraglich, ob eine derart verkürzte Anmerkung, die zudem von einem Buch ins andere wandert, die existenzielle Bedeutung des Wortes „Maline" im Wortschatz der Überlebenden nachvollziehbar macht. James Skofield hat das Buch aus dem Deutschen ins Englische übertragen. In der englischen Übersetzung wird die Chiffre „Maline" stets als das bekanntere Wort „Malina" wiedergegeben. Hier hat man sich für die internationale Variante des Wortes entschieden. Die Erklärung ist die gleiche geblieben: „The malina. Malina: In the argot of

198 Ebd., S. 100.

199 Rabinovici: *Dank meiner Mutter*, S. 83–84.

200 Ebd., S. 287.

201 Suzanne Lucienne Rabinovici: Die Maline. In: Freund / Ruttner / Safrian (Hrsg.): *Ess firt kejn weg zurik...*, S. 81–96.

202 Ebd., S. 65.

203 Ebd.

204 Ebd.

the underworld, a hiding place for criminals and stolen goods."[205] Hinzuweisen wäre auch auf die Parallelformen, die in der deutschen und in der englischen Übersetzung fehlen. In manchen Fällen wird das Wort, dem im Original eine zentrale Bedeutung zukommt, von den ÜbersetzerInnen oder BearbeiterInnen verworfen oder marginalisiert. Der Übersetzer von Yitskhok Rudashevskis *The Diary of the Vilna Ghetto* Percy Matenko verweist auf eine Definition von Uriel Weinreich im *Modern English-Yiddish Yiddish-English Dictionary,* in der das Wort als „Versteck" erklärt wird: In den Ghettos sei es während des Zweiten Weltkrieges verbreitet gewesen.[206] Percy Matenko schreibt: „'Hide-out' will be used for 'maline' in this translation."[207] Ich plädiere für einen anderen Umgang mit dem Wort „Malina": „Wir erinnern uns an alle Feinde / wir gedenken aller Freunde / immer wollen wir verbinden / unser Gestern mit dem Heute."[208] Das Gestern mit dem Heute zu verbinden, heißt, die Worte „Malina" und „Maline" dort stehen zu lassen, wo sie in den Originalberichten der Überlebenden vorkommen. Jedoch können alle bislang realisierten Marginalisierungen, Ersetzungen und Eliminierungen kaum mehr rückgängig gemacht werden.

5.3 Melina, Maline oder Malina in Wilna?

Die Verstecke in Wilna hießen nach Dina Porat „Melinas": „Jews began to hide in *melinas*, hiding places in attics and cellars (in Yiddish, 'a temporary place to sleep')."[209] In „Malinas" wurden auch Waffen versteckt und Schießübungen durchgeführt. Der Ghetto-Bibliothekar und Chronist Herman Kruk, ein Flüchtling aus Warschau, hat die Verstecke in Wilna – so Arad – „Maline" genannt.[210] Anderen Angaben zufolge habe er das Wort „Melina" benutzt.[211] Wie mag Kruk die Verstecke noch genannt haben? Alle Bezeichnungen verdienen, erwähnt zu werden. Gunnar S. Paulsson schreibt, dass in Warschau das Versteck „Melina" genannt wurde.[212] Auch bei Feigele Peltel Mied-

205 Schoschana Rabinovici: *Thanks to My Mother*, aus d. Deut. v. James Skofield. New York: Puffin 2000, S. 67.

206 Yitskhok Rudashevski: *The Diary of the Vilna Ghetto: Juni 1941–April 1943*, aus d. Jidd. v. Percy Matenko. [Tel Aviv]: Ghetto Fighters' House 1979, S. 165, Anm. 19.

207 Ebd.

208 „Mir gedenken ale ßojnim/ mir dermonen ale frajnd/ schtendik weln mir farbindn/undser nechtn mit dem hajnt." Rabinovici: *Dank meiner Mutter*, S. 8.

209 Dina Porat: *The Fall of a Sparrow: The Life and Times of Abba Kovner*, hrsg. u. aus d. Hebr. v. Elizabeth Yuval. Stanford: Stanford University Press 2010, S. 44.

210 Vgl. Arad: *Ghetto in Flames*, S. 71.

211 Herman Kruk: *The Last Days of the Jerusalem of Lithuania: Chronicles from the Vilna Ghetto and the Camps, 1939–1944*, hrsg. u. eingel. v. Benjamin Harshav, aus d. Jidd. v. Barbara Harshav. New Haven / London: Yale University Press 2002, S. xlvi. Barbara und Benjamin Harshav haben die Bezeichnung des Verstecks im Ghetto Wilne/Wilna andernorts als „Malina" übersetzt: „His mother hid in a '*malina*' (a hiding place), but when Sutzkever returned to the ghetto she was gone. The *malina* had been discovered and all its inhabitants were taken away." (Sutzkever: Di Gehejmschtot, S. 17; siehe auch ebd., S. 192. Vgl. Benjamin Harshav: *The Polyphony of Jewish Culture.* Stanford: Stanford University Press 2007, S. 265.)

212 Gunnar S. Paulsson: *Secret City: The Hidden Jews of Warsaw 1940–1945.* New Haven: Yale University Press 2002, S. 3.

zyrzecki, die im Untergrund Warschaus kämpfte, heißt das Versteck „Melina".[213] Aber auch das Wort „Malina" ist als Versteckbezeichnung in Polen belegt:

> [...] The Germans discovered the malina, they shot the people.
> (END OF SIDE B. TAPE 1)
> Q:{Yes, S-c-h-e-i-n}.
> Q:And then Malina?
> A:{But you make sure that it is spelled right, the German}.
> Q:Okay, I'll check it.
> A:Malina is the hiding place. M-a-l-i-n-a.
> Q:That's in German or Polish?
> A:Well, uh --.
> Q:Yiddish?
> A:They called it that in the ghetto.
> Q:A ghetto term?
> A:A ghetto, __________.
> Q:Okay.[214]

Ruzhka Korchak berichtet, dass Wilne nach Kriegsbeginn mit Flüchtlingen überflutet war.[215] Sie erwähnt, dass in der Stadt überall unterschiedliches Jiddisch zu hören gewesen sei.[216] Neben Wilner Jiddisch erklangen damals auch mehrere andere jiddische Sprachvarietäten.[217] Nach Dorothea Greve wurde Westjiddisch z.B. in Deutschland gesprochen,[218] in Litauen dagegen sprach man Nordostjiddisch, in Polen herrschte Zentraljiddisch vor.[219] In der Ukraine und Bessarabien benutzte man das südostjiddische Idiom.[220] In Wilne haben Wissenschaftler versucht, „eine überregionale Standardsprache zu entwickeln".[221] Dazu stellt Greve fest: In Wilne „hat sie sich auch bis zu einem gewissen Grade durchgesetzt. Trotzdem hinderte das die Sprache natür-

213 Feigele Peltel Miedzyrzecki [Vladka Meed]: *On Both Sides of the Wall: Memoirs from the Warsaw Ghetto*, eingel. v. Elie Wiesel, aus d. Jidd. v. Steven Meed. New York: Holocaust Library 1979, S. 210, 214. Vgl. auch Gutman: „Arieh Neiberg was one of the survivors from the ruins, or the *malinas* (shelters), as they were called [...]. Neiberg kept a diary in which he described events in the ghetto from the beginning of the Uprising until September 26, 1943, the date on which he escaped via the Jewish cemetery to the Aryan side of Warsaw. Through his notes, we learn of the fate of the last of the bunker dwellers, who did not know what the Germans were doing and thought that the passage of time had proved that the last few bunkers would never be discovered." (Israel Gutman: *Resistance: The Warsaw Ghetto Uprising*. Boston: Houghton Mifflin 1998, S. 244; vgl. auch ebd., S. 246.)

214 Aron Derman: Interview am 04. 03. 1993. United States Holocaust Memorial Museum (USHMM). http://collections.ushmm.org/oh_findingaids/RG-50.233.0020_trs_en.pdf (Zugriff am 10.08.2014). Aron Derman: Oral History Transcript or Notes, Accession Number: 1992.A.0125.20, RG Number: RG-50.233*0020. http://collections.ushmm.org/search/catalog/irn509098 (Zugriff am 10.08.2014).

215 Korchak: *Пламя под пеплом*, S. 4.

216 Ebd.

217 Ebd.

218 Siehe Petra Schellen: Interview mit Dorothea Greve: Die Angst steckt noch in jeder Zelle. In: *taz*, 31.10.2010. http://www.taz.de/!60566/ (Zugriff am 10.08.2014).

219 Ebd.

220 Ebd.

221 Ebd.

Abb. 6: Versteck in der Strashun Straße 6, Vilnius.

lich nicht daran, sich zu verändern und weiter zu tun, was sie tat: zu adoptieren, zu adaptieren und neues Sprachmaterial der jeweiligen Umgebung aufzunehmen."[222] In einigen Fällen ist deshalb die Erwähnung von Parallelformen des Wortes „Maline" notwendig. In der Einleitung zur englischen Ausgabe der Chronik von Kruk wird (ähnlich wie das Russische von Schur) Kruks Jiddisch bemängelt, da sein Schrift-Jiddisch Regeln missachte.[223] Kruk war noch vor dem Anmarsch der Nationalsozialisten nach Wilne geflohen.[224] Als Warschauer hat er möglicherweise für die Bezeichnung eines Verstecks die Chiffre „Melina" benutzt, aber vielleicht hat er doch das Wort „Malina" verwendet oder es gekannt. Wie erwähnt, zählt „Melina" auch im Polnischen zum Slang der Kriminellen.[225] In den Spezial-Lexika wird das Wort „Melina" zusammen mit „Melinka", „Malina" und „Malinka" angeführt.[226] Alle Bezeichnungen weisen auf konspirative Orte im kriminellen Milieu hin. Das *JLR* dokumentiert:

222 Schellen: Interview mit Dorothea Greve.

223 Kruk: *The Last Days*, S. l-li. Die Arbeitsstelle Holocaustliteratur an der Universität Gießen bereitet eine historisch-kritische Edition der Ghetto-Chronik von Herman Kruk vor. Arbeitsstelle Holocaustliteratur. http://www.holocaustliteratur.de/deutsch/Gudrun_Schroeter/ (Zugriff am 10.08.2014). In dieser Ausgabe sollte auf die Parallelformen von „Melina" oder „Malina" hingewiesen werden.

224 Kruk: *The Last Days*, S. 1.

225 Stępniak: *Słownik tajemnych gwar*, S. 300, 308.

226 Vgl. Kątny: Zu den deutschen Lehnwörtern, S. 98.

> I can add some information about the Polish word melina: in the late 1920s and in the 1930s I heard the word in Warsaw, from both Jewish and non-Jewish speakers of Polish, to designate a hideout usually big enough just for weapons or stolen goods (but sometimes also for people). Since I was not in contact with criminal elements, the word had presumably lost its thieves' cryptolectal status by the time I heard it (or was in the course of losing it). To my ear, the word had about the same status then as the English verb stash does today: stash was originally a thieves' cryptolectalism but is now a slangism […].[227]

David L. Gold hebt den „underground flavor" des Wortes „Melina" hervor[228] und verweist auf eine frühe literarische Quelle, die seine Verbreitung im kriminellen Milieu in den USA belegt. In den Gangster-Erzählungen von Alfred Henry Lewis *The Apaches of New York* (1912) im Kapitel „The Cooking of Crazy Butch" heißt es:

> Imagination rules the world. Butch, having imagination, extended himself. Already a Fagin, Butch became a *posser* and bought stolen goods for himself. Often, too, he acted as a *melina* and bought for others. Thus Butch had three strings to his business bow. He was getting rich and at the same time keeping out of the fingers of the bulls. This caused him to be much looked up to and envied, throughout the length and breadth of Gangland.[229]

„Melina" ist auch hier ein Wort der Diebe und Gangster. Außerhalb des Gaunermilieus figuriert es als eine Chiffre, die im Text (neben dem Wort „posser") kursiv hervorgehoben ist. Während des Zweiten Weltkrieges wurden viele BürgerInnen ost- und südosteuropäischer Staaten gewaltsam in die Position von Outlaws gedrängt. Sie bewegten sich im Untergrund Warschaus und Wilnas, wo sie ihre Malinas, Malines und Melinas einrichteten.[230] Outlaw-Methoden wurden angewendet, um dem schändlichen Morden der Okkupationsgewalt zu entgehen. Die traditionellen Verstecke der Diebe wurden überlebenswichtig. Sutzkever, ein hervorragender Kenner des Jiddischen, bezeugt diese Tatsache:

> Einst hatte sich in einer Maline ein Dieb versteckt. „Man hat den Dieb in seiner Höhle geschnappt" – konnte man öfter hören. Jetzt mußte sich jeder Bürger des Gettos, außer um einen Ort, wo er auf der Erde wohnen konnte, auch um ein sicheres Versteck in der Erde kümmern. Das Wort Maline wurde so populär, daß man es in verschiedenen Formen beugte: „man muß sich malinen oder malinewen", „bist einer guter Malinist", „ich liege maliniert" usw. Und als die Frau des Lehrers Stolizki in einer Maline des zweiten Gettos ein Mädchen zur Welt brachte, bekam es den Namen Maline.[231]

Die meisten ÜbersetzerInnen und BearbeiterInnen der ZeitzeugInnen-Berichte geben keine Begründung an für ihre Wahl der bevorzugten Variante von „Malina", „Maline" oder „Melina". Unklar bleiben die Beweggründe für die verbreitete Wiedergabe des Stadtnamens als „Wilna", wenn mit dem Wort „Maline" an das jiddischsprachige Wilne erinnert wird. In der Regel fehlen Anmerkungen über die

227 Responsa, S. 359. Das Wort „Melina" „refers specifically to a hideout in a Nazi-imposed Jewish ghetto […]." (Ebd., S. 358.)

228 David L. Gold: On the Etymology of the American English Gambling Term *vigorish*. In: *Jewish Linguistic Studies* 1 (1989), S. 1–25, hier S. 13.

229 Alfred Henry Lewis: *The Apaches of New York*. Chicago / New York: Donohue 1912, S. 216–217.

230 Vgl. Sutzkever: *Wilner getto*, S. 147–152.

231 Ebd., S. 138.

Parallelbezeichnungen des gebrauchten Wortes. In Einzelfällen wird das Originalwort vollständig gestrichen oder abgeändert. Mir ist keine Anmerkung in den übersetzten Zeitzeugenberichten bekannt, in der die Verwandtschaft von „Malina“, „Maline“ und „Melina“ erwähnt und erklärt wird. Auch Städtenamen werden oft vereinheitlicht, ohne dass in Anmerkungen die Parallelformen angeführt werden. Dies wird jedoch der historischen Multilingualität Osteuropas nicht gerecht. Ein Vorbild ist hingegen die Webseite „JewishGen“. Dort werden zahlreiche Parallelbezeichnungen jüdischer Siedlungsorte in Osteuropa aufgeführt. Berücksichtigt werden neben den jiddischen Bezeichnungen auch Ortsbezeichnungen in weiteren lokalen Sprachen. Audio-visuelle Aufzeichnungen, in denen Überlebende persönlich von ihren Verstecken berichten, sind für historische Untersuchungen, aber auch für die Bachmann-Forschung von großem Wert. Ein Abgleich audio-visueller Dokumentationen mit der Druckversion kann die Printversion relativieren. Von ausschlaggebender Bedeutung sind zudem die persönlichen Aufzeichnungen der ZeitzeugInnen, ihre hinterlassenen Erinnerungen, z. B. das Manuskript von Samuel Esterowicz und die Kladden von Grigorij Schur. Diese sollten nicht in Archiven verschwinden, sondern online zur Verfügung gestellt werden. Für wissenschaftliche Forschungen reichen willkürliche Übersetzungen und schwer nachvollziehbare Textbearbeitungen von Manuskripten nicht aus. Vielmehr ist die Bezeichnung der Undercoverplätze „Malina“/„Maline“/„Melina“ zu bewahren. Die bloße Übersetzung der Chiffre „Malina“ als „hiding place“, „Bunker“, „Spelunke“ oder „Versteck“ eliminiert die hochbedeutsame Dimension des Wortes „Malina“ und seine zeitgeschichtliche Relevanz.

6. Malina in Kaunas

6.1 Icchakas Segalis und seine Malina

Im Rahmen des Projektes „Erinnern und Gedenken im Zeitalter des Web 2.0“ entstand im Internet ein besonderer Gedächtnisort, der sich mit den medialen Vermittlungsbedingungen und -möglichkeiten von ZeitzeugInnen-Berichten beschäftigt. Das Projekt hat sich mit unterschiedlichen medialen Formaten der Gedächtnisbewahrung, der Speicherung und der medialen Verbreitung auseinandergesetzt. Die Webseite des Projekts stellt Kurzporträts der am Projekt beteiligten ZeitzeugInnen vor. In Kaunas (Kowne/Kowno), der Geburtsstadt des Philosophen Emmanuel Levinas,[232] hat der Zeitzeuge und ehemalige Ghettoinsasse Icchakas Segalis den Massenmord überlebt. Er hielt sich bei Gefahr in Malinas versteckt. Im Kurzporträt von Segalis wird der Begriff „Malina“ in „Himbeere“ übersetzt:

> Um den so genannten „großen Aktionen“ zu entgehen – das waren die Judenerschießungen –, musste sich die Familie wiederholt vor den deutschen Besatzern verstecken. Diese Verstecke beschreibt er in seinen Erinnerungen als „Malina“ (Himbeere). Dabei handelte es sich meist um ein Loch im Fußboden, wo mehrere Personen in drangvoller Enge hausten und der kleine Isaak ruhig gehalten werden musste.[233]

232 Salomon Malka: *Emmanuel Lévinas*, aus d. Franz. v. Frank Miething. München: Beck 2003, S. 21–37.

233 Icchakas [hier: Isaak] Segalis: Erinnern und Gedenken im Zeitalter des Web 2.0 – Internationale

Eine Quellenangabe, in der Icchakas Segalis die Chiffre für das Versteck „Malina" in „Himbeere" übersetzt, fehlt. Segalis erste Sprache ist Litauisch, das er im Ghetto verlernt und nachher wieder erlernt.[234] Damals sprach Segalis kein Russisch.[235] Der Hinweis auf das russische Wort „malina" („Himbeere") ist eine irreführende und kontextfremde Entschlüsselung, die zeigt, dass die VermittlerInnen an den Erinnerungen der Zeitzeugen mitschreiben. In der litauischen Fassung der Erinnerungen von Segalis, die ins Englische übersetzt ist, kommt das russische Wort für „Himbeere" nicht vor:

> A cut piece of floor was nailed to the side of the plate; when the plate was lifted the entrance to the 'malina' opened.
> The walls of the 'malina' were upholstered with planed boards, and when standing my head touched the ceilling. I do not know how grown-up people could find room in it. A narrow dark ventilation hole running into the attic was made on one side. The 'malina' had electricity and a radio set. It was there for the first time, that I ate sprats.
> When we heard steps above our heads we understood that they were looking for us. The Germans had dogs. I was told in a hushed voice not to breathe. I was an obedient child and did as I was told to do. After the Germans had left, the adults got out of the 'malina'. My mother and I stayed in it. The light was put out in the 'malina' and we sat in the dark. Suddenly the Germans returned just at the point when one of us was climbing the shelves that were purposely made to get to another 'malina' built in the attic. The entrance to our 'malina' in which my mother and I were, was left open. The Germans shouted into the hole. 'Is there anybody there?' We kept silent. They took away my father. Before leaving, he closed the 'malina' and placed the stove on top.
> We could not get out by ourselves without anybody's help – the stove was heavy, mother was helpless, and to exit practically impossible.[236]

Unverständlicherweise vernetzt auch eine litauische Quelle die Bedeutung „Versteck" mit der „Himbeere": „In the slang of the Kaunas ghetto, a hiding place was called a malina (Russian for a 'raspberry')."[237] Wer diese Ergänzung in den Klammern hinzugefügt hat, ist nicht angegeben. Fest steht, dass es sich nicht um eine Erläuterung durch ZeitzeugInnen handelt, sondern es ist eine durch Dritte eingebrachte Erklärung. Anhand einiger Beispiele, unter anderem aus dem Web 2.0, wird zu zeigen sein, dass die Chiffre „Malina" auch in Kaunas „Versteck" meint.

Begegnung 2011 in Oświęcim (Auschwitz) und Buchenwald. http://maximilian-kolbe-werk.blogspot.com/p/menschen.html (Zugriff am 10.08.2014).

234 Siehe Icchakas Segalis: Memoirs. In: Genocide and Resistance Research Center of Lithuania (Hrsg.): *With a Needle in the Heart*, S. 322–327, hier S. 326.

235 Ebd., S. 327. Im Ghetto Kaunas wurden auch Russisch und Polnisch gesprochen, viele sprachen Deutsch, aber die übliche Sprache des Ghettos war nach Renata Yesner Jiddisch. Litauisch wurde wenig gesprochen. Renata Yesner schreibt, dass ihre Mutter, eine erfolgreiche Unternehmerin in Kaunas, sich mit ihrer Großmutter auf Russisch verständigt hat. Ihre Großmutter unterhielt sich mit ihrer Mutter dagegen auf Jiddisch. Die Großmutter bevorzugte das Jiddische, die Mutter das Russische. Auch Renata Yesner sprach Russisch und Litauisch. Erst im Ghetto erlernte sie Jiddisch. Vgl. Renata Yesner: *Jeder Tag war Jom Kippur: Eine Kindheit im Ghetto und KZ*, aus d. Engl. u. mit einem Nachwort v. Mona Körte. Frankfurt am Main: Fischer 1995, S. 39, 40, 70, 72.

236 Siehe Segalis: Memoirs, S. 324.

237 Lietuvos Gyventojų genocido ir rezistencijos tyrimo centras (Hrsg.): *Whoever Saves One Life…*, S. 88.

6.2 ZeitzeugInnen aus Kaunas über Malina

In den Büchern der Überlebenden figurieren die Chiffren „Malina" oder „Maline" gelegentlich als Überschriften einzelner Kapitel. Der ehemalige Partisan und Zeitzeuge Alex Faitelson gibt dem 14. Kapitel seines Buches *The Truth and Nothing but the Truth* (2006) den Titel: „The Malina".[238] Faitelson erzählt, dass die Nazis über die Existenz der Verstecke informiert waren und dass ihnen auch die Bezeichnung „Malina" bekannt war.[239] Die Chiffren „Malina" und „Maline" werden in Zeugenberichten nicht selten nebeneinander verwendet. Im Bericht von Dmitrijus Gelpernas erscheint am Anfang seiner Erinnerungen die Bezeichnung „Maline", und am Ende wird das Wort „Malina" benutzt.[240] Gelpernas verwendet also beide Formen zugleich. Möglicherweise wurden aber nicht alle Bezeichnungen vereinheitlicht, so dass auch einmal die Chiffre „Malina" übrig geblieben ist:

> Die Version mit dem baldigen Abknallen war glaubwürdiger: man braucht uns ja nicht mehr und Zeugen will man auch nicht haben. Aber wozu führt man uns dann so weit? Der Führer hat irgendwo in Tirol auch ein Versteck – eine Malina, wo man uns zu seiner Bedienung braucht?[241]

Israel Goldblatts Fluchtstätte war eine Malina: „On March 27th 1944, the Gestapo, Lithuanian and Ukrainian police forces surrounded the ghetto. Israel escaped to the underground's 'Malina' (hiding place)."[242] In ihren Aufzeichnungen berichtet die Zeitzeugin Helene Holzman über Malinas in Kaunas:

> Ein Teil der Malinas war unter den Erpressungsfoltern der Gestapo verraten worden. […] Nur wenigen war die unterirdische Wohnung eine Rettung. In einer Malina hatten vierunddreißig gesessen, die sich dort drei Wochen gehalten hatten, bis der Abzug der Deutschen sie befreite.[243]

Fruma Malkė Kučinskienė-Vitkinaitė bezeichnet Helene Holzman als ihre „Adoptivmutter".[244] Die Buchhändlerin, Lehrerin und Künstlerin Holzman hatte

238 Alex Faitelson: *The Truth and Nothing but the Truth: Jewish Resistance in Lithuania*, aus d. Hebr. v. Ethel Broido. Jerusalem / Lynbrook: Gefen 2006, S. 227. Siehe ders.: Truth – Legends / The "Malina". http://faitelson.bsmart.co.il/HTMLs/article2.aspx?C2023=12165&BSP=12127 (Zugriff am 10.08.2014). Vgl. auch Nancy Wright Beasley: *Izzy's Fire: Finding Humanity in the Holocaust*. Lawrenceville: Brunswick Publishing Corporation 2005, S. 107.

239 „Dr. Fuchs informed Levin that he was aware that undesirable elements reach the ghetto and they hide in what is known as 'malinas'". (Faitelson: *The Truth*, S. 227.) Zu (Mosche) Levin, Chef der jüdischen Polizei in Kaunas, und die Verstecke im Ghetto Kaunas siehe Solly Ganor: *Das andere Leben. Kindheit im Holocaust*, aus d. Engl. u. mit einer Vorbemerkung v. Sabine Zaplin. Frankfurt am Main: Fischer 1997, S. 153–163. Die Worte „Malina" bzw. „Maline" kommen in dieser Bearbeitung nicht vor.

240 Dmitrijus Gelpernas: Landsberg – Kaufering – Augsburg: Städte wie alle anderen? Bericht eines aus Litauen Deportierten. In: *Dachauer Hefte* 12 (1996), S. 255–277, hier S. 256, 276.

241 Ebd., S. 276.

242 Ghettos & Underground Fighters: Israel Goldblatt. http://c3.ort.org.il (Zugriff am 20.08.2011).

243 Helene Holzman: *„Dies Kind soll leben": Die Aufzeichnungen der Helene Holzman, 1941–1944*, hrsg. v. Reinhard Kaiser / Margarete Holzman. München: List 2001, S. 273. Über den Namen Jordan schreibt Holzman: „Für alle jüdischen Angelegenheiten wurde eine Persönlichkeit eingesetzt, die die Ironie des Schicksals nach dem Fluß des Gelobten Landes benannt hatte: er hieß Jordan." (Ebd., S. 41.) Sowohl in *Malina* als auch in *Der Fall Franza* und in *Das Gebell* setzt Bachmann den Namen Jordan ein.

244 Fruma Malkė Kučinskienė-Vitkinaitė: Memoirs. In: Genocide and Resistance Research Center of Lithuania (Hrsg.): *With a Needle in the Heart*, S. 196–200, hier S. 199.

zusammen mit anderen Frauen unter Lebensgefahr dafür gesorgt, dass Fruma gerettet wurde. Sie überlebte das Massaker dank Zivilcourage.[245] Fruma Malkė Kučinskienė-Vitkinaitė erinnert sich an die existenzielle Gefährdung und an die Zufluchtsstätte (Malina):

> When the war started we tried to escape to Russia with the retreating Soviet army but we had to return to Kaunas like many others who were too late to run away. During the first week after our return, we stayed in the outskirts of the city, thus avoiding the first wave of pogroms. My parents and my brother were inmates of the Kaunas ghetto from August 1941 to July 1944. I was taken from the ghetto late in the autumn of 1943. I was ten at the time. I remember very well all the 'actions', and especially the 'great action' late in October in 1941. We lived in Krikščiukaičio Street, near the ghetto gate. In the basement of our house (the landlady and tenants moved to our house), my father prepared a 'malina' where together with our relatives we used to hide during 'actions'. For me, it has remained as one of the most horrible memories: without moving and with bated breath we would stick together in a cramped room listening to the steps and German speech above our heads. The entrance to the basement would be blocked with furniture; after the 'action' the neighbours would let us out.[246]

Die Zeitzeugin Gita Grinmanienė-Zimanaitė erinnert sich an ihre Malina: „A 'malina' was prepared in the flat where we lived (12 Liutauro Street), and we children were frequently hidden in it. I do not know how they managed to save us during all the 'actions' […].“[247] Über ihre Malina-Erfahrungen im Ghetto Kaunas berichtet auch Margaret Kagan:

> That first of nearly 300 nights we set to disentangling the ropes of our new 'malina' (ghetto word for hideout) existence, exploring and organising, very conscious of the fact that come the day and the morning shift workers, we would have to lie low, stop moving around or making noise for fear of being discovered. Towards dawn we slept fitfully and when, eventually, we started hearing voices and clanking, we hardly dared breathe.[248]

Malinas wurden von den Nazis oft aufgespürt. In *Jews of Kopcheve* (2006) dokumentiert Dorothy Leivers die Erinnerungen des Überlebenden Itzhak Yeshayahu Kashiv (Kopchovsky) über die Malina seiner Mutter, die dem Feuer nicht standhielt:

> I thought of my escape all the time. My mother had a place in a "*Malina*" (dugout under the house). I did not want to remain in the ghetto. In the end, the *Malina* caught fire, people came out; some were shot on the spot and others were taken to the death camps. I constantly delayed my escape because I did not want to leave my mother despite the fact that she had a place in a "*Malina*". I could not find out how she perished.[249]

Nach den verborgenen Menschen in Malinas wurde in den Ghettos gezielt gesucht. Die ehemalige Ghettoinsassin in Kaunas Tamara Lazerson-Rostovskaja notierte am 30. Dezember 1943 in ihrem Tagebuch: „Aus Vilnius brachte man eine Gruppe

245 Ebd.

246 Ebd., S. 197.

247 Gita Grinmanienė-Zimanaitė: Memoirs. In: Genocide and Resistance Research Center of Lithuania (Hrsg.): *With a Needle in the Heart*, S. 136–139, hier S. 137.

248 Margaret Kagan: About Vytautas. http://www.openwriting.com/archives/2006/01/about_vytautas_1.php (Zugriff am 10.08.2014).

249 Dorothy Leivers: *Jews of Kopcheve*. Bergenfield: Avatayanu 2006, S. 47.

von Juden, gefangen genommen in den Wäldern und in ‚Malinas'" („Из Вильнюса привезли группу евреев, пойманных в лесах и ‚малинах'").[250] Die Zeitzeugin Ariela Sef wurde im Ghetto Kaunas geboren. In ihren Erinnerungen *Geboren im Ghetto* (*Рождённая в гетто*) bezeugt sie den besonderen Stellenwert von Malinas in Kaunas während der Endphase des Krieges:

> 1943 begann man, eine unterirdische Grube, die „Malina", auszuheben, um dort während der Bombenangriffe Schutz suchen zu können; die Russen waren schon in Anmarsch; die Menschen hofften, sich dort auch während der Treibjagden verstecken zu können.[251]

Das *United States Holocaust Memorial Museum* besitzt Fotos von George Kadish/Zvi Kadushin. Sie dokumentieren Konzerte des Ghetto-Orchesters aus den Jahren 1943–1944 mit berühmten MusikerInnen Litauens. Im Kommentar zu einer Aufnahme wird auch von einer Malina berichtet, die während der Liquidierungsphase des Ghettos zum Grab wurde:

> Robert Hofmekler (1905-1994) was the son of Motel and Bertha (Blinder) Hofmekler (spelled variously as Hofmekleris and Gofmekler). He grew up in a highly musical Jewish family in Vilna, where his father was a well-known cello player. Robert had three siblings: Zelda, Michael (b. 1898) and Leo (or M. Leo, b. 1900). In the fall of 1920 the family fled from Vilna to Kovno. Michael was a gifted violinist, who was decorated by the Lithuanian president in 1932 for his cultural achievement in propagating Lithuanian folk music in performances, recordings and transcription. Leo served as the conductor of the Lithuanian state opera in the 1930s. After the Soviets occupied Lithuania in 1940 he was appointed music director and conductor of the National Radio Orchestra in Vilna. Robert emigrated to the U. S. in the fall of 1938. Following the German occupation of Lithuania in the summer of 1941, Leo, his wife and two children were forced into the Vilna ghetto, where they all perished in 1942 or 1943. Motel and Bertha and Michael and Zelda were forced into the Kovno ghetto. Motel played in the ghetto orchestra. He and Bertha perished in the ghetto early in 1944. Zelda's husband, David Kovarsky, was dragged from his home and shot by Lithuanian nationalists during the early days of the German occupation of Kovno. Zelda and her daughter perished in an underground malina (bunker) during the final liquidation of the ghetto.[252]

Insbesondere während der Endphase des Krieges waren Malinas unsichere, weil sehr gefährdete Verstecke. Die Liquidierung des Ghettos bezweckte die Zerstörung aller Malinas. Nur einige wenige Verstecke blieben nach den gezielten Zerstörungsaktionen erhalten:

> On July 8, 1944, with the Red Army approaching, the Germans entered the ghetto to deport the population of the ghetto to concentration camps in Germany, and set the ghetto on fire; most of those

250 Tamara Lazerson-Rostovskaja: Записки из Каунасского гетто [Aufzeichnungen aus dem Ghetto in Kaunas]. http://magazines.russ.ru/novyi_mi/2011/5/ta10.html (Zugriff am 10.08.2014). Aus d. Russ. v. S. B.

251 „В сорок третьем году в гетто стали рыть подкоп, ‚малину', куда можно было бы спрятаться во время бомбёжек; русские уже наступали; люди надеялись туда уйти и во время облав." (Ariela Sef: Рожденная в гетто (отрывок из книги) [Geboren im Ghetto. (Auszug aus dem Buch)]. http://www.chaskor.ru/article/rozhdennaya_v_getto__23287 (Zugriff am 10.08.2014).)

252 The Kovno Ghetto Orchestra 1943–1944. http://www.jewishvirtuallibrary.org/jsource/Holocaust/Kovno_Orchestra.html (Zugriff am 10.08.2014).

> who avoided deportation by hiding in malinas died. When the Red Army arrived on August 1 to liberate Kovno, only a few survivors remained in the ghetto.[253]

Beim Schöffling Verlag ist eine Audio-Version der Aufzeichnungen von Helene Holzman *Dies Kind soll leben* erschienen. Im Beiheft gibt es eine Zeittafel zu den Ereignissen in Kaunas. Auch dort wird die Vernichtung von Malinas durch Feuer erwähnt:

> 1944 8. Juli: Während die Rote Armee immer näher rückt, wird das Kaunaer Ghetto liquidiert. Die übriggebliebenen Juden werden nach Westen transportiert – die Männer nach Dachau, die Frauen in das KZ Stutthof bei Danzig. Das Ghetto wird niedergebrannt. Der größte Teil derer, die sich in „Malinas" versteckt haben, kommt ums Leben.[254]

Das Ghetto in Kaunas wurde vollständig niedergebrannt. Die Existenz zahlreicher Malinas war der Hauptgrund, warum vom Ghetto nur Schutt und Asche übrig geblieben sind.[255] Verena Dohrn schreibt: „Als am 8. Juli 1944 das KZ Kaunas aufgelöst wurde, spürten die SS-Leute mit ihren Hunden nach den *malinen*, zwangen die Juden mit Rauchgranaten, Brandbomben heraus."[256] Dennoch fand man nicht alle Malinas. Einige ZeitzeugInnen überlebten unter der Erde, in den Ruinen der Häuser, in der Kanalisation, in Brunnen und in anderen Verstecken.[257]

7. Malinas in Lettland und in der Ukraine

Der Zeitzeuge Semen Špungin bezeugt die Existenz der Verstecke (Malinas) in der Stadt Daugavpils (Düneburg/Dineburg): „Einige sparten Nahrung und richteten sowohl in den Ruinen als auch in den verlassenen Häusern der Stadt ‚Malinas' ein." („Были и такие, кто, припасая съестное, устраивал ‚малины' в городских развалинах и заброшенных домах."[258]) In der Sammlung *Muted Voices: Jewish Survivors of Latvia Remember* werden in zwei ZeugInnenberichten Malinas erwähnt. Die

253 Barbara Leslie Epstein: *The Minsk Ghetto 1941–1943: Jewish Resistance and Soviet Internationalism.* Berkeley / Los Angeles / London: University of California Press 2008, S. 281. Vgl. Daniel Blatman: *The Death Marches: The Final Phase of Nazi Genocide*, aus d. Hebr. v. Chaya Galai. Belknap: Harvard University Press 2011, S. 60. Siehe auch Cornelia Rabitz: A Story of Death and Survival. In: *DW*, 29.11.2012. http://www.dw.de/a-story-of-death-and-survival/a-16391462 (Zugriff am 10.08.2014).

254 Siehe die Zeittafel im Booklet zu Reinhard Kaiser: *„Dies Kind soll leben": Die Aufzeichnungen der Helene Holzman 1941–1944 und die Stimmen der Überlebenden*, 2 CDs. Frankfurt am Main: Schöffling 2001. Die Audio-Version dokumentiert die Stimmen von Margarete Holzman und von Fruma Malkė Kučinskienė-Vitkinaitė. Kučinskienė-Vitkinaitė erzählt auf Deutsch von Verstecken („Malines").

255 Siehe das audio-visuelle Material und die Kommentare zum Ghetto Kaunas auf der Webseite des Jüdischen Museums in Vilnius, Rescued Lithuanian Jewish Child Tells about SHOAH. http://www.rescuedchild.lt (Zugriff am 10.08.2014).

256 Verena Dohrn: *Baltische Reise. Vielvölkerlandschaft des alten Europa.* Frankfurt am Main: Fischer 1994, S. 215; siehe auch ebd., S. 213.

257 Vgl. Dieckmann: *Deutsche Besatzungspolitik in Litauen 1941–1944*, Bd. 2, S. 1301–1302.

258 Semen Špungin: Vor und nach der Flucht [До и после побега]. http://www.lu.lv/materiali/studiju-centri/jsc/resursi/423-440.pdf (Zugriff am 10.08.2014). Vgl. ebd., S. 427, siehe auch ebd., S. 428. Der erklärende Kommentar zum Wort „Malina" lautet, dass „Malina" im Jargon „Diebesspelunke" bedeutet. Vgl. ebd., S. 440. Aus d. Russ. v. S. B.

Erinnerungen von David Silberman sind aus dem Russischen übersetzt. Das Versteck heißt in der übersetzten Variante „Maline". Silberman erinnert sich:

> In the Red Barns, where Jan worked for the Luftwaffe, different people from the nearby market often came – some to give the miserable Jews some bread, potatoes, or just to inquire about acquaintances. Others came to exchange food products for some things such as jewelry and clothing. Jan Lipke carefully watched the two Rozental brothers who often came to the Barns – Fritz and Jan, as well as their friend, Janis Undulis. They all came from Dobele. Having gotten more closely acquainted with them and convinced of their honesty, he decided to share his thoughts with them – could a *maline* be organized – a hiding place for some of the poor Jews who were doomed to die.[259]

Im Zeugenbericht von Aizik Dimantstein, den Isaac Leo Kram aus dem Jiddischen übertrug, kommt dem Wort „Maline" eine Schlüsselbedeutung zu:

> In October 1942, the entire Latvian Jewish police was massacred. [...]
> After this, several of my roommates and I built a *maline* (a hiding place) in our house. Our basement was divided into several sections and in one spot of the cellar three walls converged. Secretly working for several nights, we built a fourth wall, and left an opening in it just big enough to crawl into. Inside we had prepared a board with bricks which fitted into the opening. It was not recognizable from the outside. The maline was mainly meant to serve us if and when the German armies would have to retreat hastily from Riga. We heard from other cities that whenever they were forced to retreat, the barbarians liquidated the Jews first. We also stored some food in the maline in order not to starve if we had to stay there for an extended period. We realized that in case of a long siege of the city of Riga we would not be able to hold out for too long. Our group came upon an idea to build such a maline on the Aryan side with the help of trustworthy Latvians. We succeeded at last, despite obvious difficulties, to build a maline on Zeilen Street. One of my friends, Joseph Althausen, had run away from the ghetto after the second Aktion and was hidden in an Aryan's house in the city. He looked a bit like a gentile, thus it was easier for him to get around. We were in steady contact with him. As soon as it was ready, Althausen was the first boarder to move into the maline because the air at the Aryan's house became too thick. Althausen began to fear that the Latvians would bury him alive in his hiding place, as they did with other Jews after taking all they had.[260]

Der Zeitzeuge Sidney Iwens bezeichnet den Undercover-Platz in seinen Memoiren als „molina".[261] Filzstiefel, die auch als „Walenki" bekannt sind, nennt er „voliki".[262] Iwens scheint das „a" auf „o" abzurunden. Dem Printmedium ist die individuelle Aussprache des Zeitzeugen nicht zu entnehmen. Die flexiblen Artikulationen und Schreibweisen des Wortes „Malina" haben keine Auswirkung auf seine Bedeutung, die sich erst kontextuell erschließen lässt:

> Monday, November 10, 1941

259 David Silberman: Jan Lipke: An Unusual Man, aus d. Russ. v. Liuba Rakhman. In: Gertrude Schneider (Hrsg.): *Muted Voices: Jewish Survivors of Latvia Remember.* New York: Philosophical Library 1987, S. 87–111, hier S. 92. Mir ist bis jetzt kein ZeugInnen-Bericht auf Russisch begegnet, in dem die Variante „малине" [„Maline"] (Nominativ/Singular) verzeichnet war. Anscheinend stellt dieser Zeugenbericht eine Ausnahme dar.

260 Aizik Dimantstein: From Karsava to Sweden, aus d. Jidd. v. Isaac Leo Kram. In: Schneider (Hrsg.): *Muted Voices*, S. 119–130, hier S. 122.

261 Sidney Iwens: *How Dark the Heavens: 1400 Days under German Occupation.* New York: Shengold 1992, S. 71.

262 Ebd.

> […] Joining together, Germans and Latvians beat the people, and some were shot on the spot. Most Latvians were drunk. It was in this latest selection that the other friend, who knew of our *molina* was taken […].[263]

Auch Yad Vashem präsentiert Auszüge aus den Erinnerungen von Sidney Iwens. Dort wird zum Wort „molina“ in Eckklammern die bekanntere Version „Malina“ angeführt: „Monday, November 10, 1941[.] Early in the morning we got the all-clear signal from one of the friends and climbed out of our *molina* – [“malina” shelter].“[264] Das Wort „Malina“ hat in Lettland seinen festen Platz in der Geschichte des Holocaust. Es („Molina“, „Maline“ oder „Malina“) meint stets einen Platz zum Sich-Verbergen. Die gleiche Bedeutung hat „Malina“ in der Ukraine. Der Übersetzerin Ljubov Summ zufolge haben die ukrainischen Juden ihre Verstecke ebenfalls „Malinas“ genannt.[265] Auch auf der Webseite zur Geschichte der jüdischen Bevölkerung in der ukrainischen Stadt Wolodymyr-Wolynsky (ukr.: Володимир-Волинський, russ.: Влади́мир-Волы́нский) werden im Zusammenhang mit dem Zweiten Weltkrieg Malinas erwähnt.[266] Yitzhak Arad belegt gleichfalls die Existenz von Malinas in der Ukraine[267]: In der ukrainischen Stadt Illintsi/Il'intsy (Linitz) gab es Malinas.[268]

8. Malinas in Minsk (Belarus)

Über Verstecke in Minsk gibt es eine Fülle von Dokumentationen. Das Malina-Phänomen wird in belorussischen Massenmedien erläutert.[269] Eine repräsentative Quelle in deutscher Sprache ist das *Schwarzbuch*. Das Kapitel *Belorussland* beinhaltet Zeugnisse der ZeitzeugInnen, in denen Malinas (малины) erwähnt werden.[270] In den Erinnerungen des Partisanen und Zeitzeugen Hersh Smolar *The Minsk Ghetto* (1989)[271] wird zur Herkunft sowohl des Wortes „Malina“ als auch des Wortes „Melina“ bemerkt:

263 Ebd.

264 Sidney Iwens: How Dark the Heavens. http://yad-vashem.org.il/untoldstories/database/writtenTestimonies.asp?cid=362&site_id=444 (Zugriff am 10.08.2014).

265 Summ: 20 фактов.

266 Wolodymyr-Wolynsky. Das jüdische Erbe der Ukraine. http://jukraine.org/volynskaya-oblast/vlad-volinski (Zugriff am 10.08.2014).

267 Arad: *The Holocaust*, S. 455.

268 Eva Sliapoberska-Dov berichtet: „On May 15 [1942], we heard shots, we went down to the malina. One of us had to remain on the outside in order to conceal the entrance to the malina by placing a chicken pen against it.“ (Zit. n. ebd.)

269 Vgl. den 2. Teil des belorussischen Fernsehenbeitrags Война. Известная и неизвестная. Фильм одиннадцатый: Жизнь и смерть в Минском гетто [Krieg. Der Bekannte und Unbekannte. Elfter Film: Leben und Tod im Ghetto Minsk]. http://www.ctv.by/proj/~news=22483 (Zugriff am 10.08.2014). Die Zeitzeuginnen Roza Zuckerman und Frida Rejsman bezeugen im Film die Existenz von Malina.

270 Grossman / Ehrenburg (Hrsg.): Das *Schwarzbuch*, S. 240, 246, 257–259, 263, 265, 278–279, 299. Vgl. auch Hersh Smolar: *Resistance in Minsk*, aus d. Jidd. v. Hyman J. Lewbin. Oakland: Judah L. Magnes Memorial Museum 1966, hier z. B. S. 11, 51. Außerdem sind weitere Angaben über die belorussische Malina in der Forschungsarbeit von Barbara Epstein zu finden. Vgl. Epstein: *The Minsk Ghetto*, S. 96, 105, 108.

271 Hersh Smolar: *The Minsk Ghetto: Soviet-Jewish Partisans against the Nazis*, aus d. Jidd. v. Max Rosenfeld. New York: Holocaust Library 1989, z. B. S. 72, 77, 99.

> […] the word "melina" or "malina" (from criminal terminology) also became current. Without the slightest connection to other ghettos, where hiding in camouflaged places – cellars, attics, behind ovens, even in walls – arose everywhere as a means of defense against the Nazi attacks, Jews in the Minsk ghetto arrived at the same measures. People became extraordinarily inventive.[272]

Polnische Juden sind nach Minsk geflüchtet – unter ihnen Hersh Smolar.[273] Smolars Buch führt vorbildlich sowohl das Wort „Melina" als auch „Malina" an.
In *Jüdische Partisaninnen* erinnert sich Jelena Askarewna Drapkina an eine getarnte Malina mit einem verkleideten Eingang: „Diese Malina war so gebaut: Die Männer hatten einen Hohlraum unter der Treppe mit Blech verkleidet, davor war eine Leine gespannt, und dort hingen dann Lappen, Lumpen, Wäsche, und eine Tür gab es."[274] Eine gute Tarnung des Verstecks erhöhte die Überlebenschancen. Rosa Jefimowna Selenko schildert in einem Interview mit Anika Walke die bedrückende Atmosphäre in einer aufwendig getarnten Malina:

> Die Malina war sorgfältig geplant und konstruiert, mehrfach abgesichert und so ausgestattet, dass man dort mehrere Tage würde überleben können. Durch den Keller erreichte man den ersten Raum, recht klein. Von dort aus gab es eine weitere Tür in das eigentliche Versteck […]. Etwa 30 Personen drängen sich auf engstem Raum, wenige kleine Rohre bringen Luft zum Atmen herein.[275]

Die Tarnung der Verstecke fiel unterschiedlich aus. Es gab aufwendig und notdürftig getarnte Zufluchtsorte. Maija Isaakowna Krapina erzählt von ihrem Unterschlupf, der mit einem Schrank getarnt war:

> *Was war das für ein Versteck? Was war das Besondere an dieser Malina?*
> Sie war unter den Dielen im Haus. Da war ein Loch ausgeschnitten, und auf dem Loch stand ein Schrank. Wenn wieder ein Pogrom war, kletterten wir in den Schrank. Unter dem Schrank war ein Brett, das wir anheben mussten und durch das wir dann alle nach unten in die Malina stiegen.[276]

In seinen Erinnerungen, die online einsehbar sind, schildert Leonid Isaakowitsch Okun die Errichtung geheimer Zufluchtsorte:

> Die einzige Möglichkeit, während der Pogrome zu überleben, war die Errichtung getarnter Geheim-Verliese, damals nannten wir sie „Malinas"; das waren Geheimverstecke jeglicher Art, in denen sich Menschen während einer Razzia verstecken konnten. Ich habe insgesamt drei solcher „Malinas" für meine Familie und für die Nachbarn in unterschiedlichen Häusern eingerichtet.[277]

272 Smolar: *The Minsk Ghetto*, S. 27.

273 Daniel Romanowsky: Гетто в Минске [Ghetto in Minsk]. Videovorlesung. http://www.youtube.com/watch?v=Wans8607ges&feature=relmfu (Zugriff am 10.08.2014).

274 Anika Walke: *Jüdische Partisaninnen: Der verschwiegene Widerstand in der Sowjetunion*. Berlin: Dietz 2007, S. 92.

275 Ebd., S. 146.

276 Maija Krapina: Erinnerungen, aus d. Russ. v. Margrit Hegge. In: Andreas Hollender / Anne Klein / Katja Matthias / Adrian Stellmacher / Bettina Vitt (Hrsg.): *„Existiert das Ghetto noch?": Weißrussland: Jüdisches Überleben gegen nationalsozialistische Herrschaft*. Berlin / Hamburg / Göttingen: Assoziation A 2003, S. 24–40, hier S. 30–31.

277 „Единственным выходом выжить во время погромов, было создание ‚схронов', как мы тогда говорили – ‚малин'; всевозможных тайников, в которых могли спрятаться люди во время облав. Я сделал для нашей семьи и для соседей три таких ‚малин' в разных домах." (Leonid Okun: Я помню. I Remember. http://www.iremember.ru/partizani/okun-leonid-isaakovich/stranitsa-2.html (Zugriff am 10.08.2014).) Aus d. Russ. v. S. B.

Die ehemalige Insassin des Ghettos Minsk, Frida Rejsman, erzählt, dass Malinas die letzte Rettungsmöglichkeit waren.[278] Die verfolgten Menschen reagierten auf die drohende Vernichtung mit dem hektischen Bau von Malinas: Die Verstecke wurden an allen erdenklichen Orten auf jegliche Art und Weise errichtet. Dazu zählten auch die Wand-Verstecke. An seine Malina, die als Reaktion auf die drohende Gefahr existenzieller Auslöschung entstand, erinnert sich der Zeitzeuge David Taubkin: „Unser relativer Friede wurde am 2. März 1942 gestört. Am Morgen waren Schüsse zu hören, die unserem Haus immer näher kamen. Im Haus wurde eine ‚Malina' – ein Versteck – eingerichtet."[279] Ein einfaches Kellerversteck erwähnt Wladimir Trachtenberg: „In dem Haus meiner Großmutter in der Chlebnaja-Straße, wo wir wohnten, gab es einen sehr großen Keller. In diesem Keller saßen wir mit anderen Leuten. Einen solchen Keller nannte man damals Malina."[280] Michail Trejsters Zeugenbericht ist auf der Webseite von Yad Vashem[281] und auf YouTube[282] in russischer Sprache verfügbar. Trejster wächst mit der russischen und weißrussischen Sprache auf.[283] Das Buch: *Katastrophe: Die letzten Zeugen* (2008) enthält einen weiteren Zeugenbericht von ihm.[284] Auch bei Trejster lautet eine Kapitelüberschrift „Malina" („Малина").[285] Im Kapitel „Malina" erklärt er die Herkunft des Wortes aus dem Jargon der Diebe. Es bezeichne ein „geheimes Versteck".[286] Für Diebe seien jedoch heute andere Zeiten angebrochen, spottet Trejster: Neuerdings hätten sie ihre Malinas in den Schweizer Alpen und auf den Kanarischen Inseln.[287] Doch, wie er betont, wolle er nicht von Dieben und ihren Malinas reden, sondern davon, dass im Ghetto Minsk Malina ein Platz zum Verber-

278 The Holocaust (Write me a Letter). http://www.youtube.com/watch?v=fk5HEsNHRrc (Zugriff am 10.08.2014). Die Untertitel sind auf Deutsch. Das Wort „Malina" wird im Plural verwendet und korrekt als „maliny" wiedergegeben. (Sequenz 05:38)

279 „Наше относительное спокойствие было нарушено 2 марта 1942 года. Утром послышались выстрелы, которые приближались к нашему дому. В доме была оборудована ‚малина' – укрытие." (David Taubkin: Свидетельства, письма, дневники [Zeugnisse, Briefe, Tagebücher]. http://www1.yadvashem.org/yv/ru/education/testimonies/taubkin.asp (Zugriff am 10.08.2014).) Ein audio-visuelles Zeugnis, in dem Taubkin über seine Malina erzählt, ist auf YouTube verfügbar, siehe Спасшийся из Минского гетто [Dem Ghetto Minsk entkommen]. http://www.youtube.com/watch?v=t-gcwrvlA3E (Zugriff am 10.08.2014).

280 Wladimir Trachtenberg: Erinnerungen, aus d. Russ. v. Margrit Hegge. In: Hollender / Klein / Matthias / Stellmacher / Vitt (Hrsg.): *„Existiert das Ghetto noch?"*, S. 57–65, hier S. 59.

281 Michail Trejster: Воспоминания о Минском гетто [Erinnerungen an das Ghetto in Minsk]. http://www1.yadvashem.org/yv/ru/multimedia/testimonies.asp (Zugriff am 10.08.2014).

282 Vgl. ebd.

283 Michail Treister: Erinnerungen, aus d. Russ. v. Alexander Timoschenko. In: Hollender / Klein / Matthias / Stellmacher / Vitt (Hrsg.): *„Existiert das Ghetto noch?"*, S. 131–146, hier S. 132.

284 Vgl. Michail Trejster: Проблески памяти [Aufblitzen des Gedächtnisses]. In: Zinovij Zuckerman (Hrsg.): *Катастрофа: Последние свидетели* [*Katastrophe: Die letzten Zeugen*]. Moskva: Dom evrejskoj knigi, S. 303–344.

285 Ebd., S. 318. Vgl. auch Michail Trejster: Проблески памяти [Aufblitzen des Gedächtnisses]. http://www.homoliber.org/ru/kg/kg020301.html (Zugriff am 14.08.2014).

286 Ebd., S. 318.

287 Ebd.

gen, ein „Zufluchtsort" war.[288] Trejster bezeugt die Existenz falscher Wände und kleiner Zimmer, deren Eingänge sorgfältig getarnt waren.[289] Oft opferten sich die Älteren auf, indem sie außerhalb des Verstecks blieben und alle Spuren der Anwesenheit ihrer verborgenen Angehörigen verwischten. Auch die Eingänge in die Malinas wurden von ihnen verkleidet.[290] Um solchermaßen getarnte Verstecke aufzuspüren, wurden Wände abgeklopft oder/und Hunde eingesetzt.[291] Seine Erinnerungen an Malinas beschreibt Trejster als grausam.[292] Ein Versteck in Iwje (Ivye/Evia/Ewia) hat der Partisan Elimelech Melamed bezeugt: „On December 31, 1942 the Germans surrounded the ghetto. Well-experienced in this, my father and I decided to join my mother in the 'malina' (a hiding place, usually an underground bunker) at the neighbors."[293] In einer Dokumentation von Arte erzählt Melamed ebenfalls von Malinas.[294] In den deutschen Untertiteln wurde der Satz, dass die Verstecke (Erdlöcher) „Maliny" heißen, weggelassen. Melamed spricht zunächst Russisch, wechselt aber bald ins Polnische. Das multimediale Zeugnis von Arte ist mit eingeblendeten Erklärungen etwa zum Wort „Ghetto" und zum Wort „Tataren" versehen.[295] Eine Erklärung zum schon eliminierten Wort „Malina" erübrigt sich. Obwohl das Wort auf der visuellen Ebene nicht erscheint, existiert es nachweislich im Wortschatz des Zeugen Melamed.

9. Malinas: getarnte Kammern, ‚falsche' Wände, Erdlöcher, Keller-Gruben...

Neben Malinas in der Mauerwand und Malinas zwischen einer echten und einer falschen Wand gab es noch andere verbreitete Malina-Ausführungen. Detaillierte Beschreibungen der Verstecke gibt Charles Gelman. Er berichtet über die populärsten Malina-Ausführungen in der Stadt Kurenits:

> The survival rate among the Jews of Kurenits, relative to that of surrounding towns, was greater because their destruction came comparatively late, three days before Rosh Hashana in 1942, giving people more time to prepare for the inevitable and to devise or construct hiding places, some of them quite ingenious. We called such a place a *malina* (hiding place) or a *skhron* (shelter). It would usually be stocked with enough food and water to last the people inside for a couple of days. The most popular kind of hiding place was constructed under the floor of one of the rooms of a house. By pulling up two or three of the twenty-five-centimeter floorboards, you gained access to a large hole that had been dug underneath and that was sometimes able to accommodate as many as ten to twelve people. [...] Another way of creating a good hiding place was to erect a false wall several feet out from an existing one, in the cellar, or the attic, or wherever else the layout of a building lent itself to.[296]

288 Trejster: Проблески памяти, S. 318.

289 Ebd.

290 Ebd.

291 Ebd.

292 Trejster: Воспоминания.

293 Jewish Resistance in the Holocaust. Ghettos & Underground Fighters: Elimelech Melamed. http://c3.ort.org.il (Zugriff am 25.01.2013).

294 Siehe das Projekt Schattenkampf. Zeugen des Widerstandes berichten: Elimelech Melamed. http://schattenkampf.arte.tv/#/elimelech-melamed/weiss-wie-schnee/ (Zugriff am 10.08.2014).

295 Ebd.

296 Charles Gelman: *Do Not Go Gentle: A Memoir of Jewish Resistance in Poland, 1941–1945*. Hamden: Archon 1989, S. 58–59.

In der belorussischen Fernsehdokumentation *Война. Известная и неизвестная* (*Krieg. Der Bekannte und Unbekannte*) werden die Arbeiten am Bau zahlreicher Malinas geschildert.[297] Nachts wird Erde aus den Häusern hinausgetragen und sorgfältig beseitigt, damit die AufpasserInnen nicht merken, dass im Ghetto intensive Grabungsarbeiten stattfinden. An die nächtlichen Grabungen in Ghetto-Häusern erinnert sich der Zeitzeuge Albert Lapidus:

> People began to create hiding places called "malinas" in their houses, or more often under the ground. To build a malina was extremely difficult and risky, so people did it at night. If Nazis or Jewish police saw freshly-dug soil outside of the house, they would shoot all the residents.[298]

Überlebende berichten oft von Problemen mit Sand- und Bauschuttabfällen, die die Errichtung einer Malina verraten konnten. Die Abfälle mussten sorgfältig entsorgt werden: „All the sand and other debris created when the hole was dug had to be hauled away by hand, in small quantities, so as not to raise suspicions. The debris was then deposited and camouflaged to make it as unnoticeable as possible."[299] An eine unterirdische Malina erinnert sich Maija Krapina:

> Die Deutschen haben alle Verstecke aufgestöbert, und fast keiner ist am Leben geblieben. Nur in einer Malina haben Leute überlebt. [...] Neun Monate haben sie in der Malina gelebt, sind dort gestorben, haben dort ihre Toten beerdigt, und ab und zu sind sie auch rausgegangen, wenn sie das konnten. Es gingen immer nur ein paar Leute raus – wenn kein Schnee war. Damit sie keine Spuren hinterließen. [...] Als sie dann 1944 von unseren Truppen befreit worden sind, mussten sie rausgetragen werden, weil sie nichts mehr sehen konnten, als sie rauskamen. Sie hatten doch die ganze Zeit unter der Erde gelebt. Am Anfang waren sie sehr viele, aber überlebt haben nur ganz wenige.[300]

Malinas waren oft einfache Erdlöcher. Jetta Schapiro-Rosenzweig schildert in ihren Erinnerungen die nächtlichen Grabungen in Wilna, und Max Kaufmann berichtet von Riga: Wertvolle Sachen wurden eingegraben und in den Malines verborgen.[301] Über die Grabungsarbeiten in Kaunas schreibt Verena Dohrn:

> *Malinen* habe es, sagt Jankel [Matusevičius] und lächelt verschmitzt, an der Panerių, in der Nähe des Haupttors, an verschiedenen anderen Stellen im großen Ghetto gegeben. Im Verborgenen wurde gegraben, Erde säckchenweise unter den Kleidern aus dem Ghetto getragen. Bis heute, sagt Fruma [Kučinskienė – S. B.], würden beklemmende Ängste sie heimsuchen bei dem Gedanken an das

297 Война. Известная и неизвестная.

298 Albert Lapidus: My War Childhood: A Prisoner of the Ghetto and Partisan of World War II Remembers, aus d. Russ. v. Irina Bindler. http://www.jewishgen.org/Belarus/newsletter/Lapidus.htm (Zugriff am 10.08.2014). Vgl. den russischen Originaltext unter http://www.vestnik.com/issues/2003/0205/win/lapidus.htm (Zugriff am 10.08.2014).

299 Gelman: *Do Not Go Gentle*, S. 58.

300 Vgl. Krapina: Erinnerungen, S. 31–32.

301 Vgl. Jetta Schapiro-Rosenzweig: *„Sag niemals, das ist dein letzter Weg": Flucht aus Ponar – Eine Mutter und ihre kleine Tochter kämpfen ums Überleben*, aus d. Jidd. v. Tamar Dreifuß. Alf, Mosel: Rhein-Mosel-Verlag, S. 15; Max Kaufmann: *Churbn Lettland: Die Vernichtung der Juden Lettlands*, hrsg. v. Erhard Roy Wiehn. Konstanz: Hartung-Gorre 1999 [1947], S. 125. Kaufmann schreibt: „Ich zweifle keinen Augenblick, daß sich auch heute noch viele jüdische Reichtümer in der Erde des ehemaligen großen Ghettos befinden. Aber niemand weiß davon. - - Nur zu oft passierte es, daß, wenn einer versuchte, verstecktes wieder auszugraben, er dabei Sachen von anderen fand. Nach ‚Malines' zu suchen wurde eine direkte Manie." (Ebd.)

> Versteck unter einem hinter Schränken verborgenen Raum, in das sie sich durch eine schmale Öffnung, die ein Brett verstellte, hineinzwängen mußten.[302]

Es wurde gegraben in Minsk, in Riga, in Kaunas, in Wilna, in Warschau. In allen Ghettos wurden Malinas ausgehoben. Über das existenzsichernde Graben hat Paul Celan ein Gedicht verfasst. Es könnte von Erschießungsgruben (Graben am Tag) handeln und vom Graben der Verstecke für Menschen, Hab und Gut (Graben in der Nacht). Dieses nächtliche Graben zeugt vom Überlebenswillen, der die Grabenden einte.

> Es war Erde in ihnen 27.7.1959
> ES WAR ERDE IN IHNEN, und
> sie gruben.
>
> Sie gruben und gruben, so ging ihr
> Tag dahin, ihre Nacht. Und sie lobten nicht Gott,
> der, so hörten sie, alles dies wollte,
> der, so hörten sie, alles dies wußte.
> […]
> O einer, o keiner, o niemand, o du:
> Wohin gings, das nirgendhin ging?
> O du gräbst und ich grab, und ich grab mich dir zu,
> und am Finger erwacht uns der Ring.[303]

Der Autor, Publizist und Mitbegründer der *taz*, Johannes Winter, ist in seinen Nachforschungen über Ilse Stein, die aus Deutschland ins Ghetto Minsk deportiert wurde, dem Wort „Malina" begegnet. Er beschreibt eine Kellergruben-Malina:

> Die Kinder waren in Lebensgefahr, sie mussten versteckt werden. Auch Ilse Stein, die mit angesehen hatte, wie man Babys ihren Müttern entrissen und auf Lastwagen geworfen hatte, geriet in Panik. Wohin mit Lieschen? Einen Ausweg nach draußen gab es nicht. Selbst davon zu träumen, verbot sich. Vielleicht konnte die unterirdische Vorratskammer als Schlupfwinkel dienen, in der Kartoffeln, Kohl und Sauerkraut aufbewahrt wurden. Jedes Haus war mit einer solchen Kellergrube versehen, einer *Malina*, die nützlich war bei Frost wie bei Hitze. Jetzt konnte sie von Nutzen sein, als Versteck für Menschen. Vorsorglich hatte Leopold Stein einen Schrank gebaut und ihn zur Tarnung auf der Bodenklappe befestigt. Im Morgengrauen brach eine Razzia über das Ghetto herein, die angekündigte „Kinderaktion". Doch Lieschen hatte Glück, sie blieb verschont. Nur die Häuser auf der anderen Seite der Gasse wurden durchsucht. Niemand bemerkte, dass die Kinder der Nachbarin nicht unter denen waren, die fortgebracht wurden. Tage später rückten die nächsten Deportierten ein. Unter den Dielen des Hauses fanden sie zwei kleine Leichen. In ihrer Angst hatte die Mutter, bevor sie selbst weggebracht wurde, ihre beiden Kinder in der Malina versteckt. Sie waren verhungert, die Grube war ihr Grab geworden.[304]

302 Dohrn: *Baltische Reise*, S. 213.

303 Paul Celan: Es war Erde in ihnen. In: Ders.: *Werke. Historisch-Kritische Ausgabe*, Bd. 6,1, S. 13.

304 Johannes Winter: *Die verlorene Liebe der Ilse Stein: Deportation, Ghetto, Rettung*. Frankfurt am Main: Brandes & Apsel 2007, S. 62–63. An ihre rettende Gruben-Malina erinnert sich Sima Margolina. Vgl. Sima Margolina: Erinnerungen, aus d. Russ. v. Iryna Kharytonova. In: Hollender / Klein / Matthias / Stellmacher / Vitt (Hrsg.): *„Existiert das Ghetto noch?"*, S. 78–103, hier S. 86.

Ein gemeinsames Merkmal ganz unterschiedlicher Malinas war der getarnte Eingang. Auch wenn man über die Existenz der Verstecke Bescheid wusste, war es nicht immer einfach, den Eingang zu finden. Albert Lapidus erinnert sich:

> The most important thing for safety was to find out the right entrance to a malina. In our home base, the Russian Nazis knew about the existence of malinas, but often could not find the hidden entrances. So they burst into the houses and shot through walls, ceilings, floors. It was a deplorable fact that often somebody from the Jewish police helped them to find malinas.[305]

Räume mit getarnten Eingängen sind auch in Deutschland bekannt. Sie werden jedoch nicht als „Malinas", sondern als „Judenverstecke" bezeichnet. Am 27. Januar 2008 hat *Der Tagesspiegel* einen Artikel publiziert, in dem erläutert wird, dass mit „Judenversteck" ein Raum mit einem getarnten Eingang gemeint ist. Interessanterweise gibt es zudem noch eine Verbindung zum Baltikum:

> Das Großelternhaus war groß mit vielen Zimmern und Nischen und voll von alten Möbeln bis unters Dach. Es gab das „baltische Zimmer", in dem Erinnerungen meiner Ur- und Ururoma herumlagen. Schwarzweiß-Fotos mit gezacktem Rand und in Leder gebundene Tagebücher, die man nicht entziffern konnte. Schatullen mit Knöpfen und mit kyrillischen Buchstaben bestickte Decken. In den Wänden gab es Abseiten, in denen alte Mäntel mit Pelzkragen hingen, und im Keller standen Schränke voll von Kleidern und Kostümen jeden Jahrzehnts. [...] Fast alle Möbel hatte meine Ururoma 1922 mit dem Zug aus Russland als Bahnfracht geschickt. Darunter waren auch mehrere schwere Mahagonisekretäre, die man abschließen konnte und die ein Geheimfach hatten, in dem meine Oma Pässe und Geld versteckte. Meine Großeltern liebten Verstecke. Auf dem Dachboden gab es eine Kammer unter dem Giebel, die das „Judenversteck" genannt wurde (tatsächlich war es nie eines gewesen). Als sie später den Dachboden ausbauten, vermauerten sie den Eingang und stellten einen Schrank davor. Es blieb ein Versteck. Man kann ja nie wissen, sagten sie damals.[306]

Von Vorsichtsmaßnahmen, die eindeutig vom Holocaust geprägt sind, schreibt Michael Good. Im Haus seiner Eltern in den USA gibt es ebenfalls einen unauffälligen Nebenraum, dessen Zweck als Versteck „vor gefährlichen Eindringlingen" von Good in Erwägung gezogen wird.[307] Ihm fällt dabei auf, dass andere AmerikanerInnen solche Verstecke ungewöhnlich finden könnten.[308]

10. Einzug der Himbeere in die Holocaustforschung

Der Psychologe David P. Boder aus Illinois hat unmittelbar nach dem Krieg zahlreiche Interviews mit Überlebenden des Holocaust geführt.[309] Er nahm alle Gespräche mit einem Tonband auf. Seit 2009 ermöglicht das Institut für Technologie in Illinois im Rahmen des innovativen Projekts *Voices of the Holocaust,* die Erfahrungsberichte der ZeitzeugInnen online anzuhören. Zugang wird nicht nur zu Interviews in der

305 Lapidus: My War Childhood. Vgl. auch Hausner: *Gerechtigkeit*, S. 330.

306 Meine Oma zieht um. In: *Der Tagesspiegel*, 27.01.2008. http://www.tagesspiegel.de/zeitung/oma-zieht-um-meine/1150232.html (Zugriff am 12.08.2014).

307 Good: *Die Suche: Karl Plagge*, S. 18.

308 Ebd.

309 Vgl. Voices of the Holocaust. http://voices.iit.edu (Zugriff am 12.08.2014).

jeweiligen Originalsprache gewährt, sondern es wird auch Einsicht in Transkriptionen und Übersetzungen des entsprechenden Interviews ermöglicht. Parallel zu der Audio-Version der Erfahrungsberichte können auch die Transkriptionen ins Englische oder gelegentlich ins Deutsche verglichen werden. So ergibt sich eine hervorragende Abgleich- und Prüfmöglichkeit der übersetzten Transkriptionen. Das innovative Online-Projekt *Voices of the Holocaust* erlaubt es, Sinn-Manipulationen, die das analysierte Schlüsselwort „Maline" betreffen, festzustellen. Der Interviewer David P. Boder (Aron Mendel Michelson) stammt aus Libau (Liepāja).[310] Er hat versucht, die Herkunft des Wortes „Maline" zu klären. Bereits am 13. September 1946 hat Boder im französischen Hénonville die Schilderung der Kriegsjahre von Isaac Ostland aus Litauen dokumentiert.[311] Ostland verbrachte den Krieg in Russland. In einer Episode schildert Ostland, was er nach seiner Rückkehr in Wilne vorgefunden hat, und erwähnt in diesem Zusammenhang auch Malines. Obwohl Ostland über die Herkunft des Wortes „Maline" nichts zu sagen weiß, steht in der Transkription, Ostland habe gesagt, es handle sich hierbei um ein hebräisches Wort. Diese Version stammt aber von Boder. Er erläutert Ostland, dass das hebräische Wort „Malone", das Boder ins Spiel bringt, zum russischen Wort „Maline" umgebildet sei und „Beere" bedeuten soll:

> Isaac Ostland: There we found altogether about 450 Jews who have managed to hide in the environs of Vilna with the Christians. Or [they were hidden] in malines, in hideouts, in caves . . .
> David Boder: What are "malines?"
> Isaac Ostland: "Malines" means a hideout under ground [here the words under ground must be understood literally, meaning under the surface of the earth.]
> David Boder: The word is of Hebrew [Footnote: In speaking Yiddish to Mr. Ostland, the interviewer used unawares to himself the English word "Hebrew" which Ostland apparently did not understand. This obviously accounts for the confusion in this section of the dialog.] origin. From what word does it originate?
> Isaac Ostland: That I don't know.
> David Boder: I have been told that it comes from the Hebrew word "malone" which is supposed to mean hiding; they told me it was a Hebrew word.
> Isaac Ostland: A Hebrew word meaning hiding.
> David Boder: And they have made of it a Russian word "maline" which is a berry, a fruit.[312]

Doch das ist nicht die einzige Verwirrung, die das Wort „Maline" gestiftet hat. Am 12. September 1946 nahm Boder ein Gespräch mit dem Überlebenden Ephraim Gutman aus Kowno auf. Die deutsche Version des transkribierten Gesprächs unterscheidet sich von der englischen Version gravierend. Die drastischen Ungereimtheiten betreffen das Wort „Maline". Erst der Abgleich mit der Audio-Version erlaubt den Schluss, dass in der deutschen und englischen Übersetzung an der Stelle, wo das Wort „Maline" erklärt wird, eine Sinntravestie betrieben wird.

310 Alan Rosen: David Boder. Early Postwar Voices: David Boder's Life and Work. http://voices.iit.edu/david_boder (Zugriff am 12.08.2014).

311 Isaac Ostland: Interview. http://voices.iit.edu/interview?doc=ostlandI&display=ostlandI_en (Zugriff am 12.08.2014).

312 Ebd.

Englisch:
Ephraim Gutman: […] People who had prepared hideouts or in the ghetto they were called malines…
David Boder: What, malines?
Ephraim Gutman: M-a-l-i-n-e-s.
David Boder: Not bunkers.
Ephraim Gutman: Bunkers is in German. And malines originates from the Hebrew word malon which means a hideout. In the ghetto they were called malines, possibly the word originated with the thieves, because the thieves used to say that things had to be "malinated," when they would steal something they would say that the thing had to be "malinated." That means to hide it.
David Boder: Jewish thieves?
Ephraim Gutman: Yes, [We have here a peculiar phenomenon of language mixture. Malina means in Russian a raspberry or a raspberry shrub. Malinate is a makeshift word which could mean covering up with something sweet hiding it under a sweet, deceptive cover] and this word remained in the ghetto "to malinate," and in all the ghettos the same [the hideouts] word was used, called malines. […].[313]

Deutsch:
Ephraim Gutman: […] Die Menschen haben schon Versteckplätze hergerichtet oder im Ghetto hat man sie genannt „Malines"
David Boder: Was „Malines"?
Ephraim Gutman: Malines.
David Boder: Nicht Bunker?
Ephraim Gutman: Bunker ist in deutsch. Und „Malines" stammt von dem Wort „malon", in hebräisch (unverständlich). Im Ghetto heißt es „Malines", das stammt von den Galonen, es scheint, weil die Galonen stammen ab von die Malinen, von dem Wort Galgen und das sind Malinen, das ist der Galgen.
David Boder: Jüdische Galonen?
Ephraim Gutman: Ja und da sind wir geblieben im Ghetto in den Malines, wer gehabt hat im Ghetto ist geflüchtet in die Malines. (unverständlich) […].[314]

Der Vergleich mit der Audio-Version zeigt, dass weder von Himbeeren, die von Boder kontextentfremdet angeführt werden, noch von Galonen die Rede ist, sondern, wenn meine akustische Wahrnehmung mich nicht täuscht, von Ganoven. Das Wort „Ganove" ist mit dem jiddischen Wort „Ganeff" („Dieb") verwandt.[315] Der jiddisch sprechende Zeitzeuge verwendet das deutsche Wort „Ganove". Es wird fälschlich als „Galonen" übersetzt. Die Anwesenheit von Kriminellen im Ghetto Wilna bestätigt die Überlebende Jeanne Ran-Tcharnyi (Žana Ranaitė-Čarnienė, Zanna Ran-Carnyj), deren Erinnerungen in mehreren Sprachen erschienen sind:

> At the time [Oktober 1941 – S. B.], the Ghetto still contained many illegal residents, who had escaped somehow from extermination. There still were ex-prisoners who survived the "Aktion against criminals", old people who had survived the action against the Elderly, various refugees and others. They all hid themselves in various "malinas" (the nickname we gave to the concealed underground hideouts).[316]

313 Englische Übersetzung des Interviews mit Ephraim Gutman unter http://voices.iit.edu/interview?doc=gutmanE&display=gutmanE_en (Zugriff am 12.08.2014).

314 Deutsche Übersetzung des Interviews mit Ephraim Gutman unter http://voices.iit.edu/interview?doc=gutmanE&display=gutmanE_de (Zugriff am 12.08.2014).

315 Vgl. Felstiner: *Paul Celan*, S. 228.

316 Jeanne Ran-Tcharnyi: The Unbelievable Truth. http://borbro.narod.ru/Jeanna_Ran/RAN3.htm (Zugriff am 14.08.2014).

Statt auf das Wort „Malina" aus dem Wortschatz der Outlaws hinzuweisen, wird auch in der deutschsprachigen Holocaustforschung in denkbar ungeeigneten kontextuellen Zusammenhängen auf die „Himbeere" verwiesen. 1993 übersetzte Sabine Rosemarie Arnold in ihrem Beitrag über das Ghetto Minsk das Wort „Malina" als „Himbeere": „Die Synagoge, in der wir uns versteckten, nannten wir im Ghetto ‚Malina' [Russ.: ‚Himbeere'. Bezeichnung der Minsker Juden für ‚Versteck', ‚Unterschlupf'']."[317] Der hergestellte paradoxe Bezug von „Himbeere" („malina") und „Versteck" („Malina") wird hier als eine lokale Erfindung der Minsker Juden ausgegeben. Die neu kreierte Verbindung von „Himbeere" mit „Versteck" breitete sich im deutschsprachigen Raum aus. Zehn Jahre später wird im Anhang zu: *„Existiert das Ghetto noch?"* (2003) erläutert, dass „Malina" in der Gaunersprache „Versteck" bedeute, in dem „Diebesgut oder Menschen verborgen werden".[318] Das Gaunerwort soll direkt aus dem Hebräischen abgeleitet sein; auch hier wird in der Erklärung nicht nur das Hebräische, sondern zusätzlich die russische „Himbeere" herangezogen:

> **Malina**. Abgeleitet von Malon (Hebr. Herberge, Schlafplatz) bezeichnet Malina in der Gaunersprache ein Versteck, in dem Diebesgut oder Menschen verborgen werden. Im Russischen bedeutet Malina Himbeere oder Himbeerstrauch. Im Minsker Ghetto waren mit Malina hinter falschen Wänden oder Böden versteckte Räume gemeint, die Schutz vor den Razzien der Deutschen bieten sollten.[319]

In einer weiteren Herkunftsversion, die aus einer fehlerhaften Übersetzung resultiert, wird behauptet: „Auf Englisch heißt es ‚hiding place' und wir nannten das ‚malina' (Himbeere), das ist aus der Gaunersprache. Das ist ein Ort, wo Kriminelle sich versammelten. Also ein Versteck, eine Zuflucht, dafür gibt es viele Begriffe."[320] Wie man hören kann, sagt der übersetzte Zeuge Felix Lipski keinesfalls, dass das Wort für „Himbeere" („malina") aus der Gaunnersprache kommt, sondern differenziert zwischen der Bedeutung „Himbeere" und dem Gaunerjargon, der seine eigene Bedeutungen für das Wort „Malina" hat.[321] Die Eliminierung dieser Differenz ist es, die häufig zu einer zu kurz gegriffenen Schlussfolgerung führt. Auch in dieser Übersetzung wird das Wort an mehreren Stellen getilgt. Es bleibt aber in der „oral history" des Zeugen. In ihrem Buch: *Scherwitz: Der jüdische SS-Offizier* (2004) erfindet die engagierte Forscherin, Schriftstellerin und ehemalige *taz*-Redakteurin Anita Kugler dramaturgisch effektiv sogar einen Zusammenhang zwischen Himbeerbüschen und „Malina" aus dem mündlichen Wortschatz:

317 Sabine Rosemarie Arnold: „Ich habe die Vögel beneidet, die fliegen konnten, und niemand tat ihnen etwas zuleide": Rundgang im Gebiet des ehemaligen Ghettos von Minsk mit Frieda Vulfovna. In: *Deutsche Studien. Vierteljahreshefte* 119 (1993), S. 287–304, hier S. 292.

318 Hollender / Klein / Matthias / Stellmacher / Vitt (Hrsg.): *„Existiert das Ghetto noch?"*, S. 313.

319 Ebd.

320 Felix Lipski: Das „Pogrom" vom 28. Juli 1942: vier Tage und drei Nächte im Versteck. (Lebensgeschichten jüdischer Zuwanderer aus der ehemaligen Sowjetunion in Nordrhein-Westfalen). http://www.juedische-lebensgeschichten.de/person.asp?pid=6 (Zugriff am 12.08.2014).

321 Ebd.

> Es ist das Häuschen, in dem Werner Sauer, der Jude aus Gelsenkirchen, sich eine „Malina" einrichtete, ein kleines Versteck, wie die Juden sagen, als Scherwitz ihn im Februar 1943 auf die Lenta schickte. Eigentlich heißt „Malina" Himbeere. Um an die süße Frucht zu kommen, müssen ungelenke Hände erst durch die Büsche greifen. Sauers Freund, der Kunstmaler Mogilnitzky, der am Washington Platz so gerne tagsüber ein Schläfchen hielt, hat hier wohl auch seine Malina gehabt, versteckt hinter Baubrettern, so gut, daß selbst Eduard Roschmann und „der andere aus Salaspils", es ist Robert Nickel, ihn nicht finden konnten, als sie ihn einmal suchten.[322]

In *Jüdische Partisaninnen* (2007) hat auch Anika Walke eine inhaltliche Verbindung zwischen den beiden „Malina"- und „malina"-Worten hergestellt:

> *Himbeere*
> Der Ausbruch aus dem Ghetto rettete Jelena vor weiterem Terror, der sie womöglich das Leben gekostet hätte. Sie erinnert sich an diese Flucht: „Als ich aus Minsk wegging, da kam ich in einen Wald, allein, und da sehe ich, da wachsen – Himbeeren. Verstehen Sie? Ich hatte noch nie gesehen, wie Himbeeren wachsen. Ich wohnte in Minsk, in einer Stadt, und wie es auf dem Land ist, das wusste ich alles nicht, und so sah ich das erste Mal Himbeeren. Ich kannte die, aber … und anstatt weiterzulaufen, habe ich angefangen, Himbeeren zu sammeln und zu essen."
> Das russische Wort für Himbeere, Malina, bezeichnet auch ein Versteck wie jenes, in dem Jelena im November 1941 Zuflucht gesucht hatte. So sind es zweimal Maliny gewesen, die Jelena ins Leben zurückgeholt haben – haben sie das eine Mal unsichtbar gemacht, sie dem Pogrom entkommen lassen, bei dem ihr die Mutter und andere Familienangehörige entrissen wurden; ihr das andere Mal Stärkung verschafft, sie für einen Moment den ständigen Gedanken an die Bedrohung entfliehen lassen. Demontiert Jelena Drapkina mit der roten Farbe der Früchte nicht auch die schwarzweißen Bilder, in der wir die Verbrechen des Nationalsozialismus erinnern?[323]

Ohne einen Quellenverweis rezitiert Walke die bekannte „Himbeer"-Version[324]: Das russische Wort für „Himbeere" werde auch zur Bezeichnung eines „Versteckes (für Diebesgut) oder für eine illegale Unterkunft" benutzt.[325] Eine identische Formulierung ist der deutschen Ausgabe des *Schwarzbuchs* zu entnehmen. Dort heißt es, dass das russische Wort für „Himbeere" im Ghetto eine „illegale Unterkunft" meine: „Malina (pl.: Maliny) ist das russische Wort für Himbeere. Es kann aber auch die Bedeutung eines Verstecks für Diebesgut, in diesem Falle für eine illegale Unterkunft haben."[326] Dieses mit eindringlicher Penetranz tradierte und rezitierte Wissen von „malina"/ „Himbeere" trägt zum besseren Verständnis der ZeitzeugInnen-Berichte über ihre Ghetto-Verstecke nichts bei, sondern stellt meiner Ansicht nach eine Verharmlosung dar. Die russisch- und englischsprachige Ausgabe des *Schwarzbuches* sehen von dem Wort „malina"/„Himbeere" zu Recht ab. In der englischen Ausgabe heißt es: „A *malina* is a hiding place."[327] Die Chiffre „Malina" mit der „russischen" Himbeere zu verbinden, zeugt von Verdrängung einer lebendigen und einflussreichen sprachlichen

322 Anita Kugler: *Scherwitz: Der jüdische SS-Offizier.* Köln: Kiepenheuer & Witsch 2004, S. 320.

323 Walke: *Jüdische Partisaninnen*, S. 95.

324 Ebd.

325 Ebd., S. 95, Anm. 3.

326 Grossman / Ehrenburg (Hrsg.): *Das Schwarzbuch*, S. 240.

327 Ilya Ehrenburg / Vasily Grossman (Hrsg.): *The Complete Black Book of Russian Jewry*, aus d. Russ. v. David Patterson. New Brunswick: Transaction 2002, S. 206.

Tradition, die im ostslawischen Sprachraum und in den Einflussgebieten der ostslawischen Sprachen, aber auch des Polnischen, bis heute präsent ist. Daniel Romanowsky verweist auf die Entlehnung des Wortes „Malina“ aus der Gaunersprache und erläutert das Phänomen der Wand im Ghetto Minsk:

> Nach den ersten „Pogromen“ im November 1941 war das dringlichste Problem der Ghettobevölkerung, ein Versteck vor SS und Polizei zu finden. In vielen Häusern schufen die Bewohner sich Verstecke, „Malina“ genannt. „Malina“ war ein Wort aus der Gaunersprache, ursprünglich abgeleitet von dem hebräischen „malon“, was Herberge oder Schlafplatz bedeutete. Einige Malinas entstanden, indem eine neue Mauer neben der „richtigen“ Wohnungswand gezogen wurde. Das Versteck war der Raum zwischen der falschen oder der echten Wand. Andere Malinas waren einfach Kellerräume. Wieder andere wurden mit etwas mehr Geschick gebaut. Nicht immer konnten die Malinas das Leben der Hausbewohner retten – die Nazis lernten, die Verstecke aufzustöbern.[328]

Das „Verschwinden“ in der Wand stellt eine grausame Art des Überlebens und Sterbens dar. Deshalb könnte das verbreitete Heranziehen des Himbeerkontextes als eine Art Entlastung gewertet werden. Der Beeren-Kontext lenkt vom eigentlichen Thema ab und erlaubt, den brutalen Zusammenhang, in dem dieses Wort vorkommt, aufzuhellen. Dabei werden das ehemals multilinguale Milieu Osteuropas und die Präsenz der Jargons außer Acht gelassen.[329] Auch die mundartlichen Kontexte des Wortes „Malina“, die auf eine lange Geschichte der marginalisierten sozialen Gruppen hinweisen, werden durch solche und ähnliche Definitionen ausgeblendet. Roland Girtler weist mit Recht darauf hin, dass „Randkulturen eine oft lange Geschichte haben, was gerne übersehen wird.“[330]

11. Vom Überleben in Malinas

11.1 Erstickte Laute – erstickter Atem

> [September 1941]
> […] Das Wort „Malina“ – Versteck – ist aktuell geworden. Sich verstecken! Sich verbergen in einem Keller, auf einem Dachboden, das Leben retten…
> Die Bewohner des Hauses gehen zum Versteck. Wir gehen mit ihnen. Dreistöckige Vorratskammern im Hof der Šiauliai (Schaulen)-Straße Nr. 4. […] Das Versteck besteht aus einer zweistöckigen Vorratskammer. In das Versteck gelangt man durch ein Loch in der Wand der Wohnung, die an das Obergeschoß des Verstecks angrenzt. Das Loch wird durch einen Küchenschrank geschickt versteckt. Eine Seitenwand des Schranks ist gleichzeitig der winzige Zugang zum Loch. […] Wir sind wie

328 Daniel Romanowsky: Das Minsker Ghetto. In: Hollender / Klein / Matthias / Stellmacher / Vitt (Hrsg.): *„Existiert das Ghetto noch?“*, S. 211–232, hier S. 222.

329 David P. Boders Interview-Projekt, das er in zahlreichen Sprachen durchgeführt hat, erwies sich als zu anspruchsvoll, zu multilingual und somit als zu teuer. Sein Plan war, die Transkriptionen der Interviews in Israel vorzunehmen: „Boder nevertheless kept pursuing with characteristic industry and imagination other avenues of support for the project, one of which was an ambitious plan to transfer the project to Israel, where he believed the linguistic diversity of the country's population would be conducive to transcribing the interviews in their original tongues, and where the project's Jewish cast would receive its full expression.“ (Voices of the Holocaust. http://voices.iit.edu (Zugriff am 12.08.2014).)

330 Girtler: *Rotwelsch*, S. 15.

> Tiere, die von Jägern umzingelt sind. Jäger aus allen Richtungen: Unter uns, über uns, von den Seiten. Gesprengte Schlösser schlagen, Türen quietschen, Äxte, Hacken. Ich spüre einen Feind unter den Brettern, auf denen ich stehe. Das Licht einer Glühbirne dringt durch die Ritzen. Es wird geklopft, zerbrochen, zerrissen. Sofort ertönen von einer anderen Seite her Angriffsgeräusche. Plötzlich fängt irgendwo dort oben ein Kind an zu weinen. Ein verzweifeltes Stöhnen bricht aus allen hervor. Wir sind verloren. Verzweifelt stopft man dem Kind Zucker in den Mund, aber es hilft nichts. Es wird mit Kissen zugedeckt. Die Mutter des Kindes weint. Die Leute fordern in wildgewordener Angst: Erstickt das Kind! Die Stimme des Kindes wird lauter. Die Litauer klopfen stärker an die Wände, aber allmählich beruhigt sich alles von selbst. Wir verstehen, dass sie fortgegangen sind. Danach hörten wir plötzlich eine Stimme von der anderen Seite des Verstecks: Ihr könnt herauskommen. Das Herz klopfte vor Freude: Ich lebe![331]

Um die Chancen zu erhöhen, im Versteck zu überleben, mussten mehrere fundamentale Regeln beachtet werden. Lautlosigkeit war eine dieser Regeln: „Gopstein verbrachte 28 Monate in seinem Unterschlupf, bis zum 13. April 1944. Er fürchtete, den Verstand zu verlieren. Er las und schrieb. Doch alles, was er auch tat, musste völlig lautlos geschehen."[332] Vor allem Kinder und Säuglinge wurden oft versehentlich oder aus Not erstickt. Ihr lautes Weinen ist den Menschen in der Malina nicht selten zum Verhängnis geworden. Viele Malinas wurden durch schreiende Säuglinge entdeckt: „Often, the crying of a child would cast the die for the inhabitants of a malina."[333] Zahlreiche ZeitzeugInnen berichten in ihren Erinnerungen von Erdrosselungsfällen in den Malinas. Säuglinge, aber auch Erwachsene wurden in der Ausweglosigkeit und in höchster existenzieller Gefahr erdrosselt. Die im Ghetto Kaunas geborene Ariela Sef erzählt, dass ihre Familie in den Ghettoverstecken keine Zuflucht fand.[334] Eine Malina voller Menschen war durch einen Säugling sehr gefährdet.[335] Jetta Schapiro-Rosenzweig erinnert sich, wie ihre Tochter die Ablehnung, in einen „Bunker" aufgenommen zu werden, mit ihrer Puppe nachspielte:

> An einem Abend hörte ich jemand in der Küche sprechen. Ich wollte nachschauen, wer da war, aber eine innere Stimme hielt mich zurück. Ich stellte mich hinter die Tür. Von meinem Versteck aus konnte ich in die Küche blicken, und was meine Augen da sahen, was meine Ohren da hörten, kann ich mein Leben lang nicht vergessen. Jentele saß neben der Holzbank auf dem Boden. Sie hielt die Puppe fest in ihrer kleinen Hand und sprach zu ihr, während die andere Hand, zur Faust geballt, im Rhythmus ihrer Worte auf die Holzbank schlug. „Menschen! Menschen, warum habt ihr kein Mitleid mit mir? Eine arme Witwe bin ich, eine arme Witwe mit einer kleinen Tochter. Habt ihr kein Herz, Menschen? Wollt ihr uns dem Tode überlassen? Laßt uns in euren Bunker, Menschen! Meine Tochter wird nicht weinen. Meine Tochter weint nie, nicht einmal, wenn sie hungrig ist... Ihr Mörder, Diebe! Laßt uns rein! Wenn ihr uns nicht reinlaßt, werden wir euch melden. Wir werden euch den Männern übergeben – nein, nein, das tun wir euch nicht an. Laßt uns nur rein in euren Bunker, laßt

331 Aus dem Tagebuch eines jüdischen Jungen im Versteck während der Aktion im Ghetto Wilna. http://www.yadvashem.org/yv/de/holocaust/about/pdf/documents/17.pdf (Zugriff am 12.08.2014).

332 Grossman / Ehrenburg (Hrsg.): *Das Schwarzbuch*, S. 766.

333 Arad: *The Holocaust*, S. 455.

334 Sef: Рожденная.

335 Ebd.

uns rein, liebe Menschen. Ihr habt doch auch Kinder, ihr müßt doch verstehen, daß wir auch leben wollen… ."[336]

Das Kinderweinen stellte für die Verborgenen ein großes Risiko dar. Maija Krapinas Schwester aus Minsk erstickte an der Brotrinde, die ihr in den Hals gestopft wurde, als sie zu weinen begann. Krapina erinnert sich:

> Unser Großvater war ein sehr guter Tischler, ein Kunsttischler. Als man sagte, jetzt kommen die Pogrome, baute er uns eine Malina. Das war ein Unterschlupf, wo wir uns versteckten, wenn die Deutschen kamen. Beim ersten Pogrom ist unsere ganze Familie in diese Malina, und alle Leute, die um uns herum wohnten, waren auch da. Meine jüngste Schwester fing plötzlich an zu weinen. Da hat ihr jemand von den Leuten ein Stück Brotrinde in den Mund gestopft… Sie ist daran erstickt. So war das.[337]

Die ehemalige Ghettoinsassin in Minsk Rosa Selenko erzählt, dass ihr Versteck wegen eines weinenden Kindes fast aufgeflogen wäre. Das Kinderweinen ließ sich leicht lokalisieren:

> Offensichtlich hatten sie tatsächlich das Kinderweinen gehört, und fanden dann auch den ersten Hohlraum. Da war aber niemand, und um zu verhindern, dass sich da später jemand verstecken könnte, warfen sie alles Mögliche aus dem Haus dort hinein. Dadurch wurden auch die Luftrohre verschlossen, und wir hatten kaum noch Sauerstoff, es war furchtbar heiß. Eine Frau ist hysterisch geworden, hat angefangen herumzuschreien. Der haben sie dann den Mund zugebunden, und auch sie ist erstickt. Dann saßen wir mit zwei Leichen in diesem Versteck, die wurden in der Nähe der Toiletteneimer abgelegt. Immer wenn man mal musste, musste man an denen vorbei.[338]

Auch Trejster berichtet, dass Kinder erstickt wurden, wenn sie zu schreien begannen.[339] Frida Rejsman war Zeugin eines Erdrosselungsfalls in einer Minsker Malina:

> Ein Mädchen begann zu weinen, ein dreijähriges kleines Mädchen, Oginskaja, und sie nahmen und erstickten sie… Danach wandten sie sich zu mir – 60 Menschen wollen nicht sterben wegen eines Kindes… Aber Mama sagt: „Faßt sie nicht an. […] Sie wird keinen Ton von sich geben. Sie wird nicht anfangen zu weinen, das werden Sie sehen. Wenn sie anfängt zu weinen, werde ich sie selbst ersticken." Und ich saß vier Tage lang und sagte keinen Ton.[340]

Über die Situation der Kinder im Ghetto Minsk schreibt Felix Lipski:

> Die kleinen Kinder hatten es im Ghetto am schwersten. Uns war es verboten, ohne einen Erwachsenen auf die Straße zu gehen. Wenn Deutsche in Uniform auftauchten, versteckten wir uns unter dem Bett oder in eigens dafür eingerichteten Verschlägen. Diese Verstecke wurden unter Fußböden, hinter den großen Öfen oder auf Dachböden eingerichtet. Manchmal baute man eine falsche Wand im Zimmer ein, die nachher sorgfältig getarnt wurde. Davon wussten nur die jeweiligen Bewohner des Hauses. Ein solches Versteck nannte man Malina.[341]

336 Schapiro-Rosenzweig: *„Sag niemals, das ist dein letzter Weg"*, S. 65.

337 Krapina: Erinnerungen, S. 24–25.

338 Zit. n. Walke: *Jüdische Partisaninnen*, S. 147.

339 Trejster: Проблески памяти, S. 318–319.

340 Zit. n. Arnold: „Ich habe die Vögel beneidet", S. 293.

341 Felix Lipski: Eine Kindheit im Minsker Ghetto, aus d. Russ. v. Alexander Timoschenko. In: Hollender / Klein / Matthias / Stellmacher / Vitt (Hrsg.): *„Existiert das Ghetto noch?"*, 157–171, hier S. 160.

Albert Lapidus erinnert sich an eine Treibjagd, die einem Kleinkind das Leben kostete. Es wurde mit einem Kissen bedeckt und das Kind erstickte. Die Todesstille war eine der Voraussetzungen, damit eine Malina nicht aufflog:

> I remember a terrible tragedy that happened in a malina located under a floor. There was a young woman with an infant among the people who hid there. When Nazis came in the house, the baby started to cry. Every little sound from under the floor meant death for all of the 'malina's inhabitants. The woman took a pillow and covered the baby. When the Nazis left and everyone got up, the baby was dead.[342]

Ähnliches ist auch in der Ukraine passiert. Yitzhak Arad erwähnt einen Erdrosselungsfall im Ghetto der ukrainischen Stadt Korets (Корець):

> A dreadful incident occurred in a hiding place in the Korets ghetto in Volhynia, when a baby started crying. One of the people in the malina began strangling the child right in front of her mother, and blood poured from her nose and mouth. The mother decided to hand herself over to the Germans.[343]

Während einer Treibjagd im Ghetto Kaunas versteckte sich Renata Yesner unter dem Bett.[344] Die Räume wurden durchwühlt und demoliert. In jeder Ecke suchte man nach den Verborgenen:

> Für den Bruchteil einer Sekunde war das Bajonett nur um Millimeter von meiner Nase entfernt. Ich wollte schreien, aber der Schrei erstarb in meiner Brust. (Seither wurde ich von dem Alptraum geplagt, schreien zu wollen, ohne daß mir ein einziger Laut über die Lippen kommt.) Eine Stimme über den Stiefeln rief: „Nikogo net."[345]

Es wurde festgestellt, niemand sei da.[346] Im Versteck unterdrückte man jede Lautäußerung, auch Seufzen und lautes Atmen waren lebensgefährlich.[347]

342 Lapidus: My War Childhood.

343 Arad: *The Holocaust*, S. 455.

344 Yesner: *Jeder Tag war Jom Kippur*, S. 84.

345 Ebd., S. 86.

346 Ebd. Die Übersetzerin Mona Korte ordnet den Ausdruck „Nikogo net" dem Russischen zu, doch vielleicht sprachen die Kollaborateure Ukrainisch. An den Kinder-Treibjagden in Wilna beteiligten sich auch Ukrainer. Vgl. Meir Mark Dworzecki. Zeugenaussage. http://www.ushmm.org/online/film/display/detail.php?file_num=2133&clip_id=DE43FD50-9990-4F0C-A7C8-644DE6DAB745 (Zugriff am 12.08.2014). Joseph Roth schreibt 1939: „Den Anstoß zum Erwachen des ukrainischen Nationalgedankens gaben immer die Deutschen; die Deutschen Österreichs und die Deutschen aus dem Reich. Ich weiß von meiner Tätigkeit als zeitweiliger Berichterstatter aus Polen und Rußland her, daß die Wilhelmstraße die ukrainischen Separatisten in Polen mit Waffen, Geld und Propaganda ebenso unterstützt hat wie das Ministerium Tschitscherins. Es ist nicht anzunehmen, daß Deutschland, auch in seiner Form als ‚Drittes Reich', die Beziehungen zu den polnischen Ukrainern abgebrochen hat: Beziehungen, die zu einer bereits sehr würdigen Tradition deutscher Außenpolitik geworden sind: trotz der zeitweiligen und problematischen Freundschaft zwischen Beck und Neurath-Ribbentrop. Auch heute, wie zu Zeiten ‚Schwarzer Reichswehr'-Politik, gehen deutsche Waffen und Gelder nach Lemberg. Und während Göring den Polnischen Eber schießt, geht eine ganz andere Munition deutschen Ursprungs an die Herren, die Lewicki, Gargasch und Kanink und noch anders heißen." Roth: Der ukrainische Nationalismus – ein deutsches Patent, S. 875–876.

347 Yesner: *Jeder Tag war Jom Kippur*, S. 84.

11.2 Luftnot in der Malina

In der Malina gab es oft kaum Luft zum Atmen.[348] Angst zu ersticken und Platzangst herrschten.[349] Die Undercover-Plätze waren meistens überfüllt. Abraham Sutzkever hat mehrere Malinas im Ghetto Wilna kennenlernen müssen. Sein erstes Versteck war ein Schornstein:

> Der einzige Ort für ein Versteck ist der Schornstein beim zerbrochenen Küchenofen. In der Nacht nahm ich vorsichtig etliche Ziegel heraus und kroch in die Höhe, geradewegs dem Mond entgegen.
> Drei Nächte marterte ich mich im Schornstein und vergiftete mir die Lungen im stickenden Ruß.[350]

In den Kellerverstecken von Rose Ausländer roch es nach Gruft.[351] Über ihr unterirdisches „Grab"-Versteck schreibt Schoschana Rabinovici: „Wir waren unter der Kanalisation begraben wie in einem Massengrab".[352] In diesem „Massengrab" musste an Sauerstoff gespart werden.[353] Jede Anstrengung sollte vermieden werden. Sogar das Reden wurde unterbunden,[354] da es zusätzlich Sauerstoff verbrauchte.[355] In manchen Verstecken sind alle erstickt.[356] An Luftmangel in der Malina erinnern sich zahlreiche ZeitzeugInnen. Sutzkever schreibt:

> Viele meiner Erlebnisse werde ich vergessen. Schon jetzt ist mir die Farbe des Blutes nebelhaft geworden. Aber ich werde nie den Augenblick vergessen, als in der Maline die Streichhölzer nicht mehr aufflammten, weil die Luft schon zu wenig Sauerstoff erhielt.[357]

Die getarnten Malinas hatten oft keine Verbindung nach Außen. Manche verließen ihren Unterschlupf erst Wochen nach der Befreiung der jeweiligen Städte.[358] Man wusste nicht, was sich außerhalb des Verstecks abspielte: „Keiner der Versteckten weiß, was oberhalb, im Ghetto vorgeht. Die Luft wird immer knapper."[359] Nach der Liquidierung des Ghettos in Wilna harrte ein Teil der Versteckten in ihren unentdeckten Malinas bis zur Befreiung oder bis zum Hungertod aus:

348 Gelpernas: Landsberg – Kaufering – Augsburg, S. 256; Rabinovici: *Dank meiner Mutter*, S. 89–92. Rabinovici schreibt: „Schon seit einiger Zeit litten einige unter Atembeschwerden. Die Belüftung war so schlecht, dass die Empfindlichen unter uns nach Atem zu ringen begannen. Es sah schrecklich aus, wie sie tief und pfeifend die Luft einsogen, wie ihre Gesichter rot wurden und sie langsam in Panik gerieten." (Ebd., S. 89.)

349 Rabinovici: *Dank meiner Mutter*, S. 90, 92.

350 Sutzkever: *Wilner Getto*, S. 19–20.

351 Helfrich: *„Es ist ein Aschensommer in der Welt"*, S. 193.

352 Rabinovici: *Dank meiner Mutter*, S. 87.

353 Ebd.

354 Ebd.

355 Ebd.

356 Sutzkever: *Wilner Getto*, S. 143.

357 Ebd.

358 Ebd., S. 147.

359 Walke: *Jüdische Partisaninnen*, S. 147. Vgl. auch Rabinovici: *Dank meiner Mutter*, S. 89.

> The Ghetto no longer existed. All the barbed wire fences had disappeared. Open doors and windows were squeaking, and many window panes were broken. Nowhere could we see a living being, not even a dog or a cat. A certain specific sweetish odor hung over the Ghetto. The Police could not find all the "malinas" (hideouts), and the people, who hid themselves, did not venture out. It seems they preferred to die of hunger.[360]

Angsterfüllte Stille, erschwerte Atmung und Sauerstoffmangel gehören zu den meist thematisierten Sachverhalten in den ZeitzeugInnen-Berichten über die Malinas. Samuel Esterowicz schreibt:

> Wie ich mich nun erinnere, hatte ich das Gefühl, dass ich mehr Sauerstoff in der Luftschicht nahe dem Boden finden würde und lag schwer atmend mit dem Gesicht nach unten auf dem Boden, als die lastende Stille in unserem Schutzraum durch den durchdringenden Schrei einer männlichen Stimme unterbrochen wurde [… .].[361]

Der Dichter, Schriftsteller und ehemalige Partisanenführer Abba Kowner hat Vorwürfe zurückgewiesen, die wegen der Erdrosselungsfälle die Menschen in den Malinas als animalisch verunglimpften[362]: Jede einzelne Existenz war damals in Todesgefahr. Außerhalb der Verstecke herrschten gegenüber den Verfolgten sadistische und ausgeklügelte Todesarten: „‚Wir werden euch alle erschlagen. Es ist keine Kunst, einfach nur zu töten. Aber wir werden euch quälen'. […]".[363] Die Verborgenen in ihren Undercover-Plätzen aufzuspüren, sie mit Feuer aus den Verstecken zu treiben oder sie verbrennen zu lassen, das war eine dieser berüchtigten Todesarten. Über das abgebrannte Ghetto Kaunas berichtet Renata Yesner:

> Das Ghetto sollte aufgelöst, und wir sollten weggebracht werden. Ein trauriges Schicksal ereilte diejenigen, die im Ghetto, das dem Erdboden gleichgemacht werden sollte, ein Versteck suchten. Man hatte nur die Wahl zwischen dem Feuertod oder dem Transport nach Deutschland. So sammelten sich die Menschen wie die Schafe.[364]

Malinas in Kaunas und Vilnius haben dennoch einigen Überlebenden ermöglicht, Zeugnis über ihr lebensrettendes Versteck abzulegen:

> Lebensnische. Wenn ich Formulierungen wie „er hat sich seine Lebensnische gefunden" höre, erinnere ich mich an unsere Nische, in der wir – lebendige Menschen – eingemauert waren. Sie hat uns das Leben gerettet. Dank der Nische kann ich jetzt, 56 Jahre nach der Befreiung, einige Episoden dieses Alptraums beschreiben.[365]

Die Brüder Rechesas kehren immer wieder an den Ort des Massenmordes in der Nähe von Vilnius, Ponar (Paneriai/Ponary), zurück. Sie sind sich dessen bewusst, dass ohne Malinas Ponar ihr letzter Ort geworden wäre.[366] Malina, der Undercover-Platz in der Mauerwand, hat ihnen das Überleben ermöglicht.

360 Ran-Tcharnyi: The Unbelievable Truth.

361 Viefhaus: *Zivilcourage*, S. 49.

362 Porat: *The Fall of a Sparrow*, S. 187.

363 Sutzkever: *Wilner Getto*, S. 250.

364 Yesner: *Jeder Tag war Jom Kippur*, S. 96.

365 Zit. n. Viefhaus: *Zivilcourage*, S. 47.

366 Ebd., S. 46.

11.3 Litwakinnen im Kampf um das Überleben

Viele jüdische Unternehmerinnen, Geschäftsfrauen, Ärztinnen, Arbeiterinnen, die sich vor dem Zweiten Weltkrieg in den baltischen Staaten beruflich etabliert hatten, mussten während der Okkupation um ihre nackte Existenz kämpfen. Im Juni 1940 übertraten die Streitkräfte der Roten Armee die Grenzen der baltischen Staaten Estland, Lettland und Litauen.[367] Die erfolgreichen Unternehmerinnen in Vilnius Jetta Schapiro-Rosenzweig und ihre Mutter wurden von den neuen Machthabern enteignet:

> Als die Russen Wilna besetzten, beschlagnahmten sie mein Nähmaschinen- und Fahrradgeschäft und auch den Gemüsegroßhandel meiner Mutter „Agrimkal- Import und Export Großhandel". Meine Mutter glaubte damals, daß dies das größte Unglück sei, das uns zustoßen könnte. Zwei Wochen später bekamen wir die Anweisung vom Wohnungsamt, wonach wir innerhalb von achtundvierzig Stunden unsere Wohnung räumen sollten. [...] Mit der Forderung, die Wohnung zu räumen, brach unsere Welt zusammen. Wir versuchten alles, um für die Auflösung der Wohnung eine Woche Aufschub zu bekommen. Die Antwort war: „Nicht einmal eine Stunde!"[368]

Renata Yesner, die ihrer Mutter, einer bekannten Geschäftsfrau aus Kaunas, ihr Überleben verdankt, erinnert sich an die Veränderungen, die in Kaunas mit dem Einzug der Rotarmisten eintraten:

> Ohne daß ein einziger Schuß fiel, wurde das Schicksal Litauens durch fremde Nationen entschieden: Das Land war nur Kohle zum Schüren der Kriegsmaschinerie; seine Bewohner waren im Grunde nicht mehr wert als die Bauern in einem Schachspiel und hatten ebensowenig das Recht, über ihr weiteres Schicksal zu entscheiden. [...] Geschäfte wurden geplündert, die Beute verteilt und auf Zügen zu den kommunistischen Verwandten der erobernden Armee transportiert: Es fand ein schneller Ausverkauf statt. So oder so übernahm der neue Staat allen Besitz, und man stellte die unbestreitbaren Rechte dieses Staates nicht in Frage.[369]

In dieser Zeit „verschwand" der „kapitalistische" Großvater Yesners. Er wurde nach Sibirien deportiert, um „das Arbeiten zu lernen".[370] Die Deportationen nach Sibirien werden von mehreren Überlebenden des Holocaust rückblickend als glückliche Fügung beschrieben.[371] Die Überlebenschancen in Sibirien waren höher als in den

367 Über den Molotov-Ribbentrop-Pakt (auch Hitler-Stalin-Pakt genannt) vgl. Timothy Snyder: *Bloodlands: Europa zwischen Hitler und Stalin*, aus d. Engl. v. Martin Richter. München: Beck 2011, S. 130–169.

368 Schapiro-Rosenzweig: *„Sag niemals, das ist dein letzter Weg"*, S. 12.

369 Yesner: *Jeder Tag war Jom Kippur*, S. 26.

370 Ebd., S. 29.

371 Renata Yesner erinnert sich: „Mutters Freundin, Tauby Langman, war die Tochter eines reichen Industriellen und hatte eine Schule in der Schweiz besucht. Sie hatte Mutter als Kind nicht gekannt, und unter normalen Umständen hätten sich ihre Wege auch nie gekreuzt. Ähnlich wie seine Frau war auch Herr Langman der Sohn einer wohlhabenden Familie. Die Reichen gaben sich damals nur mit ihresgleichen ab und mieden jeden Kontakt zur gewöhnlichen Mittelklasse. [...] Eine richtige Freundschaft entwickelte sich erst im Ghetto, und Tauby kam nun ständig zu Besuch. Ihr Mann, den die Russen zusammen mit ihrem Vater nach Sibirien deportiert hatten, war vermutlich am Leben und wohlauf. Die Kommunisten hatten die kleinen Fische in die lokalen Gefängnisse, die führenden Industriellen dagegen auf den langen Weg nach Sibirien geschickt. Auch Tauby und ihre Tochter sollten nach Sibirien deportiert werden; unglücklicherweise kam der Krieg dazwischen." (Ebd., S. 61.)

Ghettos.[372] Mit der deutschen Invasion in die Sowjetunion verschärfte sich in den okkupierten Gebieten das „Judenproblem".[373] Die besetzten Gebiete (Polen, das Baltikum und die westliche Sowjetunion) zählten zu den „weltweit am dichtesten von Juden bewohnten" Regionen.[374] Ungefähr 5 Millionen Menschen befanden sich in der Gesetzesgewalt der Besatzer: „Mit Ausnahme des späten Zarenreichs regierte kein Staat der Weltgeschichte so viele Juden wie Deutschland im Jahre 1941."[375] Nach der deutschen Invasion in Vilnius verschlechterten sich für die Jüdinnen und Juden wie Jetta Schapiro-Rosenzweig die Wohnraumsituation und die Lebensbedingungen noch einmal – und diesmal dramatisch. Im Ghetto des nun deutsch besetzten Wilnas lebten in einem Zimmer vier bis fünf Familien.[376] Die ehemalige Geschäftsfrau Jetta Schapiro-Rosenzweig verließ mit ihrer Tochter „illegal" das Ghetto.[377] Sie gab sich als Russin aus und arbeitete während des Krieges bei Bauern.[378] Bei drohender Gefahr verbarg sie sich in einem besonderen Versteck:

> Wir kletterten über den Zaun und krochen zu Tigris in die Hütte. [...] Dann kam der Gutsherr und brachte Tigris das Essen. Tigris ging sofort zur Hütte und verstellte sie mit seinem Körper. Er rührte sein Fressen nicht an, sondern wartete, bis der Wirt gegangen war. Um uns herum wurde es ruhig. Der Hund schaute uns an, als wolle er uns zum Essen auffordern. Ich nahm ein paar Kartoffeln aus der Schüssel und gab sie meinem Kind. [...] Er rührte sich nicht und wir aßen das Fleisch und die Kartoffeln und ließen ihm die Knochen und die Brühe. Meiner Tochter gefiel es, in Tigris' Hütte zu sein. Sie war sehr zufrieden.[379]

Tamar Dreifuß, die Tochter von Schapiro-Rosenzweig, erzählt heute Schulkindern von ihrem Kampf um das ihnen nicht zugestandene Recht zu leben.[380] Die Mutter

372 Zwi Katz schreibt: „Nach Listen, die von den kommunistischen Behörden vorbereitet worden waren, wurden Menschen in ihren Wohnungen verhaftet und anschließend sofort in die vorbereiteten Züge gebracht und deportiert. Es waren meistens reichere Leute, die als potentielle Feinde des kommunistischen Regimes betrachtet wurden. Unter ihnen befanden sich auch Vaters Schwester, Tante Rachil, und ihr Mann. Unglücklicherweise waren [...] ihre Kinder gerade mit der Betreuerin im Dorf. [...] Während Tante Rachil und ihr Mann nach Sibirien verbannt wurden und überlebten, kamen die Kinder auf tragische Weise um. Rafael, der Junge, in der „Kinder-Aktion" und Liubotschka im Todesmarsch vom KZ Stutthof." (Zwi Katz: *Von den Ufern der Memel ins Ungewisse: Eine Jugend im Schatten des Holocaust.* Zürich: Pendo 2002, S. 55–56.) Vgl. auch die Erinnerungen von Trudi Birger, die sich in einer Gefrierkammer vor der Deportation nach Sibirien versteckte: „Doch am 22. Juni griff Deutschland die Sowjetunion an, und die Juden, die in Kowno zurückgeblieben waren, hatten Anlaß zu bedauern, daß sie nicht nach Sibirien gebracht worden waren. [...] Für mich begann der Holocaust in Herrn Jonas' Gefrierkammer. Damit endete für uns als eine jüdische Familie auch nur der Anschein eines normalen Lebens." (Trudi Birger / Jeffrey M. Green: *Im Angesicht des Feuers: Wie ich der Hölle des Konzentrationslagers entkam*, aus d. Engl. v. Christian Spiel. München: Piper 1990, S. 46.)

373 Vgl. Snyder: *Bloodlands*, S. 197.

374 Ebd.

375 Ebd.

376 Schapiro-Rosenzweig: *„Sag niemals, das ist dein letzter Weg"*, S. 40.

377 Ebd., S. 74–86.

378 Ebd., S. 86.

379 Ebd., S. 124.

380 Vgl. Tamar Dreifuss / Cordula Lissner / Adrian Stellmacher: Unterrichtsmaterialien für die 3.–6. Klasse zum autobiografischen Kinderbuch von Tamar Dreifuss „Die wundersame Rettung der

von Schoschana Rabinovici war die erfolgreiche Geschäftsfrau Raja Indurski-Weksler, die das stadtbekannte Modegeschäft Bon Ton in Vilnius führte.[381] Mit Mut, Einfallssreichtum und Ausdauer glückte es ihr, das Leben ihrer Tochter zu bewahren. Die Schneiderin Minucha, Mutter des Überlebenden Josifas Rechesas, nähte geheime Taschen (Malines) in die Bekleidung, damit Lebensmittel ins Ghetto eingeschleust werden konnten, und beteiligte sich am Bau der lebensrettenden Malina.[382] Die Mutter des Überlebenden Zwi Katz war vor dem Krieg eine erfolgreich praktizierende Zahnärztin, die für ihre Privatpraxis-Zulassung in der Stadt Kaunas die Auflage bekam, fünf Jahre lang in der Provinz zu praktizieren.[383] Sie lebte in Vilkija und gehörte zur Prominenz des Städtchens.[384] Doch ihr prominenter Status und ihre Beliebtheit bei der Bevölkerung haben ihr das Überleben keinesfalls erleichtert.[385] Viele Frauen wurden Partisaninnen.[386] Ein Teil der Zwangsinhaftierten verließ unter Lebensgefahr „illegal" die Wilnaer und Kaunaer Ghettos und kämpfte im bewaffneten Widerstand, worunter sich auch die weiblichen Verwandten von Icchakas Segalis befanden, der als kleiner Junge sein Leben in Malinas verbringen musste.[387] Viele Jahre nach dem Krieg hob die Partisanin Vitka Kempner, Freundin der ebenfalls bekannten Partisanenkämpferin Ruzhka Korchak,[388] hervor:

> V. K. The function of women in the partisans was harder than in the underground. The women in the partisans, in our group, they fought terribly to go out, to fight. Nobody wants to come and not to fight. And they were all capable to fight. […]
> It was our wish, we come to fight, not to sit and to cook. So the girls went once in some weeks [and were] better than the men…
> LILITH: Of all the Jewish partisans in your forest, how many were women?
> V. K.: I think 30 percent, 40 percent.[389]

kleinen Tamar 1944. Ein jüdisches Mädchen überlebt den Holocaust in Osteuropa". Siehe den Eintrag auf der Homepage der Vielfalt-Mediathek, http://www.vielfalt-mediathek.de/dx/public/ida/biblio.html?id=4396&domark=1 (Zugriff am 12.08.2014).

381 Vgl. Rabinovici: *Dank meiner Mutter*, S. 13.

382 Rechesas: Memoirs, S. 295, 300. Trudi Birger erinnert sich, dass die Geheimtaschen im Ghetto Kaunas „Malines" genannt wurden: „[…] Wir nähten geheime Taschen, die wir ‚Malines' nannten, in unsere Kleider, um darin eßbare Kleinigkeiten oder auch andere Dinge zu verstecken, die vielleicht von Nutzen sein konnten." (Birger: *Im Angesicht des Feuers*, S. 67.) Siehe hierzu auch die Bemerkung von Verena Dohrn: „*Maline*, das Wort für ‚Waldhimbeere' im Russischen, für ‚Räubernest' in der rotwelschen Gaunersprache, bedeutete Hoffnung auf Rettung." (Dohrn: *Baltische Reise*, S. 213.)

383 Vgl. Katz: *Von den Ufern der Memel ins Ungewisse*, S. 46.

384 Ebd., S. 49.

385 Ebd.

386 Vgl. Petra Konecny: Widerstand in Wilna 1941–1943. In: Freund / Ruttner / Safrian (Hrsg.): *Ess firt kejn weg zurik…*, S. 49–63, hier S. 54.

387 Vgl. Segalis: Memoirs, S. 327.

388 Sutzkever: *Wilner Getto*, S. 214. Dort heißt sie Rejsl Kortschak.

389 Aviva Cantor: She Fought Back – An Interview with Vilna Partisan Vitke Kempner. http:/www.lilith.org/pdfs/Lilith%20Kempner.pdf (Zugriff am 12. 08.2014).

Kempner, die im Februar 2012 starb,[390] war überzeugt, dass ihre Geschichte nach dem Krieg viele ZuhörerInnen finden würde:

> V.K.: Because we know that nobody can live in the ghetto and we want to fight, and without hope for victory, for being saved. Death was a fact, always a fact. In the partisans, we think the same; we fight until we die. […]
> In the ghetto, the fighting was enough – without hope [for] victory, only for honor, national and personal honor… We believe that the future will know the story. And you see – 40 years after, in New York, you hear the story.[391]

In den Wäldern Litauens haben während des Krieges zahlreiche jüdische Partisaninnen gekämpft. In der Filmdokumentation *Partisans of Vilna* sind Kameraaufnahmen der Partisaninnen zu sehen. Der Text zu den Aufnahmen lautet: „Lithuanian Partisans celebrated sons of the undefeatable nation. Their heroic deeds will be written in the annals of battle and hatred against the Germans usurpers."[392] Der bewaffnete Widerstand wurde häufig vermännlicht. Der Vorbildfunktion jüdischer Partisaninnen im bewaffneten Widerstand maß man keine besondere Relevanz bei. Die Partisanin Vitka Kempner beteiligte sich erfolgreich an Sabotageaktionen. Sie sprengte den ersten faschistischen Zug im okkupierten Litauen. Abba Kowner gab während des Eichmann-Prozesses zu Protokoll:

> […] – that here, in this courtroom, there sits a woman who spent a certain time outside the ghetto with Aryan papers. A teacher of Catholic children in a secure place. And she, and others like her, were asked whether they were prepared to return to the ghetto; they were asked by comrades in the underground to leave their place of security in order to be partners in our fate in the War and to sacrifice themselves, with no chance of returning, and through this gate – where according to the announcement, according this document, whoever went through it in order to buy food and to bring in a kilogram of potatoes was shot to death – on her person she transferred explosives, dynamite. And she went through the ghetto gate once, twice and three times and walked a distance of 30 kilometres, in order to blow up a German military train. And she blew it up, the first German train to be blown up in the entire country of Lithuania; no train had been blown up, not by the Poles, and not by the Lithuanians, and not by the Russians, but one was blown up by a Jewess […].[393]

1965 gestattete sich der Historiker Joseph Wulf, drei berühmten Frauen einen Vorschlag zu unterbreiten: Er bat Ilse Aichinger, Ingeborg Bachmann und Simone de Beauvoir um ein Vorwort zum Tagebuch der Partisanin „Justyna". [394] Der Name der

390 Itzik Gottesman: Vitka Kempner-Kovner, Vilna Partisan Dies. In: *Forward*, 24.02.2012. http://forward.com/articles/151582/vitka-kempner-kovner-vilna-partisan-dies (Zugriff am 12.08.2014).

391 Cantor: She Fought Back.

392 In russischer Originalsprache mit englischen Untertiteln, Sequenz 2:05:21. Vgl. die Filmdokumentation *Partisans of Vilna*. Siehe auch Arno Lustiger: Geleitwort. In: Faitelson: *Im jüdischen Widerstand*, S. 9–12, hier S. 11: „In vielen litauischen Zeitungen erschien das Foto einer hübschen Partisanin mit geschultertem Gewehr und mit der Unterschrift: *Litauens Partisanen*. Die „Litauerin" ist die jüdische Partisanin Rachel Rudnicki, die in einer jüdischen Einheit kämpfte und die Schwester von Dr. Jitzchak Rudnicki-Arad ist."

393 *The Trial of Adolf Eichmann*, Bd. 1, S. 463. Vgl. auch Sutzkever: *Wilner Getto*, S. 181–182.

394 Vgl. Klaus Kemper: *Joseph Wulf: Ein Historikerschicksal in Deutschland*. Göttingen: Vandenhoeck & Ruprecht 2013, S. 298.

Partisanin „Justyna“ war Gusta Davidson Draenger. Am 9. März 1965 schrieb Wulf an Ilse Aichinger:

> […] Nach dem Kriege fand ich das Tagebuch einer 25-jährigen jüdischen Partisanin (geschrieben im Gestapo-Gefängnis von Krakau auf Toilettenpapier), die umkam. Ich veröffentlichte dieses Tagebuch nach dem Kriege in Polen 1946 im polnischen Original mit dem Titel „Justynas Tagebuch“.
> […]
> Ich möchte nun, daß eine Schriftstellerin dazu ein Vorwort verfasst. Dabei dachte ich an Sie, Madame, oder Simone de Beauvoir, finde jedoch, Sie als deutsche Schriftstellerin dürften aus purem Engagement viel geeigneter dafür sein. […].[395]

Bevor Wulf Ilse Aichinger anschrieb, schickte er eine Fotografie der Partisanenkämpferin „Justyna“ und ihre Handschriftreproduktionen zusammen mit einem Brief an Ingeborg Bachmann. In einem Telegramm, das Wulf am 25. Februar 1965 an Bachmann übermitteln ließ, erinnerte er sie an seinen Brief und bat Bachmann, die Unterlagen an ihn zurückzuschicken: „Erbitte dringend Antwort auf meinen Brief, beziehungsweise Brief mit Fotos zurück.“[396] Nach Monaten des Schweigens entschied sich Bachmann, kein Vorwort zu verfassen.[397] Dies teilte sie am 12. April 1965 Joseph Wulf mit.[398] Die von Wulf gewünschte Zusammenarbeit mit der Dichterin Ingeborg Bachmann kam nicht zustande.

11.4 Usque ad infinitum: Ein Riss geht durch das Wort „Malina“

Fast 60 Jahre nach dem Krieg beschreibt Michael Good das Territorium des ehemaligen Ghettos der Stadt Vilnius als geisterhaft und verlassen.[399] Die Häuser waren noch immer unbewohnt.[400] Bei seinem Besuch in Litauen stellte Good fest:

> Wilna ist nicht in der Lage gewesen, seine jüdischen Bürger zu ersetzen. Ihre Abwesenheit lauert an jeder Ecke […]. Jiddisch, die Sprache der Juden, ist verschwunden; sie hallt nicht mehr in den Rufen der Straßenhändler wieder, sie erklingt nicht mehr auf den Theaterbühnen, man liest sie nicht mehr in Zeitungen und Romanen.[401]

Im zerstörten jüdischen Viertel von Wilne war das Leben „plötzlich abgebrochen, sozusagen mitten im Wort.“[402] Nach dem Krieg schien es, als ob die Ruinen „gleich zu sprechen anfangen“ müssten,[403] doch die laute Polyphonie der Stimmen, die jid-

395 Brief Joseph Wulfs v. 09.03.1965 an Ilse Aichinger. Zentralarchiv zur Erforschung der Geschichte der Juden in Deutschland (im Folgenden ZA) B.2/1 Serie b Nr. 435, Bl. 15.

396 Telegramm Joseph Wulfs v. 25.02.1965 an Ingeborg Bachmann. ZA B.2/1 Serie b Nr. 465, Bl. 3.

397 Brief Ingeborg Bachmanns v. 12.04.1965 an Joseph Wulf. ZA B.2/1 Serie b Nr. 465, Bl. 1.

398 Ebd. Monika Preuß zufolge sei die deutsche Ausgabe von Justynas Tagebuch damals aus Urheberrechtsgründen nicht zustande gekommen. Aus meinen Recherchen schließe ich, dass die Schriftstellerinnen davon aber nichts gewusst haben.

399 Good: *Die Suche: Karl Plagge*, S. 81.

400 Ebd., S. 32, 81.

401 Ebd., S. 32.

402 Zeitlin: *Lange Gespräche*, S. 76.

403 Ebd.

Abb. 7: Ruinen der jüdischen Altstadt von Vilnius.

dischen Mundarten blieben in der Altstadt aus. Die Leere der kleinen Städte des Baltikums (Lettlands und Litauens), die verwilderten und abgetragenen Friedhöfe, die hölzernen Synagogen sind als stumme Spuren der abwesenden Stimmen zurückgeblieben. Ganze Generationen von EuropäerInnen, die ein anderes Europa möglich gemacht hätten, wurden ausgelöscht. Dorothy Leivers Recherchen über das jüdische Leben im ehemals litauisch-jüdischen Kapčiamiestis (Kopcheve), einem kleinen Schtetl in Litauen, dokumentieren gleichfalls die Abwesenheit jiddischer Stimmen:

> All that remains in Kapciamiestis of the Jewish community is a stone where the Synagogue once stood and some 70 gravestones in a deteriorating cemetery with no Jews to tend it. There is no smell of *hallah* (traditional Jewish bread eaten on the Sabbath) baking or gefilte fish cooking. The sounds of children playing and shouting in Yiddish are gone. Somehow in my imagination I can still hear them laughing, praying and crying.[404]

Die Juden und Jüdinnen kehrten nicht nach Kapčiamiestis zurück. Nach dem Krieg lebte dort nur noch Leizer Hofman. Vier Jahre verbarg er sich in einem Versteck bei Familie Kibilanski.[405]

404 Leivers: *Jews of Kopcheve*, S. 55. Zu Kopcheve siehe Dorothy Leivers / Connie Buchanan / Carol Hofman: Kapciamiestis (Kopcheve, Kopciowo, Koptsiovo). http://www.kapciamiestis.org (Zugriff am 12.08.2014).

405 Leivers: *Jews of Kopcheve*, S. 50.

> There were only a very few Lithuanians who tried to help their Jewish neighbours and when the war ended, they were murdered by their nationalist compatriots for saving Jews. In the Kapciamiestis area the Second World War ended with the return of the Russians, but fighting amongst the Lithuanians who had been German allies and those who were Soviet supporters continued until 1954. The Jews did not return.[406]

Menschen, die sich für die Verfolgten in Litauen einsetzten, ereilte oft das Todesurteil. Linke Regime-Gegnerinnen[407] – auch Nonnen – beteiligten sich am Waffenschmuggel und leisteten Unterstützung.[408] Die weitaus meisten unter den RetterInnen waren Christoph Diekmann zufolge die „sogenannte[n] einfache[n] Menschen aus den Dörfern und Bauernhöfen auf dem Land."[409] Nach dem Krieg ist Litauen ein jüdisches Massengrab geworden. Der in Kaunas aufgewachsene Zwi Katz stellt fest:

> Was meine Vorfahren als ihre Heimat angesehen hatten, verwandelte sich für ihre Nachkommen in ein einziges großes Massengrab. [...]
> Litauen, das Land, in dem ich meine glücklichen Kinderjahre verbrachte, war jetzt nur noch ein einziges riesiges jüdisches Massengrab. Friedhöfe aber sind kein Platz zum Leben, und ich mußte mir eine andere Heimat suchen.[410]

Über Lettland schreibt Max Kaufmann: „Für uns Überlebende ist Lettland der Inbegriff eines großen Friedhofs, eines Friedhofs ohne Gräber, eines Friedhofs ohne Denkmäler."[411] Friedhof und Überlebensort zugleich waren die Undercover-Plätze Malinas in Belarus. In Minsk gehört ein erhaltenes Kellerversteck zur Geschichtswerkstatt des Internationalen Bildungs- und Begegnungswerkes (IBB).[412] Das erhaltene historische Gebäude, in dem eine Malina eingerichtet war, befindet sich auf dem Gelände des ehemaligen Ghettos.

> Kurz vor der Liquidierung des Ghettos, im Herbst 1943, versteckten sich in dem Gebäude 26 Menschen in einem unterirdischen Versteck, einer „Malina", vor den SS- und Polizeitruppen. Neun Monate lang blieben sie unter der Erde, bis zur Befreiung von Minsk. 13 von ihnen überlebten.[413]

Jetzt ist in diesem Malina-Gebäude eine Dauerausstellung untergebracht, die „an die jüdische Bevölkerung von Minsk und Belarus" erinnern will,[414] die es einmal gab und so nicht mehr gibt. Ihren Platz nehmen Museen ein, darunter auch die erhaltene Minsker Malina: „‚Malina' – eigentlich Himbeere – nannte man die Verstecke, in denen sich

406 Leivers: *Jews of Kopcheve*, S. 164.

407 Sutzkever: *Wilner Getto*, S. 170–171.

408 Ebd., S. 169–170.

409 Dieckmann: *Deutsche Besatzungspolitik*, S. 1325.

410 Katz: *Von den Ufern der Memel ins Ungewisse*, S. 153–154.

411 Kaufmann: *Churbn Lettland*, S. 532.

412 Aus dem Leben der Geschichtswerkstatt. Rundbrief. http://www.ibb-d.de/fileadmin/user_upload/pdf-2009/Rundbrief_2009.pdf (Zugriff am 12.08.2014).

413 Dauerausstellung in der Geschichtswerkstatt des IBB. http://gwminsk.com/de/ausstellungen/Dauerausstellung (Zugriff am 05.07.2012).

414 Ebd.

verfolgte Juden vor ihren Peinigern zu retten suchten. […].“[415] Heute stellen Museen das „jüdische Leben“ aus, das es vielerorts in den kleinen Städten und Dörfern nicht mehr gibt. Auf den europäischen Massengräbern lässt sich, wie Verena Dohrn präzise formuliert hat, „das ‚gemeinsame Haus Europa‘ nicht unbehelligt bauen.“[416] Über den „Verlust des Judentums“, der in Europa als „Riß ins Auge fällt“, schreibt die Rabbinerin Eveline Goodman-Thau: „Das Ausmaß dieses Verlustes hat eine Tragweite für die europäische Kultur als Ganzes und greift tief in die Wurzeln dieser Kultur als Erbe Europas ein.“[417] Jeder Versuch den Verlust zu überspielen wird scheitern, ähnlich wie durch die rosaroten Farben der Himbeere der verbrämte Ort Malina als ein unheilbarer Riß herausbricht. Abraham Sutzkever verfasste weise Gedichtzeilen, die vor einer Schließung der nie heilenden Wunde mahnen:

> Und solltest du je übermalen das Bildnis der jüdischen Gasse,
> den Pinsel getunkt in die sonnige, neue Palette,
> so wisse: die Farben, die frischen, sie werden sich schälen.
> Und anfallen mit einer Axt wird das einstige Bildnis dich später
> und derart verwunden, das neue wird niemals je heilen.[418]

415 Aus dem Leben der Geschichtswerkstatt.

416 Dohrn: *Reise nach Galizien*, S. 11.

417 Eveline Goodman-Thau: *Aufstand der Wasser: Jüdische Hermeneutik zwischen Tradition und Moderne.* Berlin / Wien: Philo 2002, S. 18.

418 Abraham Sutzkever: Kommentare zu einem Gesicht im Spiegel. In: Ders.: *Geh über Wörter*, S. 146.

Abb. 8: Ruinen der Synagoge „Shul-Hoif", Vilnius (1946).

Abb. 9: Ruinen der Großen Synagoge (1946).

Abb. 10: Grabstein-Denkmal, Vilnius.

Abb. 11
Detail des Grabstein-Denkmals, Vilnius.

Malina als Bachmanns Vermächtnis: Schlussbetrachtungen und Ausblick

1. Transgression mimetischer Dechiffrierungsergebnisse

1.1 Den mimetischen Kreis durchbrechen: Der Jargonpfeil „Malina"

Die Auseinandersetzung Bachmanns sowohl mit der NS-Zeitgeschichte als auch mit der Bedeutung von Namen stellt in der germanistischen Forschung keine neue Erkenntnis dar. Bachmanns *Malina* sei, wie Simon Sunka feststellt, ein „Werk der Trauer" („work of mourning"): „Her *Trauerarbeit* focuses on Germany's and Austria's Nazi past, her own involvement as a woman in the rise of fascism and its atrocities."[1] Die Dechiffrierungsergebnisse des Titelnamens und die „Trauerarbeit" Bachmanns standen bislang in keinem Zusammenhang: „Ingeborg Bachmann plays with the illusion of a closed, a hermetically sealed phallocentric narratological system that engulfs any 'other' into its framed totality. The narrative world of *Malin-a,* however, constitutes a mimetic transcription, not a transgression of the represented worlds."[2] Der Name Malina wird hier zum Gegenstand eines phallozentrischen Spiels: Mimetisch wiederholt Simon die bekannten Dechiffrierungsergebnisse wie „ANIMAL", „ANIMA/ANIMUS", „MAL" und „MAskuLIN".[3] Die „oppositionelle Tragweite" feministischer Interpretationen[4] bleibt uneingelöst. Es zeigt sich, dass nicht die Transgression der etablierten Deutungen, sondern ihre Mimesis in der *Malina*-Rezeption geläufig ist. Während der „25. Tage der deutschsprachigen Literatur" und 30 Jahre

1 Simon: *Mail-orders*, S. 28.

2 Ebd., S. 34.

3 Ebd.

4 Zur politischen Intervention feministischer MaterialistInnen in den „Prozeß der Konstruktion von Bedeutung" siehe Lennox: Gender, S. 54.

nach Erscheinen von *Malina* präsentierte die Schriftstellerin und Ingeborg-Bachmann-Preisträgerin Katja Lange-Müller in ihrer Klagenfurter Rede 2001 erneut die gängigen Decodierungsversionen:

> Und noch einmal las ich den in beinahe allen Rezensionen und Essays zu MALINA erwähnten, berühmten Satz „Ich habe in Ivan gelebt und sterbe in Malina." Diesen Satz schrieb ich auf ein Blatt Papier, DIN A 4, und starrte ihn an, bis es mir, buchstäblicher denn je, wie Schuppen von den Augen fiel: IVAN: NAIV, MALINA: ANIMAL. Der Titel-„Held", wenn ich das mit Malina bezeichnete Undefinierbare einmal so nennen darf, des ersten Todesarten-Buches und ebenso Ivan, die zweite Erscheinung, Projektion, Teilsubstanz,..., zwischen denen das Drei-Buchstaben-Ich klemmt, bis es, zusammengeschrumpft zum mittleren c oder noch weniger, also n-ICH-ts, in eine Wandritze entweicht, und nur sie übrigbleiben - im Zimmer und am Telefon, - sie sind Anagramme. Und was für Anagramme! In dem Moment, in dem wir Leser, sie als solche erkannt und entschlüsselt haben, verwandeln sich die vermeintlichen Namen in Wörter, mit denen unsere Vorstellung etwas recht Konkretes verbindet, aus dem Lateinischen aus- oder eingewanderte Wörter, die wir als eigenschaftshaltige Zustandsbeschreibungen des Seins verstehen.[5]

Es folgten weitere Auslegungen der Anagramme „animal" und „anima", wobei „anima" nach Katja Lange-Müller etymologisch „Lufthauch" und „Atem" bedeutet.[6] Die bislang in der *Malina*-Rezeption angebotenen ahistorischen Dechiffrierungen des Titelnamens erinnern an die leise Arbeit der „Totengräber", deren verborgenes Wirken eines Tages die „wahrhaftige Neugier" (S. 98) mit einer besonderen Intensität auf sich lenken wird. Dieser Gedanke ist in *Malina* formuliert:

> [...] ich weiß nicht, aus welchem Grund Sie oder ich stolz sein sollten, die Aufmerksamkeit der Welt noch auf uns ziehen wollen, mit Festspielen, Festwochen, Musikwochen, Gedenkjahren, Kulturtagen, die Welt könnte nichts Besseres tun, als geflissentlich wegsehen, um nicht zu erschrecken, denn es könnten ihr die Augen aufgehen, was auf sie noch zukommen wird, im besten Fall, und je leiser es hier zugeht, je heimlicher unsre Totengräber arbeiten, je verborgener alles geschieht, je unhörbarer es gespielt und zu Ende gesagt wird, desto größer würde vielleicht aber die wahrhaftige Neugier werden. Das Krematorium von Wien ist seine geistige Mission, sehen Sie, wir finden die Mission doch noch, man muß sich nur weit genug auseinanderreden, aber schweigen wir darüber, hier hat das Jahrhundert, an seinem brüchigsten Ort, einige Geister zum Denken befeuert und es hat sie verbrannt, damit sie zu wirken beginnen, doch ich frage mich, Sie fragen sich sicher auch, ob nicht mit jeder Wirkung auch ein neues Mißverständnis bewirkt wird... (S. 97–98)

Nach dem Krieg fand Bachmann in den unterirdischen Kellern der Österreichischen Nationalbibliothek Bücher, die der geistigen Verbrennungsmission zum Opfer fallen sollten.[7] In diesen Kellern stieß Bachmann auf ein Buch von Ludwig Wittgenstein,[8] das sie zum Nachdenken über die Grenzen der Sprache und des Sagbaren angeregt hat: „For what interests Bachmann most about Wittgenstein is not his analysis of what language *can* say, but what it can't: ‚The limits of my language mean the limits of

5 Katja Lange-Müller: Es gibt nicht Krieg und Frieden (= 25. Tage der deutschsprachigen Literatur. Klagenfurter Rede zur Literatur 2001). http://bachmannpreis.orf.at/bp_2001/aktuelles/rede_literatur.htm (Zugriff am 11.08.2014).

6 Ebd.

7 Bachmann: *Wir müssen*, S. 135.

8 Ebd.

my world'."[9] Was Bachmann an der Philosophie Wittgensteins interessiert, sind, wie Bilge Ertugrul schreibt, die „Grenzen der Sprache" sowie der Kampf gegen diese Grenzen.[10] Der „Aufstand gegen die Sprache",[11] so Schmidt-Dengler, sei für jüngere SchriftstellerInnen der Nachkriegsgeneration ein primäres Vorhaben gewesen.[12] Er sollte „auf einem Umweg zu einem Aufstand gegen die Autorität"[13] führen.

> Man quälte uns mit Gedichten; die Kerben schmerzen noch im Gedächtnis. Eines dieser Gedichte begann: „Ich stand an meines Landes Grenzen…" Von welchem Ich war die Rede und von welchem Land? Was die Grenzen bedeuteten, ergab sich freilich aus dem Zusammenhang. Denn wer die Regeln gutheißt und in das Spiel eintritt, wirft den Ball nicht übers Spielfeld hinaus. Das Spielfeld ist die Sprache, und seine Grenzen sind die Grenzen der fraglos geschauten, der enthüllt und genau gedachten, der im Schmerz erfahrenen und im Glück gelobten und gerühmten Welt.[14]

Es ist die Transgression der Grenzen, die Bachmann beschäftigt hat. Mit der anspruchsvollen Neuinterpretation des Jargonwortes „Malina" ist es ihr gelungen, die Grenzen und das Spielfeld der Sprache zu erweitern. Ingeborg Bachmann hat mit „halsstarriger Vorsicht" das „Esperanto" der Kongresse, Festwochen und Reunionen kritisiert,[15] weil es dort nur die „Floskeln" seien, die „sich miteinander verständigten", während

> die [Mundart] verborgen blieb, schamhaft oder weil die Anstrengung in der kurzen Zeit zu groß gewesen wäre und die Zumutung, die jede Mundart eben ist, den anderen erspart werden sollte, damit nur ja das Gemeinsame und das Trennende festgestellt werde. Als gäbe es das einfach – das Gemeinsame, das Trennende. Ach nein, das gibt es nicht – so nicht.[16]

Bachmann hat für Vertrauen in den eigenen Dialekt plädiert, in das, „was übersetzbar an ihm ist, in das, was unübersetzbar bleibt."[17] In der Literatur komme es „immer auf den doppelten Boden an",[18] meint Marcel Reich-Ranicki, ansonsten sei das Erzählen überflüssig.[19] *Malina* hat einen mehrfachen Boden. Mit dem Namen Malina hat sich Bachmann gegen die Verdrängung des Offensichtlichen ausgesprochen, gegen die kreierten „blinden Flecken", gegen Tarnung, Verharmlosung und Verschleierung

9 Lennox: *Cemetery*, S. 93.

10 Bilge Ertugrul: Ingeborg Bachmann und Hannah Arendt: Geschichte zwischen Literatur und Philosophie. In: Jeanne Benay (Hrsg.): *„Und wir werden frei sein, freier als je von jeder Freiheit…": Die Autorin Ingeborg Bachmann.* Wien: Edition Praesens 2005, S. 103–114, hier S. 105–106.

11 Wendelin Schmidt-Dengler: *Bruchlinien: Vorlesungen zur österreichischen Literatur 1945 bis 1990.* Salzburg / Wien: Residenz 1995, S. 242.

12 Ebd.

13 Ebd.

14 Bachmann: [Wozu Gedichte?], S. 304.

15 Bachmann: Tagebuch, S. 65.

16 Ebd.

17 Ebd., S. 77.

18 Reich-Ranicki: Sie suchte Schutz, S. 280.

19 Ebd.

des Evidenten. Der Name alleine genüge, um „in der Welt zu sein“[20]: „[…] der Name bleibt stärker an die erschaffene Gestalt gebunden als an den Lebenden.“[21] Bachmann schuf Malina, sein Name bleibt.

1.2 Der Name und das Wort „Malina“ – keine „Worthappen erster Güte“

Sebastian Kiefer zufolge strebte Bachmann eine „unvordenklich neue Sprache“ an – und „doch soll sie eine Mixtur aus alt und neu, hoch und niedrig sein“[22]:

> Als Programm mag das effektvoll sein; was es in der Praxis bedeutet und wie es konsistent zu machen wäre, ist kaum zu sagen. Gewiß: Kabbalistische Motive sind nicht nur in *Wildermuth* faustdick präsent; doch das hat nichts mit der Frage zu tun, wie die Sprache, in die diese Motive gefasst sind, eine Synthese der dissoziierten *Idiom*welten der Traditionen und der Gegenwart sein können, ohne daß diese Materialien wieder in ein einziges, homogenes Idiom von heute gepreßt würden.[23]

Mit ihrem eigenen Akzent setzt Bachmann diejenigen kakanischen Traditionslinien fort, die die Phrasen und den „bürgerlichen Sprachterrorismus“ im Umgang mit der Sprache entlarvten.[24] Das Wort „Malina“ aus einem mundartlichen Idiom repräsentiert eine gelungene „Mixtur aus alt und neu, hoch und niedrig.“ In der Donaumonarchie wurden „volksläufige Mischformen“[25] der gesprochenen Sprache als nicht gesellschaftsfähig und als untauglich für „anspruchsvollere Kulturaufgaben“ angesehen.[26] Auch das West-Jiddisch wurde als „sozial deklassiert“ abgewertet.[27] Jiddisch galt nach Walter Koschmal als eine „Sprache des Zwischenraums“.[28] Auf die Produktivität derartiger Rand- und Zwischenzonen innerhalb des „hegemonialen Diskurses“ hat Teresa de Lauretis hingewiesen: Sie plädiert für die notwendige Sichtbarmachung sozialer Räume, die „in die Zwischenräume der Institutionen und in die Spalten und Risse der Macht-Wissens-Apparate eingelassen sind“.[29] Amir Eshel hebt hervor, dass „im Jiddischen nicht nur die alte *jüdelnde, mauschelnde* Sprache“ erkannt werden könnte – Jiddisch wurde von Antisemiten als „Mauscheln“ bezeichnet[30] –, sondern auch „eine

20 Bachmann: Der Umgang, S. 238.

21 Ebd., S. 239.

22 Sebastian Kiefer: Von der Materialklitterung zum Stimmgewebe: Das Scheitern der Lyrikerin Bachmann als Voraussetzung ihrer reifen Prosa. In: Caitríona Leahy / Bernadette Cronin (Hrsg.): *Re-acting Ingeborg Bachmann: New Essays and Performances (with CD and DVD).* Würzburg: Königshausen & Neumann 2006, S. 207–222, hier S. 222.

23 Ebd.

24 Hans Peter Althaus: *Mauscheln: Ein Wort als Waffe.* Berlin / New York: De Gruyter 2002, S. 57.

25 Ebd., S. 127.

26 Ebd.

27 Ebd., S. 405–406, siehe auch S. 132–133.

28 Walter Koschmal: *Der Dichternomade. Jiří Mordechai Langer – ein tschechisch-jüdischer Autor.* Köln / Weimar / Wien: Böhlau 2010, S. 179.

29 Teresa de Lauretis: Die Technologie des Geschlechts, aus d. Engl. v. Conny Lösch. In: Elvira Scheich (Hrsg.): *Vermittelte Weiblichkeit: Feministische Wissenschafts- und Gesellschaftstheorie.* Hamburg: Hamburger Edition 1996, S. 57–89, hier S. 88.

30 Althaus: *Mauscheln*, S. 190–191.

anarchisch-moderne Sprachform, die auf neue Möglichkeiten der Kommunikation hindeutet, neue Wege nicht zuletzt für die Literatur eröffnen kann."[31] In Anlehnung an Franz Kafka bemerkt Eshel, dass Jiddisch eine Sprache sei, die „jede Vorstellung einer ethnisch einheitlichen Kultur stets verschiebt; eine Sprache, die sich das Fremde – in Form von Fremdwörtern unterschiedlichster Sprachen – nicht einfach einverleibt, sondern es zu einem lebendigen Bestandteil macht."[32] Der „Jargon" repräsentiert für Kafka ein Mischverhältnis, dessen Stärke er zwar hervorhebt, von dem er sich aber nach und nach distanziert[33]:

> Er besteht nur aus Fremdwörtern. Diese ruhen aber nicht in ihm, sondern behalten die Eile und Lebhaftigkeit, mit der sie genommen wurden. Völkerwanderungen durchlaufen den Jargon von einem Ende bis zum anderen. Alles dieses Deutsche, Hebräische, Französische, Englische, Slawische, Holländische, Rumänische und selbst Lateinische ist innerhalb des Jargon von Neugier und Leichtsinn erfaßt, es gehört schon Kraft dazu, die Sprachen in diesem Zustande zusammenzuhalten.[34]

Wenn Jiddisch, wie Amir Eshel ausführt, eine Sprache sei, die sich „immer in Zwischenräumen befindet und dabei jede nationale Grenze, jede Form ethnischer Abgrenzung hinterfragt" und deren SprecherInnen in ständiger Dispersion leben,[35] so gilt dies in viel höherem Maße für den Jargon des „Jargons". Vor allem der Jargon besitzt eine anarchistische Sprengkraft: Der „Jargonpfeil" wurde seinerzeit auf Wiener Bühnen ins „Herzblatt sprachlicher Würde" gestoßen.[36] Wenn die Grenze der autoritären Sprache abseits der „gemeinen Sprachen" („Bukowiner-Deutsch", „Kuchelböhmisch", „Mauscheldeutsch", u. a.) verlaufen soll,[37] dann unterwandert die Integration der Chiffre „Malina" eine fragwürdige Trennlinie, die man zwanghaft durch Diffamierung „unsauberer" Sprachen zu konstruieren trachtete.[38] Cilly Helfrich schreibt:

> In Czernowitz ist sie [Rose Ausländer – S. B.] zwar ständig mit den verschiedenartigsten Sprachen und Kulturen konfrontiert, aber besonders ihre Mutter achtet sorgfältig darauf, daß sie nichts von dem berühmten Bukowiner-Deutsch – einem Jargon, der durch die Vermischung dieser verschiedenen Sprachkulturen entstanden ist – in ihr Sprechen übernimmt.[39]

31 Amir Eshel: Von Kafka bis Celan: Deutsch-Jüdische Schriftsteller und ihr Verhältnis zum Hebräischen und Jiddischen. In: Michael Brenner (Hrsg.): *Jüdische Sprachen in deutscher Umwelt: Hebräisch und Jiddisch von der Aufklärung bis ins 20. Jahrhundert.* Göttingen: Vandenhoeck & Ruprecht 2002, S. 96–108, hier S. 100.

32 Ebd.

33 Vgl. Koschmal: *Der Dichternomade*, S. 103–104. Siehe Marek Nekula: Franz Kafkas Sprachen und Identitäten. In: Ders. / Walter Koschmal (Hrsg.): *Juden zwischen Deutschen und Tschechen: Sprachliche und kulturelle Identitäten in Böhmen 1800–1945.* München: Oldenbourg 2006, S. 125–149, hier S. 142–143.

34 Kafka: Rede, S. 1275.

35 Eshel: Von Kafka bis Celan, S. 100.

36 Althaus: *Mauscheln*, S. 57.

37 Zu den „gemeinen" Sprachen in einer „slawischen Gegend Österreichs" vgl. Fritz Mauthner: *Erinnerungen*, Bd. 1: Prager Jugendjahre. München: Müller 1918, S. 32–34.

38 Ebd.

39 Helfrich: *„Es ist ein Aschensommer in der Welt"*, S. 60. Rose Ausländer sagt über das „Bukowiner-Deutsch": *„Die Wiener – ach, wie sie das Buko-winer Deutsch verspotteten! Wir litten an sprachlichen Minderwertigkeitsgefühlen."* (Zit. n. ebd.)

Ein Teil der SchriftstellerInnen hatte Einwände gegenüber den sogenannten „Mischmundarten".[40] Dies deutet auf einen diskriminierenden Umgang mit hybriden Sprachschöpfungen, die auf der autoritären Ebene im deutschsprachigen Raum verpönt und bekämpft wurden.[41] Eine Transgression zugunsten der Gesellschaftsfähigkeit etwa von „Kuchelböhmisch" oder „Bukowiner-Deutsch", in Allianz mit anderen verpönten Formen mundartlicher Kommunikation, scheint weniger präsent zu sein als in den slawischen Sprachräumen. Die sogenannten „Mischsprachen" waren nach Hans Peter Althaus „kommunikativ höchst wirkungsvoll".[42] Auch das Wort „Malina" bezeugt diese Wirkung. In den sowjetischen Gaunerliedern triumphiert gerade die Allianz derartiger sprachlicher Mischformen. Charakteristisch für „blatnye pesni" ist nach Uli Hufen die ablehnende, anarchistische Grundhaltung gegenüber jeglicher Autorität.[43] Mit dem Jargonwort „Malina" hat Ossip Mandelstam die sowjetische Staatsmacht in die Nähe krimineller Banden gerückt und Stalin als Verbrecher entlarvt.[44] Sowohl Bachmann als auch Mandelstam provozierten, indem sie die Chiffre „Malina" einsetzten. Nicht nur Kafka und Celan, wie Eshel meint, sondern mehr noch Bachmann und Mandelstam zeigten, dass die verdrängten Spuren einer nicht gebändigten Sprache „einen immer wieder einholen" werden.[45]

Das Rotwelsch ist Salcia Landmann zufolge eine verwegene und kühne Sprache.[46] „Maline" bedeutete im Rotwelschen „Nachtquartier" / „Gaunerherberge". Avé-Lallemant wies es in *Das deutsche Gaunerthum* (1862) nach.[47] Das Rotwelsch hatte einen Roman (jidd./russ.: „Verhältnis", „Affäre") mit slawischen Sprachen. „Roman" ist im Russischen nicht nur ein Personenname, es bedeutet nicht nur ein „literarisches Erzeugnis", es bedeutet vor allem zugleich im Jiddischen,[48] Lettischen und Russischen[49] eine „Liebesaffäre". Diesem Roman verdankt das Wort „Malina" sein Überleben in osteuropäischen Sprachen. Mehr als hundert Jahre später zieht das rotwelsche Wort mit Bachmanns *Malina* ins (Hoch-)Deutsche ein.

40 Siehe Althaus: *Mauscheln*, S. 133, 134–144.

41 Vgl. Seidman: *Faithfull Renderings*, S. 164–179.

42 Über „Kuchelböhmisch" und „Mauscheldeutsch" als „volksläufige Mischformen" siehe Althaus: *Mauscheln*, S. 127.

43 Hufen: *Das Regime*, S. 24. Über Sprachmischung und Sprachkomik bei Jiří Mordechai Langer und Jaroslav Hašek siehe Koschmal: *Der Dichternomade*, S. 178–179.

44 Siehe die Übersetzung des Gedichts bei Robert Littell: *Das Stalin-Epigramm*, aus d. Amer. von Werner Löcher-Lawrence. Zürich: Arche 2009. Der Vers mit dem Wort „Malina" lautet: „Wie Himbeeren schmeckt ihm das Töten." (Ebd., S. 112.) Siehe auch ebd., S. 138: „Er ließ nichts aus, auch nicht den *Gebirgler im Kreml*, die *dicken, fetten Finger*, die *Schabenfühler*, die *dienstbaren Halbmenschen* und das *himbeersüße Töten*, das dem Osseten so gefiel." Die Himbeerversion hat sich durchgesetzt.

45 Eshel: Von Kafka bis Celan, S. 99.

46 Landmann: Jiddisch, S. 414.

47 Avé-Lallemant: *Das deutsche Gaunerthum, Vierter Theil*, S. 568.

48 Seidman: *A Marriage Made in Heaven*, S. 33.

49 Siehe Словарь русских синонимов [Wörterbuch der russischen Synonyme]. http://www.classes.ru/all-russian/russian-dictionary-synonyms-term-75337.htm (Zugriff am 14.08.2014).

2. Das Buch *Malina* als ,Versteck'

2.1 *Malina* – Bachmanns „hidden transcript"

Katja Lange-Müller blieb die Spur des Jargonwortes „Malina" verborgen. Dennoch wird ein besonderes von ihr thematisiertes Bedeutungsfeld sichtbar, das meine Decodierung des Begriffes „Malina" als „Versteck" indirekt bestätigt. Lange-Müller spricht von einem Schlüsselbund, das Bachmann den LeserInnen mitgegeben habe, damit sie sich im *Malina*-Labyrinth zurechtfinden können und sich nicht auf der Suche nach weiteren versteckten Schlüsseln und Türen in den *Malina*-„Gängen" verirren:

> Mit der [...] keineswegs unausgesprochenen Aufforderung, ihre Anagramme zu entschlüsseln, hat uns Ingeborg Bachmann einen - wiederum buchstäblichen – Sch[l]üssel in die Hand [ge]drückt, einen aus einem dicken Bund von Schlüsseln, der uns eine Tür öffnet – oder zwei – zu den vielen einander kreuzenden und querenden (Gedanken-)Gängen im Labyrinth MALINA, enge Gänge, in die wir, nun, da es uns gepackt hat, tiefer und tiefer hineinkriechen mit Helm und Grubenlampe, wie Forscher auf der Suche nach weiteren versteckten Schlüsseln, Türen und Gängen. Denn daß die außerordentlich sprach- und formbewußte, belesene und überhaupt vielseitig gebildete Dichterin mit der Affinität zu kabbalistischen Wortspielen wußte, was wir Leser „mitdenken" sollen bei Ivan und Malina, daran habe ich keinerlei Zweifel.[50]

Im Unterschied zu Lange-Müller sehe ich den Schlüssel zu *Malina* nicht in den Anagrammen, sondern im Namen und in der Ortsbezeichnung des Undercover-Platzes „Malina" selbst. Ich stimme Wendelin Schmidt-Dengler darin zu, dass Bachmann in *Malina* mit „dem Leser ein beachtliches Verwirrspiel" treibt[51]: „Es war ein fiktionales Ich, ein Ich, das zunächst lange den Leser an der Nase einer Dreiecksgeschichte herumführen konnte."[52] Das Ich in *Malina* weiß, dass es schwer sein wird, sich in seinem Manuskript *Todesarten* auszukennen: „Ich werde schon meine Gründe haben, alles immer mehr und mehr durcheinanderzubringen." (S. 288) Es ist noch schwieriger geworden, sich in diesem Durcheinander auszukennen, als das Ich dachte. Im ,Versteck' *Malina* gibt es keine unterschiedlichen Papiersorten, die das Manuskript des Ich auszeichnen (S. 288), und auch die Blockbuchstaben sind abgeschafft. Außerdem ist das Manuskript nicht vollständig. Darauf hat Ingeborg Bachmann immer wieder aufmerksam gemacht: „In den Typoskripten, die sie später an den Verlag schickt, vermerkt sie des öfteren auch, dass Seiten fehlen, weil das Hausmädchen aufgeräumt habe."[53] Gerade dieses „Fehlen" der Seiten, eine Inszenierung Bachmanns, gibt Anlass zu der Deutung, dass die Lückenhaftigkeit des Textes zu einem sorgfältigen und aufmerksamen Lesen auffordert. Es handelt sich um einen besonderen Text, der wegen der verschwundenen Seiten nicht vollständig ist. Bachmann orientiert sich hier an der jüdischen Textpraxis, in der es selbstverständlich ist, die nicht-verschriftlichten Leer-

50 Lange-Müller: Es gibt nicht Krieg und Frieden.

51 Schmidt-Dengler: *Bruchlinien*, S. 245.

52 Ebd., S. 248.

53 SUHRKAMP-INSEL 5: Ingeborg Bachmanns *Malina*. http://www.dla- marbach.de/fileadmin/redaktion/dla/museum/Downloads/Ausstellungstexte_online/Suhrkamp_Inseln/Legenden_Bachmann_www.pdf (Zugriff am 12.09.2012).

stellen in der Sinnherstellung zu berücksichtigen und die Bedeutung aus kontextuellen Zusammenhängen zu erschließen. In der hebräischen Schrift wird die Vokalisierung nicht ausgeschrieben:

> [...] und das hat zur Folge, dass die in dieser Schrift geschriebenen Texte nur lesen kann, wer auch die Sprache spricht, also aus dem Inhalt erschließen kann, welches Wort gemeint ist: Wenn dort ein ‚r' und ‚s' steht, muss der Kontext sagen, ob ‚Riese', ‚Rose' oder ‚Iris' gemeint ist. In der jüdischen religiösen und weltlichen Tradition erhielt sich so eine hohe Bewertung des gesprochenen Wortes. Schriftlichkeit und Mündlichkeit galten als komplementär.[54]

Bachmann hatte Malina eine „Art Blockbuchstaben" zugedacht.[55] Die Verwendung unterschiedlicher Papiersorten sollte die Passagen im Buch *Malina* besser voneinander absetzen.[56] Bachmanns Vorhaben ließ sich nicht realisieren:

> Der Leser kann die Zuordnung der einzelnen Passagen auch nicht durch die „Art des Papieres erraten", so wie es die Ich-Erzählerin von sich und ihrem Manuskript-Chaos behauptet [...].
> Am Ende sieht Malina im Druck deutlich anders aus, als es Ingeborg Bachmann geplant hat: Die Farben und Papiersorten sind nicht mehr symbolisch aufgeladen, die Ausstattung orientiert sich ganz am Ziel der Vermarktung.[57]

Durch die Zuschreibung „Roman" sollte die Vermarktung des Buches gefördert werden.[58] Heidi Borhau weist jedoch darauf hin, dass Bachmann nach Erscheinen von *Malina* fast durchgängig die Bezeichnung „Buch" benutzte.[59] Sie sprach vom „Buch" auch während ihrer Arbeitsphase an *Malina.* Harald Wagner notierte am 19. Juni 1970 in seinem Tagebuch:

> Begegnung mit Ingeborg Bachmann... Ich komme um 17.05 h hin. Bringe sieben Rosen mit. Sie trägt einen weiten, hellbraunen Hosenanzug. Sie arbeitet an ihrem Werk, fragt mich, ob der Titel anstößig sei, weil biblisch: Das Buch Malina. Ich verneine.[60]

Wagner bemerkt, dass in der endgültigen Ausgabe das Buch einfach *Malina* heißt.[61] Bachmann bezeichnet in den geführten Interviews *Malina* in der Regel mit dem

54 Braun: *Preis*, S. 109–110. Siehe auch Landmann: „Was soll zum Beispiel ‚Brnfld' heißen? Den Bestandteil ‚fld' wird man rasch als ‚feld' identifizieren. Was aber ist ‚Brn'? Birne? Bären? Bern? Baren? Man kann das fast beliebig [...] variieren." (Landmann: *Jiddisch*, S. 79.) Die (fiktive) Schriftzeichenreihe „M-l-n" kann sowohl als „Malina", „Maline", „Melina" und „Molina" verlautbart und unterschiedlich akzentuiert werden. Die akustische Artikulation kann gelegentlich Auskunft über die Zugehörigkeit der SprecherIn zu einem geographischen Gebiet geben.

55 SUHRKAMP-INSEL 5.

56 Ebd.

57 Ebd.

58 Vgl. Borhau: *Ingeborg Bachmanns „Malina"*, S. 50, 60.

59 Ebd., S. 50.

60 Harald Wagner: Begegnungen mit der Dichterin Ingeborg Bachmann. In: Helmut Bernsmeier / Hans-Peter Ziegler (Hrsg.): *Wandel und Kontinuum: Festschrift für Walter Falk zum 65. Geburtstag.* Frankfurt am Main / Bern / New York / Paris: Lang 1992, S. 249–262, hier S. 256.

61 Ebd. Siehe auch Bachmann: *Todesarten-Projekt*, Bd. 3.2, S. 852.

Zusatz „Buch".[62] Dieser Zusatz war unbeliebt. Über das Wort „Buch" im Titel *Das Buch Franza* gab es ernsthafte Diskussionen:

> Der Romantitel war lange unklar und zog sich über Monate hin. [...] Erst im Juni 1966 fällt die endgültige Entscheidung Bachmanns zum Titel *Das Buch Franza*, von dem ihr Verleger Piper wiederum abrät: „DER FALL FRANZA klingt viel moderner, die Verbindung mit der Zeitthematik ist auch viel stärker, man wird sofort neugierig. ‚Der Fall...' ist dynamisch (ein ‚Prozess' kündigt sich an), ‚Das Buch' ist statisch." Piper an Bachmann, Brief vom 16.6.1966.[63]

Bachmann hat den Zusatz „Buch" verteidigt. Elke Schlinsog schreibt: „[...] wie sie ihrem Verleger Klaus Piper im Sommer 1966 erklärt, verweist ihre Präferenz zugleich auf das mächtige Symbol der Erinnerungstechnik: das des großen, allumfassenden Buches."[64] Bachmann hatte vor, „den symbolischen Leidensweg des jüdischen Volkes in einem mehrbändigen Erinnerungsreigen" niederzuschreiben.[65] Sie berief sich, wie Schlinsog schreibt, auf die „Buch-Metapher", die vom „Judentum aus Mesopotamien übernommen wurde":[66] „So lässt sich u.a. der Buchtitel *Das Buch Franza* in der Chronologie des alttestamentarischen Buchreigens verstehen, in dem auf die fünf *Bücher Mose*, *Das Buch Josua* und u.a. *Das Buch Ruth* und *Das Buch Esther* folgen."[67] Der Zusatz „Buch" sensibilisiert für die materiellen Qualitäten[68] des Printmediums *Malina* und korrespondiert mit meiner Dechiffrierung des Titels besser als die tradierte Zuschreibung „Roman".[69] „Malina" – der Titel „Maline und ich" kommt in einem Brief Unselds an Bachmann vor[70] – ist aus meiner Sicht kein zu Konsumzwecken „verrätselter Titel", der sich auf das Kaufverhalten unterschiedlicher Interessengruppen günstig auswirken soll,[71] da er, wie Heidi Borhau meint, „kaum Aufschluß über den Inhalt gibt und Assoziationen vielfältigster Art wecken kann: Frauenname, Tragödie, Tradition des 19. Jahrhunderts...".[72] Bachmann geht es darum, sich ein Wort

62 Bachmann: *Wir müssen*, S. 73, 75, 93, 95, 96–97, 99, 101–102.

63 Elke Schlinsog: *Berliner Zufälle: Ingeborg Bachmanns „Todesarten"-Projekt.* Würzburg: Königshausen & Neumann 2005, S. 197, Anm. 11.

64 Ebd., S. 222.

65 Ebd.

66 Ebd.

67 Ebd., S. 222–223.

68 Ein gedrucktes Buch ist Peter Sloterdijk zufolge ein zu „sperriges Ding", um „ganz übergangen werden zu können: Noch als Taschenbuch ist die *Phänomenologie des Geistes* ein träges und opakes Ding, das seinen Inhalt dementiert. Sobald jemand mit dem Finger auf den Buchkörper und das Schwarz seiner Buchstaben deutet, ist das Fest für immer verdorben." (Peter Sloterdijk: *Derrida ein Ägypter: Über das Problem der jüdischen Pyramide.* Frankfurt am Main: Suhrkamp 2007, S. 60.)

69 In einem Interview mit Ilse Heim am 5. Mai 1971 beantwortet Bachmann die Frage Heims, ob *Malina* als Roman bezeichnet werden könne: „Man hat vielleicht nie so recht gewußt, was ein Roman ist. Selbst Bücher, von denen wir heute zweifelsfrei als von Romanen sprechen, sind in gewissen Zeiten nicht so bezeichnet worden, etwa ‚Krieg und Frieden'". (Bachmann: *Wir müssen*, S. 107.)

70 Vgl. Bachmann: *Todesarten-Projekt*, Bd. 3.2, S. 803.

71 Siehe Borhau: *Ingeborg Bachmanns „Malina"*, S. 50.

72 Ebd.

genau bzw. anders anzusehen[73]: „[…] schon ein einzelnes Wort – je näher man hinsieht, von um so weiter her schaut es zurück – ist doch schon mit sehr vielen Rätseln beladen; […].“[74] Bachmann hat das Wort „Malina“ nicht eingesetzt, um mit dem Titel vage Spekulationen hervorzurufen, sondern sie hat versucht, das „Spielfeld“ der Sprache auszuweiten. Für ihren Mut, marginalisierte ästhetische Gestaltungsmöglichkeiten auszuloten, unangepasst, radikal und verstörend zu sein, ist sie bisher nicht ausreichend gewürdigt worden.

2.2 Ein „konservatives Buch“ oder wohin mit „Apis Trollopiana“?

In ihrer Untersuchung *Das Verschwinden in der Wand* behauptet Gudrun Kohn-Waechter, Bachmann versuche mit *Malina,* „den bestehenden Diskurs zu verändern“.[75] Ihr Verfahren sei anspruchsvoller als nur „eine Dekonstruktion“.[76] Von anderen SchriftstellerInnen wird Bachmann gelegentlich Rückständigkeit attestiert:

> Lucas Cejpek: […]. *Malina* ist unmodern, auch historisch gesehen. Wir haben von den Fünfzigerjahren gesprochen – wenn ich an den Nouveau Roman denke,…
> Margret Kreidl: Sarraute.
> Lucas Cejpek: Nathalie Sarraute, zum Beispiel.
> Margret Kreidl: Dieses Nach-Innen-Sprechen, Nach-Außen-Sprechen, und wie das ineinandergeht.
> Lucas Cejpek: Im Vergleich dazu wirkt *Malina* alt.
> Margret Kreidl: Ich war traurig, dass mir das Buch so wenig gefallen hat beim Wiederlesen.
> Lucas Cejpek: Ja, es ist ein konservatives Buch,…
> Margret Kreidl: Ja.
> Lucas Cejpek: … ein zutiefst konservatives Buch. Und insofern kann es natürlich auch nicht politisch, geschlechtspolitisch befreiend wirken. Weil die Form…
> Margret Kreidl: Aus der Form kommt die Befreiung, muss ich jetzt ganz pathetisch sagen,…
> Lucas Cejpek: Genau.
> Margret Kreidl:… aus der Form.
> Lucas Cejpek: Und hier kommt nichts aus der Form. Obwohl sehr viele verschiedene Formen da sind, die auch immer wieder spannend sind, die Umschläge vor allem, aber letztlich kommt alles aus einem inhaltlichen Willen, das heißt aus einer Ideologie.[77]

Aus meiner Sicht ist *Malina* eines der seltenen Bücher, die eine Neuorientierung ermöglichen. Bachmanns „Ich“-Entwurf und der Name Malina haben in der Forschung beträchtliche Unruhe gestiftet und für produktive Verwirrung gesorgt. Die verbreitete Decodierung von „Malina“ als „Himbeere“ hat als unfreiwilligen Nebeneffekt die von Judith Butler im Umgang mit Namen vorgeschlagene Katachrese erzielt[78]: Malina, gedeutet als Militärhistoriker, repräsentiert „die sich fortsetzende Väter-Vernunft,

73 Bachmann: *Wir müssen*, S. 84.

74 Ebd.

75 Kohn-Waechter: *Das Verschwinden in der Wand*, S. 13.

76 Ebd.

77 Margret Kreidel / Lucas Cejpek: „Malina“ im Salzkammergut. In: Benay (Hrsg.): *„Und wir werden frei sein, freier als je von jeder Freiheit…“*, S. 127–139, hier S. 135.

78 Butler: *Körper*, S. 293, 297.

de[n] kalte[n] Geist"[79] und zugleich den Heiligen Geist.[80] Malina habe einen Mädchennamen, der „aus einer märchenhaften Vorzeit" stamme und mit Himbeeren zu tun habe.[81] Seinem „animalischen" Anagramm („animal") soll der Schwanz („l") abgeschnitten worden sein, und es habe sich zur „anima" vergeistigt. Zudem soll die Chiffre „Malina" auf die Gebärmutter hinweisen. In ihrer Poetikvorlesung „Der Umgang mit Namen" sprach Bachmann von Namen als Chiffre, von Namensähnlichkeit, die zur Verwechslung von Personen führt.[82] Sie sprach von Namen, die als Fallen anmuten, von Namen, an denen keine Geschlechtszugehörigkeit abzulesen ist.[83] Es sei auch nicht Aufgabe des Schriftstellers, Verwechslungen vorzubeugen, die Figuren zum größeren Verständnis zu präparieren und zu etikettieren.[84] Die unfreiwillige Katachrese in den germanistischen Namensdeutungen resultiert aus der Nichtbeachtung oral tradierter, sozial deklassierter Bedeutungsfelder „gemeiner" Sprachpraxis. Die Folgen dieser Nichtbeachtung haben die Bachmann-Forschung eingeholt, deshalb kann Ingvild Folkvords Feststellung, der Bachmann-Forschung fehle die komische Seite, relativiert werden:

> Der Narr und sein häufig parodistisches Verfahren ist allerdings nicht der Traditionsbezug, der in der Bachmann-Forschung die bedeutendste Rolle gespielt hat. Der Roman *Malina* setzt sich mit historischen Fragestellungen auseinander, die ernst genommen werden wollen. Der Narr ist aber auch eine ernste Figur, jemand, der die Wahrheit sagt, ohne in *einer* Rolle stecken zu bleiben.[85]

Die Annahme, dass sich der Zeichenkette „Malina" willkürlich die Bedeutung „Himbeere" zuordnen ließe, hat zu einer Sinntravestie geführt. Die ungewollte Persiflage hat in der Rezeption eine Verwirrung dualistisch-stereotyper Geschlechterinszenierungen verursacht. Dies entspricht Bachmanns Intention.

Inge von Weidenbaum und Christine Koschel zufolge hätte Bachmann einen Entweder-Oder-Gegensatz als Scheinproblem durchschaut.[86] Auch Rita Svandrlik stellt fest: „Der Roman erscheint bei einer genauen Untersuchung als eine radikale Zerschreibung der binären Oppositionen, obwohl er vordergründig ja auf solchen aufgebaut zu sein scheint."[87] Ein weiteres Indiz dafür, dass *Malina* ein genderpolitisch relevantes Buch darstellt, ist ein Name, den Bachmann in ihrem ‚Versteck', dem *Malina*-Buch, aufbewahrt. Es ist der Name von Frances Trollope: Ihr Lebenslauf zeigt, dass Frau sich qualitativ anders ‚entwerfen' kann als die im Buch *Malina* aufgelöste „Komposition,

79 Lücke: *Ingeborg Bachmann*, S. 144.

80 Siehe Hendrix: *Ingeborg Bachmanns „Todesarten"-Zyklus*, S. 113.

81 Antonowicz: Malina oder das Auseinandergeraten, S. 95.

82 Bachmann: Der Umgang, S. 242–250.

83 Ebd., S. 252.

84 Ebd., S. 253.

85 Folkvord: *Sich ein Haus schreiben*, S. 136.

86 Zit. n. Kresimon: *Ingeborg Bachmann und der Film*, S. 248.

87 Rita Svandrlik: Umgang mit Bildern. In: Robert Pichl / Alexander Stillmark (Hrsg.): *Kritische Wege der Landnahme: Ingeborg Bachmann im Blickfeld der neunziger Jahre; Londoner Symposium 1993 zum 20. Todestag der Dichterin (17.10.1973)*. Wien: Hora 1994, S. 81–96, hier S. 91.

eine Frau“ (S. 134). Den Namen der provokativen Schriftstellerin Frances Trollope (1779–1863)[88] teilen sich zwei Katzen, die sich für Bücher interessieren und in den Bücherregalen des Ich ein Durcheinander entstehen lassen (S. 117).

> Frances ist nicht siamesisch und nicht persianisch, nur eine zierliche gestreifte, mitteleuropäische Hinterhofkatze, nach Wien zuständig, von keiner Rasse, und Trollope, ihr Bruder ist weiß ausgefallen, mit einigen schwarzen Flecken im Fell, ein Phlegmatiker, voller Behagen, der nie greint wie Frances, ein gehörig schnurrender Kater, der zu mir aufs Bett springt, auf meinem Rücken sitzt, wenn ich lese, bis zur Schulter vorgeht und mit mir in die Bücher sieht. Denn Frances und Trollope lesen am liebsten mit mir. Wenn ich sie verscheuche, klettern sie in der Bibliothek herum und verstecken sich hinter den Büchern, sie arbeiten hart, bis ein paar Bücher locker werden und krachend auf den Boden fallen. Dann weiß ich wieder, wo sie sich versteckt haben und ihr Unwesen treiben. (S. 117)

Die „lesehungrigen“ Katzen Frances und Trollope verweisen auf den Namen der wohl einzigen weiblichen Schriftstellerin, die in *Malina* namentlich genannt wird. Erst im Jahr 2000 wurde eine Gedenktafel zur Erinnerung an das abgerissene Wohnhaus Frances Trollopes enthüllt, auf der ursprünglich nur der Name ihres Sohnes Anthony Trollope stehen sollte.[89] Bevor im anglo-amerikanischen Sprachraum eine intensive Reflexion der Werke von Trollope und ihrer Person eingesetzt hatte, griff Bachmann in *Malina* den Namen Trollopes auf. Den *Malina*-Entwürfen ist zu entnehmen, dass sie ihn darin zunächst an zwei weibliche Katzen, „Miss Frances“ und „Miss Trollope“, vergeben hat. Beeinflusst von Miss Frances und Miss Trollope (in *Malina* Mister Trollope) beginnt das weibliche Ich, sich zu verwandeln, und bereichert seinen Wortschatz mit einigen vulgären Schimpfwörtern:

> So haben Miss Frances und Miss Trollope das Nachsehen, weil sie das schlechteste Englisch von Wien erlernen, aber die Fräuleins studieren heimlich auch anderes und fressen ihre rohe Lunge mit Dschungelwut, Miss Frances krallt vor Wut, meine delikate Frances, Miss Trollope die Pfote auf ihren Schädel und drückt ihn fauchend auf den Teller. Und Miss Frances kommt und schnurrt, gmaugmau, wenn ich schreibe, als hätte sie sich nie schlecht benommen, yes, Miss Ravenbraten. Dies ist mein Leben, mein verklärtes, mein Terre-à-terreleben, mein Lifeintheclouds, mein zwischenPragTriestund-Budapestleben, mein Il mio vivere ardendo e non sentire il male, und wenn Frances nicht sofort vom Schreibtisch verschwindet und noch einmal in den Wagen rennt, fliegt sie hinaus, Bankert, lästiger, du bist ein Luder, du bist ein kleines Aas, denn jetzt haben wir zuletzt auch das noch, das Fluchen erlernt, das uns früher partout nicht zwischen den Zähnen hervorgekommen ist, und ich muß lachen, ich muß lachen, und mir fallen alle Schimpfworte ein, die ich doch nie gehört habe […].[90]

88 Vgl. Brenda Ayres: Frances Trollope (1779–1863). http://works.bepress.com/brenda_ayres/10 (Zugriff am 11.08.2014). Ayres schreibt: „Frances Trollope, without a doubt, was the most provocative writer of the early Victorian period. Since then, unfortunately and inappropriately, she has been relegated to a paltry footnote in literary history as simply the mother of Anthony Trollope.“

89 Vgl. Pamela Neville-Sington: The Life and Adventures of a Clever Woman. In: Brenda Ayres (Hrsg.): *Frances Trollope and the Novel of Social Change*. London / Westport: Greenwood 2002, S. 11–25, hier S. 11. Die Gedenktafel findet sich unter Plaque: Trollope Family. http://www.londonremembers.com/memorials/trollope-family (Zugriff am 11.08.2014).

90 Bachmann: *„Todesarten“-Projekt*, Bd. 3.1, S. 69–70.

Frances Trollope war eine selbstbewusste und selbstbestimmte Frau, die mit Anfang Fünfzig ihre Karriere als Schriftstellerin startete.[91] Ihr Sohn, der Schriftsteller Anthony Trollope, erinnert sich, dass seine Mutter sich in zwei Teile zu spalten wusste, um ihr enormes Arbeitspensum zu bewältigen.[92] Ihr innovatives Geschäftsprojekt, eine Art Kulturkaufhaus, der Cincinnati Bazaar, wurde in den USA boykottiert, weil Trollope als selbstbewusste Geschäftsfrau auftrat und sich nicht verpflichtet fühlte, vermeintlich „weibliche" Klischees zu reproduzieren, sondern sich offensiv ins „Geschäftsleben und in die Öffentlichkeit stürzte".[93] Man sagte ihr „äußerst ungebührliches Verhalten" nach.[94] Nach dem Scheitern dieses Projekts entdeckte Trollope das Reisen und betätigte sich erfolgreich als Reiseschriftstellerin. Die finanziellen Mittel brachte sie als Ernährerin der Familie selber auf.[95] Ihre vielgelesenen Reiseberichte, die zu Bestsellern wurden, waren mit scharfer Zunge verfasst und von bissigem Humor.[96]

> In an 1838 review of *Vienna and the Austrians*, the *Spectator* identified Frances Trollope as an *Apis Trollopiana*. The scientific name refers to a species of honeybee, designating Mrs. Trollope as a satirist with a sting. Indeed Frances Trollope was a woman sensitive to social and legal injustices, and she used the pen to prick the conscience of her considerable readership. "Apis" without the italics refers to an ancient bull worshiped by the ancient Egyptians; Mrs. Trollope was often like a bull in a china closet. So spirited and passionate were her novels of protest, that most reviewers labeled her vulgar, indecent, unwomanly, unfeminine, profligate, vinegary, gross, coarse, and "Trollopian". Paradoxically, no statement so accurately summarizes Fanny's work as the one published in an 1839 issue of *New Monthly Magazine*: "No other author of the present day has been at once so much read, so much admired, and so much abused."[97]

Trollope griff in ihren Romanen innovative und gesellschaftskritische Themen auf und wandte sich gegen Genderstereotypen:

> Starke, selbstbewußte und selbstbestimmte Frauen wie sie selbst, die sich in die gängigen Schablonen nicht unbedingt eingliedern ließen, standen auch in ihren Romanen häufig im Mittelpunkt, und dies gab ebenfalls Anlass zu heftiger Kritik, ebenso ihr Mut bei der Wahl ungewöhnlicher und auch unliebsamer Themen, die eine Frau ihrer Epoche besser verschwiegen oder vielleicht dezent umschrieben hätte.[98]

Trollopes literarische Leistungen seien heute, wie Gabriele Habinger 2003 anmerkt, „fast völlig vergessen".[99] Dabei vergisst Habinger, Bachmann zu erwähnen, die schon vor Jahrzehnten an Trollope erinnert hat. Angesichts der langjährigen Marginali-

91 Vgl. Frances Trollope: *Ein Winter in der Kaiserstadt: Wien im Jahre 1836*, hrsg., bearb. u. Vorwort v. Gabriele Habinger. Wien: Promedia 2003, S. 13.

92 Ebd., S. 14.

93 Ebd., S. 11–12.

94 Ebd., S. 12.

95 Ebd., S. 13–14.

96 Ebd., S. 15–16.

97 Siehe Brenda Ayres: *Apis Trollopiana*: An Introduction to the Nearly Extinct Trollope. In: Dies. (Hrsg.): *Frances Trollope*, S. 3–9, hier S. 3.

98 Trollope: *Ein Winter in der Kaiserstadt*, S. 15.

99 Ebd., S. 16.

sierung und Verdrängung Trollopes, die man erst in den 1980er Jahren wieder neu entdeckte, sollte Bachmanns Fähigkeit gewürdigt werden, vermeintlich Obsoletes zu aktualisieren.[100] Ähnlich wie Trollope hat Bachmann einen ‚Reisebericht' über die Stadt Wien verfasst: „Besichtigung einer alten Stadt." In der polnischen Übersetzung von Sławomir Błaut beginnt *Malina* mit diesem Fragment.[101] In der deutschsprachigen *Malina*-Ausgabe wurde der ironische Abschnitt über die Sightseeing-Tour in Wien nicht aufgenommen.

> Vor einer Konditorei in der Inneren Stadt wird zu Malinas und meiner Verblüffung angehalten, die Amerikaner haben fünf Minuten Zeit, um sich Mozartkugeln zu kaufen, the most famous Austrian chocolates, ad gloriam and in memoriam of the most famous composer of all the times, und während die Amerikaner folgsam in eine trockene Imitation der Salzburger Mozartkugeln hineinbeißen, kreisen wir einmal um die Pestsäule, to remember the most famous and dreadful illness in the world which was stopped with the Austrian forces and prayers of Emperor Leopold I. Wir fahren rasch an der Staatsoper vorbei, where are happening the greatest singing successes and singing accidents in the world, und besonders rasch geht es am Burgtheater vorbei, where are happening every evening the oldest und most famous dramas and murderings in Europa. Vor der Universität geht dem Fremdenführer der Atem aus, er erklärt sie eilig zum oldest museum of the world und deutet erleichtert auf die Votivkirche, which was built to remember the salvation from the first Turkish danger and the beaten Turks left us the best coffee and the famous Viennese breakfest Kipfel, to remember.[102]

Der bissige Humor, der Bachmann und Trollope eint, ist in *Malina* (auch in Bachmanns Erzählung *Probleme, Probleme…*) und in den Entwürfen zu *Malina* deutlich zu spüren. So z.B. lässt Bachmann Ivan, das geliebte Idol des Ich, sagen, dass es in seinem Kopf „Kraut, Karfiol, Salatblätter, lauter Gemüse" habe (S. 45). Dieses „kopflose, leerköpfige Fräulein" will Ivan vom Schachspiel ablenken, indem es ihm seine nackten Beine zeigt, und auch „das Kleid verrutscht an der Schulter" (S. 45). Aber Ivan sagt dazu:

> […] doch das nützt dir jetzt gar nichts, und das nennst du Schachspielen, mein Fräulein, mit mir spielt man aber so nicht, ach, jetzt machen wir gleich unser komisches Gesicht, das habe ich auch erwartet, wir haben unseren Läufer verspielt, liebes Fräulein, ich gebe dir noch einen Rat, verschwinde von hier, geh von E_5 auf D_3, aber damit ist meine Galanterie auch erschöpft. (S. 45–46)

Als Ivan während dieser Schachpartie wissen will, wer Malina sei, weiß dieser „Gemüsekopf", der „voller Salat und Bohnen und Erbsen" ist (S. 47), keine Antwort (S. 46). 1973 äußert Bachmann ihre Überzeugung, dass sich das weibliche Ich anders zeigen kann und auch zeigen wird:

> Die meisten Frauen brauchen eine Hoffnung, etwas, was man ihnen noch nie gesagt hat. Ich brauche es nicht, ich weiß es schon lange, nämlich, daß sie fähig sind, genau so zu denken, genau so scharf zu denken, wie die Männer. Daß sie genau so fähig sind, daß sie sogar weniger eitel sind, daß sie zu größeren Leistungen imstande sind als Männer. […] Auch in Italien, auch in diesem Land, das ich so sehr

100 Helen Heineman machte 1979 auf Frances Trollope wieder aufmerksam. Helen Heineman: *Mrs. Trollope: The Triumphant Feminine in the Nineteenth Century*. Athens: Ohio University Press 1979.

101 Siehe „Österreich-Bibliotheken im Ausland". http://www.oesterreich-bibliotheken.at/res_auslandsaustriaca.php (Zugriff am 11.08.2014).

102 Bachmann: *„Todesarten"-Projekt*, Bd. 3.2, S. 698–699.

> liebe, daß man Frauen für inferior hält, daß man sagt, daß sie ich weiß nicht wieviel Gramm weniger Hirn haben, sie können nicht denken. Das ist nicht wahr. Frauen können genau soviel wie Männer, man muß ihnen nur die Chance geben, man hat sie ihnen nur so selten gegeben. Aber man wird sie ihnen geben müssen.[103]

Bachmann ordnet das „Weibliche" weder dem Pflanzlich-Vegetativen (Gartengemüse) noch dem weiblichen „Zentralorgan" zu. Auch wird in *Malina* keine Kritik am Rationalen geübt: „Beides, es gehört zusammen und muß zusammen gehen, die höchste Vernünftigkeit und die höchste Emotion oder die Fähigkeit zu fühlen […]."[104] Wie Eberhardt gezeigt hat, kritisiert Bachmann „Irrationalität im Gewand rationaler Philosophie" und „den A n s c h e i n der Rationalität".[105] Eberhardt stellt fest:

> Insbesondere die Figur Malina hat sich in einigen Interpretationen einen schlechten Ruf erworben als Vertreter rationalen Denkens, was die negative Wertung von Rationalität voraussetzt. Bachmann bezeichnet Malina in ihren Selbstinterpretationen als „sehr scharf überlegene[n] und wissende[n] Doppelgänger […], als „denkende[s] Ich" […]. Wer in Malina die Figur einer fundamentalen, intendierten Rationalitäts- und Zivilisationskritik erkennen möchte, sollte diese Interviewaussagen erklären können, denn mit ihnen sieht es so aus, als habe Bachmann alles getan, um dafür zu sorgen, daß Malina nicht als der Bösewicht verstanden wird.[106]

Durch eine Grenzverschiebung auf schriftsprachlicher Ebene ist der absurde Anteil des scheinbar „Rationalen" sichtbar gemacht worden. Der ‚rationale' Anteil (die klassische Wörterbuch-Bedeutung „malina" = „Himbeere") erweist sich in der *Malina*-Rezeption als Irrweg, auch wenn er akademisch legitimiert und objektiviert worden ist. Sara Lennox folgert zu Recht: „No doubt, many scholarly difficulties with Bachmann's writing result from the attempt to understand it in terms of exactly those categories that she is trying to subvert."[107] In der Vorlesung „Das schreibende Ich" führt Bachmann aus:

> Der kritische und anspruchsvolle Leser akzeptiert dieses selbstsichere, ungebrochene Ich mit der gleichen Selbstverständlichkeit in den berühmten Memoirenwerken, mit der eine verblödete, desorientierte Leserschaft heute zu Hunderten den Abhub der Memoirenliteratur verschlingt und sich von dem Ich von SS-Generälen, Gangstern und Spionen imponieren läßt. Denn das Ich der Handelnden, im einfachsten Rollenfach (dem der Geschichte und Zeitgeschichte), ist das überzeugendste, zugänglichste, es braucht sich nicht weiter auszuweisen, es wird ihm Glauben und Gehör geschenkt, weil die Taten oder Untaten des Autors für die Gesellschaft folgenreich waren.

103 Bachmann: *Wir müssen*, S. 145.

104 Höller: *Ingeborg Bachmann*, S. 153.

105 Eberhardt: *„Es gibt für mich keine Zitate"*, S. 254. Bachmann betonte den rationalen Aufbau ihrer Werke (z. B. von *Der gute Gott von Manhattan*.) Vgl. Bachmann: *Wir müssen*, S. 86. In einem Interview mit Karol Sauerland wettete Bachmann 1973 gegen die „deutsche Metaphysik": „Ungeheuer wichtig war für mich dann ein anderer Einfluß: die Wiener Schule. Man hat schon immer in Wien einen scharfen Kampf gegen die deutsche Metaphysik geführt: Nieder mit der deutschen Metaphysik, die unser Unglück ist! Der ‚Wiener Kreis' hat sich dann als ‚Vienna School' über die ganze Welt verbreitet, durch die Emigration. Sie hat allerdings wenig Einfluß gehabt… […]." (Bachmann: *Wir müssen*, S. 136–137.)

106 Eberhardt: „Es gibt für mich keine Zitate", S. 390.

107 Lennox: *Cemetery*, S. 98.

Abb. 12: Ingeborg Bachmann und Hans Werner Henze, Berlin (1965).

> Dieses einfachste Rollenfach kann von der Mehrzahl der Schriftsteller jedoch nicht besetzt werden, und von ihnen möchte ich ja vor allem sprechen, von ihren Ich, die uns nur, wenn wir sehr jung sind, wie fraglose, identische Ich erscheinen.[108]

In *Malina* positioniert Bachmann die ehemals bevorzugt tradierten Versionen des weiblichen Ich in einen Gangster- und Spionen-Kontext: „BANDIT" (1944) ist „das einzig richtige Parfum"[109] für diese synthetischen Ichs. Bachmann stellt keine eindeutigen Identitätskategorien her. Sie soll betont haben, „dass sie mit Männern, die für Frauen absolut nichts übrig haben, geradezu solidarisch empfinde; mehr noch: wenn sie sich zu Männern hingezogen fühle, dann keineswegs so wie in überkommener Weise als Frau – sondern ganz wie ein homosexueller Mann, der nur Augen für seinesgleichen hat."[110] In einem Brief an Adolf Opel schreibt sie: „Der Orient – die Männer für die Männer, sie sind nicht homosexuell, sondern sie machen von beiden Möglichkeiten Gebrauch, aber wir verstehen das falsch, es muß etwas anderes sein, die Grenzverwischung, Triebverwischung, die als Möglichkeit gegeben ist."[111] Bachmanns Sehnsucht scheint es gewesen zu sein, die gewaltsam gezogenen künstlichen Grenzen auf unterschiedlichen Ebenen zu unterlaufen. Mit Zygmunt Bauman formuliert, geht es ihr um die „Vorahnung jenes ‚dritten Elements', das nicht sein sollte"[112]: Dieses „etwas Andere", die latente Möglichkeit der Grenzverwischung auf der repräsentativen Ebene, erfordert eine Sprengung fiktiver Grenzziehungen. Dieses „Andere" stellt nach Bauman die Plausibilität von Dichotomien in Frage und demaskiert die hergestellten eindeutigen Oppositionen und „die brüchige Künstlichkeit der Trennung".[113]

2.3 Bachmanns ‚Apokryph'

> Die einen sagen, das Wort Odradek stamme aus dem Slawischen und sie suchen auf Grund dessen die Bildung des Wortes nachzuweisen. Andere wieder meinen, es stamme aus dem Deutschen, vom Slawischen sei es nur beeinflusst. Die Unsicherheit beider Deutungen aber läßt wohl mit Recht darauf schließen, daß keine zutrifft, zumal man auch mit keiner von ihnen einen Sinn des Wortes finden kann.
> Natürlich würde sich niemand mit solchen Studien beschäftigen, wenn es nicht wirklich ein Wesen gäbe, das Odradek heißt.[114]

Ähnlich wie das Wort „Odradek" stammt auch „Malina" weder aus dem Deutschen noch aus dem Slawischen. Die verbreiteten Deutungsansätze des rätselbehafteten

108 Bachmann: Das schreibende Ich, S. 220.

109 Ingeborg Bachmann: Drei Wege zum See. In: Dies.: *Simultan: Erzählungen.* München / Zürich: Piper 1991, S. 119–211, hier S. 188.

110 Opel: *„Wo mir das Lachen zurückgekommen ist"*, S. 95–96.

111 Ebd., S. 130, 146.

112 Zygmunt Bauman: *Moderne und Ambivalenz. Das Ende der Eindeutigkeit*, aus d. Engl. v. Martin Suhr. Hamburg: Junius 1992, S. 80.

113 Ebd.

114 Franz Kafka: Die Sorge des Hausvaters. In: Ders.: *Sämtliche Werke*, S. 861–862, hier S. 861.

Wortes haben durch die eindeutige Zuordnung, es sei ein slawisches Wort, zur Ent-Radikalisierung der *Malina*-Rezeption beigetragen. Zudem wurden die Konstellationen und Netzwerke des titelgebenden Namens nicht gebührend berücksichtigt. Erst die inhaltlichen Zusammenhänge, auf die Bachmann großen Wert legte, offenbaren die Bedeutung ihrer Chiffre.[115] Am Beispiel von William Faulkners *Schall und Wahn* hat Bachmann vorgeschlagen, die Kontexte, in denen die Namen verortet sind, zu beachten:

> Wichtiger, als auf den Namen zu achten, ist es, auf den Zusammenhang zu achten, in dem der Name genannt wird. [...] Wir entdecken plötzlich, daß wir nur so an Boden gewinnen, daß die Personen uns sonst für immer verborgen blieben. Und sie wollen sich verbergen, denn da ist ein Grund, ein Rätsel, das die Namen scheu macht. Es ist einmal etwas geschehen, Blutschande, und die Schuldigen wollen nicht genannt sein [...]. Das Geschehnis wird öfters beschworen und sogleich wieder vertuscht, und die Namen werden beschworen und vertuscht.[116]

In *Malina* ist ebenfalls „einmal etwas geschehen" und Bachmanns Chiffre „Malina" – entschlüsselt und vertuscht als „Himbeere" – beschwört dieses stattgefundene Geschehnis. Bei der Dechiffrierung verborgener Zusammenhänge sollte auf die erwähnten Dinge, „die mit einer Situation oder einem Menschen verbunden waren", geachtet werden, denn sie kreisen die Personen besser ein als der Name.[117] In Bachmanns Erzählung *Ein Wildermuth* umkreist der Name Wildermuth verschiedene Personen des gleichen Namens Wildermuth:

> Der Mord war in der Presse kaum beachtet worden, weil er zu unerheblich und gewöhnlich war, um Interesse zu wecken, und der Prozeß wurde dann nur zur Kenntnis genommen, weil ein Journalist von einem Boulevardblatt sich zu der Zeit zufällig mit dem Chef der Polizeikorrespondenz des längeren unterhalten und herausgefunden hatte, daß der Prozeß Wildermuth in den Händen des Oberlandesgerichtsrates Wildermuth lag – Richter und Angeklagter also den gleichen Namen trugen. Dieser Namensgleichheit wegen, die den Mann belustigte und neugierig machte, berichtete er in einem reißerischen, wichtigtuerischen Ton in seiner Zeitung von dem Fall, und andere Zeitungen zögerten dann auch nicht, ihre Berichterstatter zu schicken.[118]

115 Siehe Bachmann: *Wir müssen*, S. 96.

116 Bachmann: Der Umgang, S. 252.

117 Ebd., S. 253.

118 Bachmann: Ein Wildermuth, S. 135–136. Zu diesem Verfahren im Umgang mit Namen vgl. auch Bachmanns Erzählung *Das dreißigste Jahr*: „Er trifft Moll wieder, da die Welt eines jeden voll von den Molls ist. Aber an diesen Moll erinnert er sich kaum. Es ist der Weißt-du-noch-Moll. [...] Moll, der Kumpan, Moll, der mit ihm achtzehnjährig beim Militär war, Moll, der in der Erinnerung wieder bei der ‚Wehrmacht' ist, Moll, der eine Sprache führt, die ihm Übelkeit verursacht, weil sie ihn glauben machen soll, er habe einmal die gleiche Sprache geführt. [...] Moll, für den alles Politik ist und dem die Politik gestohlen werden kann, Moll, die Laus im Pelz, Moll, demzufolge der Krieg noch nicht verloren ist, der nächste jedenfalls, für den die Italiener ein Diebsgesindel sind, die Franzosen verweichlicht, die Russen Untermenschen, und der weiß, wie die Engländer im Grunde sind und wie im Grund die Welt ist, ein Geschäft, ein Handel, ein Witz, eine Schweinerei. [...] Wie vermeidet man Moll? Welchen Sinn hat es, dieser Hydra Moll ein Haupt abzuschlagen, wenn ihr an Stelle eines jeden wieder zehn neue nachwachsen!" (Ingeborg Bachmann: Das dreißigste Jahr. In: Dies.: *Werke*, Bd. 2, S. 94–137, hier S. 122–123.) Moll kennt den ‚Satz vom Grund', der ‚ergründet', „wie die Engländer im Grunde sind und wie im Grund die Welt ist." Wie Jordan ist auch Moll der Name eines Nazi-Verbrechers. Otto Moll war als der „Todesengel von Auschwitz" bekannt. Moll war

Ein Mordfall veranlasst Richter Wildermuth, über seinen Namen Wildermuth nachzudenken: „Während er die Akten Wildermuth studierte, hatte Anton Wildermuth aber dann zusehends Unruhe verspürt, einfach deswegen, weil er seinen Namen immer wieder lesen mußte als den eines Fremden.“[119]

> Warum? Warum? Haben wir den Mörder gefragt, aber er konnte nur sagen, daß es so war und wie es war. Nur mit der Tat kam die Wahrheit blutig daher, mit der Axt, mit dem Messer, mit der Schußwaffe. Mit tausend Kleinigkeiten kam sie daher. Aber auf die Frage „Warum“ kam sie nicht dahergeschossen. Da hat ein ganzes erfahrenes Gericht sich zu deuteln bemüht, damit da eine Wahrheit daherkommt. Aber dieses Weges kommt einfach nichts.[120]

Die vollzogene Tat hatte einen Namen – nicht der Name war der Verursacher einer Tat, sondern die Mordtat hatte einen Namen. In *Ein Wildermuth* wird Wildermuth in seiner selbstverständlichen Annahme erschüttert, dass „Vorfälle sich mit jenen Namen zusammentaten, an denen man Angeklagte und Zeugen erkennen konnte.“[121] Am Titelnamen Malina erkannte man bislang nichts: keine Vorfälle, keine Zeugen und keine Angeklagten. Es tat sich nichts zusammen, alles tat sich auseinander. In der vorliegenden Abhandlung wurde gezeigt, dass Malina ein Symptom der Mordtat und ihrer Abwehrversuche ist. Dieser human-inhumane Malina ist, ähnlich wie Kafkas sternartige Zwirnspule Odradek, ein konkretes materielles Phänomen der Dingwelt. Britta Herrmann hat treffend bemerkt, dass der Bezug zum Material für Bachmann wichtig gewesen sei: „Im (Grab-)Stein bleibt noch in der Tilgung der Symbole das Ausgelöschte als ‚Lebenszeichen‘ sichtbar.“[122] Im vorliegenden Fall weisen die materielle Präsenz von Malinas, von Bachmanns *Malina* und der Name Malina auf einen existenziellen Tilgungsvorgang hin, der selbst nicht vergegenwärtigt werden kann. Wohl aber vergegenwärtigen die paar erhaltenen Undercover-Plätze und die vielen Erinnerungsbücher die Tatsache, dass ein gewaltsamer Tilgungsvorgang, der zahlreiche Geheimverstecke entstehen ließ, sich ereignet hat. Diese sinnliche Präsenz einer materiellen Spur („Malina“ im Wortschatz der ZeitzeugInnen, als Wort in den Büchern und als materieller Ort) zeigt einen irreversiblen Schwund an. Ze'ev Levy hebt in Anlehnung an Emmanuel Levinas die Eigenart einer hinterlassener Spur hervor:

> Die Spur ist die Seinsform eines Seins, das nicht gegenwärtig ist, das nicht zu einem Seienden geworden ist. Die hinterlassene Spur bedeutet Verschwundenheit. Jedoch ein Wesen, das eine Spur hinterlassen hat, kann kein Nichts sein. Es ist kein *non-être*, da man ja eben durch die Spur von seiner Abwesenheit oder seines Verschwindens bewußt wird.[123]

ein Krematorien- und Gaskammer-Logistiker. Vgl. Shlomo Venezia: *Inside the Gas Chambers: Eight Months in the Sonderkommando of Auschwitz*. Cambridge / Malden: Polity 2009, S. 60.

119 Bachmann: Ein Wildermuth, S. 137.

120 Ebd., S. 168.

121 Ebd., S. 138.

122 Britta Herrmann: Das Buch Franza. In: Albrecht / Göttsche (Hrsg.): *Bachmann-Handbuch*, S. 144–152, hier S. 151.

123 Ze'ev Levy: *Probleme moderner jüdischer Hermeneutik und Ethik*. Cuxhaven / Dartford: Junghans 1997, S. 94.

Abb. 13: Eingang zum Beit Midrash, Vilnius (1946).

Das Aufzeigen einer hinterlassenen Spur bedeutet aber auch, dass es eine Nachwelt gibt, die die Spur erst zur Spur macht, auch wenn sie sie tilgt. Die Tilgung bestätigt ihre Existenz. Bachmanns Schlüsselname Malina bezieht sich auf materielle Phänomene: auf ein „Malinafeld" (S. 284), auf ein Geheimfach (S. 333), auf „Malinas Platz" (S. 15), auf eine Stelle (S. 314), auf einen Riss in der Wand (S. 336). Der literarisch entworfene Mann Malina ist deshalb so eigenartig, weil er auch ein Platz ist (S. 15), eine Stelle, an der man Halt macht, Halt sucht und Halt findet. Seine ‚Festigkeit' ist vom Ort, dem Undercover-Platz, der für seine literarische und zeitgeschichtliche Existenz unabdingbar war, abgeleitet. Die Mordtat hatte einen Namen: die „Endlösung" und die Lösung dieser „Endlösung" war gelegentlich eine gründlich getarnte Malina. Malina ist ein zeitgeschichtlich relevanter und mittlerweile historischer Ort. Bachmanns Titelname meint nicht nur diesen konspirativen Ort, sondern bezieht sich auf den historischen Personennamen, der „Versteck" oder der/die „Verborgene" bedeutet. Mit diesem Namen tun sich Vorfälle zusammen, an denen man Zeugen aus der „Lebensnische" hätte erkennen können.

2.4 Name und Gedächtnis

Von Anfang an begehrt das Ich in *Malina*, „über Malina mitzureden, wenn irgendwo über ihn gesprochen" wird: „Eine häßliche Erinnerung ist das, die mir heute nicht mehr weh tut, aber ich hatte das Bedürfnis, so zu tun, als kannte ich ihn auch, als wüsste ich einiges über ihn […].“ (S. 19) In der germanistischen Forschung herrscht ein ähnliches Mitteilungsbedürfnis vor. Hajnalka Nagy resümiert: „Der geheimnisvolle Name der Titelgestalt Malina ist in der Fachliteratur am gründlichsten erforscht und analysiert worden. Einerseits ist der Name Malina slawischer Herkunft und bedeutet ‚Himbeere‘ und mit seiner femininen Endung lässt sich eher an eine Frau denken.“[124] Doch heißt es in Bachmanns *Malina*, dass sich einmal, in einer utopischen Zeit, an einem utopischen Tag alles wird sich „richtig stellen lassen“ (S. 19):

> Es hat sich anders zugetragen, ist eine andere Geschichte, und alles wird sich einmal richtig stellen lassen. Aus den Gerüchtfiguren werden die wahren Figuren, befreit und groß, hervortreten, wie Malina heute für mich, der nicht mehr das Ergebnis von Gerüchten ist, sondern gelöst neben mir sitzt oder mit mir durch die Stadt geht. Für die anderen Richtigstellungen ist die Zeit noch nicht gekommen, sie sind für später. Sind nicht für heute. (S. 19–20)

Ist Malina nun eine Himbeere, ein polnischer Nachname, ein weiblicher Vorname, ein Krimineller, ein Gangster, ein Hochstapler oder ein Spion? Der Name an sich lässt alle diese Deutungen zu. Die Zusammenhänge und die Handlungsabläufe, in die Bachmann die Chiffre verortet hat, sind aber nicht beliebig. In Bachmanns Buch ist Malina orts- und gedächtnisgebunden:

> Malina – er ist Museumsbeamter – hängt ebensosehr mit der Konservierung einer Erinnerung zusammen wie mit ihrer Abtötung und „Musealisierung“, er selbst führt eine unauffällige Schattenexistenz zwischen Museum und Ungargassenland, das er unter keinen Umständen verlassen würde. Ein Ausflug […] wäre mit Malina sicher nicht denkbar, er ist ortsgebunden und verlässt den III. Bezirk von Wien nie […]. Malina ist abgestorben (die „Festigkeit seiner Existenz“ gehört zu seinen Wesenszügen) […].[125]

Malina ist als Staatsbeamter der Klasse A getarnt, „angestellt im Österreichischen Heeresmuseum“ (S. 9). Er nimmt dort „einen günstigen Platz“ ein, „auf dem er vorrückt, ohne sich zu bewegen, ohne sich je bemerkbar zu machen“ (S. 9). Im Museum legt er Akten ab (S. 266). Malina hat eine „Tarnkappe“, „ein fast immer geschlossenes Visier“ (S. 300). Malina hat mit dem Krieg zu tun (S. 183–184). Malina hat ein „Apokryph“‘ (S. 9) verfasst, „das im Buchhandel nicht mehr erhältlich ist und von dem in den späten fünfziger Jahren einige Exemplare verkauft wurden.“ (S. 9) Malina hasst und entlarvt die deutsche Sprache.[126] Malina in *Malina* hat sein eigenes Geheimzeichen (S. 109). Es ist auf einem Kuvert vermerkt, das im Großen Duden steckt (S. 109). Malina hat Geschichte (Hauptfach) und Kunstgeschichte (Nebenfach) studiert (S. 9). Malina repräsentiert nach Gudrun Kohn-Waechter „wie Moses bei Schönberg“ die Bilderlosigkeit.[127] Kohn-Waechter deutet den Mann namens Malina als eine Person und eine Aufzeichnungsfläche.[128] Für Kohn-Waechter ist Malina die Wand: „Von der

124 Hajnalka Nagy: *Ein anderes Wort und ein anderes Land: Zum Verhältnis von Wort, Welt und Ich in Ingeborg Bachmanns Werk*. Würzburg: Königshausen & Neumann 2010, S. 203, Anm. 593.

125 Antonowicz: Malina oder das Auseinandergeraten, S. 97.

126 Bachmann: *„Todesarten“-Projekt*, Bd. 3.1, S. 24.

127 Kohn-Waechter: *Das Verschwinden in der Wand*, S. 139, Anm. 12.

128 Ebd., S. 202, Anm. 121; 203, Anm. 2.

Wand, die er ist, heißt es dann am Ende: ‚Es ist eine sehr alte, eine sehr starke Wand […]'.“[129] Antonowicz deutet die Wand als Papierblatt.[130] Malina ist eine Wand, die ins Papier übergeht. Papier und der Name Malina sind für Bachmann Ermöglichungsbedingungen des Gedächtnisses. Bachmanns Chiffre „Malina“ ist einerseits ein Symptom der mörderischen Todesarten und anderseits ihrer Abwehrversuche. Den verborgenen und gut getarnten Malinas kam in den Ghettos eine Schlüsselbedeutung zu. Die Verstecke waren „illegal“, die Person mit Namen Malina gesetzlos, aber ihre verborgene, subversive Existenz konterkarierte das nationalsozialistische ‚Gesetz'.
Zuletzt hat die promovierte Historikerin und preisgekrönte Kriminalromanautorin Sara Paretsky eine sinnvolle Weiterentwicklung des Ghetto-Wortes „Malina“ angeboten. In *Breakdown* (2012) ist die verdächtigte „Malina Foundation“ eine Gründung von Chaim Salanter aus Litauen:

> Max's lips were tight with anger. "Malina has been under attack for years; this is going to add fuel to a fire that's almost out of control."
> "Why?" Jake asked.
> "The anti-immigration hysteria that's gripping parts of the country", Max explained. "You know that the foundation's mission is with immigrants and refugees? It's why Lotty and I sit on the board, and maybe why we follow more closely than you the way Global Entertainment keeps attacking the foundation along with Chaim. They claim that Chaim is anti-American, or trying to destroy America, and they point to Malina as proof. Malina is an old Yiddish word for a hiding place inside a ghetto, and people like Lawlor pounce on that – they say Salanter chose the name because he's smuggling illegals into the country. They say he's laughing at America by running the foundation as a training camp for terrorists." […] He somehow survived the 1941 Yom Kippur massacre in the Vilna ghetto. His family was annihilated that day, but he slipped out and managed to survive on the streets for the next four years.[131]

Im Ghetto war Malina eine der raren Möglichkeiten, sich fortzubewegen, ohne sich zu bewegen. Man bewegte sich vorwärts, lautlos und bewegungslos. Eingemauert in Wandnischen, mit knapper Luftzufuhr, hinter falschen Wänden, in Öfen, Kellern, Untergrundbunkern, auf Dachböden, hinter den maskierten Eingängen der Verliese und Verschläge – so harrten die Verfolgten unter unmenschlichen Bedingungen auf ihren verborgenen Plätzen aus. In dem Mauerwand-Versteck (Malina) stirbt man (S. 336) oder überlebt – Malina überlebt (S. 336–338). Malinas Tarnung und sein fiktiver Arbeitsplatz im Nachkriegswien verweisen auf einen Geheimagenten, auf seinen Status als „advocatus diaboli“, der belastendes Material gegen das Ich zu Tage fördert. Es geht um Mord, ein Freispruch wird nicht erteilt: „Ich sehe Malina unverwandt an, aber er sieht nicht auf. Ich stehe auf und denke, wenn er nicht sofort etwas sagt, wenn er mich nicht aufhält, ist es Mord, und ich entferne mich, weil ich es nicht mehr sagen kann.“ (S. 336) Malina hat den ihm geltenden Mordversuch erkannt, den das Ich zu vertuschen versucht (S. 204), um Spuren seiner Täterschaft zu beseitigen. In einem der Dialoge gesteht das Ich, es habe gedacht, dass Malina seinetwegen fast an jedem Tag

129 Kohn-Waechter: *Das Verschwinden in der Wand*, S. 202, Anm. 121.

130 Antonowicz: Malina oder das Auseinandergeraten, S. 119.

131 Sara Paretsky: *Breakdown. A V. I. Warshawski Novel.* New York: Signet 2012, S. 65–66.

des Jahres Todesangst vor ihm hätte haben müssen (S. 298). Es schätzt sich selbst als Bedrohung und Gefahr für Malina ein:

> Ich habe manchmal gedacht, du hättest meinetwegen so oft, an mindestens dreihundertsechzig Tagen im Jahr einmal am Tag Todesangst gehabt. Du wärest bei jedem Klingeln zusammengefahren, hättest in jedem Schatten neben dir einen gefährlichen Menschen gesehen, es wären die Holzfuhren vor dir auf einem Lastwagen ganz besonders bedrohlich gewesen. Beim Hören von Schritten hinter dir wärest du beinahe umgekommen. Wenn du ein Buch gelesen hast, schien plötzlich die Tür aufzugehen, und du hast es in Todesangst fallen gelassen, weil ich keine Bücher mehr lesen durfte. Ich habe gedacht, du bist viele hundertmal, nein, tausendmal gestorben, und das hätte dich später so ungewöhnlich ruhig gemacht. (ben marcato) Wie sehr habe ich mich getäuscht. (S. 298)

Das Ich, das sich in *Malina* mit einem österreichischen Pass ausweist (S. 10), zeigt gegenüber Malina immer erschreckendere Züge: „[…] Die Wahrheit erzeugt diesen Schrecken.“ (S. 311) Aus einer Inhaltsangabe zu *Malina* aus Bachmanns Nachlass zitiert Kohn-Waechter die Schriftstellerin: „[…] die Auseinandersetzung zielt auf die Vernichtung des Ich ab, das von Malina zur Einsicht gezwungen wird, dass es zu verschwinden hat.“[132] In einem Interview mit Günther Bergmann sagte Bachmann, Malina mache dem Ich begreiflich, dass „dieses Ich zum Verschwinden“ zu bringen sei, das Ich, „das nicht mehr brauchbar ist, weil es zu zerstört ist.“[133] Dieses von Bachmann verworfene Ich ist Sara Lennox zufolge nicht nur ein „Produkt, sondern auch ein Befürworter der Gesellschaftsordnung, der es unterworfen ist.“[134] Den Schriftsteller Lucas Cejpek hat die Frage beschäftigt, warum dieses (österreichische) Ich sich im Mauerwerk der Wand einsperrt:

> Lucas Cejpek: Das ist die Schwäche des Buchs, dass nichts von den Abgründen sichtbar wird, warum die Erzählerin sich in eine Gruft einmauert. Sie mauert sich ja schon mit ihren Büchern ein, und den Grund dafür will sie sich mit diesem, ihrem eigenen Buch erschreiben. Das ist doch der Ausgangspunkt. Aber mit *Malina* kommt sie nirgendwohin. Irgendwo ist das Ganze eine Selbsttherapie, die nur Ausflüchte produziert.[135]

Mein Anliegen ist es, diese Abgründe sichtbar zu machen. Denn Bachmann hat die Antwort sehr deutlich zu geben gewusst.

132 Zit. in Kohn-Waechter: *Das Verschwinden in der Wand*, S. 200, Anm. 112. Diese Inhaltsangabe wurde vom Verlag nicht übernommen. Über den Klappentext zu Faulkners *Schall und Wahn* schreibt Bachmann: „Für den Verfasser des Klappentextes dieses Buchs, der den Inhalt des Romans wie den eines Familienromans wiederzugeben versteht, kann man nur neidische Bewunderung haben.“ (Bachmann: Der Umgang, S. 251.) Auch die Klappentexte zu Bachmanns *Malina* sollten kritisch hinterfragt werden. *Malina* wird hier als Liebesroman gehandelt. Am 14. April 1971 fragt Otto Basil Ingeborg Bachmann: „‚Ist es [‚Malina‘] ein Liebesroman? Ich meine, steht die Beziehung zwischen Menschen im Mittelpunkt?“ Bachmann antwortet: ‚Ganz und gar. Ich weiß, daß der Verlag es ankündigt quasi als Liebesroman. Nun sind Ankündigungen ja immer – müssen ja immer vereinfachen. Das Buch ist natürlich sehr viel komplizierter […]‘“. (Bachmann: *Wir müssen*, S. 101.) Bachmann stimmt Basil zu, dass ihr Buch ein philosophisches Buch sei, ein Buch, „was denkerisch ist und was weit weg über den reinen Erzählroman hinausgeht.“ (Ebd., S. 104.)

133 Interview mit Günther Bergmann am 2. April 1971. In: Bachmann: *Wir müssen*, S. 93.

134 Lennox: Gender, S. 48.

135 Margret Kreidel / Lucas Cejpek: „Malina“ im Salzkammergut. In: Benay (Hrsg.): *„Und wir werden frei sein, freier als je von jeder Freiheit…“*, S. 130.

3. Hochstaplerische Versteckspiele: Wer ist wer in *Malina*?

3.1 Ein Ich aus dem „Totenhaus"?

> Er war aus Wien, das war unverkennbar an dem Tonfall zu hören. Das hatte sie nicht gewußt. Sie hatte automatisch angenommen, er sei Deutscher. […] Ein eckiges, angestrengtes Kleinbürgerhochdeutsch aus Wien.
>
> (Ingeborg Bachmann: *Der Fall Franza*)

Maria Sporrer hat aufgezeigt, dass sich Österreich nach dem Krieg „reinzuwaschen" verstand: „Eingebettet in den Opferstatus und die am 26. Oktober 1955 beschlossene ‚immerwährende Neutralität' konnte sich Österreich, nahezu unbemerkt und unkritisiert, auf den Weg zu einem wirtschaftlich prosperierenden Sozialstaat begeben und sich selbst noch eine vom Ausland durchaus geschätzte ‚Brückenfunktion zwischen Ost und West' verschreiben."[136] Österreich inszenierte sich als hilfloses erstes Opfer des Hitler-„Vaters". In dieser Opfer-Inszenierung wurde Adolf Hitlers Reichsregierung potenziert, um die Wehr- und Hilflosigkeit, also die simulierten Opferqualitäten des „willenlos" gemachten österreichischen ‚Volkes', in der offiziellen Propaganda besser zu transportieren.[137] Der Opfermythos erforderte nach Rabinovici das Totschweigen der jüdischen Opfer:

> Wer Österreich nur als Opfer sehen mochte, war versucht zu übergehen, daß Österreicher gegenüber Juden Täter gewesen waren. Wer das ganze Land partout in die vorderste Reihe der Opfer drängeln wollte, der mußte über die Leichenberge der Millionen Ermordeten hinwegschreiten, der wollte nach 1945 nichts mehr mit dem Massenmord und nichts mehr mit den jüdischen Überlebenden zu tun haben. Jene österreichische Legende, einst gedacht, um der Bevölkerung den Abschied vom nationalsozialistischen Traum und von der großdeutschen Verantwortung zu erleichtern, fördert nun die Verleugnung der jüdischen Opfer.[138]

Nach Maria Sporrer wurde der Widerstand „zum überwiegenden Teil von Kommunisten getragen".[139] Seine Aufarbeitung setzte Anfang der 1960er Jahre ein.[140] Der österreichische Widerstand, so Maria Sporrer, wird „zuweilen dann öffentlich hervorgeholt, wenn er zur Legitimierung der Opferthese oder zur Abwehr von Vorwürfen der österreichischen Mittäterschaft dienlich ist."[141] Das Opfer sprach Kriegsverbrecher frei, die

136 Maria Sporrer: Verspätete Erinnerungspolitik in Österreich. In: Joachim Landkammer / Thomas Noetzel / Walter Ch. Zimmerli (Hrsg.): *Erinnerungs-Management: Systemtransformation und Vergangenheitspolitik im internationalen Vergleich.* München: Fink 2006, S. 83–98, hier S. 84.

137 Zur Inszenierung des „Opferstatus" auf der politischen Arena siehe Sporrer: Verspätete Erinnerungspolitik, S. 83–84.

138 Rabinovici: Tracht und Zwietracht, S. 135.

139 Sporrer: Verspätete Erinnerungspolitik, S. 86.

140 1963 wurde das Dokumentationsarchiv des österreichischen Widerstandes (DÖW) gegründet, siehe http://www.doew.at (Zugriff am 11.08.2014).

141 Sporrer: Verspätete Erinnerungspolitik, S. 87. Vgl. auch Christa Zöchling: Auschwitz: Jahrelang präsentierte sich Österreich als „Erstes Opfer der Nazis". In: *Profil*, 31.10.2013. http://www.profil.at/articles/1344/560/368762/auschwitz-jahrelang-oesterreich-erstes-opfer-nazis (Zugriff am 09.09.2014).

den „Vater“ kräftig unterstützt haben. In seinem Nachwort zu *Das Tagebuch der Maria Rolnikaite* (1967) bemerkt Walter Hacker:

> Kein Österreicher darf sich wundern, daß man in der Welt immer mehr zu der Ansicht gelangt, in Österreich stünden Kriegsverbrecher unter Natur- oder Denkmalschutz. Kein Österreicher darf sich wundern, daß in der Welt draußen behauptet wird, von manchen österreichischen Geschwornen werde der Mord an Juden als Kavaliersdelikt behandelt.[142]

Während das „offizielle Österreich und seine Diplomatie immer wieder versuchten, alle Zuständigkeit für Verfolgung und Massenmord alleinig der Bundesrepublik Deutschland aufzubürden“, widersetzten sich nach Rabinovici viele Intellektuelle der Legende, Österreich sei „nichts als ein Opfer“ gewesen.[143] Zu diesen Intellektuellen zählt auch Ingeborg Bachmann. Sigrid Weigel hebt die intensive Auseinandersetzung Bachmanns mit dem Judentum hervor, die in *Malina* deutliche Spuren hinterlassen hat:

> Dabei hat die Schriftstellerin, wie sich entlang ihrer Korrespondenzen zu jüdischen Kollegen, Remigranten und Überlebenden und der Geschichte ihrer Schreibarbeit zeigen lässt, einen schwierigen Prozess vollzogen: von einer weitgehend unbewussten Empathie mit jüdischen Autoren, die in dem ersten Jahrzehnt nach 1945 dem Begehren der jungen Österreicherin nach Distanz zum Nazismus und nach einer Erlösung aus der objektiven Verwicklung in die Geschichte folgt, hin zu einer engagierten intellektuellen Auseinandersetzung mit dem Denken und der Tradition des Judentums und mit den geschichts- und sprachphilosophischen Folgen der Shoah.[144]

Sigrid Weigel weist auf eine Szene im *Franza*-Fragment hin, in der Bachmann ein „verkehrte[s] Verzeihen [...]“ thematisiert[145]: „Diese Szene erzählt davon, wie Franzas Lektüre der Protokolle der Nürnberger Ärzteprozesse ins Stocken gerät, als ‚der Zeuge B. an der Reihe war‘, dessen Stocken, Weinen und Entschuldigung sie darauf aufmerksam macht, dass ansonsten ‚in den ganzen Protokollen kein ‚Verzeihen Sie‘ vorgekommen war: ‚Sie konnte nicht mehr weiterlesen, vor Verstörung‘.“[146] Elke Schlinsog hat das „Verzeihen-Sie“-Motiv untersucht:

142 Walter Hacker: Nachwort eines Österreichers, S. 258. Hacker schreibt auch: „An uns liegt es, aufzustehen gegen das Unrecht, das einst begangen wurde und heute vor unseren Augen, im vollen Licht der Demokratie, in anderer Form aufs neue begangen wird.“ (Ebd., S. 260.) Zur Ehrung der Soldaten der Wehrmacht vgl. Doron Rabinovici: „Die meisten Kriegsdenkmäler in Österreich sind den Toten des ersten und zweiten Weltkrieges zugleich gewidmet. Die ‚Helden‘ sind auf jeden Fall für das ‚Vaterland‘ gefallen, wobei die Inschrift zwischen Österreich und Deutschland, zwischen Monarchie, Republik und NS-Reich nicht unterscheidet. Mehr noch, die Soldaten der Wehrmacht werden sakral geehrt. [...] Die Kriegsdenkmäler im ganzen Land verkünden, hier liege, wer für die Heimat gefallen wäre. Von welcher Heimat ist denn die Rede? Von der österreichischen oder von einer großdeutschen? Weshalb wird solch ein Grabspruch geduldet? Seit dem Jahre 2000 heißt es wieder, Österreich wäre nichts als das erste Opfer Hitlers gewesen.“ (Rabinovici: Tracht und Zwietracht, S. 132–134.)

143 Ebd., S. 142.

144 Sigrid Weigel: Korrespondenzen und Konstellationen. Zum postalischen Prinzip biographischer Darstellungen. In: Christian Klein (Hrsg.): *Grundlagen der Biographik: Theorie und Praxis des biographischen Schreibens.* Stuttgart / Weimar: Metzler 2002, S. 41–54, hier S. 54.

145 Ebd., S. 53.

146 Ebd.

> Bachmanns frühe Textstufen zum *Buch Franza*, die im Zuge ihrer Lektüre der Dokumentationen von Alexander Mitscherlich und Francois Bayle über den Nürnberger Ärzteprozess entstehen, erweisen sich als unentbehrlicher Fundus für das Bemühen der Autorin, dem Stoff Auschwitz darstellerisch gerecht zu werden. Ihre sprach- und darstellungskritischen Einsichten und Verfremdungen erreichen im Verlauf der Textstufen höchstes Niveau. Die Genese des Motivs führt weg vom dokumentarischen Zitat und wird an der Aussage eines jüdischen KZ-Häftlings deutlich, der während der Gerichtsverhandlung im Nürnberger Prozess vor seinen Richtern ins Stocken gerät. „Verzeihen Sie, daß ich weine", bricht der Protokollbericht des Zeugen ab, der über die 1943 in Auschwitz durchgeführten Röntgenstrahlen- und Kastrationsversuche informiert. Diese unter der Aktennummer „Doc.NO.819" dokumentierte Zeugenaussage wird von Bachmann aufgegriffen und in verschiedenen Varianten fiktionalisiert. „Verzeihen Sie" wird zum zentralen Motiv in Bachmanns zweitem *Todesarten*-Roman, dass sich leitmotivisch durch die drei Kapitel zieht.[147]

1994 hat bereits Irène Heidelberger-Leonard auf diese Szene aufmerksam gemacht, die sie mit den Worten kommentiert: „So weit ist es tatsächlich gekommen im Nachkriegsdeutschland und Nachkriegsösterreich, daß die Opfer ihre Täter um Vergebung bitten."[148] Heidelberger-Leonard zählt aber Malina zu den Vertretern der „mörderische[n] männlichen Instanzen"[149]: Malina gleiche „einem Raubtier" („animal").[150] Wegen der negativen Namensdeutung oder in Unkenntnis der zeitgeschichtlichen Bedeutung wurde bislang das Motiv des „verkehrten Verzeihens" in der *Malina*-Rezeption nicht wahrgenommen. Als das Ich absichtlich gegen Malina stößt, entschuldigt sich Malina bei dem Ich (S. 17): „Darauf fand ich keine Antwort, denn das hatte noch nie jemand zu mir gesagt, und ich war nicht sicher, ob er mich um Verzeihung bat oder mir verzieh […]" (S. 17).[151] Neben der Verzeihungs-Szene (S. 17) und dem letzten Satz im Buch *Malina*: „Es war Mord" (S. 338) ist die Chiffre „Malina" ein aussagekräftiger Beleg für die intellektuell-emphatische Auseinandersetzung Bachmanns mit dem Holocaust, dessen Ursachen, Vorgeschichte und Nachwirkungen. Auch für *Malina* gilt, was Schmidt-Dengler für Bachmanns Erzählung *Unter Mördern und Irren* (1956/57) feststellt: „Dieser Text ist für sich genommen ein handfestes und auch einigermaßen durchschaubares Stück Kritik an der Form der österreichischen Vergangenheitsbewältigung, einer Form, die uns ja bis heute zu denken gibt."[152]

147 Schlinsog: *Berliner Zufälle*, S. 211.

148 Irène Heidelberger-Leonard: Ingeborg Bachmanns *Todesarten-Zyklus* und das Thema Auschwitz. In: Pichl / Stillmark (Hrsg.): *Kritische Wege der Landnahme*, S. 113–124, hier S. 118.

149 Ebd., S. 121.

150 Ebd.

151 Dass die Betroffenen um Verzeihung baten, ist eine Tatsache. Während des Murer-Prozesses erzählte Towa Rajzman, Murer habe ihre Schwester erschossen, „weil sie ein Stück Brot von einer Polin angenommen hatte […]. Als Frau Rajzman diese Szene heraufbeschwor, überkam sie die Erinnerung so sehr, daß sie zu schreien begann. ‚Schreien Sie nicht im Gerichtssaal!' sagte der Gerichtsvorsitzende, Hofrat Dr. Peyer. Verzeihen Sie mir, Herr Rat, bat Frau Rajzman. ‚Aber es war schrecklich. Das Blut meiner Schwester lief über meine Füße.'" (Zit. n. Wiesenthal: *Doch die Mörder leben*, S. 98–99.)

152 Schmidt-Dengler: *Bruchlinien*, S. 243. Siehe zu der Vergangenheits-„Bewältigung" in Österreich Rabinovici: Tracht und Zwietracht, S. 134–135: „Die These, Österreich wäre nichts als das erste Opfer gewesen, diente in den vierziger Jahren als Parole im Kampf gegen das ‚Dritte Reich'; ermöglichte 1945 eine Abkehr vom Nationalsozialismus. Doch was damals im Einklang mit den Alliierten entstand und ein Bekenntnis vor

3.2 Das „Ich“ und sein „Vater“ – „Opfer“ und „Täter“?

Frances Trollope beschrieb 1836 den Allerheiligentag, den 2. November in Wien. Alle Kirchen seien an diesem Tag „schwarz behangen“ gewesen, eine „düstere Traurigkeit“ war „allumfassend“, Menschenmassen begaben sich zu den Friedhöfen. Ihr fiel das merkwürdige Verhältnis der Wiener Bevölkerung zum „Vater“ auf:

> Im Mittelpunkt des allgemeinen Interesses steht aber die kaiserliche Gruft im Kapuzinerkloster, denn hier liegt die kaiserliche Familie von Österreich begraben. [...] Alt und Jung, Reich und Arm drängt sich ans Grab ihres gemeinsamen Vaters; weder Geschlecht noch Alter oder Stand wurden in diesem beispiellosen Gemisch allgemeiner Rührung beachtet, und ich bin überzeugt, dass von der ganzen Menschenmenge, die sich in dieser düsteren Gruft drängte, wir allein das Licht der Fackeln, welche das Dunkel erhellten, als bloße Zuschauer nützten. Wir sahen, wie sich Tränen über manche männliche Wange stahlen, die an Weinen kaum gewohnt zu sein schien; wir hörten Seufzer, die aus Herzen voll Schmerz und Liebe kamen, am Grab eines vor fast zwei Jahren Verstorbenen, und dieser eine war ein Kaiser! Zwischen ihm und dem Volke, das jetzt noch um ihn weinte, muss ein viel engeres Band bestanden haben, als wir es in unserem Lande der Freiheit begreifen können. Wir brachten den heutigen Abend in einer Gesellschaft zu, wo ich gegenüber mehreren Personen erwähnte, wie sehr mich die tiefe Rührung, deren Zeuge ich in der kaiserlichen Gruft gewesen, überrascht habe. Die Antwort aller war gleich: „Hätten Sie den Kaiser gekannt, so würde es Sie nicht in Erstaunen versetzen.“ – „Würde es Sie überraschen“, fragte eine Dame, „wenn Kinder um ihren Vater weinen? Unser Kaiser war für uns mehr als ein Vater.“ Dies alles ist mir so neu und fremdartig, dass es mir vorkommt, als wäre ich auf einen anderen Planeten versetzt.[153]

Im Roman *Die Kapuzinergruft* (1938) schildert Joseph Roth den Untergang des Kaisertums mit all seinen „Vätern“:

> Die Kapuzinergruft, wo meine Kaiser liegen, begraben in steinernen Särgen, war geschlossen. Der Bruder Kapuziner kam mir entgegen und fragte: „Was wünschen Sie?“ „Ich will den Sarg meines Kaisers Franz Joseph besuchen“, erwiderte ich. „Gott segne Sie!“ sagte der Bruder, und er schlug das Kreuz über mich. „Gott erhalte ...!“ rief ich. „Pst!“ sagte der Bruder. Wohin soll ich, ich jetzt, ein Trotta?... [154]

Das Ende der Kaiser wird zur Chance für das Hakenkreuz.[155]

> Nach zehn Minuten aber kam der Cafetier Adolf Feldmann hinter seiner Theke hervor, im Überrock und einen steifen Hut auf dem Kopf, und sagte mir: „Herr Baron, wir nehmen Abschied für immer. Wenn wir uns einmal irgendwo in der Welt wiedersehen sollten, werden wir einander erkennen. Morgen kommen Sie bestimmt nicht mehr her. Wegen der neuen deutschen Volksregierung nämlich. Gehen Sie heim, oder gedenken Sie hier sitzen zu bleiben?“
> „Ich bleibe hier, wie alle Nächte“, antwortete ich.
> „Dann leben Sie wohl, Herr Baron! Ich lösche die Lampen aus! Hier sind zwei Kerzen!“

aller Welt gegen den Nazismus war, ist längst zur schieren Schutzbehauptung verkommen, um die Schuld an den Massenverbrechen nach Deutschland zu exportieren. Was im März 1938 geschah, kann gewiß verschieden interpretiert werden, doch der Rückzug auf den rein völkerrechtlichen Standpunkt, der die Besetzung Österreichs betont, zieht nach sich, daß der Nationalsozialismus nicht als Teil der österreichischen Geschichte erörtert wird.“

153 Trollope: *Ein Winter in der Kaiserstadt*, S. 130–132.

154 Joseph Roth: Die Kapuzinergruft [1938]. In: Ders. *Werke*, Bd. 6, S. 225–346, hier S. 346.

155 Ebd., S. 344.

> Und damit zündete er zwei bleiche Kerzen an, und ehe ich mir noch von meinem Eindruck, er hätte mir Totenkerzen angezündet, eine Rechenschaft geben konnte, waren alle Lichter im Café erloschen, und blaß, mit einem schwarzen, steifen Hut auf dem Kopf, ein Totengräber eher als der joviale, silberbärtige Jude Adolf Feldmann, übergab er mir ein wuchtiges Hakenkreuz aus Blei und sagte: „Für alle Fälle, Herr Baron! Bleiben Sie ruhig bei Ihrem Schnaps […].“[156]

Die Bereitschaft, einen vermeintlichen „Vater“ oder einen „Padre“ zu verehren, bleibt auch nach dem Untergang der „Väter“ bestehen. Von den „Apostolischen Kaiser[n]“ (S. 196) bis hin zu den massenmörderischen Diktatoren des 20. Jahrhunderts jubelte man immer wieder einem „Vater“ zu. Nicht nur Adolf Hitler,[157] auch der Massenmörder Stalin, in dessen „Eispalast“ (S. 208) Millionen von Menschen umgekommen sind, stilisierte sich gerne zum „Vater“,[158] und der Zar – das „Väterchen“ („batjuschka“, wie er genannt wurde) – diente ihm zum Vorbild:

> Der Vater ist mehr als der politische Führer. Ihm kann man vorbehaltlos Vertrauen entgegenbringen, ihn kann man lieben. Stalin knüpfte damit an alte russische Traditionen an. […] Dieses Element nahm Stalin auf und straffte es zugleich zum „Vater“ (russ. Otjez). Otjez ist auch die russische Anrede für den Priester, so dass sich hier zwei Traditionen verbinden.[159]

Bachmanns Vaterfigur repräsentiert, wie Andrea Kresimon resümiert, eine Gesellschaft mit „faschistische[r] Grundstruktur“.[160] In *Malina* hinterfragt Bachmann die fragwürdig konstruierte Opferposition Österreichs und deckt dessen kaschierte Täteranteile auf. Aus diesem Grund setzt sie provokativ das Personalpronomen „Ich“ ein. Dieses Ich kommt dazu noch aus Klagenfurt, der Geburtsstadt Bachmanns. Nach Sigrid Weigel lässt sich die Beziehung des Ich zum autoritären „‚Vater‘ nicht einfach als Zerstörung des Weiblichen in der herrschenden symbolischen Ordnung“ interpretieren, sondern „muß spezifischer als Hörigkeitsverhältnis gedeutet werden“.[161] Das österreichische Ich ist nicht nur eine Ermordete,[162] nicht nur ein Opfer des fiktiven „Vaters“, sondern auch eine Täterin, die dem brutalen „Vater“ bei Bedarf zur Seite steht. Eigentlich will das Ich aus Klagenfurt Malina vergessen (S. 294). Mit dem Melanie-Aspekt beschreibt Bachmann den ausbleibenden weiblichen Widerstand:

> Mein Vater schlägt auf Melanie ein, dann, weil ein großer Hund warnend zu bellen anfängt, schlägt er diesen Hund, der sich voller Ergebenheit prügeln läßt. So haben meine Mutter und ich uns prügeln lassen, ich weiß, daß der Hund meine Mutter ist, ganz Ergebenheit. […] Ich denke, der Hund habe keine Ahnung, daß er meinen Vater nur ein wenig ins Bein beißen müsse, damit die Prügelei ein Ende hat, aber der Hund heult leise und beißt nicht. Danach unterhält sich mein Vater befriedigt mit mir,

156 Roth: Die Kapuzinergruft, S. 344.

157 Über Hitler als „Vater“ siehe Marcel Atze: *„Unser Hitler“: Der Hitler-Mythos im Spiegel der deutschsprachigen Literatur nach 1945.* Göttingen: Wallstein 2003, S. 174–192.

158 Rosalinde Sartorti: „Als Kind habe ich Stalin gesehen“. Stalin und seine Repräsentationen. In: Hans-Jörg Czech / Nikola Doll (Hrsg.): *Kunst und Propaganda im Streit der Nationen 1930–1945.* Dresden: Sandstein 2007, S. 172–181, hier S. 174.

159 Ebd.

160 Kresimon: *Ingeborg Bachmann und der Film*, S. 219.

161 Siehe Weigel: *Ingeborg Bachmann*, S. 541.

162 Bachmann: *Wir müssen*, S. 93.

> es hat ihn erleichtert, zuschlagen zu können, aber ich bin noch immer bedrückt, ich versuche ihm zu erklären, wie krank er mich gemacht hat [...]. Mein Vater ist in der besten Laune, nur versteht er den Zusammenhang nicht, weder mit der Prügelei, noch mit seinen Handlungen und meinem Wunsch, ihm das endlich alles zu sagen, es bleibt nutzlos, sinnlos, aber die Atmosphäre ist nicht gespannt, eher gut und heiter zwischen uns, denn jetzt will er doch den Vorhang zuziehen und mit mir schlafen, damit Melanie uns nicht sieht, die noch wimmernd dort liegt, aber, wie immer, nichts verstanden hat. (S. 188–189)[163]

Die Geliebte des „Vaters", Melanie, ist dem „Vater" bedingungslos verfallen. Der „Vater" verspricht Melanie, der kleinen „Bärin" des große[n] „Bär[en]", „eine Ekstase" (S. 210). Deswegen ist Melanie mit den grausamen Aktionen des „Vaters" einverstanden: „Die Leute von der Straße und die Wiener Gesellschaft jubeln: So was sieht man nicht alle Tage!" (S. 210) Erst spät und unter dem Druck Malinas, dessen Eliminierung misslungen ist, erfolgt die Kriegserklärung des Ich an den „Vater" (S. 235). Es ist gezwungen, eine Kehrtwende zu machen. Das Ich gibt am Ende seiner Träumereien zu, dass der „Vater" keinesfalls sein „Vater" ist: „Malina: Warum hast du immer gesagt: mein Vater? Ich: Habe ich das wirklich gesagt? Wie konnte ich das nur sagen? Ich habe es doch nicht sagen wollen [...]." (S. 235) Bachmann führt ein subtiles Gaunerspiel vor – mit Demütigung, Entlarvung und Kapitulation einer Falschspielerin, die ihre Kollaboration als Pflichterfüllung rechtfertigt:

> Meine Mutter und meine Schwester haben einen internationalen Parlamentär zu mir geschickt, sie wollen wissen, ob ich ‚nach' diesem Vorfall bereit wäre, mit meinem Vater die Beziehungen weiterzuführen. Ich sage dem Zwischenträger: Um nichts in der Welt! Der Mann, der ein alter Freund von mir sein muß, ist konsterniert deswegen und meint, das sei aber schade. Er findet meinen Standpunkt zu hart. Nachher gehe ich von meiner Mutter und meiner Schwester, die stumm und hilflos herumstehen, weg in das Nebenzimmer, um selbst mit meinem Vater darüber zu sprechen. Obwohl ich unbeugsam denke, unbeugsam urteile, mein ganzer Körper unbeugsam geworden ist, werde ich die Vorstellung nicht los, daß ich meine Pflicht tun müsse, ich werde wieder mit ihm schlafen, mit den zusammengebissenen Zähnen, dem unbewegten Körper. Er soll aber wissen, daß ich es nur den anderen zuliebe tue und damit kein internationales Aufsehen erregt wird. (S. 211)

In Bachmanns *Malina* überlappen sich die doppelten „Väter"-Traditionen. Pflichtbewusst besucht das Ich die Predigten seines „Vaters", der der „größte Sonntagsprediger weit und breit" (S. 189) ist:

> Am Ende verflucht er immer etwas oder jemand, damit seine Predigt an Kraft gewinnt, und er verflucht schon wieder, heute verflucht er meine Mutter und mich, er verflucht sein Geschlecht und mein Geschlecht, und ich gehe zu dem Weihwasserbecken der Katholiken und benetze meine Stirn, im Namen des Vaters, ich gehe hinaus, bevor die Predigt zu Ende ist. (S. 189–190)

163 Zu diesem Themenkomplex siehe Wutzlhofer: „Man muss schauen", S. 122–123: „Meine Großmutter war ebenso gegen Hitler wie ihre spätere Schwiegermutter: Denn wer gegen die Kirche war, konnte ja nichts Gutes bringen. Doch nach dem ‚Anschluss' fügten sie sich. Die Männer würden schon wissen, was sie taten, und Widerspruch wäre nicht geduldet worden. Obwohl beide selbständige Frauen waren, [...] war es für sie die natürlichste Sache der Welt, keine eigene Meinung zu haben. Die Männer wussten, was richtig und falsch war, und der Krieg war unausweichlich. Die Frauen mussten das Regime von daheim aus so gut wie möglich unterstützen, denn immerhin kämpften ihre Männer dafür."

Lucas Cejpek und Margret Kreidl meinen, das Ich habe sich das kulturelle Angebot der Passionsgeschichte angeeignet und agiere als Magdalena:

> Margret Kreidl blättert zurück: Das ist eine Passionsgeschichte von Anfang an: „[...] denn ich werde siegen in diesem Zeichen." [...]
> Lucas Cejpek: Ja, und gleichzeitig macht sie die Magdalena – wenn wir schon bei der Bibel sind.
> Margret Kreidl lacht: Das ist mir wirklich zuviel, dieses Opfer. Und die christlichen Bilder...
> Lucas Cejpek: Der Traumvater weist auf die Verbindung mit Gottvater hin!
> Margret Kreidl: Der ist ja auch Gottvater![164]

Das Ich hört nicht auf, sich „im Namen des Vaters" (S. 190) die Stirn zu benetzen, auch wenn der „Vater", der „größte Sonntagsprediger" (S. 189), es verflucht. Bachmann zeigt, dass das weibliche Ich am Kulturbetrieb seines „Vaters" aktiv teilnimmt. Das Ich ist bereit, die Opern-Aufführungen und alle anderen Vorstellungen durch seine Beteiligung und Mitarbeit zu retten, selbst wenn es danach mit „gebrochenem Genick zwischen den verlassenen Pulten und Stühlen" liegt (S. 188). Es spielt in den Stücken seines „Vaters" mit, besetzt den männlich inszenierten „weiblichen" Part (S. 187), will aber mit der Zeit nicht mehr erkannt werden, damit die eigene Mitarbeit verdeckt bleibt. Es will den eigenen Täteranteil am „Mordschauplatz" verschleiern: „Ich habe auch schon wieder klein beigegeben, denn mein Vater möchte ein paar Sequenzen mit mir drehen, er beteuert, ich werde nicht zu erkennen sein, er hat den besten Maskenbildner." (S. 198) Der „Vater" hält sich – wie immer – nicht an die Abmachung (S. 198): Das Ich wird ungeschminkt gefilmt und verliert die Beherrschung (S. 198). Alle Konsequenzen seiner Tobsucht werden auf den „Vater" abgewälzt: „Es treiben immer mehr Menschenleiber auf uns zu, die herausgefischt werden, auch tote. [...] Ich habe damit nichts zu tun, es war eine Fahrlässigkeit meines Vaters." (S. 199) Das Ich arbeitet zunächst gegen Malina und unterstützt den „Vater" (S. 204–205). Es führt Malina mit seinen penetranten „Vater"-Beteuerungen „hinters Licht":

> Ich: Sagen wir, ich mache mir da eine Vorstellung.
> Machst du dir denn keine?
> Malina: Willst du ausweichen, willst du schlau sein?
> Ich: Vielleicht. Ich möchte auch dich einmal hinters Licht führen. Sag mir eines. Warum bist du draufgekommen, daß mein Vater nicht mein Vater ist. (S. 178)

Die Ausdrücke – „Herr von Malina", „Euer Gnaden", „Magnifizenz", „Eure Herrlichkeit und Allmächtigkeit", „Euer Ehren!" (S. 332) – stehen in seinem Wortschatz auf Abruf parat. Es kann die Frage des „Vaters", der wissen will, an welchem Datum Columbus Amerika erreicht habe, „rasch und richtig" beantworten (S. 197). Sein Wissensstand über Malina ist jedoch dürftig, den muss es sich selber aufbereiten. Dieses aufbereitete Wissen wird die Konfiguration Malina-Ich verändern: „(fortissimo) Tausch mich meinetwegen um, tauschen wir ab, Euer Ehren! (tutto il clavicembalo)." (S. 332) Das Ich hält die eigenen kämpferischen Malina-Anteile lange nieder, anstatt seine symbiotische Beziehung zu diesem brutalen und eingebildeten „Vater"

164 Kreidl / Cejpek: „Malina" im Salzkammergut, S. 136.

abzubrechen (S. 204). Nach dem Versuch des „Vaters", Malina zu erschlagen, verkehrt das Ich noch immer mit dem „Vater" und vertuscht den Mordversuch (S. 204–205). Malina läutet Alarm, was ihm vom Ich verboten wird (S. 203–204). Das kranke, symbiotische Verhältnis des Ich zum „Vater" ist „stärker als ich und meine Liebe zu Malina, ich werde weiter leugnen [...]." (S. 204) Pflichtbewusst werden die Spuren des Mordversuchs vom Ich verwischt. Sigrid Weigel deutet dies als einen Verschleierungsversuch, damit die inzestuöse Beziehung des Ich zum „Vater" nicht aufgedeckt wird.[165] Das Spurenverwischen soll meiner Ansicht nach den Mordversuch an Malina vertuschen, und nicht den vermeintlichen „Inzest". Die nationalsozialistische „Blutschande" zielt auf die Eliminierung Malinas ab:

> [...] ich habe heute nacht Malina verloren und Malina hätte aufs Haar heute nacht sterben müssen, wir beide, Malina und ich, aber es ist stärker als ich und meine Liebe zu Malina, ich werde weiter leugnen, im Haus brennt Licht, mein Vater ist auf dem Boden eingeschlafen, inmitten der Verwüstung, alles ist zerstört, verwüstet, ich lege mich neben meinen Vater, in die Verwüstung, denn hier ist mein Platz, neben ihm, der schlaff und traurig und alt schläft. [...] ich krieche auf einen fremden Mann zu, dem die Erde an den Händen klebt. Wie bin ich hierhergeraten, wie in seine Macht, in wessen Macht? Mir kommt in meiner Erschöpfung ein Verdacht, aber der Verdacht ist zu groß, ich schlage den Verdacht sofort nieder, es darf nicht ein fremder Mann sein, es darf nicht vergeblich und nie ein Betrug gewesen sein. Es darf nicht wahr sein. (S. 204–205)

Die Mordanschlag-Episode (S. 203–204) wird zweimal und jedes Mal anders präsentiert (S. 205–208). Welche Schilderung „halbwegs wahr" (S. 205) sein könnte, bleibt offen. Malina lehnt jedoch die zweite Version ab (S. 205–208) und erklärt sie für einen Traum (S. 208). Das Ich will den Mordversuch an Malina nicht eingestehen:

> Die Polizei fährt wirklich wieder weg, Malina kommt zurück, er sagt eindringlich, ich habe verstanden, das kommt von ihm da oben geflogen, er hat mich nur um ein Haar verfehlt, du kommst jetzt mit mir, oder wir sehen einander nie wieder, das muß ein Ende haben. Aber ich flüstere, ich kann nicht mitkommen, laß es mich nur noch einmal versuchen, ich will ihn beruhigen, er hat es getan, weil du geläutet hast, ich muß sofort zurück. Bitte nicht mehr läuten! Versteh doch, wir sehen einander wieder, sagt Malina, aber nicht, eh das ein Ende hat, denn er hat mich töten wollen. (S. 204)

Das Ich bezeichnet den Verkehr mit dem „Vater" als „Blutschande" und reproduziert damit nach Sigrid Weigel einen Begriff aus dem nationalsozialistischen Wortschatz: „Indem nämlich die sexuelle Beziehung zum Vater mehrfach – in der Sprache der Nazis – als ‚Blutschande' bezeichnet wird, wird sie als Phänomen einer Kontinuität zum Faschismus profiliert [...]."[166] Christina von Braun zufolge bedeutet „Blutschande" für AntisemitInnen den Verkehr mit dem als „fremd" konstruierten jüdischen Part, den man zu identifizieren, zu definieren, auszusondern und als „unrein" abzuspalten trachtete, damit die „Erlösung" gewiß sei.[167] Möglicherweise symbolisiert Malina gerade diesen „unreinen" Part, dessen Abspaltung misslungen ist. Cornelia

165 Weigel: *Ingeborg Bachmann*, S. 543.

166 Ebd., S. 541.

167 Vgl. Christina von Braun: Antisemitische Stereotype und Sexualphantasien. In: Jüdisches Museum der Stadt Wien (Hrsg.): *Die Macht der Bilder: Antisemitische Vorurteile und Mythen.* Wien: Picus 1995, S. 180–191.

Schmitz-Berning zufolge wurde das Wort „Blutschande" vor allem von Alfred Rosenberg und Adolph Hitler benutzt.[168] Es wurde eingesetzt, um Wiens Vielfalt zu zerstören. Mit der nationalsozialistischen Vorstellung von „Blutschande" attackierte Hitler das heterogene Milieu der Stadt Wien:

> Widerwärtig war mir das Rassenkonglomerat, das die Reichshauptstadt Wien zeigte, widerwärtig dieses ganze Völkergemisch von Tschechen und Polen, Ungarn, Ruthenen, Serben und Kroaten usw., zwischen allem aber als ewiger Spaltpilz der Menschheit – Juden und wieder Juden. Mir erschien die Riesenstadt als die Verkörperung der Blutschande.[169]

Frances Trollope hob bereits 1836 die Heterogenität auf den Straßen Wiens als ein Charakteristikum der Stadt hervor: „Vielleicht am merkwürdigsten ist aber für einen Fremden die bunte Verschiedenartigkeit der Menschenmenge, die Wiens Straßen bevölkert. Juden, Türken, Griechen, Armenier, Kroaten, alle in ihren Nationaltrachten und mit allen den ihrem Volke eigentümlichen Zügen, Sitten und Beschäftigungen durchstreifen alle Stadtviertel und geben ihr das Aussehen eines ungeheuren Marktes."[170] Das Leben vieler WienerInnen wurde im 20. Jahrhundert zugunsten einer nachträglich ersonnenen Vorstellung ihrer vermeintlichen „Fremdheit" und „Nicht-Zugehörigkeit" zerstört. Aber man musste nicht Nationalsozialist sein, um schon gegen das Wort „mischen" starke Vorbehalte zu hegen und seine Eliminierung anzustreben.[171] Dennoch gab es Ansätze, die ‚Mischungen' aufzuwerten versuchten: „Denn nicht alle Menschen denken so über Mischlinge wie ich."[172] In der *Frankfurter Zeitung* erschien am 14. September 1927 eine Geschichte von Joseph Roth mit dem Titel *Sentimentale Reportage* über einen „Fox" mit den „Ohren eines Jagdhundes".[173] Der falsche „Fox", eine „schlechte Rasse", ist kein „Abkömmling reiner Rassen (die auch durch Mischungen entstanden sind)" und wird wegen seiner nicht vorhandenen Rasse, die nicht in Geld verwertbar ist, beseitigt[174]: „Was war eine ‚Sentimentalität'? War die Reue über den Verrat an einem Menschen selbstverständlich und die über den Verrat an einem Hund ‚sentimental'?"[175] In *Malina* setzt Bachmann den

168 Cornelia Schmitz-Berning: *Vokabular des Nationalsozialismus.* 2., durchges. u. überarb. Auflage. Berlin: De Gruyter 2007, S. 120.

169 Ebd.

170 Trollope: *Ein Winter in der Kaiserstadt*, S. 97.

171 Fritz Mauthner erinnert sich, dass das Wort „mischen" bei seinem Vater in Ungnade gefallen war. Siehe Mauthner: *Erinnerungen*, Bd. 1, S. 33: „Er verachtete und bekämpfte unerbittlich jeden leisen Anklang an Kuchelböhmisch oder an Mauscheldeutsch und bemühte sich mit unzureichenden Mitteln, uns eine reine, übertrieben puristische hochdeutsche Sprache zu lehren. So erinnere ich mich, daß er mir gegenüber einmal das Wort m i s c h e n als ein vermeintliches Wort der ihm verhaßten Judensprache heftig tadelte, man müßte gut deutsch dafür m e l i e r e n sagen […]."

172 Joseph Roth: Sentimentale Reportage [1927]. In: Ders.: *Werke*, Bd. 2: Das journalistische Werk 1924–1928, hrsg. u. mit einem Nachwort v. Klaus Westermann. Köln: Kiepenheuer & Witsch 1990, S. 756–761, hier S. 757.

173 Ebd., S. 756.

174 Ebd., S. 756–757.

175 Ebd.

Namen der Schriftstellerin Frances Trollope unsentimental als Katzennamen ein und durchkreuzt Grenzziehungen: „Frances ist nicht siamesisch und nicht persianisch, nur eine zierliche gestreifte, mitteleuropäische Hinterhofkatze, nach Wien zuständig, von keiner Rasse […].“ (S. 117) Aus den europäischen Hinterhöfen stammt neben der Katze Frances auch das Wort „Malina“. Mit dem europäischen Erbe der vagabundierenden Hinterhofkatzen und dem Jargonwort „Malina“ – beide sind „von keiner Rasse“ – konterkariert Bachmann die ehemals von den VertreterInnen einer eingebildeten „höheren Rasse“ entworfenen literarischen Szenarien der „pseudomystische[n] Stickluft von Blut und Boden“.[176] Das Wort „Malina“ – ein schlagfertiges Wort von „keiner Rasse“ – hat Bachmann dafür ausgesucht.

3.3 Totenhaus Österreich: Von der „Wiederkehr der Drachen“

Das wichtigste Merkmal des Ich aus Klagenfurt ist, wie im „Steckbrief“ angegeben (S. 10), sein echter „Österreichischer Paß, ausgestellt vom Innenministerium. Beglaubigter Staatsbürgerschaftsnachweis.“ Das Ich ist in Klagenfurt geboren, hat blondes Haar und wohnt in der Ungargasse 6, Wien. Dieses Ich ist Bachmanns Lackmuspapier, auf dem die ‚Krankheiten‘ der damaligen Zeit abzulesen sind:

> Und haben Sie nicht versucht mir vorzuwerfen, daß ich mich isoliere auf diese Ungargasse, auf diese zwei Personen? Aber für mich ist das keine Isolation. Denn, was meint man eigentlich damit, die ganze Gesellschaft beschreiben, die Bewußtseinslage in einer Zeit? Das heißt doch nicht, daß man die Sätze nachspricht, die diese Gesellschaft spricht, sondern sie muß sich anders zeigen. Und sie muß sich radikal anders zeigen, denn sonst wird man nie wissen, was unsere Zeit war. Und die Krankheit der Welt, und die Krankheit dieser Person [des Ich – S. B.], ist die Krankheit unserer Zeit.[177]

Es gibt für Bachmann Orte, die „nach Krankheit und Tod riech[en]“, wie die Stadt Berlin und darin der Ortsteil Plötzensee.[178] In der Hinrichtungsstätte Plötzensee sperrte man die Gefangenen vor ihrem Tod in ein sogenanntes „Totenhaus“.[179] Im Gedicht *Früher Mittag* bezeichnet Bachmann Deutschland als „Totenhaus“:

176 Ingeborg Bachmann: Fragen und Scheinfragen. In: Dies.: *Werke*, Bd. 4, S. 182–199, hier S. 196–197.

177 Bachmann: *Wir müssen*, S. 68.

178 Bachmann: [Witold Gombrowicz]. In: Dies.: *Werke*, Bd. 4, S. 326–330, hier S. 326. Vgl. auch: „Versandet und verwachsen sind die alten Villen, sinken immer tiefer ein in den Gärten. Am Knie der Koenigsallee fallen, jetzt ganz gedämpft, die Schüsse auf Rathenau. In Plötzensee wird gehenkt.“ (Ingeborg Bachmann: Ein Ort für Zufälle: Rede zur Verleihung des Georg-Büchner-Preises. In: Dies.: *Werke*, Bd. 4, S. 278–293, hier S. 287–288.)

179 Vgl. Hinrichtungen in Plötzensee 1933–1945. http://www.gedenkstaette-ploetzensee.de/02_dt.html (Zugriff am 11.08.2014). „Alles was in Berlin zum Tode verurteilt wurde, kam zu uns nach Plötzensee in das Haus 4, wo sie zur Hinrichtung fertiggemacht wurden.“ (Martin Greiling: *Im Totenhaus zu Plötzensee: Tatsachenbericht.* Kassel: Zahnwetzer 1946, S. 23.) Bereits 1919 schrieb Harry Graf Kessler, dass das „Totenhaus“ Plötzensee Dostojewskis „Totenhaus“ an Grausamkeit übertroffen habe. Kessler schrieb in seinem Tagebuch am 21. März 1919: „Früh rief mich Wieland Herzfelde an und teilte mir mit, daß er frei sei. Später besuchte er mich. Er ist etwa acht Tage in Moabit und Plötzensee gewesen. Seine Schilderungen aus den Gefängnissen sind so furchtbar, daß mir schlecht wurde vor Ekel und Empörung. Dostojewskis ‚Totenhaus‘ ist übertroffen. Die Mißhandlungen der Gefangenen vom Ins-Gesicht-Spucken bis zum An-die-Wand-Stellen und Totschlagen sind so allgemein, die Quälerei in Gegenwart der Offiziere so selbstverständlich, daß

> [...] Sieben Jahre später,
> in einem Totenhaus,
> trinken die Henker von gestern
> den goldenen Becher aus.
> Die Augen täten dir sinken. [...]
> Wo Deutschlands Erde den Himmel schwärzt,
> sucht die Wolke nach Worten und füllt den Krater mit
> Schweigen,
> eh sie der Sommer im schütteren Regen vernimmt.
> Das Unsägliche geht, leise gesagt, übers Land:
> schon ist Mittag.[180]

Nach Peter Beicken bleibt in diesem Gedicht Österreich ungenannt, verschont wird es aber nicht.[181] Als ‚kranker' Ort figuriert in *Malina* die Ungargasse in Wien. Bei Bachmann symbolisiert jene Gasse das fröhliche Operetten-Österreich mit „den Zigeunerbaronen und den Csárdásfürstinnen, die ihre Champagnergläser mittags auf die Gasse hinknallen und sogar vor und nach unseren Haustoren."[182] Gefeiert wird die neue österreichisch-ungarische Union: „Mein herrliches Land, nicht kaiserlich-königlich, ohne die Stephanskrone und ohne die Krone des Heiligen Römischen Reichs, mein Land in seiner neuen Union [...]." (S. 49) Stephanie Bird schreibt über diese neue österreichisch-ungarische Ich-Ivan-Union:

> As an Austrian woman, her affair with the Hungarian Ivan represents a miniature reconstruction of the Austo-Hungarian bond, and her 'Ungargassenland' is for her the geographical reminder that Hungary and Austria belong together. The narrator's gaze is turned away from the major world players in Washington, Berlin and Moscow, since it is in the idealized relationship with Ivan, the historical connection with the Magyar, that she finds affirmation of herself; her assertion that she can 'live in Ivan' thus reflects her identification with an idealized imperial past and the concomitant reluctance to analyze the reality of its failures.
> The narrator's increasing dependence on Ivan, her narcissism and her concern with her own feelings of devastation all complement and indeed enhance her status as victim. The post-war Austrian flight into myths of victimhood, which so easily combined with the reactionary dreams of the 'K und K' era, is starkly thematized in *Malina*, as it was in *Das Buch Franza,* through the narrator's willing self-alignment with Jewish Holocaust victims.[183]

In diesem österreichischen „Ungargassenland" werden Washington, Moskau und Berlin nicht ernst genommen (S. 27). Das sind „bloß vorlaute Orte, die versuchen, sich wichtig zu machen." (S. 27) Österreich „ist aus der Geschichte ausgetreten".[184] Die österreichische Märchenstunde beginnt an einem Wiener Schaufenster:

Wielands Glaube an ein einstudiertes Lynchen, mit Instruktionsstunde, wo es gelehrt wird, fast vernünftig scheint." (Harry (Graf) Kessler: *Tagebücher 1918–1937*, hrsg. v. Wolfgang Pfeiffer-Belli. Berlin / Darmstadt / Wien: Deutsche Buch-Gemeinschaft 1961, S. 159.) In der *Malina*-Forschung wurde bislang nur auf die Dostojewski-Referenz hingewiesen. Zur Dostojewski-Referenz siehe Eberhardt: *„Es gibt für mich keine Zitate"*, S. 585.

180 Ingeborg Bachmann: Früher Mittag. In: Dies.: *Werke*, Bd. 1, S. 44–45.

181 Beicken: *Ingeborg Bachmann*, 2001, S. 47.

182 Bachmann: *„Todesarten"-Projekt*, Bd. 3.1, S. 72.

183 Stephanie Bird: *Women Writers and National Identity: Bachmann, Duden, Özdamar.* Cambridge: Cambridge University Press 2003, S. 88.

184 Bachmann: *Wir müssen*, S. 80.

> In meinem Ungargassenland nimmt niemand sie [Washington, Moskau und Berlin – S. B.] ernst oder man lächelt über solche Aufdringlichkeiten wie über die Kundgebungen ehrgeiziger Emporkömmlinge, sie können nie mehr hineinwirken in mein Leben, mit dem ich in ein anderes hineingelaufen bin, auf der Landstraßer Hauptstraße, vor diesem Blumengeschäft, dessen Namen ich noch herausfinden muß, und stehengeblieben bin ich im Laufen nur, weil im Fenster ein Strauß Türkenbund stand, rot und siebenmal röter als rot, nie gesehen, und vor dem Fenster stand Ivan, weiter weiß ich nichts mehr [...]. (S. 27)

Für das österreichische Ich ist der Ungar Ivan der „Leuchter"' (S. 196) und der Heiler: „Aber weil Ivan mich zu heilen anfängt, kann es nicht mehr ganz schlimm sein auf Erden." (S. 32) Ivans „Wiedererscheinen" soll die Untaten der faschistischen „Unzeit" heilen, die nach Heimito von Doderer „kaum existiert hatte".[185] Doch dieses Operetten-Österreich mit seinen Csárdásfürstinnen aus dem imaginären Ungarn, „in dem die Menschen goldene Schuh und Augen anhaben",[186] hat eigene Mörder hervorgebracht. Sie kamen aus unserem berühmten europäischen „Operettenland eben, das mit allen seinen Operettenfiguren ein Opfer geworden war."[187] Viel Aufmerksamkeit wurde in den Nachkriegsjahren dem Design eines österreichischen Nationalbewusstseins geschenkt. Nach Jean Améry liebäugelte der österreichische Patriotismus, der sich in der Nachkriegszeit naiv gab, mit der „Rückbesinnung" auf die Kochkunst.[188] Die Thematisierung des Kochens ist bei Bachmann politisch: Das österreichische Ich tut naiv und will die „gute alte Zeit mit ihrem Schweinefett" mischen mit der „vernünftigen neuen Zeit":

> Das Fleisch habe ich in gleichmäßige Stücke geschnitten, Zwiebel feingehackt, Rosenpaprika bereitgestellt, denn heute gibt es Pörkölt und vorher noch Eier in Senfsauce, ich überlege mir, ob nachher Marillenknödel nicht doch zu viel sind, vielleicht lieber nur Obst, aber wenn Ivan in der Silvesternacht in Wien sein sollte, dann will ich Krambambuli ausprobieren, wozu man den Zucker brennen soll, schon meine Mutter hat es nicht mehr getan. Aus den Kochbüchern errate ich, was mir nicht mehr oder doch noch zugänglich ist, was Ivan gern haben könnte, nur ist mir zuviel vom Abliegen, vom Abtreiben, vom Rühren, vom Kneten die Rede, von der Ober- und Unterhitze, von der ich nicht weiß, wie sie in meinem elektrischen Herd aufkommen soll und ob die Ziffer 200 an dem Schalter des Backrohrs anwendbar ist auf meine Rezepte ALT ÖSTERREICH BITTET ZU TISCH oder aus KLEINE UNGARISCHE KÜCHE, und so versuche ich, Ivan einfach zu überraschen, der den hundertsten Rostbraten, Lungenbraten oder Tafelspitz und die ewigen Palatschinken im Restaurant zum Verzweifeln findet. Ich koche ihm, was nicht auf den Speisekarten steht, und ich rätsle daran herum, wie ich die gute alte Zeit mit ihrem Schweinefett und ihrem süßen und sauren Rahm mischen kann mit der vernünftigen neuen Zeit, in der es Joghurt gibt, Salatblätter mit Öl und Zitrone beträufelt, in der die vitaminreichen Gemüse dominieren [...]. Ivan ahnt nicht, daß ich schon am Morgen herumlaufe

185 Andrew Barker: Tiefe der Zeit, Untiefen der Jahre. Heimito von Doderers „österreichische Idee" und die „Athener Rede". In: Kai Luehrs (Hrsg.): *„Excentrische Einsätze": Studien und Essays zum Werk Heimito von Doderers.* Berlin / New York: De Gruyter 1998, S. 263–272, hier S. 266. Siehe hierzu auch ebd.: „In einer Rede, die er am 18. September 1952 in Berlin hielt, scheute Doderer nicht davor zurück, die zwölfjährige Herrschaft der Nationalsozialisten als eine Periode zu bezeichnen, die kaum existiert hatte; er kennzeichnete sie als eine ‚Unzeit' [...]."

186 Bachmann: *„Todesarten"-Projekt,* Bd. 3.1, S. 72.

187 Ingeborg Bachmann: Drei Wege zum See. In: Dies.: *Simultan: Erzählungen.* München / Zürich: Piper 1991, S. 119–211, hier S. 152.

188 Jean Améry: Aspekte des Österreichischen. In: Manfred Wagner (Hrsg.): *Im Brennpunkt: ein Österreich.* Wien: Europa-Verlag 1976, S. 9–18, hier S. 15.

> und empört frage, warum gibt es jetzt kein Kerbelkraut, wo gibt es Estragon und wann Basilikum, da es befohlen wird von den Rezepten. Beim Gemüsehändler liegt immer nur Petersil und Lauch herum, der Fischhändler hat schon seit Jahren keine Bachforellen mehr bekommen, und so streue ich auf gut Glück das wenige, das zu bekommen ist, auf das Fleisch und das Gemüse. Ich hoffe, daß der Zwiebelgeruch nicht an meinen Händen bleibt, ich laufe immer wieder ins Bad, um mir die Hände zu waschen, um mit dem Parfüm die Geruchsspuren zu tilgen und um mich zu kämmen. Ivan darf nur ein Ergebnis sehen [...]. (S. 81–82)

Die intensive Beschäftigung des Ich mit „ALT ÖSTERREICH BITTET ZU TISCH" (S. 81) offenbart, dass die von ‚nationalen' Rezepten befohlenen Zutaten nicht zu bekommen sind, um „die gute alte Zeit mit ihrem Schweinefett" in der „vernünftigen neuen Zeit" als „die gute alte Zeit" nachträglich herzustellen. Jean Améry war ein Verehrer Bachmanns. Sie war für ihn unter allen österreichischen Schriftstellern „mit übernationale[r] Geltung" – wie Peter Handke, Thomas Bernhard und Ernst Jandl – „wohl die größte".[189] Améry legte seinen Todestag auf den ihren.[190] Über Österreich schrieb er:

> Ich war dabei, als 1938 die Mannen Hitlers und der widrige Kerl selber in Österreich mit einem Jubel empfangen wurden, der zu einer Tage, ja Wochen währenden zügellosen Festivität ausartete. Ich war nicht dabei, als 1945 die Russen einrückten und durch puren Zufall Karl Renner, der schließlich 1938 auch ein Ja-Sager gewesen war, zum Staatschef erhoben. Ich war nicht dabei, als Österreich sich klein machte und unscheinbar, klägliches und zum Beklagen einladendes erstes Opfer der Eroberungszüge Hitlers.[191]

Als politisch engagierte Schriftstellerin hat Bachmann sich mit der ansteckenden „Krankheit" auseinandergesetzt, zu deren Symptomen der „Gedächtnisverlust" und die operettenreifen Opfer-Inszenierungen zählten.[192] Bachmann wollte mit ihrer Poesie „an den Schlaf der Menschen rühren"[193]: „Wir schlafen ja, sind Schläfer, aus Furcht, uns und unsere Welt wahrnehmen zu müssen."[194] Sie lehnte es ab, sich „der vorgefundenen Sprache, also der Phrasen" zu bedienen.[195] Hendrix vertritt die Ansicht, Bachmann habe „eine ganz eigene Poetologie" entwickelt, mit der sie sich „gegen das Schweigen der Eltern-, das heißt der Tätergeneration" stellen konnte.[196] Zu

189 Améry: Aspekte, S. 9.

190 Sara Lennox: Literarische Rezeption. In: Albrecht / Göttsche (Hrsg.): *Bachmann-Handbuch*, S. 35–41, hier S. 36.

191 Améry: Aspekte, S. 14–15.

192 Vgl. hierzu auch Schleith: *Zur Genese der Erzählinstanz*, S. 85–87.

193 Bachmann: Fragen und Scheinfragen, S. 197.

194 Ebd., S. 198.

195 Bachmann: *Wir müssen*, S. 84. Leena Eilittä argumentiert, das Trauma des Holocaust könne nicht in der Gerichtssprache artikuliert werden. Sie schreibt: „She [Shoshana Felman – S. B.] maintains that such court reports as those that were made in Eichmann's trial in 1961, cannot be articulated in legal language." (Eilittä: *Ingeborg Bachmann's Utopia*, S. 110.) Das Wort „Malina" gehört nicht zu der „legal language", deshalb greift Bachmann es auf. Die *Malina*-Rezeption hat bislang dieses Wort nicht gebraucht, sondern sich der „legal language" bedient. In der Holocaust-Forschung ist der Umgang mit diesem Wort ambivalent. Auch der Eichmann-Prozess bezeugt dies.

196 Hendrix: *Ingeborg Bachmanns „Todesarten"-Zyklus*, S. 207.

dieser „Poetologie" muss die Chiffre „Malina" gezählt werden, mit der Bachmann die Gauner-Qualitäten der Nachkriegsgesellschaft entlarvt hat.

3.4 Die Chiffre „Ungargassenland"

Gábor Kèrékes hat auf das fiktionale Ungarnmotiv in *Malina* hingewiesen: In *Malina* sei „trotz aller Details keine auf Ungarn fokussierte Ungarndarstellung oder Ungarnbeschäftigung" zu finden, sondern „Ungarn, besonders durch die Formulierung des ‚Ungargassenlandes'" sei „zu einem Symbol, einer Chiffre, einem Bestandteil von Bachmanns Idealvorstellungen einer friedlichen Sphäre" geworden, die „sie auch als ‚Haus Österreich' bezeichnet […]."[197] Es stimmt, dass das „Ungargassenland" eine Chiffre ist, aber keineswegs kann sie zu Bachmanns „Idealvorstellungen" gezählt werden. Die Chiffre „Malina" konterkariert das „Ungargassenland". Schon während ihres Philosophiestudiums fragte Bachmann: „Ist aber die Wiederanknüpfung an frühere Zeiten über einen tiefen nihilistischen Abgrund gestattet?"[198] Kèrékes arbeitet heraus, dass Bachmanns ungarische Akzentsetzung „das Maß an Nichtwissen" des Ungarischen deutlich mache.[199] Vielleicht setzt Bachmann die Akzente absichtlich falsch, da es sich um ein Gaunerspiel handelt, es geht nicht um das ‚real existierende' Ungarn, sondern um eine Re-Zitation von Legenden, die Bachmann subversiv überschreitet und vereitelt. In *„Unser Hitler"* weist Marcel Atze auf die machtpolitische „Ausbeutung" der Jesus-Figur hin, die auch das Ich in *Malina* mit seinem anachronischen Ungarn-Ivan-Kult betreibt:

> Es gehörte zum Machtkalkül, das mythische Potential der Jesus-Figur auszubeuten. So wurden nicht nur die kanonisierten Stationen der Vita okkupiert, sondern vor allem am Pult des Redners nahm Hitler unübersehbar einen Heilsbringer-Gestus an, ja in den oratorischen Akten kam er wohl seinen messianischen Ansprüchen am nächsten: Redner-Mythem und Erlöser-Mythem stehen mithin in enger Verbindung. […] Zur wohlberechneten Identifikation mit der biblischen Gestalt gehörte es, nicht mit Vokabeln wie Heiland und Apostel sowie religiösen Motiven zu sparen, die als rhetorische Mittel eingesetzt wurden. Die von Hitler mündlich unter die Leute gebrachte Vision einer NS-Heilslehre erhielt vehementen Verkündigungscharakter, ja der Ort der Rede wurde für viele zur Andachtsstätte. Seine Reden schloß er häufig mit der liturgischen Formel Amen, wodurch sich der blasphemische Rhetor noch obendrein zum Segensspender aufschwang.[200]

Ivan ist für das österreichische Ich der „Wiedererstandene", der lebt, „früher einmal gelebt" hat, und er „lebt noch." (S. 196) Ivan ist eine Doppel- bzw. eine Dreifachfigur, die vor mehr als zweitausend Jahren in einer Legende erstmals zum Vorschein kam.[201] „Er ist es!" (S. 196) verkündet das Ich in Bachmanns Fußwaschungsszene (S. 196–197).

197 Gábor Kèrékes: Ungarn in Ingeborg Bachmanns Roman „Malina". In: Benay (Hrsg.): *„Und wir werden frei sein, freier als je von jeder Freiheit…"*, S. 63–76, hier S. 75.

198 Zit. n. Höller: *Ingeborg Bachmann*, S. 65.

199 Kèrékes: Ungarn in Ingeborg Bachmanns Roman „Malina", S. 75.

200 Atze: *„Unser Hitler"*, S. 270–271.

201 Zu der Doppel- oder Dreifachfigur siehe Bachmann: *Wir müssen*, S. 88. Die Zeitangabe stammt von ebd.

Als Regierungs- und Theaterregisseur verfügt sein „Vater" über viele Masken (S. 232, 234): „[…] er wechselt in einem fort die Kostüme […]." (S. 234) Eine der Masken, mit denen der „Vater" auftritt, ist der „wiedergekommene" Ivan, dessen negative Anteile dem brutalen „Vater", der einer „Bad Bank" gleicht, angelastet werden.[202] Bachmanns Fußwaschungsszene symbolisiert die Abspaltung des ‚gesäuberten' Ivan von dem „Vater".[203] In der Fußwaschungsszene ahmt das Ich die Funktion der Apostolischen Kaiser nach, um „an einem Tag im Jahr" (S. 196), am Gründonnerstag vor der Auferstehungs-Vorstellung seinem auserwählten ungarischen „Leuchter" (S. 196), die Füße zu säubern.[204] Der „Vater" spricht Klartext: „[…] Deine Füße sind ja völlig verdreckt […]. Ich sage lächelnd: Meine Füße sind gewaschen, ich hoffe, daß alle so reine Füße haben." (S. 197) Das österreichische Ich versucht mit dem neu wiederbelebten imperialistisch-reaktionären Österreich-Ungarn-Mythos seiner dreckigen Anteile zu entledigen. Dreckige Füße bedeuten eine erpresste Unterordnung unter die Gesetzesgewalt des „Vaters": Dreckige Füße waren ein Strafbestand in den Konzentrationslagern.[205] Bachmanns österreichisches Ich hat keine dreckigen Füße. Es geht um seinen Hals, der steckt im Dreck.

Das Ich verfasst neben Kriminalgeschichten, auch Mythen und Legenden. Der Legende nach wird Ivan mehr als zwanzig Jahrhunderte später wiederkommen (S. 68). Die wunderbare „Auferstehungs"-Vorstellung des Ich und Ivan soll in einem Film mit „reißenden Bilderfolgen" vorgeführt werden. In „Glücklich mit Ivan" wird ein „Exsultate-Jubilate"-Szenario für einen Film präsentiert:

202 Vgl. hierzu Robert Steiger: *Malina: Versuch einer Interpretation des Romans von Ingeborg Bachmann*. Heidelberg: Winter 1978, S. 139.

203 Vgl. die Deutung dieser Szene bei Lücke: „Die Christus-Parallele zeigt erneut, daß die Ich-Figur in der nicht-versklavten Liebe die Erfüllung ihres ‚Selbst' sieht, und Ivan rein wäscht, sein falsches Wesen abwäscht. Dazu muß sie zuerst durch die staubige ‚Wüste' der Vater-Welt gehen. […] Es ist also nicht die gemeinsame ‚Naturverbundenheit', durch die Ivan und das Ich die schmutzigen Füße haben, sondern ihr gemeinsamer Weg durch die patriarchalische ‚Wüste', der sie schmutzig gemacht hat." (Lücke: *Ingeborg Bachmann*, S. 93.)

204 Frances Trollope beschreibt die Fußwaschung 1837 als „prächtige[s] Schauspiel". (Trollope: *Ein Winter in der Kaiserstadt*, S. 239.) Trollope lässt durchblicken, dass die für die Fußwaschung „auserwählten" Greisinnen hungrig waren (siehe ebd., S. 237). Die Kaiserin benahm sich ‚leinwandreif': „Kaum begann aber der Priester die Worte des Evangeliums zu sprechen, schien sich ihre Seele in sich selbst zurückzuziehen, ihre Lippen bewegten sich im Gebet, und obschon keinerlei äußerliche Gebärde auf ihre Andacht hinwies, lag doch in ihrer Person etwas, das einem Maler, der nicht das Märtyrertum, wohl aber die Seelenandacht einer Heiligen darzustellen suchte, sehr geholfen hätte. Nach diesen Vorbereitungen näherte sie sich der ersten Greisin in der Reihe, kniete nieder, tauchte das Handtuch etwas in Wasser, berührte den Fuß damit, trocknete ihn ab, neigte dann tief ihr kaiserliches Haupt und küsste ihn." (Ebd., S. 238.)

205 Max Kaufmann berichtet über die Fußkontrollen im KZ Kaiserwald (Lettland): „Manchmal gab es eine Fußkontrolle. Saubere Füße zu haben war allerdings sehr schwer. Wie sollten Füße, die mit zerrissenen Schuhen oder Holzpantoffeln bekleidet waren und ständig im Kot herumlaufen mußten, sauber sein? Auf jeden Fall, wenn schmutzige Füße entdeckt wurden, gab es dafür nur eins: Schläge auf das nackte Hinterteil." (Kaufmann: *Churbn Lettland*, S. 337.)

> […] der noch nie gelaufen ist, aber in dem ich jetzt Wunder über Wunder sehe, weil er den Titel hat MIT IVAN DURCH WIEN FAHREN, weil er den Titel hat GLÜCKLICH, GLÜCKLICH MIT IVAN und GLÜCKLICH IN WIEN, WIEN GLÜCKLICH, und diese reißenden Bilderfolgen, die mich schwindlig machen, hören auch nicht auf, wenn scharf gebremst wird, warme Luftschwaden mit dem Benzingestank durch das offene Fenster kommen, GLÜCKLICH, GLÜCKLICH, es heißt glücklich, es muß glücklich heißen […]. (S. 58)

Bachmanns „Auferstehungs"-Szenen parodieren den *„Anschluß an die Tiefe der Zeiten"*, die „Wiederverknüpfung mit der eigenen *wahren* Vergangenheit"[206] bzw. den Nachkriegskonstrukt eines „österreichischen Mythos" von der „Wiederkehr Österreichs", von der *„Wiederkehr der Drachen"*.[207] Die Überschrift des ersten Kapitels in *Malina* ist also der Filmtitel eines ekstatischen Films, dessen Inhalt der „erstandene" Ungar Ivan ist. Im „Ungargassenland" des österreichischen Ich sind legendäre Zeiten voll Märchen und Mythen angebrochen: *„Eines Tages ritten die ungarischen Husaren aus der Pußta herauf, aus dem weiten, ins Unerforschte reichenden Hungarien. Sie brachen mit ihren wilden asiatischen Pferden herein, die so schnell waren wie der Rappe der Prinzessin, und alles fürchtete sich sehr."* (S. 62) Die sogenannte „Ringstraßengesellschaft" bemühte sich um die „Rückkehr der Drachen."[208] Zu dieser „Ringstraßengesellschaft" gehört auch das österreichische Ich aus Klagenfurt. In einem fiktiven österreichisch-ungarischen „Abenteuerfilm" rasen das Ich und Ivan durch den Wiener Ring. Das Radio wird laut aufgedreht:

> Während wir schnell auf die Stadt zufahren, über die Reichsbrücke und den Praterstern, dreht Ivan das Radio laut auf im Auto, seine Kommentare zu den Manövern der anderen Autofahrer sind trotzdem nicht zu überhören, aber wenn Musik aus dem Radio und das Schnellfahren, das schnelle Abbremsen, Wiederanfahren, ein Gefühl vom großen Abenteuer in mir hervorruft, verändern sich für mich die bekannten Gegenden und Straßen, durch die wir fahren. Ich halte mich mit den Händen fest an den Haltegriffen, und so angeklammert würde ich gerne singen im Auto, wenn ich eine Stimme hätte, oder ihm sagen, schneller, noch schneller, ich lasse furchtlos die Haltegriffe los und lege die Arme hinter meinen Kopf zurück, ich strahle den Franz-Josefs-Kai und den Donaukanal und den Schottenring an, denn Ivan macht aus Übermut eine Rundfahrt um die Innere Stadt, ich hoffe, daß wir noch lange über den Ring brauchen, in den wir einbiegen jetzt, wir kommen ins Stocken, zwängen uns durch, haben zur Rechten die Universität, in die ich gegangen bin, aber sie steht nicht mehr da wie damals, nicht mehr bedrückend, und das Burgtheater, das Rathaus, das Parlament sind von einer Musik unterschwemmt, die aus dem Radio kommt, das soll nie aufhören, noch lange dauern, einen Film lang, der noch nie gelaufen ist […]. (S. 58)

Die Musik zu den Filmbildern, zu den „Wunschbildern"[209] der aufgezählten Filme, die noch nie gelaufen sind, kommt aus dem Radio, weil das auferstandene Ich noch keine Stimme hat (S. 58). Es würde singen wollen, weil „Ivan erstanden ist" (S. 60) und nun durch Wien rast (S. 58). Überschwänglich feiert es auch sein eigenes Auferstehungswunder, überschwänglich umjubelt das Ich Ivan:

206 Die österreichische Mythenbildung wurde von Heimito von Doderer angestoßen. Vgl. Barker: Tiefe der Zeit, Untiefen der Jahre, S. 266.

207 Ebd., S. 264.

208 Ebd., S. 268, Anm. 2.

209 Zu den illusionären „Wunschbildern" des Ich vgl. auch Kresimon: *Ingeborg Bachmann und der Film*, S. 70–72.

> […]
> Qu'il fait bon dormir
> Sag schon, du mußt es heute sagen
> Qu'il fait bon, fait bon
> Daß ich auferstanden bin
> Weil ich den Winter überlebt
> Weil ich also so glücklich
> Weil ich den Stadtpark schon seh
> Fait bon, fait bon
> Weil Ivan erstanden ist
> Weil Ivan und ich
> Qu'il fait bon dormir!
> […]
> Wenn Ivan es will, baue ich eine Freudenmauer um ganz Wien herum, wo die alten Basteien waren und wo die Ringstraße ist, und meinetwegen auch eine Glücksmauer um den häßlichen Gürtel von Wien. Jeden Tag könnten wir dann an diese neuen Mauern gehen und uns ausschütten vor Freude und Glück, denn es heißt glücklich, wir sind glücklich. (S. 59–60)

Das weibliche Ich wünscht, dieser musikalisch untermalte audio-visuelle Zustand des Bilderrausches möge noch lange dauern, „einen Film lang, der noch nie gelaufen ist." (S. 58) Katja Lange-Müller spricht von einer „Zombie-Phase", die das Ich in seiner Hoffnung auf „Wiederbelebung" und „Heilung" durch Ivan durchläuft.[210] Sie deutet die Wand in *Malina* als Projektionsfläche bunter „Liebesfilmbilder", die allmählich versiegen.[211] Im Kapitel „Von letzten Dingen" finden die „reißenden Bilderfolgen" (S. 58) angesichts des erstarkten Malina schließlich ein Ende.

4. Verstrickungen in der NS-Sprache: „Rückkehr" ins atemerfüllte Wort

Bärbel Lücke ist der Ansicht, dass Ingeborg Bachmann mit religiösen Tabus gebrochen und Tabuisiertes umgedeutet habe.[212] Sie interpretiert Ivan als das neue „Wort", den neuen „Namen", den neuen „Logos".[213] Andrea Kresimon hat in Gedichtentwürfen Bachmanns und in ihrer Auseinandersetzung mit dem Phänomen der Wand eine „Absage an den christlichen Erlösungsglauben" festgestellt.[214] Annette Klaubert bemerkt: „Bibelzitate finden sich häufig im Zusammenhang mit Ivan […]. Barmherzigkeit oder Mitleid oder der Wunsch zu helfen, ist vielleicht Ivans hervorstechendste positive Eigenschaft."[215] Die nationalsozialistischen Implikationen der Ivan-Figur werden in der Rezeption nicht angesprochen. Das Ich hätte Ivan auch als Russen inszenieren können, dann aber wäre er 1945 „erst dreizehn Jahre alt gewesen und ⟨hätte⟩ sich kaum zur Heldenfigur ⟨machen⟩ lassen."[216] Der Ivan aus Pécs-Fünfkirchen, aus

210 Lange-Müller: Es gibt nicht Krieg und Frieden.

211 Ebd.

212 Lücke: *Ingeborg Bachmann*, S. 94.

213 Ebd., S. 82.

214 Kresimon: *Ingeborg Bachmann und der Film*, S. 143.

215 Klaubert: *Symbolische Strukturen*, S. 103.

216 Bachmann: *„Todesarten"-Projekt*, Bd. 3.1, S. 121.

einem „herrliche[n] Ungarn“, einem „Ungarn“, das das Ich zu den Sternen hinauftragen will,[217] ist demgegenüber eine himmlische Erscheinung, die die Buchstaben wieder grün zu machen gedenkt und „aus allen Vokalen die erstickte Musik“ öffnen will, um „die Probleme zu erlösen“.[218] Diese „himmlische Erscheinung“ leitet bemerkenswerte „Heilungsvorgänge“ ein (S. 29–30). Ivan verleiht dem Ich sein „Fleisch“ (S. 35).

> […] und allein dafür müßte ich Ivan die höchsten Auszeichnungen verleihen und die allerhöchste dafür, daß er mich wiederentdeckt und auf mich stößt, wie ich einmal war, auf meine frühesten Schichten, mein verschüttetes Ich freilegt, und seligsprechen werde ich ihn für alle seine Begabungen, für welche aber, für welche? […]
> Endlich gehe ich auch in meinem Fleisch herum, mit dem Körper, der mir durch eine Verachtung fremd geworden ist, ich fühle, wie alles sich wendet inwendig, wie die Muskeln sich aus der steten Verkrampfung lösen, ihr glattgestreiftes, ihr quergestreiftes System sich lockern, wie die beiden Nervensysteme gleichzeitig konvertiert werden, denn es findet nichts deutlicher statt als diese Konversion, ein Wiedergutmachungsprozeß, eine Läuterung, der lebendige Beweis, der faktische, der auch meßbar und bezeichenbar wäre, mit den neusten Instrumenten einer Metaphysik. (S. 35–36)

Das Ich aus Klagenfurt will verschüttet gewesen sein (S. 35, 297), als ob es ein archäologischer Fund wäre, im Keller, in der Erde verborgen, ein Fund, der von Ivan „ausgegraben“ und zur „Wiedererstehung“ animiert werden muss. Ivan ist sein „Held“, der vor mehr als zweitausend Jahren gekommen ist,[219] „um die Konsonanten wieder fest und faßlich zu machen, um die Vokale wieder zu öffnen, damit sie voll tönen“ (S. 31), damit dem Ich „die Worte wieder über die Lippen kommen“ (S. 31) und auf seine Netzhaut lichte Bilder geschoben werden können (S. 31–32). Das Ich erhofft von der ‚Droge‘ Ivan eine Amnesie des Gedächtnisses.[220] Die „Injektionen von Wirklichkeit“, die Ivan verteilt, machen das Ich glücklich (S. 44). Die von Ivan initiierte „Auferstehung“ verspricht Gedächtnisverlust, Namensschwund und einen halbdementen Zustand: „[…] ich werde meine Vergangenheit vergessen […].“[221] In dem Kapitel „Der dritte Mann“ ist die „Auferstehung“ der „Töchter“ mit dem Titel „WENN WIR TOTEN ERWACHEN“ versehen:

> Ein Fenster geht auf, draußen liegt ein finsteres, wolkiges Land und ein See darin, der immer kleiner wird. Um den See herum liegt ein Friedhof, die Gräber sind genau zu erkennen, die Erde tut sich über den Gräbern auf, und für einen Augenblick stehen mit wehenden Haaren die gestorbenen Töchter auf […]. (S. 218)

Die „Auferstehungs“-Vorstellung in der Regie des „Vaters“ ist ‚unglücklich‘. Die „wahre Auferstehung“ initiiert Ivan. Somit kann die „Auferstehungs“-Vorstellung bewahrt werden. Nach Steiger ist Ivan im „Vater“ versteckt.[222] Der „Vater“ sei eine

217 Ebd., S. 72.

218 Ebd., S. 158.

219 Bachmann: *Wir müssen*, S. 88.

220 Bachmann: *„Todesarten“-Projekt*, Bd. 3.1, S. 72.

221 Ebd.

222 Steiger: *Malina*, S. 144.

„verschlüsselte Verkörperung Ivans".[223] Wenn der „Vater" Ivans versteckter Anteil ist, wird mit Ivan nicht nur der „Vater"-Mythos errettet, sondern auch die getarnten Anteile des faschistischen Prinzips. Der gesamte Ivan-Kontext ist faschistisch kontaminiert und wird zugleich als plakativ christlich codiert. Obwohl biblische Motive bei Bachmann präsent sind, sei nach Kresimon in der Forschung mit „spürbarer Vorsicht" auf die „kritisch-distanzierte Haltung Bachmanns zum christlichen Glauben und auf die säkularisierte Verwendung biblischer Themen" hingewiesen worden.[224] In der *Malina*-Rezeption wird bislang der Missbrauch christlicher „Auferstehungs"- und „Erlösungs"-Rhetorik innerhalb der nationalsozialistischen Propaganda nicht thematisiert. Wie Marcel Atze in seiner Studie *„Unser Hitler"* gezeigt hat, berief sich Hitler „nicht selten auf Christus den Erlöser".[225] In *Malina* führt Bachmann die faschistische Unterwanderung christlicher Themen vor. Die „Öffnung der Vokale" gehört zur Erlösungshoffnung des weiblichen Ich. Der märchenhaft zimtene Geruch des „Wiedergekommenen" ist für das Ich der einzige Geruch „zum Aufatmen" (S. 318). Christina von Braun zufolge beruft sich die christliche Religion auf „eine mündliche Verkündigung, auf das *gesprochene* Wort"[226] – es handle sich um einen Versuch, den ‚Exodus' aus der Oralität rückgängig zu machen.[227] Dieses Vorhaben griffen die Nationalsozialisten auf: Hitler beschwor die „Zauberkraft des gesprochenen Wortes".[228] Für die Verkündung ihrer Botschaften setzten die Nationalsozialisten zur Massenbeschallung die damals neuen „pneumatischen" Medien[229] des Rundfunks und die „Pilzlautsprecher" ein.[230] Ihre „wesenlose Körperlichkeit" war gefragt.[231] Das „faschistische Radio in Nazi-Deutschland" und sein „psychotische[r] Diskurs" konnten nach Wolfgang Hagen „auf einer diskursiven Tendenz eines Techno-Okkultismus und

223 Steiger: *Malina*, S. 144.

224 Ebd.

225 Atze: *„Unser Hitler"*, S. 269–279.

226 Christina von Braun: Einleitung. In: Dies. / Eva-Maria Ziege (Hrsg.): *Das ‚bewegliche' Vorurteil: Aspekte des internationalen Antisemitismus.* Würzburg: Königshausen & Neumann 2004, S. 11–42, hier S. 22.

227 Ebd.

228 Klaus Roß: *Sprecherziehung statt Rhetorik: Der Weg zur rhetorischen Kommunikation.* Opladen: Westdeutscher Verlag 1994, S. 93.

229 Über das Missverstehen des Elektromagnetismus und über die daraus resultierenden spiritistischen und okkultischen Vorstellungen siehe Wolfgang Hagen: *Das Radio: Zur Geschichte und Theorie des Hörfunks – Deutschland / USA.* München: Fink 2005, S. 136–137.

230 Vgl. Cornelia Epping-Jäger: „Eine einzige jubelnde Stimme." Zur Etablierung des Dispositivs Laut/Sprecher in der politischen Kommunikation des Nationalsozialismus. In: Dies. / Erika Linz: *Medien / Stimmen.* Köln: DuMont 2003, S. 100–123, hier S. 117. Vgl. auch Ralf Gerhard Ehlert: 1934: Telefunken-Pilzlautsprecher zur Massenbeschallung. http://www.medienstimmen.de/chronik/1931-1935/1934-telefunken-pilzlautsprecher-zur-massenbeschallung/ (Zugriff am 14.09.2014). Nach Claudia Schmölders lastet die Verantwortung für den Massenmord an den polnischen Juden „nicht nur auf Reinhard Heydrich, sondern vor allem auf Fritz Reinhardt, Gründer der NSDAP-Rednerschule." (Claudia Schmölders: Stimmen von Führern. Auditorische Szenen 1900–1945. In: Friedrich A. Kittler / Thomas H. Macho / Sigrid Weigel (Hrsg.): *Zwischen Rauschen und Offenbarung: Zur Kultur- und Mediengeschichte der Stimme.* Berlin: Akademie Verlag 2002, S. 175–195, hier S. 195.)

231 Hagen: *Das Radio*, S. 139–140.

Techno-Spiritismus" aufsetzen, die „weit in die europäische Formationsgeschichte des Mediums selbst zurückgeht".[232] Die gedruckten Buchstaben sollten „aus der Haut" fahren und schwerelos werden. Die Entstehung ‚hautloser' Bücher[233] wird als ein Freudenfest gefeiert. Als ein Freudenfest wird in *Malina* das für Ivan geplante und ihm zugedachte „Exsultate-Jubilate"-Buch inszeniert. Ivan will Bücher wie „EXSULTATE JUBILATE, damit man vor Freude aus der Haut fahren kann, du fährst doch auch oft vor Freude aus der Haut, warum also schreibst du nicht so." (S. 53)

> Ein Brausen von Worten fängt an in meinem Kopf und dann ein Leuchten, einige Silben flimmern schon auf, und aus allen Satzschachteln fliegen bunte Kommas, und die Punkte, die einmal schwarz waren, schweben aufgeblasen zu Luftballons an meine Hirndecke, denn in dem Buch, das herrlich ist und das ich also zu finden anfange, wird alles sein wie EXSULTATE JUBILATE. Wenn es dieses Buch geben sollte, und eines Tages wird es das geben müssen, wird man sich vor Freude auf den Boden werfen, bloß weil man eine Seite daraus gelesen hat, man wird einen Luftsprung tun, es wird einem geholfen sein, man liest weiter und beißt sich in die Hand, um vor Freude nicht aufschreien zu müssen, es ist kaum auszuhalten, und wenn man auf dem Fensterbrett sitzt und weiterliest, wirft man den Leuten auf der Straße Konfetti hinunter, damit sie erstaunt stehenbleiben, als wären sie in einen Karneval geraten, und man wirft Äpfel und Nüsse, Datteln und Feigen hinunter, als wäre Nikolaustag, man beugt sich, ganz schwindelfrei, aus dem Fenster und schreit: Hört nur, hört! Schaut nur, schaut! Ich habe etwas Wunderbares gelesen, darf ich es euch vorlesen, kommt näher alle, es ist zu wunderbar! (S. 54)

Bachmanns Sprachkritik in *Malina* gilt einer schwerelosen ‚Luft'-Sprache, die sich von ihrem Medienbezug lösen will und nicht kann, sondern im Gegenteil von ihm geprägt ist. Eine mächtige Mauerwand wird das Entstehen des Ivan-Buches *EXSULTATE JUBILATE* verhindern. Es wird ein anderes Buch entstehen: *Das Buch Malina*. Dafür wird das Ich aus Klagenfurt seinen „Erlöser" töten müssen (S. 305).

> [...] ich hole mir ein Aussehen vor dem Spiegel und lächle ihn pflichtschuldig an. Aber Malina sagt: (Sagt Malina etwas?) Malina sagt: Töte ihn! töte ihn! Ich sage etwas. (Aber sage ich wirklich etwas?) Ich sage: Ihn allein kann ich nicht töten, ihn allein nicht. Zu Malina sage ich scharf: Du irrst dich, er ist mein Leben, meine einzige Freude, ich kann ihn nicht töten. Aber Malina sagt unhörbar und unüberhörbar: Töte ihn! (S. 305)

Eine der Todesarten heißt – mit Malina über Ivan lachen. Dieses gemeinsame Lachen degradiert die ganzen Erlösungs- und Auferstehungsmythen:

> Heute habe ich Ivan verraten. Ich habe zum erstenmal über ihn gelacht. Es war keine Absicht dabei, ich habe mit Malina geredet, und wir haben beide gelacht.
> Über ihn und mich natürlich, aber doch auch über ihn.
> Jetzt habe ich Ivan verraten und ich werde ihn töten.
> Ich werde ihn so verkaufen, wie man mich verkauft hat, und ich gehe absichtlich an seinem Haus vorbei und sage mir, jetzt habe ich dich ⟨verraten.⟩
> Und Malina suggeriert es mir: Du willst ihn töten.
> Ich sage schwach, ja, ich will ihn töten. Ich will und ich muß ihn töten.
> Es ist unmenschlich, sage ich, und Malina sagt, es ist sehr menschlich.[234]

232 Ebd.

233 Die Thorarollen aus Leder wurden in den okkupierten Gebieten massenhaft zu Stiefelfutter verarbeitet. Vgl. Sutzkever: *Wilner getto*, S. 121.

234 Bachmann: *„Todesarten"-Projekt*, Bd. 3.1, S. 132–133.

Michael Wetzel zufolge steht der Affirmation des Atems in der griechischen Denktradition das ganze orientalische Archivwesen mit seinen Mausoleen, Bibliotheken und Museen, die aus einem Totenkult hervorgehen, entgegen.[235] Der Atem des Alphabetisierten ist in diesen „Totenkult" verstrickt, auf den Buchstaben ausgerichtet und somit medienbezogen. Die Nationalsozialisten strebten demgegenüber eine „Rückkehr" ins „Ur des Wortes" an:

> Es ist die Rückkehr ins Ur des Wortes, in seine anfängliche, noch leibgebundene, blutdurchflossene, gefühlsdurchwebte Gestalt – gegenüber der zivilisatorischen Ablösung, die auch beim Sprechen stets aus der Späte des Druckwortes zu kommen scheint. Die Grundlage des Marxismus ist ein Buch in schlechtem Papierdeutsch, Hitler dagegen bleibt auch im Papier atmender Redner und schrieb erst und nur, als er am Reden verhindert war.[236]

Bachmann geht es nicht um eine akustische „Öffnung der Vokale", „damit sie voll tönen", es geht ihr nicht um die Naturalisierung der Schrift, nicht um eine „Verköstigung" mit „Worten erster Güte":

> Soll ich
> einen Gedanken gefangennehmen,
> abführen in eine erleuchtete Satzzelle?
> Aug und Ohr verköstigen
> mit Worten erster Güte?
> erforschen die Libido eines Vokals,
> ermitteln die Liebhaberwerte unserer Konsonanten?
> […]
> (Soll doch. Sollen die andern.)
> Mein Teil, es soll verloren gehen.[237]

Das Schreiben war für Ingeborg Bachmann lebensnotwendig: „[…] ich existiere nur, wenn ich schreibe, ich bin nichts, wenn ich nicht schreibe, ich bin mir selbst vollkommen fremd, aus mir herausgefallen, wenn ich nicht schreibe."[238] Das Schreiben ist „eine seltsame, absonderliche Art zu existieren, asozial, verdammt, es ist etwas verdammt daran, und nur das Veröffentlichte, die Bücher, werden sozial […]."[239]

235 Vgl. Michael Wetzel: *Die Enden des Buches oder die Wiederkehr der Schrift: Von den literarischen zu den technischen Medien.* Weinheim: VCH, Acta Humaniora 1991, S. 3, 5.

236 Zit. n. Roß: *Sprecherziehung*, S. 94.

237 Ingeborg Bachmann: Keine Delikatessen. In: Dies.: *Letzte, unveröffentlichte Gedichte, Entwürfe und Fassungen*, hrsg. u. komm. v. Hans Höller. Frankfurt am Main: Suhrkamp 1998, S. 77 u. S. 79, hier S. 79.

238 Bachmann: [Rede], S. 294.

239 Ebd.

5. Die Gedächtnis-Wand „Malina“

5.1 Der „papierblasse“ Buchstabe

Und Glanz kehrt sich nicht an Verwesung. Unsere Gottheit,
die Geschichte, hat uns ein Grab bestellt,
aus dem es keine Auferstehung gibt.

(Ingeborg Bachmann: *Die Botschaft*)

Die Allgegenwärtigkeit des „Krankheitserregers“ zu symbolisieren, fiel in der nationalsozialistischen Propaganda, wie Karl-Heinz Göttert aufgezeigt hat, dem gedruckten Buchstaben zu, der den Weg „zurück“ in das Universum der lebendigen Stimme versperrt habe:

> Der Kampf gegen den toten Buchstaben gehört in den großen Zusammenhang der Reaktionen auf den Modernisierungsprozeß. Die Mystifizierung der Stimme, die Beschwörung des *Natürlichen* gegen das Abstrakte, die Ausspielung der Seele gegen die Logik: All dies konnte im gedruckten Buchstaben seine symbolische Verdichtung finden. Kaum irgendwo war das Apparathafte jedenfalls so allgegenwärtig wie in der Letter. Und vielleicht kann man auch hinzufügen: Auf keinem Gebiet hatte die Polemik ein[] griffigeres, ein suggestiveres Bild als das des toten Buchstabens gegenüber der lebendigen Stimme.[240]

Die nationalsozialistische „Erlösungs“-Strategie verfolgte eine „Rück“-Kehr in das „natürliche Sprechen“,[241] sie bezweckte eine „Heilung“ und „Auferstehung“ der durch den Buchstaben „beschädigten“ Sprache.[242] Das „natürliche Sprechen“ gehörte zum Kernfach nationalsozialistischer Erziehung.[243] Die „Wiedererstehung“ der Vokalität stand in der Tradition einer Mystifizierung der Stimme und des Sprechens, deren pseudoreligiöse Züge in der nationalsozialistischen Rednerkunst gipfelten.[244] Der gedruckte Buchstabe soll die Lebendigkeit der Stimme konterkariert haben.[245] Die Sprache leide am Papier, an einer „Entblutung der Wortkörper ins Papierblasse“.[246]

240 Karl-Heinz Göttert: Wider den toten Buchstaben: Zur Problemgeschichte eines Topos. In: Kittler / Macho / Weigel (Hrsg.): *Zwischen Rauschen und Offenbarung*, S. 93–113, hier S. 109–110. In seinem Buch *Verwirklichungen* moniert Alexander Wittwer medienkritische Positionen, die suggerieren, dass es eine saubere Trennung zwischen vor- bzw. außermedialer und medialer Wirklichkeit gäbe, „eine Trennung, die schon deshalb nicht möglich ist, weil sie selbst in einem Medium erfolgen müßte.“ (Alexander Wittwer: *Verwirklichungen: Eine Kritik der Medientheorie.* Rombach: Rombach Druck- und Verlagshaus 2001, S. 336.) Der tradierte dualistische Gegensatz von Atemhauch und Buchstabe wird in der Schriftkultur mit Hilfe der Medien von Alphabetisierten, deren Stimmen mit den „toten Buchstaben“ des Alphabets kontaminiert sind, hergestellt. Die Schrift, wie der Zoologe Günter Tembrock meint, hatte „einen qualitativen Umschlag zur Folge“, der mit dem Phänomen der Oralität brach. (Günter Tembrock: *Bioakustik, Musik und Sprache.* Berlin: Akademie-Verlag 1978, S. 24.)

241 Roß: *Sprecherziehung*, S. 85.

242 Ebd., S. 84–85, S. 88.

243 Ebd., S. 83–105.

244 Göttert: Wider den toten Buchstaben, S. 108–109.

245 Roß: *Sprecherziehung*, S. 92.

246 Ebd., S. 91.

Der wahnhafte Kampf um die „Zurückgewinnung" des blutdurchflossenen „Ur" des Wortes richtete sich gegen den Modernisierungsprozess,[247] der sich im Tandem mit der Medialisierung vollzog.[248] „Die Juden" galten als Unterstützer, Beförderer und Verteidiger des Buchstabens,[249] von dessen „krankhaften" Einflüssen Sprache zu „heilen" sei. Doch beklagt auch Fritz Mauthner im Zeitalter des „Luftmediums" Rundfunk das „papierene[] Deutsch":

> Der Deutsche im Innern von Böhmen, umgeben von einer tschechischen Landbevölkerung, spricht keine deutsche Mundart, spricht ein papierenes Deutsch, wenn nicht gar Ohr und Mund sich auf die slawische Aussprache eingerichtet haben. [...] Ich habe wie nur einer die Sehnsucht nach der Zugehörigkeit zu einem Dialekte empfunden; aber es fiel mir niemals ein, Wienerisch zu reden. Es gehört dazu wie zu jeder vollkommenen Beherrschung einer fremden Sprache etwas Komödienspielerei, etwas Snobismus, wofür ich keine Neigung, wahrscheinlich keine Begabung habe. Mir blieb die Sehnsucht, die sich mit Verstehen und Nicht-Sprechen-Können süddeutscher Mundarten begnügen mußte. [...] Wie ich keine rechte Muttersprache besaß, als Jude in einem zweisprachigen Lande, so hatte ich auch keine Mutterreligion, als Sohn einer völlig konfessionslosen Judenfamilie. Wie mir mit meinem Volke, dem deutschen, nicht die Werksteine ganz gemeinsam waren, die Worte, so war mir und ihm auch das Haus nicht gemeinsam, die Kirche. Mir waren nicht nur die Griechengötter tote Symbole, auch den christlichen Himmel lernte ich als totes Symbol kennen [...].[250]

In Prag galt nach Klaus Wagenbach das dort gesprochene Deutsch als eine papierene Sprache.[251] Dieses Papier-Deutsch habe Kafka sich angeeignet und von jeglichen Einflüssen der lokalen Umgebung purifiziert.[252] Er soll sich von der „Sprachmengung

247 Göttert: Wider den toten Buchstaben, S. 109.

248 Vgl. Theodor W. Adorno: *Jargon der Eigentlichkeit: Zur deutschen Ideologie.* Frankfurt am Main: Suhrkamp 1964, S. 65–66.

249 Siehe z. B. die von Habermas angeführte binäre Differenz zwischen einem „lebendigen Geist" und einem „toten Buchstaben", der den „Juden" zugeordnet wird. (Jürgen Habermas: *Der philosophische Diskurs der Moderne: Zwölf Vorlesungen.* Frankfurt am Main: Suhrkamp 1991, S. 217–218, Anm. 46.) Elliot R. Wolfson betont den bewußten Umgang mit der Schrift und dem Schreiben in den jüdischen Denktraditionen. Die Schrift wird als Schleier figuriert: „Basic to classical Jewish belief is the view that the fabric of the world and human existence is textual. Not only is language the house of being, the clearing in which Being manifests itself by pulling away from its concealedness, as Martin Heiddeger would put it, but language is the very being that is unveiled. Indeed, the unveiling itself is nothing but the time of being's becoming. Insofar as the divine language, the language of creation, is Hebrew, the language of the Jews, it follows that the latter are assigned a special role in this process of unveiling. Most specifically, the situation of the Jew is that of the writer. The Jews are a people born of the book and so too is their God. It is not insignificant that one of the essential motifs that has informed the religious imagination of Jews through the ages is the image of God who writes." (Elliot R. Wolfson: From Sealed Book to Open Text: Time, Memory, and Narrativity in Kabbalistic Hermeneutics. In: Steven Kepnes (Hrsg.): *Interpreting Judaism in a Postmodern Age.* New York / London: New York University Press 1996, S. 145–178, hier S. 146.) Auch Ingeborg Bachmann argumentiert in ihrer Dissertation gegen Heidegger. Sie behauptet: „Ja, ich sage immer, wenn ich über diese Dissertation spreche, ich habe gegen Heidegger dissertiert! Denn ich habe damals gemeint mit zweiundzwanzig Jahren, diesen Mann werde ich jetzt stürzen! [...] Und Heidegger habe ich natürlich nicht gestürzt. Aber damals war ich fest überzeugt, diese Dissertation wird er nicht überleben." In der heideggerschen Philosophie sieht Bachmann „eine Verführung eben wieder zum deutschen Irrationaldenken." (Bachmann: *Wir müssen*, S. 137.)

250 Mauthner: *Erinnerungen*, Bd. 1, S. 51–53.

251 Klaus Wagenbach: *Franz Kafka: Eine Biographie seiner Jugend 1883–1912.* Berlin: Wagenbach 2006, S. 94.

252 Ebd., S. 87.

und Sprachverderbung der Umwelt" distanziert haben[253]: „[…] seine Sprache blieb dürr, logische Konstruktion, das fleischlose Skelett eines Sprachkörpers […]."[254] Die lebendigen Anteile einer Sprache sah Mauthner in den „reinen" Mundarten,[255] die ab Mitte des 19. Jahrhunderts vor dem „Untergang" gerettet werden sollten.[256] Davon ausgenommen waren das „gemeine Kuchelböhmisch" und das „noch viel gemeinere Mauscheldeutsch": „die Mischung ganz unähnlicher Sprachen".[257] Viele SprecherInnen der „gemeinen" europäischen Mundarten wurden mundtot gemacht, ihre Mundarten erloschen:

> Pragerdeutsch, so wie Kucheldeutsch und Kuchelböhmisch werden nicht mehr gesprochen. Die Gnä'frauen, die zu ihren Marenka und Andula zu sagen pflegten: „No, ich hab' nichts gegen Ihnen, aber ze Schweinernem missen'S Kren am Obstmark holen" (Schweinernes = Schweinefleisch, Kren = Meerrettich), sind vor den Nazis geflohen, starben in den Konzentrationslagern oder wurden nach 1945 aus Prag vertrieben.[258]

Statt eine Kontamination mit dem Verpönten zu vermeiden, setzt sich Bachmann mit dem Wort „Malina", das kein „Worthappen erster Güte"[259] ist, über sprachliche Tabus hinweg und greift auf ein Wort zurück, das – mit Rilke gesprochen – „die unselige Berührung von Sprachkörpern"[260] symbolisiert. Malina steht für die unterdrückte Mündlichkeit.

5.2 Das „Malinafeld": Rehabilitierung der Schreibfläche

Bachmann nimmt in *Malina* eine Re-Artikulation (Re-Signifizierung) der nationalsozialistischen Rhetorik im Sinne einer Schwerpunktverschiebung vor. Die „Öffnung der Vokale" tragen in *Malina*, mit Judith Butler formuliert, „die Spuren jenes Verlusts in genau dem phantasmatischen Ziel der Rückeroberung, das die Vokalisierung selbst mobilisiert."[261] Butler hat den Totalitätsanspruch, die Negierung des Intervalls und die „Jagd nach der Präsenz", nach der „radikalen, ununterbrochenen Fülle" in der

253 Ebd., S. 88.

254 Ebd., S. 211, Anm. 317.

255 Mauthner: *Erinnerungen*, Bd. 1, S. 51–52.

256 Peter von Polenz: *Deutsche Sprachgeschichte vom Spätmittelalter bis zur Gegenwart*, Bd. 3: 19. und 20. Jahrhundert. Berlin / New York: De Gruyter 1999, S. 455.

257 Siehe Mauthner: *Erinnerungen*, Bd. 1, S. 33.

258 Siehe Helena Kanyar-Becker: Eine verhängnisvolle Liebe. Zur Pragerdeutschen Literatur. In: Richard Faber / Barbara Naumann (Hrsg.): *Literatur der Grenze – Theorie der Grenze*. Würzburg: Königshausen & Neumann 1995, S. 67–86, hier S. 68–69.

259 Ausdruck entlehnt von Bachmann: *Letzte, unveröffentlichte Gedichte*, S. 73.

260 Zit. n. Wagenbach: *Franz Kafka*, S. 85. Rilke schreibt: „Die unselige Berührung von Sprachkörpern, die sich gegenseitig unbekömmlich sind, hat ja in unseren Ländern dieses fortwährende Schlechtwerden der Sprachränder zur Folge, aus dem sich weiter herausstellt, daß, wer etwa in Prag aufgewachsen ist, von früh auf mit so verdorbenen Sprachabfällen unterhalten wurde, daß er später für alles Zeitigste und Zärtlichste, was ihm ist beigebracht worden, eine Abneigung, ja eine Art Scham zu entwickeln sich nicht verwehren kann." (Rainer Maria Rilke an August Sauer am 11. Januar 1914. http://www.rilke.de/briefe/110114.htm (Zugriff am 11.08.2014).)

261 Butler: *Körper*, S. 106. Es handelt sich um eine Kritik an Julia Kristeva.

feministischen Forschung kritisiert.[262] Auf bemerkenswerte Weise lässt Bachmann das „Auferstehungs"-begierige Ich, das auf ein vokales Stimmwunder hofft, in die Mauerwand hineingehen. Es wird „mit dem trockenen Mörtel im Mund"[263] lautlos in der Wand dahinsiechen. Es hat einmal von einer „siderischen" Stimme geträumt – bekommen hat es den „Mörtel im Mund".[264] Es hat eine „Würgspur am Hals."[265] (S. 28) Das Ich vermutet, „einmal in einem Gefängnis" gewesen zu sein (S. 168–169). Es kann nicht aus einer Zelle telefonieren (S. 168). Es schwitzt vor Platzangst (S. 169). Es hat Probleme mit der Atmung (S. 183, 231). Das Ich meint, Malina habe Probleme mit den Bronchien, Malina solle seine Bronchien schonen (S. 266). Doch Malina kümmert sich um die Luft und die Atmung des Ich (S. 183–184, 231). Dem Ich ist bange vor dem Versagen des Atems, vor einem totalen Stimmverlust (S. 325). Diese angstbesetzten Symptome des „auferstandenen" Ich, das um seine Stimme bangt, weisen auf seine „Gruft", auf das „Malinafeld" hin (S. 284). Die anfängliche Attraktivität für das Ich, sich mit Ivan zu verbünden, aus ihm eine kultische Figur zu machen, liegt im ersehnten und erhofften „Auferstehungswunder" der Stimme: „[...] ich rufe Ivan, aber er muß nicht kommen, muß mich nicht halten, denn mit einer Stimme, die noch nie jemand gehabt hat, mit der Sternstimme, der siderischen Stimme, erzeuge ich den Namen Ivan und seine Allgegenwart." (S. 224) Die „Wiederherstellung" des „weiblichen" Ich ist an die „Wiedererlangung" der Stimme gebunden: Es will sich hören. Eine kohärente Behauptung des „Ich" setzt anscheinend die Totalität einer „rückeroberten" Sprache voraus.[266] Das akustisch-interdependente Bündnis mit Ivan dient dem Ich als Garant seines Lebendigseins: „[...] und solange ich ihn höre und mich von ihm gehört weiß, bin ich am Leben." (S. 41) In *Malina* lässt Bachmann die „Auferstehung" dieses inferioren Ich scheitern: „Preghiamo, beten wir, beten wir für die Weiber, die inferior sind, und ich lasse also für mich beten zuhaus. Der Gedanke, daß ein Schwachkopf mich in sein Gebet einschließt, stimmt mich feierlich."[267] Bachmann unterläuft in *Malina* die nationalsozialistisch-antisemitische Gegenüberstellung des papierenen Buchstabens versus lebendige Stimme.[268] Inmitten eines hochtechnisierten medialen Milieus vollzieht sich nach der totalen Euphorie der endgültige Zusammenbruch des Ivan-„Freudenfestes": „Immerhin haben wir uns ein paar erste

262 Butler: *Das Unbehagen*, S. 175.

263 Zit n. Jens Brachmann: *Enteignetes Material: Zitathaftigkeit und narrative Umsetzung in Ingeborg Bachmanns „Malina"*. Wiesbaden: Deutscher Universitätsverlag 1999, S. 198. Das vollständige Zitat findet sich ebd.

264 Ebd.

265 Sybille Krämer zufolge handelt es sich bei der Spur um eine Markierung, die einen Schwund anzeigt, der „zum Zeitpunkt der gegenwärtigen Situation tatsächlich *vorbeigegangen* und insofern unwiderruflich verschwunden und abwesend ist." Die Spur zeugt von einem Zeitenbruch, von einer Abwesenheit. Die Spuren zeigen „das aktuale Vergangensein einer ehemals realen Gegenwart an." (Sybille Krämer: Was kommt nach den Zeichen? Ein Essay über die Spur. In: John Michael Krois / Norbert Meuter (Hrsg.): *Kulturelle Existenz und Symbolische Form: Philosophische Essays zu Kultur und Medien*. Berlin: Parerga 2006, S. 155–166, hier S. 160–161.) Die Spur am Hals weist das Ich als gewürgt bzw. erwürgt aus. Die ‚Droge' Ivan soll „diese Würgspuren am Hals, die immer wieder auftauchen" vergessen machen. (Bachmann: *„Todesarten"-Projekt*, Bd. 3.1, S. 72.)

266 Vgl. hierzu die Kritik Judith Butlers an Monique Wittig. Siehe Butler: *Das Unbehagen*, S. 174–175.

267 Bachmann: *„Todesarten"-Projekt*, Bd. 3.1, S. 5–6.

268 Zu dieser Gegenüberstellung siehe Roß: *Sprecherziehung*, S. 88.

Gruppen von Sätzen erobert, törichten Satzanfängen, Halbsätzen, Satzenden, von der Gloriole gegenseitiger Nachsicht umgeben, und die meisten Sätze sind bisher unter den Telefonsätzen zu finden." (S. 37) Das Ich hängt an einer Telefonschnur (S. 28). Seine Stimme ist durch die Vermittlungsmedien kontaminiert:

> Das Telefon hat eben seine Tücken
> Wie? Es redet dauernd jemand hinein. Mücken, wieso
> Ich habe gesagt: Tücken, nichts Wichtiges, mit hartem T
> Ich verstehe das mit den Mücken nicht
> Verzeih, das war ein unseliges Wort dafür
> Warum unselig, was meinst du denn?
> Nichts, nur wenn man so oft ein Wort wiederholt (S. 41)

Ich stimme Antonowicz zu, dass in *Malina* die dort thematisierte spezifische Mündlichkeit, die sich das Ich anzueignen versucht, „in viel stärkerem Maße als die Schrift die Sphäre der Unpersönlichkeit, des symbolischen Mordes und der systematischen Austilgung des Ich" repräsentiert.[269] Zugleich verweist Bachmanns Schlüsselwort „Malina" auf eine tatsächlich existente Spur der Mündlichkeit. Sie existiert nicht „jenseits" und auch nicht „außerhalb" der Schrift, sondern hat sich in den Zwischenräumen der Schriftkultur entwickelt und dort eingerichtet.

5.3 Die „Wand tut sich auf": Bachmanns Abrechnung mit dem weiblichen Ich

> Ich denke an Ivan.
> Ich denke an die Liebe.
> An die Injektionen von Wirklichkeit.
> An ihr Vorhalten, so wenige Stunden nur.
> An die nächste, die stärkere Injektion.
> Ich denke in der Stille.
> Ich denke, daß es spät ist.
> Es ist unheilbar. Und es ist zu spät. Aber ich überlebe und denke.
> Und ich denke, es wird nicht Ivan sein. Was immer auch kommt, es wird etwas anderes sein.
> Ich lebe in Ivan.
> Ich überlebe nicht Ivan. (S. 44)
> Aber die Wand tut sich auf, ich bin in der Wand, und für Malina kann nur der Riß zu sehen sein, den wir schon lange gesehen haben. (S. 336)

Ingeborg Bachmann hat den Auflösungsprozess des Ich als einen persiflierten „Wiedergutmachungsprozess" dargestellt. Die Ich-Auflösung erfordert symbolisch den Sauerstoffentzug.[270] Das Ich geht in die Wand: „Ich bin an die Wand gegangen, ich

269 Antonowicz: Malina oder das Auseinandergeraten, S. 120.

270 Der Atem symbolisiert das Leben. Er ist die Bedingung des Lebens. Über den Atem schreibt Johann Gottfried Herder: „Und wodurch wäre auch das animalische Leben, sinnlicher, lebendiger zu bezeichnen, als daß das Geschöpf *haucht*, *atmet*. Alle übrige Kennzeichnen wären abstrakt, verborgen, oder Maschinenmäßig z. E. Gehen, sich bewegen u. s. w. nichts aber simpler und malender, als dies *hauchen*, *atmen*." (Johann Gottfried Herder: *Schriften zum Alten Testament*, Bd. 5, hrsg. v. Rudolf Smend. Frankfurt am Main: Deutscher Klassiker Verlag 1993, S. 69.)

gehe in die Wand, ich halte den Atem an." (S. 336) Seine Atemprobleme werden von Verbrennungsängsten begleitet. Der Schriftsteller Chaim Grade hat eindrucksvoll eine kommende „Auferstehung" und Verbrennung der Nazi-Schergen beschrieben, die die Verborgenen aus ihren Malinas trieben[271]:

> The murdered Jews must see that there is at last a final Reckoning. For if not, then all the resurrected, together with the prophet who foretold their resurrection, will wander gloom-shrouded about the world as in a world with no sun and no stars, as in a world of eternal night. Even if the resurrected were to live a thousand years, or ten thousand, their life would give them no satisfaction, their despair and suffering would not be diminished, as long as Hingst, Weiss, Mürer [Murer – S. B.], and Kittel, the executioners of the Vilna Ghetto, lie rotting quietly in the earth. They have burrowed into the earth as into a hiding-place. Each man, after all, must die. And so they lie there in the earth and laugh even in death, even as they rot, because they have evaded their punishment. A young Jew told me that when the malina where he and his parents had been concealed was uncovered, a German cried merrily, 'Come out, you Jewish dogs, there's plenty of room left for you in the earth!' But for him, the German, I say there is no room even in the earth! He must arise and be burned again![272]

Über diesen Verbrennungstod denkt das Ich im Kapitel „Von letzten Dingen" nach. Das Feuer-Motiv symbolisiert bei Bachmann die Außer-Kraft-Setzung der „Erlösungs"-Vorstellung des nationalsozialistischen „Heils"-Plans:

> Es ist Feuer unter der Erde,
> und das Feuer ist rein.
>
> Es ist Feuer unter der Erde
> und flüssiger Stein.
>
> Es ist ein Strom unter der Erde,
> der strömt in uns ein.
>
> Es ist ein Strom unter der Erde,
> der sengt das Gebein.
>
> Es kommt ein großes Feuer,
> es kommt ein Strom über die Erde.
>
> Wir werden Zeugen sein.[273]

Viele Opfer des Holocaust sind in Malinas erstickt und verbrannt. Sie waren von der nationalsozialistischen „Auferstehung" ausgeschlossen: Die jüdischen EuropäerInnen sollten gänzlich ausgetilgt und liquidiert werden, damit der abstruse NS-„Heil"-Plan Wirklichkeit würde.

> Der Generalplan, alle Juden auszutilgen, und die industrielle Durchführung dieses Vorhabens unterscheiden den Massenmord an den Juden von anderen Genoziden, auch von anderen nationalsozialistischen Völkermorden. In der Vorstellung der Nazis hing das Heil der Welt vom Gelingen der Vernichtung aller Juden ab, und deshalb sprachen die Täter von der „Endlösung der Judenfrage". Dies zu verschweigen hieße den wahren Charakter des Verbrechens zu verschleiern.[274]

271 Grade: *My Mother's Sabbath Days*, S. 348–349.

272 Ebd., S. 349.

273 Ingeborg Bachmann: Lieder von einer Insel. In: Dies.: *Werke*, Bd. 1, S. 121–124, hier S. 123–124.

274 Rabinovici: Tracht und Zwietracht, S. 139–140.

In *Malina* kommt ein Feuer über Wien:

> Ich bin allein zu Hause, Malina läßt lange auf sich warten, ich sitze mit dem SCHACH FÜR ANFÄNGER vor dem Brett und spiele eine Partie. Niemand sitzt mir gegenüber, ich wechsle andauernd den Platz, Malina wird nicht sagen können, daß ich diesmal am Verlieren bin, denn am Ende gewinne und verliere ich gleichzeitig. Malina aber kommt nach Hause und sieht nur ein Glas, er schaut nicht auf das Schachbrett, diese Partie interessiert ihn nicht.
> Malina sagt, was ich erwartet habe: Wien brennt! (S. 246)

Das herrliche „Ungargassenland" des Ich gleicht zum Schluss einer glühenden Herdplatte (S. 335). Die Anspielungen auf einen Feuertod konterkarieren in *Malina* das Motiv der ungarisch-österreichischen Pseudo-„Auferstehung". Das Ich will kein Brandopfer werden, es will nicht an seinem erträumten „Ungargassenland" verbrennen, es hat sich für eine andere Todesart entschieden:

> Ich muß aufpassen, daß ich mit dem Gesicht nicht auf die Herdplatte falle, mich selber verstümmle, verbrenne, denn Malina müßte sonst die Polizei und die Rettung anrufen, er müßte die Fahrlässigkeit eingestehen, ihm sei da eine Frau halb verbrannt. Ich richte mich auf, glühend im Gesicht von der rotglühenden Platte, auf der ich nachts so oft Fetzen von Papier angezündet habe, nicht etwa um etwas Geschriebenes zu verbrennen, sondern um Feuer zu bekommen für eine letzte und allerletzte Zigarette. (S. 335)

Auf den letzten Seiten des Buches wendet sich das Ich an einen Herrn Richter. Der Name ist hier buchstäblich zu verstehen. Das Ich hinterlässt Briefentwürfe und Manuskripte, die Malina zu übergeben sind. Herr Richter soll diesen Vorgang regeln:

> Sehr geehrter und lieber Herr Doktor Richter,
> niemand als Sie wird besser wissen, daß ich gezwungen bin, verschiedener Umstände wegen, ein Testament zu machen. Testamente, Friedhöfe, letzte Verfügungen haben mir in jedem Fall, seit jeher, das größte Grausen eingejagt, es bedarf ja wohl keiner Testamente. Trotzdem wende ich mich heute an Sie, weil Sie, als Jurist, vielleicht imstande sein werden, meine gänzlich ungeklärte Lage, meine vielleicht auch unklärbare Lage zu verstehen und in eine Ordnung zu bringen, nach der ich das größte Verlangen habe. Alle meine persönlichen, meine privatesten Dinge sind zu übergeben an jemand, ich füge den Namen bei auf einem Extrablatt. Eine andere Frage stellt sich mir, der Papiere wegen. Es sind keine unbeschriebenen Papiere, es sind allerdings Papiere ohne Wert, Wertpapiere habe ich nie besessen. Trotzdem ist es sehr wichtig für mich, daß meine Papiere nur Herrn Malina übergeben werden dürfen, den Sie, meines Wissens, bei Ihrem so kurzen Aufenthalt in Wien, einmal gesehen haben. Aber ich erinnere mich nicht mehr sehr genau, ich mag mich da irren, in jedem Fall, für einen äußersten Fall, nenne ich Ihnen diesen Namen… (S. 329)

Zum Schluss versteckt Malina den Leuchter, der „sonst nur für Ivan brennt" (S. 337), „er räumt den Leuchter noch weiter weg, versteckt ihn zuletzt", damit die Nachkommen Ivans, die „Lausbuben" (S. 143), die „Fratzen" (S. 143) und die „Banditen" (S. 143) ihn nicht erreichen können (S. 337). Annette Klaubert resümiert zu dieser Szene: „Der Leuchter, das Symbol für die Helligkeit und die Rettung, die Ivan in Ichs Leben bringt, wird am Ende beiseite geräumt. Ivan brachte nicht das Heil […]."[275] Die „Erlösung" findet nicht statt.[276] Doch in der Wand schreit das Ich auch weiterhin lautlos nach Ivan.

275 Klaubert: *Symbolische Strukturen*, S. 104.

276 Ebd., S. 138.

Es hofft, Ivan werde es suchen kommen. Doch schon ein winziger Kellerverschlag als Versteck wäre eine logistische Herausforderung für Ivan: „[...] daß Ivan mich dort vergeblich suchen und erschrecken würde, und es ist überhaupt die Frage, ob ich vor Ivan im mindesten erschrocken wäre, vor niemand weniger, das ist es ja eben, ich bin nicht erschrocken.“[277] Ivan wird das Ich in der Wand nicht finden, es nicht „ausgraben“ können, die „Auferstehung“ wird nicht stattfinden. Denn alles, was von diesem Ich ist, wird „aus allen Blättern herausfallen“[278]: „Das ist alles, was ich weiß, es ist mein Eigentum, und ich vermache es Malina.“[279] Nach dem Eintreten des Ich (S. 336) in die Wand wird Malina weder die Polizei noch einen Rettungswagen rufen. Malina sorgt für die Herstellung eines nüchtern-pragmatischen Zustandes:

> Er hat meine Brille zerbrochen, er wirft sie in den Papierkorb, es sind meine Augen, er schleudert den blauen Glaswürfel nach, es ist der zweite Stein aus einem Traum, er läßt meine Kaffeeschale verschwinden, er versucht, eine Schallplatte zu zerbrechen, sie bricht aber nicht, sie biegt sich und leistet den größten Widerstand, und dann kracht es doch, er räumt den Tisch ab, er zerreißt ein paar Briefe, er wirft mein Vermächtnis weg, es fällt alles in den Papierkorb. (S. 337)

Das Ich hat Malina ein wirres und schwer entzifferbares Manuskript hinterlassen: „Wenn aber jemand ein Recht hat, sich diese ‚Fetzen‘ anzusehen, dann bist du es. Du wirst dich aber nicht auskennen, mein Lieber, nach Jahren würdest du nicht verstehen, was das eine und das andere bedeutet.“ (S. 288) In einem Interview am 9. April 1971 sagt Bachmann, das Ich habe Malina vermutlich seine Papiere (das Manuskript) hinterlassen, die „das Buch ‚Todesarten‘ sind“.[280] Bachmann betont, dass in *Malina* „viele Todesarten enthalten sind, aber nur für dieses eine Ich...“.[281] Die symbolträchtigste „Todesart“ hat das Ich als sein eigenes Vermächtnis formuliert: Es will „aus allen Blättern herausfallen“.[282] Die Wand besiegelt seinen längst eingetretenen Tod.[283] Der „erste Schritt“ zum Neuen führe bei Bachmann „über die Auslöschung.“[284] Bachmann leiste nach Sigrid Weigel eine „destruktiv-produktive Arbeit am Vorgefundenen“, das erzählt und im Erzählen zerstört werde.[285] Dieses erzählte Ich wird sein „wie jemand, der verhindert ist oder vergessen hat, sich eine Maske zu machen, aus Nachlässigkeit sein Kostüm nicht mehr finden kann und darum eines Tags nicht mehr aufgefordert wird.“ (S. 251) Eines Tages sind seine Kleider- und Kostümschränke leer. Alle seine Kostüme und Masken sind verschwunden. Es ist gezwungen, ein von Malina

277 Bachmann: *„Todesarten“-Projekt*, Bd. 3.1, S. 122.

278 Ebd., S. 210.

279 Ebd.

280 Bachmann: *Wir müssen*, S. 95.

281 Ebd.

282 Bachmann: *„Todesarten“-Projekt*, Bd. 3.1, S. 210.

283 Dieses „weibliche Ich“ war zu ausformuliert. Es war eine Grabschrift. Doron Rabinovici sagt, dass eine „voll ausformulierte Identität“ eine „Grabschrift“ sei. (David Eisermann: Gespräch mit Doron Rabinovici. https://www.youtube.com/watch?v=czUK-9zcGeM (Sequenz 4:54) (Zugriff am 11.08.2014).)

284 Hoell: *Mythenreiche Vorstellungswelt*, S. 20.

285 Zit. n. ebd.

geschenktes Kleid anzuziehen, das ihm nicht passt.[286] Monika Albrecht setzt das Misslingen des Erzählens der Ich-Geschichten parallel zum Anprobieren der Kleider.[287] Das Ich hat „Tausendundeinenacht"-Geschichten erzählt, um seine Galgenfrist zu verlängern. Am Ende räumt es bühnenwirksam seine Dekapitation ein: „[...] und so ist es, bevor einem der Kopf abgeschlagen wird. Man darf noch einmal essen zuvor. Mein Kopf rollt im Restaurant Sacher auf den Teller, das Blut spritzt über das blütenweiße Damasttischtuch, mein Kopf ist gefallen und wird den Gästen gezeigt." (S. 302) Das letzte Kleid des Ich, das nach den erzählten „Tausendundeinenacht"-Geschichten als einziges übriggeblieben ist, ist Malinas Kleid, ist Malinas Geschichte. Dieses Kleid ist ein „Nessusgewand" (S. 322). Malinas Geschichte, die allerletzte, wird in *Malina* bis zum Ende erzählt: Sie berichtet von dem Hineingehen des Ich in die Malina-Wand. Kurz vor seinem Konvergieren mit der Wand bereitet das Ich Malina noch den letzten Kaffee, sonst will Malina nichts mehr von ihm (S. 334–336). Dieser Kaffee ist nicht mehr der große Braune, den das Ich mal bei Herrn Adolf[288] bestellte (S. 112), sondern einer, während dessen Zubereitung das Ich sich seines Untergangs gewiß ist (S. 334–336). Zu den letzten Dingen, die das namenlose Ich mit der Nummer 72 31 44[289] in *Malina* zu erledigen hat, zählt auch die Geheimfach-Suche. Das Ich versucht, seine Briefe zu retten, und braucht dafür ein Versteck:

286 Rolnikaite schildert in ihrem Tagebuch die Zuteilung der Kleider in Konzentrationslagern: „Ich bekomme alte Wäsche und ein... Ballkleid aus schwarzer Seide, mit einem großen Ausschnitt und einer roten Seidenblume. Es wäre komisch, wenn es nicht so traurig wäre! ... In den Mantel muss ich mich hineinzwängen – es ist ein Kindermantel. [...]. Das Problem ist dieses Kleid. Es ist so lang und eng, dass ich kaum einen Schritt vor den anderen setzen kann." (Rolnikaite: *Ich muss erzählen*, S. 186.)

287 Albrecht: *Die andere Seite*, S. 167.

288 Saul Friedländer weist auf den Untergang des Namens Adolf hin: „Neuere Untersuchungen haben den steilen Aufstieg und Niedergang des Vornamens Adolf in Deutschland aufgezeigt. Ich bin mir sicher, daß wenn man die Erhebungen auf die ganze westliche Welt ausgedehnt hätte, das fast völlige Verschwinden dieses Vornamens herausgekommen wäre, der allenfalls noch in ultrarechten politischen Randgruppen wohlgelitten sein dürfte." (Saul Friedländer / Jan Philipp Reemtsma: *Gebt der Erinnerung Namen. Zwei Reden: Mit den Ansprachen von Andreas Heldrich, Christian Ude und Christoph Wild.* München: Beck 1999, S. 32.) In Bachmanns Entwurf *Requiem für Fanny Goldmann* steht zum Namen Karin: „Karin, was für ein Name. Vielleicht konnte sie Toni vorschlagen, sie anders zu nennen, vielleicht hatte sie einen zweiten und dritten Namen, wie sie selber. Karin war unmöglich, das mußte sie ihm sofort sagen. Zu Karin selber: ein Tausendjähriges Reichskind, Durchhaltekind, Volk-ohne-Raum-Kind. Lang und hübsch, unterm Hitlerbild gezeugt, dafür konnte nun das Kind nichts. [...] Diese Karin Krause, Tochter des Theaterwissenschaftlers in Wien, der sich hier besser hatte halten können nach einer halb und halb geglückten Entnazifizierung [...]." (Bachmann: *Der Fall*, S. 171.)

289 Die Inhaftierten hatten keine Namen. Renata Yesner erinnert sich: „Ich lag auf meiner Pritsche und dachte darüber nach, wie merkwürdig es sei, nicht mit dem Namen, sondern mit einer Nummer gerufen zu werden. Das wäre einfacher, da keiner mehr lernen müßte, schwierige Namen zu schreiben und auszusprechen." (Yesner: *Jeder Tag war Jom Kippur*, S. 112.) Yesner schreibt: „Die Deutschen hatten eine besondere Vorliebe für das Aufrufen von Nummern; [...] Mein junger Verstand kam zu dem Schluß, daß sie in Zahlen und Nummern regelrecht vernarrt sein mußten." (Ebd., S. 117.) Vgl. auch Primo Levi: *Ist das ein Mensch?* Frankfurt am Main / Hamburg: Fischer Bücherei 1961, S. 11: „Denket, ob dies eine Frau sei, / Die kein Haar mehr hat und keinen Namen, / Die zum Erinnern keine Kraft mehr hat [...]." Siehe auch ebd., S. 26–27. Max Kaufmann beklagt mehrmals seinen Namensverlust. Er schreibt: „Namen gab es keine mehr bei

Abb. 14:
„Papirwaren, C. Schambedal", Vilnius (1922).

> Ich suche nach einem besonderen Platz in der Wohnung, nach einem Geheimfach, denn ich gehe mit einem kleinen Bündel in den Händen auf und ab. Es müßte ein Fach im Sekretär geben, das nachher nie mehr aufspringt, sich von niemand öffnen läßt. Oder ich könnte ein Stück Parkett mit einem Stemmeisen aus dem Boden lösen, die Briefe dort verstecken, das Parkett wieder schließen und versiegeln, solange ich noch mit an der Herrschaft bin. [...] Damit Malina nicht merkt, für welchen Platz ich mich entschieden habe, darf ich kein Geräusch machen, aber nun geht die Spagatschleife auf, die Briefe rutschen durcheinander, ich binde sie ungeschickt wieder zusammen, zwänge sie in einen Spalt der Lade, ziehe sie aber sofort wieder heraus, vor Furcht, die Briefe könnten schon verschwunden sein. (S. 333–334)

Aus einem Traum weiß das Ich: Ivan wird anrufen, nach ihm fragen, es suchen (S. 196). Das Ich instruiert Malina zu sagen: „Ich bin nicht zu Hause" (S. 196). Als Ivan zum letzten Mal anruft, führt Malina diesen Auftrag aus: „Nein, gibt es nicht. / Hier ist keine Frau. / Ich sage doch, hier war niemand dieses Namens. / Es gibt sonst niemand hier. / Meine Nummer ist 723144. / Mein Name? / Malina." (S. 338)

Häftlingen, sondern nur mehr Nummern, daher wurde man immer der Nummer nach aufgerufen." (Kaufmann: *Churbn Lettland*, S. 329. Siehe auch ebd., S. 318, 345.) Zu dieser Erfahrung des Namenentzugs verfasste Dagmar Hilarová Gedichtszeilen: „*Fremd klingt dein Name, / vielleicht, weil er zum letztenmal erklingt. / Du wurdest eine Nummer / in jemandes Kartei* [...]." (Dagmar Hilarová / [Miep Diekmann]: *Ich habe keinen Namen.* Berlin: Neues Leben 1982, S. 21.) Die Schriftstellerin Miep Diekmann wird beschuldigt, die Texte der Zeitzeugin Dagmar Hilarová plagiiert zu haben, siehe http://dagmar-hilarova.hilarius.cz/news.php (Zugriff am 11.08.2014).

5.4 Das „Malinafeld“ als Voraussetzung künstlerischer Produktion

Die von Antonowicz hervorgehobene Beziehung zwischen der „verhängnisvollen Wandfläche und einem leeren Papierblatt“[290] gewinnt mit Blick auf das Dechiffrierungsergebnis von „Malina“ als „Versteck“/„verborgener Ort“ an medienhistorischer Brisanz. Mit den unterschiedlichen Bezugnahmen auf die Materialität der Medien wertet Bachmann die materielle Verfasstheit der Schrift im Buch und das Buch *Malina* als materielles ‚Versteck‘ auf. Die Stellen, die das Verschwinden des Ich auf dem Papier freilegen werden, sind mit Worten zu beschriften, die seit vielen Jahren auf der Zunge des Ich gerostet haben: „Ein Ledergürtel. Alles aus Leder. Eine Münze, ein Schilling etwa, rollt für mich auch nicht das Problem des Geldverkehrs, einer Entwertung oder der Golddeckung auf, sondern ich habe plötzlich einen Schilling im Mund, leicht, kalt, rund, einen störenden Schilling zum Ausspucken.“[291] (S. 323) Dieses Ich stand nicht auf Leder. Die Beschäftigung mit dem Material der Medien, der Schrift, dem Papier, der Mauerwand (Stein), die ich als Malina gedeutet habe, eröffnet neue Perspektiven zu qualitativ anderen Interpretationen des mehrschichtigen „Malinafeldes“ als einem Ort des Verlusts. Denn es existieren auch weiterhin „Wiedergutmachungs“- und anachronische „Erlösungs“-Szenarien, die einen Verlust rückgängig machen wollen: Man will „uns“ „dem natürlichen Universum, der Luft, der Atmung“, der „Erlösung“ „zurückgeben“,[292] nicht aber dem Intervall, der Unterbrechung, dem Unaussprechlichen, der Atemnot, nicht der verschleierten,[293] versehrten Stimme,[294] nicht dem „Malinafeld“:

> […] sprechen, das muß lang her sein
> ein Wort, Wort und Unterbrechen
> habt Satz und Atemnot
> mitten im Unterbrechen
> kommt jetzt ein Wort ins Lot.[295]

Paul Celan gedenkt im Gedicht *Fernen* den Schleier, der den Atem anlangt und verbergend wirkt:

> Aug in Aug, in der Kühle,
> laß uns auch solches beginnen:
> gemeinsam
> laß uns atmen den Schleier,
> der uns voreinander verbirgt […].[296]

290 Antonowicz: Malina oder das Auseinandergeraten, S. 118.

291 Die medientheoretischen und -historischen Fragestellungen zur Materialität des Mediums Geld und des Leders im Zusammenhang mit Atem und Sprache können an dieser Stelle nicht weiter verfolgt werden.

292 Luce Irigaray: *Der Atem von Frauen: Luce Irigaray präsentiert weibliche Credos*, aus d. Franz. v. Angelika Dickmann. Rüsselsheim: Göttert 1997, S. 216. Vgl. auch ebd., S. 194.

293 Siehe hierzu Jacques Derrida / Hélène Cixous: *Voiles: Schleier und Segel*, hrsg. v. Peter Engelmann, aus d. Franz. v. Markus Sedlaczek. Wien: Passagen 2007, S. 68.

294 Bachmann: Musik und Dichtung, S. 62.

295 Ingeborg Bachmann: Erste Schritte. In: Dies.: *Ich weiß keine bessere Welt: Unveröffentlichte Gedichte*, hrsg. v. Isolde Moser / Heinz Bachmann / Christoph Moser. München / Zürich: Piper 2000, S. 159.

296 Paul Celan: Fernen. In: Ders.: *Werke. Historisch-Kritische Ausgabe*, Bd. 4,1: Von Schwelle zu Schwelle,

Luce Irigaray will das „*cakra* des Atems" „frei und lebendig" bewahren.[297] Die Berührung des Atems mit der Schreibfläche (das „Lautstromabteilen"[298] der Alphabetisierten) gilt in der griechischen Kultur als ein grauenvolles Ereignis.[299] Aber nur aus dieser tödlichen Bewegung erwachsen Schriftkultur, Musik und Dichtung:

> SINGBARER REST – der Umriß
> dessen, der durch
> die Sichelschrift lautlos hindurchbrach,
> abseits, am Schneeort. [...]
>
> – Entmündigte Lippe, melde,
> daß etwas geschieht, noch immer,
> unweit von dir.[300]

Die Papierfläche ist bei Bachmann der „Schneeort" Malina. Sie ist ein Grab, ein Ort, der die Niederschrift der Zeichen ermöglicht: „Sie [die Musik] tut einen lebendigen Sprung auf das Blatt, auf dem sie, festgehalten, zum Zeichen abstirbt, und sie tut einen tödlichen Sprung vom Papier ins Leben."[301] Dieser Sprung der atemerfüllten Stimme auf das Blatt ist notwendig, um das wunderbare alte Wort „Malina", Bach-

hrsg. v. Holger Gehle, unter Mitarbeit v. Andreas Lohr, in Verbindung mit Rolf Bücher. Frankfurt am Main: Suhrkamp 2004, S. 23.

297 Irigaray: *Der Atem*, S. 191.

298 Siehe Gerald Wildgruber: Γένος μερόπων ἀνθρώπων. Das Geschlecht der Lautstromabteiler, oder: Was es heißt, die eigene Stimme zu analysieren. In: Wolfgang Ernst / Friedrich Kittler (Hrsg.): *Die Geburt des Vokalalphabets aus dem Geist der Poesie: Schrift, Zahl und Ton im Medienverbund.* München: Fink 2006, S. 171–198, hier S. 175.

299 Ebd., S. 173–175. Die Schrift bzw. der leichenstarre Einschreibungsraum kontaminiert das gesprochene Wort. Siehe Page DuBois: *Sowing the Body: Psychoanalysis and Ancient Representations of Women.* Chicago: University of Chicago Press 1988, S. 151. Im „päderastischen Paradigma der Schrift" behaucht der Knabe die Zeichen seines Lehrers. Dieser bedient sich seiner Stimme. Sie gilt als ein „intimes" Organ, das sich der Kontamination aussetzt und sich der Schriftspur des Lehrers unterwirft. Siehe Jesper Svenbro: *Phrasikleia: Anthropologie des Lesens im alten Griechenland*, aus d. Franz. v. Peter Geble. München: Fink 2005, S. 177. Das gesprochene Wort eines freien Mannes will demgegenüber „faltenfrei" sein. Es will die Berührung mit der Tafel vermeiden, vermag es aber nicht. Jürgen Villers zitiert hierzu Aischylos *Die Schutzflehenden*: „Nicht zwar, daß es auf Tafeln eingegraben ward / Noch in der Bücher Falten zugesiegelt ward; Nein: klar hörst du's aus eines freien Mannes Mund." (Zit. n. Jürgen Villers: *Das Paradigma des Alphabets: Platon und die Schriftbedingtheit der Philosophie.* Würzburg: Königshausen & Neuman 2005, S. 134, Anm. 345.) Waltert Burkert hat die verbreitete Annahme kritisiert, die Griechen hätten von den Phöniziern nur das pure Alphabet übernommen, ohne die dazugehörige Lederrolle bzw. das Schreibleder. Burkert vertritt die Ansicht, dass die Lederrolle zusammen mit der Schrift an die Griechen weitergegeben wurde. Vgl. Walter Burkert: *Die orientalisierende Epoche in der griechischen Religion und Literatur*, vorgetragen am 8. Mai 1982. Heidelberg: Winter 1984, S. 32–35. Das beste Schreibleder gewann man aus den Häuten der Frühlingslämmer. Für eine Rolle war die Schlachtung zahlreicher Lämmer erforderlich. Vgl. Alan R. Millard: *Pergament und Papyrus, Tafel und Ton: Lesen und Schreiben zur Zeit Jesu.* Gießen: Brunnen 2000, S. 20. Der Einschreibungsraum, der sinnliche Repräsentationen hervorzubringen erlaubt, zählt in der griechischen Denktradition Judith Butler zufolge zum „Undenkbaren". Vgl. Butler: *Körper*, S. 68–74.

300 Paul Celan: Singbarer Rest. In: Ders.: *Werke. Historisch-Kritische Ausgabe*, Bd. 7,1: Atemwende, hrsg. v. Rolf Bücher. Frankfurt am Main: Suhrkamp 1990, S. 36.

301 Ingeborg Bachmann: Die wunderliche Musik. In: Dies.: *Werke*, Bd. 4, S. 45–58, hier S. 52.

manns Formel für „Stein“ und „Blatt“, unvergessen zu machen. Das Papierblatt ist für Bachmann ein latentes ‚Versteck‘ für den zukünftigen, noch unsichtbaren, noch sichtbar zu machenden Text:

> Unser Verlangen macht, daß alles, was sich aus Sprache schon gebildet hat, zugleich teilhat an dem, was noch nicht ausgesprochen ist, und unsere Begeisterung für bestimmte herrliche Texte ist eigentlich die Begeisterung für das weiße, unbeschriebene Blatt, auf dem das noch Hinzuzugewinnende auch eingetragen scheint.[302]

Nicht nur in der Poesie, auch in ihrer Prosa gelingt Bachmann eine neue Wortprägung: „Malina“ ist eine Chiffre für einen Gedenk-‚Stein‘ bzw. für eine Gedenk-Wand. *Malina* ist ein Kunstwerk und ein Mahn-Mal zugleich. Bachmann hat die Mauerwand in einem literarisch-erkenntnistheoretischen Kontext verortet. Sie hat das Wort „Malina“ nicht einfach übernommen, sondern seine Bedeutungsschichten produktiv erweitert. Für Nelly Sachs war das Schreiben Leben, Überleben: Das Schreiben ist Atmen.[303] Bachmanns Atem ist in ihre testamentarische Zeichenreihe „M-a-l-i-n-a“ entrückt und hält den Namen Malina am Leben. Bachmanns entrückter Atem ist der „unverlangte Beweis für die Wahrheit“ der gefundenen Formel, die die Erinnerung an die Wand schärfen soll[304]: „Es ist eine sehr alte, eine sehr starke Wand, aus der niemand fallen kann, die niemand aufbrechen kann, aus der nie mehr etwas laut werden kann.“ (S. 338) Es ist eine Wand mit einem Sprung (S. 330).

> DER VON DEN UNBESCHRIEBENEN
> Blättern
> abgelesene Brief,
> der Totstell-Reflexe
> grausilberne Kette darauf,
> gefolgt von drei Silbernen
> Takten.
> Du weißt: der Sprung
> geht über dich, immer.[305]

Das Ich erträgt keine Sprünge, es will keine Schatten, es braucht weiße, schadlose Wände (S. 330–331): „[…] doch treibt, was wahr ist, Sprünge in die Wand.“[306] Malina,

302 Ebd., S. 258. Dieser Satz Bachmanns ist eine kreative Umsetzung der Einflüsse aus den jüdischen Denktraditionen. Ein ähnlicher Gedanke ist bei Levi Isaak zu finden: „‚Levi Isaak: Seht, was es damit auf sich hat: das Weiße, die Räume in der Rolle der Tora rühren gleichermaßen von Buchstaben her, aber wir wissen sie nicht wie das Schwarze der Buchstaben zu lesen. Im messianischen Zeitalter wird Gott das Weiße der Tora, dessen Buchstaben gegenwärtig für uns unsichtbar sind, offenbaren, und das ist es, was der Ausdruck neue Tora zu denken gestattet.‘“ (Zit. n. Jacques Derrida: *Dissemination*, hrsg. v. Peter Engelmann, aus d. Franz. v. Hans-Dieter Gondek. Wien: Passagen 1995, S. 390.)

303 Vgl. Helfrich: *„Es ist ein Aschensommer in der Welt“*, S. 9.

304 Siehe Bachmann: [Wozu Gedichte], S. 303–304.

305 Paul Celan: Der von den unbeschriebenen. In: Ders: *Werke. Historisch-Kritische Ausgabe*, Bd. 9,1: Lichtzwang, hrsg. v. Rolf Bücher, unter Mitarbeit v. Andreas Lohr / Axel Gellhaus. Frankfurt am Main: Suhrkamp 1997, S. 50.

306 Ingeborg Bachmann: Was wahr ist. In: Dies.: *Werke*, Bd. 1, S. 118.

der gefährdete Anteil, setzt sich durch. Malina, dieses von Bachmann veränderte Ich, „verändert schreibend",[307] weiß von dem Sprung.

Was wahr ist, so entsunken, so verwaschen
in Keim und Blatt, im faulen Zungenbett
ein Jahr und noch ein Jahr und alle Jahre –
was wahr ist, schafft nicht Zeit, es macht sie wett.
[…]
Du haftest in der Welt, beschwert von Ketten,
doch treibt, was wahr ist, Sprünge in die Wand.
Du wachst und siehst im Dunkeln nach dem Rechten,
dem unbekannten Ausgang zugewandt.[308]

Als literarisches ‚Geheimfach' kann das Buch *Malina* das Heute mit dem Gestern verbinden. Dies wird gelingen, wenn man die mehrfachen Malina-Wände – die museale Wand, die literarische Wand, die medienhistorische Wand – nicht aufgibt, sondern auf dem „Malinafeld", einem traumatischen Ort, stehenbleibt[309]: „Malina: […] Du mußt auf der Stelle bleiben. Es muß deine Stelle sein. Du sollst nicht vordringen und nicht zurückgehen. Dann wirst du, auf dieser Stelle, auf der einzigen, auf die du gehörst, siegen." (S. 313) Es geht Bachmann um die Hinwendung zu diesem traumatischen Ort Malina, es geht um die „Heilung" (S. 314) dieser verdeckten und verborgenen Orte. Das „Malinafeld" soll geheilt werden, das Ich muss zu diesem Zweck weichen:

Malina: Was du willst, zählt nicht mehr. An der richtigen
Stelle hast du nichts mehr zu wollen.
Du wirst dort so sehr du sein, daß du dein Ich aufgeben kannst.
Es wird die erste Stelle sein, auf der die
Welt von jemand geheilt ist. (S. 314)

6. *Malina* – Bachmanns Vermächtnis

6.1 Das Buch *Malina* – ein Ort der Erinnerung

Bachmanns *Malina* gehört zur „BasisBibliothek" des Suhrkamp Verlages. In der Ausgabe der „BasisBibliothek" decodieren Monika Albrecht und Dirk Göttsche fast 70 Jahre nach dem Zweiten Weltkrieg das Schlüsselwort „Malina" wie folgt: „Malina: Der Name ‚Malina' bedeutet im Russ. und anderen slaw. Sprachen ‚Himbeere'."[310] Der

307 Bachmann: [Rede], S. 297.

308 Bachmann: Was wahr ist, S. 118.

309 Holger Gehle definiert die Position Ingeborg Bachmanns, zu der sie sich in ihrem künstlerischen Schaffen durchringt, als ein „Stehenbleiben in der Tilgung". Der Ort der Tilgung tritt primär hervor, weil das Getilgte nicht unmittelbar hervortreten kann. Gehle schreibt: „Das dort allgegenwärtige und schließlich übermächtige Nichts der getilgten Anderen, der vernichteten Juden, ist nur abzulesen, weil eben da Nichts ist, wo sie sein sollen. Aus beidem erst entspringt die Erkenntnis: der Mangel und das Begehren, das Nichts und das Zum-Du-Kommen, stehen im *getilgten Bild* in einer letzten und spannungsvoll gebannten Beziehung." (Holger Gehle: *NS-Zeit und literarische Gegenwart bei Ingeborg Bachmann.* Wiesbaden: Deutscher Universitätsverlag 1995, S. 270.)

310 Bachmann: *Malina*, S. 362.

von Bachmann bevorzugte Verständigungscode aus dem osteuropäischen Soziolekt der Outlaws hat, wie ich herausgearbeitet habe, zu zahlreichen Herkunftsspekulationen, zu Sinntravestie, zu eigenartigen Deutungen bis hin zu seiner Eliminierung in historischen Zeugnissen geführt. Manchmal sind von dem Wort nur Anführungszeichen übrig geblieben.[311] Die Chiffre „Malina" steht für diese in den Kanälen der Vermittlung verloren gegangenen Worte.

Das Buch *Malina* deute ich als ‚Versteck', als „hidden transcript", in dem Bachmann biographisch und zeitgeschichtlich relevante Sachverhalte chiffriert hat. Auch Paul Antschel, den Bachmann nach dem Krieg kennenlernte, verbarg sich in einem Untergrundversteck:

> Es ist ihm niemals leichtgefallen, über dieses Ereignis des 27. Juni 1942 Bericht zu erstatten. Seiner Freundin Ruth Lackner zufolge besorgte sie ihm einen Unterschlupf in einer Kosmetikfabrik. Paul beschwor seine Eltern, sich ebenfalls dort zu verstecken, aber seine Mutter hatte resigniert […].[312]

Rose Ausländer (Rosalie Beatrice Ruth Scherzer) kannte sich ebenso mit Untergrundkellern aus. Sie hatte in Ghettoverstecken den Massenmord überlebt. Cilly Helfrich schreibt, dass Rose Ausländer Paul Antschel erstmalig in den Kellern getroffen habe.[313] In einem Kellerversteck sollen Paul Antschel und Rose Ausländer einander Gedichte vorgelesen haben.[314] Paul Antschel nannte sich nach dem Krieg Paul Celan:

311 In *Die Sterne sind Zeugen* wird das Wort „Bunker" ausnahmsweise einmal in Anführungszeichen gesetzt. Von einer „Malina" oder „Melina" fehlt in dieser Übersetzung aus dem Amerikanischen jede Spur: „Im Ghetto wurden intensiv Erdausschachtungen und Bauarbeiten betrieben. Wir hatten uns auf die Errichtung von ‚Bunkern' gestürzt, die zur Unterbringung von Menschen und Vorräten dienen sollten. […] Die Bunker nahmen die verschiedensten Formen an, je nach der Beschaffenheit des Gebäudes und dem Geschick der Erbauer. Manchmal war es eine Doppelwand, parallel zu der alten, mit genügend Zwischenraum, um mehrere Personen aufzunehmen. Zugang zu der Doppelwand war bisweilen ein alter Schrank, der in einer Ecke stand. Er sah wie jeder andere Schrank aus, aber der Eingeweihte wußte, welches Brett sich verschieben oder herausheben ließ, damit man in den Korridor kriechen konnte. Wenn die Doppelwand an die Küche grenzte, konnte man wohl durch den Ofen schlüpfen und hinter sich die Töpfe und Pfannen von innen wieder zurechtrücken. Mitunter war der Bunker ein doppelter Keller, der durch Graben eines Tunnels unter dem alten Keller und durch Verbreitern des Tunnelendes angelegt wurde. Den Eingang überdeckten Staub, Lumpen und anderes Gerümpel. […] Außer diesen Verstecken wurden Tunnels gegraben, durch die Hinterhöfe miteinander verbunden wurden. Durchgänge durch Keller und Böden wurden geschaffen – ein Verbindungssystem, das sich beim Ghettoaufstand von großem strategischem Wert erwies." (Bernard Goldstein: *Die Sterne sind Zeugen: Der Untergang der polnischen Juden.* München: dtv 1965, S. 169–170.) Siehe auch ebd., S. 258: „Wie ein Dieb in der Nacht schlich ich mich aus der Stadt, die mein Leben gewesen war und die noch unter ihren Trümmern und ihrer Asche meine Seele gefangen hält. Mit einem falschen tschechischen Paß, auf dem Namen Malinovsky, machte ich mich auf den Weg nach Prag."

312 Felstiner: *Paul Celan*, S. 38.

313 Helfrich: *„Es ist ein Aschensommer in der Welt"*, S. 193.

314 Jüdische Geschichte und Kultur: Rose Ausländer. http://www.judentum-projekt.de/persoenlichkeiten/liter/auslaender/index.html (Zugriff am 11.08.2014).

Den Familiennamen Antschel hatte er schon 1945 in Ancel rumänisiert und dann daraus das Anagramm Celan gebildet. Das war mehr als eine Sprachspielerei, denn das lateinische Wort celare bedeutet „etwas verbergen, verheimlichen". Paul Celan war ein Virtuose des Verbergens.[315]

Etymologisch sind die lateinischen Worte „celare" („verhelen, verbergen")[316] und „cella" („Vorratskammer, Kammer, Zelle")[317] mit dem Englischen „cellar" verwandt.[318] In ihrem künstlerischen Schaffen haben die Überlebenden ihren Orten des Verbergens, auch ihren Kellerverstecken, den engen Zellen und getarnten Kammern, ein Denkmal gesetzt.

Als ich
im Ghetto
erstarrte
erfror
mein Herz
im Kellerversteck.[319]

Selbstverständlich hat die historisch interessierte Ruth Keller (Pseudonym von Ingeborg Bachmann), die eine Zeitlang in der Gottfried-Keller-Gasse 13 in Wien wohnte, von den überlebenssichernden Kellern, von „Malinas", gewusst und dieses Wissen in *Malina* chiffriert. Sigrid Weigel meint, dass Bachmann der öffentlichen Neugier an ihrer Person, die „die Auseinandersetzung mit ihrem Schreiben und Denken oft vollständig überlagert, mit einer Strategie der Verborgenheit, mit Spurenverwischen und einer List der Andeutungssprache und Chiffrierung" begegnet sei.[320] Weigel weist darauf hin, dass Bachmann Anspielungen auf reale Personen stets durch Chiffren ersetzt habe.[321] Dies sei für ihre narrative Kunstgriffstrategie charakteristisch, wie auch Jens Brachmann hervorhebt.[322] Er bezeichnet Bachmanns Verfahren als eine „narrative Camouflage".[323] Bachmann war der Ansicht, dass in literarischen Werken ein Ich nur übersetzt, reduziert, verkappt, fingiert und mit Erfindungen angereichert vorgeführt werde.[324] Mit diesem Ich hat Bachmann zeitgeschichtliche und literarische Fiktionen konterkariert. In *Malina* verweist sie auf die Strategien des Verbergens und der Tarnung mit Hilfe der Medien: „In die Majuskel würde ich mit einer roten Tinte die Blü-

315 Werner Fuld: Literatur: Ein Meister des Verbergens. In: *Focus*, 05.05.1997. http://www.focus.de/kultur/buecher/literatur-ein-meister-des-verbergens_aid_164409.html (Zugriff am 11.08.2014).

316 Walde: *Lateinisches Etymologisches Wörterbuch*, S. 149.

317 Ebd.

318 Vgl. Eintrag „cell" (verwandt mit „cellar"): „related to Latin *celare* 'to hide, conceal.'" (http://www.etymonline.com/index.php?term=cell&allowed_in_frame=0 (Zugriff am 11.08.2014).

319 Zit. n. Helfrich: *„Es ist ein Aschensommer in der Welt"*, S. 330. Vgl. hierzu das Gedicht *Nadellicht* in Sutzkever: *Geh über Wörter*, S. 206; ders.: Zwischen zwei Schornsteinen. In: Ebd., S. 270–271.

320 Weigel: Korrespondenzen, S. 52.

321 Ebd., S. 54.

322 Brachmann: *Enteignetes Material*, S. 221–222.

323 Ebd., S. 222.

324 Bachmann: Das schreibende Ich, S. 221.

ten vom Türkenbund zeichnen und verstecken könnte ich mich in der Legende einer Frau, die es nie gegeben hat" (S. 61). Für die Abfassung einer Legende braucht man „ein altes, dauerhaftes Pergament, wie es keines mehr gibt" (S. 61). Mit „einer echten Feder, wie es keine mehr gibt, mit einer Tinte, wie man sie nicht mehr findet" (S. 61), kann man ein „Ich" in einer „Frau" „verstecken", die „es nie gegeben hat" (S. 61), die man aber in einer „Legende" entwerfen kann. Die „alte" „Legende" ist ein nachträgliches Erzeugnis, getippt auf einer Schreibmaschine (S. 69). Die Schrift als Medium ist nicht nur ein Mittel der Täuschung, sondern gleichermaßen ein Mittel der Bloßstellung und Überführung. Zu dieser Überführungs-, Tarn- und Camouflage-Strategie zählen auch Tilgungen und Chiffrierungen, die Bachmann in ihrem Manuskript vornimmt. Die Chiffre „Cz.", wie Sigrid Weigel schreibt, steht in Paul Celans Aufzeichnungen für „Czernowitz".[325] Sie kommt auch in den Vorarbeiten zu *Malina* vor, ist aber in der veröffentlichten Fassung eliminiert.[326] Ebenfalls tilgte Bachmann den Namen Gershom Scholems[327]:

> In dem Entwurf zu einer Traumszene des *Malina*-Romans findet sich ein Nachhall der Begegnung mit Scholem. In dieser Traumszene tritt Scholem genau in jenem Moment auf, in dem die Bibliothek der Ich-Person zusammenstürzt. Es ist zugleich die Szene einer verzweifelten Suche nach Cz.[328]

Jens Brachmann ist der Meinung, durch die Celan-Zitate habe Bachmann in *Malina* Orte der Erinnerung zugänglich gemacht, die „dem Vergessen von Celans Œuvres, der Shoah und auch der gemeinsamen Wiener Zeit der beiden Dichter vorbeugen."[329] So ein Erinnerungsort ist das Buch *Malina*.

6.2 Malina – der erinnerte Name

Jeder Mensch hat einen Namen

(Zelda Šneerson-Mischkovskaja)[330]

Mit dem ambivalenten Schlüsselwort „Malina" erinnert Bachmann an Orte des Grauens und zugleich an Orte des Überlebens. Generationen nach ihr sollen erfahren, dass der Mord an den Jüdinnen und Juden im 20. Jahrhundert Mauerwand-Verstecke entstehen ließ, in denen die Menschen entweder für immer verschwanden, erstickten, verbrannten – oder überlebten. Häuser in der Ungargasse (darunter Ungargasse 9, auch Ungargasse 56[331]) und in der Beatrixgasse der Stadt Wien zeugen von der stattgefun-

325 Weigel: Korrespondenzen, S. 54.

326 Ebd.

327 Ebd.

328 Ebd.

329 Brachmann: *Enteignetes Material*, S. 222.

330 Zelda Šneerson-Mischkovskaja: У каждого человека есть имя [Jeder Mensch hat einen Namen]. http://mfa.gov.il/MFARUS/ForeignRelations/Holocaust%20WWII/Pages/Holocaust_Remembrance_Day_2011.aspx (Zugriff am 01.08.2014).

331 Vgl. Bachmann: *„Todesarten"-Projekt*, Bd. 3.1, S. 144.

denen Tilgung.[332] Doch die realen Orte, die Malinas, bieten „keine Gewähr für aktives Eingedenken", „ja nicht einmal für Verstehen", wie es nach Irmela von der Lühe im Zusammenhang mit einem literarischen Text möglich wird.[333] Bachmanns Titelwahl erweist sich deshalb als eine gut überlegte und weitsichtige Provokation. *Malina* ist ein kluges Vermächtnis, das mit seinen chiffrierten Botschaften dem skandalerregenden *Heldenplatz* (1988) Thomas Bernhards nicht nachsteht. Ähnlich wie Bernhard mit seinem Testament[334] sorgt Bachmann posthum für Aufregung. Mit *Malina* hat Bachmann

332 Das Projekt „A Letter To The Stars" dokumentiert zahlreiche Verschleppungen aus dem „Ungargassenland" nach Osteuropa, ins Ghetto Riga (Wien / Riga am 03. Dezember 1941) und ins Ghetto Minsk (Wien / Minsk am 28. November 1941). Vgl. A Letter To The Stars: Datenbank der Ermordeten. Eintrag: „Siegfried Nowak." http://lettertothestars.at (Zugriff am 01.08.2014). Timothy Snyder schreibt: „Die Menschen, die in dem Häuserblock wohnten, wo ich gerade schreibe, im 9. Bezirk von Wien, wurden nach Auschwitz, Sobibór, Treblinka und Riga verfrachtet, alles Orte auf der Blutigen Erde. Der deutsche Massenmord an den Juden fand im besetzten Polen, Litauen, Lettland und in der Sowjetunion statt, nicht in Deutschland. Hitler war ein antisemitischer Politiker in einem Land, wo nur eine kleine jüdische Gemeinschaft lebte. Als er 1933 Reichskanzler wurde, machten die Juden *weniger als ein Prozent* der deutschen Bevölkerung aus; zu Beginn des Zweiten Weltkriegs war es noch etwa *ein Viertelprozent* […]. Erst als Deutschland 1939 Polen und 1941 die Sowjetunion angriff, traf Hitlers Vision einer Vernichtung der europäischen Juden auf die beiden größten jüdischen Gemeinschaften in Europa. Sein Vernichtungswille ließ sich nur in den Teilen Europas verwirklichen, wo Juden lebten." (Snyder: *Bloodlands*, S. 10–11.) Siehe hierzu auch Timothy Snyder: Der Holocaust: Die ausgeblendete Realität. http://www.eurozine.com/articles/2010-02-18-snyder-de.html (Zugriff am 01.08.2014). Hier heißt es: „Auschwitz als Symbol des Holocaust schließt diejenigen aus, die im Zentrum des historischen Geschehens standen. Die größte Gruppe der Holocaust-Opfer – orthodoxe und Jiddisch sprechende Juden Polens, *Ostjuden* im leicht abschätzigen deutschen Sprachgebrauch – standen den Westeuropäern, auch den westeuropäischen Juden, kulturell fern. Bis zu einem gewissen Grad spielen sie bis heute im Gedächtnis an den Holocaust eine marginale Rolle. […] Osteuropa, vor allem Weißrussland, die Ukraine, Polen und das Baltikum, bildeten das geographische, moralische und politische Zentrum des Massenmordens […]. Doch sind die Westeuropäer bis heute durchweg überrascht, wenn sie hören, dass Weißrussland gleichermaßen das Epizentrum des Massenmordens in Europa und die Basis für den Partisanenkampf gegen die Nationalsozialisten bildete, der einen wesentlichen Beitrag zum Sieg der Alliierten leistete. Dass ein solches Land so völlig aus dem europäischen Gedächtnis verbannt werden konnte, ist bemerkenswert. Nichts kann die Differenz zwischen Gedächtnis und Geschichte so deutlich machen wie diese Nichtexistenz Weißrusslands in den Diskussionen über die Vergangenheit. […] Was ihre Geschichte betrifft, so leistet sich die Erinnerung der Europäer freilich einige merkwürdige blinde Flecken, und das in einer Zeit, in der Geschichte mehr denn je gebraucht wird." Die These Snyders sehe ich auch darin bestätigt, dass das Wort „Malina" überhaupt kein Begriff in Westeuropa ist. Wie ein roter Faden zieht sich das Wort „Malina" durch die weißrussischen Zeugnisse. „Malina" lässt sich auch in den Zeugnissen orthodoxer Juden aus Weißrussland, die nach Wilna verschleppt wurden, nachweisen: „The famous Rabbi Alter Parlov was amongst those refugees who came to the Judenrat building, but someone soon made him a Judenrat member. […] His job at the Judenrat was to sign out all the people leaving for work in the morning; when they returned in the evening he always made sure that each person returned in peace. Sometime during the Yellow ID Action of 1941, during the Jewish month of Cheshvan, at the end of the day, Rabbi Alter's *malina*, or hideout den in the Klois yard, was discovered. Nazis found the hiding place […]." (Rabbi Kelman Farber: Vileyka Natives in the Vilna Ghetto. http://www.jewishgen.org/yizkor/vileyka/Vil110.html (Zugriff am 11.08.2014).)

333 Vgl. Irmela von der Lühe: Zwischen Zeugniszwang und Schweigegebot. In: Silvio Vietta / Dirk Kemper / Eugenio Spedicato (Hrsg.): *Das Europa-Projekt der Romantik und die Moderne: Ansätze zu einer deutsch-italienischen Mentalitätsgeschichte.* Tübingen: Niemeyer 2005, S. 249–264, hier S. 262.

334 Vgl. Die Thomas Bernhard Privatstiftung. http://www.thomasbernhard.at/index.php?id=114 (Zugriff am 01.08.2014).

versucht, einer „verdrängungswilligen Nachwelt"[335] literarisch engagiert entgegen zu wirken. Der reale Gedächtnisort[336] wird von ihr bewahrt, indem die Schriftstellerin ihm einen Platz, den literarischen Erinnerungsort *Malina*, gegeben und diesen in einem vielschichtigen Text ‚versteckt' hat. Es gelingt ihr, wichtige, schwer durchschaubare Ereignisse ihrer Zeit zu präsentieren, Ereignisse, die sich um die ‚Aufarbeitung' bzw. um die Verschleierung der Massenmorde in einer „verlogene[n] österreichische[n] Opfergemeinschaft"[337] drehen: „[...] was wahr ist, schafft nicht Zeit, es macht sie wett."[338] Malina ist für Bachmann nicht nur eine symbolische Wand, nicht nur eine Person, sondern auch eine Schreibfläche, nämlich das Buch *Malina* selbst. Die Schriftstellerin hat uns *Malina* als An-Denken, als portatives Denk-Mal und als symbolisches Versteck einer literarisch verschlüsselten Zeitgeschichte vermacht.

Mit ihrem Buch *Malina* schuf Bachmann einen symbolischen Platz, „um zu bleiben und zu denken auf dem Platz, auf den man gestellt ist [...]"[339]: „Es wird die erste Stelle sein, auf der die Welt von jemand geheilt ist." (S. 314) Bachmann kam es nicht darauf an, die „Geschichte in die Flucht zu schlagen", sondern der Geschichte „eine Atempause zu gönnen", damit „wir uns erst einmal zurechtfänden und einige Überlegungen anstellen könnten, um der zerstörten Vernunft Zeit für Heilung zu lassen, die der Geschichte zugute käme –."[340] *Malina* ist ein Ort des Gedächtnisses, stellvertretend für das Mauerwand-Versteck und für alle anderen Verstecke. *Malina* ist ein dynamisches Mahn-Mal. Das Buch mit dem ‚geheimnisvollen' Titel ist eine offene ‚Geheimschrift', ein verkannter ‚Kassiber',[341] ein hinterlassener Brief an die Nachkommenden.

335 Lühe: Zwischen Zeugniszwang und Schweigegebot, S. 263.

336 Der „Begriff des Ortes" hält, wie Aleida Assmann schreibt, „ein Wissen fest, das auf die Vergangenheit bezogen ist." (Aleida Assmann: *Der lange Schatten der Vergangenheit: Erinnerungskultur und Geschichtspolitik*. München: Beck 2006, S. 218.) „Als historische Schauplätze mit ihren kärglichen materiellen Überresten sind sie bei aller symbolischen Ausdeutung und Ausbeutung immer noch etwas anderes als Symbol, nämlich sie selbst. Während kulturelle Zeichensetzungen aufgebaut und wieder abgetragen werden, verpflichtet die Persistenz von Orten auf ein Langzeitgedächtnis, das über die Erinnerungsrahmen der Überlebenden, der Nation und Europa hinausgeht." (Ebd., S. 226.) Es existieren aber keine „Direktzugänge" zu diesen Orten: „Immer ist es die *Interpretation* [...]", die die Zugänge ermöglicht und die materiellen Überreste „signifikant werden lässt." (Cornelius Holtorf: Archäologie als Fiktion – Anmerkungen zum Spurenlesen. In: Ulrich Veit / Tobias L. Kienlin / Christoph Kümmel / Sascha Schmidt (Hrsg.): *Spuren und Botschaften: Interpretationen materieller Kultur*. Münster: Waxmann 2003, S. 531–544, hier S. 538.)

337 Höller: *Ingeborg Bachmann*, S. 40.

338 Bachmann: Was wahr ist, S. 118.

339 Bachmann: Tagebuch, S. 76–77.

340 Ebd.

341 Zum Wort „Kassiber" siehe Aleida Assmann: Auschwitz – das Geheimnis der Geheimnisse. In: Dies. / Jan Assmann (Hrsg.): *Schleier und Schwelle*, Bd. 1: Geheimnis und Öffentlichkeit. München: Fink 1997, S. 17–21, hier S. 19. Siehe auch Deutsches Literaturarchiv Marbach: Kassiber. Verbotenes Schreiben. http://www.dla-marbach.de/dla/museum/ausstellungen/wechselausstellungen/wechselausstellungen-archiv/kassiber-verbotenes-schreiben/index.html (Zugriff am 01.08.2014).

Abb. 15: Eingang zum jüdischen Quartier, Mattersburg (1930).

Bachmanns Buchtitel „Malina" erschallt wie ein Echo auf die anderen Überschriften „Malina" in den Büchern der ZeitzeugInnen.[342]

Saul Friedländer hat sich für eine Gedenkwand, für eine Namenstafel, ausgesprochen, auf der zwar nicht alle Namen verzeichnet werden können, sondern eine für Länder und Regionen repräsentative Auswahl an Namen zu treffen wäre.[343] Viele Überlebende haben nach der Shoah andere Namen angenommen, aber ein Wort, ein Name, den Bachmann zu einem unvergesslichen Namen machte, weil sie für ihn eine literarische Figur schuf, eint sie alle: Es ist Malina. Bachmanns Namens-Kalkül geht auf:

> Unser Gedächtnis ist so eingerichtet, daß wir die Namen der Lebenden vergessen, von Schulfreunden nach 15 Jahren kaum mehr wissen, wie sie geheißen haben; die Adressen, die wir einmal auswendig kannten, gehen uns verloren; oder ein Stück von einem Namen geht verloren, die rechte Schreibung; eine Verwechslung tritt eines Tages ein. Und dieses Verdämmern: war es damals in Parma oder Piacenza? – nein, in Pavia, oder doch nicht! Von diesem Namenssterben in uns ist nur weniges ausgenommen, die Namen derer, die uns am nächsten gestanden sind, oder Namen, die Vorfälle, Zufälle, verankert haben. Aber was wir hofften, vergessen zu können, schon früh in der Schulzeit, weil wir ärgerlich waren, wenn man uns mit Odysseus und Wilhelm Tell plagte, und obwohl wir geschworen haben, sie zu vergessen wie die chemischen Formeln, die wir tatsächlich vergessen haben – wir haben

342 Siehe auch die Kapitelüberschrift „МИНСК, ‚МАЛИНА'" in Sima Margolina: *Остаться жить* [*Am Leben bleiben*]. Minsk: Natako 1997, S. 15.

343 Friedländer / Reemtsma: *Gebt der Erinnerung Namen*, S. 36.

> sie nicht vergessen, und unsere Vorstellung von ihnen, deutlich oder verkümmert, ist haltbarer und vertretbarer als die von lebenden Menschen. Der Umgang mit ihnen ist unkündbar.[344]

Vierzig Jahre nach *Malina* und im einundvierzigsten Todesjahr Ingeborg Bachmanns gilt noch immer: „Was aber möglich ist, in der Tat, ist Veränderung. Und die verändernde Wirkung, die von neuen Werken ausgeht, erzieht uns zu neuer Wahrnehmung, neuem Gefühl, neuem Bewußtsein."[345] *Malina* ist eine symbolische Kellergrube, die Bachmann mit ihrem Schreiben ‚ausgehoben' hat. Auf ihre Weise hat sie sich dem Überleben und der Erinnerung entgegen-‚gegraben.'[346] Sie hat gewusst, „etwas zu präsentieren, für das die Zeit noch nicht gekommen"[347] war.

> O du gräbst und ich grab, und ich grab mich dir zu,
> und am Finger erwacht uns der Ring.[348]

344 Bachmann: Der Umgang, S. 240–241.

345 Vgl. Bachmann: Fragen und Scheinfragen, S. 195.

346 Auch Paul Celan hat „gegraben." In einem Brief an Ingeborg Bachmann v. 12.11.1959 schreibt er: „Du weisst auch – oder vielmehr: Du wusstest es einmal –, was ich in der Todesfuge zu sagen versucht habe. Du weisst – nein, Du wusstest – und so muss ich Dich jetzt daran erinnern –, dass die Todesfuge auch dies für mich ist: eine Grabschrift und ein Grab. […] Auch meine Mutter hat nur dieses Grab." (Paul Celan: Brief an Ingeborg Bachmann v. 12.11.1959. In: Ders. / Bachmann: *Herzzeit*, S. 127–128, hier S. 127.) Bachmann bezeichnet das Gedicht *Todesfuge* als „Grabschrift". Siehe Ingeborg Bachmann: [Über Gedichte]. In: Dies.: *Werke*, Bd. 4, S. 200–216, hier S. 215.

347 Siehe Bachmann: Fragen und Scheinfragen, S. 196.

348 Celan: Es war Erde in ihnen. In: Ders.: *Werke. Historisch-Kritische Ausgabe*, Bd. 6,1, S. 13.

Abbildungsverzeichnis

Quellen- und Literaturverzeichnis

Achberger, Karen R.: *Understanding Ingeborg Bachmann.* Columbia: University of South Carolina Press 1995.

Adorno, Theodor W.: *Jargon der Eigentlichkeit: Zur deutschen Ideologie.* Frankfurt am Main: Suhrkamp 1964.

Aksenov, Pavel: Всеамериканская malina русской organizatsiya [Allamerikanische Малина der russischen Organizatsiya]. In: *Lenta,* 18.08.2004. http://lenta.ru/articles/2004/08/18/mafia (Zugriff am 09.08.2014).

Albrecht, Monika: *Die andere Seite: Untersuchungen zur Bedeutung von Werk und Person Max Frischs in Ingeborg Bachmanns „Todesarten".* Würzburg: Königshausen & Neumann 1989.

—: Bachmann und Zeitgeschichte. Nationalsozialismus. In: Dies. / Dirk Göttsche (Hrsg.): *Bachmann-Handbuch: Leben – Werk – Wirkung.* Stuttgart / Weimar: Metzler 2002.

—: Männermythos, Frauenmythos, und Danach? Anmerkungen zum Mythos Ingeborg Bachmann. In: *German Life and Letters* 57,1 (2004), S. 91–110.

Althaus, Hans Peter: *Mauscheln: Ein Wort als Waffe.* Berlin / New York: De Gruyter 2002.

Ambassador's Remarks at the Opening of Malina Exhibit. http://vilnius.usembassy.gov/amb_speeches/ambassadors-remarks-at-the-opening-of-malina-exhibit.html (Zugriff am 10.08.2014).

Améry, Jean: Aspekte des Österreichischen. In: Manfred Wagner (Hrsg.): *Im Brennpunkt: ein Österreich.* Wien: Europa-Verlag 1976.

Anissimov, Myriam: *Primo Levi: Die Tragödie eines Optimisten. Eine Biographie.* Darmstadt: WBG 1999.

Anolik, Benjamin: *Lauf zum Tor mein Sohn. Von Wilna durch das Ghetto Wilna und sechs Lager in Estland.* Konstanz: Hartung-Gorre 2005.

Antonowicz, Kaja: Malina oder das Auseinandergeraten – die Symbolik des Namens Malina und die Erzählproblematik des *Malina*-Romans. In: *Colloquium Helveticum: Cahiers suisses de littérature générale et comparée (Schweizer Hefte für allgemeine und vergleichende Literaturwissenschaft)* 23 (1996), S. 93–124.

Arad, Yitzhak: *Ghetto in Flames: The Struggle and Destruction of the Jews in Vilna in the Holocaust.* Jerusalem: Ahva 1980.

—: *The Holocaust in the Soviet Union,* aus d. Hebr. v. Ora Cummings. Lincoln / Jerusalem: University of Nebraska Press / Yad Vashem 2009.

—: *In the Shadow of the Red Banner: Soviet Jews in the War against Nazi Germany.* Jerusalem / Lynbrook: Gefen 2010.

Arnold, Sabine Rosemarie: „Ich habe die Vögel beneidet, die fliegen konnten, und niemand tat ihnen etwas zuleide": Rundgang im Gebiet des ehemaligen Ghettos von Minsk mit Frieda Vulfovna. In: *Deutsche Studien. Vierteljahreshefte* 119 (1993), S. 287–304.

Assmann, Aleida: Auschwitz – das Geheimnis der Geheimnisse. In: Dies. / Jan Assmann (Hrsg.): *Schleier und Schwelle,* Bd. 1: Geheimnis und Öffentlichkeit. München: Fink 1997, S. 17–21.

—: *Der lange Schatten der Vergangenheit: Erinnerungskultur und Geschichtspolitik.* München: Beck 2006.

Assmuth, Laura: Rural Belongings: Baltic Russian Identities in Estonian and Latvian Borderlands. In: Aili Aarelaid-Tart / Li Bennich-Björkman (Hrsg.): *Baltic Biographies at Historical Crossroads.* London / New York: Routledge, S. 107–124.

Atze, Marcel: *„Unser Hitler": Der Hitler-Mythos im Spiegel der deutschsprachigen Literatur nach 1945.* Göttingen: Wallstein 2003.

Aus dem Leben der Geschichtswerkstatt. Rundbrief. http://www.ibb-d.de/fileadmin/user_upload/pdf-2009/Rundbrief_2009.pdf (Zugriff am 12.08.2014).

Aus dem Tagebuch eines jüdischen Jungen im Versteck während der Aktion im Ghetto Wilna. http://www.yadvashem.org/yv/de/holocaust/about/pdf/documents/17.pdf (Zugriff am 12.08.2014).

Avé-Lallemant, Friedrich Christian Benedict: *Das deutsche Gaunerthum in seiner social-politischen, literarischen und linguistischen Ausbildung zu seinem heutigen Bestande, Zweiter Theil.* Leipzig: Brockhaus 1858.

—: *Das deutsche Gaunerthum in seiner social-politischen, literarischen und linguistischen Ausbildung zu seinem heutigen Bestande, Vierter Theil.* Leipzig: Brockhaus 1862.

Ayres, Brenda: *Apis Trollopiana*: An Introduction to the Nearly Extinct Trollope. In: Dies. (Hrsg.): *Frances Trollope and the Novel of Social Change.* London / Westport: Greenwood 2002, S. 3–9.

—: Frances Trollope (1779–1863). http://works.bepress.com/brenda_ayres/10 (Zugriff am 11.08.2014).

Babel, Isaak: *Одесские рассказы* [*Geschichten* aus *Odessa*]. Moskva: Izvestija 1994.

Baby-Vornamen.de. http://www.baby-vornamen.de/Maedchen/M/Ma/Malina-Tamara (Zugriff am 09.08.2014).

Bachmann, Ingeborg: Ein Wildermuth. In: Dies.: *Gedichte, Erzählungen, Hörspiel, Essays.* München: Piper 1964, S. 133–172.

—: Brief an Joseph Wulf v. 12.04.1965. Zentralarchiv zur Erforschung der Geschichte der Juden in Deutschland. B 2/1 Serie b Nr. 465, Bl. 3.

—: Böhmen liegt am Meer. In: Dies.: *Werke*, Bd. 1: Gedichte, Hörspiele, Libretti, Übersetzungen, hrsg. v. Christine Koschel / Inge von Weidenbaum / Clemens Münster. München / Zürich: Piper 1978, S. 167–168.

—: Botschaft. In: Ebd., S. 49.

—: Früher Mittag. In: Ebd., S. 44–45.

—: Herbstmanöver. In: Ebd., S. 36.

—: Lieder von einer Insel. In: Ebd., S. 121–124.

—: Reklame. In: Ebd., S. 114.

—: Wahrlich. In: Ebd., S. 166.

—: Was wahr ist. In: Ebd., S. 118.

—: Unter Mördern und Irren. In: Dies.: *Werke*, Bd. 2: Erzählungen, hrsg. v. Christine Koschel / Inge von Weidenbaum / Clemens Münster. München / Zürich: Piper 1978, S. 159–186.

—: Biographisches. In: Dies.: *Werke*, Bd. 4: Essays, Reden, Vermischte Schriften, Anhang, hrsg. v. Christine Koschel / Inge von Weidenbaum / Clemens Münster. München / Zürich: Piper 1978, S. 301–302.

—: Das schreibende Ich. In: Ebd., S. 217–237.

—: Der Umgang mit Namen. In: Ebd., S. 238–254.

—: Die wunderliche Musik. In: Ebd., S. 45–58.

—: Ein Ort für Zufälle: Rede zur Verleihung des Georg-Büchner-Preises. In: Ebd., S. 278–293.

—: [Georg Groddeck]. Entwurf. In: Ebd., S. 346–353.

—: [Gruppe 47]. In: Ebd., S. 323–325.

—: Fragen und Scheinfragen. In: Ebd., S. 182–199.

—: Musik und Dichtung. In: Ebd., S. 59–62.

—: [Nachtrag 2: Ingeborg Bachmann liest Prosa und Lyrik im Rahmen einer Vortragsreise durch die Volksrepublik Polen. Mai 1973]. In: Ebd., S. 478–480.

—: Tagebuch: Beitrag zur Probenummer einer internationalen Zeitschrift. In: Ebd., S. 63–77.

—: [Über Gedichte]. In: Ebd., S. 200–216.

—: [Rede zur Verleihung des Anton-Wildgans-Preises]. In: Ebd., S. 294–297.

—: [Witold Gombrowicz]. In: Ebd., S. 326–330.

—: [Wozu Gedichte?]. In: Ebd., S. 303–304.

—: *Wir müssen wahre Sätze finden. Gespräche und Interviews*, hrsg. v. Christine Koschel / Inge von Weidenbaum. München / Zürich: Piper 1983.

—: Drei Wege zum See. In: Dies.: *Simultan: Erzählungen*. München / Zürich: Piper 1991, S. 119–211.

—: *Der Fall Franza. Requiem für Fanny Goldmann*. München / Zürich: Piper 1992.

—: *„Todesarten"-Projekt. Kritische Ausgabe*, Bd. 3.1: Malina, bearb. v. Dirk Göttsche, unter Mitwirkung v. Monika Albrecht. München / Zürich: Piper 1995.

—: *„Todesarten"-Projekt. Kritische Ausgabe*, Bd. 3.2: Malina, bearb. v. Dirk Göttsche, unter Mitwirkung v. Monika Albrecht. Piper: München / Zürich 1995.

—: *Letzte, unveröffentlichte Gedichte, Entwürfe und Fassungen*, hrsg. u. komm. v. Hans Höller. Frankfurt am Main: Suhrkamp 1998.

—: Erste Schritte. In: Dies.: *Ich weiß keine bessere Welt: Unveröffentlichte Gedichte*, hrsg. v. Isolde Moser / Heinz Bachmann / Christoph Moser. München / Zürich: Piper 2000, S. 159.

—: Brief an Hans Werner Henze v. 01.05.1954. In: Dies. / Hans Werner Henze: *Briefe einer Freundschaft*, hrsg. v. Hans Höller. München / Zürich: Piper 2004, S. 33–34.

—: *Malina*, mit einem Kommentar v. Monika Albrecht / Dirk Göttsche. Frankfurt am Main: Suhrkamp 2004.

—: Brief an Paul Celan v. 03.09.1959. In: Dies. / Paul Celan: *Herzzeit: Ingeborg Bachmann – Paul Celan. Der Briefwechsel*, hrsg. v. Bertrand Badiou / Hans Höller / Andrea Stoll / Barbara Wiedemann. Frankfurt am Main: Suhrkamp 2008, S. 120–121.

Bail, Gabriele: *Weibliche Identität: Ingeborg Bachmanns ‚Malina'*. Göttingen: Edition Herodot 1984.

Baldaev, Dancik S. / Vladimir K. Belko / Igor I. Isupov: *Словарь тюремно-лагерного-блатного жаргона* [*Wörterbuch des Knast-Lager-Blat-Jargons*]. Moskva: Kraja Moskvy 1992.

Bannasch, Bettina: *Von vorletzten Dingen. Schreiben nach „Malina": Ingeborg Bachmanns „Simultan"-Erzählungen*. Würzburg: Königshausen & Neumann 1997.

Bannikov, Ivan (Hrsg.): *Русский шансон* [*Das russische Chanson*]. Moskva: AST-PRESS KNIGA 2007.

Barasch, Moshe: Der Schleier. Das Geheimnis in den Bildvorstellungen der Spätantike. In: Aleida Assmann / Jan Assmann / Theo Sundermeier (Hrsg.): *Schleier und Schwelle*, Bd. 2: Geheimnis und Offenbarung. München: Fink 1998, S. 179–201.

Barker, Andrew: Tiefe der Zeit, Untiefen der Jahre. Heimito von Doderers „österreichische Idee" und die „Athener Rede". In: Kai Luehrs (Hrsg.): *„Excentrische Einsätze": Studien und Essays zum Werk Heimito von Doderers*. Berlin / New York: De Gruyter 1998, S. 263–272.

Bartsch, Kurt: *Ingeborg Bachmann*. 2., überarb. u. erw. Auflage. Stuttgart / Weimar: Metzler 1997.

—: „Malina" davor, „Malina" danach. Vorläufige Anmerkungen zum „Malina"-Roman im Lichte der kritischen Ausgabe des „Todesarten"-Projekts. In: Irene Heidelberger-Leonard (Hrsg.): *„Text-Tollhaus für Bachmann-Süchtige?" Lesarten zur Kritischen Ausgabe von Ingeborg Bachmanns Todesarten-Projekt. Mit einer Dokumentation zur Rezeption in Zeitschriften und Zeitungen*. Opladen / Wiesbaden: Westdeutscher Verlag 1998, S. 107–117.

Bauman, Zygmunt: *Moderne und Ambivalenz. Das Ende der Eindeutigkeit*, aus d. Engl. v. Martin Suhr. Hamburg: Junius 1992.

Bayerl, Günter: Schneeweiße Blätter, schmutzige Wasser – Produktion und Umwelt. In: Rolf Stümpel (Hrsg.): *Papier.* Berlin: Museum für Verkehr und Technik 1987, S. 62–78.

Beckmann, Heinz: Der andere dritte Mann. In: Michael Schardt (Hrsg.): *Über Ingeborg Bachmann I: Rezensionen 1952–1992.* Hamburg: Igel 2011, S. 122–125.

Behre, Maria: Das Ich, weiblich: „Malina" im Chor der Stimmen zur „Erfindung" des Weiblichen im Menschen. In: Andrea Stoll (Hrsg.): *Ingeborg Bachmanns „Malina".* Frankfurt am Main: Suhrkamp 1992, S. 210–232.

Beicken, Peter: *Ingeborg Bachmann.* München: Beck 1988.

— : *Ingeborg Bachmann.* Stuttgart: Reclam 2001.

Bergdolt, Klaus: *Der schwarze Tod in Europa: Die große Pest und das Ende des Mittelalters.* München: Beck 1994.

Bernewitz, Elsa: Das Erlebnis der Flintenmädchen. In: Dies.: *Die Entrückten: Vier Geschichten vom Tode.* München: Langen 1927, S. 36–69.

Bierich, Alexander: Deutsche und jiddisch-hebräische Entlehnungen im polnischen, tschechischen und russischen Argot. In: Sebastian Kempgen / Karl Gutschmidt / Ulrike Jekutsch / Ludger Udolph (Hrsg.): *Deutsche Beiträge zum 14. Internationalen Slavistenkongress in Ohrid 2008.* München: Sagner 2008, S. 53–62.

Bird, Stephanie: *Women Writers and National Identity: Bachmann, Duden, Özdamar.* Cambridge: Cambridge University Press 2003.

Birger, Trudi / Jeffrey M. Green: *Im Angesicht des Feuers: Wie ich der Hölle des Konzentrationslagers entkam*, aus d. Engl. v. Christian Spiel. München: Piper 1990.

Blatman, Daniel: *The Death Marches: The Final Phase of Nazi Genocide*, aus d. Hebr. v. Chaya Galai. Belknap: Harvard University Press 2011.

Блатной жаргон: словари воровского языка с 1859 г. по 1927 г. [Jargon des Blat: Wörterbücher der Diebessprache von 1859 bis 1929]. http://www.russki-mat.net/page.php?l=RuRu&a=M (Zugriff am 09.08.2014).

Blecha Peter: Lewis, "Texas" Jim (1909–1990): Seattle's Pioneering 1950s Kiddie-TV Show Host. http://www.historylink.org/index.cfm?DisplayPage=output.cfm&file_id=8657 (Zugriff am 10.08.2014).

Boder, David P.: Voices of the Holocaust. http://voices.iit.edu (Zugriff am 12.08.2014).

Böhmer, Peter: *Wer konnte, griff zu: „Arisierte" Güter und NS-Vermögen im Krauland-Ministerium (1945–1949).* Wien / Köln / Weimar: Böhlau 1999.

Boihmane, Sandra: Alphabet @ Gender: Media Change and Gender in the History of the Baltic Region. In: Irina Novikova (Hrsg.): *Gender Matters in the Baltics.* Rīga: LU Akadēmiskais apgāds 2008, S. 155–189.

Boiko, Alexander: В Москве обнаружена „воровская малина" [In Moskau wurde eine „Malina der Diebe" entdeckt]. In: *Комсомольская правда* [*Komsomol'skaja Pravda*], 28.01.2013. http://www.kp.ru/online/news/1352724 (Zugriff am 09.08.2014).

Borhau, Heidi: *Ingeborg Bachmanns „Malina" – eine Provokation?: Rezeptions- und wirkungsästhetische Untersuchungen.* Würzburg: Königshausen & Neumann 1994.

Böschenstein, Renate: Der Traum als Medium der Erkenntnis des Faschismus. In: Bernhard Böschenstein / Sigrid Weigel (Hrsg.): *Ingeborg Bachmann und Paul Celan. Poetische Korrespondenzen: Vierzehn Beiträge.* Frankfurt am Main: Suhrkamp 1997, S. 131–148.

— : *Verborgene Facetten: Studien zu Fontane.* Würzburg: Königshausen & Neumann 2006.

Botz, Gerhard: Historische Brüche und Kontinuitäten als Herausforderungen – Ingeborg Bachmann und post-katastrophische Geschichtsmentalitäten in Österreich. In: Dirk Göttsche / Hubert Ohl (Hrsg.): *Ingeborg Bachmann: Neue Beiträge zu ihrem Werk.* Würzburg: Königshausen & Neumann 1993, S. 199–214.

Boym, Svetlana: *Another Freedom: The Alternative History of an Idea.* Chicago: University of Chicago Press 2010.

Brachmann, Jens: *Enteignetes Material: Zitathaftigkeit und narrative Umsetzung in Ingeborg Bachmanns „Malina“.* Wiesbaden: Deutscher Universitätsverlag 1999.

Brantsovskaya, Fania: Interview/Memoirs. http://www.centropa.org/de/node/78774 (Zugriff am 10.08.2014).

Braun, Christina von: Die „Blutschande“. Wandlungen eines Begriffs: Vom Inzesttabu zu den Rassengesetzen. In: Dies.: *Die schamlose Schönheit des Vergangenen: Zum Verhältnis von Geschlecht und Geschichte.* Frankfurt am Main: Neue Kritik 1989, S. 81–111.

—: Der ‚Jude‘ und ‚Das Weib‘: Zwei Stereotypen des Anderen in der Moderne. In: Ludger Heid / H. Joachim Knoll (Hrsg.): *Deutsch-jüdische Geschichte im 19. und 20. Jahrhundert.* Bonn / Stuttgart: Burg 1992, S. 289–322.

—: Antisemitische Stereotype und Sexualphantasien. In: Jüdisches Museum der Stadt Wien (Hrsg.): *Die Macht der Bilder: Antisemitische Vorurteile und Mythen.* Wien: Picus 1995, S. 180–191.

—: *Versuch über den Schwindel: Religion, Schrift, Bild, Geschlecht.* Zürich / München: Pendo 2001.

—: Einleitung. In: Dies. / Eva-Maria Ziege (Hrsg.): *Das ‚bewegliche‘ Vorurteil: Aspekte des internationalen Antisemitismus.* Würzburg: Königshausen & Neumann 2004, S. 11–42.

—: *Der Preis des Geldes: Eine Kulturgeschichte.* Berlin: Aufbau 2012.

Brecht, Bertolt: *Die Schlußstrophen des Dreigroschenfilms.* In: Ders.: *Dreigroschenbuch: Texte, Materialien, Dokumente,* hrsg. v. Siegfried Unseld. Frankfurt am Main: Suhrkamp 1960, S. 130.

Brüns, Elke: *Außenstehend, ungelenk, kopfüber, weiblich: Psychosexuelle Autorpositionen bei Marlen Haushofer, Marieluise Fleißer und Ingeborg Bachmann.* Stuttgart / Weimar: Metzler 1998.

Bumblauskas, Alfredas: Litauische Gegenwartsgeschichte: Litauen als Zentrum Europas? In: Paulius Subačius (Hrsg.): *Fortsetzung folgt: Essays über Litauen und Europa.* Vilnius: Inter Nos 2002, S. 27–43.

Burkert, Walter: *Die orientalisierende Epoche in der griechischen Religion und Literatur,* vorgetragen am 8. Mai 1982. Heidelberg: Winter 1984.

Burkhardt, Josefin: Pestjahre und Pogrome. Die Judenpogrome während der Pestepidemien in Europa. http://www.judentum-projekt.de/geschichte/mittelalter/pest/index.html (Zugriff am 09.08.2014).

Butler, Judith: *Das Unbehagen der Geschlechter,* aus d. Amer. v. Kathrina Menke. Frankfurt am Main: Suhrkamp 2003 [1991].

—: Für ein sorgfältiges Lesen, aus d. Amer. v. Barbara Vinken. In: Dies. / Seyla Benhabib / Drucilla Cornell / Nancy Fraser: *Der Streit um Differenz: Feminismus und Postmoderne in der Gegenwart.* Frankfurt am Main: Fischer 1993, S. 122–132.

—: *Körper von Gewicht: Die diskursiven Grenzen des Geschlechts,* aus d. Amer. v. Karin Wördemann. Frankfurt am Main: Suhrkamp 1997.

—: *Hass spricht: Zur Politik des Performativen,* aus d. Engl. v. Kathrina Menke / Markus Krist. Berlin: Berlinverlag 1998.

Cantor, Aviva: She Fought Back – An Interview with Vilna Partisan Vitke Kempner. http://www.lilith.org/pdfs/Lilith%20Kempner.pdf (Zugriff am 12.08.2014).

Cassel, Elaine / Douglas A. Bernstein: *Criminal Behavior.* Mahwah: Erlbaum 2007.

Celan, Paul: Singbarer Rest. In: Ders.: *Werke. Historisch-Kritische Ausgabe,* Bd. 7,1: Atemwende, hrsg. v. Rolf Bücher. Frankfurt am Main: Suhrkamp 1990, S. 36.

—: Der von den unbeschriebenen. In: Ders.: *Werke. Historisch-Kritische Ausgabe,* Bd. 9,1: Lichtzwang, hrsg. v. Rolf Bücher, unter Mitarbeit v. Andreas Lohr / Axel Gellhaus. Frankfurt am Main: Suhrkamp 1997, S. 50.

—: Eine Gauner- und Ganovenweise. In: Ders.: *Werke. Historisch-Kritische Ausgabe*, Bd. 6,1: Die Niemandsrose, hrsg. v. Axel Gellhaus, unter Mitarbeit v. Holger Gehle / Andreas Lohr, in Verbindung mit Rolf Bücher. Frankfurt am Main: Suhrkamp 2001, S. 31–32.

—: Es war Erde in ihnen. In: Ebd., S. 13.

—: Lob der Ferne. In: Ders.: *Werke. Historisch-Kritische Ausgabe*, Bd. 2,1/3,1: Der Sand aus den Urnen / Mohn und Gedächtnis, hrsg. v. Andreas Lohr, unter Mitarbeit v. Holger Gehle, in Verbindung mit Rolf Bücher. Frankfurt am Main: Suhrkamp 2003, S. 56.

—: Fernen. In: Ders.: *Werke. Historisch-Kritische Ausgabe*, Bd. 4,1: Von Schwelle zu Schwelle, hrsg. v. Holger Gehle, unter Mitarbeit v. Andreas Lohr, in Verbindung mit Rolf Bücher. Frankfurt am Main: Suhrkamp 2004, S. 23.

—: Brief an Ingeborg Bachmann v. 12.11.1959. In: *Herzzeit: Ingeborg Bachmann – Paul Celan. Der Briefwechsel*, hrsg. v. Bertrand Badiou / Hans Höller / Andrea Stoll / Barbara Wiedemann. Frankfurt am Main: Suhrkamp 2008, S. 127–128.

—: Abgebrochener Briefentwurf an Max Frisch 1961. In: Ebd., S. 173–174.

—: Brief an Max Frisch v. 23.09.1961, nicht abgesandt. In: Ebd., S. 175–176.

Chandler, Raymond: The Simple Art of Murder. http://www.en.utexas.edu/amlit/amlitprivate/scans/chandlerart.html (Zugriff am 10.08.2014).

Charim, Isolde: Bekennen und täuschen. In: *taz*, 25.06.2007. http://www.taz.de/!1114 (Zugriff am 10.08.2014).

Cheloukhine, Serguei / M. R. Haberfeld: *Russian Organized Corruption Networks and Their International Trajectories*. New York / Dordrecht / Heidelberg / London: Springer 2011.

Dennemarck-Jäger, Brigitte: *Der ungehörte Schrei: Ingeborg Bachmanns Roman Malina und seine Interpreten – eine psychotraumatologische Studie*. Kröning: Asanger 2008.

Derman, Aron: Interview am 04. März 1993. United States Holocaust Memorial Museum (USHMM). http://collections.ushmm.org/oh_findingaids/RG-50.233.0020_trs_en.pdf (Zugriff am 10.08.2014).

—: Oral History Transcript or Notes, Accession Number: 1992.A.0125.20, RG Number: RG-50.233*0020. http://collections.ushmm.org/search/catalog/irn509098 (Zugriff am 10.08.2014).

Derrida, Jacques / Hélène Cixous: *Voiles: Schleier und Segel*, hrsg. v. Peter Engelmann, aus d. Franz. v. Markus Sedlaczek. Wien: Passagen 2007.

—: *Dissemination*, hrsg. v. Peter Engelmann, aus d. Franz. v. Hans-Dieter Gondek. Wien: Passagen 1995.

Deutsches Literaturarchiv Marbach: SUHRKAMP-INSEL 5: Ingeborg Bachmanns *Malina*. http://www.dlamarbach.de/fileadmin/redaktion/dla/museum/Downloads/Ausstellungstexte_online/Suhrkamp_Inseln/Legenden_Bachmann_www.pdf (Zugriff am 12.09.2012).

—: Kassiber. Verbotenes Schreiben. http://www.dla-marbach.de/dla/museum/ausstellungen/wechselausstellungen/wechselausstellungen-archiv/kassiber-verbotenes-schreiben/index.html (Zugriff am 12.08.2014).

R. Dichaviciaus parodos „Paminklas paminklui“ ir ekspozicijos „Malina“ atidarymas. http://www.bernardinai.lt/straipsnis/2012-01-24-r-dichaviciaus-parodos-paminklas-paminklui-ir-ekspozicijos-malina-atidarymas/75916 (Zugriff am 10.08.2014).

Dieckmann, Christoph: *Deutsche Besatzungspolitik in Litauen 1941–1944*, Bd. 2. Göttingen: Wallstein 2011.

Dimantstein, Aizik: From Karsava to Sweden, aus d. Jidd. v. Isaac Leo Kram. In: Gertrude Schneider (Hrsg.): *Muted Voices: Jewish Survivors of Latvia Remember*. New York: Philosophical Library 1987, S. 119–130.

Djomin, Michail: *Die Tätowierten*. Frankfurt am Main: Fischer 1975.

Die drei Supermänner räumen auf. In: *Munzinger Online/Filmkritiken aus dem film-dienst*. http://www.munzinger.de/document/10000015279 (Zugriff am 21.01.2012).

Dogá, Ulisse: *„Port Bou – deutsch?": Paul Celan liest Walter Benjamin.* Aachen: Rimbaud 2009.

Dohrn, Verena: *Reise nach Galizien: Grenzlandschaften des alten Europa.* Frankfurt am Main: Fischer 1993.

— : *Baltische Reise. Vielvölkerlandschaft des alten Europa.* Frankfurt am Main: Fischer 1994.

Dokumentationsarchiv des österreichischen Widerstandes (DÖW). http://www.doew.at (Zugriff am 11.08.2014).

Dreifuss, Tamar / Cordula Lissner / Adrian Stellmacher: Unterrichtsmaterialien für die 3.–6. Klasse zum autobiografischen Kinderbuch von Tamar Dreifuss „Die wundersame Rettung der kleinen Tamar 1944. Ein jüdisches Mädchen überlebt den Holocaust in Osteuropa." http://www.vielfalt-mediathek.de/dx/public/ida/biblio.html?id=4396&domark=1 (Zugriff am 12.08.2014).

Dubjagin, Jurij P. / Arkadij G. Bronnikov (Hrsg.): *Толковый словарь уголовных жаргонов* [*Das erklärende Wörterbuch der kriminellen Jargons*]. Moskva: Inter-Omnis / Romos 1991.

DuBois, Page: *Sowing the Body: Psychoanalysis and Ancient Representations of Women.* Chicago: University of Chicago Press 1988.

Eberhardt, Joachim: *„Es gibt für mich keine Zitate": Intertextualität im dichterischen Werk Ingeborg Bachmanns.* Tübingen: Niemeyer 2002.

Eckman, Lester / Chaim Lazar: *The Jewish Resistance: The History of the Jewish Partisans in Lithuania and White Russia During the Nazi Occupation.* New York: Shengold 1977.

Ehlert, Ralf Gerhard: 1934: Telefunken-Pilzlautsprecher zur Massenbeschallung. http://www.medienstimmen.de/chronik/1931-1935/1934-telefunken-pilzlautsprecher-zur-massenbeschallung/ (Zugriff am 14.09.2014).

Ehrenburg, Ilja / Grossman, Wassili (Hrsg.): *Das Schwarzbuch: Der Genozid an den sowjetischen Juden*, aus d. Russ. v. Heinz Deutschland / Ruth Deutschland. Reinbek: Rowohlt 1995.

— : (Hrsg.): *The Complete Black Book of Russian Jewry*, aus d. Russ. v. David Patterson. New Brunswick: Transaction 2002.

Eidherr, Armin: *Sonnenuntergang auf eisig-blauen Wegen: Zur Thematisierung von Diaspora und Sprache in der jiddischen Literatur des 20. Jahrhunderts.* Göttingen: V & R unipress / Universität Wien 2012.

Eilittä, Leena: *Ingeborg Bachmann's Utopia and Disillusionment: Introduction.* Helsinki: Finnish Academy of Science and Letters 2008.

Eisenmenger, Johann Andreas: *Entdecktes Judenthum*, Bd. 2. Königsberg in Preußen 1711.

Epping-Jäger, Cornelia: „Eine einzige jubelnde Stimme." Zur Etablierung des Dispositivs Laut/Sprecher in der politischen Kommunikation des Nationalsozialismus. In: Dies. / Erika Linz (Hrsg.): *Medien / Stimmen.* Köln: DuMont 2003, S. 100–123.

Epstein, Barbara Leslie: *The Minsk Ghetto 1941–1943: Jewish Resistance and Soviet Internationalism.* Berkeley / Los Angeles / London: University of California Press 2008.

Epšteinaitė, Dalia: Skaitytojui. To the Reader. In: Lietuvos Gyventojų genocido ir rezistencijos tyrimo centras / Genocide and Resistance Research Center of Lithuania (Hrsg.): *Su adata širdyje: getų ir koncentracijos stovyklų kalinių atsiminimai. With a Needle in the Heart: Memoirs of Former Prisoners of Ghettos and Concentration Camps.* Vilnius: Garnelis 2003, S. 16–21.

Ertugrul, Bilge: Ingeborg Bachmann und Hannah Arendt: Geschichte zwischen Literatur und Philosophie. In: Jeanne Benay (Hrsg.): *„Und wir werden frei sein, freier als je von jeder Freiheit…": Die Autorin Ingeborg Bachmann.* Wien: Edition Praesens 2005, S. 103–114.

Eshel, Amir: Von Kafka bis Celan: Deutsch-Jüdische Schriftsteller und ihr Verhältnis zum Hebräischen und Jiddischen. In: Michael Brenner (Hrsg.): *Jüdische Sprachen in deutscher Umwelt: Hebräisch und Jiddisch von der Aufklärung bis ins 20. Jahrhundert.* Göttingen: Vandenhoeck & Ruprecht 2002, S. 96–108.

Esterowicz, Perella: Memoirs. http://www.searchformajorplagge.com/searchformajorplagge.com/Plagge_Documents_files/MemoirsP.rtf (Zugriff am 10.08.2014).

Esterowicz, Samuel: Memoirs. http://www.searchformajorplagge.com/searchformajorplagge.com/Plagge_Documents_files/memoirssmesterowicz.doc (Zugriff am 10.08.2014).

Ex-Regierungschefin: Timoschenko droht neues Strafverfahren wegen Untreue. In: *Der Spiegel*, 13.10.2011. http://www.spiegel.de/politik/ausland/0,1518,791746,00.html (Zugriff am 09.08.2014).

Ezergailis, Andrievs: *Holokausts vācu okupētajā Latvijā: 1941–1944* [*The Holocaust in Latvia, 1941–1944*]. Rīga: Latvijas Vēstures Institūta Apgāds 1999 [1996].

Ezergailis, Inta: *Women Writers: The Divided Self: Analysis of Novels by Christa Wolf, Ingeborg Bachmann, Doris Lessing and Others.* Bonn: Bouvier 1982.

Faitelson, Alex: *The Truth and Nothing but the Truth: Jewish Resistance in Lithuania*, aus d. Hebr. v. Ethel Broido. Jerusalem / Lynbrook: Gefen 2006.

–: Truth – Legends / The "Malina". http://faitelson.bsmart.co.il/HTMLs/article2.aspx?C2023=12165&BSP=12127 (Zugriff am 10.08.2014).

Farber, R. Kelman: Vileyka Natives in the Vilna Ghetto. http://www.jewishgen.org/yizkor/vileyka/Vil110.html (Zugriff am 11.08.2014).

Fechten vor verhängten Spiegeln: Ingeborg Bachmann, Max Frisch und die diskrete Germanistik. In: *Neue Zürcher Zeitung*, 08.03.2003. http://www.nzz.ch/aktuell/startseite/article8EIXK-1.223120 (Zugriff am 10.08.2014).

Feigenberg, Mosche: The Testimony of Mosche (Moses) Feigenberg. http://www.holocaustresearchproject.org/trials/feigenberg.html (Zugriff am 10.08.2014).

Felstiner, John: *Paul Celan: Eine Biographie*, aus d. Engl. v. Holger Fliessbach. München: Beck 2000.

Finckenauer, James O.: Russian Organized Crime in America. In: Robert J. Kelly / Ko-Lin Chin / Rufus Schatzberg (Hrsg.): *Handbook of Organized Crime in the United States.* London / Westport: Greenwood 1994.

—: / Elin J. Waring: *Russian Mafia in America: Immigration, Culture, and Crime.* Boston: Northeastern University Press 1998.

Firges, Jean: *Ingeborg Bachmann: Malina. Die Zerstörung des weiblichen Ich.* Annweiler am Trifels: Sonnenberg 2008.

Folkvord, Ingvild: *Sich ein Haus schreiben: Drei Texte aus Ingeborg Bachmanns Prosa.* Hannover: Wehrhahn 2003.

Das Frauenbild der Wirtschaftswunderzeit im Spiegel zeitgenössischer Zeitschriften und alter Werbeanzeigen. http://www.wirtschaftswundermuseum.de/frauenbild-50er-1.html (Zugriff am 09.08.2014).

Frei Gerlach, Franziska: *Schrift und Geschlecht: Feministische Entwürfe und Lektüren von Marlen Haushofer, Ingeborg Bachmann und Anne Duden.* Berlin: Schmidt 1998.

Freudenberger, Silja: Repräsentation: Ein Ausweg aus der Krise. In: Dies. / Hans Jörg Sandkühler (Hrsg.): *Repräsentation, Krise der Repräsentation, Paradigmenwechsel: Ein Forschungsprogramm in Philosophie und Wissenschaften.* Frankfurt am Main / Berlin / Bern / Bruxelles / New York / Oxford / Wien: Lang 2003, S. 71–100.

Fried, Erich: *Ich grenz noch an ein Wort und an ein andres Land. Über Ingeborg Bachmann: Erinnerung, einige Anmerkungen zu ihrem Gedicht „Böhmen liegt am Meer" und Nachruf.* Berlin: Friedenauer Presse 1983.

Friedländer, Saul / Jan Philipp Reemtsma: *Gebt der Erinnerung Namen. Zwei Reden: Mit den Ansprachen von Andreas Heldrich, Christian Ude und Christoph Wild.* München: Beck 1999.

Fuld, Werner: Literatur: Ein Meister des Verbergens. In: *Focus*, 05.05.1997. http://www.focus.de/kultur/buecher/literatur-ein-meister-des-verbergens_aid_164409.html (Zugriff am 11.08.2014).

Gangsters Inc. http://gangstersinc.ning.com/profiles/blogs/russian-mafia-overview (Zugriff am 09.08.2014).

Ganor, Solly: *Das andere Leben. Kindheit im Holocaust*, aus d. Engl. u. mit einer Vorbemerkung v. Sabine Zaplin. Frankfurt am Main: Fischer 1997.

Geheimdienste: 123 Treffs. In: *Der Spiegel*, 29.10.1973. http://www.spiegel.de/spiegel/print/d-41898416.html (Zugriff am 09.08.2014).

Gehle, Holger: *NS-Zeit und literarische Gegenwart bei Ingeborg Bachmann.* Wiesbaden: Deutscher Universitätsverlag 1995.

—: Poetologien nach Auschwitz. Bachmanns und Celans Sprechen über Dichtung zwischen 1958 und 1961. In: Bernhard Böschenstein / Sigrid Weigel (Hrsg.): *Ingeborg Bachmann und Paul Celan. Poetische Korrespondenzen: Vierzehn Beiträge.* Frankfurt am Main: Suhrkamp 1997, S. 116–130.

Gehler, Michael / Hubert Sickinger (Hrsg.): *Politische Affären und Skandale in Österreich: Von Mayerling bis Waldheim.* Innsbruck / Wien / Bozen: Studienverlag 2007.

Gelman, Charles: *Do Not Go Gentle: A Memoir of Jewish Resistance in Poland, 1941–1945.* Hamden: Archon 1989.

Gelpernas, Dmitrijus: Landsberg – Kaufering – Augsburg: Städte wie alle anderen? Bericht eines aus Litauen Deportierten. In: *Dachauer Hefte* 12 (1996), S. 255–277.

Geschichte hautnah erleben! Heeresgeschichtliches Museum (HGM). http://www.mittelalter-abc.de/schloesser-burgen-und-museen/hgm-heeresgeschichtliches-museum/ (Zugriff am 10.08.2014).

Gesenius, Wilhelm: *Hebräisches und Aramäisches Handwörterbuch über das Alte Testament.* Berlin / Göttingen / Heidelberg: Springer 1959.

Ghettos & Underground Fighters: Israel Goldblatt. http://c3.ort.org.il (Zugriff am 20.08.2011).

Gilbert, Martin: *The Righteous: The Unsung Heroes of the Holocaust.* London: Doubleday 2002.

Gilinskis, Samuelis: Memoirs. In: Lietuvos Gyventojų genocido ir rezistencijos tyrimo centras / Genocide and Resistance Research Center of Lithuania (Hrsg.): *Su adata širdyje: getų ir koncentracijos stovyklų kalinių atsiminimai. With a Needle in the Heart: Memoirs of Former Prisoners of Ghettos and Concentration Camps.* Vilnius: Garnelis 2003, S. 106–113.

Gilman, Sander L.: *Jüdischer Selbsthaß: Antisemitismus und die verborgene Sprache der Juden.* Frankfurt am Main: Jüdischer Verlag 1993.

Girtler, Roland: *Rotwelsch: Die alte Sprache der Gauner, Dirnen und Vagabunden.* 2., erw. Auflage. Wien / Köln / Weimar: Böhlau 2010.

Gleichauf, Ingeborg: *Mord ist keine Kunst: Der Roman ‚Malina' von Ingeborg Bachmann und seine Verwandlung in ein Drehbuch und in einen Film.* Hamburg: Dr. Kovač 1995.

Gleser, Rikle (Text) / Isaak Dunajewski (Melodie): Du geto majn. In: Florian Freund / Franz Ruttner / Hans Safrian (Hrsg.): *Ess firt kejn weg zurik…: Geschichte und Lieder des Ghettos von Wilna 1941–1943, mit einem Vorwort von Simon Wiesenthal.* Wien: Picus 1992, S. 156–159.

Goethe, Johann Wolfgang von: Faust. In: Ders.: *Sämtliche Werke*, Bd. 13,1. Stuttgart / Berlin: J. G. Cotta`sche Buchhandlung [ca. 1903].

Göttert, Karl-Heinz: Wider den toten Buchstaben: Zur Problemgeschichte eines Topos. In: Friedrich A. Kittler / Thomas H. Macho / Sigrid Weigel (Hrsg.): *Zwischen Rauschen und Offenbarung: Zur Kultur-und Mediengeschichte der Stimme.* Berlin: Akademie Verlag 2002, S. 93–113.

Gottesman, Itzik: Joachim Neugroschel, Prolific Multilingual Translator, Is Dead at 73. In: *Forward*, 27.05.2011. http://forward.com/articles/138213/joachim-neugroschel-prolific-multilingual-translat (Zugriff am 10.08.2014).

—: Vitka Kempner-Kovner, Vilna Partisan, Dies. In: *Forward*, 24.02.2012. http://forward.com/articles/151582/vitka-kempner-kovner-vilna-partisan-dies (Zugriff am 12.08.2014).

Gold, David L.: On the Etymology of the American English Gambling Term *vigorish.* In: *Jewish Linguistic Studies* 1 (1989), S. 1–25.

Goldstein, Bernard: *Die Sterne sind Zeugen: Der Untergang der polnischen Juden.* München: dtv 1965.

Good, Michael: *The Search for Major Plagge: The Nazi Who Saved Jews.* New York: Fordham University Press 2005.

—: *Die Suche: Karl Plagge, der Wehrmachtsoffizier, der Juden rettete*, aus d. Engl. v. Jörg Fiebelkorn. Weinheim / Basel: Beltz 2006.

Goodman-Thau, Eveline: *Aufstand der Wasser: Jüdische Hermeneutik zwischen Tradition und Moderne.* Berlin / Wien: Philo 2002.

Grade, Chaim: *My Mother's Sabbath Days: A Memoir*, aus d. Jidd. v. Channa Kleinerman Goldstein / Inna Hecker Grade. Northvale / Jerusalem: Aronson 1997.

Greenbaum, Masha: *The Jews of Lithuania: A History of a Remarkable Community, 1316–1945.* Jerusalem / New York: Gefen 1995.

Greiling, Martin: *Im Totenhaus zu Plötzensee: Tatsachenbericht.* Kassel: Zahnwetzer 1946.

Grenz, Sabine: (Ent-)Tabuisiertes Erzählen: Sexuelle Gewalt an ‚deutschen' Frauen am Ende des Zweiten Weltkriegs. In: Ute Frietsch / Konstanze Hanitzsch / Jennifer John / Beatrice Michaelis (Hrsg.): *Geschlecht als Tabu: Orte, Dynamiken und Funktionen der De/Thematisierung von Geschlecht.* Bielefeld: Transcript 2008, S. 171–185.

Grinmanienė-Zimanaitė, Gita: Memoirs. In: Lietuvos Gyventojų genocido ir rezistencijos tyrimo centras / Genocide and Resistance Research Center of Lithuania (Hrsg.): *Su adata širdyje: getų ir koncentracijos stovyklų kalinių atsiminimai. With a Needle in the Heart: Memoirs of Former Prisoners of Ghettos and Concentration Camps.* Vilnius: Garnelis 2003, S. 136–139.

Gutman, Ephraim: Interview. Voices of the Holocaust. http://voices.iit.edu/interview?doc=gutmanE&display=gutmanE_en; http://voices.iit.edu/interview?doc=gutmanE&display=gutmanE_de (Zugriff am 12.08.2014).

Gutman, Israel: *Resistance: The Warsaw Ghetto Uprising.* Boston: Houghton Mifflin 1998.

Guzenberg, Irina: Documents of the H. K. P. Jewish Labor Camp in the Lithuanian Central State Archives. http://www.jmuseum.lt/index.aspx?Element=ViewArticle&TopicID=385&ArticleID=4111 (Zugriff am 10.08.2014).

Habermas, Jürgen: *Der philosophische Diskurs der Moderne: Zwölf Vorlesungen.* Frankfurt am Main: Suhrkamp 1991.

Hacker, Walter: Nachwort eines Österreichers. In: Maria Rolnikaite: *Das Tagebuch der Maria Rolnikaite.* Wien / Frankfurt am Main / Zürich: Europa-Verlag 1967, S. 250–260.

Hagen, Wolfgang: *Das Radio: Zur Geschichte und Theorie des Hörfunks – Deutschland / USA.* München: Fink: 2005.

Hanitzsch, Konstanze: Der Inzest als Symptom der Shoah: Zur Wiederkehr des Verdrängten in Max Frischs *Homo faber* und Ingeborg Bachmanns *Malina.* In: Dies. / Ute Frietsch / Jennifer John / Beatrice Michaelis (Hrsg.): *Geschlecht als Tabu: Orte, Dynamiken und Funktionen der De/Thematisierung von Geschlecht.* Bielefeld: Transcript 2008.

Harshav, Benjamin: *The Polyphony of Jewish Culture.* Stanford: Stanford University Press 2007.

Haslinger, Josef: *Das Vaterspiel.* Frankfurt am Main: Fischer 2000.

Hausleitner, Mariana: Czernowitz ein jüdischer Gedächtnisort? Unterschiedliche Sichtweisen der Zwischenkriegszeit von Juden, Deutschen, Ukrainern und Rumänen. In: Petra Ernst / Gerald Lamprecht (Hrsg.): *Konzeptionen des Jüdischen: Kollektive Entwürfe im Wandel.* Innsbruck / Wien / Bozen: Studienverlag 2009, S. 63–91.

Hausner, Gideon: *Gerechtigkeit in Jerusalem.* München: Kindler 1967.

Heidelberger-Leonard, Irene: Ingeborg Bachmanns *Todesarten-Zyklus* und das Thema Auschwitz. In: Robert Pichl / Alexander Stillmark (Hrsg.): *Kritische Wege der Landnahme: Ingeborg Bachmann im Blickfeld der neunziger Jahre; Londoner Symposium 1993 zum 20. Todestag der Dichterin (17.10.1973).* Wien: Hora 1994, S. 113–124.

Heineman, Helen: *Mrs. Trollope: The Triumphant Feminine in the Nineteenth Century.* Athens: Ohio University Press 1979.

Helbling, Brigitte: *Vernetzte Texte: Ein literarisches Verfahren von Weltenbau. Mit den Fallbeispielen Ingeborg Bachmann, Uwe Johnson und einer Digression zum Comic strip Doonesbury.* Würzburg: Königshausen & Neumann 1995.

Helfrich, Cilly: *„Es ist ein Aschensommer in der Welt": Rose Ausländer; Biographie.* Weinheim / Berlin: Quadriga 1995.

Hendrix, Heike: *Ingeborg Bachmanns „Todesarten"-Zyklus: Eine Abrechnung mit der Zeit.* Würzburg: Königshausen & Neumann 2005.

Henze, Hans Werner. Brief an Ingeborg Bachmann v. 24.04.1954. In: Ders. / Ingeborg Bachmann: *Briefe einer Freundschaft*, hrsg. v. Hans Höller. München / Zürich: Piper 2004, S. 32–33.

Herder, Johann Gottfried: *Schriften zum Alten Testament*, Bd. 5, hrsg. v. Rudolf Smend. Frankfurt am Main: Deutscher Klassiker Verlag 1993.

Herrmann, Britta: Das Buch Franza. In: Monika Albrecht / Dirk Göttsche (Hrsg.): *Bachmann-Handbuch: Leben – Werk – Wirkung.* Stuttgart / Weimar: Metzler 2002, S. 144–152.

Hilarová, Dagmar / [Miep Diekmann]: *Ich habe keinen Namen.* Berlin: Neues Leben 1982.

—: Plagiatsvorwurf an Miep Diekmann. http://dagmar-hilarova.hilarius.cz/news.php (Zugriff am 11.08.2014).

Hinrichtungen in Plötzensee 1933–1945. http://www.gedenkstaette-ploetzensee.de/02_dt.html (Zugriff am 11.08.2014).

Hödl, Klaus: *Als Bettler in die Leopoldstadt: Galizische Juden auf dem Weg nach Wien.* Wien / Köln / Weimar: Böhlau 1994.

Hoell, Joachim: *Mythenreiche Vorstellungswelt und ererbter Alptraum. Ingeborg Bachmann und Thomas Bernhard.* Berlin: VanBremen 2000.

—: *Ingeborg Bachmann.* München: dtv 2001.

Hollender, Andreas / Anne Klein / Katja Matthias / Adrian Stellmacher / Bettina Vitt (Hrsg.): *„Existiert das Ghetto noch?": Weißrussland: Jüdisches Überleben gegen nationalsozialistische Herrschaft.* Berlin / Hamburg / Göttingen: Assoziation A 2003.

Höller, Hans: *Ingeborg Bachmann. Das Werk: Von den frühesten Gedichten bis zum „Todesarten"-Zyklus.* Frankfurt am Main: Hain 1993.

—: *Ingeborg Bachmann.* Reinbek: Rowohlt 1999.

The Holocaust. Marking 50 Years Since The Eichmann Trial. http://www1.yadvashem.org/yv/en/holocaust/eichmann_trial/index.asp (Zugriff am 10.08.2014).

Holtorf, Cornelius: Archäologie als Fiktion – Anmerkungen zum Spurenlesen. In: Ulrich Veit / Tobias L. Kienlin / Christoph Kümmel / Sascha Schmidt (Hrsg.): *Spuren und Botschaften: Interpretationen materieller Kultur.* Münster: Waxmann 2003, S. 531–544.

—: Vom Kern der Dinge keine Spur. Spurenlesen aus archäologischer Sicht. In: Sybille Krämer / Werner Kogge / Gernot Grube (Hrsg.): *Spur: Spurenlesen als Orientierungstechnik und Wissenskunst.* Frankfurt am Main: Suhrkamp 2007, S. 333–352.

Holz, Klaus: *Nationaler Antisemitismus: Wissenssoziologie einer Weltanschauung.* Hamburg: Hamburger Edition 2001.

Holzer, Elisabeth: *Schleichhändler vor Gericht: Der Schwarzmarkt in der Steiermark nach dem Zweiten Weltkrieg.* Graz: Leykam 2007.

Holzman, Helene: *„Dies Kind soll leben": Die Aufzeichnungen der Helene Holzman, 1941–1944*, hrsg. v. Reinhard Kaiser / Margarete Holzman. München: List 2001.

Hufen, Uli: *Das Regime und die Dandys: Russische Gaunerchansons von Lenin bis Putin.* Berlin: Rogner & Bernhard 2010.

Ingeborg-Bachmann-Forum. http://www.ingeborg-bachmann-forum.de/ib-buch08.htm (Zugriff am 09.08.2014).

International Covenant on Civil and Political Rights: Human Rights Committee. One Hundredth Session, 11 to 29 October 2010 [Raihman versus Latvia]. http://www.worldcourts.com/hrc/eng/decisions/2010.10.28_Raihman_v_Latvia.pdf (Zugriff am 09.08.2014).

International Holocaust Remembrance Day 2012. Lithuania. http://www.holocaustremembrance.com/media-room/news-archive/international-holocaust-remembrance-day-2012 (Zugriff am 10.08.2014).

Ionova, Larissa: „Мурка" в законе [„Murka" im Gesetz]. In: *Российская газета* [*Rossijskaja Gazeta*], 15.04.2010. http://www.shansonprofi.ru/archiv/notes/paper400.html (Zugriff am 09.08.2014).

Irigaray, Luce: *Der Atem von Frauen: Luce Irigaray präsentiert weibliche Credos*, aus d. Franz. v. Angelika Dickmann. Rüsselsheim: Göttert 1997.

Isaiah 1.8. http://biblehub.com/isaiah/1-8.htm (Zugriff am 10.08.2014).

Iwens, Sidney: *How Dark the Heavens: 1400 Days under German Occupation*. New York: Shengold 1992.

— : How Dark the Heavens. http://yad-vashem.org.il/untoldstories/database/writtenTestimonies.asp?cid=362&site_id=444 (Zugriff am 10.08.2014).

Jacobs, Walter Darnell: Marshal Malinovsky and Missiles. In: *Military Review* 40,3 (1960), S. 14–20.

Jakubowicz-Pisarek, Marta: *Stand der Forschung zum Werk von Ingeborg Bachmann*. Frankfurt am Main / Bern / New York: Lang 1984.

Jewish Resistance in the Holocaust. Ghettos & Underground Fighters: Elimelech Melamed. http://c3.ort.org.il (Zugriff am 25.01.2013).

JFS Program Participants Visit Malina Exhibit. http://archive-lt.com/page/743885/2012-11-24/http://www.lzb.lt/en/home/670-jfs.html (Zugriff am 10.08.2014).

Joffe, Shimon: Translation from: *Pinkas Hakehillot Lita*: Encyclopedia of Jewish Communities, Lithuania. http://www.jewishgen.org/yizkor/pinkas_lita/lit_00090.html (Zugriff am 10.08.2014).

Jüdische Geschichte und Kultur: Rose Ausländer. http://www.judentum-projekt.de/persoenlichkeiten/liter/auslaender/index.html (Zugriff am 11.08.2014).

Juta Mentzen alias Mencena pret Latviju [Juta Mentzen alias Mencena gegen Lettland]. http://www.likumi.lv/doc.php?id=105197 (Zugriff am 09.08.2014).

Juzefovskaja, Mariam: Ришельевская 12 [Rišeljevskaja 12]. In: Dies.: *Дети победителей: повести и рассказы* [*Die Kinder der Sieger: Novellen und Erzählungen*]. Moskva: Slovo 1993, S. 125–176.

Kagan, Margaret: About Vytautas. http://www.openwriting.com/archives/2006/01/about_vytautas_1.php (Zugriff am 10.08.2014).

Kafka, Franz: [Rede über die jiddische Sprache]. Ders.: *Sämtliche Werke*, mit einem Nachwort v. Peter Höfle. Frankfurt am Main: Suhrkamp 2008, S. 1275–1278.

— : Die Sorge des Hausvaters. In: Ebd., S. 861–862.

Kanyar-Becker, Helena: Eine verhängnisvolle Liebe. Zur Pragerdeutschen Literatur. In: Richard Faber / Barbara Naumann (Hrsg.): *Literatur der Grenze – Theorie der Grenze*. Würzburg: Königshausen & Neumann 1995, S. 67–86.

Kast, Jochen / Peter Zinke / Bernd Siegler (Hrsg.): *Das Tagebuch der Partisanin Justyna: Jüdischer Widerstand in Krakau*. Berlin: Elefanten Press 1999.

Kątny, Andrzej: Zu den deutschen Lehnwörtern in der polnischen Gaunersprache. In: *Studia Germanica Gedanensia* 10 (2002), S. 93–104.

Katz, Zwi: *Von den Ufern der Memel ins Ungewisse: Eine Jugend im Schatten des Holocaust*. Zürich: Pendo 2002.

Kaufmann, Max: *Churbn Lettland: Die Vernichtung der Juden Lettlands*, hrsg. v. Erhard Roy Wiehn. Konstanz: Hartung-Gorre 1999 [1947].

Keil, Rolf-Dietrich: *Nikolai W. Gogol: Mit Selbstzeugnissen und Bilddokumenten.* Reinbek: Rowohlt 1985.

Kemper, Klaus: *Joseph Wulf: Ein Historikerschicksal in Deutschland.* Göttingen: Vandenhoeck & Ruprecht 2013.

Kèrékes, Gábor: Ungarn in Ingeborg Bachmanns Roman „Malina". In: Jeanne Benay (Hrsg.): *„Und wir werden frei sein, freier als je von jeder Freiheit…": Die Autorin Ingeborg Bachmann.* Wien: Edition Praesens 2005, S. 63–76.

Kessler (Graf), Harry: *Tagebücher 1918–1937*, hrsg. v. Wolfgang Pfeiffer-Belli. Berlin / Darmstadt / Wien: Deutsche Buch-Gemeinschaft 1961.

Kiefer, Sebastian: Von der Materialklitterung zum Stimmgewebe: Das Scheitern der Lyrikerin Bachmann als Voraussetzung ihrer reifen Prosa. In: Caitríona Leahy / Bernadette Cronin (Hrsg.): *Re-acting Ingeborg Bachmann: New Essays and Performances (with CD and DVD).* Würzburg: Königshausen & Neumann 2006, S. 207–222.

King, Charles: *Odessa: Genius and Death in a City of Dreams.* New York / London: Norton 2011.

Klaubert, Annette: *Symbolische Strukturen bei Ingeborg Bachmann: Malina im Kontext der Kurzgeschichten.* Bern / Frankfurt am Main / New York: Lang 1983.

Kleiner, Jefim: Летопись Виленского гетто [Annalen des Ghettos von Wilne]. http://russian-bazaar.com/en/content/826.htm (Zugriff am 10.08.2014).

Kohn-Waechter, Gudrun: *Das Verschwinden in der Wand: Destruktive Moderne und Widerspruch eines weiblichen Ich in Ingeborg Bachmanns „Malina".* Stuttgart: Metzler 1992.

Konecny, Petra: Widerstand in Wilna 1941–1943. In: Florian Freund / Franz Ruttner / Hans Safrian (Hrsg.): *Ess firt kejn weg zurik…: Geschichte und Lieder des Ghettos von Wilna 1941–1943, mit einem Vorwort von Simon Wiesenthal.* Wien: Picus 1992, S. 49–63.

Korchak, Ruzhka: Пламя под пеплом [Flammen unter der Asche], aus d. Hebr. v. O. Minc. http://lib.babr.ru/ext/3494.rtf (Zugriff am 10.08.2014).

Koschmal, Walter: *Der Dichternomade. Jiří Mordechai Langer – ein tschechisch-jüdischer Autor.* Köln / Weimar / Wien: Böhlau 2010.

Kostanian, Rachel: *The Jewish State Museum of Lithuania.* Vilnius: Lietuvos Valstybinis Žydų Muziejus 1996.

Kövary, Andreas: Ich bin ein hellwacher Zeitzeuge. http://austria-forum.org/af/AEIOU/Lessing,_Erich (Zugriff am 10.08.2014).

The Kovno Ghetto Orchestra 1943–1944. http://www.jewishvirtuallibrary.org/jsource/Holocaust/Kovno_Orchestra.html (Zugriff am 10.08.2014).

Krämer, Sybille: Was kommt nach den Zeichen? Ein Essay über die Spur. In: John Michael Krois / Norbert Meuter (Hrsg.): *Kulturelle Existenz und Symbolische Form: Philosophische Essays zu Kultur und Medien.* Berlin: Parerga 2006, S. 155–166.

Kramer, Thomas / Martin Prucha: *Film im Lauf der Zeit: 100 Jahre Kino in Deutschland, Österreich und der Schweiz.* Wien: Ueberreuter 1994.

Krapina, Maija: Erinnerungen, aus d. Russ. v. Margrit Hegge. In: Andreas Hollender / Anne Klein / Katja Matthias / Adrian Stellmacher / Bettina Vitt (Hrsg.): *„Existiert das Ghetto noch?": Weißrussland: Jüdisches Überleben gegen nationalsozialistische Herrschaft.* Berlin / Hamburg / Göttingen: Assoziation A 2003, S. 24–40.

Kreidel, Margret / Lucas Cejpek: „Malina" im Salzkammergut. In: Jeanne Benay (Hrsg.): *„Und wir werden frei sein, freier als je von jeder Freiheit…": Die Autorin Ingeborg Bachmann.* Wien: Edition Praesens 2005, S. 127–139.

Kresimon, Andrea: *Ingeborg Bachmann und der Film: Intermedialität und intermediale Prozesse in Werk und Rezeption.* Frankfurt am Main / Berlin / Bern / Bruxelles / New York / Oxford / Wien: Lang 2004.

Kruk, Herman: *The Last Days of the Jerusalem of Lithuania: Chronicles from the Vilna Ghetto and the Camps, 1939–1944*, hrsg. u. eingel. v. Benjamin Harshav, aus d. Jidd. v. Barbara Harshav. New Haven / London: Yale University Press 2002.

Kučerenko, Alla: Ксива для бегемота. Ивритские заимствования в русском языке [Kassiber (Ksiwa) für einen Behemoth: Entlehnungen aus dem Hebräischen ins Russische]. http://www.sem40.ru/evroplanet/languages/hebrew/17723 (Zugriff am 09.08.2014).

Kučinskienė-Vitkinaitė, Fruma Malkė: Memoirs. In: Lietuvos Gyventojų genocido ir rezistencijos tyrimo centras / Genocide and Resistance Research Center of Lithuania (Hrsg.): *Su adata širdyje: getų ir koncentracijos stovyklų kalinių atsiminimai. With a Needle in the Heart: Memoirs of Former Prisoners of Ghettos and Concentration Camps.* Vilnius: Garnelis 2003, S. 196–200.

Kugler, Anita: *Scherwitz: Der jüdische SS-Offizier.* Köln: Kiepenheuer & Witsch 2004.

Kühn, Christoph: *Jüdische Delinquenten in der Frühen Neuzeit: Lebensumstände delinquenter Juden in Aschkenas und die Reaktionen der jüdischen Gemeinden sowie der christlichen Obrigkeit.* Potsdam: Universitätsverlag Potsdam 2008.

Landmann, Salcia: *Jiddisch: Das Abenteuer einer Sprache.* Frankfurt am Main: Ullstein 1986.

Lange-Müller, Katja: Es gibt nicht Krieg und Frieden (= 25. Tage der deutschsprachigen Literatur. Klagenfurter Rede zur Literatur 2001). http://bachmannpreis.orf.at/bp_2001/aktuelles/rede_literatur.htm (Zugriff am 11.08.2014).

Langer, Renate: Schmerzensfrau und Immaculata. Bruchlinien im Bachmann-Bild. In: Wilhelm Hemekker / Manfred Mittermayer (Hrsg.): *Mythos Bachmann: Zwischen Inszenierung und Selbstinszenierung.* Wien: Zsolnay 2011, S. 54–71.

Lapidus, Albert: My War Childhood: A Prisoner of the Ghetto and Partisan of World War II Remembers, aus d. Russ. v. Irina Bindler. http://www.jewishgen.org/Belarus/newsletter/Lapidus.htm (Zugriff am 12.08.2014).

Latour, Bruno: *Wir sind nie modern gewesen: Versuch einer symmetrischen Anthropologie*, aus d. Franz. v. Gustav Roßler. Berlin: Akademie Verlag 1995.

Latvijas Apvienotā Policistu Arodbiedrība: Žargona vārdnīca [Wörterbuch des Jargons]. http://www.policistuarodbiedriba.lv/index2.php?id=129 (Zugriff am 10.08.2014).

Lauretis, Teresa de: Die Technologie des Geschlechts, aus d. Engl. v. Conny Lösch. In: Elvira Scheich (Hrsg.): *Vermittelte Weiblichkeit: Feministische Wissenschafts- und Gesellschaftstheorie.* Hamburg: Hamburger Edition 1996, S. 57–89.

Lazerson-Rostovskaja, Tamara: Записки из Каунасского гетто [Aufzeichnungen aus dem Ghetto in Kaunas]. http://magazines.russ.ru/novyi_mi/2011/5/ta10.html (Zugriff am 10.08.2014).

Ledeneva, Alena V.: *Russia's Economy of Favours: Blat, Networking and Informal Exchange.* Cambridge: Cambridge University Press 1998.

Leivers, Dorothy: *Jews of Kopcheve.* Bergenfield: Avatayanu 2006.

Leivers, Dorothy / Connie Buchanan / Carol Hofman: Kapciamiestis (Kopcheve, Kopciowo, Koptsiovo). http://www.kapciamiestis.org (Zugriff am 12.08.2014).

Lennox, Sara: Literarische Rezeption. In: Monika Albrecht / Dirk Göttsche (Hrsg.): *Bachmann-Handbuch: Leben – Werk – Wirkung.* Stuttgart / Weimar: Metzler 2002, S. 35–41.

—: Gender, Kalter Krieg und Ingeborg Bachmann, aus d. Amer. v. Monika Albrecht / Dirk Göttsche. In: Monika Albrecht / Dirk Göttsche (Hrsg.): *„Über die Zeit schreiben" 3: Literatur- und kulturwissenschaftliche Essays zum Werk Ingeborg Bachmanns.* Würzburg: Königshausen & Neumann 2004, S. 15–54.

—: *Cemetery of the Murdered Daughters: Feminism, History, and Ingeborg Bachmann.* Amherst / Boston: University of Massachusetts Press 2006.

Lessing, Erich: *Von der Befreiung zur Freiheit: Ein Photoalbum 1945–1960.* Wien: Verlag der Metamorphosen 2005.

A Letter To The Stars: Datenbank der Ermordeten. Eintrag: „Siegfried Nowak". http://lettertothestars.at (Zugriff am 01.08.2014).

Levi, Primo: *Ist das ein Mensch?* Frankfurt am Main / Hamburg: Fischer Bücherei 1961.

Levin, Dov: *The Litvaks: A Short History of the Jews of Lithuania*, aus d. Hebr. v. Adam Teller. New York: Berghahn 2001.

Levy, Ze'ev: *Probleme moderner jüdischer Hermeneutik und Ethik*. Cuxhaven / Dartford: Junghans 1997.

Lewis, Alfred Henry: *The Apaches of New York*. Chicago / New York: Donohue 1912.

Lietuvos Gyventojų genocido ir rezistencijos tyrimo centras (Hrsg.): *Whoever Saves One Life…: The Efforts to Save Jews in Lithuania Between 1941 and 1944*. Vilnius: Garnelis 2002.

Lipski, Felix: Das „Pogrom" vom 28. Juli 1942: vier Tage und drei Nächte im Versteck. (Lebensgeschichten jüdischer Zuwanderer aus der ehemaligen Sowjetunion in Nordrhein-Westfalen). http://www.juedische-lebensgeschichten.de/person.asp?pid=6 (Zugriff am 12.08.2014).

—: Eine Kindheit im Minsker Ghetto, aus d. Russ. v. Alexander Timoschenko. In: Andreas Hollender / Anne Klein / Katja Matthias / Adrian Stellmacher / Bettina Vitt (Hrsg.): *„Existiert das Ghetto noch?": Weißrussland: Jüdisches Überleben gegen nationalsozialistische Herrschaft*. Berlin / Hamburg / Göttingen: Assoziation A 2003, S. 157–171.

Littell, Robert: *Das Stalin-Epigramm*, aus d. Amer. v. Werner Löcher-Lawrence. Zürich: Arche 2009.

Loacker, Armin (Hrsg.): *Austrian Noir: Essays zur österreichisch-amerikanischen Koproduktion Abenteuer in Wien / Stolen Identity*. Wien: Filmarchiv Austria 2005.

Loitfellner, Sabine: Die Rezeption von Geschworenengerichtsprozessen wegen NS-Verbrechen in ausgewählten österreichischen Zeitschriften 1956–1975: Bestandsaufnahme, Dokumentation, und Analyse von veröffentlichten Geschichtsbildern zu einem vergessenen Kapitel österreichischer Zeitgeschichte. http://www.nachkriegsjustiz.at/prozesse/geschworeneng/rezeption.pdf (Zugriff am 10.08.2014).

Lücke, Bärbel: *Ingeborg Bachmann: Malina. Interpretation*. München: Oldenbourg 1993.

Lühe, Irmela von der: „Ich ohne Gewähr": Ingeborg Bachmanns Frankfurter Vorlesungen zur Poetik. In: Dies. (Hrsg.): *Entwürfe von Frauen in der Literatur des 20. Jahrhunderts*. Berlin: Argument 1982, S. 106–131.

—: *Erika Mann: Eine Biographie*. Frankfurt am Main / New York: Campus 1993.

—: Zwischen Zeugniszwang und Schweigegebot. In: Silvio Vietta / Dirk Kemper / Eugenio Spedicato (Hrsg.): *Das Europa-Projekt der Romantik und die Moderne: Ansätze zu einer deutsch-italienischen Mentalitätsgeschichte*. Tübingen: Niemeyer 2005, S. 249–264.

Lustiger, Arno: Geleitwort. In: Alex Faitelson: *Im jüdischen Widerstand*, hrsg. u. mit hist. Anm. v. Charlotte Nager, aus d. Jidd. v. Esther Hürlimann, mit Gedichten v. Sima Faitelson-Jaschunski. Baden-Baden / Zürich: Elster 1998, S. 9–12.

Malachow, Walerij / Boris Stepanenko: *Одесса 1920–1965: люди--, события--, факты--* [*Odessa 1920–1965: Menschen--, Ereignisse--, Tatsachen--*]. Kiew: Nauka i technika 2008.

„Малина" [„Malina"]. http://ru.wikipedia.org/wiki (Zugriff am 10.08.2014).

Malka, Salomon: *Emmanuel Lévinas*, aus d. Franz. v. Frank Miething. München: Beck 2003.

Mallowe, Mike: *The Meatman*. East Rutherford: Pinnacle 1989.

Mandelstam, Nadeschda: *Das Jahrhundert der Wölfe: Eine Autobiographie*, aus d. Russ. v. Elisabeth Mahler. Frankfurt am Main: Fischer 1973.

Mann, Thomas: *Bekenntnisse des Hochstaplers Felix Krull. Der Memoiren erster Teil*. Frankfurt am Main: Fischer 2006.

Margolina, Sima: Erinnerungen, aus d. Russ. v. Iryna Kharytonova. In: Andreas Hollender / Anne Klein / Katja Matthias / Adrian Stellmacher / Bettina Vitt (Hrsg.): *„Existiert das Ghetto noch?": Weißrussland: Jüdisches Überleben gegen nationalsozialistische Herrschaft*. Berlin / Hamburg / Göttingen: Assoziation A 2003, S. 78–103.

— : *Остаться жить* [*Am Leben bleiben*]. Minsk: Natako 1997.

Margolis, Rachel: *Als Partisanin in Wilna: Erinnerungen an den jüdischen Widerstand in Litauen*, aus d. Poln. v. Franziska Bruder, komm. u. mit einer Einführung v. Franziska Bruder / Gudrun Schroeter. Frankfurt am Main: Fischer 2008.

Markus Wolf (1923–2006). http://www.hdg.de/lemo/html/biografien/WolfMarkus/index.html (Zugriff am 09.08.2014).

Marschalek, Manfred: Haselgrubers letzter Ausweg. Nach Geschäften mit Hitler, den Russen und der ÖVP scheiterte der Schrottkönig. In: *Arbeiter-Zeitung*, 10.11.1967. http://www.arbeiter-zeitung.at/cgi-bin/archiv/flash.pl?seite=19671110_A03;html=1 (Zugriff am 10.08.2014).

Марсель [Marseille]. http://www.ilosik.ru/lyrics/dvorbalt/blatnie/blatnie-marsel.html (Zugriff am 09.08.2014).

Mattenklott, Gundel: Bleistift, Tinte, Papier. Zur materiellen Imagination der Schrift. In: *Paragrana: Internationale Zeitschrift für Historische Anthropologie* Beiheft 1 (2005), S. 121–141.

Mauthner, Fritz: *Erinnerungen*, Bd. 1: Prager Jugendjahre. München: Müller 1918.

Mayer, Hans: Malina oder Der große Gott von Wien. In: Michael Schardt (Hrsg.): *Über Ingeborg Bachmann I: Rezensionen 1952–1992*. Hamburg: Igel 2011, S. 134–137.

McVeigh, Joseph G.: Die Stille um den ‚Mordschauplatz'. Ingeborg Bachmann, der Kalte Krieg und der Sender Rot-Weiß-Rot. In: Monika Albrecht / Dirk Göttsche (Hrsg.): *Über die Zeit schreiben*" 3: *Literatur- und kulturwissenschaftliche Essays zum Werk Ingeborg Bachmanns*. Würzburg: Königshausen & Neumann 2004, S. 55–68.

Mein Freund Murer. In: *Korso*, 09.12.1998. http://korso.at/content/view/3514/186/index.html (Zugriff am 10.08.2014).

Meine Oma zieht um. In: *Der Tagesspiegel*, 27.01.2008. http://www.tagesspiegel.de/zeitung/oma-zieht-um-meine/1150232.html (Zugriff am 20.08.2011).

Melamed, Julija: Сталин без символизма [Stalin ohne Symbolismus]. http://www.jewish.ru/columnists/2013/03/news994316013.php (Zugriff am 09.08.2014).

Messinger, Irene: *Schein oder nicht Schein. Konstruktion und Kriminalisierung von Scheinehen in Geschichte und Gegenwart*. Wien: Mandelbaum 2012.

Michman, Dan: *Angst vor den „Ostjuden": Die Entstehung der Ghettos während des Holocaust*, aus d. Engl. v. Udo Rennert. Frankfurt am Main: Fischer 2011.

Miedzyrzecki Peltel, Feigele [Vladka Meed]: *On Both Sides of the Wall: Memoirs from the Warsaw Ghetto*, eingeleitet v. Elie Wiesel, aus d. Jidd. v. Steven Meed. New York: Holocaust Library 1979.

Millard, Alan R.: *Pergament und Papyrus, Tafel und Ton: Lesen und Schreiben zur Zeit Jesu*. Gießen: Brunnen 2000.

Molden, Fritz: *Besetzer, Toren, Biedermänner: Ein Bericht aus Österreich 1945–1962*. Wien / Zürich / New York: Molden 1980.

Morris, Leslie: Das Leben, die Menschen, die Zeit. Hans Werner Henze im Gespräch mit Leslie Morris (Rom, 4. Januar 1999). In: Monika Albrecht / Dirk Göttsche (Hrsg.): *„Über die Zeit schreiben" 2: Literatur- und kulturwissenschaftliche Essays zum Werk Ingeborg Bachmanns*. Würzburg: Königshausen & Neumann 2000, S. 143–159.

Moser, Thomas: Eine unerwünschte Chronik. http://hagalil.com/archiv/2001/01/wilna.htm (Zugriff am 10.08.2014).

Murka. Музей Шансона [Museum des Chansons].: http://www.shansonprofi.ru/archiv/history/murka.shtml (Zugriff am 09.08.2014).

Nägele, Rainer: Die Arbeit des Textes: Notizen zur experimentellen Literatur. In: Paul Michael Lützeler / Egon Schwarz (Hrsg.): *Deutsche Literatur in der Bundesrepublik seit 1965: Untersuchungen und Berichte*. Königstein, Ts.: Athenäum 1980, S. 30–45.

Nager, Charlotte: Historische Anmerkungen. In: Alex Faitelson: *Im jüdischen Widerstand*, mit einem Geleitwort v. Arno Lustiger, hrsg. und mit historischen Anmerkungen versehen v. Charlotte Nager, aus d. Jidd. v. Esther Hürlimann, mit Gedichten v. Sima Faitelson-Jaschunski. Baden-Baden / Zürich: Elster 1998, S. 399–410.

Nagy, Hajnalka: *Ein anderes Wort und ein anderes Land: Zum Verhältnis von Wort, Welt und Ich in Ingeborg Bachmanns Werk*. Würzburg: Königshausen & Neumann 2010.

Nekula, Marek: Franz Kafkas Sprachen und Identitäten. In: Ders. / Walter Koschmal (Hrsg.): *Juden zwischen Deutschen und Tschechen: Sprachliche und kulturelle Identitäten in Böhmen 1800–1945*. München: Oldenbourg 2006, S. 125–149.

Nerimst fiktīvas laulības Īrijā. In: *Ir*, 13.11.2011. http://www.ir.lv/2011/11/13/nerimst-fiktivas-laulibas-irija (Zugriff am 09.08.2014).

Neugroschel, Joachim: "Vilnius" for "Vilne". http://www.ibiblio.org/pub/academic/languages/yiddish/mendele/vol6.236 (Zugriff am 10.08.2014).

Neville-Sington, Pamela: The Life and Adventures of a Clever Woman. In: Brenda Ayres (Hrsg.): *Frances Trollope and the Novel of Social Change*. London / Westport: Greenwood 2002, S. 11–25.

Okun, Leonid: Я помню. I Remember. http://www.iremember.ru/partizani/okun-leonid-isaakovich/stranitsa-2.html (Zugriff am 12.08.2014).

Omasta, Michael: Viennoir. In: Eugen Antalovsky / Alexander Horwarth (Hrsg.): *Imagining the City. Dokumentation*, S. 8–13. http://www.europaforum.or.at/site/wienerwissen/Imagining_the_City_web.pdf (Zugriff am 10.08.2014).

Online Etymology Dictionary. http://www.etymonline.com/index.php?term=cell&allowed_in_frame=0 (Zugriff am 11.08.2014).

Opel, Adolf: *„Wo mir das Lachen zurückgekommen ist": Auf Reisen mit Ingeborg Bachmann*. München: Langen / Müller 2001.

Oschlies, Wolf: „Murka" – Geschichte eines Liedes aus dem sowjetischen Untergrund. http://www.zukunft-braucht-erinnerung.de/zweiter-weltkrieg/ueberfall-auf-die-sowjetunion/1866-murka-geschichte-eines-liedes-aus-dem-sowjetischen-untergrund.html (Zugriff am 09.08.2014).

Österreich / Korruption: Hasi in der Grube. In: *Der Spiegel*, 26.11.1958 http://www.spiegel.de/spiegel/print/d-42620825.html (Zugriff am 10.08.2014).

Österreich-Bibliotheken. http://www.oesterreich-bibliotheken.at/res_auslandsaustriaca.php (Zugriff am 11.08.2014).

Ostland, Isaac: Interview. http://voices.iit.edu/interview?doc=ostlandI&display=ostlandI_en (Zugriff am 12.08.2014).

Ost-Schmuggel: Das große Ringgeschäft. In: *Der Spiegel*, 25.04.1951. http://www.spiegel.de/spiegel/print/d-29193780.html (Zugriff am 10.08.2014).

Packeiser, Karsten: Halb Russland hört Ganovenlieder. In: *Russland-Aktuell*, 25.01.2005. http://www.aktuell.ru/russland/lexikon/kultur/halb_russland_hoert_ganovenlieder_5.html (Zugriff am 09.08.2014).

Paretsky, Sara: *Breakdown. A. V. I. Warshawski Novel*. New York: Signet 2012.

Paulsson, Gunnar S.: *Secret City: The Hidden Jews of Warsaw 1940–1945*. New Haven: Yale University Press 2002.

PERMANENT SHOW 'MALINA' TO BE OPENED AT JEWISH CULTURE AND INFORMATION CENTRE. http://www.kamane.lt/eng/news/2012-year/january/photography/permanent-show-malina-to-be-openend-at-jewish-culture-and-information-centre (Zugriff am 10.08.2014).

Picard, Jacques: Jerusalem, Babylon und andere Orte der Erinnerung: über das Woher und Wohin in der jüdischen Geschichtsschreibung. In: *Schweizerische Zeitschrift für Religions- und Kulturgeschichte* 100 (2006), S. 89–104.

Plaque: Trollope Family. http://www.londonremembers.com/memorials/trollope-family (Zugriff am 11.08.2014).

Polaschek, Martin F. / Heimo Halbrainer: „… an derartige Bestialitäten hat der Gesetzgeber nicht gedacht" – Kriegsverbrecherprozesse in der Steiermark 1945–1970. In: Dies. (Hrsg.): *Kriegsverbrecherprozesse in Österreich: Eine Bestandsaufnahme.* Graz: Clio 2003, S. 45–63.

Polenz, Peter von: *Deutsche Sprachgeschichte vom Spätmittelalter bis zur Gegenwart*, Bd. 3: 19. und 20. Jahrhundert. Berlin / New York: De Gruyter 1999.

Pollack, Martin: *Nach Galizien: Von Chassiden, Huzulen, Polen und Ruthenen. Eine imaginäre Reise durch die verschwundene Welt Ostgaliziens und der Bukowina.* Wien / München: Brandstätter 1984.

Poltajev, German: Гигантская воровская малина [Eine gigantische Malina der Diebe]. In: *MK*, 27.03.2013. http://vrn.mk.ru/article/2013/03/27/832148-gigantskaya-vorovskaya-malina.html (Zugriff am 09.08.2014).

Porat, Dina: *The Fall of a Sparrow: The Life and Times of Abba Kovner*, hrsg. u. aus d. Hebr. v. Elizabeth Yuval. Stanford: Stanford University Press 2010.

Portnikov, Valerij: УКРАИНА – НЕ ГОСУДАРСТВО, А ВОРОВСКАЯ „МАЛИНА" [Ukraine – das ist kein Staat, sondern eine „Malina" der Diebe]. In: *Цензор.Нет*, 13.12.2011. http://censor.net.ua/resonance/191116/ukraina_ne_gosudarstvo_a_vorovskaya_malina (Zugriff am 09.08.2014).

— : Украина – воровская малина, а не государство [Ukraine – Malina der Diebe, aber kein Staat]. In: *Newsland*, 13.12.2011. http://newsland.com/news/detail/id/842300/ (Zugriff am 09.08.2014).

Pozner, Majkl: Операция ‚Белая Малина' или тараканьи бега в БЮТе [Operation „Weiße Malina" oder Kakerlaken-Wettlauf in BJUTe]. In: *Digitalmetro.us*, 05.08.2011. http://digitalmetro.us/2011/05/08 (Zugriff am 20.08.2011).

Praag, Charlotte van: ‚Malina' von Ingeborg Bachmann. Ein verkannter Roman. In: *Neophilologus* 66,1 (1982), S. 111–125.

Probst, Gerhard F.: Mein Name sei Malina – Nachdenken über Ingeborg Bachmann. In: *Modern Austrian Literature* 11,1 (1978), S. 103–119.

Prochorova, Julija: „Малина" в погонах: фальшивые дела „закрывали" взятками [„Malina" in Uniform: Falsche Geschäfte vertuscht mit Bestechungsgeldern]. In: *Pravda*, 17.05.2010. http://www.pravda.ru/accidents/factor/crime/17-05-2010/1032136-vzytka-0 (Zugriff am 09.08.2014).

Rabinovici, Doron: ‚Jidn, sogt, wer schtejt bajm tojer?' Der Fall Franz Murer – ein österreichischer Schauprozeß gegen die Opfer. In: Florian Freund / Franz Ruttner / Hans Safrian (Hrsg.): *Ess firt kejn weg zurik…: Geschichte und Lieder des Ghettos von Wilna 1941–1943*, mit einem Vorwort v. Simon Wiesenthal. Wien: Picus 1992, S. 97–122.

— : Wohin oder Der Preis der Nacht. In: Ders.: *Credo und Credit: Einmischungen.* Frankfurt am Main: Suhrkamp 2001, S. 22–47.

— : Credo und Credit. Oder Einige Überlegungen zum Antisemitismus. In: Ebd., S. 67–80.

— : Der Spiegel der Finsternis. Schattenspiele oder Die richtige Art des Erinnerns. In: Ebd., S. 96–104.

— : Tracht und Zwietracht. Oder Politik als Folklore. In: Ebd., S. 130–155.

— : Rede zum steirischen Herbst 04. http://www.rabinovici.at/texte_stherb.html (Zugriff am 12.08.2014).

Rabinovici, Schoschana: *Thanks to My Mother*, aus d. Deut. v. James Skofield. New York: Puffin 2000.

— : *Dank meiner Mutter*, aus d. Hebr. v. Mirjam Pressler. Frankfurt am Main: Fischer 2002.

Rabinovici, Suzanne Lucienne: Die Maline. In: Florian Freund / Franz Ruttner / Hans Safrian (Hrsg.): *Ess firt kejn weg zurik…: Geschichte und Lieder des Ghettos von Wilna 1941–1943*, mit einem Vorwort v. Simon Wiesenthal. Wien: Picus 1992, S. 81–96.

Rabitz, Cornelia: A Story of Death and Survival. In: *DW*, 29.11.2012. http://www.dw.de/a-story-of-death-and-survival/a-16391462 (Zugriff am 10.08.2014).

Rädle, Fidel: Argumentatio. In: *Reallexikon der deutschen Literaturwissenschaft: Neubearbeitung des Reallexikons der deutschen Literaturgeschichte*, Bd. 1: A–G, hrsg. v. Klaus Weimar, gemeinsam mit Harald Fricke / Klaus Grubmüller / Jan-Dirk Müller. Berlin / New York: De Gruyter 2007, S. 127–130.

Rahn, Thomas: Aufhalter des Vagabunden: Der Verkehr und die Papiere bei Joseph Roth. In: Hans Richard Brittnacher / Magnus Klaue (Hrsg.): *Unterwegs: Zur Poetik des Vagabundentums im 20. Jahrhundert.* Köln / Weimar / Wien: Böhlau 2008, S. 109–125.

Ran-Tcharnyi, Jeanne: The Unbelievable Truth. http://borbro.narod.ru/Jeanna_Ran/RAN3.htm (Zugriff am 12.08.2014).

Rechesas, Josifas: Memoirs. In: Lietuvos Gyventojų genocido ir rezistencijos tyrimo centras / Genocide and Resistance Research Center of Lithuania (Hrsg.): *Su adata širdyje: getų ir koncentracijos stovyklų kalinių atsiminimai. With a Needle in the Heart: Memoirs of Former Prisoners of Ghettos and Concentration Camps.* Vilnius: Garnelis 2003, S. 294–302.

Redecker, Eva von: *Zur Aktualität von Judith Butler: Einleitung in ihr Werk.* Wiesbaden: VS 2011.

Reichart, Elisabeth: Poesie ist Brot: Ingeborg Bachmanns Radikalität. In: *neue deutsche literatur* 45,515 (1997), S. 95–104.

Reich-Ranicki, Marcel: Sie suchte Schutz in der Verstellung. In: Ders.: *Lauter schwierige Patienten: Gespräche mit Peter Voß über Schriftsteller des 20. Jahrhunderts.* München: List 2003, S. 253–274.

— : Am liebsten beim Friseur: Ingeborg Bachmanns neuer Erzählungsband „Simultan". In: Constance Hotz: *Die Bachmann. Das Image der Dichterin: Ingeborg Bachmann im journalistischen Diskurs.* Konstanz: Faude 1990, S. 228–231.

Reinhardt, George W.: Form as Consolation: Thematic Development in Ingeborg Bachmanns *Malina.* In: *Symposium* 33,1 (1979), S. 41–64.

Religion [in Lithuania]. http://lietuva.lt/en/lifestyle/religion (Zugriff am 10.08.2014).

Rescued Lithuanian Jewish Child Tells about SHOAH. http://www.rescuedchild.lt (Zugriff am 10.08.2014).

Responsa. In: *Jewish Language Review* 4 (1984), S. 252–407.

Reznik, Šaul (Pawel): Переводы на иврит. Мурка: *Народное творчество* [Übersetzungen ins Hebräische. Murka: *Volkserzeugnis*]. http://shaul.tryam.com/translations-hebrew/murka (Zugriff am 09.08.2014).

Riecht nach Blut. In: *Der Spiegel*, 19.02.1973. http://www.spiegel.de/spiegel/print/d-42650953.html (Zugriff am 09.08.2014).

Rilke, Rainer Maria: Brief an August Sauer am 11. Januar 1914. http://www.rilke.de/briefe/110114.htm (Zugriff am 11.08.2014).

Rolnikaite, Maria [Rolnik, Mascha]: *Mein Tagebuch*, aus d. Russ. u. bearb. v. Herbert Krempien, mit einem Vorwort v. Eduardas Mieželaitis. Berlin: Union 1967.

— : *Ich muss erzählen: Mein Tagebuch 1941–1945*, aus d. Jidd. v. Dorothea Greve, mit einem Vorwort v. Marianna Butenschön. Berlin: Kindler 2002.

— : Свадебный подарок, или На черный день [Hochzeitsgeschenk oder Für einen schwarzen Tag]. http://lit.lib.ru/r/rolxnikajte_m_g/text_0030.shtml (Zugriff am 10.08.2014).

Romanowsky, Daniel: Das Minsker Ghetto. In: Andreas Hollender / Anne Klein / Katja Matthias / Adrian Stellmacher / Bettina Vitt (Hrsg.): *„Existiert das Ghetto noch?": Weißrussland: Jüdisches Überleben gegen nationalsozialistische Herrschaft.* Berlin / Hamburg / Göttingen: Assoziation A 2003, S. 211–232.

Rosen, Alan: David Boder. Early Postwar Voices: David Boder's Life and Work. http://voices.iit.edu/david_boder (Zugriff am 12.08.2014).

Rosenfeld, Sidney: Die Magie des Namens in Joseph Roths *Beichte eines Mörders*. In: *The German Quarterly* 40,3 (1967), S. 351–362.

Rosner, Lydia S.: *The Soviet Way of Crime: Beating the System in the Soviet Union and the USA*. South Hadley: Bergin & Garvey 1986.

Roß, Klaus: *Sprecherziehung statt Rhetorik: Der Weg zur rhetorischen Kommunikation*. Opladen: Westdeutscher Verlag 1994.

Rohr, Klaus C.: Organisierte Kriminalität in den USA. http://www.lpb-bw.de/publikationen/eumafia/usa.htm (Zugriff am 10.08.2014).

Rondholz, Eberhard: „Und die Massenmörder züchten Blumen." In: *konkret* 1 (2011), S. 38–39. http://rondholz.nelkonzept.de/2011/01/und-die-massenmorder-zuchten-blumen (Zugriff am 12.08.2014).

Roth, Joseph: *Juden auf Wanderschaft*. Berlin: Die Schmiede 1927.

—: Erdbeeren [1929]. In: Ders.: *Werke*, Bd. 4: Romane und Erzählungen 1916–1929, hrsg. u. mit einem Nachwort v. Fritz Hackert. Köln: Kiepenheuer & Witsch 1989, S. 1008–1036.

—: Ukrainomanie. Berlins neueste Mode [13.12.1920]. In: Ders.: *Werke*, Bd. 1: Das journalistische Werk 1915–1923, hrsg. u. mit einem Nachwort v. Fritz Hackert / Klaus Westermann. Köln: Kiepenheuer & Witsch 1990, S. 417–419.

—: Sentimentale Reportage [1927]. In: Ders.: *Werke*, Bd. 2: Das journalistische Werk 1924–1928, hrsg. u. mit einem Nachwort v. Klaus Westermann. Köln: Kiepenheuer & Witsch 1990, S. 756–761.

—: Der ukrainische Nationalismus – ein deutsches Patent [13.01.1939]. In: Ders.: *Werke*, Bd. 3: Das journalistische Werk 1929–1939, hrsg. u. mit einem Nachwort v. Klaus Westermann. Köln: Kiepenheuer & Witsch 1991, S. 874–876.

—: Beichte eines Mörders [1936]. In: Ders.: *Werke*, Bd. 6: Romane und Erzählungen 1936–1940, hrsg. u. mit einem Nachwort v. Fritz Hackert. Köln: Kiepenheuer & Witsch 1991, S. 1–125.

—: Das falsche Gewicht [1937]. In: Ebd., S. 127–223.

—: Die Geschichte von der 1002. Nacht [1937]. In: Ebd., S. 347–514.

—: Die Kapuzinergruft [1938]. In: Ebd., S. 225–346.

Roth, Silvia: *Schattenriss*. Hamburg: Hoffmann und Campe 2009.

Rudashevski, Yitskhok: *The Diary of the Vilna Ghetto: Juni 1941–April 1943*, aus d. Jidd. v. Percy Matenko. [Tel Aviv]: Ghetto Fighters' House 1979.

Ruttner, Franz: Die jiddischen Lieder aus dem Wilnaer Ghetto. In: Ders. / Florian Freund / Hans Safrian (Hrsg.): *Ess firt kejn weg zurik…: Geschichte und Lieder des Ghettos von Wilna 1941–1943*, mit einem Vorwort v. Simon Wiesenthal. Wien: Picus 1992, S. 123–195.

Sandermann, Wilhelm: *Papier: Eine spannende Kulturgeschichte*. Berlin / Heidelberg / New York / London / Paris / Tokyo / Hong Kong / Barcelona / Budapest: Springer 1992.

Sandkühler, Hans Jörg: Repräsentation – Die Fragwürdigkeit der ‚Welt der Dinge'. In: Ders. / Silja Freudenberger (Hrsg.): *Repräsentation, Krise der Repräsentation, Paradigmenwechsel: Ein Forschungsprogramm in Philosophie und Wissenschaften*. Frankfurt am Main / Berlin / Bern / Bruxelles / New York / Oxford / Wien: Lang 2003, S. 47–69.

—: Wissenskulturen, Überzeugungen und die Rechtfertigung von Wissen. In: Ders. (Hrsg.): *Repräsentation und Wissenskulturen*. Frankfurt am Main / Berlin / Bern / Bruxelles / New York / Oxford / Wien: Lang 2007.

Sartorti, Rosalinde: „Als Kind habe ich Stalin gesehen". Stalin und seine Repräsentationen. In: Hans-Jörg Czech / Nikola Doll (Hrsg.): *Kunst und Propaganda im Streit der Nationen 1930–1945*. Dresden: Sandstein 2007, S. 172–181.

Saur, Pamela S.: Jutta Schlich, Inzest und Tabu: Ingeborg Bachmanns „Malina“ gelesen nach den Regeln der Kunst. Sulzbach/Taunus: Helmer, 2009. 255pp. In: *Modern Austrian Literature* 43,3 (2010), S. 92–94.

Sauthoff, Stephan: *Die Transformation (auto-)biographischer Elemente im Prosawerk Ingeborg Bachmanns.* Frankfurt am Main / Berlin / Bern / New York / Paris / Wien: Lang 1992.

Schapiro-Rosenzweig, Jetta: *„Sag niemals, das ist dein letzter Weg“: Flucht aus Ponar – Eine Mutter und ihre kleine Tochter kämpfen ums Überleben*, aus d. Jidd. v. Tamar Dreifuß. Alf, Mosel: Rhein-Mosel-Verlag 2001.

Schellen, Petra: Interview mit Dorothea Greve: Die Angst steckt noch in jeder Zelle. In: *taz*, 31.10.2010. http://www.taz.de/!60566 (Zugriff am 10.08.2014).

Schleith, Ulrich: *Zur Genese der Erzählinstanz in Ingeborg Bachmanns Roman Malina.* Frankfurt am Main / Berlin / Bern / New York / Paris / Wien: Lang 1996.

Schlich, Jutta: *Inzest und Tabu: Ingeborg Bachmanns „Malina“ gelesen nach den Regeln der Kunst.* Sulzbach, Ts.: Helmer 2009.

Schlinsog, Elke: *Berliner Zufälle: Ingeborg Bachmanns „Todesarten“-Projekt.* Würzburg: Königshausen & Neumann 2005.

Schlör, Joachim: Odessity: In Search of Transnational Odessa (or “Odessa the best city in the world: All about Odessa and a great many jokes”). In: *Quest: Issues in Contemporary Jewish History* 2 (2011). http://www.quest-cdecjournal.it/focus.php?id=220 (Zugriff am 09.08.2014).

Schlüter, Sabine: *Das Groteske in einer absurden Welt: Weltwahrnehmung und Gesellschaftskritik in den Dramen von George F. Walker.* Würzburg: Königshausen & Neumann 2007.

Schmaus, Marion: *Die poetische Konstruktion des Selbst. Grenzgänge zwischen Frühromantik und Moderne: Novalis, Bachmann, Christa Wolf, Foucault.* Tübingen: Niemeyer 2000.

Schmidt-Dengler, Wendelin: *Bruchlinien: Vorlesungen zur österreichischen Literatur 1945 bis 1990.* Salzburg / Wien: Residenz 1995.

Schmitz-Berning, Cornelia: *Vokabular des Nationalsozialismus.* 2., durchges. u. überarb. Auflage. Berlin: De Gruyter 2007.

Schmölders, Claudia: Stimmen von Führern. Auditorische Szenen 1900–1945. In: Friedrich A Kittler / Thomas H. Macho / Sigrid Weigel (Hrsg.): *Zwischen Rauschen und Offenbarung: Zur Kultur- und Mediengeschichte der Stimme.* Berlin: Akademie Verlag 2002, S. 175–195.

Scholzen, Caroline: *Flechtwerk. Zu Ingeborg Bachmanns Roman Malina.* Wien: Universität Wien 2009. http://othes.univie.ac.at/9031/1/2009-12-09_9949054.pdf (Zugriff am 20.08.2011).

Schottelius, Saskia: *Das imaginäre Ich: Subjekt und Identität in Ingeborg Bachmanns Roman „Malina“ und Jacques Lacans Sprachtheorie.* Frankfurt am Main / Bern / New York / Paris: Lang 1990.

Schreiner, Stefan: Das „christliche Europa“ – eine Fiktion. In: Jürgen Micksch (Hrsg.): *Vom christlichen Abendland zum abrahamischen Europa.* Frankfurt am Main: Lembeck 2008, S. 126–144.

Schroeter, Gudrun: *Worte aus einer zerstörten Welt: Das Ghetto in Wilna.* St. Ingbert: Röhrig 2008.

— : Arbeitsstelle Holocaustliteratur. http://www.holocaustliteratur.de/deutsch/Gudrun_Schroeter (Zugriff am 10.08.2014).

Schur, Grigorij: *Die Juden von Wilna: Die Aufzeichnungen des Grigorij Schur 1941–1944*, bearb. u. hrsg. v. Wladimir Porudominskij. München: dtv 1999.

— : *Евреи в Вильно: Хроника 1941–1944 гг.* St. Petersburg: Obrazovanie – Kul’tura 2000.

— : Gli ebrei di Vilna. Una cronaca dal ghetto. http://www.itgguarini.it/memoria/PDF/Finito_2.pdf (Zugriff am 10.08.2014).

Schwarzer, Alice: Ich bitte um Gnade. http://www.aliceschwarzer.de/artikel/ich-bitte-um-gnade-264784 (Zugriff am 09.08.2014).

Das Schweigen über ihre Liebe. In: *Münchner Merkur*, 18.08.2005. http://www.merkur-online.de/nachrichten/kultur/schweigen-ueber-ihre-liebe-170141.html (Zugriff am 10.08.2014).

Segalis, Icchakas: Memoirs. Lietuvos Gyventojų genocido ir rezistencijos tyrimo centras / Genocide and Resistance Research Center of Lithuania (Hrsg.): *Su adata širdyje: getų ir koncentracijos stovyklų kalinių atsiminimai. With a Needle in the Heart: Memoirs of Former Prisoners of Ghettos and Concentration Camps.* Vilnius: Garnelis 2003, S. 322–327.

—: Erinnern und Gedenken im Zeitalter des Web 2.0 – Internationale Begegnung 2011 in Oświęcim (Auschwitz) und Buchenwald. http://maximilian-kolbe-werk.blogspot.com/p/menschen.html (Zugriff am 10.08.2014).

Segeberg, Harro: Erlebnisraum Kino. Das Dritte Reich als Kultur- und Mediengesellschaft. In: Ders. (Hrsg.): *Mediale Mobilmachung I: Das Dritte Reich und der Film.* München: Fink 2004, S. 11–42.

Sef, Ariela: Рожденная в гетто (отрывок из книги) [Geboren im Ghetto. (Auszug aus dem Buch)]. http://www.chaskor.ru/article/rozhdennaya_v_getto__23287 (Zugriff am 10.08.2014).

Seidman, Naomi: *A Marriage Made in Heaven: The Sexual Politics of Hebrew and Yiddish.* Berkeley / Los Angeles / London: University of California Press 1997.

—: *Faithful Renderings: Jewish-Christian Difference and the Politics of Translation.* Chicago / London: University of Chicago Press 2006.

—: Elie Wiesel and the Scandal of Jewish Rage. In: *Jewish Social Studies* 3,1 (1996), S. 1–19.

Shakespeare, William: Das Wintermärchen. In: Ders.: *Sämtliche Dramen*, Bd. 1: Komödien, nach der 3. Schlegel-Tieck-Gesamtausgabe von 1843/44, aus d. Engl. v. Dorothea Tieck. München: Artemis & Winkler, S. 987–1077.

Silberman, David: Jan Lipke: An Unusual Man, aus d. Russ. v. Liuba Rakhman. In: Gertrude Schneider (Hrsg.): *Muted Voices: Jewish Survivors of Latvia Remember.* New York: Philosophical Library 1987, S. 87–111.

Simon, Rita J.: *In the Golden Land: A Century of Russian and Soviet Jewish Immigration in America.* Westport / London: Praeger 1997.

Simon, Sunka: *Mail-orders: The Fiction of Letters in Postmodern Culture.* New York: State University of New York Press 2002.

Sloterdijk, Peter: *Derrida ein Ägypter: Über das Problem der jüdischen Pyramide.* Frankfurt am Main: Suhrkamp 2007.

Словарь воровского жаргона [Wörterbuch des Jargons der Diebe]. http://enc-dic.com/thief/Malina-3208.html (Zugriff am 09.08.2014).

Словарь синонимов [Wörterbuch der Synonyme]. http://dic.academic.ru/dic.nsf/dic_synonims/9855/блат-хата (Zugriff am 09.08.2014).

Словарь русских синонимов [Wörterbuch der russischen Synonyme]. http://www.classes.ru/all-russian/russian-dictionary-synonyms-term-75337.htm (Zugriff am 14.08.2014).

Smolar, Hersh: *Resistance in Minsk*, aus d. Jidd. v. Hyman J. Lewbin. Oakland: Judah L. Magnes Memorial Museum 1966.

—: *The Minsk Ghetto: Soviet-Jewish Partisans against the Nazis*, aus d. Jidd. v. Max Rosenfeld. New York: Holocaust Library 1989.

Šneerson-Mischkovskaja, Zelda: Jeder Mensch hat einen Namen. http://mfa.gov.il/MFARUS/ForeignRelations/Holocaust%20WWII/Pages/Holocaust_Remembrance_Day_2011.aspx (Zugriff am 01.08.2014).

Snyder, Timothy: *Bloodlands: Europa zwischen Hitler und Stalin*, aus d. Engl. v. Martin Richter. München: Beck 2011.

—: Der Holocaust: Die ausgeblendete Realität. http://www.eurozine.com/articles/2010-02-18-snyder-de.html (Zugriff am 12.08.2014).

Sokolova, Alla: Jewish Sights: Exoticization of Places and Objects as a Way of Presenting Local „Jewish Antiquity“ by the Inhabitants of Little Towns. In: Jurgita Šiaučiūnaitė-Verbickienė / Larisa Lempertienė (Hrsg.): *Jewish Space in Central and Eastern Europe: Day-to-Day History*. Newcastle: Cambridge Scholars 2007, S. 261–280.

Soxberger, Thomas: Wilne – Jeruscholajim deLite: Zur Geschichte der jüdischen Gemeinde in Wilna. In: Florian Freund / Franz Ruttner / Hans Safrian (Hrsg.): *Ess firt kejn weg zurik…: Geschichte und Lieder des Ghettos von Wilna 1941–1943*, mit einem Vorwort v. Simon Wiesenthal. Wien: Picus 1992.

Sowjet-Union: Rodion Malinowski. In: *Der Spiegel*, 01.06.1960. http://www.spiegel.de/spiegel/print/d-43065881.html (Zugriff am 10.08.2014).

Spicer, Andrew: *Historical Dictionary of Film Noir.* Lanham / Toronto / Plymouth: Scarecrow 2010.

Sporrer, Maria: Verspätete Erinnerungspolitik in Österreich. In: Joachim Landkammer / Thomas Noetzel / Walter Ch. Zimmerli (Hrsg.): *Erinnerungs-Management: Systemtransformation und Vergangenheitspolitik im internationalen Vergleich*. München: Fink 2006, S. 83–98.

Der Sprachdienst 1 (1999).

Špungin, Semen: Vor und nach der Flucht [До и после побега]. http://www.lu.lv/materiali/studiju-centri/jsc/resursi/423-440.pdf (Zugriff am 10.08.2014).

Stanzl, Eva: Interview mit Erich Lessing. In: *Die Wirtschaft* 07/08 (2005), S. 96.

Steiger, Robert: *Malina: Versuch einer Interpretation des Romans von Ingeborg Bachmann.* Heidelberg: Winter 1978.

Steinberg, Lucien: *Not as a Lamb: The Jews against Hitler.* Saxon House: University of Glasgow Press 1977.

Stenographisches Protokoll, 62. Sitzung des Nationalrates der Republik Österreich am 9. Juli 1958. http://www.parlament.gv.at/PAKT/VHG/VIII/NRSITZ/NRSITZ_00062/imfname_157214.pdf (Zugriff am 10.08.2014).

Stepanek, Lilly: *Malina: Eine lustige Theatergeschichte.* Wien: Metten 1947.

Stępniak, Klemens: *Słownik tajemnych gwar przestępczych* [*Wörterbuch des verbrecherischen Geheimdialekts*], unter Mitarbeit v. Zbigniew Podgórzec. London: Puls 1993.

Стою я раз на стрёме [Da stehe ich mal Schmiere]. http://www.shansonprofi.ru/archiv/lyrics/narod/wS/p14/stoyu_ya_raz_na_stryome_2_y_variant.html (Zugriff am 09.08.2014).

Stoll, Andrea: *Ingeborg Bachmann: Der dunkle Glanz der Freiheit.* München: Bertelsmann 2013.

Stuber, Bettina: *Zu Ingeborg Bachmann: „Der Fall Franza“ und „Malina“.* Rheinfelden / Berlin: Schäuble 1994.

Summ, Ljubov: 20 фактов о малине [20 Tatsachen über Malina]. http://old2.booknik.ru/colonnade/facts/20-faktov-o-maline (Zugriff am 09.08.2014).

Summerfield, Ellen: *Ingeborg Bachmann: Die Auflösung der Figur in ihrem Roman ‚Malina‘.* Bonn: Bouvier 1976.

Sutzkever, Abraham: Di Gehejmschtot [Clandestine City (1945–1947)]. In: Ders.: *Selected Poetry and Prose*, aus d. Jidd. v. Barbara Harshav / Benjamin Harshav, eingel. v. Benjamin Harshav. Berkeley / Los Angeles / Oxford: University of California Press 1991, S. 184–197.

—: Das Ghetto von Wilna, aus d. Jidd. von M. Schambadal / B. Tschernjak. In: *Das Schwarzbuch: Der Genozid an den sowjetischen Juden*, aus d. Russ. v. Heinz Deutschland / Ruth Deutschland. Reinbek: Rowohlt 1995, S. 457–547.

—: *Wilner Getto 1941–1944*, aus d. Jidd., mit einem Vorwort und Nachwort v. Hubert Witt. Zürich: Ammann 2009.

—: Nadellicht: In: Ders.: *Geh über Wörter wie über ein Minenfeld: Lyrik und Prosa*, ausgew., aus d. Jidd. u. mit Anm. v. Peter Comans. Frankfurt am Main / New York: Campus 2009, S. 206.

—: Zwischen zwei Schornsteinen. In: Ebd., S. 270–271.

Svandrlik, Rita: Umgang mit Bildern. In: Robert Pichl / Alexander Stillmark (Hrsg.): *Kritische Wege der Landnahme: Ingeborg Bachmann im Blickfeld der neunziger Jahre; Londoner Symposium 1993 zum 20. Todestag der Dichterin (17.10.1973).* Wien: Hora 1994, S. 81–96.

Svenbro, Jesper: *Phrasikleia: Anthropologie des Lesens im alten Griechenland*, aus d. Franz. v. Peter Geble. München: Fink 2005.

Svevo, Italo: *Zeno Cosini*, aus. d. Ital. v. Piero Rismondo. Berlin: Rütten & Loening 1976.

Sylvester, Roshanna P.: *Tales of Old Odessa: Crime and Civility in a City of Thieves.* DeKalb: Northern Illinois University Press 2005.

Tanny, Jarrod: *City of Rogues and Schnorrers: Russia's Jews and the Myth of Old Odessa.* Bloomington: Indiana University Press 2011.

Taubes, Jacob: Aus einem Non-Lieux des Archivs: Jacob Taubes an Aharon Agus, Berlin 11. November 1981. In: *Trajekte* 10 (2005), S. 8–11.

Tembrock, Günter: *Bioakustik, Musik und Sprache.* Berlin: Akademie-Verlag 1978.

Thiele, Susanne: Die Selbstreflexion der Kunst in Ingeborg Bachmanns Roman „Malina". In: *The Germanic Review* 66,2 (1991), S. 58–69.

Thirring, Hans: *Geschichte der Atombombe.* Wien: „Neues Österreich" 1946.

Die Thomas Bernhard Privatstiftung. http://www.thomasbernhard.at/index.php?id=114 (Zugriff am 01.08.2014).

Thums, Barbara: Poetik des Vergessens. In: Dies. / Britta Herrmann (Hrsg.): *„Was wir einsetzen können, ist Nüchternheit": Zum Werk Ilse Aichingers.* Würzburg: Königshausen & Neumann 2001, S. 108–123.

Timmermann, Brigitte / Frederick Baker: *Der Dritte Mann: Auf den Spuren eines Filmklassikers.* Wien: Czernin 2002.

Timoschenko, Julija: Тимошенко обвинила „воровские малины" в краже Черного моря. In: *Donbass,* 14.04.2011. http://donbass.ua/news/politics/2011/04/14/timoshenko-obvinila-vorovskie-maliny-v-krazhe-chernogo-morja.html (Zugriff am 07.03.2014). (ebenso publiziert auf *Vybory.org*, 14.04.2011. http://vybory.org.ua/?id=13644 (Zugriff am 09.08.2014).)

Толковый словарь Ожегова [Das erklärende Wörterbuch Ožegovs]. http://dic.academic.ru/dic.nsf/ogegova/277960 (Zugriff am 09.08.2014).

Torton Beck, Evelyn: The Many Faces of Eve: Women, Yiddish, and I. B. Singer. In: *Studies in American Jewish Literature* 1 (1981), S. 112–123.

Tory, Avraham: *Surviving the Holocaust*, hrsg. v. Martin Gilbert, mit hist. Kommentar v. Dina Porat, aus d. Jidd. v. Jerzy Michalowicz. Cambridge / London: Harvard University Press 1990.

Trachtenberg, Wladimir: Erinnerungen, aus d. Russ. v. Margrit Hegge. In: Andreas Hollender / Anne Klein / Katja Matthias / Adrian Stellmacher / Bettina Vitt (Hrsg.): *„Existiert das Ghetto noch?": Weißrussland: Jüdisches Überleben gegen nationalsozialistische Herrschaft.* Berlin / Hamburg / Göttingen: Assoziation A 2003, S. 57–65.

Trejster [hier: Treister], Michail: Erinnerungen, aus d. Russ. v. Alexander Timoschenko. In: Andreas Hollender / Anne Klein / Katja Matthias / Adrian Stellmacher / Bettina Vitt (Hrsg.): *„Existiert das Ghetto noch?": Weißrussland: Jüdisches Überleben gegen nationalsozialistische Herrschaft.* Berlin / Hamburg / Göttingen: Assoziation A 2003, S. 131–146.

—: Проблески памяти [Aufblitzen des Gedächtnisses]. In: Zinovij Zuckerman (Hrsg.): *Катастрофа: Последние свидетели* [*Katastrophe: Die letzten Zeugen*]. Moskva: Dom evrejskoj knigi 2008, S. 303–344.

—: Проблески памяти [Aufblitzen des Gedächtnisses]. http://www.homoliber.org/ru/kg/kg020301.html (Zugriff am 14.08.2014).

The Trial of Adolf Eichmann: Record of Proceedings in the District Court of Jerusalem, Bd. 1, hrsg. v. Ministry of Justice of the State of Israel. Jerusalem: Mass 1992.

Trollope, Frances: *Ein Winter in der Kaiserstadt: Wien im Jahre 1836*, hrsg., bearb. u. Vorwort v. Gabriele Habinger. Wien: Promedia 2003.

Tzaneva, Magadalena: Die Welt ist *meine* Welt: Österreich und das Bild der Himbeere in Ingeborg Bachmanns *Malina.* In: *Modern Austrian Literature* 30,3/4 (1997), S. 170–184.

— : *Die „Pierrot lunaire" Musik in Ingeborg Bachmanns „Malina".* Berlin: LiDi 2005.

United States. Federal Bureau of Investigation: *An Introduction to Organized Crime in the United States.* [Washington, D. C.]: Organized Crime, Drug Branch, Criminal Investigative Division 1993.

Valencia, Heather: Sutzkevers Leben und Lyrik. In: Abraham Sutzkever: *Geh über Wörter wie über ein Minenfeld: Lyrik und Prosa*, ausgew., aus d. Jidd. u. mit Anm. v. Peter Comans. Frankfurt am Main / New York: Campus 2009, S. 19–70.

Vasold, Manfred: *Die Pest: Ende eines Mythos.* Darmstadt: WBG 2003.

Venezia, Shlomo: *Inside the Gas Chambers: Eight Months in the Sonderkommando of Auschwitz.* Cambridge / Malden: Polity 2009.

Viefhaus, Marianne: Für eine Gemeinschaft der ‚Einsamen unter ihren Völkern' – Major Karl Plagge und der Heereskraftfahrpark 562 in Wilna. In: Wolfram Wette (Hrsg.): *Zivilcourage: Empörte, Helfer und Retter aus Wehrmacht, Polizei und SS.* Frankfurt am Main: Fischer 2004.

— : *Zivilcourage in der Zeit des Holocaust: Karl Plagge aus Darmstadt; ein „Gerechter unter den Völkern".* Darmstadt: Darmstädter Geschichtswerkstatt e. V. / Magistrat der Wissenschaftsstadt Darmstadt 2005.

Villers, Jürgen: *Das Paradigma des Alphabets: Platon und die Schriftbedingtheit der Philosophie.* Würzburg: Königshausen & Neuman 2005.

Vilnius. http://de.wikipedia.org/wiki/Vilnius (Zugriff am 09.08.2014).

Vitkovskij, Evgenij: Ахилл Левинтон [Achill Levinton]. http://www.vekperevoda.com/1900/levinton.htm (Zugriff am 09. 08.2014).

Vivioptal. http://www.slogans.de/slogans.php?BSelect%5B%5D=4793 (Zugriff am 10.08.2014).

Voices of the Holocaust. http://voices.iit.edu (Zugriff am 12.08.2014).

Wagenbach, Klaus: *Franz Kafka: Eine Biographie seiner Jugend 1883–1912.* Berlin: Wagenbach 2006.

Wagner, Harald: Begegnungen mit der Dichterin Ingeborg Bachmann. In: Helmut Bernsmeier / Hans-Peter Ziegler (Hrsg.): *Wandel und Kontinuum: Festschrift für Walter Falk zum 65. Geburtstag.* Frankfurt am Main / Bern / New York / Paris: Lang 1992, S. 249–262.

Walde, Alois: *Lateinisches Etymologisches Wörterbuch.* Heidelberg: Winter 1910.

Walenski, Wolfgang: *DasPapierBuch: Herstellung, Verwendung, Bedruckbarkeit.* Itzehoe: Beruf + Schule 1994.

Walke, Anika: *Jüdische Partisaninnen: Der verschwiegene Widerstand in der Sowjetunion.* Berlin: Dietz 2007.

Wassenhove, Anouk Van: „Die Gesellschaft ist der allergrößte Mordschauplatz": Gesellschaftskritik in Ingeborg Bachmanns, Elfriede Jelineks und Werner Schroeters Malina. Gent: Universiteit Gent 2007–2008. http://lib.ugent.be/fulltxt/RUG01/001/307/078/RUG01-001307078_2010_0001_AC.pdf (Zugriff am 10.08.2014).

Weber, Gaby: Geschichtsfälschung des Mossad. Ein mysteriöser Mordfall im Montevideo. http://www.gabyweber.com/dwnld/artikel/mossad/cukurs_de.pdf (Zugriff am 10.08.2014).

Weigel, Sigrid: *Ingeborg Bachmann: Hinterlassenschaften unter Wahrung des Briefgeheimnisses.* Wien: Zsolnay 1999.

— : Korrespondenzen und Konstellationen. Zum postalischen Prinzip biographischer Darstellungen. In: Christian Klein (Hrsg.): *Grundlagen der Biographik: Theorie und Praxis des biographischen Schreibens.* Stuttgart / Weimar: Metzler 2002, S. 41–54.

Weinreich, Uriel: Yiddish and Colonial German in Eastern Europe: The Different Impact of Slavic. In: *American Contributions to the Fourth International Congress of Slavicists.* 'S-Gravenhage: Mouton 1958, S. 369–421.

Werbebilder der 1950er und 1960er Jahre. Online-Wirtschaftswundermuseum. http://www.wirtschaftswundermuseum.de/index.html (Zugriff am 09.08.2014).

Wetzel, Michael: *Die Enden des Buches oder die Wiederkehr der Schrift: Von den literarischen zu den technischen Medien.* Weinheim: VCH, Acta Humaniora 1991.

Widawski, Maciej: *The Polish-English Dictionary of Slang and Colloquialism.* New York: Hippocrene 1998.

Wiesenthal, Simon: *Verjährung? 200 Persönlichkeiten des öffentlichen Lebens sagen nein. Eine Dokumentation.* Frankfurt am Main: EVA 1965.

— : *Doch die Mörder leben*, hrsg. u. eingel. v. Joseph Wechsberg. München / Zürich: Droemer / Knaur 1967.

Wildgruber, Gerald: Γένος μερόπων ἀνθρώπων. Das Geschlecht der Lautstromabteiler, oder: Was es heißt, die eigene Stimme zu analysieren. In: Wolfgang Ernst / Friedrich Kittler (Hrsg.): *Die Geburt des Vokalalphabets aus dem Geist der Poesie: Schrift, Zahl und Ton im Medienverbund.* München: Fink 2006, S. 171–198.

Williams, Phil / Ernesto U. Savona (Hrsg.): *The United Nations and Transnational Organized Crime.* London / Portland: Cass 1996.

Winkler, Hartmut: *Docuverse: Zur Medientheorie der Computer.* München: Boer 1997.

Winter, Johannes: *Die verlorene Liebe der Ilse Stein: Deportation, Ghetto, Rettung.* Frankfurt am Main: Brandes & Apsel 2007.

Wittwer, Alexander: *Verwirklichungen: Eine Kritik der Medientheorie.* Rombach: Rombach Druck- und Verlagshaus 2001.

Wohmann, Gabriele: Nachtwald voller Fragen. In: *Der Spiegel*, 29.03.1971. http://www.spiegel.de/spiegel/print/d-43279330.html (Zugriff am 09.08.2014).

Wolf, Markus: *Spionagechef im geheimen Krieg: Erinnerungen.* München: Econ 1998.

Wolfson, Elliot R.: From Sealed Book to Open Text: Time, Memory, and Narrativity in Kabbalistic Hermeneutics. In: Steven Kepnes (Hrsg.): *Interpreting Judaism in a Postmodern Age.* New York / London: New York University Press 1996, S. 145–178.

Wolodymyr-Wolynskyj. Володимир-Волинський. Проект: Еврейское Наследие Украины [Projekt: Das jüdische Erbe der Ukraine]. http://jukraine.org/volynskaya-oblast/vlad-volinski (Zugriff am 12.08.2014).

Wright Beasley, Nancy: *Izzy's Fire: Finding Humanity in the Holocaust.* Lawrenceville: Brunswick Publishing Corporation 2005.

Wulf, Joseph. Brief an Ilse Aichinger v. 09.03.1965. Zentralarchiv zur Erforschung der Geschichte der Juden in Deutschland. B.2/1 Serie b Nr. 435, Bl. 15.

— : Telegramm an Ingeborg Bachmann v. 25.02.1965. B 2/1 Serie b Nr. 465, Bl. 1.

Wutzlhofer, Elisabeth: „Man muss schauen, dass man nicht selbst unter die Räder kommt." In: Gerhard Botz (Hrsg.): *Schweigen und Reden einer Generation: Erinnerungsgespräche mit Opfern, Tätern und Mitläufern des Nationalsozialismus.* 2., erw. Auflage. Wien: Mandelbaum 2007, S. 117–124.

Yesner, Renata: *Jeder Tag war Jom Kippur: Eine Kindheit im Ghetto und KZ*, aus d. Engl. u. mit einem Nachwort v. Mona Körte. Frankfurt am Main: Fischer 1995.

Zeitlin, Jewsej: *Lange Gespräche in Erwartung eines glücklichen Todes*, aus d. Russ. v. Vera Stutz-Bischitzky. Berlin: Rowohlt 2000.

Zimorodok, Jevgenij: „Советская малина врагу сказала: нет!" [„Die sowjetische Malina sagte zum Feind: Nein!"]. In: *ЗА решеткой* [*Hinter Gitter*], 04.04.2011. http://www.shansonprofi.ru/archiv/notes/paper556.html (Zugriff am 09.08.2014).

Zöchling, Christa: Auschwitz: Jahrelang präsentierte sich Österreich als „Erstes Opfer der Nazis". In: *Profil*, 31.10.2013. http://www.profil.at/articles/1344/560/368762/auschwitz-jahrelang-oesterreich-erstes-opfer-nazis (Zugriff am 09.09.2014).

Zweiter Weltkrieg. Heeresgeschichtliches Museum (HGM). http://www.hgm.at/kulturvermittlung/fuehrungen/standard-erwachsene/zweiter-weltkrieg.html (Zugriff am 10.08.2014).

Žydų tragediją primena Vilniuje atkurta slėptuvė „Malina". http://www.lrytas.lt/-13276908571327401318-%C5%BEyd%C5%B3-tragedij%C4%85-primena-vilniuje-atkurta-sl%C4%97ptuv%C4%97-malina.htm (Zugriff am 10.08.2014).

Film / Video / Ton

Abenteuer in Wien / Stolen Identity (*Gefährliches Abenteuer*, A/USA 1952, R: Emile E. Reinert).

Ascenseur pour l'échafaud (*Fahrstuhl zum Schafott*, F 1957, R: Louis Malle).

Awdiejew, Alosza: Murka. http://www.youtube.com/watch?v=KRj0d-PoQ_Y (Zugriff am 09.08.2014).

Carpenter, David Aaron: Murka Variations (Вариации на тему Мурки). http://www.youtube.com/watch?v=1krHrA4Epf8&list=RD1krHrA4Epf8 (Zugriff am 09.08.2014).

Davis, Miles: *Ascenseur pour l'échafaud*. Fontana: 1958.

[*Die*] *Drei Supermänner räumen auf* (*I fantastici tre supermen*, I 1967, R: Gianfranco Parolini [Pseudonym: Frank Kramer]).

Dworzecki, Meir Mark: Zeugenaussage. http://www.ushmm.org/online/film/display/detail.php?file_num=2133&clip_id=DE43FD50-9990-4F0C-A7C8-644DE6DAB745 (Zugriff am 12.08.2014).

The Eichmann Trial [Youtube Channel]. https://www.youtube.com/user/ EichmannTrialEN (Zugriff am 10.08.2014).

Eichmann Trial – Session No. 27, 28. http://www.youtube.com/watch?v= DLgwkr1iJkc (Zugriff am 10.08.2014).

Eichmann Trial: Session 27. http://www.youtube.com/watch?v=LcN9UimX32E (Zugriff am 10.08.2014).

Eisermann, David: Gespräch mit Doron Rabinovici. https://www.youtube.com/watch?v=czUK-9zcGeM (Zugriff am 11.08.2014).

Gerasimova, Alëna: Murka из Одессы [Murka aus Odessa]. http://www.youtube.com/watch?v=uU3ygdKbc68&feature=related (Zugriff am 09.08.2014).

Gul'ko, Michail: МУРКА [Murka]. http://www.youtube.com/watch?v=qvIh58nkdBk (Zugriff am 09.08.2014).

Hufen, Uli: Geschichte wird gemacht – Die Erfindung der ukrainischen Nation. http://www.wdr5.de/sendungen/dok5/geschichtewirdgemacht101.html (Zugriff am 09.08.2014).

Jauch, Pia Ursula. In: Jeder nach seiner Fasson: Der Alte Fritz und die Folgen (2012). ZDF/Nachtstudio. https://www.youtube.com/watch?v=R3Wrxu2oaEI (Zugriff am 10.08.2014).

The Holocaust ("Write me a Letter"). http://www.youtube.com/watch?v=fk5HEsNHRrc (Zugriff am 12.08.2014).

Kabanowa, Tatjana: С одесского кичмана [S odesskogo kičmana/Aus einem Odessaer Knast]. http://www.youtube.com/watch?v=VbLXPfhhL_E (Zugriff am 09.08.2014).

Kaiser, Reinhard: *„Dies Kind soll leben": Die Aufzeichnungen der Helene Holzman 1941–1944 und die Stimmen der Überlebenden*, 2 CDs. Frankfurt am Main: Schöffling 2001.

Lebedeff, Aaron: In Odes. http://www.youtube.com/watch?v=oS1t6vz2ZpI (Zugriff am 09.08.2014).

— : Odessa mama. http://www.youtube.com/watch?v=pUqX0kNjMdw (Zugriff am 09.08.2014).

Liebe Geschichte (A 2010, R: Simone Bader / Jo Schmeiser).

Murka po-ukrainsku [Murka auf Ukrainisch]. http://www.youtube.com/watch?v=3dClFprYKDo (Zugriff am 09.08.2014).

Место встречи изменить нельзя [*Der Treffpunkt darf nicht geändert werden*]. (Meeting Place Can Not Be Changed, RUS 1979, R: Stanislav Govoruchin), 2. Teil. http://www.youtube.com/watch?v=-Phqu9flf4E&wide=1 (Zugriff am 09.08.2014); 4. Teil. http://www.youtube.com/watch?v=guvFOUESnfk&wide=1 (Zugriff am 09.08.2014).

Место встречи изменить нельзя [Meeting Place Can Not Be Changed]. http://etvnet.com/tv/serialyi-on-line/meeting-place-can-not-be-changed-mesto-vstrechi-izmenit-nelzya-english-subtitles-anglijskij-yazyik-subtitrov/648711/ (Zugriff am 09.08.2014).

Romanowsky, Daniel: Гетто в Минске [Ghetto in Minsk]. Videovorlesung. http://www.youtube.com/watch?v=Wans8607ges&feature=relmfu (Zugriff am 12.08.2014).

Partisans of Vilna (USA 1986, R: Josh Waletzky).

Schattenkampf. Zeugen des Widerstandes berichten: Elimelech Melamed. http://schattenkampf.arte.tv/#/elimelech-melamed/weiss-wie-schnee (Zugriff am 10.08.2014).

Severnyj, Arkadij: Мурка [Murka]. http://www.youtube.com/watch?v=19BT4X4YMpw&feature=related (Zugriff am 09.08.2014).

Taubkin, David: Свидетельства, письма, дневники [Zeugnisse, Briefe, Tagebücher]. http://www1.yadvashem.org/yv/ru/education/testimonies/taubkin.asp (Zugriff am 10.08.2014).

Taubkin, David: Спасшийся из Минского гетто [Dem Ghetto Minsk entkommen]. http://www.youtube.com/watch?v=t-gcwrvlA3E (Zugriff am 10.08.2014).

Testimony of Dr. Meir Mark Dworzecki about the Work Permits in Vilna Ghetto. http://www.yadvashem.org/yv/en/exhibitions/vilna/during/dvorzetsky_movie.asp?iframe=true&width=480&height=380 (Zugriff am 10.08.2014).

Texas Jim Lewis: Baby I'm still in Love with You. https://www.youtube.com/watch?v=B4QT7DW3z3M (Zugriff am 17.06.2014).

—: I Want to Live and Love. https://www.youtube.com/watch?v=nWXMOM1c2z0 (Zugriff am 17.06.2014).

—: Sweethearts or Strangers. https://www.youtube.com/watch?v=ZsmnenClA14 (Zugriff am 17.06.2014).

—: Wine, Women, and Song. https://www.youtube.com/watch?v=IdOrrUZGtJU (Zugriff am 17.06.2014).

Trejster, Michail: Воспоминания о Минском гетто [Erinnerungen an das Ghetto in Minsk]. http://www1.yadvashem.org/yv/ru/multimedia/testimonies.asp (Zugriff am 10.08.2014).

Utësov, Leonid: С одесского кичмана [S odesskogo kičmana/Aus einem Odessaer Knast]. http://www.youtube.com/watch?v=4wrxW9VVU9o (Zugriff am 09.08. 2014).

Vysozkij, Vladimir: Ночью было тихо (Мурка)… [In der Nacht war es still (Murka)…]. http://www.youtube.com/watch?v=11EAlSXGgYY (Zugriff am 09.08.2014).

Weber, Gaby: Der Bluff des Rächers: Das Rätsel um den Mord am ‚Henker von Riga' in Uruguay. http://www.deutschlandfunk.de/der-bluff-der-racher-pdf-dokument.media.a496e4450d09ed19db96a-2be0d6dd086.pdf (Zugriff am 10.08.2014).

Война. Известная и неизвестная. Фильм одиннадцатый: Жизнь и смерть в Минском гетто [Krieg: Der Bekannte und Unbekannte. Elfter Film: Leben und Tod im Ghetto Minsk]. http://www.ctv.by/proj/~news=22483 (Zugriff am 12.08.2014).

Жизнь и приключения Мишки Япончика (*Das Leben und die Abenteuer von Miška Japončik*, RUS 2011, R: Sergej Ginzburg).